儒学：世界和平与发展

纪念孔子诞辰 2565 周年国际学术研讨会论文集

国际儒学联合会　主编

九州出版社
JIUZHOUPRESS

图书在版编目（CIP）数据

儒学：世界和平与发展：纪念孔子诞辰2565周年国际学术研讨会论文集：全4册/国际儒学联合会主编.—北京：九州出版社，2015.2

ISBN 978－7－5108－3541－4

Ⅰ.①儒… Ⅱ.①国… Ⅲ.①儒学—文集
Ⅳ.①B222.05－53

中国版本图书馆CIP数据核字（2015）第042778号

儒学：世界和平与发展

纪念孔子诞辰2565周年国际学术研讨会论文集

作　　者	国际儒学联合会　主编
出版发行	九州出版社
出 版 人	黄宪华
责任编辑	刘　嘉
地　　址	北京市西城区阜外大街甲35号（100037）
发行电话	（010）68992190/3/5/6
网　　址	www.jiuzhoupress.com
电子信箱	jiuzhou@jiuzhoupress.com
印　　刷	三河市九洲财鑫印刷有限公司
开　　本	787毫米×1092毫米　16开
印　　张	160
字　　数	3113千字
版　　次	2015年5月第1版
印　　次	2015年5月第1次印刷
书　　号	ISBN 978－7－5108－3541－4
定　　价	600.00元（全四册）

编委会名单

在纪念孔子诞辰 2565 周年国际学术研讨会暨国际儒学联合会第五届会员大会开幕式上的讲话

（2014 年 9 月 24 日）

中国国家主席　习近平

各位嘉宾，

各位专家学者，

女士们，先生们，朋友们：

“有朋自远方来，不亦乐乎。”今天，来自中国和世界各地的嘉宾和专家学者齐聚北京，举行纪念孔子诞辰 2565 周年国际学术研讨会暨国际儒学联合会第五届会员大会。这次会议是国际儒学界和国际学术界的一次盛会。首先，我谨对会议的召开，表示热烈的祝贺！对朋友们的到来，表示诚挚的欢迎！

这次会议以“儒学：世界和平与发展”为主题，体现了关注世界前途、人类命运的人文情怀，是一个很有现实意义的题目。

和平与发展是当今时代的主题，也是事关各国人民幸福安康的两大问题。世界各国人民都希望生活在祥和的氛围之中，期盼战争、暴力远离人类。世界各国人民也都希望生活在安康的环境之中，期盼饥饿、贫困远离人类。然而，现实世界并不像人们希望的那么美好，局部战争依然此起彼伏，贫困饥饿依然广泛发生，连绵战火、极度贫困依然在威胁着众多人们的生命和生存，特别是许多妇女儿童依然在战争和贫困的阴影下苦苦挣扎。想到这些不幸的人们，我们心中充满了同情和责任。国际社会应该携手努力，一起来维护世界和平、促进共同发展。只有这样，和平才有希望，发展才有希望。

维护世界和平，促进共同发展，需要多管齐下、多方共济，其中很重要的一个方面就是要从思想上确立和平发展的理念。今年 3 月，我访问联合国教科文组织总部，其大楼前的石碑上用多种文字镌刻的一句话给我留下了深刻印象，这句话是：“战争起源于人之思想，故务需于人之思想中筑起保卫和平之屏障。”这句话讲得很有道理。我认为，在人们心中牢固树立爱好和平的思想，这对实现和平具有十分重要的作用。

中华民族历来是一个爱好和平的民族，爱好和平在儒家思想中也有很深的渊源。中国人自古就推崇“协和万邦”、“亲仁善邻，国之宝也”、“四海之内皆兄弟也”、“远亲不如近邻”、“亲望亲好，邻望邻好”、“国虽大，好战必亡”等和平思想。爱好和平的思想深深嵌入了中华民族的精神世界，今天依然是中国处理国际关系的基本理念。

从 1840 年鸦片战争爆发到 1949 年中华人民共和国成立，中华民族遭受了世所罕见的外族入侵和内部动荡，中国人民遭受了前所未有的苦难，一度到了濒临亡国灭种的危险境地。仅在中国人民抗日战争中，中华民族就付出了 3500 万人伤亡的沉重代价。近代以后经历了长期苦难的中国人民最懂得和平的宝贵，最懂得发展的重要。中国人民深知，和平对人类就像阳光和空气一样重要，没有阳光和空气，万物就不能生存生长。

己所不欲，勿施于人。中国需要和平、爱好和平，也愿意尽最大努力维护世界和平，真诚帮助仍然遭受战争和贫困煎熬的人们。中国将坚定不移走和平发展道路，中国也希望世界各国都走和平发展道路，大家一起把和平发展的理念落实到自己的政策和行动之中。

女士们、先生们、朋友们!

今年是孔子诞辰 2565 周年。孔子创立的儒家学说以及在此基础上发展起来的儒家思想，对中华文明产生了深刻影响，是中国传统文化的重要组成部分。儒家思想同中华民族形成和发展过程中所产生的其他思想文化一道，记载了中华民族自古以来在建设家园的奋斗中开展的精神活动、进行的理性思维、创造的文化成果，反映了中华民族的精神追求，是中华民族生生不息、发展壮大的重要滋养。中华文明，不仅对中国发展产生了深刻影响，而且对人类文明进步做出了重大贡献。

中国传统文化，尤其是作为其核心的思想文化的形成和发展，大体经历了中国先秦诸子百家争鸣、两汉经学兴盛、魏晋南北朝玄学流行、隋唐儒释道并立、宋明理学发展等几个历史时期。从这绵延 2000 多年之久的历史进程中，我们可以看出这样几个特点。一是儒家思想和中国历史上存在的其他学说既对立又统一，既相互竞争又相互借鉴，虽然儒家思想长期居于主导地位，但始终和其他学说处于和而不同的局面之中。二是儒家思想和中国历史上存在的其他学说都是与时迁移、应物变化的，都是顺应中国社会发展和时代前进的要求而不断发展更新的，因而具有长久的生命力。三是儒家思想和中国历史上存在的其他学说都坚持经世致用原则，注重发挥文以化人的教化功能，把对个人、社会的教化同对国家的治理结合起来，达到相辅相成、相互促进的目的。

从历史的角度看，包括儒家思想在内的中国传统思想文化中的优秀成分，对中华文明形成并延续发展几千年而从未中断，对形成和维护中国团结统一的政治局面，对形成和巩固中国多民族和合一体的大家庭，对形成和丰富中华民族精神，对激励中华儿女维护民族独立、反抗外来侵略，对推动中国社会发展进步、促进中国社会利益和社会关系平衡，都发挥了十分重要的作用。

当今世界，人类文明无论在物质还是精神方面都取得了巨大进步，特别是物质的极大丰富是古代世界完全不能想象的。同时，当代人类也面临着许多突出的难题，比如，贫富差距持续扩大，物欲追求奢华无度，个人主义恶性膨胀，社会诚信不断消减，伦理道德每况愈下，人与自然关系日趋紧张，等等。要解决这些难题，不仅需要运用人类今天发现和发展的智慧和力量，而且需要运用人类历史上积累和储存的智慧和力量。

世界上一些有识之士认为，包括儒家思想在内的中国优秀传统文化中蕴藏着解决当代人类面临的难题的重要启示，比如，关于道法自然、天人合一的思想，关于天下为公、大同世界的思想，关于自强不息、厚德载物的思想，关于以民为本、安民富民乐民的思想，关于为政以德、政者正也的思想，关于苟日新日日新又日新、革故鼎新、与时俱进的思想，关于脚踏实地、实事求是的思想，关于经世致用、知行合一、躬行实践的思想，关于集思广益、博施众利、群策群力的思想，关于仁者爱人、以德立人的思想，关于以诚待人、讲信修睦的思想，关于清廉从政、勤勉奉公的思想，关于俭约自守、力戒奢华的思想，关于中和、泰和、求同存异、和而不同、和谐相处的思想，关于安不忘危、存不忘亡、治不忘乱、居安思危的思想，等等。中国优秀传统文化的丰富哲学思想、人文精神、教化思想、道德理念等，可以为人们认识和改造世界提供有益启迪，可以为治国理政提供有益启示，也可以为道德建设提供有益启发。对传统文化中适合于调理社会关系和鼓励人们向上向善的内容，我们要结合时代条件加以继承和发扬，赋予其新的涵义。希望中国和各国学者相互交流、相互切磋，把这个课题研究好，让中国优秀传统文化同世界各国优秀文化一道造福人类。

女士们、先生们、朋友们!

人类已经有了几千年的文明史，任何一个国家、一个民族都是在承先启后、继往开来中走到今天的，世界是在人类各种文明交流交融中成为今天这个样子的。推进人类各种文明交流交融、互学互鉴，是让世界变得更加美丽、各国人民生活得更加美好的必由之路。

正确对待不同国家和民族的文明，正确对待传统文化和现实文化，是我们必须把握好的一个重大课题。我认为，应该注重坚持以下原则。

第一，维护世界文明多样性。“物之不齐，物之情也。”和而不同是一切事物发生发展的规律。世界万物万事总是千差万别、异彩纷呈的，如果万物万事都清一色了，事物的发展、世界的进步也就停止了。每一个国家和民族的文明都扎根于本国本民族的土壤之中，都有自己的本色、长处、优点。我们应该维护各国各民族文明多样性，加强相互交流、相互学习、相互借鉴，而不应该相互隔膜、相互排斥、相互取代，这样世界文明之园才能万紫千红、生机盎然。

丰富多彩的人类文明都有自己存在的价值。要理性处理本国文明与其他文明的差异，认识到每一个国家和民族的文明都是独特的，坚持求同存异、取长补短，不攻击、不贬损其他文明。不要看到别人的文明与自己的文明有不同，就感到不顺眼，就要千方百计去改造、去同化，甚至企图以自己的文明取而代之。历史反复证明，任何想用强制手段来解决文明差异的做法都不会成功，反而会给世界文明带来灾难。

第二，尊重各国各民族文明。文明特别是思想文化是一个国家、一个民族的灵魂。无论哪一个国家、哪一个民族，如果不珍惜自己的思想文化，丢掉了思想文化这个灵魂，这个国家、这个民族是立不起来的。本国本民族要珍惜和维护自己的思想文化，也要承认和尊重别国别民族的思想文化。不同国家、民族的思想文化各有千秋，只有姹紫嫣红之别，而无高低优劣之分。每个国家、每个民族不分强弱、不分大小，其思想文化都应该得到承认和尊重。

强调承认和尊重本国本民族的文明成果，不是要搞自我封闭，更不是要搞唯我独尊、“只此一家，别无分店”。各国各民族都应该虚心学习、积极借鉴别国别民族思想文化的长处和精华，这是增强本国本民族思想文化自尊、自信、自立的重要条件。

第三，正确进行文明学习借鉴。文明因交流而多彩，文明因互鉴而丰富。任何一种文明，不管它产生于哪个国家、哪个民族的社会土壤之中，都是流动的、开放的。这是文明传播和发展的一条重要规律。在长期演化过程中，中华文明从与其他文明的交流中获得了丰富营养，也为人类文明进步做出了重要贡献。丝绸之路的开辟，遣隋遣唐使大批来华，法显、玄奘西行取经，郑和七下远洋，等等，都是中外文明交流互鉴的生动事例。儒学本是中国的学问，但也早已走向世界，成为人类文明的一部分。

“独学而无友，则孤陋而寡闻。”对人类社会创造的各种文明，无论是古代的中华文明、希腊文明、罗马文明、埃及文明、两河文明、印度文明等，还是现在的亚洲文明、非洲文明、欧洲文明、美洲文明、大洋洲文明等，我们都应该采取学习借鉴的态度，都应该积极吸纳其中的有益成分，使人类创造的一切文明中的优秀文化基因与当代文化相适应、与现代社会相协调，把跨越时空、超越国度、富有永恒魅力、具有当代价值的优秀文化精神弘扬起来。进行文明相互学习借鉴，要坚持从本国本民族实际出发，坚持取长补短、择善而从，讲求兼收并蓄，但兼收并蓄不是囫囵吞枣、莫衷一是，而是要去粗取精、去伪存真。

第四，科学对待文化传统。不忘历史才能开辟未来，善于继承才能善于创新。优秀传统文化是一个国家、一个民族传承和发展的根本，如果丢掉了，就割断了精神命脉。我们要善于把弘扬优秀传统文化和发展现实文化有机统一起来，紧密结合起来，在继承中发展，在发展中继承。

传统文化在其形成和发展过程中，不可避免会受到当时人们的认识水平、时代条件、社会制度的局限性的制约和影响，因而也不可避免会存在陈旧过时或已成为糟粕性的东西。这就要求人们在学习、研究、应用传统文化时坚持古为今用、推陈出新，结合新的实践和时代要求进行正确取舍，而不能一股脑儿都拿到今天来照套照用。要坚持古为今用、以古鉴今，坚持有鉴别的对待、有扬弃的继承，而不能搞厚古薄今、以古非今，努力实现传统文化的创造性转化、创新性发展，使之与现实文化相融相通，共同服务以文化人的时代任务。

女士们、先生们、朋友们！

文以载道，文以化人。当代中国是历史中国的延续和发展，当代中国思想文化也是中国传统思想文化的传承和升华，要认识今天的中国、今天的中国人，就要深入了解中国的文化血脉，准确把握滋养中国人的文化土壤。

研究孔子、研究儒学，是认识中国人的民族特性、认识当今中国人精神世界历史来由的一个重要途径。春秋战国时期，儒家和法家、道家、墨家、农家、兵家等各个思想流派相互切磋、相互激荡，形成了百家争鸣的文化大观，丰富了当时中国人的精神世界。虽然后来儒家思想在中国思想文化领域长期取得了主导地位，但中国思想文化依然是多向多元发展的。这些思想文化体现着中华民族世世代代在生产生活中形成和传承的世界观、人生观、价值观、审美观等，其中最核心的内容已经成为中华民族最基本的文化基因。这些最基本的文化基因，是中华民族和中国人民在修齐治平、尊时守位、知常达变、开物成务、建功立业过程中逐渐形成的有别于其他民族的独特标识。

中国人民的理想和奋斗，中国人民的价值观和精神世界，是始终深深植根于中国优秀传统文化沃土之中的，同时又是随着历史和时代前进而不断与日俱新、与时俱进的。

中国共产党人是马克思主义者，坚持马克思主义的科学学说，坚持和发展中国特色社会主义，但中国共产党人不是历史虚无主义者，也不是文化虚无主义者。我们从来认为，马克思主义基本原理必须同中国具体实际紧密结合起来，应该科学对待民族传统文化，科学对待世界各国文化，用人类创造的一切优秀思想文化成果武装自己。在带领中国人民进行革命、建设、改革的长期历史实践中，中国共产党人始终是中国优秀传统文化的忠实继承者和弘扬者，从孔夫子到孙中山，我们都注意汲取其中积极的养分。中国人民正在为实现“两个一百年”奋斗目标而努力，其中全面建成小康社会中的“小康”这个概念，就出自《礼记·礼运》，是中华民族自古以来追求的理想社会状态。使用“小康”这个概念来确立中国的发展目标，既符合中国发展实际，也容易得到最广大人民理解和支持。

总之，只有坚持从历史走向未来，从延续民族文化血脉中开拓前进，我们才能做好今天的事业。

女士们、先生们、朋友们!

温故而知新。知识有前人传承的知识，也有今人创造的知识。前人传承的知识积累了人们历史上对处理人、社会、自然三者关系的重要认知和经验，今人创造的知识形成了人们应对时代问题的智慧和探索。这两方面的知识对人类继往开来都十分重要。

在21世纪的今天，几千年来人类积累的一切理性知识和实践知识依然是人类创造性前进的重要基础。只有不断发掘和利用人类创造的一切优秀思想文化和丰富知识，我们才能更好认识世界、认识社会、认识自己，才能更好开创人类社会的未来。

预祝会议取得成功!

谢谢大家!

（新华社北京9月24日电）

纪念孔子诞辰2565周年国际学术研讨会综述

国际儒学联合会学术委员会

2014年9月24日～28日，由国际儒学联合会、联合国教科文组织、中国孔子基金会联合主办的“纪念孔子诞辰2565周年国际学术研讨会暨国际儒学联合会第五届会员大会”在北京和曲阜两地召开。来自中国大陆、香港、澳门、台湾以及美国、英国、法国、德国、加拿大、俄罗斯、比利时、意大利、瑞士、挪威、捷克、爱尔兰、匈牙利、白俄罗斯、芬兰、丹麦、荷兰、罗马尼亚、塞尔维亚、葡萄牙、冰岛、土耳其、澳大利亚、新西兰、伊朗、以色列、韩国、日本、越南、泰国、印度尼西亚、马来西亚、新加坡、印度、巴基斯坦、缅甸、蒙古、埃及、南非、哥伦比亚、阿根廷、坦桑尼亚、巴林、斯洛文尼亚、厄瓜多尔等国家和地区的300余名学者参加了本次研讨会。会议的主题是“儒学：世界和平与发展”，子题为：儒学与当代经济和社会发展，儒学与当代政治和国际关系，儒学与当代文化和不同文明的对话，儒学与当代学校教育和社会教育，德治与法治的辩证关系，儒学与生态环境保护，儒学与世界和地区和平，儒学在世界各地的研究、教育、应用情况。大会共收到学术论文200余篇，与会学者围绕会议的主题和子题进行了深入和热烈的讨论。

使与会学者倍感兴奋和鼓舞的是，在9月24日的大会开幕式上，中国国家主席习近平莅临人民大会堂的会议厅，发表了近50分钟的重要讲话。作为中国共产党和国家的最高领导人，亲自出席纪念孔子诞辰的大会并发表重要讲话，这在新中国的历史上还是第一次。习主席的讲话义旨精深，内涵丰富，对于纪念孔子、研究儒学和传统文化具有深远的理论指导意义，也为本次研讨会在高层次水平的展开奠定了基调。

国际儒联会长叶选平先生主持了开幕式并发表了致辞。韩国的徐正燉教授、中国的张岂之教授、美国的安乐哲教授、俄罗斯的季塔连科院士、德国的施寒微教授分别作了学术演讲，题目依次是“东亚儒学的‘和平’思想”、“儒学与中华历史及世界”、“第二次启蒙：世界文化秩序变革中的儒学”、“两个文明千年的天才对话”、“儒学与人文主义：文化冲突中全球人文主义的可能性”。开幕式之后，在大会上作学术演讲的还有杜维明（美国）、铃木规夫（日本）、牟钟鉴（中国）、高玉麒（芬兰）、张立文（中国）、董金裕（中国台湾）、陈来（中国）、罗亚娜（斯洛文尼亚）等教授，题目依次是“精神人文主义——21世纪的儒学”、“构想‘儒学与伊斯兰教结合’”、“学习儒家协调智慧，树立当代新型国际观”、“儒学能为全球和平对话提供什么”、“集权与分权”、“尊孔·敬师·传承中华文化”、“道德的生态观”、“道德自我的再生——儒学价值对于当代世界的重要性”。

在大会演讲之后，与会学者分成七个小组就下述议题进行了广泛而深入的研讨。

第一小组的主题是“儒学与当代经济和社会发展”。在此讨论中，既有对儒家思想义理的深入阐发，也密切联系了当代经济和社会发展的一些现实问题，深切地感受到儒家思想文化在当代赋有重大的现实使命。

关于对儒家思想义理的深入阐发，与会学者主要涉及的问题有：儒家的仁爱思想、义利之辨的问题。如朱荣智、向世陵等学者深入阐发了儒家的仁爱思想、“博爱之谓仁”的深刻内涵。李翔海、李樑坚等学者对儒家的义利之辨、道义观进行了深入的阐发。相关的还有多位学者就理欲之辨或“存天理，灭人欲”的问题进行了研讨，其中既有传统儒家理论的问题，也有在现代社会儒家思想如何进行理论调适，如何看待“人欲”的问题。虽然有不同的观点，但是在讨论中相互受到启发，加深了认识。另外，讨论中涉及的问题还有：儒家的社会伦理，如孝道观等问题；儒家的忠恕之道、中庸之道等问题；儒家的和谐社会理念、大同理想等问题；儒家的道统思想；儒家的礼乐思想、心性论、致良知教、生态伦理等等。这些问题都与当代经济和社会发展有着密切的关系。

关于儒学与当代经济，与会学者突出地讨论了儒家道德与市场经济的关系问题。如宋志明教授在《从市场经济看儒学的现代转化》论文中指出，西方的启蒙运动高扬理性主义，反对权威主义，倡导自由、平等、博爱等现代观念，对于西方的现代化进程起到了推动作用。但是这一运动也有缺点，主要表现为对立性思维，把传统与现代、理性与信仰、个人与群体、工具理性与价值理性对立起来。这些损害了人文精神，造成了人格扭曲和异化，导致意义世界与精神世界的迷失，个人主义、消费主义的流行，使文化越来越商业化、世俗化乃至低俗化，造成了人的主体性的再度迷失。中国在现代化进程中遇到的问题，并不是开启现代性，而是批判的接纳现代性，避免价值世界的迷失。在这种情况下，可以把儒家的普适性发掘出来，使之与市场经济相适应，从而成为促进中国现代化的精神动力。

来自苏州工业园区的谢兵教授在《儒学对当代经济和社会发展的影响》论文中指出，中国的市场经济建立之初尚不成熟，有些人对白猫黑猫论做了错误的理解，造成了当今社会人文道德沦陷，没有诚信，不是勤劳致富，而是丧心病狂地谋取黑利。一些化工厂不顾环境污染，到处排放污水，一些养殖户不顾道德和良心，使用瘦肉精、催熟剂，一些食品厂在食品中添加各种不符合标准的添加剂，残害人们的健康。而儒家把“义”看作君子最高贵的品质，重视诚信，提醒人们关注义利问题。当前主要是如何把资本逐利的本性纳入“义”的轨道，这里的“义”具有社会主义条件下法治和价值体系的现代内容，将“义”作为人的行为准则，可以为完善市场经济体系提供肥沃的文化土壤。

来自台湾的李樑坚教授也在《儒家思想的道义观对企业经营之影响》论文中指出，在现今社会中，企业经营者有时为了赚钱，却忘记了做人的本分、做事的原则，以蒙骗的手段来欺瞒消费者。他对台湾近期发生的鼎王公司、胖达人事件、大统沙拉油事件等食品安全的道德危机案例进行分析，指出道义应是经商的基础条件，企业经营者要把道义放在心中，也要落实在企业经营中，要发扬儒商的影响力，儒商的特性就是以孔孟思维作为核心经营理念，发扬善的精神及道义的本质，以作为全世界企业管理的典范。

关于儒学与现代社会发展的问题，如韩国的吴锡源教授在《现代社会与儒教的作用》论文中所说：“现代社会促进了科学技术的发展，却缺乏阻止滥用的智慧；经济蒸蒸日上，却缺乏对他人和环境的关心；民主主义以深入人心，却缺少伦理。”“未来的生活应是以人的尊严和道德为基础的成熟的人，以这样的人格为基础的人类和平共存的双赢社会。孔子的‘人道精神’和‘大同社会’理念正是当今时期所迫切需要的。”韩国的金学权教授在《现代社会与儒家伦理》、俄罗斯的布罗夫教授在《儒学与社会的现代化》论文中，也就这方面的问题作了深入的阐述。

针对当前社会出现的一些问题，台湾的方俊吉教授在《弘扬儒家“务本尚德”之教化精神以促进社会和谐发展》论文中，针对“近百余年来，由于重‘科技、财经’而轻‘人文’，而造成‘价值观’混淆，道德标准低落，致使文化发展的‘失衡’”，他强调要弘扬儒家“务本尚德”的教化精神，以人为本，而做人又要以孝悌为本，内修己，外安人，把家庭教育、学校教育和社会教育结合起来，促进家庭、社会乃至人类世界的和谐发展。台湾的曾春海教授也在《析论谢幼伟的孝道观》论文中强调，要有对生命的崇敬和感恩，把利益主体与道德主体结合起来，发扬儒家的孝道观，重视家庭伦理，增强社会凝聚力。

中国社科院的赵法生研究员在《乡村儒学的缘起与意义》论文中指出，乡村本应是传统文化的蓄水池，但是现在的有些乡村却成为文化的荒漠。“如果说‘文革’是对于传统文化的政治冲击，拜金主义则是对于传统伦理的经济解构，这一解构深入到社会生活的每一个方面，使得乡村社会所剩无几的人与人的温情迅速消弭，人与人之间的关系更加功利和冰冷，从而引发了乡村深层的价值认同危机，其中最突出的是孝道的式微和老人处境的问题。”针对这种状况，一批学者在曲阜尼山周围的乡村开展乡村儒学建设实验，其基本理念是：以乡村儒家文化的重建来带动乡土文明的重建，通过儒家的孝道和五伦教育，培育民众的人生信仰和价值观念，重建乡村的人伦秩序和文化生态。他们通过建立定期化的乡村儒学讲堂，构建完整的乡村儒学传播体系，现已取得显著的效果，使村里的孝亲敬老风气渐浓，由家风的改善带动了村风的好转。参加讨论的与会学者，对这一乡村儒学建设的实验表示了浓厚的兴趣和坚决的支持。

关于儒学与世界的和平与发展，中国社科院的李存山研究员在《忠恕之道与中国近现代对外关系》、印尼孔教会的陈克兴先生在《中庸之道可以化解人间纷争》、南开大学的张荣明教授在《新王道——中国发展战略构想》论文中，阐述了这方面的问题。

与会学者讨论的一个热点问题是儒家思想与社会主义核心价值观的关系。习近平主席指出："深入挖掘和阐发中华优秀传统文化讲仁爱、重民本、守诚信、崇正义、尚和合、求大同的时代价值，使中华优秀传统文化成为涵养社会主义核心价值观的重要源泉。"中国人民大学的肖群忠教授在《仁义信和，民本大同》论文中把"讲仁爱、重民本、守诚信、崇正义、尚和合、求大同"概括为中华核心价值的"新六德"，并且指出核心价值的表达"应该简明扼要，易记才能易行"，为此，他把"新六德"又缩减为八个字，即"仁义信和，民本大同"。浙江社科院的吴光教授在《以德为本，知行合一》论文中论述了"提出社会主义核心价值观的时代背景"，分析了社会主义核心价值观的24个字中有16个字是来自儒家为主导的中华传统文化核心价值体系，即富强、文明、和谐、公正、爱国、敬业、诚信、友善，另外有8个字即"民主、自由、平等、法治"则主要来自于西方文化传统的价值体系。这24个字的核心价值观，既体现了中华民族五千年传统所积淀的人文精神，也体现了中华民族在走向伟大复兴的历史进程中所应有的现代人文精神。澳大利亚澳中文化协会的冯文玮女士在《传承儒学适应当代，文化强国圆中国梦》论文中也对儒学核心价值观与社会主义核心价值观的关系进行探讨，指出儒家价值观体系中最重要的是仁爱、和谐、诚信、中庸四大范畴，儒家思想是涵养社会主义核心价值的重要源泉。

儒学与当代经济和社会发展有着密切的关系，儒学不仅是中国的优秀文化传统，而且承担着当代的文化使命。与会学者在讨论中体现了对儒学的创造性诠释和创新性发展，认为在儒学的学术研究、传播普及、经世致用等方面都任重而道远。我们要发扬"仁以为己任"的精神，继续努力，使儒家思想在新的时代发扬光大。

第二小组的主题是"儒学与不同文明对话"。在此讨论中，有来自美国、加拿大、韩国、中国大陆和香港等地的学者发表了论文，并就儒学与不同民族文化的交流与对话、对儒学的进一步认识与其未来发展的展望、儒学的和平思想与当代国际秩序的建立、儒学对于世界文化的再启蒙等议题展开研讨。

关于儒学与不同民族文化的交流与对话，宁夏大学的李伟教授探讨了儒学与国内少数民族文化交流的一般机理与原则问题。他指出，从文化的向度来看已经发生转变的民族关系，可以看出以下几个特点：1. 中央与边疆的夷夏关系演变为一体多元的中华民族大家庭内部不同民族之间的平等关系；2. 古代以夷治夷的治理关系转变为以宪法为基础的少数民族区域自治以及中华民族认同下的相互依存；3. 传统上不同生产和生活方式的民族地域差异演变为现代国家组织形式下的东西部地理空间关系；4. 以儒学为正统的文化结构和价值体系演变为以中华民族优秀文化为基础的、以社会主义核心价值观为取向的文化认同；5. 古代农耕文明下的人与自然的关系转变为现代工业文明中各民族共同面对和关注的生态文明问题。从这一古今演变中可以看出文化交流机理的十个原则：1. 一体多元的多民族格局是交流形成的社会基础；2. 中央集权与少数民族部落政权的治理结构是对话形成的组织形式；3. "大一统"的天下观是对话形成的心理依据；4. 儒学的"和而不同"开放思想体系和经世致用的学术传统是形成对话的思想基础；5. 民族的大迁徙与融合是对话形成的历史社会环境；此外还有军事、贸易、科举制、文化多元、因俗而治，以及语言文字作为对话的载体等几个方面。

兰州大学的张建芳教授具体分析了明清时期王岱舆、刘智等人"以儒诠经"的回儒对话，指出了儒家文化在回教本土化过程中发挥的重要作用。她又以清末民初创立于甘肃省临潭县的西道堂为例，说明中国的伊斯兰教是适应社会发展、中正平和的，而不是狭隘、偏激的。

宁夏大学的任军教授具体分析了发生在上个世纪 90 年代的纳塞尔（Seyyed Hossein Nasr）与刘述先的"回儒对话"，指出纳塞尔作为伊斯兰教"永恒学派"的一员，其态度是站在传统主义的立场而"反现代"的；而刘述先作为现代新儒家中的第三代成员，则是更用心于传统的现代转化，认为儒家传统中需要保存的主要是"仁"、"生"、"理"等中心理念。在一和多的关系问题上，刘述先主张"理一分殊"，而纳塞尔则主张神和真理的唯一性。刘述先和纳塞尔都认识到，儒学与伊斯兰教的相互理解不是一次对话可以成功，但是这为未来留下了进一步交流的契机。

关于对儒学的进一步认识与其未来发展的展望，与会学者讨论了儒学与宗教的关系，并提出了社会儒学、秩序儒学、世界儒学和儒学复兴等观点。如南京大学的洪修平教授回顾了关于儒家的人文精神与宗教性的讨论，认为儒家不是宗教，而是一种人文主义，但仍具有宗教性，可以在引导当下中国人的精神生活方面发挥重要作用。山东社科院的涂可国研究员提出了社会儒学的概念，认为儒学本来就是社会儒学，包含着作为思想内容的、作为功能实现的和作为存在形态的三个层面。完善儒学社会化的机制途径是儒学的政治化、人文化、大众化、现代化、世俗化。华东师范大学的高瑞泉教授提出了秩序儒学的概念，认为现代儒学的定位应是秩序的重建，复兴儒学有着两条路径，一条是内在的、道德的路径，以熊十力为代表，另一条是外在的、社会的路径，以梁漱溟为代表，后者具有社群主义和社会主义的因素，继承了“知行合一”的传统。山东大学的黄玉顺教授提出了世界儒学的概念，主张变革儒学中的某些内容，使其成为世界性的儒学。他认为传统儒学的核心范畴是仁、义、礼、乐，仁是仁爱的精神，义是正义，包括正当性和适宜性两个原则，仁与义是我们要继承的，而礼是社会规范及其制度，是当下儒学变革首先需要改变的内容，乐是在礼的基础上达到社会和谐。山西大学的刘毓庆教授认为，儒家文化是人类文化的正脉，以儒学为主体的中华文化具有超越科学智慧的“仁学智慧”，其中万物一体的思想有利于解决当下的人类困境，儒学复兴呼唤着儒学巨人的出现。北京大学的干春松教授、黑龙江大学的魏义霞教授论述了康有为的大同思想具有世界性意义。

关于儒学的和平思想与当代国际秩序的建立，美国的成中英教授指出，儒家的政治哲学源于人性中的“道心”，儒家的“为政以德”是从道德走向政治，体现为仁智合一。德是内在的和谐，而和谐是和平的基础。和平不止是力量的对抗和平衡，而是德性的结果。由此他提倡五种力量，即自然之力、刚健之力、柔和之力、智慧之力和道德之力。苏州大学的蒋国保教授指出，原始儒家是温和的和平主义，孔子反对“谋干戈于邦内”，反对通过战争、暴力作为解决问题的手段，孟子提出“善战者服上刑”，荀子主张“一天下”，都是主张和平的。中国孔子研究院的杨朝明教授通过对新近出土的竹简材料的分析，指出“中”是儒家传统，“中庸”即是用中。“中道”在国际关系上就是保持“和”，亦即“文明和谐”。同济大学的邵龙宝教授提出了儒学在中国崛起中如何贡献其与世界共享的价值观问题，认为忠恕之道、天人合一、自强、厚德、包容、仁义是儒家的普世价值。韩国的权正颜教授也阐述了儒家思想中有丰饶的世界和平思想。

阿根廷的爱德华多教授认为，当今的世界秩序或国际关系原则基本上还是建立在1648年的威斯特伐利亚条约的基础上。秩序分为三个部分，一是单位，即民族国家，二是国际结构，三是国际原则。现在是美国仍处于国际主导地位。中国崛起的中期目标是建立新的国际秩序，长远目标是取代原有的体系原则。中国现在还处于国际关系的现状维护阶段，“中国的崛起迄今还未导致国际新秩序的建立，也没有改变国际体系原则”。

关于儒学与世界文化的再启蒙，北京外国语大学的田辰山教授指出，所谓“启蒙运动”、“现代性”、“后现代的启蒙运动”等都是基于西方文化的，具有神性普世主义的特点，与天人合一、一多相涵的中国传统文化不同。天人合一是未来世界文明的哲学选项。南开大学的乔清举教授指出，生态危机的呼唤使人们正在突破主客对立的思维方式，中国哲学是生态性的，可基于中国的生态哲学对于世界文化进行再启蒙。以儒家哲学为例，其道德共同体论、生态范畴论、生态功夫论与境界论都是新启蒙的宝贵资源。儒家生态哲学的道德共同体包括从动植物直到土地山川的无机自然界，典型说法有“德及禽兽”、“泽及草木”、“恩及于土”、“恩及于金石”、“顺物性命”等等。儒家生态哲学的思路不是基于规范伦理学的权利、价值等话语，而是基于人的仁爱本性的推广和一切事物的本性的实现。仁的本体性内涵有助于形成以德性伦理为特点的生态哲学体系，确立人与自然的新型关系。

第三小组的主题分为“儒学与教育”和“儒学与生态”。在此讨论中，“儒学与教育”主要涉及个人教育、家庭教育、学校教育和社会教育四个层面，许多学者对此都有相当的共识；“儒学与生态”主要涉及儒家思想与生态文明的关系，并就儒家所讲“天人合一”的丰富内涵展开深入的研讨。

关于个人教育，一些学者指出，儒家特别重视“教化”，个体教育就是学会做人、融入社会的过程。儒家讲“生生”、“感通”，重视生命之间的感应关系、天人一体，这些都不同于今天所说的一般的教育。从平面化的理解，一般讲教育，多引述《荀子·劝学》或《礼记·学记》，而代表儒家教育思想精髓的应该是《大学》、《中庸》。当然，知识论、学习知识有它的重要性，中国人讲“活到老，学到老”，但儒家所讲的学习是知行合一的，为学与做人、做事分不开。像荀子的德行养成论，也是学思结合、践行修身的。所以，关于个人教育，儒家思想就是关注于“如何成人”的问题，教人怎么做人、怎么做好人，在这个意义上，也可以说儒学就是人学、成人之学。

关于家庭教育，一些学者指出，儒学最重视家庭，家庭可以说是践行教育理念的重要场所，儒家在这方面有着丰厚的思想资源。但随着近现代的社会转型，儒家的家庭伦理在现代化的冲击下日渐失去其效应，一方面受到社会经济和政治变革的影响，旧式的家庭组织逐渐解体或重构，另一方面受到西方文化和伦理观念的影响，传统伦理饱受批评，造成现代社会中普遍存在的家庭伦理失序现象。重构适合中国国情的新型伦理，既要兼顾到现代原则和价值，又离不开对儒家伦理的吸收与转化。特别是礼仪文化熏陶和家教的重要性，对今天来讲刻不容缓。中国在城市化的过程中，礼仪缺失、家教贫乏的情况很严重，这造成了人与人之间的陌生化和情感上的普遍冷漠，成为一个大的社会问题。城市化不仅仅是造城、扩城，也不仅仅是经济的升级更新，它在本质上应该是社会文明程度提升的过程。如何在“陌生人”的社会环境中，提高人们的道德意识和水平，是今天我们所面临的一个重大挑战，这需要发挥家庭教养的作用。

关于学校教育，一些学者指出，目前的学校教育存在很多弊病，主要是过于功利化，基本模仿西方的教育理念和方式，对传统教育的精华挖掘不够、吸收不够。在近年的大学扩招之后，生源良莠不齐，素质教育跟不上形势，现在高校一方面是办各种精英的实验班，另一方面则是通识课程的扩容和翻新。不管是实验性的，还是普遍性的，素质培养都离不开传统文化的熏陶，这方面要有观念的更新，就是从单纯的知识技能培养转变为对人的全面培养，儒家思想是重要的资源。要克服现代知识的狭隘性，克服学科的生硬切割所造成的弊端，走向综合，打通中西，培养全面发展的人。中小学教育也面临着重知识而轻德养的问题，应该把传统文化教育纳入到教育的具体环节中，让“四书”里面合适的内容走进课堂。热爱祖国优秀的传统文化要从小抓起，努力培养民族的自豪感和自尊心。除了课堂教育之外，有些影响青少年发展的环节也要去抓，培养对祖国文化的真实感情。譬如，学校的课外环节、仪式性的活动，都要体现传统文化的内容，像教师节应该改为孔子的诞辰日才更有意义。

关于社会教育，一些学者指出，公民道德教育很重要，在现代社会离不开制度、法律，但仅仅依靠法律来治理是不够的，儒家思想对于公民道德教育可以发挥重要作用。儒家的礼乐教化是对社会人群的人文教化，是对人的心灵与行为的价值建构，这是我们进行社会教育的重要途径。把仁爱、正义、和谐、节制、忠孝、诚信等美好品德贯穿于社会的各个方面，让人们通过理性的选择，通过各种行为方式表现出来，形成良好的风气。通过“礼”的教化，使人人懂礼守法，每个人都能够明白做人的道理，自觉地尽职尽责，进入社会角色所规范的责任和义务中，在家庭中懂得孝敬父母、爱护子女，在社会中懂得尊重他人、诚信待人。儒家所讲的“君子”人格是高标准的，是把人格往上提升，这对今天社会的平面化、普遍的世风日下有着警醒作用和榜样示范作用。

关于儒家思想与生态文明的关系，学者们探讨了儒家经典中所蕴含的丰富生态思想。譬如，《周易》中所讲的人与自然的和谐，天地人“三才之道”构成了一个很有启发性的生态哲学架构，富有东方文化的特色。《尚书·吕刑》中所论述的“绝地天通”观念，形成了中华文明特有的宇宙意识，人与自然的关系经历了从“民神相分”到“民神相通”，再到“民神合一”的过程，而这恰恰体现了中国式人文精神的觉醒，是理解儒家思想中“天人合一”的一条重要线索。《诗经》中也有丰富的生态意识，其意象表达的人与自然的融合状态，令人神往，给我们很多启迪。“四书”中也有丰富的保护自然环境的思想，如“钓而不纲，弋不射宿”，“不违农时，谷不可胜食也，数罟不入洿池，斧斤以时入山林”等等。这些思想可以大力挖掘，和当代的环境保护联系起来宣传，发挥儒家思想的现代作用。也有学者探讨了儒家生态观与道家生态观的关系，从一些细部问题进行比较，认为两家思想可以相互为用，共同构成中国传统文化对我们处理当代问题的重要资源。还有学者比较了儒家生态观和西方后现代文化的异同，认为儒家思想可以补充后现代意识中所缺失的内容。

许多学者围绕着儒家所讲的“天人合一”展开讨论。有学者指出，“天人合一”思想有独特的语境和所指，不能简单地理解为是在讲人与自然的关系问题，它的内涵更丰富、更深刻，要从哲学上来把握和阐释。在科学主义大行其道、人类所面临的环境问题日显窘迫的情形下，随顺着科学治理的思路，将天人合一解释为人类的适应能力或顺应自然的哲学，显然是有吸引力的，这也是现代阐释的主流方式。这种科学化解释，求得了当下的合法性安稳，向生态问题的滑转，也为儒学话语的现实介入拓展了空间。但主客体的分离、自然世界的对象化以及天地人文精神的祛魅后果，都将使儒学面临着新的困境。另外，站在现代学术的立场上，用历史研究的方式来描述和分析天人合一问题，在学术史、思想史领域积累了丰厚的材料，成为当代研究的主产地。一大批学者从史料的爬梳入手，用文字考证、概念辨析和范畴释义的方法，把握思想的脉流，阐发不同时代、不同背景下的各种人物对天人合一观念的理解和叙述，从而构成了丰富多彩、多元多样的思想图景。但是这些都还不够，还需要有更深入的哲学的阐释。在历史的理解中，实际上已包含了观念的演绎和创造，所以哲学的阐释应该呼之欲出、紧跟其后。

第四小组的主题分为“德治与法治的关系”和“儒家思想在世界各国的传播”。显然，前一个问题关涉儒家思想与当今“依法治国”理念的现代性，而后一个问题则体现了儒家思想在域外传播的世界性。

关于儒家思想中德治与法治的辩证关系，与会的冀名峰、贾陆英、王恩来、白平等学者分别从文献、历史和理论分析的角度对孔子的德治与法治思想展开论述。孔子强调德政，提出“为政以德，譬如北辰，居其所而众星拱之”，但是孔子并非只强调德治而忽略法治。在孔子的思想中，他是将德治和法治作为治理国家的两个相辅相成的手段，如《孔子家语》中记载孔子说，为政要“以德以法”，“夫德法者，御民之具，犹御马之有衔勒也”。这就说明，孔子认为治国要做两手，一手是德治，一手是法治，二者不可偏废。《论语》中记载孔子说：“道之以政，齐之以刑，民免而无耻；道之以德，齐之以礼，有耻且格。”孔子是将道德和礼治视为治国之本，但是并没有完全否认政令和刑罚的作用，而且“礼”在古代中国有习惯法的性质，更何况孔子做过鲁国的大司寇，直接参与了鲁国的司法实践。

先秦时期儒家与法家的治国理念不同，而早期法家的思想也曾受到儒家的影响。曾振宇教授指出，在商鞅所强调的法家文化精神中也蕴含着“爱民”“利民”的思想，他以“比德于殷周”、“以刑去刑”为理想，这说明在其思想深处也有着人文关怀。

龙大轩教授指出，孝道乃数千年中国文化之精华，对中国传统法律制度影响至深。孝道成为传统立法与司法的核心价值，形成独特而又一以贯之的孝道法文化，对古代社会的秩序构建和人性磨砺发挥了至关重要的作用。当今建构和谐社会，若能对其进行创造性转化，则对弘扬中华优秀传统文化、推进法治建设大有裨助。

近年来，关于儒家主张的“亲亲相隐”与现代法治的关系问题在学术界有较多争论。新西兰的伍晓明教授在论文中专就《孟子》书中“天子舜窃负杀人之父而逃”章作了深入的文本分析，以及对此章所设道德困境的义理阐释，由此探讨了德治与法治的辩证关系，并引出应该如何立法的问题。长期研究中国古代“伦理法”的俞荣根教授认为，在古代“家国一体”的政治法制体制中，“亲亲相隐”具有家庭私权利抗御国家公权力的功能和价值。在现代社会，变古代帝制法制的公权优先为法治中国的私权优先，给予亲属权、家庭权恰当的位置，将私权利纳入我们的法律保障之下，这应是古代“亲亲相隐”权的制度和智慧带给我们的启迪和思考。

德国的杜仑教授阐发先秦儒家的“德政”和“礼治”思想，指出“德政”要求执政者必须通过修身提高自身的道德水平，并以此道德力量感化老百姓，而“礼治”也要求执政者必须依礼行事，不能高于礼，这可以为当今建立法治国家提供思想资源。来自海南省社会和法治委员会的张发主任，以其长期从事司法工作的实践经验，论述了优秀传统文化如何与当今的修复性司法相结合、将其植入对罪犯的教育改造等问题。

关于儒家思想在域外的传播，来自东亚、东南亚、欧洲以及中国的一些学者都发表了这方面的研究成果。如儒学在朝鲜半岛的传播，韩国的金承炫教授介绍了这一传播过程经历了几个大的阶段：从三国时代到新罗统一，主要是先秦儒学的传入；从高丽前期到高丽中期，主要是汉唐经学的传入；从高丽末期到朝鲜时期，主要是新儒学即宋明理学的传入；而从朝鲜中期到朝鲜后期又有清代考据之学的传入。从高丽末期到朝鲜初期，儒学传入的拐点在于对天命的更深理解，韩国的儒教思想认为天命并不仅仅是外在的一种天之命令，而是宇宙的生机，其与人生相连相通，人可以凭借天道或天理以窥测天行，与天合一。

韩国的崔英成教授认为，韩国的儒学思想有其“理论完善”的历史，一个显著的特点是敏感于时代要求，注重符合时代发展的理论启迪。韩国儒学在良好继承以人为本的儒家思想本质的同时，又注重现实性和实践性，并能根据所处环境的变化而做出主观能动性的应变，这在韩国民族史的发展中起到至关重要的作用。

儒学在东南亚的传播与影响，与会学者发表了六篇这方面的论文。如新加坡的李焯然教授论述越南儒学的发展，指出从越南陈朝（1225—1400）开始，越南儒学主要继承了中国的官方儒学，深受程朱学说的影响。但随着汉字被越南喃字所取代，最后发展为拼音文字，儒家思想的影响也随着汉字的消失而没落。越南现存的文庙，目前越南官方将其作为文化遗产，而一些民间人士则认为文庙是文化活动中心。以文庙为代表的儒家思想，正在不知不觉地消失在人们的记忆之中。

越南的阮玉诗教授认为，儒家价值体系在越南的影响会有变更或增减，但是“忠”“孝”“仁”“义”“德”等儒学观念作为社会道德的基础，在越南不会褪色，至今仍较流行的关公信仰就是明证。他考察在越南南部地区各个关帝庙举办的文化活动，说明关公信仰已成为华、越、棉三民族的共同文化遗产，是三民族之间文化大融合的桥梁。

马来西亚的郑文泉教授介绍了马来西亚的“国学”，他以马来西亚大学开设“伊斯兰文明与亚洲文明”的课程为例，说明儒家文化如何参与当地的多民族、多宗教的文明对话，促进民族间的团结，从而也使儒学走出近代以来“国故学”的窘境。他认为，儒学的再度复兴，取决于儒学自身在大众化、通俗化、简约化、普世化方向上的变革与创新。

印度尼西亚华裔总会的马咏南部长介绍了18世纪以来儒学在印尼的传播与发展，特别是20世纪90年代以来儒学（包括孔教）在印尼的复兴态势。中国华侨大学的王爱平教授主要论述了印尼孔教的缘起与发展，指出其源于中国儒学，以孔子学说为宗教信仰，是制度型宗教，完成了中国儒学的宗教化、印尼化、本土化，成为印尼一部分土生土长的华人保持华人身份认同和文化认同的宗教形式。

法国的王论跃教授论述了利玛窦在其传教过程中与阳明后学的交往，而中国的张西平教授则论述了儒家思想早期在欧洲的传播。德国的Christian Soffel教授关注了自清末“哲学”的用词传入中国始，经学与哲学的关系成为一个重要的问题。他认为，经学、哲学的定义与作用，是中西思想交流的一个关键性问题。儒学若要迈向国际化，学者不要单从中、西所异之处来切入，而是必须多关注其共同点。

习近平主席在这次会议的开幕式上指出，文明因交流而多彩，文明因互鉴而丰富。与会学者一致认为，儒学在世界各国的传播研究是一个重要的学术课题，它为我们提供了儒家文化与多种文化相遇后如何交融、互鉴、会通的多种形式和途径，同时也展现了儒家文化具有强大的生命力和文化的世界性价值。

第五小组的主题是“儒家经典、人物及其思想研究”。这本属于儒学研究中的日常功课，与会学者大都成果丰硕，颇有建树。以下只就所提供论文和讨论中涉及的主要方面以及有突出新意的几点作一概述。

关于对儒家经典的研究，论文涉及对《尚书》、《诗经》、《周易》、《论语》、《大学》、《中庸》、《孟子》、郭店儒家简，以及《四书章句集注》、《书法雅言》等文献。对人物及其思想的研究，则广泛涉及先秦的几位儒家大师，宋代至明清的张载、二程、王安石、朱熹、陆九渊、王阳明、李二曲、项穆、陈鸿谋等等，以及近现代的孙中山、胡适、梁漱溟、牟宗三、谢幼伟等等，另还包括越南的黎贵惇等东南亚儒者。所涉机构、学派、事件和论题则有文翁石室、湖湘学派、朱陆之争、豫章书院、日本的《论语》普及教育、日本江户时期的九州儒学源流、韩国理学的“人物性同异论”和“未发论辩”等等。专题性的研究又有孔子的“孝”论、《论语》中的“礼”“仁”属性、《周易》的“中正”思想、《中庸》的体用观、宋儒的“一体之仁”思想、宋明理学的宗教终极关怀、清道咸时期的“日课”修养功夫，以及寻索后“后现代”的儒家哲学方向等等。

其中，考订经典疑义的几篇论文，旁征博引，析微阐幽。如廖名春教授对《论语》“听讼”章与《大学》相关章节的解释，很具有新意。佐藤炼太郎教授阐释《论语》“学而”首章，虽然已经有很多人对此作过注解，但佐藤教授博列中国以及日本学人的解释而折中之，颇具说服力。

罗安宪教授讨论《论语》中孔子“孝”论的三个向度，方勇教授重新审视《论语》中的“礼”“仁”属性，王中江教授从郭店简《穷达以时》讨论儒家的德福观及道德自律，王钧林教授阐发儒家的“增量仁爱”及其中正原则，吴根友教授阐发宋儒的“一体之仁”，都能细致入微，卓有新见，很有启发意义。

张学智教授探讨宋明理学的“终极关怀”，通过详密深入的辨析，既厘清了儒家学者的宗教向度，又区别了儒学与其他宗教迷狂的不同，坚持了儒家的理性精神。

中国台湾的陈逢源教授探讨朱子《四书章句集注》中的“湖湘之学”，观点新颖，甚见功力。

韩国的崔英辰教授引入当代生态学的“全生命”、“个体生命”和“补生命”等概念，来阐释韩国理学中的“人物性同异”之辩，在方法上有很大突破，也很有新意。日本神户市外国语大学的秦兆雄教授介绍日本的《论语》普及教育，以及儒学传播和书院制度等等，都很有借鉴意义。

在讨论中有学者提出儒家主张“天地之性人为贵”，这样会不会造成人类中心主义，最终走上破坏环境的道路？对此的回答是，在对待人与自然的关系问题上，东西方哲学是有差异的。大致说来，在“两希”（古希腊和希伯来）文化中人与自然是对立的，因为万物是上帝为人类创造的，所以满足人类才是万物的价值。与此不同，中国圣哲经典则认为，人与自然是共生的，所谓“有天地然后有万物，有万物然后有男女”，万物和人类都是天地的儿女，所谓“民胞物与”就是这个意思。如果我们真正贯彻了儒家的天人观念，特别是“一体之仁”的观念，正好可与天地万物和谐相处。

习近平主席亲自出席本次研讨会的开幕式并发表重要讲话，学者们热议，这是国家最高领导人对儒学和中国优秀传统文化现代意义的再次公开表态，是中国从以经济建设为主导，转而更加具有文化自觉、自信、自强的一个重要标志。这也是广大儒学研究工作者辛勤努力、长期学术积累的一个结果，是一件大好事。不过在讨论中也有学者担心，这会不会再来个“罢黜百家，独尊儒术”？对此的回答是，习主席在讲话中已明确指出，“儒家思想和中国历史上存在的其他学说既对立又统一，既相互竞争又相互借鉴，虽然儒家思想长期居于主导地位，但始终和其他学说处于和而不同的局面之中”，“中国思想文化依然是多向多元发展的”。实际上，中国文化在历史上从来没有真正实现过“独尊儒术”，今后中国文化的发展更不会如此，而是继续保持多向多元，和而不同，既植根于中国优秀传统文化沃土之中，又随着历史和时代前进而不断与日俱新、与时俱进。

第六小组的主题分为“文明对话”、“政治哲学与社会伦理”以及“中国文化的海外传播与交流”，参与本组的主要是国外学者以英文发表论文并展开讨论。

关于文明对话，学者们研讨了“儒学在当代世界文明对话中的意义”、“儒学与国际关系”、“以儒家传统为文化内涵的中国现代经济在促进其他地区经济发展中的互惠意义”、“儒学在亚洲邻国中与佛教、伊斯兰教社会相互借鉴、适应的问题”、“儒学如何回应中国与拉丁美洲的国际关系”、“中国崛起与非洲时代：根据儒家哲学与非洲思想来测度非中关系”、“朝向大的综合：民主，哈贝马斯与儒学在非洲”、“价值：经济理性与文化帝国主义的局限”、“儒家传统与韩中人文交流的发展方向”、“跨越界限，突破围墙：印度对儒学的一种回应”等等。有印度学者专就儒家的核心概念“礼”（rites）和印度传统文化中的核心概念“法”（dharma）进行比较，表明“礼”被视为“天经地义”的法则，而印度文明中的“法”亦被尊为宇宙万物包括社会的生成、演变法则；不同的是，儒家的“礼”重视人为伦理，而印度的“法”更重视生命的内生性动力。

在关于政治哲学与社会伦理的研讨中，各国学者从哲学的视野主要讨论了如下问题：

1. 儒家的德治思想，有学者指出，德治是儒家针对法家、道家和墨家的政治哲学所提出的一套完整的政治观念，这是一种既有政治伦理规范又有法律条文及其解释和适用性的治理体系，被称为“修身，齐家，治国，平天下”。这种将个人、家庭、社会、国家和世界视为一个关联性整体的政治哲学，强调伦理与治理效率的统一性，并不像西方法律体系的“脚痛医脚，头痛医头”的分门别类的区别性治理，后者容易产生技术官僚主义，削弱了道德伦理在社会治理中的地位。

2. 儒家的“诚”、“恕”和“仁”等核心概念在构筑当代国际关系中的积极作用，有学者指出，这可以作为中国开发“国家软实力”的深厚思想资源。《中庸》说：“诚者，天之道也；诚之者，人之道也。”这里蕴含了宏大的自然公平和尊重各国主权的思想。“忠恕”和“仁”的观念可以作为人权的伦理基础。儒学的道德伦理还可以从和谐的身心关系、人际关系推广到公平正义的国际关系，这是中国“国家软实力”的思想特色。

还有学者发表了“理论和历史视角中的儒家世俗主义”、“儒家话语与政治至善论”、“儒学画布上的新中国——反思中国社会主义的特色”、“儒学中权利取向的伦理”以及“贤能政治”等方面的论文。

在关于中国文化的海外传播与交流的研讨中，一些国外学者论述了儒学在美国、匈牙利、乌克兰、葡萄牙、蒙古、越南、印尼、巴基斯坦等国的传播与交流进程。从历史年代上说，近代以前基本上是由周边的朝鲜、日本、越南、印尼、菲律宾等亚洲国家主动来学习中国文化，另一个传播途径是由中国学者到周边国家取经时顺便传播，还有就是由西方传教士在向中国传教时顺便将中国文化传入西方，其产生的积极影响主要是欧洲近代的启蒙运动。近代以来，儒家文化以及道家道教、中国佛教的文化通过西方学者的翻译、评介工作而逐步走向世界。当前的文化传播与交流，主要是随着经济全球化和中国经济实力的迅速提升，中国开始关注国际经济与文化的互补性，希望其他国家在与中国经济互动时也开展文化互动，如大量举办国与国之间的文化年活动。还有就是众所周知的中国在海外创办了大量的孔子学院或中国文化课堂，它体现了最有现代性意义的文化传播与交流形态，希望这种方式能不断得到完善和提高。

第七小组的主题分为“儒学思想研究”和“儒学与全球化”，这也是主要由国外学者以英文发表论文并展开讨论，具体内容包括了儒家思想与儒学史研究、儒学与全球化以及世界秩序、儒学与世界和平、儒学与环境保护等几个方面。

在关于儒家思想的研讨中，新加坡南洋理工大学陈金梁教授在《儒家式和谐与社会复杂性的管理》论文中深入探讨了儒家“和”的观念，指出“和”既是一种指导方针，也是一种具有活力的处理各种社会复杂性的手段。

瑞士伯尔尼大学 Richard King 教授在《孟子思想中的美德与人伦》论文中指出，实践美德在很大程度上表现在与他者的关系中，而作为道德判断的对象，每个人又属于个体。《孟子》一书向我们展示了美德的两个方面，以及建立在人性和人伦关系之上的德目，这些关系包括父母与子女、君与臣、夫与妇、朋友之间等。Richard King 教授结合当前有关道德问题的争论和西方的传统，深入考察《孟子》的相关章节，试图澄清美德与人伦相关联的一些问题。

以色列耶路撒冷希伯来大学 Amira Katz－Goehr 教授用孟子的一句名言“耻之于人大矣”作为论文题目，她从近五年来发生在加沙地带的两场战争谈起，指出任何战争都是没有胜利者的，而道德的失败更是一个值得重视的维度。当第三次加沙战争的暴力图像出现时，人们首先会感到无语，然而在她看来有一个词更具有实质意义，这就是“耻”，以及由它派生出来的可耻、无耻、羞耻。她通过《论语》、《孟子》等儒家经典及其各种英译本，深入分析了“耻”以及相关的词，诸如羞、辱、惭、愧、贱等，最后把目光转向《圣经》有关“耻”的论述，对中西文明中的“耻”文化作了别开生面的比较。

德国公民教育学院 Michael Spieker 教授在《如何把自然人教育成有教养的人——重新考察西方教育哲学以便开启与儒学的对话》论文中，围绕着三个有关教育的主题，考察了西方从柏拉图、康德到杜威的传统。这三个主题，一是人的教育总是意味着对身体和心灵的教育，而不是仅仅发展知识能力；二是在知识的维度，教育被设想为以发展批判能力为目标；三是为了促进一个丰富多彩的人生，教育必须建立在一个开放的原则之上。他的论文以两个意味深长的问题作为结束，一是我们如何走向自我和哪些方面会导致来自儒家哲学的批判？二是思想和行动如何在儒家传统的启发下创造一个光辉的人生？

德国科隆大学 Sasa Josivovic 教授以中德哲学比较为背景，从多个角度阐释了孔子思想的当代价值。他还对目前流行的所谓“普世价值”提出质疑，并对老子的“自然”和西方语言中的 nature 作了令人耳目一新的比较，很有启发意义。

意大利罗马大学 Paolo Santangelo 教授围绕着“法治”、“德治”、“人治”等概念探讨了儒学的发展演变。他还分析了儒家在人类学维度关于人类多样性的长期争辩中所显示的不同观点与创造性。

在儒学史研究中，丹麦哥本哈根大学 Bent Nielsen 教授在《重新考察马王堆帛书〈易之义〉：儒家的、道家的还是其他》论文中指出，《易之义》是作为一种政治哲学文献的一个构成部分来编写的，这种文献试图提供一种不仅能够替代法家或儒家，而且能够替代五行宇宙论的政治哲学。它由《周易》、《老子》以及包括《易之义》在内的一批不为我们所知的文献构成。《易之义》的编者采用了不同来源和不同学派的史料，所以不管是“儒家的”还是“道家的”，都不足以准确描述《易之义》的学派属性。这部佚书更像是和帛书《老子》甲乙本一起出土的所谓黄老文献。

冰岛大学北极光孔子学院 Geir Sigurosson 院长在《真实、内在与效果：儒家教育哲学语境中的五行》论文中，通过儒家的“礼”来揭示儒家的学习、教育和人文化成的理念。他以新近出土的《五行》篇为考察对象，具体探讨了审美教养以及礼和乐的关系，展示儒家关于人类行为中的个性化与创造性的观念，并进一步讨论了儒家思想中关于人类行为的内在和外在形式及其复杂性。

瑞士苏黎世大学 Ralph Weber 先生在《代表传统——对杜维明新儒学的一种分析》论文中，深入探讨了儒家传统及其当代的代表——杜维明的新儒学。

关于儒学与全球化以及世界秩序，澳大利亚邦德大学 Rosita Dellios 教授在《竞争的地方主义时代的儒家地缘政治》论文中，阐述了她和 James Ferguson 教授在 2013 年出版的《中国寻求世界秩序：从和平崛起到和谐世界》一书的主题，此书主要讨论儒学与当代国际关系。她指出，孔子和明代的郑和都有温和巨人的声誉，都倾向于“软实力”的方式。孔子相信人是可以通过榜样来教化的，而郑和则运用经济手段和声望来赢得附庸国。在儒家地缘政治的主题中，外交和互惠的手段比恫吓与惩罚更实惠。在当代中国和平发展的外交政策和经济合作实践中，有效的军事实力的增长将提高信誉并因此带来回报。竞争与合作的地缘政治必须建立在国家综合实力的基础之上，作为必然结果，在带有儒家特征的地区秩序建构中，中国可能形成一种新的世界秩序模式。

罗马尼亚的罗中经济文化交流友好协会会长鲁博安先生（Constantin Lupeanu）在《孔子与全球化》的论文中，首先讨论了历史上的孔子，尤其是孔子关于世界的观念、孔子与其弟子的关系等问题。他认为，孔子是真正的全球化之父。接着，他探讨了儒家思想的历史发展和对整个世界的影响，并且阐述了罗马尼亚思想家对世界的看法以及文化对话等问题。

土耳其汉学家 Giray Fidan 在《国际关系的儒家路径》论文中，结合当今世界局势，尤其中东地区的乱局，阐释了儒学在处理国际关系中的价值和启示。

现在韩国任教的中国学者郭沂在《世界秩序的重建与中华普世价值的作用》论文中，引述英国历史学家汤因比在上个世纪 70 年代初的一个论断："将来统一世界的大概不是西欧国家，也不是西欧化的国家，而是中国。"汤因比举出的主要理由是："第一，中华民族的经验……第二，中华民族逐步培养出来的世界精神。"郭教授认为，所谓"中华民族的经验"主要是中国古代的治理实践，所谓"中华民族的世界精神"主要是儒家的天下主义。在当今全球化的过程中，地方知识如何转变为世界知识？有两个例证，一是新的政治秩序的建立，二是普世价值尤其中华普世价值的形成。

儒学在全球化的过程中正在发生广泛的影响，澳大利亚的资深外交官 Reg Little 讲述了"亚洲之外中国经典的诵习"，日本的多久市市长 YoKoo Toshihiko 介绍了"孔子与多久市的教育"，马来西亚的张依萍女士介绍了《论语》在马来西亚翻译的历史与现状。

关于儒学与世界和平，印尼的 Chandra Setiawan 博士在《儒教对宗教与全球和平的贡献》论文中旁征博引，从多种维度探讨了儒学的价值及其对世界和平的贡献。他引述 Thomas Hosuck Kang 博士的看法，儒学是人类行为的普世性体系，包括宗教、哲学、心理学、社会学、人类学、伦理学、科学以及其他面向。他强调指出，对于建构一个和平的世界来说，儒家的大同社会理想提供了一个基本观念，而孔子对人类未来的设想，包括太和、大同思想等，与当前的全球化有着密切的关联。大同思想至少强调了十种价值，即民主理想、爱与关心、信任、社会团结、仁慈、公正、勤俭、安全、和平与和谐、社会秩序。

缅甸的 Chitt Naing 先生在《孔子对全球与地区和平的教诲与指引》论文中指出，从人类产生之日起，自相残杀的战争就没有中断过，从家族、群体之间的战争到地区性战争，乃至发展到世界大战，令人触目惊心。早在 2500 年之前，我们的圣人孔子就已经深切体察了战争的残酷与和平的好处，并提出了一系列指引我们走向和平的理念和原则，这些教诲具有超时代的意义，对于我们今天的人类仍然行之有效。

关于儒学与环境保护，英国的姚新中教授在《儒家环境保护的生态观之价值》论文中，通过对早期儒家文献中所包含的儒家生态观念的分析性评估，指出在儒家生态观中包含两个对立的面向，一个是以人为中心，另一个是以天为中心，这大体上与20世纪西方环境哲学领域的两个主要阵营相对应。儒家生态观的这两个面向在环境保护中具有不同的功能：以天为中心的面向为儒家生态伦理建构了一个形而上的和宗教的架构，以人为中心的面向则提供了一种实践价值和环境保护的意义。前者是核心或基础，后者则是运用。当代新儒家寻求将这两个面向结合为一个整体，从而为我们理解人在宇宙中的地位、人与自然的和谐以及环境保护的意义，提供一个理论的和实践的指引。

缅甸西仰光大学的 Thandar Moe 教授在《孔子的"中庸"伦理学说与环境保护》论文中也认为，孔子的"中庸"思想可以为环境保护提供一个伦理向导，以节制人的贪欲，激发人的感恩天性，提高人的责任心，弘扬一种生态的世界观。在阐发儒家的生态思想时，她将道家、佛教以及西方的思想也纳入了比较的视野。

总之，本次研讨会的参会学者多，论文的学术水平高，讨论深入而热烈，显示了儒学研究在中国乃至世界各个国家和地区的丰硕新成果。在大会闭幕式上，新一届的国际儒联会长滕文生先生在闭幕式致辞中表示，这次会议具有里程碑式的意义。习近平主席的讲话，为国际儒学的研究、教育和传播、应用，指出了努力的方向，其意义和影响深远。国际儒联新的领导班子，要以儒联成立二十周年为契机，借这次大会的强劲东风，抓住当前儒，学发展的有利时机，同心同德，乘势而上，努力为国际儒学文化事业的发展发挥好"组织、协调、服务、推动"作用，努力加强同世界各地的儒学团体、儒学研究者、儒学工作者的团结和互联互通，努力为共同开创国际儒学的研究、教育和传播、应用的新局面而不懈奋斗。

(李存山执笔)

卷　一
儒学与世界和平

一、会议主题发言

二、儒学与政治

三、儒学与不同文明对话

目 录

卷一 儒学与世界和平

一、会议主题发言

二、儒学与政治

三、儒学与不同文明对话

一、会议主题发言

我们应从儒家文化中学习什么？

（2014年9月24日）

秘鲁前总统 阿兰·加西亚·佩雷斯

尊敬的习近平主席，

尊敬的坦桑尼亚总统姆卡帕，

尊敬的叶选平先生，各位与会的代表与政要，女士们、先生们：

对我来说，很荣幸受邀参加如此重要的会议，有机会与大家分享从拉丁美洲的视角如何看待儒家文化对中华文明的影响，以及我们能够从儒家文化中学到什么。

在过去30多年中，拥有众多人口的中国，国民经济快速增长，社会面貌日新月异，建设成就有目共睹。同时，中国消除贫困的巨大成就也堪称人类历史上最大的社会变革。我想说的是，如果30年前拉丁美洲也能像中国一样，走一条相似的道路，做出相似的决策，那么拉丁美洲人均生产总值将达到美国的三分之二，贫困早就消除了。但很遗憾我们当时没有及时借鉴儒家思想和中国文化。

我曾写过一本名为《儒学与全球化》的书，现在这本书已经推出了中文版。我认为中国经济快速增长不能仅仅从经济或者贸易角度来看待。这当中有更加深层的因素，那就是中国的文化和思维方式，其中儒家思想是最基础的因素。中国经济繁荣也不是仅仅最近几年才出现的现象，根据安格斯·麦迪逊的研究，在约公元1000年时，中国的经济总量占世界经济总量的22％，1820年则上升到32％。现在中国国内生产总值大概占全球的13％。虽然中国经济总量占世界经济总量的比重离历史最高水平还有较大差距，但我们必须明白，中国增长的动力自2500多年前就种下了，那就是文化、价值、观念——儒家文化留下的宝贵财富。

一些西方人有这样的想法，他们相信中国会全盘接受西方的个人主义、政治体制和投机思想，但他们错了。他们不相信中国经济会继续保持快速发展，但是，就像我在《儒学与全球化》中指出的，实际情况与他们的预期相反。我们可以看到，中国文化、儒家文化的基本理念在世界上的影响越来越大，影响到其他国家和地区人们的行为方式，影响他们对自然、文化、家庭、政治制度、社会秩序的理解，不管他们是自觉还是不自觉。这个过程出现的一个重要因素就在于中国的文化。

与此相反，西方人容易无端怀疑，就像莎士比亚作品中的哈姆雷特，总是充满怀疑。我们的认识哲学就像从洞穴中看世界，只能看到阴影。中国正好与此相反，注重自然和实际，较少形而上学。就像孔子所说的："未知生，焉知死?"他的学生也说，"子不语怪力乱神"，"敬鬼神而远之"。

此外，西方相信二元对立，总是希望用一个理论压倒另一个理论，总想把自己的想法强加于人，最后形成恶性循环。中国文化崇尚和谐统一，孔子敬畏基本的道德规范。而西方人的观念中，儿子对抗父亲，对自然和未知世界怀有敌意，一切事物都容易政治化。而孔子认为没有必要过多通过政府来组织和管理，依靠道德和伦理就够了。

我们西方人关心上帝、创世者和"失去的天堂"，想找寻天堂、回到过去。而中国文化认为，一切都在自然中，不在自然之外，一切都是现实的，都有现实的道路。孔子主张"温故知新"，认为统治者要施行仁政，造福百姓。他相信生产和商业与道德可以并行不悖，照此观点，物质与精神、财富与灵魂这个困扰西方的问题就解决了。

中国的汉字书写方式承载的文化与西方拼音文字大不相同，汉字强化了儒家思想和价值观念。孔子将大自然解释为正常的、显而易见的现象，西方文明崇尚征服自然，向自然索取，争夺自然资源、建设人类社会的过程也成为人类冲突的根源之一，阴谋论、怀疑论不利于人类的共同发展。孔子接受大自然，西方怀疑自然。孔子主张"和而不同"，西方排斥不同意见。孔子主张用道德教化，西方崇尚法律统治。

孔子主张官员向历史学习，才能成为君子，融入、参与国家治理，这些都是中国传承了几千年的治国思想，给中国政治家提供团结、务实、和谐、统一的政治指导。

我们处在一个全球化的世界，互联网像一张大网。我认为，儒家思想可以助力中国发展，为中华民族复兴提供支持。"天下"的意思就是宇宙，中国不是闭关守旧，内向发展，而是主张对外开放，与世界一道发展。

西方国家在社会治理中应该提倡尊重基本伦理，回归孝道，关心老人；应该规划好公共财政，保持政策的连续性，防止陷入寅吃卯粮的陷阱；应该继续社会改革，以保持良好的社会秩序；西方还应该理解经济往来就像大河之水，不能人为设置障碍、阻断流通。总之，人类必须从孔子那里汲取智慧和营养，使经济、社会、文化和谐发展。

儒家思想与今日非洲

（2014 年 9 月 24 日）

坦桑尼亚前总统　本杰明·威廉·姆卡帕

尊敬的习近平主席，

尊敬的叶选平先生，

国际儒联的会员们，

各位来宾，女士们、先生们：

我很高兴能再次来到中国，来到美丽的北京。我还带来了来自坦桑尼亚人民的问候。

首先，我要感谢国际儒联给我这样的机会，能在今天与大家一起参加纪念孔子诞辰 2565 周年的开幕式。

能亲身参与纪念孔子的诞辰活动，我感到十分荣幸。孔子是不同凡响的，两千五百年前他便影响了世界。他创立的儒学传承至今，他关于道德、社会治理方面的思想在今天仍有实际意义。

信奉儒家思想的人都十分崇尚孔子的人本观，尤其是他强调在日常生活中培育美德、遵守道德规范。如此，人们才能在处处争端，人人为己，颂赞自我主义，只顾经济利益而违背道德准则的世界里处理好周身的事物。人们相信，儒学蕴含着可以解决我们社会上的弊病的良方。

在中国过去的历史上有很多杰出的思想家，孔子只是其中一位。然而，就孔子关于生命的深刻哲学理解而言，他是位居第一的伟大思想家。尽管孔子生活在古代，但是他的思想遗产如今依旧适用，尤其是在非洲。

孔子十分重视传统。不论与人交往还是为政，他都提倡道德、社会和政治上的传统。孔子也尊重每个个体，但绝不以扰乱社会秩序为代价；相反，他倡导并维护合理的社会秩序，比如注重家庭观念、尊敬长者。孔子还强调教育的重要性，自律、诚实与公正则是教育的重中之重。

毫无疑问，数世纪中，孔子与中国其他伟大思想家一起，为中国社会的变革和发展做出了贡献。而如今，非洲的转型也可借助儒家学说及其思想。

在非洲，许多国家仅仅独立五十年。人民渴望飞速又独立地发展，却面临重重挑战，如国家建设、地区一体化等等。就在去年，非洲各国一同庆祝非洲联盟成立五十周年，他们发表声明，称要建立一个团结的、繁荣的、和平的非洲，一个由非洲人民管理的非洲，一个在国际舞台上具有影响力的非洲。

儒家思想对于非洲而言至关重要。它是非洲建立、发展一个独立可持续联盟的基础，是非洲社会进步的关键，是非洲政治稳定的支柱，是非洲正确可信的领导的核心。

此次研讨会的主题是“儒学：世界和平与发展”，这个主题十分符合现实发展的需要，因为如今各国都在着力解决和平与发展这两个互生的问题。尽管我们孜孜不倦地研讨和平与发展问题，但二者之间的有机联系还是一如既往地难以捉摸。没有和平，便无法得以发展；没有发展，和平无法得以延续。发展保障了和平带来的利益。

我很高兴看到此次研讨会以一个全新的视角看待和平与发展之间的联系——以儒学的视角。来自世界各地 50 多个国家和地区的 300 多位汉学家将在此主题下进行讨论，讨论的议题则强调了儒学作为一种哲学的深刻性。

我们会就如下议题进行讨论——儒学与当代经济和社会发展、儒学与当代政治和国际关系、儒学与不同文明的对话、儒学与生态环境保护以及儒学与世界和地区和平。

我呼吁大家不要将讨论仅仅流于理论上如何理解儒学对世界和平与发展的积极意义。我们应当拓宽范围，想方设法从儒家思想中找到解决问题的方法，特别是解决如今严重影响世界和平与发展的问题。要知道，利己主义和贪欲仍在不断地加重人民之间、国家之间的不平等，长此以往便会引发世界各地的冲突。

在全球化和现代化的发展过程中，我们忽视了对传统道德思想的重视。是时候重拾我们对传统思想的敬仰了，它们能提供重要的启示，来指引我们成功应对现在和未来的各种挑战。

请允许我再次表达对举办方的衷心感谢，感谢你们的诚挚邀请和友好接待。

祝愿大家在接下来三天的讨论中收获颇丰。

谢谢大家！

東亞儒學的“和平”思想

国际儒学联合会理事长　徐正燉

一、無道的世界，依然期盼和平

Twitter 上的一張照片震驚了全世界的網民們（netizen），這張照片是活躍于中東地區的丹麥言論家于去年 7 月 10 日拍攝上傳的，他還對照片及當時的狀況進行了說明。

“伊斯蘭人把椅子帶到了位於斯德洛特（sderot）的山上，當然這是為了監視巴勒斯坦加沙地區所發生的事情。當聽到突然發出的爆炸聲他們就會拍手。”①

我們難以輕率地判斷是伊斯蘭對還是巴勒斯坦對。但是當發出爆炸聲或者濺出火花時，就會像觀看運動比賽或者動作片一樣大聲歡呼，這就足以震驚網民們。

“和平”是切實需要的。

和平是人類的願望。“平”的意思是平均的分配，②“和”的意思是相互調和。③ 狹義的說是指沒有戰爭與矛盾的狀態，廣義的說是指相互信賴，求同存異，共生共存的社會。

當今，在我們的現實生活中確實能夠實現和平嗎？彼此不信任、否定差異、在獨佔被認可的這種默許規則横行下的國際社會中，理解與合作、共生與尊重確實是可能的嗎？

讓我們一起回到孔子的時代。孟子描述說孔子所處的社會是一個“无道”的社會。“世衰道微，邪说暴行有作。臣弑其君者有之，子弑其父者有之。”④ 随着社会经济基础的变化，社会秩序崩溃，由於只追求富国强兵的論理使得世道渾濁。

---

① Israelis bringing chairs ‘hilltop in sderot’ watch latest from Gaza. Clapping when blasts are heard.［https：//twitter.com/allansorensen72? original _ referer = http%3A%2F%2Fwww. wikitree.co.kr%2Fmain%2Fnews _ view.php%3Fid%3D180691&tw _ i=486954506517639170&tw _ p=tweetembed］。

② 《說文解字》：語平舒也。从亏从八。八，分也。

③ 《說文解字》：相譍也。从口禾聲。

④ 《孟子・滕文公下》。

一天，孔子一行迷了路在尋找渡口的時候，逃避尘世的隐者长沮和桀溺用嘲弄的語氣說道：“滔滔者天下皆是也，而誰以易之？且而與其從辟人之士也，豈若從辟世之士哉?”① 正如微弱的人類無法抵抗浩蕩歷史的車輪一般，避開亂世，隱退山野是最好的選擇。

但是孔子的态度很坚决，“鸟兽不可与同群，吾非斯人之徒与而谁与？天下有道，丘不与易也。”②，他的願望致力于即便受到各種考驗與苦難即使存在他人的嘲笑與刁難也要與人們共同經歷，并糾正無道的世間。

自然地，從政成為了孔子的使命。因為政治是創造新的文化，實現廣泛造福百姓理想最快的途徑。孔子在去郑国的路上迷了路。孔子与弟子走散，只剩下自己。有人在城东门外看见了孔子，把垂頭丧气的孔子描述成一个失去主人的丧家之狗。听到这一传闻的孔子很是感慨：真是如实地表現了他遺憾无人了解自己的心情。孔子的渴望最终只能停止在理想之中。13年来，孔子辗转于此国彼国之间遊說“仁政”，却没有一个登用他的君主。

孔子说：“苟有用我者，期月而已可也，三年有成。”③ 孔子说：“苟有用我者，期月而已可也，三年有成。”他坚信：只要登用自己，短短一年就能纠正国家的弊端，修复崩溃的纪纲，见到一定的效果。三年则军事强大，财物丰盛，教化得以施行，取得大治天下的成果。

可惜他的渴望在理想中終結。他所追求的理想社會至今沒有出現。但是輾轉他國，不顧飢餓與死亡，努力追求“和平”，這成為數千年來東亞思想文化的根基。

二、以仁為前提的信賴社會

孔子说，“爱人”就是“仁”。爱人的对象會根据自己的位置，在范围和规模上发生变化。也有可能僅僅限制在周围的几个朋友上。如果我是一个CEO，组织的成员就能成为爱人的对象；如果我是国家的领导人，整个国民就都能成为爱人的对象。

单从肉体上看，人是具有个体性和独立性的存在。就像腹中的胎儿和母亲通过脐带联系在一个身体上一样，通过“仁”有机地联系在一起的一体性关系是人的本质。志于圣学的人，其人生目标是通过实践“仁”来實現人的本质。特别是人人具有的“仁心”，很容易从表现在父母和子女之间的慈爱和孝心中得到确认。在人伦关系的社会里，我们经常忘记人是一个紧紧相连的一体性的存在。但是在天伦关系中，还保留

---

① 《論語·微子》。

② 《論语·微子》。

③ 《論语·子路》。

着“我们”这个“合一”的观念，所以“本心”作为人之为人的依据，会自然而然地体现出来。

将天伦关系中自然体现的无限信赖和爱心逐渐扩大到人伦关系的最大范围“天下”，这就是政治。有人问孔子为什么不参与政治，孔子说：“书云：‘孝乎惟孝，友于兄弟，施於有政。’是亦为政，奚其为为政?”① 正如孔明子所说，政治就是这樣每时每刻都明確天伦关系中的慈、孝、弟并付诸实践的行为。只不过把它扩大到全天下而已。

在东亚，具有领土、国民、主权的社会组织被称之为“国家”。它与在地理、领土立场上所说的“Country”，在民族、国民观点上所说的“Nation”，以及政治、政权方面的“State”是有区别的。“国家”包含着“家”的概念，生活在这里的人们都像家族那样，在信赖和爱护的基础上和谐相处。因此儒学把政治领导人称之为“民之父母”。没有比孩子得病更让父母焦虑不安的事情了。恐怕孩子的抵抗力下降，不敢轻易使用药物，整夜用湿毛巾为孩子做物理降温。如果是经常带孩子去医院的父母，他们最大的希望就是孩子能好好吃饭，健康成长。如果君主只顾及自己的身体，百姓们由于赋税过重，一年四季辛勤劳动还有人饿死，那么这个君主和失去资格的父母没什么两样。

孔子追求的社會是每個社會成員各自處在自己的位置上，各司其職，像家人一樣和睦相處。他在《論語·公冶長》中說道：“老者安之，朋友信之，少者懷之。”②就像有吃的一起吃、有快樂共同分享的家人一樣，與民同樂，這樣這一目標才可能實現。

三、求同存異的和諧社會

年轻时代的孔子曾经去过齐国。那时遇到了身为诸侯的景公。他向问孔子問政，孔子回答说：“君君臣臣父父子子。”③

当时的景公向百姓征收的税金过重，刑罚也非常苛刻，身边都是阿谀奉承的奸臣之辈。当然政事非常混乱。并且驱逐大儿子，立妾室所生的儿子为太子，家族的秩序也很混乱。“君君”由主语和谓语组合而成，是指君主要尽君主的职责。“臣臣父父子子”也是指在各自的位置上忠实地尽到自己的职责。孔子向景公强调，政治的核心是摆正君臣关系和父子关系使其名正，即“正名”。

只有在尊重自律性的同时，追求关系中的和谐，才能实现“正名”。就像没有音乐伴奏的大众合唱团一样，由各自特有的音色发出细腻的声音，整体融合在一起，表演出和谐的和声。在“不同”的前提下完成“和谐”、以关系为中心的文化，它所追求的

---

① 《論语·为政》。

② 《論語·公冶長》。

③ 《論语·颜渊》。

理想是在各自的位置上，符合自己的名分和实质。“名不正，则言不顺。言不顺，则事不成。事不成，则礼乐不兴。礼乐不兴，则刑罚不中，刑罚不中，则民无所措手足。”①如果君主回到家里当君主，子女在外面寻求父母的无限慈爱，就不能在各自的位置上发挥正确的作用，无论家庭还是社会，都不能维持和平与安定。

儒学虽然追求整个社会的“和谐（和）”，但是也认可各自在位置和力量上的“不同”。所以共同体和谐共存的前提条件就是“和而不同”。因为玫瑰花美丽，就把南瓜花染成玫瑰色，加上刺儿，南瓜花也变不了玫瑰花。南瓜花有自己的美丽和作用。花园的花儿都具有不同的模样、颜色和香味，它们融合在一起才美丽。社会也是如此。如果要求某个人单方面的牺牲或者全部一致，那么共同体就会遭到破坏。应当尊重每个人的个性，认可各自具有的特点，从而实现共同体的共存。在“異”的前提下实现的“和谐”是重视关系文化的孔子所追求的“和平”。

四、實行均分的相生社會

孔子所追求的理想社會是百姓富有，并對他們進行教育，實現理想與常識相通的社會。他希望構建一個一切社會成員都追求正義的社會，所以主要要警惕少數人獨佔，以及由於獨佔而造成的分配不均。孔子说：“ 不患寡而患不均。”②

企业家或政治家应当致力于通过创造利润使企业和国家富有，然而更应当致力于使所有人的利益分配均匀的“均分”。利益應該是均匀分配的“均分”。当然，这里所说的“均”并不是通过算术计算得来的统一分配。而是意味着能使我和共同体和谐共生，按照实际情况进行合理分配的“時中的均分”。如果以秤來做比喻，這裡所說的秤不是天平而是臺秤，天平的指針固定在中間，只有兩邊的重量相同才會水平。相反，臺秤的中軸能都自由運動時即到達了平衡。《大學》中说道：“畜馬乘不察於雞豚，伐冰之家不畜牛羊，百乘之家不畜聚斂之臣，與其有聚斂之臣，寧有盜臣。”③

正如當今批判大規模企業集團侵害街邊商業圈一樣，有權力與財力的少數獨佔了利益并只做對自己有利的事，從而使得多數的弱者收到損害。限制他們該做的事與不該做的事是為了能跟百姓們一起共享利益。這就是以正義作為利益的和平政治。

根據情況稅率可以定為超過十分之一，也可以不超過。可能會比別人獲得少量的利益，也可能獲得更多。但是根據情況，根據適用規定的均分基準實行共生，所以也不會有所不平不滿。

---

① 《論语 · 子路》。

② 《論语 · 季示》。

③ 《大學》。

四、儒家的“和平”思想，將再次賦予使命

那些不能够感知新的变化、固守既存并已熟悉了的方式的人，我們稱之為不成熟的人。當變化正在不斷地發生，但卻磨磨唧唧，這就像在等已經離開的火車。在競爭激烈的經營現場，不能夠適時應對就可能招致破產的結果。Kodak公司开发了便携式数码相机，对人们的日常生活發生了极大的變化。它虽然开发了世界上最早的数码相机，但是卻沒能夠预测快速變化的數字化時代，结果丧失了享有130年的“胶片名家”的称号，并沦为消失于历史中的必然命运。

20世纪以后的东亚将西方近代的理性、合理、自由、科学等作为核心价值，贬低自己的思想文化，并把“西方话即是乌托邦”这一坚固的信念付诸实践。但是2013年，我们生活的世界到了一个必须从根本上改正我们既存的观念和价值标准，并梦想一个全新的乌托邦的时期。以新自由主义为武装的资本主义由于自私主义和无限竞争造成了连自己的邻居是谁都不知道的一種相互断绝了的人际关系，科学技术的文明与开发，以及意识形态的變化造成了无法自我治愈的问题，重新进行规定势在必行。如果思维方式不进行革命性转换将必然走向破灭，到处传来这种迫切的自发性的声音。

当然思维的根本性转换并不是抹杀多元化的价值，仅仅将其引导向一种方式，而是应该以既存在不同又和谐的和平方式讨论。就这点而言，数千年间，儒学作为东亚的思维主干，能够提出并给我们带来不同而又舒适的“东亚理想”。

了解變化非常困難，變化剛剛開始而征兆又狠微弱就更容易錯過。正如短道滑冰快速進行的情況下變化太快總是出現錯誤的選擇。連修改選擇的瞬間機會都沒有。這個選擇便是決定勝負的重大交叉口。

跨入了21世紀的當下，世界由於無限的競爭與利己主義變得人際關係斷絕，甚至形成無法治愈程度的嚴重社會性問題。已經到了不將原有的概念以及價值基準從根本上修正并展望新的模式就不行的地步。近代西方科學技術文明觀與產業社會的開發，以及成長意識形態到了不得不重新制定的時候。四處可以聽到如果沒有思維方式的革命性轉變，必將招致破滅的自覺之音。

儒家所追求得實現和平的社會可以定為“大同社會”。《禮記・禮運》中有如下具體的記載：

大道之行也，天下为公。选贤与能，讲信修睦。故人不独亲其亲，不独子其子。使老有所终，壮有所用，幼有所长，矜寡孤独废疾者，皆有所养。男有分，女有归。货，恶其弃于地也，不必藏于己；力，恶其不出于身也，不必为己。是故谋闭而不兴，

盗窃而不作。故外户而不闭，是谓大同。[1]

大道得以完全实现的大同社会把公正视为最高的价值，国家的权力不是通过世袭来决定，而是宣扬人的能力和人品，立志构建以道德性为基础的社会。人们对家庭的爱也自然扩大到社会，每个人都能在其位并尽其责，能够抚恤社会上的弱者，经济上不是霸占而是主张合理分配，这样就没有盗贼，也没有战争，是和平共生共荣的理想社会。

很多时候，“梦想”只能停留在想象之中。但是如果有强大的实践为其做后盾，就能变为现实，成为改变我和世界的力量。

美国气象学家爱德华·诺顿·罗伦兹（Edward Norton Lorenz）提出微小的事情可能带来巨大改变的主张“蝴蝶效应”。就是说，一个蝴蝶在巴西轻拍翅膀，可以导致一个月后德克萨斯州的一场龙卷风。单纯是一个蝴蝶轻拍翅膀，就能带来天气的变化，发生令人震惊的事情。

孔子对问仁的颜渊说：“一日克己复礼，天下归仁焉。”[2] 这里强调的是德的确立和切合实际的实践的重要性。当每个人的实践行为日积月累，信赖和爱护成为共识，理想社会就能展现在我们的眼前。

现在西方摒弃他们一直所追求的近代价值追求，试图对多种认识进行转换。那么孔子对人与自然和谐相处的理想世界的追求，现在肯定会以不同的方式为我们创造机会。坚信内在人性的清澈，信任和常识通行的社会！求同存异，和谐的社会！让我们再次展望和平社会的实现。

---

① 《禮記·禮運》。

② 《論语·颜渊》。

儒学与中华历史及世界

——纪念孔子诞辰2565年

（2014年9月24日）

张岂之

尊敬的学者朋友、来宾们：

今年是孔子诞辰2565年。中国国际儒联在北京举行学术研讨会，为我们创造了以文会友的好机会。

我向学术研讨会提交的论文是《孔子儒学的价值理念与精神追求》，文字太长，不适合在会上宣读。我想以《儒学与中华历史及世界》为题，作一简短发言，请大家指正。

一、春秋战国时期的“百家争鸣”

中国从原始社会走向文明社会，有一个重要的特色：保留了氏族血缘传统，它反映于中华文化的各个方面，形成了天下之本在国、国之本在“家”的理念。

公元前11世纪，在中国的渭水流域发展起来的周人灭掉殷商，建立了周朝。周人提出“德”和“孝”伦理观，作为当时礼、乐文明的核心理念。

在中国的春秋（前770年至前476年）、战国（前475年至前221年）之际，以鲁国为中心出现了私学学派——儒家和墨家。儒家开创者孔子（前551—479年），是春秋末期的大思想家和教育家。墨子创立了墨家学派。在儒墨之后，出现兼采儒墨而又批评儒墨的道家，春秋末期的老子是道家最早的代表。

战国时代，中国古代土地私有制有所发展，土地兼并和劳动力争夺相当剧烈。在这样的社会变动中，一个叫“士”的阶层活跃起来。他们中有些人从贵族中分化出来，有些则出身于平民。“士”享有参与政治的权利，有一部分人专门从事学术活动。他们受到各诸侯国执政者的重视。这样的社会条件促进了战国时期学术思想的繁荣发展。

最早用“家”来称呼一个学派的学说的，是司马迁的父亲司马谈。《史记·太史公自序》介绍了司马谈《论六家要旨》，“六家”即阴阳家、儒家、墨家、名家、法家、道德家。司马迁写的《史记》一书对孔子进行了高度评价，称他为“至圣”，并列入“世家”，还为孔子的弟子们书写列传。司马迁笔下的孔子是一位对中华文化传承和发展做出了重大贡献的“圣者”，两千多年来中国的历史和文化史证明这个论断准确无误。

中国东汉时期的文献整理大家刘向、刘歆父子以及史学家班固认为，先秦时期的思想学派有十家，除司马谈所讲的六家外，还有农家、杂家、纵横家，至于在街头巷尾说故事的“小说家”是否够格称为“家”，则有疑义。还有兵家、医家。号称“百家”，形容学派之多，它们都对中华文化产生了深远影响。

二、“罢黜百家，独尊儒术”经历了200余年才定型

公元前221年秦始皇统一六国，在中国建立了以皇权为核心的中央集权制国家。但是，十几年就亡掉了。接着建立的西汉王朝，经过几十年的多次战争，地方分裂势力基本肃清，而楚文化、秦文化、齐鲁文化等大体上走过汇合的历史过程。“大一统”的多民族国家需要主流的思想文化，此时，研究《春秋》的公羊学派经学大师董仲舒三次向汉武帝上书，建议“罢黜百家，独尊儒术”。

汉武帝建元五年，即公元前136年，朝廷开设五经博士。随之而来的是，学习儒学成为当时教育文化的大事。到了东汉时期，出现了一些专门传授儒家经典的名师。《后汉书·儒林列传下》记载：有些经学大师授徒讲学，听者往往多至万人，可见研究儒家经典在当时已蔚然成风。

在汉代，对待儒学经典的阐释和理解上，有所谓古文、今文之争，还受到所谓“谶纬”的影响。所谓“谶”，是以诡语托为天命的预言，有时附有图录，故又称为图谶。纬，是与经相对而得名，托名孔子（实际上与孔子无关），也是以诡语解经。

由于对儒家经典的各种不同的理解，东汉章帝建初四年，即79年，在京师洛阳白虎观举行了一次讨论儒学经义的会议，制定朝廷对经书的统一解释，史称白虎观会议，由汉章帝亲自裁决。会后史学家班固整理成书，即《白虎通》，也称《白虎通义》，将儒学经义解说统一起来，以“三纲五常”① 作为核心理念。此时距离汉武帝立“五经博士”已有200余年。可见，“罢黜百家，独尊儒术”并非一朝一夕之事。所谓“三纲”，实际上是一种人身依附关系，孔子没有这样说过。

在中国传统历史上，长期占统治地位的是儒家的经学，它为尊卑贵贱分野的封建社会的政治关系找到一些平衡点。封建皇权统治以三纲五常为准绳，而民间亦以此作

---

① 三纲五常：君为臣纲、父为子纲、夫为妻纲，谓之三纲。仁、义、礼、智、信为五常。

为维系社会关系包括宗法关系、人际关系等等的价值准则。历代的官方版刻经籍、社会启蒙读本、民间乡约村规、家训、家谱，都以“三纲五常”为准则，这使儒学普及到社会的各个阶层，取得了明显成效。今天宣传儒学，需要古为今用，“三纲”是不可取的。

三、“新儒学”即宋明理学的产生和发展，反映中华文化博采众家之长的文化会通精神

唐朝建立后，唐太宗因儒学经书章句注疏不同，命孔颖达等人撰《五经正义》。唐高宗永徽四年（653年）颁行全国。至唐代中期，《五经正义》影响逐渐减弱，主要不是此书的立论，而由于时势所造成，统治阶层热衷于佛教和道教。中华历史上没有出现第二次“罢黜百家，独尊儒术”。

唐安史之乱后，文人学士们在坚守儒学的同时，广泛吸收佛教和道教思想。① 他们居庙堂之高讲修齐治平，处江湖之远则“栖心释梵，浪迹老庄”。② 近世学者陈寅恪指出：“南北朝时，即有儒释道三教之目，至李唐之世，遂成固定之制度。如国家有庆典，则召集三教之学士，讲论于殿廷，是其一例。故自晋至今，言中国之思想，可以儒道释三教代表之”。③

北宋时期，思想界崛起一代新儒生，他们是周敦颐、张载、程颢、程颐、邵雍、司马光、吕大临等，南宋时又有朱熹、陆九渊、杨万里、陈淳等。他们以传统的儒学作为思想的基本准则，对佛、道教思想吸取其理论思维成果，创立了新儒学的思想体系，即理学。

北宋时有皇帝把《大学》、《中庸》（《礼记》中的两篇）择出让臣下阅读并加以体会、发扬，认为这样才能振兴儒学。同时，宋代统治者也重视佛教经典，宋太祖开宝四年即971年，开始刻印《大藏经》。儒、佛、道会通融合，为理学奠基与创立准备了条件。北宋理学家程颢、程颐专门研究《论语》、《孟子》、《大学》、《中庸》，提炼出“天理”理念，形成宋代理学。至南宋时朱熹集理学之大成，以近40年时间撰《四书章句集注》，将三教④统一在以儒学为主的思想体系里，影响了元、明、清三代。

这里不能不提到：在“新儒学”中，构成较为复杂，以往对其中的“关学”学界

---

① 佛教：两汉之际，印度佛教进入中国。唐太宗时，玄奘西行去印度取经，历时十数年。玄奘回到长安后，主持对佛经的翻译，此后加深了佛教对中华文化的影响。

道教：东汉初期，出现早期道教，产生了道教的两个派别。唐朝、北宋时道教盛极一时。

② 《病中诗十五首并序》，《白居易集》卷35，中华书局，1979年，第787页。

③ 《金明馆丛稿二编》，三联书店，2011年，第282页。

④ 所谓“三教”是通常用法，儒是教化，而佛、道才是宗教。

关注较少。南宋学者吕本中最早提到“关学”这一概念。南宋朱熹、吕祖谦编选的《近思录》较早地梳理了北宋理学发展的统绪；关学是作为理学的一支来介绍的。朱熹在《伊洛渊源录》中将张载的“关学”与周敦颐的“濂学”、二程的“洛学”并列加以考察。明初宋濂、王祎等人纂修《元史》，将宋代理学概括为“濂洛关闽”四大派别。可见关学在当时思想文化领域中的重要地位。

我们在编写《宋明理学史》上册①的时候，在关学学术旨归上曾作过探讨和争论，可是没有对关学的全程做出细致的分析。

从历史来看，关学没有中断过，所谓关学是指由北宋时张载（1020 年至 1077 年）在今陕西关中开创的理学学派。完整地研究关中理学，是研究中国思想史、特别是宋明理学中的一个重要课题。近四年来，以陕西关中学者为主对关中理学进行了梳理、研究，即将完成《关学文库》丛书，由两部分组成：一是文献整理类，即对关学史上重要文献进行搜求和整理。二是理论研究类，对关学整理和重要学人进行个案与综合研究。总名《关学文库》，2000 余万字，将于今年年底前分批出版。

四、儒学与世界

中国近代历史经历了百多年的民族危机与艰苦考验，饱受世界列强的欺凌和宰割，但没有被任何一个侵略者吞并。中国数十个民族，以汉族为主体，凝聚团结，抗敌御侮，保家卫国，为国家民族的独立自由和解放而奋斗。精诚所至，金石为开。1949 年新中国的建立，标志着中华民族和中国人民从此重新站立起来了。中华民族和中国人民奋发图强的精神动力源于何处？归根到底来自包括儒学在内的中华优秀传统文化。由此人们做出这样的判断：中华优秀传统文化是中华儿女安身立命之所。外来的革命学说——马克思主义，与中国国情和优秀传统文化结合，在中华大地上对中国革命、建设和改革事业产生了正确的指导作用和巨大的凝聚力。

从世界史可以看到，儒学作为世界文化的一个重要源流，对世界的文明进步也做出了重要贡献。对东亚国家来说是如此，对于西方社会也是如此。儒学对于我们的近邻韩国与日本文化的影响举世皆知，对于东南亚各国的影响也不可否认。对于西方社会来说，比如，18 世纪法国启蒙思想家伏尔泰、狄德罗、卢梭等都受过儒学影响。法国思想家伏尔泰对孔子与儒学推崇备至，他认为，在奉行儒学的中国社会中有真正的信仰自由，政府只管社会的风化，却不会规定民间的宗教信仰。中国人用自身的道德伦理来协调人间的事务，具有明显的进步意义。伏尔泰甚至将“己所不欲，勿施于人”

---

① 侯外庐、邱汉生、张岂之主编：《宋明理学史》上册，人民出版社，1984 年。

写入法国最早的《人权和公民权宣言》中。狄德罗认为，儒学为主体的中国历史文化，在历史、艺术、智慧以及哲学趣味等方面都远远优于其他民族。由此可见，儒学对于18世纪的启蒙运动是有贡献的。德国哲学家莱布尼茨反对“自然法仅仅来源于上帝的意志”，他注意到了中国的儒学，甚至认为朱熹的哲学与他的多元宇宙概念有很大的相似性。20世纪，英国哲学家罗素认为，儒学具有入世、平实以及中庸的精神，是值得西方文化借鉴的重要品质。不仅如此，中国的造纸术、火药、印刷术、指南针四大发明等科学技术的西传，对欧洲的文艺复兴运动和资产阶级革命、工业革命，可以说也起到了某种催生的作用。

为什么创立和发展于中国的儒学文化有如此巨大的能量？我想，这只有从儒学本身去找原因。

中国历史上诸子百家之学中的儒学，归根到底不是神学，而是以“人”为核心的思想道德文化，以“人本”为经纬的政治伦理学说。儒学宣传如何做人，做有道德、有理想、有担当的“君子”；与人讲公正诚信，讲和睦友善，讲互相尊重，讲“己所不欲、勿施于人”，讲人们只要努力修身和践行，即可达到“成圣成贤”的目标。

儒学本身不是宗教，而是一种行之有效的思想道德教化，它和宗教可以并存，能够吸取佛、道宗教中的某些优质，加以改造和转化（不是原封不动地搬来），使自身更加丰厚。

儒学是讲爱心的文化，从“亲亲”到“泛爱众而亲仁”。儒学的哲学探讨“天道”与“人道”的关系，简称“天人之学”，最高人生境界则是“天人合一”。这是中华古代农耕文化的折射，也包含有关注生态文明的因子。

儒学为“君子”树立了认识论标准，这就是排除言行上的极端，遵循和践行不走极端的“中庸”之道，反对“过”与“不及”。儒学讲“王道”，反对“霸道”，在社会观上倡导和平、和谐。

儒学不是封闭的文化学说，它主张“和而不同”，倡导博采众家之长的文化会通精神。儒学重视教育，相信人们经过教育和自身努力，都可以成才；它不是少数天才的文化，而是中华民族整体的思想文化。

儒学也有它自身的历史局限性。在社会制度上，古代的儒学始终没有能够解决皇权体制的人治本质与制度规范的法制要求之间的矛盾。皇权只是把法制作为自己治民治吏的一种手段，自己则凌驾于法制之上。对于这一缺陷，中国历史上有些儒者也有过论述，但没有力量加以匡正。

对于儒学文化中所蕴含有的一切有价值的思想文化遗产，我们要努力传承和发展，古为今用。至于儒学与西方思想文化的关系，这个重要的学术问题，我们需要继续探讨。中国国际儒学联合会在这方面已做过一些有意义的探讨工作，这就是：中国学者到欧洲去，与那里的学者共同研讨儒学文化与西方文化的关系。笔者记得，由谷牧先生亲自策划成立的中国国际儒联提出沟通中国儒学与西方思想。为此，从 1988 年开始，中国学者和德国学者就进行过这样的探讨。既有会议上的交流，也有个别人之间的交谈，这种共同研讨的效果很好。

由此我想提一个建议：中国国际儒联需要继续在世界范围内开展儒学研究、交流，其中当然应该包括以儒学为主干的中国传统思想文化与西方思想文化关系的探讨。

我想起习近平主席于 2014 年 3 月 27 日，在联合国教科文组织总部的讲话中说的一段话："历史告诉我们，只有交流互鉴，一种文明才能充满生命力。只要秉持包容精神，就不存在什么'文明冲突'，就可以实现文明和谐。这就是中国人常说的'萝卜青菜，各有所爱'。"这个话讲的是很深刻的，也很有现实针对意义。

我有机会参加这次"纪念孔子诞辰 2565 周年国际学术研讨会暨国际儒联第五次会员大会"，感到十分高兴。谨祝此次会议圆满成功！

两个文明千年的天才对话

俄罗斯—中国友好协会主席　俄罗斯科学院远东研究所所长　M. 季塔连科

1. 文明的对话、文化的交流已成为当今世界全球性发展的一个组成部分。俄中之间的文化关系和文明对话以及随之密切的双边政治合作、经济互补和其他领域的共同携手产生巨大、全面的积极和建设性的影响，是举目共睹、令人欣慰的。

2. 我们的文化相互渗透的基本起源早已经出现在沙皇彼得一世和中国皇帝康熙的18世纪。创立这个对话的就是300年前的1715年俄罗斯东正教传教士使团在北京神学传播的初始。多年后的成长，随着他们的工作、活动得到丰硕的成果，直到18世纪末，俄罗斯和欧洲开始认识古老中国的存在。

这些创始者的杰出代表有А·Л·列昂季耶瓦和И.К. 拉索西纳，正是他们首次翻译了大量的中国儒家经典教科书和哲学著作，包括《三字经》，然后在俄罗斯又被翻译成拉丁文，并在欧洲开始得到普及推广。当然，这个团队中最杰出的人物之一当然是修道院僧侣比丘林神父。比丘林的辛勤劳作天才的创造性的体现了优秀科研人员的整体水平与俄国传教士团神职人员素质。

当时他们已经在圣一彼得堡大学、喀山大学创建了汉学中心这样强大的研究中国文化的平台。它不仅已成为是一门学科的研究，更是一种深层次的哲学思考，一个有影响力的精神领域。俄罗斯文化中最杰出的代表А.С. 普希金、Н.Г. 车尔尼雪夫斯基、Ф.И. 陀思妥耶夫斯基，Л.Н. 托尔斯泰 他们既是俄罗斯文化和政治的重要组成部分也是中国文化和哲学的组成部分。

俄罗斯文化的杰出代表Н·Я·比丘林、В·П·瓦西里耶夫首先从道德哲学的最大高度提升了中国先哲圣人孔子、老子、墨子在俄罗斯的作用。随之即是俄罗斯文豪А.С. 普希金和Л.Н. 托尔斯泰。在名垂史册的А.С. 普希金名著《叶甫盖尼·奥涅金》中以 历史的警示 决定主题“奥涅金”的命运话题，普希金在其小说中有意引进了孔子的价值取向的文本。

3. Л.Н. 托尔斯泰不仅是伟大的俄罗斯诗人、作家，更是19世纪中叶翻译了众多中国经典的翻译家。进而使读者可以直接永远铭记列夫·尼古拉耶维奇的姓名列为在首位，最初展示和叙述中国儒学的精髓，“中国教育本质的最高境界是这样的：

（1）需要整个民族的更新改造。

（2）为了家庭的和美，需要家庭的改善。

（3）净化个体，需要个人的心灵的纯净升华。

（4）心灵追求的是纯粹，需要稳定平和。

（5）真实性的意识、思考，需要真切。

（6）知识水平的高超，需要学识的提高。

（7）研究的本身是追求至高至善至美。”①

伟大的托尔斯泰以独特的好奇心，惊人的勤奋，从难以置信的深度和广度发现了中国古代哲学的道德价值观……

在他的青年时期，托尔斯泰几乎与中国擦肩而过。Л. Н. 托尔斯泰的回忆告诉我们，因为来自这样一个事实：“在克里米亚战争之后，自己被派往中国。朋友劝我去见炮兵团的教官，我记得我当时很犹豫。我的同伴去了……”②

19 世纪 70 年代末和 80 年代初托尔斯泰的思想意识产生进一步的转折。在这些年里，他越来越多地被吸引到东方的思想家领域，并试图找到他们的学术理念，寻求符合自身反思生命的本质，呼唤人类的天性。

1891 年在圣—彼得堡回答出版商 М. М. 莱德尔利的问题，那些作家和思想家在其成熟阶段对他影响最大时，Л. Н. 托尔斯泰认为除了西方其他的哲学家之外，东方伟大的孔子和老子都对自己的成长有着巨大难以磨灭的影响。

研究中国的哲学家和翻译工作给托尔斯泰带来了伟大的创造性的满足。“我的心态很好，”他在日记中写道：“ 这主要归结于阅读孔子的理论，而最重要的是老子。”③

那些关注自身道德守则的和寻找生命的标准意义理念吸引了他的目光。他对孔子伦理思想中的责任、忠诚、仁爱、道德自律、修身养性、衷爱学习、尊重父母、敬重长辈等等用道德的观点进行了思想诠释。

在 1884 年 2 月底，托尔斯泰对 В. Г. 莱德尔利写道：“我坐在家中，重感冒发烧，这是我读孔子书的第二天。很难想象具有赫然开朗的、非凡的道德高度。”这本书就是《孔子的一生和学说》，这是 Д．理雅戈的著作《中国经典》的第一卷。在 1884 年 3 月，他再次写信给 В. Г. 莱德尔利说道：“从这本书中我获悉众多优秀的、有益和愉悦

---

① Л. С. 贝列诺莫夫，《孔子的论述》，俄罗斯科学院远东研究所　刊物，1992 年，第 4—5 页。

② 见：《А. 希夫曼，托尔斯泰和东方》，莫斯科东方文学出版社，1960 年，第 46 页。

③ 《列夫·托尔斯泰全集》，第 49 卷，第 68 页。

自己的哲学思想。我真想与他人分享。”[①]

此时，托尔斯泰首次从中国哲学家的教导中领会了真谛的著作是《孔子之书》和《大学》。对于孔子的哲学思想，他认真地做了许多的日记和记录。

1900 年，当时的中国正处于战争状态，托尔斯泰萌生在俄罗斯传播中国哲学的想法。他在日记中写道，我因为时常思考着关于人类文明的命运在中国与孔子思想和在各个大国的前景并为之而愁思。

1900 年 11 月 12 日，托尔斯泰在日记中写道："没有什么可写的，可孔子的研究进行得非常好，能够汲取精神力量。”随后，托尔斯泰怀着强烈的欲望尝试在俄罗斯和世界各地传播孔子的学说。托尔斯泰撰写了的关于孔子的文著列入《中国学者文章阐述 》一书，出版经纪人出版了《人生与儒学》。

列夫·托尔斯泰认为《中庸》是一项道德原则，并且清晰予以科学的注解：内部平衡是人类一切行为美好和谐规律的根本，并且只会存在于平衡与和谐的快乐中——如此人们会协调世界秩序，世间万物就会繁荣发展。[②]

列夫·托尔斯泰 与孔子的世界观十分吻合，进一步证明了孔子的教诲已经具有了世界的影响力。伟大的作家反复在其日记中引证孔子的名言，统治者必须照顾他的臣民，道德和教育的培养是重要的。管理就是改善，如果你是正确的，谁还敢走向不正确那里?[③]

概括总结这句话，托尔斯泰写道："我坦率地说，权力的合理解释和汉语学习，对于我来说是启示，权力可能不应该是暴力的，只有它当被公认为是道德和理性的极限…… ”[④]

儒家伦理中最重要的概念是《仁》，即仁和人性化。孔子教导我们，在家庭和社会中人与人之间的关系，应彼此信任，互相宽容与仁慈。“己所不欲，勿施于人”这是孔子道德行为的主要格言。引用孔子的这些论述，并予以诠释其意义之后，托尔斯泰认为，道德的自我培养是人与社会发展过程。托尔斯泰 相信这是永无止境的。道德责任即是他的一生学习和追求的理想。列夫·托尔斯泰以儒学自我教育过程来“净化”和完成“内心的至善 ”，最终获取“ 真知”。

俄罗斯文化的两大代表—普希金和列夫·托尔斯泰对中国古代圣贤道德哲学的研究创造了文明的真正沟通交流，是俄罗斯和中国关系中不可多得的创举。这确实是历经千年的两个国家之间的天才对话。

---

① 《列夫·托尔斯泰全集》，第 85 卷，第 33 页。
② 《列夫·托尔斯泰全集》，第 54 卷，第 57—58 页。
③ 《列夫·托尔斯泰全集》，第 49 卷，第 63 页。
④ 《列夫·托尔斯泰全集》，第 49 卷，第 70—71 页。

学习儒家协调智慧，树立当代新型国际观

中央民族大学 牟钟鉴

当代人类不缺少社会发展的智慧，而缺少族群协调的智慧，因此世界在现代化全球化快速发展和高科技突飞猛进的同时却族教冲突不断、集团对抗加剧。没有社会发展，文明难以进步；不能协调族群，文明会倒向野蛮；争斗激化不止，人类必陷于灾难。目前人类仍在文明与野蛮较量中挣扎，人类似乎尚未找到一条适合地球村时代的公认的和谐相处之路。儒家的优势在于具有协调人际关系的智慧，学习这种文明智慧，树立新型国际观并使之成为处理国家间关系的普遍依据，便成为人类避免战争、走向和平的当务之急。

一

近代以来，国际社会的国家关系中占优势的指导思想是社会达尔文主义，它认为别的国家是自己的敌人，弱肉强食是公理，结盟也只是彼此利用。它的最大弊害是把动物世界“物竞天择、优胜劣汰”的丛林规则搬用到人类社会族际关系上，已经造成两次世界大战，其极端表现便是法西斯主义的种族屠杀、种族灭绝。二战结束后，西方国家有鉴于法西斯主义反人类罪行的浩劫和覆灭的教训，不再轻易发动世界规模的战争并警惕法西斯的复活，倡导和创建联合国，建立世界贸易组织，在国际事务中更多地使用硬实力与软实力相结合的手段处理问题。但西方国际观中占主导的社会达尔文主义并没有根本改变。因此半个多世纪以来，国际上有长期的冷战，有接二连三的局部战争。20 世纪 90 年代以来美国直接挑起和参与的战争就有科索沃战争、伊拉克战争、阿富汗战争。苏东解体后，霸权主义仍在肆虐，冷战思维还在继续，文明冲突论颇有市场，军事结盟在发展，军备竞赛在加剧，集团对抗和冲突时而激烈化，民族宗教极端主义有新的发展，暴力恐怖主义成为国际社会的公敌。在日本，有军国主义思想的右翼势力企图为法西斯罪行翻案并使之死灰复燃。这都说明具有野蛮性的社会达尔文主义仍然没有退出历史舞台，还在折磨着人类，威胁着地球村的安宁和持续发展。

有识之士提出文明对话以来，步履维艰，成效不大，人类在处理国家关系上尚缺少应有的智慧。

其实在人类文明史上，两千五百多年前的孔子已经提出了文明程度很高的天下观即国际观的雏形，闪辉着早熟的协调智慧，其后的儒学不断进行充实发展，又在中华民族对内对外关系上加以实践，形成反映人类共同体整体利益的东方式文明关系原理。其信念是：相信天下乃是一家，共生共荣应是公理，人类能够友爱相处。这种文明关系原理和协调智慧代表着人类文明前进的方向，最能适应人类成为命运共同体之后的全球化时代。但是由于中国近代以来经济社会发展落后，不仅未能在世界上展示其化解冲突、建设和谐世界的积极作用，反而被侵略被欺侮，其协调智慧被挤压被抛弃，似乎强权才是公理，和解乃是软弱。然而历史总是走着否定之否定的道路。当全球化的进程已经使得人类真正成为命运共同体，共同利益超出了彼此的差异的时候，发达国家囿于其传统模式，面对族际关系的紧张，却拙于应对，提不出新型国家关系准则，仍然迷信军事干涉与威慑、政治结盟与对抗、经济制裁和文化扩张，其效应常常是损人而不利己。看来当代人类处理族群关系上要超越文明冲突论，需要回过头去向孔子儒家学习，增强协调智慧，才能破解国际纷争困局。

二

孔子儒学的协调智慧的主要理念和内涵如下。

基于普遍人性的仁和之道。

儒学认为人不是单个的存在物，人的本质是由社会关系构成的，人人都有仁爱之性，即关爱他人和互相关爱，中国人称之为“良心”或“良知”，它是与生俱来的。人在群体中成长，从小即爱父母、亲人，随着成熟和生活空间的扩大而爱朋友、社会，进而爱人类和万物。孟子说：“亲亲而仁民，仁民而爱物”，[①] 这是人性的正常发展轨道。但爱心又容易丢失，因为人在具有群体性的同时又具有个体性，往往膨胀个体需求和把个体需求放大为某种集团族群的需求，从而损害他人或他族。所以人还需要有道德理性的自觉，通过教育和修身，把存在于人性中的善端发扬起来，把由于后天不良积习而丢失的善性寻找回来，孟子称为“求其放心”，[②] 然后形成道德自觉，养成道德习惯。按照儒家的逻辑，“爱人者，人恒爱之”，[③] 因此仁爱是相互的，利人与利己是

---

① 《孟子·尽心上》。

② 《孟子·告子上》。

③ 《孟子·离娄下》。

统一的，反过来，损人必害己。由此引出忠恕之道，即“己欲立而立人，己欲达而达人”，[①]“己所不欲，勿施于人”，[②] 既要关心人、帮助人，又要体谅人、尊重人。由于有忠恕之道，儒家的仁爱便是互尊的平等的爱，而不是单向的强加的爱，从而避免了那种“己所欲，施于人”的强迫的爱所引起的把爱变成怨恨的弊端。由此可见，不仅利己主义的贵斗哲学会导致冲突、对抗、战争等灾难，就是从救世出发的爱也会由于其单向性而达不到爱人的效果。如一神教原教旨主义的独尊论和救世论观念中的博爱，同样会导致冲突和流血，因为它不懂得尊重和体谅信仰的他者，必然引起他者的反抗，“同而不和”，便要相斗。讲忠恕之道的仁爱，处理与他人他族他教的关系，必然采取尊重差异、包容多样的态度，这便是“和而不同”[③] 的伟大智慧，它是保证人类多彩文明和谐相处、健康发展的永恒的真理。全部世界文明史都证明，凡是实行“和而不同”的时段和地方，那里就有文明、安宁、快乐的生活；凡是实行“斗而不和”的时段和地方，那里就发生野蛮、战争、苦难的悲剧，文明遭到破坏，人类社会便退回原始时代，甚至不如动物世界。以仁爱和谐为核心的协调智慧是历史经验的结晶，是用无数鲜血换来的生活真理。

基于命运共同体的天下一家观。

孔子儒学视人类和宇宙为生命共同体，族群之间血脉相连，痛痒相关，唇齿相依，彼此关系如同兄弟姐妹，共同生活在天地之中，没有根本的利害冲突，应以和为贵，不应相斗。儒家的天下观就是它的国际观，不强调民族国家之间的间隔和对立，而强调相互依存、友好相处和来往。它把家庭关系放大为族群与国家关系。故《尚书·尧典》说：大尧“克明俊德，以亲九族，九族既睦，平章百姓，百姓昭明，协和万邦”，《尚书·蔡仲之命》说：“为善不同，同归于治；为恶不同，同归于乱。”孔子说：“四海之内皆兄弟也”。[④] 北宋大儒张载说：“乾称父，坤称母，予兹藐然，乃混然中处。故天地之塞，吾其体；天地之帅，吾其性。民，吾同胞；物，吾与也”，[⑤] 大意是说，我们都生活在天地之间的人类大家庭里，民众都是我的兄弟，动植物都是我的伙伴，大家应当相亲相爱过日子。所以儒家既反对民族国家之间和内部的战争残杀，也反对破坏摧残动植物的生命，主张保持人与人、人与自然的和谐。“讲信修睦”[⑥] 和“协和万邦”是儒家国际观的中心理念，都强调和平共处的原则。由于儒家在历史上长期据社

---

① 《论语·雍也》。
② 《论语·卫灵公》。
③ 《论语·子路》。
④ 《论语·颜渊》。
⑤ 张载：《西铭》。
⑥ 《礼记·礼运》。

会意识主导地位，中国作为文明先进的大国一直坚守睦邻友好的外交方针，实行防御型国防政策，在它最强大的时候如汉唐盛世，也没有成为穷兵黩武的国家，却是与外国进文明交流的典范。唐代玄奘法师西去印度取回佛经，明代郑和带领舰队七下西洋传播和平与友谊，以及儒学、佛教、道教以和平的方式传到朝鲜、日本和越南，都是最好的证明。如果不幸发生战争，儒家主张要“化干戈为玉帛”，早日实现和平和礼尚往来。中国历史上曾出现崛起于漠北、以游牧文化为背景的善于骑兵征战的蒙古族军事统师成吉思汗，曾领兵占据中原并西征，打到中亚和东欧，沿途多有杀掠。其早期的战争野蛮性缘于尚未受到中华核心文化儒佛道的熏陶。当时发祥于山东半岛的全真道大师丘处机，应诏西行，历尽艰辛，不远万里到达成吉思汗驻地雪山（今阿富汗境内兴都库什山），用儒家“敬天爱民”和道家“清心寡欲”的思想劝诫成吉思汗，① 要他尊重生命、制止杀戮，得到成吉思汗尊敬和认可，从此战争减少了暴行，改变了游牧文化好战的传统，使成吉思汗子孙掌政的元朝回归中华仁和的主流文化。丘处机重生爱民的思想与行动是跨越民族与国家的，他要拯救的生命是“人民”的生命，并不限于特定的民族国家的人民，因而后世赞颂他是大仁、大慈、大勇的人。天下一家观要以尊重生命、爱护生命为第一要义，因此它必然是反对侵略战争、保卫世界和平的。

基于普世伦理的中和理性。

人类是一个多民族多国别多文化的世界，既生活在同一个地球上，利益主体又呈现多元化；在根本的长远的利益一致的同时，在局部的眼前的利益上又会产生各种纷争与摩擦。然而互斗则互损，因此国与国和平共处需要有一种合情合理的态度与方法来协调矛盾，使各方的核心利益得到维护，同时，彼此又能做出必要的妥协，从而达到互利共赢，这就要树立中和理性，抛弃极端思维。儒家的协调智慧就是它的中和理性，具有持中、稳健、包容、调和的特色。孔子说：“中庸之为德也，其至矣乎！民鲜久矣。”② 又说：“过犹不及”。③ 他看到一般人的思维好走极端，再加上个人或小集团利益驱使，在思想行为上容易偏激、“唯我独重”，不容他者。中和理性要求照顾所有相关方的利益，采取大家都能接受的方式调和矛盾，从而避免冲突带来的灾难，这是一种很高的道德行为，不容易做到，但要努力去做，不这样做，矛盾便不能真正化解。中和理性要求：第一，要排除极端化思维，倾听不同的意见；第二，要顾及各方的利益和诉求，不能损人利己；第三，要用温和包容的态度集思广益，异中求同，同中存异；第四，要在人情与公理之间取得平衡，做到合情合理。由此可见，中和理性不是

---

① 《元史·丘处机传》。

② 《论语·雍也》。

③ 《论语·先进》。

无原则的姑息和讨好，它是以仁义为准则，以大局为重的，故有“和而不流”[1] 的提法，既强调和谐，又不随波逐流。《中庸》还讲“时中”，即中和理性没有凝固化的标准，它主张根据不同时期不同情况，采取灵活的态度和方法来对社会矛盾实行协调和平衡，以便取得最好的效果。

在中和理性影响之下，中国人很早就懂得用文明态度和方式处理多元文化之间的关系。《中庸》提出“万物并育而不相害，道并行而不相悖”。《易传》提出“天下同归而殊途，一致而百虑”。儒家、道家、佛家都尚中贵和，彼此不断接近和融合。各种外来学说与宗教在中国只要爱国守法、导人向善，都有正常生存空间。人文与宗教、宗教与宗教互补共进，形成多元通和生态模式，温和主义是主流，极端主义难以流行，中原没有发生宗教战争，也没有出现大规模信仰迫害的事情。

三

发扬儒学协调智慧，破解文明冲突危机。

人类首先要充分认识时代已发生了根本性的转换：由民族国家群雄角逐、彼此自身利益大于共同利益的时代，进入了全球化加快、共同利益大于彼此分歧的时代，人类真正成为命运共同体；已往长期被主流国家奉为指导国际关系原则的丛林规则和贵斗哲学将不得不退出历史舞台，和平与发展成为时代主题，儒学的协调智慧与中和理性将大放光彩。人类面临着共同的全球性生态危机，而且形势已相当严峻。例如海洋江河的污染，大气二氧化碳的过量排放，土壤的沙化和退化，森林和生物物种的快速消失，地下资源的过量开采等，都在急剧地恶化着数亿年形成的自然生态。当此之时，人类若还热衷于彼此厮杀而不能团结一致，必将迎来生态危机的大爆发，那时任何国家既无法单独应对，也不能单独幸免。再如数量可观的核武器，时刻威胁世界的安全，核恐怖平衡能持久吗？冷战时期人类曾几度濒临核战争的边缘，何况还有恐怖主义利用核武核能袭击的问题。全球化的加快使地区和各国经济连为统一的共同市场，相互依赖度空前加深，经济制裁和贸易保护主义已不可能不伤害到自己。而21世纪以来的几场战争，除极少数军工企业巨头获利以来，被战争蹂躏的国家，平民大量伤亡，国家元气大亏；而主战国也民怨沸腾，债台高筑，因而主战的声调锐减，主和的舆论日盛。除非人类甘愿共同灭亡，否则必须从现在起就要学会用新的协调智慧应对国际纠纷，不使其再度陷于冷战，更不能发展为热战。汤因比说：“世界统一是人类避免集体自杀之路。在这点上，现在各民族中具有最充分准备的，是两千年来培育了独特思维

---

[1] 《礼记·中庸》。

的中华民族。”[①] 我想，汤因比所说的中华民族“独特思维”，就是协调智慧及其中和理性。

其次，要用中和理性抑制极端主义（包括国家极端主义与民间极端主义），破除冷战思维，让温和主义流行起来。中和理性不是特定的哲学形态，而是指合乎人情事理的思维方式。温和主义也不是特定的信仰，而是指对待自身信仰与信仰间关系的平和、平等的态度。中和理性是温和主义的哲学，温和主义是中和理性的体现。它既能使各种信仰自身坚守中道不偏的义理，又能以平等的态度尊重信仰的他者。它的宗旨是向世界提供多样性文明、多态性民族国家之间和谐共处的智慧，因此它不仅不会威胁任何一种文明，却能够使文明更好地摆脱野蛮，促进文明间的对话与和解，给世界带来和平。由于历史和现实的原因，国家之间、文明之间，积累了很多的怨仇，价值观的不同再加上利益的摩擦也会形成新的对抗和冲突。出路只有两条：一条是冤冤相报，对抗到底；另一条是“仇必和而解”，总结历史教训，创建新型关系，开辟美好未来。前者是灾难之路，后者是光明之路。而避免灾难、走向光明，必须使中和之道大力发声，必须抑制各种极端主义，使温和主义在世界上成为主流思潮。极端主义源于自我中心主义和贵斗哲学，包括国家强权主义、民族与宗教极端主义、种族排外主义、意识形态冷战思维，它们的共同特点是好斗用狠，强调对立面的斗争你死我活，不可调和，采用各种非人道的残酷手段，置对方于死地，宁可伤害大批善良的平民而在所不惜。霸权主义是一种国家形态的极端主义，它所造成的战争恐怖会让千百万人头落地。民间极端主义（包括宗教极端主义）所导致的恐怖主义，丧失理性、滥杀无辜，走上反社会反人类的暴力犯罪道路。从思维方式上说，极端主义就是偏执狂，目无他者，把自身的观念和利益无限膨胀，使之成为绝对的唯一的存在。从情感心理上说，极端主义视他人生命如草芥，没有恻隐之心，丧失了起码的人性，心中只有自我和小团体。极端主义是真正的魔鬼，只要它掌控了政权、族权、教权，便会把民众拖入相互残杀的深渊。因此我们要反对各种形式的极端主义。如果说欧洲历史上的启蒙运动用理性主义取代了宗教的绝对主义，使人类的思想得到一次解放，那么今日世界需要一次新的启蒙运动，要用中和理性取代贵斗的理性主义和社会达尔文主义，避免它走向极端主义，其精要是对生命的尊重、对他者的尊重，实行“己所不欲，勿施于人”的恕道，使人类的思想获得一次新的解放，以便建立适应地球村时代的贵和的普世伦理。所谓温和主义，就是能够包容和平等地对待他者。我们要努力在相互尊重的前提下，使宗教有神论温和起来，也使科学无神论温和起来；使社会主义温和起来，也使资本主义

---

① 汤因比：《Choose Life》第2编第4章第3节，转引自《儒学与世界和平及社会和谐》，首都师范大学出版社，1999年，第459页。

温和起来，其关键就是学会互相尊重。中国人类学家费孝通先生指出："时至今日，世界上极端主义和以暴制暴所造成的种种事端，依然摆脱不掉'以我为中心'的影子"，人类必须有"跨文化"的心态，吸收中华文明"和而不同"的智慧，对自身文明和他人文明的优缺点做实事求是的反思，实现人类新的文化自觉，在"各美其美"的同时，学会"美人之美"，这样就能达到互补共进的目标，这就是"美美与共"，如此便可以"天下大同"了。① 费先生关于文化自觉的宣示，值得全世界关注文明转型的人们深思。

第三，抛弃"强者无敌"、"强权就是公理"的传统理念，转而相信"仁者无敌"、"有德者众望所归"。孔子儒学承认国家之间有大小强弱之别，认为大国应发挥引领天下的作用。但是在如何引领上，儒家有自己独特的见解。孔子说："远人不服，则修文德以来之，既来之则安之。"② 他主张大国要把自己国家的文教德政建设好，用礼义文明的感召力把远方的民众吸引过来并使他们安居乐业。他赞赏"桓公九合诸侯，不以兵车，管仲之力也，如其仁，如其仁！"③ 不赞成大国挟持军事力量结盟。孟子更是主张"以德行仁"的王道，反对"以力服人"④ 的霸道，提出"仁者无敌"⑤ 的著名论断。他的理由是大国"不嗜杀人"就能博得民心，实现"人和"；而"以力服人"者并非心服，不会长久。所以"得道者多助，失道者寡助。寡助之至，亲戚畔之；多助之至，天下顺之。"⑥ 老子《道德经》说"兵强则灭，木强则折"，⑦ 大国与小国相处，"大者宜为下"，⑧ 即应采取谦下的态度而不要盛气凌人。孔子儒学和老子道学所提出的大国应以道义的力量联合他国的国际观是一种文明型国际观，从短期看它似乎不切实用，从长远看它符合人类文明发展的趋势。在人类历史上，一味迷信武力、恃强称霸、到处侵略扩张的帝国，都是其兴也勃、其衰也速，没有能够长久的。成吉思汗军事帝国横跨欧亚大陆，也不过存在了几十年就分裂了。拿破崙帝国以军事力量横扫欧洲，远征俄国，大败而归，最后于滑铁卢完全失败，前后不过十数年。德、日法西斯分别称霸欧亚，因其种族屠杀、罪恶滔天，遭到反法西正义力量的联合抵抗和反击，遂在七八年间彻底覆灭。而后西方列强不再单凭武力，对于以往实行的帝国主义、殖民主义政策有所调整，仍以军事为后盾，同时更重视政治、经济、文化的综合实力，在硬实力

---

① 费孝通：《"美美与共"和人类文明》，见《费孝通九十新语》，重庆出版社，2005年，314页至326页。

② 《论语·季氏》。

③ 《论语·宪问》。

④ 《孟子·公孙丑上》。

⑤ 《孟子·梁惠王上》。

⑥ 《孟子·公孙丑下》。

⑦ 老子：《道德经》七十六章。

⑧ 老子：《道德经》六十一章。

之外还强调软实力，其交往理性比之过去要温和许多。随着民族独立解放运动的普遍兴起，发展中国家现代化事业的巨大进展，世界人民普遍的觉醒，一国或几国支配国际事务的局面有很大改观，联合国的作用日益加强，超级大国或强国集团为所欲为的时代已经结束。但是，由于惯性的作用，超级大国美国往往沿袭“强者为王”、“唯我独尊”、彼此抗衡的旧传统，再加上亚伯拉罕系统一神教原教旨主义“耶稣以外无拯救”的情结，和“美国是上帝拣选的民族”的特殊优越感，它与别国仍然没有真正建立起平等、互信、合作的新型关系，不仅经常给其他国家带来痛苦，也常常使自己陷于孤立和被动。实力仍然强大的国家必须清醒认识到，自身的安全不应以损害他国的安全为代价，那样便互不安全，真正的长远的安全乃是各国之间建立起平等友好和谐的关系。如果美国等西方大国能够逐步放弃以实力制人的方针，取消军事结盟，不再挑起别国内部冲突，转而以互尊、促和、扶弱为对外事务导向，那么不仅局部战争可以大大减少，世界逐步走向安宁，而且大国也可以摆脱国内外民众的怨恨和指责，获得各国的称赞，真正提高其国际声誉，发挥引领世界和平潮流的作用。

第四，用和而不同的智慧，协调各国的利益，推动文明之间的交流与互鉴。

儒家和而不同的协调智慧不仅在于尊重差异、包容多样、互相信任，还在于它要在异中求同、消除隔阂、促进亲和。一些民族国家间积怨为时已久、互相猜忌提防，又有诸多现实利益冲突，缓解彼此矛盾极为艰难。不妨先易后难，从当代共同市场形成的工商业密切来往入手，多找物质利益层面的互依性与共同点，不纠缠和扩大政治意识形态与信仰之间的差异，初步形成“利和”，打通商贸之路，合作发展现代化事业，促进各国的经济繁荣、民生改善，为国家之间的和解争取民意的支持并创造友善的氛围。例如建设“丝绸之路经济带”和“21世纪海上丝绸之路”就是很好的设想，它用经济的纽带把各国连在一起，共享发展成果，积累合作的能量。其次是“法和”，把已经成为多数国家共识的体现人类共同利益和道德底线的社会公共生活规则，作为国际来往的行动依据。如《联合国宪章》、《世界人权宣言》、《世界文化多样性宣言》、《世界贸易总协定》等，这些国际性规则凝结着历史教训和人类智慧，并经过艰苦协商谈判而得来，理应得到各国政府和各界人士的遵守。再就是“文和”，加强民间文化交流，包括宗教文化交流，与政治权力和市场交换保持适当距离，着重于真善美的多态成果之间的对话、会通，这种文化交流容易跨越地区、民族、国家的界域和利益的计较，消解傲慢与偏见，拉近异域人们之间的心灵上的距离，在欣赏自我文化的同时学会欣赏他族的文化，推动文明之间的交流与互鉴，这有益于焕发人类文明的生机，促进世界和平与进步。各种宗教的共同底线是劝人为善、爱护生命，因此应当在反对战争、维护和平的目标下较快地联合起来，推动国家、民族间的和解，而不应成为民族冲突加剧的要素。这是可能的，历史至今，佛教成为中、日、韩三国之间的黄金纽带，便是证明。比较困难的是“政和”，即政治谈判，解决国家现实利益之间的冲突。这种谈判有的时断时续，多少年没有结果，甚至转而诉诸武力，发生流血，使和解更加困难。“政和”的一个重要智慧是要学会必要的妥协，互谅互让，而不能僵硬到底。儒家有“以权行经”① 之说，主张在坚守原则的同时要有灵活性，才能处理好复杂多变的问题。国家间冲突，要达成政治解决，必须在相互尊重核心利益前提下适当照顾对方需求，即“执两用中”，② 而不是一味强人从己，这既是政治智慧，也是基于普遍伦理，因妥协而和解可以避免战争造成的生灵涂炭，这是政治家的责任。可见增进国家之间的互信与友谊可以全方位、多渠道进行，需要政府、企业界、文教界、宗教界、民间人士通力合作，采取灵活多样的方式，推进文明之间的交流、对话、沟通、互鉴，扬己之长与人共享，取人之长补己之短，“见贤思齐，见不贤而内自省”，③ 那么以文明和谐为旗帜的现代新型国家关系是能够建立起来的。

四

中国受儒家“和”文化的长期浸润，不仅在历史上坚守文明大国睦邻友好、不侵略不殖民的优良传统，而且在现代摆脱半殖民地悲惨地位、实现独立并逐步强大以后，继续运用“和而不同”的协调智慧与中和理性，确立了独立自主的和平外交政策，强调国家不分大小一律平等，中国强大后绝不把自己遭受侵略的痛苦经历再加到他国人民身上，不懈地为消弭战争、劝和促谈而努力奔走，成为维护亚洲和世界和平的重要力量。中国于20世纪50年代即率先提出“和平共处五项基本原则”，支持不结盟运动；后来又经过艰苦努力，实现了中美、中日邦交正常化；通过耐心求实的谈判，与周边多数国家划定了边界线；运用协调智慧，与英国、葡萄牙达成和解，实现了香港与澳门的和平回归，邓小平提出的“一国两制”的方案与实施乃是“和而不同”的中和理性在当代的伟大实践；中国加入世贸组织，积极参与联合国维和行动，受到世界广泛赞扬。新世纪以来，随着中国经济实力的迅速增强，“中国威胁论”的声调似乎有所增大。这其中既有别有用心者的故意散布，也由于有些人对中国文明的和平特质不了解而造成的误解。古老的中华文明早就给中国人的血脉里种植了和平、和谐、交融、太平的文化基因，因此有中华民族的多元一体格局，有儒佛道三教的合流，有睦邻友邻的深厚传统，唯独没有称霸世界的心态。多年来海外华人与所在国人民友好相处，致力于发展当地工商经济的事业，从不介入民族宗教的纷争和政治斗争，却常常是这

① （明）高拱：《问辨录·论语》。

② 《礼记·中庸》，原文为“执其两端，用其中于民”。

③ 《论语·里仁》。

类斗争的受害者而不得不避难。他们的最高诉求是得到应有的尊重和保护，这就是中华“和”文化熏陶所致。中国改革开放三十多年来在经济社会发展上取得的巨大成就，其发展速度在大国中是前所未有的，如此成就不是靠侵略掠夺，恰恰得益于国内和谐稳定的社会环境，得益于国际和平合作的历史机遇，所以它走的是和平崛起的道路，因而珍惜和平。事实已经证明，和平崛起这条路是走得通的。中国的强大和中华文明的传布不会加剧世界的冲突，只会带给世界更多的爱与和解，因为道德和正义是它的民族之魂。当然，它的道德精神强调的是自尊与互尊相统一，具有“刚健中正”、[①] 不卑不亢的品格，不能忍受被欺辱，也能将心比心，理解和尊重别的民族国家。

西方国家有发达的实用理性，体现为科技的飞速进步和市场经济的充分发育，为人类创造了巨大的物质财富，它的以个人为中心的权利意识和人文价值，如民主、自由、竞争、人权、法治等理念，包含着普世价值，值得中国人加以学习和吸收。但它的道德理性不足，人类一体意识不强，国家间平等观念薄弱，也需要向儒家学习。儒家的协调智慧及其中和理性乃是基于道德理性并具有实用理性致用风格的理性。西方的实用理性如果包纳道德理性，会帮助它克服只顾眼前自我不顾长远大局的缺点，树立互利共赢、全球安全的意识，把利己与利他统一起来。中国的道德理性如果吸收实用理性，也会帮助它克服不善竞争、重义轻利、重仁轻智的偏向，树立以智行仁、以富践德的理念，建设公平竞争、繁荣富强的社会。现在东西方社会和国家，已经在协调彼此关系使之趋于和谐的方向上，积累了很多成果。例如在核不扩散问题上，在保护环境和资源问题上，在新能源开发问题上，在全球市场共同规则上，在维护基本人权和文化多样性问题上，在共同打击暴力恐怖犯罪问题上，已经取得许多共识，中美首脑之间也达成建立新型大国关系的一致意向，这些都是冷战结束以后国际关系上的巨大进步，说明人类的理性正在文明交流合作中不断升华。现在的问题是要使已有的共识认真落实到行动上并不断向前推进，还需要在文化理念的深层次上提升到符合当代文明转型的高度，将已经过时的妨碍团结合作的自我中心主义自觉地加以清理，其中也包括各种极端思想。在联合国教科文总部楼前石碑上镌刻着一句话：“战争起源于人之思想，故务须于人的思想中筑起保卫和平之屏障”，改变错误理念是一条根本的出路。只有根除霸权主义、军国主义和一切极端主义的思想，才能根除战争。当代人类在反思历史、建筑思想上保卫和平之屏障的过程中，认真学习孔子儒学的协调智慧及其中和理性将是大有裨益的。

---

① 《周易·乾卦文言》。

论集权与分权

——由朱熹的集权分权说推致

中国人民大学 张立文

集权与分权是朱熹政治思想重要的价值选择，是依据南宋实际对国家政体和形式所做的体认，是平衡君权、相权、地方权力的一种措施，是维持国家安定、长治久安的需要，是应对近在眉前的增强军事力量以抗金的悲愿。

一

朱熹面临严峻的抗金形势，如何协调中央集权与地方分权就成为当时突出的问题，是关系南宋国家生死存亡的关键。

作为掌管中央集权核心权力的君主，其君权的授受和君权的实施都要符合天理。朱熹转变“君权神授”为“天理君权”，君主修德以配天理，修德其要是转变“私天下”的观念，“即转为天下之大公，将一切私底意尽屏去。”① 这即是“正君心”，“正君心是大本，其余万事各有一根本。”② 修德治国要虚心纳谏，博采众议。反对君主“独断”专行。“今者陛下即位未能旬月，而进退宰执，移易台谏，甚者方骤进而忽退之，皆出于陛下之独断。而大臣不与谋，给舍不及议，正使实出于陛下之独断。而其事悉当于理，亦非为治之体，以启将来之弊。”③ 君主的专权独断，不仅违反天理，而且祸害后世。

朱熹反对君主专权独断，意蕴着分权的含义。南宋时，内外交困，岌岌可危，金朝不断南犯，人民生命财产不保，地方政权既无重兵，亦无将领，毫无抗金能力，基

---

① 《朱子语类》卷108，第2679页，北京：中华书局，1986。

② 同上，第2678页。当孝宗即位后，张浚勇对孝宗说：“人主之学，以心为本，一心合天，何事不济，所谓天者，天下之公理而已。必兢业自持，使清明在躬，则赏罚举措，无有不当，人心自归，敌仇自服。”（《张浚传》，《宋史》卷361，第11307－11308页，北京：中华书局，1986）与朱熹意见一致。

③ 《经筵留身面陈四事札子》，《朱文公文集》卷14，《四部丛刊》本。

于这种形势而有集权与分权之争。

宋太祖赵匡胤“黄胞加身”，取代后周幼主，而建立北宋。他有鉴于唐末藩镇割据和五代分裂局面，行“杯酒释兵权”之法，抑制强兵悍将，削弱将领军政，加强禁军，以防拥兵自重，尾大不掉。大力加强中央集权，地方官由中央直接派遣，三年一仕。设置枢府、三司及通判，以分相权和地方长吏之权，宰相作为政府首脑，行使行政权力，对皇权有制约作用，削弱相权，以使政、财、军三权悉归中央，由皇帝节制。这种“强干弱枝”政策的推行，虽防止了地方势力与中央的分庭抗礼及将领的兵变，但却削弱了抵抗外患的实力。使北宋出现了“积贫积弱”的困局，最终导致北宋的灭亡。

南宋承继北宋的政体结构和政策，但金在灭北宋后，继续进攻南宋，南宋偏安政权实乃终日不安。为此，当时抗金名将韩世忠、刘光世、杨沂中、刘锜等据守地方，扩充兵力，成为抗金的主要力量，他们倾向于分权于将帅，而不满于权力过于集中，统得太死。范宗尹建议：“太祖收藩镇之权，天下无事百五十年，可谓良法。然国家多难，四方帅守单寡，束手环视，此法之弊。今当稍复藩镇之法，裂河南、江北数十州之地，付以兵权，俾藩王室。较之弃地夷狄，岂不相远。”① 并建议京畿东西、淮南、湖北等地“并分为镇，授诸将，以镇抚使为名。军兴，听便宜从事。”② 尽管赵匡胤收藩镇之权，在当时可谓“良法”，但现在形势变了，国家多难，帅守单寡，已不能有效抵御金的侵犯，与其弃地与金，不如赋予地方以兵权，稍复藩镇之法，这对于抗金是有利的。所谓稍复藩镇之法，即是将政、财、军分权于地方将帅，增强抗金实力。

季陵虽为范宗尹所荐，但在集权与分权问题上与范宗尹相左。他说：“今将帅拥兵自卫，浸成跋扈，苗刘窃发，勤王之师一至，凌轹官吏，莫敢谁何？此将帅之权太盛有以干阳也。”③ 认为金人累岁侵扰，灾异所来，“固不足怪”，唯将帅拥兵自重，权太盛而有威胁王权之嫌，并以张浚“太专、忤旨。”他对高宗说：“事有可深虑者四，尚可恃者一。大驾未有驻跸之地，贤人皆无经世之心，兵柄分而将不和，政权去而主益弱……今天下不可谓无兵，刘光世、韩世忠、张俊各招亡命以张军势，各效小劳以报主恩。然胜不相逊，败不相救，大敌一至，人自为谋耳……臣恐自陕以西不知有陛下矣。”④ 他以兵权分，将帅不和，主张集权，并以功大盖主，不知有陛下，以动摇皇帝分权的意志。

季陵反对分权的议论，恰合当时投降派秦桧企图削弱地方将帅抗金实力以求和的

---

① 《范宗尹传》，《宋史》卷 362，第 11325 页。

② 《范宗尹传》，《宋史》卷 362，第 11325 页。

③ 《季陵传》，《宋史》卷 377，第 11646 页。

④ 同上，第 11647—11648 页。

意愿。当张俊攻克亳州，王胜克海州，岳飞克郾城，几获兀术。张浚战胜于长安，韩世忠胜于迦口镇，诸将所向皆奏捷的大好抗金形势下，而秦桧主和贼心不死，力主诸将班师，而葬送抗金胜利果实。诏岳飞还行在，杨沂中还镇江，刘光世还池州，刘锜还太平等。进而“桧欲尽收诸将兵权，给事中范同献策，桧纳之。密奏召三大将论功行赏，韩世忠、张俊并为枢密使，岳飞为副使，以宣抚司军隶枢密院。”① 实乃削夺诸将的兵权，使之不能抗金。绍兴 11 年（1141），“兴岳飞之狱，桧使谏官万俟卨论其罪，张俊又诬飞旧将张宪谋反，于是飞及子云俱送大理寺……桧以飞屡言和议失计，且尝奏请定国本，俱与桧大异，必欲杀之。”② 岳飞死狱中，子岳云及张宪杀于都市，“天下冤之，闻者流涕。”秦桧杀功臣，破坏抗金，而成为千古罪人，为后世所痛恨。这亦可谓为集权与分权所付出血的代价。

二

朱熹有鉴于集权与分权的冲突和紧张，思虑首务抗金的需要，必须加强地方将帅财权和兵权，需要一定程度的分权，发挥地方将帅的自主性、能动性；另外也须借鉴唐自安史之乱后藩镇割据的历史教训，以防地方将帅在掌握政、财、军权后的拥兵自重。

朱熹融突而和合集权与分权，两者相待相关，相对互济。“或言：‘今之守令亦善。’曰：‘却无前代尾大不掉之患。只是州县之权太轻，卒有变故，更支撑不住’。”他的学生说，王安石作相时，“凡州郡兵财，皆括归朝廷，而州县益虚，所以后来之变，天下瓦解，由州郡无兵无财故也。”③ 州郡无兵无财，以致北宋灭亡。朱熹说，其实“只祖宗（赵匡胤）时，州郡已自轻了。”④ 譬如淮南盗破高郡，郡守晁仲约以郡无兵财，开城门犒盗使去。富粥欲诛郡守，范文正公说：“州郡无兵无财，俾之将何捍拒，今守臣能权宜应变，以全一城之生灵，亦可矣，岂可反以为罪耶!”⑤ 连盗贼都不能防，何有抗金实力，州郡无兵无财，如此虚弱，分权实不可待了。

朱熹以自己守南康为例。“旧有千人禁军额，某到时才有二百人而已，然岁已自阙供给。本军每年有租米四万六千石，以三万九千来上供，所余者止七千石，仅能赡得三月之粮。三月之外，便用别擘画措置，如斛面、加粮之属。”⑥ 这样又尽，便向民间

① 《秦桧传》，《宋史》卷 473，第 13757—13758 页。

② 同上，第 13758 页。

③ 《朱子语类》卷 108，第 2681 页。

④ 同上。

⑤ 《朱子语类》卷 108，第 2681 页。

⑥ 同上，第 2681—2682 页。

借支。高宗数数有指挥下来，必欲招满千人。其实，招满千人不难，问题是没有钱粮，由此，朱熹依自身亲自体验，认为分权实有必要。

首先，关于政权。由于不重地方政权建设，“仁宗朝京西群盗横行破州屠县，无如之何。”[①] 已无御盗之力量。朱熹认为，应增强地方权力，整顿现有地方政权。“某尝说，不用许多监司。每路只置一人，复刺史之职，正其名曰按察使，令举刺州县官吏。其下却置判官数员以佐之，如转运判官、刑狱判官、农田判官之类。农田专主婚、田，转运专主财赋，刑狱专主盗贼，而刺史总之。稍重诸判官之权，资序视通判，而刺史视太守。”[②] 刺史名为按察使，总管一路，有集权意蕴。另一方面为防“刺史之权独专”，“又须略重判官之权”。如果判官有事奏闻，刺史不肯发奏，允许“判官自径申御史台、尚书省，以分刺史之权。”[③] 既集权又分权，两者互济互制，使政权得以健全运转。

其次，关于兵权。州郡无财无兵，是造成“天下瓦解”，北宋灭亡的原因之一。朱熹认为，兵权不能悉归中央集权，必须分权以改变州郡无兵的状况。“今州郡无兵无权，先王之制，内有六乡、六遂、都鄙之兵，外有方伯、连帅之兵，内外相维，缓急相制”。[④] 内有禁军，外有州郡之兵，内外互相维持、相制。

朱熹认为，无兵无权，国家不保。兵权是国家的根本之一，“本强，则精神折冲；不强，则招殃致凶”[⑤]。强本即强军。强军之法，他主张：一是“散京师之兵，却练诸郡之兵”。[⑥] 分权以加强州郡兵的训练，提升兵的素质和战斗力。为此要“汰斥癃老衰弱，招补壮健，足可为用”。[⑦] 兵不在多而在精。“今兵官愈多，兵愈不精”。[⑧] 天下之兵虽约有四五十万，皆属羸弱无用之人，不能作战。朱熹赞扬辛弃疾“颇谙晓兵事。云：兵老弱不汰可虑，向在湖南收茶寇，令统领拣人，要一可当十者，押得来便看不得，尽是老弱……为今之计，大段著拣汰。”[⑨] 如果只说要淘汰冗兵，而不去实行，其后果是必凶险的。朱熹曾对张浚讲分兵杀敌之势计，因为敌人调兵极难，譬如元颜要犯江南，整整两年，方才调发聚兵将。为吾之计，莫若分几军趋关陕，他必拥兵于关陕；又分军向西京，淮北，他必拥兵于西京、淮北，吾可乘其虚弱处，密拣精锐几万以收

---

① 《朱子语类》卷108，第2681页。
② 《朱子语类》卷112，第2731页。
③ 同上。
④ 《朱子语类》卷110，第2705页。
⑤ 同上。
⑥ 同上，第2707页。
⑦ 同上，第2705页。
⑧ 同上，第2706页。
⑨ 同上，第2705页。

山东，敌人首尾呼应不及，而吾已据山东，则中原及燕京自不消得大段用力。但张浚说，吾“只受一方之命，此事恐不能主之”。[①] 分权而不能集权，集权又不能分权，两者不能融突和合，而不能成大事，甚至错失良机。

二是更戍法。“每年更戍趱去淮上卫边。谓如福建之兵趱去饶州，饶州之兵趱去衢信，衢信趱去行在，迤逦趱去淮上，今年如此，明年又趱去，则京师全无养兵之费，岂不大好”。[②] 这样拣兵，以提升将兵素质和战斗力，并可淘汰冗兵。

三是，责令郡守注重练兵，以加强地方兵力。“大抵今日之患，又却在于主兵之员多。朝廷虽知其无用，姑存其名。日费国家之财，不可胜计，又刻剥士卒，使士卒困怨于下。若更不变而通之，则其害未艾也”。[③] 朝廷虽知冗兵无用，却存其名，不仅费国家之财，而且又刻剥士卒。必须责成郡守，整顿军队，“使之练习士卒，修治器甲，筑固城垒，以为一方之守，岂不隐然有备而可畏”。[④] 这是增强州郡兵权的重要措施，也是有备而抗金的有力保障。

四是，择将帅。朱熹既反对“宦官卖统军官职，是今日军政第一义”，[⑤] 又反对任用那些“将官全无意思，只似人家骄子弟了。褒衣博带，谈道理，说诗书，写好字，事发遣。如此，何益于事”。[⑥] 买军职得来的人和骄子弟等，既不懂军事，又不会指挥战争，用这样的人，只会坏事。朱熹主张选择将帅要在实践中见其能否，“兵以用而见其强弱，将以用而见其能否”。[⑦] 这是择将帅的关键。或问：“诸公论置二大帅以统诸路之帅，如何?”即分权于二大帅。朱熹认为，统帅要归一，需要集权以统一指挥。“不消如此。只是择得一个人了，君相便专意委任他，却使之自择参佐，事便归一。今若更置大帅以监临之，少间必有不相下之意，徒然纷扰”。[⑧] 否则就会干扰了其作战的意图和统一指挥的效能，甚至招致战争的失败。

再次，关于财权。屯田以解财用不足之困。朱熹说：“财用不足，皆起于养兵。十分、八分是养兵，其他用度，止在二分之中”。[⑨] 养兵养大多的无用之兵。唐朝时“兵在藩镇，朝廷无甚养兵之费。自本朝罢了藩镇，州郡之财已多归于上”，[⑩] 州郡就无财

---

① 《朱子语类》卷 110，第 2706 页。
② 同上，第 2707 页。趱（zǎn），快走。
③ 同上，第 2707 页。
④ 同上。
⑤ 同上，第 2710 页。
⑥ 同上。
⑦ 同上，第 2710 页。
⑧ 同上，第 2710—2711 页。
⑨ 《朱子语类》卷 110，第 2708 页。
⑩ 同上。

养兵。为化解无财无兵的冲突，朱熹主张实行屯田之法。“兵民兼用，各自为屯。彼地沃衍，收谷必多。若做得成，敌人亦不敢窥伺。兵民得利既多，且耕且战，便是金城汤池。兵食既足，可省漕运，民力自苏”。[①] 州郡之兵，兼负耕种、战斗任务，既解决了养兵无财，亦化解了战争无兵的问题。州郡就固若金汤，金人也不敢窥伺和侵犯。屯田也可以“分而屯之，统帅屯某州，总司屯某州，漕司屯某州，以户部尚书为屯田使，使各考其所屯之多少，以为殿最，则无不可行者”。[②] 分屯以加强指导力度，屯田使集中管理。朱熹认为，“迟之十年，其效必著。”[③]

朱熹从集权与分权的必要性、重要性，其价值目标在于强军强国，以抗金兵的侵扰，以安百姓的生命财产，以能收复失地。然而朱熹集权与分权相兼，融突和合的主张，并没有被南宋皇帝所采用，而一味以和议苟安临安，不图进取。

三

由朱熹集权与分权而推致其源。中华民族从三皇五帝到夏商周三代，九州中国境内各民族形成“共识中国”的观念，形成了既集权又分权的“联邦式”的中国。五帝之一的唐尧克明俊德，“协和万邦，黎民于变时雍”[④] 蔡沈注：“万邦，天下诸侯之国也”。[⑤] 在尧的统摄下各邦族间做到和谐。《史记·五帝本纪》“协和万邦”作“合和万国”。可见尧是作为“联邦式”的共主。夏桀不德，“诸侯多畔”，商汤修德，“诸侯皆归汤，汤遂率兵，以伐夏桀”，[⑥] 夏国亡。商朝到纣时，政治腐败，纣好酒淫乐，诛杀大臣，引起诸侯国怨恨。“是时诸侯不期而会盟津者，八百诸侯。诸侯皆曰：纣可伐矣”。[⑦] 伐纣是各诸侯国的共识，而非周武王一人的专断，诸侯国会盟的形式，是“联邦式”的共商的模式，在各诸侯国具有政、财、军权独立的分权情况下，会盟是集中各诸侯国各种意见，取得共识的有价值的选择，以便以集权的形式而执行。纣王死，“武王持大白旗以麾诸侯，诸侯毕拜武王。武王乃揖诸侯”。[⑧] 各诸侯毕从武王，推武王为共主。周王朝建立后，又进行分封，武王“封功臣谋士，而师尚父为首封，封尚父于营丘曰齐，弟周公旦于曲阜曰鲁，封召公奭于燕，封弟叔鲜于管，弟叔度于蔡，余

---

① 《朱子语类》卷110，第2709页。
② 同上，第2709—2710页。
③ 同上，第2709页。
④ 《尚书正义》卷2，《十三经注疏》第119页，中华书局，1980。
⑤ 《书经集传》卷1，《四书五经》本第1页，世界书局，1936。
⑥ 《夏本纪》，《史记》卷2。
⑦ 《周本纪》，《史记》卷4。
⑧ 《周本纪》，《史记》卷4。

各以次受封”。[1] 周王朝以集权而“兼制天下，立七十一周，姬姓独居五十三人”。[2] 分权以分封诸侯，原有诸侯没有取消，又增诸侯国。从总体上说，是集权与分权相融合的联邦。

随着时间的推移，诸侯国势力的强大，作为维护联邦式的礼乐文化、道德行为规范遭到破坏。在“礼崩乐坏”政治环境下，周王朝作为共主的宗主国的势力在削弱，其统摄力、权威力、影响力、认同力逐渐被边缘化，征伐不是天子出，而是诸侯出，甚至大夫出。各诸侯国为争霸主地位和扩大自己的地盘和利益，不断发动兼并战争，以至出现杀人盈野、白骨遍平原的悲惨凄凉的状况。在东周战国时依然有七国，所谓战国七雄。这时集权与分权的平衡被打破，东周王朝已经不能制约七雄。平衡的被打破，既加剧了兼并战争的残酷和速度，也提升了人们期望统一、重建平衡、消除战争的努力。

秦国经变法改革，迅速崛起，消灭了东周，统一了六国，结束了集权与分权相融突而和合的“联邦式”政体，把一切权力集中于中央，建立了中央集权的国家。秦建国之初，曾经一场集权与分权之争。秦始皇二十六（公元前 221）年丞相绾等建议：“诸侯初破，燕齐荆地远，不为置王，毋以填之，请立诸子”。[3] 遭到廷尉李斯的反对。李斯说：“周文王所封子弟同姓甚众，然后属疏远，相攻击如仇雠，诸侯更相诛伐，周天子弗能禁止。今海内赖陛下神灵一统，皆为郡县，诸子功臣，以公赋税重赏之甚足。易制，天下无异意，则安宁之术也，置诸侯不便”。[4] 分封诸侯的结果是同姓子弟相攻如仇敌，诸侯更相诛伐，以郡县制代替分封诸侯，以便天下一统集权。秦始皇同意李斯的意见，他说：“天下共苦战斗不休，以有诸王。赖宗庙，天下初定，又复立国，是树兵也，而求宁息，岂不难哉。廷尉议是”。[5] 于是分天下为三十六郡。

秦始皇一统中国后，中国的政治体制、经济结构、典章文字、思维方式、价值观念都发生了巨大的变化。于是又展开了一场围绕郡县与分封话题的集权与分权的论争。秦始皇三十四年（前 213）置酒咸阳宫，仆射周青臣歌功颂德说：“他时秦地不过千里，赖陛下神灵明圣，平定海内，放逐蛮夷，日月所照，莫不宾服，以诸侯为郡县，人人自安乐，无战争之患，传之万世，自上古不及陛下威德”。[6] 秦始皇听了很高兴。

博士齐人淳于越持不同意见。他说：“臣闻殷周之王千余岁，封子弟功臣，自为枝

---

① 《周本纪》，《史记》卷 4。

② 《儒效》，《荀子新注》，中华书局，1979 年，第 87 页。

③ 《秦始皇本纪》，《史记》卷 6。

④ 《秦始皇本纪》，《史记》卷 6。

⑤ 同上。

⑥ 同上。

辅。今陛下有海内，而子弟为匹夫，卒有田常六卿之臣，无辅拂，何以相救哉？事不师古而能长久者，非所闻也。今青臣又面谀，以重陛下之过，非忠臣。”① 于是，秦始皇请大家议论。

丞相李斯马上起来批判淳于越主张分封分权的言辞：“五帝不相复，三代不相袭，各以治，非其相反，时变异也。今陛下创大业，建万世之功，固非愚儒所知，且越言乃三代之事，何足法也。异时诸侯并争，厚招游学，今天下已定，法令出一……今诸生不师今而学古，以非当世，惑乱黔首。”② 时代变了，三代分封诸侯不足法，淳于越等儒生以古非今，是惑乱百姓。

李斯把师古与非今、郡县与分封、集权与分权完全对立起来，以非此即彼的思维方法，把师古、分封、分权就是复古，其必非今、害今，惑乱黔首，破坏一统的社会秩序。其实淳于越是为秦始皇的长治久安的社会秩序安定着想，如朝廷有子弟的辅佐，有危难则有子弟诸侯相助。可是李斯“昧死”以言：“古者天下散乱，莫之能一，是以诸侯并作，语皆道古以害今，饰虚言以乱实，人善其所私学，以非上之所建立。今皇帝并有天下，别黑白而定一尊……夸主以为名，异取以为高，率群下以造谤，如此弗禁，则主势降乎上，党与成乎下，禁之便。”③ 古代天下之所以动乱，是由于诸侯并作而不能统一。淳于越等道古害今，虚言乱实，造谤反对今所建立的统一的、集权的郡县制，即否定集权的“一尊”，降低和损害君主的权威。

由郡县与分封、分权与集权之争论，而引起了“焚书坑儒”的惨剧。李斯建议：“臣请史官非《秦纪》皆烧之，非博士官所职，天下敢有藏《诗》、《书》、百家语者，悉诣守尉杂烧之，有敢偶语《诗》、《书》，弃市，以古非今者族。吏见知不举者，与同罪。令下三十日不烧，黥为城旦。”④ 要烧了人民每家所存的《诗》、《书》和百家语，对有敢于偶然讲《诗》、《书》的人，处以斩首，对以古非今者诛家族，官吏知而不检举的同罪。秦国自商鞅变法后，其法律是非常严酷的，没有人不敢不执行。这是一次对中华民族文化的浩劫。

秦始皇之所以名始皇，他是想传至“二世、三世至于万世，传之无穷”。⑤ 他真想不到仅传到二世就灭亡了。强秦的速亡，给汉初思想家留下反思的巨大空间。陆贾、贾谊等都在总结、思议这个问题。鉴于秦单一集权而无“枝辅”的教训，刘邦采取集权与分权、郡县与分封相结合的政体。他下诏说：“齐，古之建国也，今为郡县，其复

---

① 《秦始皇本纪》，《史记》卷6。

② 同上。

③ 同上。

④ 同上。

⑤ 《秦始皇本纪》，《史记》卷6。

以为诸侯。”[①] 并封大功臣20余人。又下诏说：他“与天下之豪士贤大夫共定天下，同安辑之。其有功者上致之王，次为诸侯，下乃食邑。而重臣之亲，或为列侯，皆令自置吏，得赋敛，女子公主。”[②] 改集权的郡县制为分权的诸侯，诸侯拥有独立的人权、财权，以至军权。他以为这样做可使天下太平、安定。“前日天下大乱，兵革并起，万民苦殃，朕亲被坚执锐，自帅士卒，犯危难，平暴乱，立诸侯，偃兵息民，天下大安”。[③] 但是立诸侯的结果，也带来诸侯不断反叛，社会的动乱。

随着诸侯王势力的坐大，威胁中央集权的汉王朝，晁错为了汉王朝长治久安，而主张削藩。“错又言宜削诸侯事”。[④] 遭到一些大臣的反对，晁错的父亲听说后，从颍川赶来，劝晁错不要讲“诸侯之罪过，削其支郡”。但晃错坚持说：“不如此，天子不尊，宗庙不安”。[⑤] 其父说：“刘氏安矣，而晁氏危”。说后饮药自杀。于是吴王濞、胶西王卯、楚王戊、赵王遂、济南王辟光、菑川王贤、胶东王雄渠七国借诛晁错为名，举兵反。[⑥] 景帝虽无奈处死晁错，但并没制止七王之乱。又为集权与分权付出血的代价。

邓先对景帝说：七王以诛错为名，其意不在晁错。“夫晁错患诸侯疆大不可制，故请削之，以尊京师，万世之利也。计画始行，卒受大戮，内杜忠臣之口，外为诸侯报仇，臣窃为陛下不取也”。[⑦]“景帝喟然长息，曰：‘公言善，吾亦恨之’”。[⑧]

封建与郡县、集权与分权，孰为利，孰为弊，柳宗元从历史的价值趋势的观点加以总结，认为事物的发生和政治制度的出现，有社会的必然趋势。分封诸侯，“圣王尧、舜、禹、汤、文、武而莫能去之。盖非不欲去之也，势不可也”[⑨] 只能因势定制。周有天下，裂土田而瓜分，分封的结果是徒有空名于诸侯之上，诸侯强盛，末大不掉，以至周的灭亡。柳宗元认为，“秦有天下，裂都会而为之郡邑，废侯卫而为之守宰，据天下之雄图，都六合之上游，摄制四海，运于掌握之内，此其所以为得也。”[⑩] 他赞成郡县集权为得。秦的速亡，咎在人怨，不在郡县。汉矫秦弊而继承周的分封，“有叛国而无叛郡，秦制之得，亦以明矣”。[⑪] 尽管汉初郡县与分封并行。朱熹说：“贾谊于汉言

---

① 《高帝纪》《汉书》卷1下，中华书局，1962年，第60页。

② 同上，第78页。

③ 同上，第62页。

④ 《晁错传》《汉书》卷49，第2299页。

⑤ 《晁错传》，《汉书》卷49，第2300页。

⑥ 见《景帝纪》，《汉书》卷5，第142页。

⑦ 《晁错传》，《汉书》卷49，第2302页。

⑧ 同上。

⑨ 《封建论》，《柳宗元集》卷3，中华书局，1979年，第70页。

⑩ 《封建论》，《柳宗元集》卷3，第71页。

⑪ 同上，第72页。

‘众建诸侯而少其力’。其后主父偃窃其说，用之于武帝。”[①] 主父偃建议，允许各诸侯国把封地再分封给自己的宗族子弟，以分离、削弱诸侯国的势力，使其无实力与中央集权抗衡，从另一方面说明郡县集权符合时势发展的趋势。

朱熹从集权与分权、郡县与分封相融合的观点出发，认为“柳子厚《封建论》则全以封建为非，胡明仲辈破其说，则专以封建为是。要之，天下制度，无全利而无害的道理，但看利害分数如何。”[②] 两者或“全以”，或“专以”以其一为是或为非，是一种非此即彼的思维。其实每一种制度都有其利与害，而看其利害分数的多寡而已。虽然分封根本较牢固，国家可恃，“但今日恐难下手。设使强做得成，亦恐意外另生弊病……此亦难行，使膏粱之子弟不学而居士民上，其为害岂有涯哉”![③] 到晋时，“诸王各使之典大藩，摠强兵，相屠相戳，驯致大乱”。[④] 可见“专以”封建的分权为是，这是片面的。

朱熹认为，“全以”郡县为得亦有片面性。“郡县则截然易制，然来来去去，无长久之意，不可恃以为固也……靖康间州县亦有守令要守，而吏民皆散去，无复可恃。然其弊亦不胜其多”。[⑤] 只有把郡县与分封、集权与分权互相协调，融突而和合，以化解两者的弊病。

朱熹以为化解此两者弊病的“原头”在得人。他说：“大抵立法必有弊，未有无弊之法，其要只在得人”。[⑥] 如果是个贤良的人才，法虽不善，也能做成好事；若不是个贤良的人，法虽善，亦无益于事。因为法、制度是由人去实施的，人的主动性，创造性可以改变法、制度的实际效果。

四

由朱熹集权与分权而推致其流。总观现代政治制度，基本上有五种模式：一是全以集权为体；二是专以分权为体；三是以集权为体，分权为用；四是以分权为体，集权为用；五是集权与分权互体互用，相互协调，融突和合。以此，姑妄言之。

从“全以”集权为体的模式观之，有以父子相承的世袭形式与政治价值信仰的意识形态相结合的集权政治形态，以对领袖的主体思想的崇拜以维护其集权为体的模式。凡以世袭王权与一定宗教信仰相融合的政教合一的集权为体的模式。在这种政治体制

---

① 《朱子语类》卷108，第2680页。
② 《朱子语类》卷108，第2680页。
③ 同上。
④ 同上，第2681页。
⑤ 《朱子语类》卷108，第2680页。
⑥ 同上。

下，一切军权、政权、财权、人事权、外交权归一于中央集权，地方无权。

从“专以”分权为体的模式观之，如早期英联邦模式，各加入英联邦的54个成员国国家在政权、军权、财权、人事权、外交权都是独立的，英联邦的宗主国不得干涉，但在国家安全的防卫上，保卫英联邦国家不受侵略上有共同责任和义务，宗主国可以发挥其作用，协调各英联邦国家的关系。

以集权为体、分权为用的模式来看，如多党制和民选的形式，似乎分权与各政党与选民，但能够当选的人，必定具有一定的政治背景、经济背景、出身背景以及个人名望魅力等，一般的民众或穷苦的百姓（如贱民），是根本没有资格和可能当选的。当选者基本上都属于一定党派，体现该党派所代表的一定阶级、阶层的利益。最后通过竞选的形式，多党制而演为集中于两党，两党再集中于一党。在一党独大的情况下，它可以联合其他某些小党，大党可以把自己的意志，加于联合执政的小党。大党产生的最高领导（如总统），就掌握该国军权、财权、政权、人事权、外交权及最终的裁决权。尽管在野的反对党有反对意向，但最终集权于总统。这种民主是形式，是手段，是用，是非体。用为体所用，是体的修饰和门面。以集权为体的一党，可以长期执政，或两党轮流坐庄。他们甚至要把集权为体、分权为用的模式推向世界，其表现的形式是霸权主义、单边主义。充当世界警察，监视监听别国的民众和领袖。试图将自己价值意志强加给别人、别国、别民族。可称谓为价值霸权主义或价值集权主义。他们把这种集权为体、分权为用的模式，说成是符合人类共同利益的制度形态，以建构其超民族国家利益的“天下体系”。其间他们不顾民族国家的社会实际、宗教信仰、价值观念，而强行推致，引起了一些国家和地区的紧张、冲突和动乱。

从分权为体、集权为用的模式来看，在经济全球化、科技一体化、网络普及化、地球村落化的情境下，逐渐形成了各种全球共同体，如各种经合组织共同体，政治组织共同体及各种联盟共同体。一方面全球化使各民族国家的共同利益逐渐增加，出现你中有我、我中有你的利益融合；另一方面也给各民族国家的价值利益机制和价值规则关系产生紧张和冲突。从经济共同体来说，虽各民族国家社会经济体是独立的、分权的体制，但全球化社会的深化，而孕育出一些跨民族国家的体制形式或管理实体，如WTO。各民族国家在加入WTO的谈判过程中，必须服从、遵照WTO所规定的规章、规则和制度，这就是说要符合遵循WTO集权的利益，各民族国家要依据WTO的规章、规则和制度而修改自己原有的规章、规则和制度，这就是说要牺牲掉分权时原有的一些利益。从政治利益共同体来看，尽管各民族国家依然是全球共同体社会的独立的主体，但以不同的自愿形式被接收入新的国际政治利益实体或组织，譬如欧盟这种政治形态。德国的乌尔里希·贝克说：欧盟“依我们之见，它的政治秩序的核心就在于，它告别了过时的、僵化的国家观念，发展出一种可供选择的关于国家、社会和社会结构的新构想，从而克服了欧洲研究中方法论民族主义的偏向”。[①] 这种新构想，既是对欧洲民族主义的克服，也是对各民族国家以自己民族国家为主体的主权观念的挑战。在这种新的政治利益实体或组织的结构中，成员国分权的利益和自我权力主体，在一定程度上必须克服民族中心主义，而让位于共同体政治实体或组织，构成了以分权为体、集权为用的模式。这种政治模式，随着全球化深入发展，超民族国家的公共利益的联系越来越紧密，越来越扩大，就越来越需要一种新的公共组织或机构去协调、平衡和处置，以取得融突而和合的发展。

从集权与分权互体互用、相互协调、融突和合以观，全球化把生存在这个地球上的人与各民族国家捆绑在一起，人类共同面临着人与自然的冲突越来越严峻，而造成生态危机；人与社会冲突（如战争、动乱、恐怖威胁、贫富不均）越来越突出，而造成社会和人文危机；人与人的冲突而带来道德危机；人的心灵的冲突而带来精神和信仰危机；文明之间的冲突而造成价值危机。尽管人类在当前还遭遇到种种冲突和危机，都可归类于此五大冲突和危机之中。这是全人类、全球所共同面临的、各民族国家无可例外的冲突和危机，它与全球每个人、各个民族国家生命财产等利益息息相关。应对全球所共同面临的冲突和危机，一个国家民族是无法也没有能力来化解的，这就要求有度越民族国家的一种新的国际组织或机构来担负，他们的活动范围不受国界地域的限制，而只思虑某种需要和其地区大众的诉求，这对于某一地区的大众来说，效忠于主权民族国家的意识转换为寄托于度越民族国家国际组织或机构，这就是集权与分权在另一种形态上体与用的相互转换。

对于各民族国家来说，虽然被纳入某一国际组织，但并没有丧失其主权；既然被纳入某一国际组织和机构，各民族国家已意识到他们有着共同面对的冲突和危机，需要相互合作、共同来化解和应对，以维护共同的利益。而“不是只专注于各自的国家利益，更不应以不合作的方式追求自身利益”。[②] 这就是说，各民族国家不能以自身分权的利益而损害整体国际集权的利益。在当前，联合国仍然担负着维护全球秩序的任务，应对着一些超民族国家的事件，处置着有关全球利益的问题，它的缺失就在于成员国的国家利益与超国家的国际利益发生冲突时，往往便陷于困境或不决，而不能发挥其超民族国家、维护全球公正、正义的效能。如何使集权与分权互为体用、相互协调、融突而和合发展，便可构建一种新的政治制度模式。世人期盼一种通达人和天和，人乐天乐，天地人共和乐的和合世界。

---

① 《世界主义的欧洲，第二次现代性的社会与政治》，上海：华东师范大学出版社，2008年，第72页。

② 入江昭：《全球共同体》，北京：社会科学文献出版社，2009年，第13页。

五

集权与分权这五种模式，影响着全球人的日常生活，关系着各民族国家之间的和平、安全、发展和合作，涉及各度越民族国家国际组织和机构工作的公平、正义共赢地开展。

邓小平针对中国的问题，对集权与分权问题做了论述。他说："权力过分集中的现象，就是在加强党的一元化领导的口号下，不适当地、不加分析地把一切权力集中于党委，党委的权力又往往集中于几个书记，特别是集中于第一书记，什么事都要第一书记挂帅、拍板。党的一元化领导，往往因此而变成个人领导。全国各级都不同程度地存在这个问题。权力过分集中于个人或少数人手里，多数办事的人无权决定，少数有权的人负担过重，必然造成官僚主义，必然要犯各种错误，必然要损害各级党和政府的民主生活、集体领导、民主集中制、个人分工负责制等等。"

"革命队伍内的家长制作风，除了使个人高度集权以外，还使个人凌驾于组织之上，组织成为个人的工具……不少地方和单位，都有家长式的人物，他们的权力不受限制，别人都要唯命是从，甚至形成对他们的人身依附关系……不论是担任领导工作的党员，或者是普通党员，都应以平等态度互相对待，都平等地享有一切应当享有的权利，履行一切应当履行的义务。上级对下级不能颐指气使，尤其不能让下级办违反党章国法的事情；下级也不应当对上级阿谀奉承，无原则地服从，'尽忠'……当前，也还有一些干部，不把自己看作是人民的公仆，而把自己看作是人民的主人，搞特权，特殊化，引起群众的强烈不满，损害党的威信……搞特权，这是封建主义残余影响尚未肃清的表现。"①

邓小平对集权的社会、思想根源作了深刻的批判，对党内的集权的危害作了透彻的分析，摆正了集权与分权的关系，指出了如何克服集权的措施和方法，说明了分权应有的正确态度和责任及义务，特别讲到所谓"尽忠"，不能"搞成旧社会那种君臣父子关系或帮派关系"。邓小平的集权与分权的论述，对当前仍具有很大的现实价值和意义。

中国改革开放以来，各方面取得了辉煌的成就，举世瞩目，但不可避免地出现诸多问题，这些问题归根结底都与集权分权有关。中华民族五千年来，集权分权的思议、论争，一直是政治领域中重要的问题，正确处理集权与分权、摆正其间的联系融突而和合，关系着中国人民的生命财产的切身利益，关系着中华民族的复兴和未来的发展。因此，是当前值得我们深刻反思、深入研究的课题。

---

① 邓小平：《党的国家领导制度的改革》，《邓小平文选》（1975－1982年）。第288－291页。

尊孔・敬師・傳承中華文化

台湾政治大学　董金裕

一、前言

基於對儒學的理解與熱愛，四十多年來，筆者在台灣對儒學的研究與推廣，不遺餘力。其犖犖大者，如（一）經常應邀到各地各國參加儒學會議，發表論文，或應邀作儒學專題演講。於擔任學術行政主管中文系系主任、文學院院長任內，屢屢舉辦儒學研討會或座談會，以推動儒學的交流與研究。（二）擔任孔孟學會執行祕書長達十餘年，多次舉辦孔孟學說論文競賽、經學研習班、孔孟學說定期演講、國學研究會等活動，並主編《孔孟月刊》、《孔孟學報》，以推廣孔孟學說，促進孔孟學說的研究。（三）主編原國立編譯館出版，自《論語》、《孟子》、《大學》、《中庸》取材，供台灣全體高中生研讀的《中國文化基本教材》教科書，以協助高中生認識儒家思想。（四）長期擔任台北市孔廟管理委員會委員，為台北市孔廟規畫春日祭孔（即春祭）、六藝體驗活動、孔廟情境劇表演、四D劇場展演等活動，以活化孔廟，推廣儒家文化。其餘如出版專書、編輯專刊等皆不在其列。對儒學的向下紮根、向上發展，以及對外推廣，皆略盡棉薄之力。

自台灣海峽兩岸由對立逐步走向和解融合以來，將近三十年之中，筆者有許多機會，與大陸學者共同切磋，也到大陸各地參與各種儒學活動，更有機會向大陸各界人士發表自己對儒學的一點心得。發現大陸對儒學的態度已有很大的轉變，近十年以來更興起了一股儒學熱或國學熱，可以說是一種非常可喜的現象。但筆者也觀察到在這種現象背後，仍有值得探究及改進之處。所以這幾年曾多次在各種場合，針對某一論題提出建議，去年九月，在山東曲阜孔子研究院，藉主持第六屆世界儒學大會學術演講之便，將這些論題歸納為三個：一為祭孔大典與歷史接軌，以便將釋奠禮向聯合國教科文組織申請為世界非物質文化遺產。二為將大陸的教師節由現行的 9 月 10 日，改為孔子誕辰紀念日 9 月 28 日，使此節日具有教育及文化意義。三為將中華文化的精要安排到正式課程中，期使民族文化讓青少年了解接受，而能世代相傳並發揚光大。[①]

對於這三個論題，除第一個論題以外，其餘兩個論題皆以口頭方式表達，並未撰成文章。[②] 為期能引起更為廣泛的注意，並且獲得響應，共同努力以求達成，本論文即將此三個論題匯為一處，把筆者的看法及意見陳述於下，是否得當，尚祈對儒學的研究與推廣，具有興趣以及經驗的方家提供卓見，以補其不足。

二、祭孔大典與歷史接軌，以表對孔子尊崇的一脈相承

祭孔大典習稱“釋奠禮”，語出《禮記・文王世子》：“凡學，春官釋奠于其先師，秋冬亦如之。”[③] 意謂學校每年都要按四季獻祭於先師，以表尊師重道之意。惟當時所謂之先師，並非指特定的某一人或某些人，凡對教育有貢獻，目前已過世的教師，皆屬祭祀的對象。[④] 其後由於孔子對教育的貢獻極大，影響甚深，所以“釋奠”的對象逐漸以孔子為主。尤其是到了隋朝，尊稱孔子為先師以後，釋奠便成為祭孔大典的專屬名稱。[⑤] 由此可見“釋奠”本為通稱，其後才演變成為專稱。

據載，魯哀公於孔子死後第二年（公元前 478），下令在曲阜闕里孔子的舊宅立廟，將孔子生前使用的衣、冠、車、琴、書冊等保存起來，並且按歲時祭祀，此為祭孔的開始。[⑥] 其後發展至漢代，尤其是在漢武帝訂定獨尊儒術的政策以後，釋奠禮的規模已經奠定，而被以後各朝代承繼者，計有下列五端：（一）帝王或親自或遣使祭孔，(二)封孔子及其嫡系子孫為王侯，（三）建立配享制度，（四）禮樂趨於完備，

---

① 2013 年 9 月 28 日出刊的《濟寧晚報》即在 A3 版，以“一位儒學大家的三個願望”為題，報導筆者的這三個論題。

② 筆者針對第一個論題，曾於 2010 年撰成《訂定孔子釋奠典禮儀節芻議》，在孔孟學會與國際儒學聯合會共同於北京舉辦的儒學研討會上發表。同年又撰成《共商釋奠儀節，向聯合國申遺》，於山東曲阜孔子研究院召開的第三屆世界儒學大會發表。

③ 《禮記・文王世子》，孔穎達《禮記正義》，台北：藝文印書館影印嘉慶二十年江西南昌府學開雕《重刊宋本禮記注疏附校勘記》，頁 394。

④ 鄭玄《禮記注》云：“《周禮》曰：‘凡有道有德者使教焉，死則以為樂祖，祭於瞽宗。’此之謂先師之類也。若漢，禮有高堂生，樂有制氏，《詩》有毛公，《書》有伏生，億可以為之也。不言夏，夏從春可知也。”由是可證。同注 3，頁 394－395。

⑤ 隋文帝開皇年間（公元 581－600），尊孔子為“先師尼父”，其後各朝代對孔子的尊號雖屢有變改，但大多保留“先師”的名稱，如明世宗嘉靖九年（公元 1530）尊為“至聖先師”，清世宗順治二年（公元 1645）謚為“大成至聖文宣先師”，順治十四年改稱“至聖先師”。又王夢鷗《禮記今註今譯. 文王世子》（台北：台灣商務印書館，1971 年 9 月二版）：“先師，指傳道授業之創始者，後世始以孔子當之。”頁 348。

⑥ 按祭孔始於何時？於何處祭？學界有不同的說法，以非本文重點，故僅採取一般的說法，不再詳細考辨。

（五）由地方性的活動發展為全國性的活動。[①] 按《論語・為政》記載："子張問：'十世可知也？'子曰：'殷因於夏禮，所損益可知也。周因於殷禮，所損益可知也。其或繼周者，雖百世可知也。'"[②] 可見禮雖然隨著時代的不同，可以有損有益，但能夠"雖百世可知也"，可見有其保持不變的基本要素在。上述五端可謂為釋奠禮的基本要素，自漢代傳承迄今已超過二千年，此在世界各國誠為少見的一種儀典，更加值得我們珍視，並可以之向聯合國教科文組織申請為世界非物質文化遺產，以彰顯吾人對孔子的尊崇是一脈相傳，永承不替的。

當然上述五端中的某些點，可以因時制宜而略作調整，如（一）帝王或親自或遣使祭孔，現代並無所謂帝王，但古代之帝王其實就是現代的國家元首，國家元首自可親自或派代表祭孔，以表對孔子的尊崇。又如（二）封孔子及其嫡系子孫為王侯，如今並無王侯的爵位，但仍然可以給與相當的名號，如台灣即在取消孔子第七十七代嫡孫孔德成先生的"衍聖公"封號以後，改稱其為"孔子奉祀官"。[③] 又如（五）由地方性的活動發展為全國性的活動，目前更已發展為全球性的活動，是故為顧及國際觀瞻，則更應慎重其事，而與歷史接軌，商訂可以共同遵循的儀節，以便各界遵循。[④]

三、改訂孔子誕辰紀念日 9 月 28 日為教師節，使此節日具有教育及文化意義

中國傳統節日大抵皆與年節、民俗、宗教有關，幾乎沒有為特定身份人物訂定者，故本無教師節，但此並非表示即不尊師重道，就如同以往也無父親節、母親節，但對父母的孝敬其實乃是傳統文化中極為重要的一環。

中國之有教師節，迭經變易，歸納起來，曾先後出現四個不同日子的教師節：（一）1931 年由南京中央大學教授邰爽秋、程其保等人發起，建議以 6 月 6 日為教師節，稱雙六節，1932 年經國民政府確認。但以 6 月 6 日為教師節並不具有任何深刻的意涵，故實際上不被普遍認同，也少有慶祝的活動。（二）1939 年教育部改訂孔子誕辰紀念日 8 月 27 日為教師節。因係以孔子誕辰日為節日，具有深刻的意涵，故普遍被接

---

① 參見拙著〈漢代孔子釋奠典禮的演進及其意義〉，政治大學中國文學系《第五屆漢代文學與思想學術研討會論文集》，頁 371。

② 《論語・為政》，朱熹《四書章句集注》（台北：大安出版社，2005 年，第一版第五刷），頁 78。

③ 目前的孔子奉祀官為孔子第七十九代嫡孫孔垂長先生。

④ 台灣目前所採行的釋奠儀程，係參酌明、清禮制，經孔德成先生等人考訂規畫而成，可以作為參考。請參考拙著《至聖先師孔子釋奠解說》（台北市孔廟管理委員會，2002 年 7 月 6 刷）。另拙著〈訂定孔子釋奠典禮儀節芻議〉，曾提出商訂的三個方向：掌握原則、配合時勢、保留彈性，亦可作為思考之助。

受。後於 1952 年，因考慮古代曆法與今日所通行者不同，經換算改為 9 月 28 日，迄今台灣仍以此日為教師節。（三）1949 年以後，實際上並無教師節，至 1951 年始宣布以 51 勞動節為教師節，但勞動節為國際性節日，頗受各界重視，且其時教師的地位並不高，略似寄人籬下的教師節，可以說雖有而實無，並不具有任何意義，也幾乎無人重視。（四）1985 年趙紫陽總理提議重訂 9 月 10 日為教師節，在大陸地區普遍遵行至今。但由於 9 月 10 日也不具有深刻的意涵，而且距離開學之日頗近，學校的教學、行政皆尚未步入正常的軌道，所以實際上收效並不很大。[①]

在上述四個日子當中，應以 9 月 28 日孔子誕辰紀念日為有意義。就教育方面而言，孔子收召生徒，而且有教無類，開展出中國的平民教育。在教學時又能因材而施，教法生動活潑，尤其重視培養學生的遠大志向和高尚人格。為後來的教育工作者指示了明確的方向，樹立了良好的典範，因而被尊稱為萬世師表。以其生日作為教師節，在教育上極具意義。就文化方面而言，孔子曾刪述六經，有系統的整理了豐富的民族文化遺產，不僅使中國的古代文獻獲得保存，而且還抉發其中的精神，寄寓了自己的理想，使民族文化遺產具有更為深廣的內涵。此外又竭力傳播宣揚，讓大家逐漸體認其重要性，而懂得加以珍惜，使民族文化得以不斷傳衍下來。以其生日作為教師節，在文化上也饒富意義。就便於慶祝方面而言，9 月 28 日距離開學日已將近一個月，學校的教學、行政基本上已步入正軌而趨於穩定，師生的互動也經歷一段時間的磨合，而建立起一定的默契，此時來慶祝教師節，當能收到相當的成效。[②]

可能是基於上述的幾個原因，自 2004 年起，政協委員李漢秋即多次呼籲，希望將教師節改為 9 月 28 日，可惜始終未能形成氣候。所幸到了 2013 年 9 月，國務院公布《教育法律一攬子修訂草案（徵求意見稿）》，擬將教師節調整至 9 月 28 日。據新聞報導，民眾大多傾向贊成，此實為令人十分振奮的消息。據筆者私下與大陸學界朋友接觸結果，無不期盼將教師節改為 9 月 28 日的願望能早日實現。

四、將中華文化的精要安排到正式課程中，期使民族文化能世代傳承並發揚光大

大約十年以來，大陸掀起了一股儒學熱或國學熱，此現象固然十分值得欣喜，但也不免令人擔心，這種熱潮能否長久維持？根據筆者多年多方面的觀察，要排除這種

① 本段介紹，係採取網路多種資料加以綜合，並經反複比對求證而成。以資料來源較多且雜，故不一一注明所出。

② 在台灣，9 月 28 日教師節當天，學生往往向授課教師呈獻鮮花，或書寫卡片表達感謝教導之意，或購買茶點供師生共同食用，……以各種方式慶祝，對拉近師生距離，增加師生感情，促進教學效果，產生一定的作用。

疑慮，必須克服的問題主要有兩方面。

第一方面為缺乏系統的傳授。目前有關傳統文化的傳授，大多以讀經班、研習會、書院講學……等不同的形式進行。形式儘管不同，但大抵屬於課外進修的性質，並未將儒學或國學安排到正式課程當中。在此情形之下，各中小學只能或者在有限的教學鐘點中勉強擠出一兩個課時，但今年有此課時，明年則未必還有；或者利用周六、周日等假日進行教學，但也只能勉強維持一個學期或一個學年。教學時間既無法獲得保障，教學也就難以長期規畫而缺乏系統。期望青少年以這種類似打游擊的方式，對傳統文化有比較完整而清楚的認識，恐怕很不容易達成。

第二方面為師資良莠不齊。目前有關傳統文化的教學幾乎都是由語文教師擔任，但語文教師皆畢業於各大學的中文系，而各大學中文系課程中，卻少有與傳統文化相關者。按傳統典籍以經、史、子、集四部分類，其中與儒學或國學較密切相關者為經部、子部的著作，然而在經部之中，僅《詩經》因屬於古典文學，得以在中文系開課，其他如《易經》、《書經》、《禮記》、《左傳》等，中文系皆未開課。[①] 子部之中，不論是儒家的《論語》、《孟子》、《荀子》，或者是道家的《老子》、《莊子》，墨家的《墨子》，法家的《韓非子》，以至雜家的《呂氏春秋》、《淮南子》等也都未在中文系開課。[②] 因此語文教師在其養成階段，幾乎並未接受到與傳統文化相關的訓練，則將如何勝任儒學或國學的教學工作？不免讓人捏一把冷汗。

為克服上述兩方面的問題，筆者認為唯有將傳統文化安排到正式課程中，才是根本解決之道。一則列入正式課程中，由於有課時的保障，教材就能循序漸進的作系統安排，學生也能由淺入深，逐步接受傳統文化的薰陶。再則既然列入正式課程中，則師資必須嚴格要求，如此可迫使培育師資的各大學中文系改革課程，將與儒學或國學相關的典籍列為必、選修的科目。當然也可以由目前不少大學已經成立的國學院，來負責師資的養成。[③] 俗話說，巧婦難為無米之炊，但反過來說，雖然有米也得依賴巧婦炊煮，亦即雖然列入正式課程，有了課時的保障，可是如果沒有訓練有素而能稱職的師資，要達成教學的目標，也只是空談。[④]

---

① 《易經》雖在大學開課，但開在哲學系而非中文系。

② 上述課程，有些雖在大學開課，但皆開在哲學系而非中文系。

③ 惟據筆者所知，目前絕大部分的大學國學院並非實體，如要負責師資的培養，則必須轉型成為實體的教學單位。

④ 據筆者觀察，各講習傳統文化的單位或個人，其教學固然有上軌道者，但也不乏一知半解，或錯誤解讀，甚至穿鑿附會者，對儒學或國學的傳承不僅無益，反而造成嚴重的傷害。另有些地方或學校為因應實際需要，採取短期培訓，或一兩個星期，或一兩個月，來養成師資。但此極容易造成偏蔽，而且也只能治標而不能治本。

五、結語

孟子說:“人之所以異於禽獸者幾希。”[①] 意指人具有惻隱、羞惡、辭讓、是非之心,此為仁、義、禮、智之善端,乃禽獸所無,人與禽獸之差異僅在此“幾希”之處。藉用孟子之語,筆者認為人與禽獸的不同除此之外,實另有“幾希”之處,即人發明了文字,禽獸則否。正因為人有文字的發明,故可以將前人的經驗記錄下來,並不斷累積。這些長期累積下來的經驗,經過時代的淘洗,最後保留下來的就成為經典而流傳至今。因此經典可謂為先人智慧的結晶,傳統文化即相當程度的寄寓在其中,理當為我們所珍惜重視。

傳統文化固然是由諸子百家思想的精要匯集而成,但對中國歷朝歷代的政教產生很大的作用,並滲透到廣大的民間,對老百姓的生活造成深遠的影響者,要以儒家為最大宗。是故研習儒家經典,以了解儒家思想,實為傳承中華文化的主要途徑。

儒家思想以仁為核心,但其落實則必須依賴禮的踐行。所謂“禮也者,理之不可易者也。”[②] “禮也者,理也。……君子無理不動。”[③] 可見禮必須合乎道理。另所謂“禮者,體也。”“禮者,體情制文者也。”[④] 可見禮必須體察人情。還有所謂“禮者,人之所履也。”[⑤] “言而履之,禮也。”[⑥] 可見禮不能徒託空言,必須付諸實踐。達理合情而又注重實踐,是故儒家思想被認為是一種生活哲學。

既然是一種生活哲學,則最主要的是能在日常生活中確實踐履,為使傳統文化融入我們的日常生活,筆者衷心期望透過能掌握基本要素的釋奠禮,表達對儒家創始人孔子的尊崇。並且將孔子的生日訂為教師節,使此節日具有意義,以表尊師重道之意。還要透過正式課程,將中華文化的精要傳授給年輕的世代,期使傳統文化能不斷傳衍並且發揚光大。

---

① 《孟子・離婁下》,同注 8,頁 411。

② 《荀子・樂論》,楊倞注、王先謙集解《荀子集解》,台北:世界書局《新編諸子集成》第二冊,1972,頁 255。

③ 《禮記・仲尼燕居》,同注 3,頁 854。

④ 皆見《淮南子・齊俗訓》,高誘注《淮南子》,台北:世界書局《新編諸子集成》第七冊,1972 年,頁 176。

⑤ 《荀子・大略》,同注 18,頁 327。

⑥ 《禮記・仲尼燕居》,同注 3,頁 856。

道德的生态观

——宋明儒学仁说的生态面向及其现代诠释

清华大学国学院　陈　来

一

在西方哲学中很早就开始了从自然中抽象出“存在”，从自我中抽象出“精神”的观念建构。这种抽象和分离当然是对原始的有机的统一的自然观的一种进步，但也同时包含了人与自然分裂的种子。近代以来，哲学所经历的形上学到认识论的转向，认识论到语言的转向，及向人的此在的转向，一步步地突出了人类中心的哲学立场。人的主观性方面越来越受到关注，抛弃古老的自然中心的哲学观念，成了近代哲学的特征。自然观不再是近代哲学的主题，而且由于科学的发展与知识的分化，更滋长起一种对自然的哲学的轻视。哲学从关注自然是什么转向关注人是什么，忽略了自然，也忽略了人与自然的关系。①

然而，20世纪末，环境和可持续发展成了与人类整体生存发展有着生死攸关的联系的课题。这一现实，要求现代哲学必须重新检讨近代以来对于自然的态度，发展出适合当今全球状况的新的自然观。这也引导我们去重新审视东方古典传统的自然观的生态意涵，以扩大建构现代生态哲学的精神资源。

其实，原始的自然观，与其说是自然观，更主要是一种人与自然的一体观。如卡西尔所指出，这种原始的自然观乃是一种“生命的一体性”的观念，认为所有生命形式都有亲族关系，个别生命形式之间是沟通的一体，而人并非享有自然界中的特权地位。② 生命的一体性意味着自然整体的统一性，而统一体中“和解”是最基本的倾向。自然的生命一体化的原始感情在文化的进步中被战胜了。不过，在中国的历史文化中，社会文化的连续性发展，正如历史学家一致同意的，原始的氏族组织与纽带在后来的

---

① 参看孙彦、陈昌曙：《现代自然观与可持续发展》，《自然辩证法研究》，1998.2。

② 卡西尔：《人论》，第105－107页、第111页。

进一步发展中被保留下来，原始的生命一体化的气质也为后来的天人合一哲学所延续。

在古代中国哲学中，由于道家曾提出过“道法自然”一类的命题，研究者一向重视从道家文化资源中提取生态思想，对儒家思想资源中对于人与自然的关系的看法，颇不在意。卡普拉即说：“在伟大的诸传统中，据我看，道家提供了最深刻并且最完善的生态智慧，他们强调在自然的循环过程中，个人和社会的一切现象和潜在者的基本一致”。[①] 但唐通则整个地指认中国传统：“中国的传统是很不同的，它不奋力征服自然，也不研究通过理解自然，目的在于与自然订立协议，实现并维持和谐。……这样一种智慧，它将主客体全面为一，指导人们与自然和谐，……中国传统是整体的人文主义的。”[②] 这里所说的人文主义的自然观显然应当包含儒家思想在内。

为了适应21世纪全球可持续发展的需求，晚近在世界范围内，业已出现了寻求新的生态世界观、建立更加合理的自然观念与实践精神的诸多努力。东方古老的文化传统成为发展新的生态智慧的重要资源之一。在这一方面，道家受到的关注似乎更多。而本文则将力图呈现出儒学特别是宋明新儒学中所包含的生态面向，以及宋明儒学所包含的生态哲学的特质。

二

早期新儒家的代表人物对生生不已的大自然有特别的感情与关注。周敦颐为“理学开山”，据记载，其住所的窗前绿草丛生，他却从不剪除；人问之，他回答说：“与自家意思一般”。[③] 所谓“与自家意思一般”，乃是表现了一种思想，即个体的人的生命与其他的自然生命是相通的，同时也体现出一种与生生不已的大自然融为一体的人生胸怀。《二程遗书》载：“观天地生物气象（周茂叔看）。”[④] 这一条应为程颢语录，也是程颢对周敦颐“窗前草不除”的解释，即周敦颐是要通过置身在草的无阻碍的生长中体验天地生生不息的气象。

理学的奠基者程颢在青年时代曾从学于周敦颐，他后来说：“昔受学于周茂叔，每令寻仲尼颜子乐处，所乐何事。”[⑤] 从此，体会孔子、颜回何以能常保持精神的快乐，成为新儒家精神性的基本要求。程颢自己并没有给出他对这一“孔颜乐处”问题的回答，但他所叙述的另一件事透露出“孔颜乐处”与自然的意趣的关联：“自再见周茂叔

---

① 董光璧：《道家思想的现代性和世界意义》，《道家文化研究》第一辑，第71页。

② 同上。

③ 《二程遗书》三。

④ 《二程遗书》卷六。

⑤ 《二程遗书》二上。

后，吟风弄月以归，有吾与点也之意。”[①] “吟风弄月以归”，也就是“乐”，这种“乐”是体验了孔子“吾与点也”之意而来的。《论语》中记载，孔子曾问及格学生的志向，其中及格人都表示要作管理政事的官员，唯有曾点表示其志向是在大自然的美好风景中歌舞郊游、悠然而得其乐。孔子叹道：“吾与点也”。[②] 这显示出，程颢所理解的“孔颜乐处”，乃是一种与大自然密不可分的“曾点之乐”，也因此，他对自然界的动植物怀有特别的乐趣：

明道书窗前有茂草覆砌，或劝之芟，曰：不可，欲常见造物生意。又置盆池畜小鱼数尾，时时观之，或问其故，曰：欲观万物自得意。[③]

他自己还说过：“观鸡雏可以识仁”。[④] 与他同时的另一个哲学家张载则经常“观驴鸣”，即观看驴子的鸣叫。宋明儒学把动植物与自然界看作宇宙生命、意义的体现，要通过“观物”以体验宇宙的“生意”。而这种自然的生命意向，又和“仁”有密不可分的关系。

所以“生”对宋明儒学有着非常重要的意义，在《周易》的《易传》中说“天地之大德曰生”，“生生之谓易”，宋明儒学把自然的“生”与道德的“仁”等同齐观，使“生”不仅具有宇宙论的意义，也被视为人类道德原则的根源。程颢说：

万物皆有春意。[⑤]

牟宗三说，此谓“万物处处生机洋溢。”[⑥] 程颢又言万物之生意最可观，此‘元者善之长也’，斯所谓仁也。人与天地一物也。而人特自小之，何耶？[⑦]

人只为自私，将自家躯壳上头起意，故看得道理小了些。[⑧] 放这身来，都是万物中一例看，大小快活。[⑨]

理学把自然的生命意义看成宇宙的本质和道德的根源，这种思想很值得注意。理学同时认为，人与自然万物是“一体”的，正是因为人与自然万物在存在上本来是“一体”的，所以人必须有“万物一体”的精神境界。那种只从人的生理需要、只从人的特殊角度看待自然万物，不过是“自家躯壳上起意”。

---

① 《二程遗书》卷三。
② 《论语·先进》。
③ 《二程遗书 》二上。
④ 《二程遗书》卷三。
⑤ 《二程遗书》二上。
⑥ 《心体与性体》二，第139页。
⑦ 《二程遗书》十一。
⑧ 《二程遗书》二上。
⑨ 《宋元学案》十四《明道学案》，中华书局，1986年，第578页。

三

不过，以上所说周敦颐、张载、程颢的“观物”实践，从主观方面而言，也可谓如唐君毅所说的“只是一艺术性之观照境界”，[①] 而非道德的境界。境界即是态度，观照境界即是一种审美态度与境界。审美性的、艺术性的观照境界，虽为儒家所含有，但非儒家所特有，在道家与中国佛教中也有此种境界。因此，如果儒家的自然观仅仅是艺术性或审美性的境界，虽然也可成为新的生态自然观的资源之一而有其意义，但究竟而言，既不可能与道家的自然观区别开来，也无法区别于文学家、诗人对自然的观赏态度。

儒家自然观的特色，在我看来，更在于宋代以来通过儒家“仁”学所发展的人—自然的一体说。程颢说：

仁者以天地万物为一体，莫非己也。认得为己，何所不至。若不有诸己，自不与己相干；如手足不仁，气已不贯，皆不属己。[②]

所谓“仁者”即达到了“仁”的境界的儒者。明道的这段话，超越伦理—社会的诠释，而从自然—生态学的诠释来看，以天地万物为一体，这意味着，不仅要把每个他人看成与自己为一体，也要把天地万物即自然世界的一切存在物都看成和自己为一体。而所谓“一体”，就是人与自然界存在的一体性。从这个角度，自然界的每一种事物，都是自己身体的一部分，与自己息息相关。人—自然共同构成一个身体。这种存在的一体性要求儒者在意识上真切地自觉其为一体，从而对万事万物怀抱“仁”的态度。这既是对孟子所说的“仁民爱物”说的存在论的支持，也同时把“仁”从人推广到物。在这种世界观和态度中，自然界的事物并不是我们的“他者”，不是与我们相对立的异在无关的他者，而是“己”本身的一部分。在这种世界观中，“己”已经不再是“躯壳”的小己，而成为与自然世界有机关联的一个整体。

同时，这种人—自然的存在的一体性以及对此种一体性的自觉，其建立亦须通过“气”的观念。如程颢说“手足不仁，气已不贯，皆不属己”，就预设了肢体麻痹是由于“气”不能贯通，从而人也就使人不能觉其为自己身体之部分，这就是“自限隔”。所以“气”的观念的必要性，不仅是存在论的，也是感受论的。

张载以气为基础，其《西铭》也提出了与程颢类似的思想：

乾称父，坤称母，予兹藐焉，乃混然中处。故天地之塞吾其体，天地之帅吾其性。

---

① 唐君毅：《中国哲学原论·原教篇》，第 139 页。

② 《二程遗书》二上。

民吾同胞，物吾与也。[①]

乾指天，坤指地。所谓天为父、地为母，合而言之，意谓自然界是人类的父母；分而言之，天地人并立为三。由于天地之气构成万物与人，构成人的气也是构成万物的气，从而，站在一个儒者的个体立场来说，天地是我的父母，民众是我的同胞，自然万物都是我的朋友。

《西铭》的说法明显表达出，张载所主张的，并不是要达到一种审美性的观照境界，而是通过这样一种方式更深地理解自我对他人、对自然万物所应具有的道德义务。这种哲学实际是把宇宙或自然的整体看成一个家庭，中国古人所理解的家庭是一个相互承担义务并以感情交通的系统。把宇宙或自然整体看成一个家庭的结果是，人应当把万物作为家庭成员来对待，换言之，人应由此对万物都负有一种将之作为家庭成员来对待的道德义务。

四

很明显，程颢、张载的世界观和自然观，已经从审美性的自然态度更发展出一种伦理性的自然态度，成为一种包含有价值意向性的自然观。从生态的诠释看，这对于以往的中国自然观而言，无疑代表了一种新的自然态度。

这种思想在王阳明哲学中得到进一步的发展：

问："人心与物同体，如吾身原是血气流通的，可以谓之同体。若于人便异体了，禽兽草木益远矣，不可谓之同体?"先生曰："你只在感应之机上看。岂但禽兽草木，虽天地也与我同体，鬼神也与我同体的，""请问"。先生曰："你看天地中间什么是天地的心?"对曰："尝闻人是天地的心。"曰："人又什么教作心?"对曰："只是一个灵明。"曰："可知充塞天地中间只有这个灵明。人只为形体自间隔了。我的灵明便是天地鬼神的主宰。天没有我的灵明，谁去仰他高? 地没有我的灵明，谁去俯他深? 鬼神没有我的灵明，谁去辨他吉凶灾祥? 天地鬼神万物离却我的灵明便没有天地鬼神万物了。我的灵明离却天地鬼神万物，亦没有我的灵明。如此便是一气流通，如何与天地间隔得!"[②]

王阳明认为，"一气流通"，不能只从身体的"血气流通"来看。如果仅从血脉贯通来理解"与物同体"，那就很难建立个体与其他存在物的"同体"观。王阳明认为，还要从"感应"即"感通"方面来了解，从这个方面才能理解天地万物、自然与人，个体与他者之间决非"间隔"的，而是"一气流通"的同体、一体。这里所谓"感应"

① 《张载集》，第62页。

② 《传习录》下。

是指人的身心与万物之间的相互感通，特别是心灵对万物的感受性。

《传习录》下又载：

朱本思问:“人有虚灵，方有良知。若草木瓦石之类，亦有良知否?”先生曰:“人的良知就是草木瓦石的良知。若草木瓦石无人的良知，不可以为草木瓦石矣。岂惟草木瓦石，天地无人的良知亦不可以为天地矣。盖天地万物与人原是一体，其发窍处是人心一点灵明，风雨露霜、日月星辰、禽兽草木、山川木石，与人原是一体。”①

根据这个看法，人与天地万物是一个整体，这种整体，一方面是“一气”所构成；另一方面，在这一气构成的宇宙中，只有人心最精最灵。所以人心可以被看作这一气构成的整个世界的“灵明”，它的理性、它的精神、它的良知。因此作为宇宙结构成分的灵明或良知就不仅是人的良知，也可以看作是草木、禽兽甚至瓦石的良知。天地人的这种一体性是有机的，没有人或人的良知，被破坏了原始有机一体性的天地，也就不再成其为原来意义上的天地了。可见，这个思想是以一种有机整体宇宙的观念为基础的。

王阳明在《拔本塞源论》中也说：

“夫圣人之心以天地为一体，……圣人忧之，是以推其天地万物一体之仁，以教天下，使之皆有以克其私去其蔽，以复其心体之同然。”②

“以天地万物一体”是一种态度，以天地万物为一体的态度和境界就是“其精神流贯，志态通达，而无有人己之分、物我之间”，就是“其元气周流，血脉条畅，是以痒疴呼吸，感触神应，有不言而喻之妙”。③ 这里的“感触神应”即前面所说的“感应”；“元气周流”即前面所说的“一气流通”，都是强调要达到一种无人己之分、无物我之隔的境界。

在《大学问》中，王阳明更在万物一体之外，提出万物一家、天下一人的观念，他说：

大人者，以天地万物为一体者也。其视天下犹一家，中国犹一人焉。若夫间形骸、分尔我者，小人矣。④

宋代理学把“大学”解释为“大人之学”，王阳明进而提出，“大人”与“小人”的分别，就在于“大人”是“以天地万物为一体，视天下如一家，视中国如一人”的人，而“小人”则是“间形骸、分尔我”，不能物我一体，也就是前面所说的“自躯壳

---

① 《传习录》下。

② 《拔本塞源论》,《阳明全书》卷二。

③ 同上《拔本塞源论》。

④ 《阳明全书》二十六。

上起意”、“自间隔”、“自限隔”的人。

“天地万物一体”说在伦理上所指向的是“爱”，这一点，程颢早已指出：

“若夫至仁，则天地为一身；而天地之间品物万形，为四肢百体。夫人岂有视四肢百体而不爱者哉。”①

至仁的境界就是以天地万物为“一身”，也就是说，人应当把自己和天地万物整体看成一个身体，而把万物万形看作这个身体的肢体、部分。这样人就会像爱自己的肢体一样爱万物。而把自己的肢体当作“非我”的“尔”，就是不仁。仁就是意识到一体而产生爱。在这种境界中，人与万物、自然，不仅是“共在”，而且是“一身”，人不仅因把自然事物视为自己身体的部分而有亲近感，并且对自然事物承担着道德义务和责任。“仁者与天地万物为一体”的自然观，其真正意义就在于，在这种“一体”的自然观中，人—自然的关系，人与万物的关系，从“我与它”转为“我与己”，或者说，如同马丁·布伯所说的“我与你”。在这种自然观中，人与自然关系绝不是人与异在的他者的关系，而变成了人与自己的关系。

王阳明在《大学问》中对“一体”和“感应”有进一步的说明：

“是故见孺子井而必有怵惕恻隐者心焉，是其仁之与孺子而为一体也。孺子犹同类者也，见鸟兽之哀鸣觳觫而必有不忍之心焉，是其与鸟兽而为一体也。鸟兽犹有知觉者也，见草木之摧折而必有悯恤之心焉，是其仁之与草木而为一体也。草木犹有生意者也，见瓦石之毁坏而必有顾惜之心焉，是其仁之与瓦石而为一体也。……故夫为大人之学者，亦惟去其私欲之蔽以自明其德，复其天地万物一体之本然而已耳。”②

因此，不仅万物与人处于一气流通的本源性联系，而且，对万物的感通惜爱乃是人之本性，是心体的本然。所以“一体”不仅具有客观的、实体的意义，也是一种态度和境界，这种境界和态度把宇宙看作一个有机的系统，以凸显人—自然的息息相关的不可分割性。

五

宋明儒学的万物一体说同时亦即是仁说，其核心思想是主张以万物一体为仁。“一体”又表达为“一身”“一家”“一人”（万物一体、天下一家、中国一人）。从程颢到王阳明都认为，只有真正认识到万物一体的人才是仁者；真正以万物一体之仁而发出爱，才算达到了仁的境界。“万物”的用法合法地指明，自然及其各种存在物都是“仁”的对象。因此，仁学不仅是“人”学，也是人如何对待自然的学问。所以，没有

---

① 《二程遗书》二上。

② 《阳明全书》二十六。

人能够否认，宋明儒家的仁学包含着生态学的面向；循其方向，可以发展出独特的生态哲学体系和生态世界观。

宋明理学的生态世界观，是一种“有机的一体的生态观”。而就其特色而言，亦可谓“道德的生态观”（MORAL ECOLOGY）。此处“道德的”的用法取于牟宗三。牟氏区分了“道德底形上学”和“道德的形上学”，他认为“道德底形上学”是关于道德的一种形上学的研究，而“道德的形上学”则是“从道德的进路入”，由道德而进至形上学。所以“道德的”的关键是“由道德的进路入”。[①] 前述宋明儒学的万物一体说或仁说所包含的生态世界观，正是与审美性的观照境界不同的、一种从道德的进路入的、宋明新儒家所特有的生态世界观。

宋明新儒家的自然观，其特征是，不以征服自然为目标，而力图强调人与万物是有机的整体；它把人与自然的关系，从“我—它”变成为“我与己”或“我与你”；它超越了审美观照的自然态度，不仅把自然作为审美的对象，而且作为伦理的对象，作为自己的家庭成员；它所强调的共同体观念，不是人类的共同体，而是把人包括在其中的自然共同体；与早期马克思所说的“自然是人的无机的身体”[②] 也不相同，它认为人与自然共同构成了一有机的身体；它要求人把自然与自然事物看成与自己息息相关的，看成自己身体的一部分，而爱惜之；它主张人应当对自然万物抱有道德的义务感。

这种哲学的基础，也超越了原始的巫术—神话世界观的有机一体观，它不包含巫术的神秘主义，但也不是单纯的自然主义，而借助“一气感通”而体现“仁”，它力求把生态伦理与人的“不忍”（良知）之心联结起来，为生态伦理找到内在的心性根据，从而使“仁”的思想不仅是一种人道主义，而且成为一种更为普遍的、由道德的进路入的宇宙观。这种“一体”说或自然的共同体说，借用马克思的话来说，它是一种“彻底的自然主义或人道主义，既不同于唯心主义，也不同于唯物主义，同时又是把二者结合的真理”；[③] 它“作为完成了的自然主义，等于人道主义；而作为完成了的人道主义，等于自然主义。它是人和自然界之间、人和人之间的矛盾的真正解决。”[④]

20 世纪末的地球人类，越来越多地意识到，与以往的地球上的人类的最大不同，是 20 世纪的人类已经掌握了在根本上破坏地球生态系统的能力。20 世纪人类的活动已经开始现实地、局部地、但很大程度地毁坏了自然生态，对人的活动的环境本身造成了重大的威胁。而人类的文明程度越高，人类自己也就对这种威胁更加敏感。为了人

---

① 参看《心体与性体》综论第三章《自律道德与道德的形上学》。

② 马克思：《1844 年经济学哲学手稿》，人民出版社，1985 年，第 52 页。

③ 《1844 年经济学哲学手稿》，第 124 页。

④ 同上，第 77 页。

类自身的长远生存，必须改变以“征服、索取”为特征的旧的人类中心主义，寻求新的更加适合人类共同生存的对待自然的态度。在这个问题上，儒学传统的自然观可以提供一种参照。

现代西方哲学与文化，对生态世界观的反思，往往要求从公正、平等、权利的观念来建立人对自然的道德态度，如提倡承认无感觉的东西有道德上的权利，把公正、平等的态度扩大到自然界等等。相比起来，儒家传统所提供的是另一种图景，它主张把人与自然看成一个整体的系统，人不仅包含于这个世界整体之中，而且人必须自觉其自己与自然界的每一部分的有机关联；它要求把自然事物看成自己的一部分，或把自然事物看成自己的家庭成员，由此建立起人对自然事物的道德义务，而对自然事物采取友善的态度。人与自然的对立、主体与客体的对立，是儒学所不了解的。在儒家哲学中，人虽然仍然在某种意义上是中心或基点（人者天地之心），但这种中心地位的承认，并不是要使人从宇宙的优越地位出发而把自然界当作可以任意索取、盘剥的他者；儒家所赋予人的中心的地位，正在于对人的理性（灵明、良知）的信任，对人能自觉万物一体的有机性的信任。这种立场可能会对旧的人类中心主义和当代彻底摒弃人类中心主义的要求两者之间提供一种平衡。

二、儒学与政治

作为政治人类学的儒学

圣彼得堡海运大学　尼古拉·米古诺夫教授（Nikolay Migunov）/文
奥莉加·米古诺娃（Olga Migunova）/译（俄语）

一、政治反思的两个传统

现代社会注定是政治的。与传统社会不同，现代社会有两大特征：第一，有明确的以改造自然为目的的工业产业，第二，有明确的以积极转型社会关系为方向的社会产业。后者是政治的基础。而历史上也有这种“奎托斯”想法（idea kratos）[①] 的社会。它们不仅把政治作为它们当时存在的核心，而且在几千年历史中也几乎把政治作为是存在的主脉。这种社会认为自己的使命，与其说在社会关系转化的进程中，不如说在确保社会和政治发展的静态和稳定中。首先，我指的是中国。不过，过去的一百五十年中国历史是中国以异乎寻常紧张的、有戏剧性的活力进入现代社会并转变为高度动态的、机动的社会。社会发展的进程到这种程度，就提出社会发展节奏需要平衡的问题，需要给社会的质量一个平衡性和稳定性。在这种情况下，中国政治和政治理论的传统的重要性更为明显。

马克思主义肩负了在新中国现代条件下产生社会政治生活一般理论以及社会政治发展的目标的责任。作为一种政治理论，或者政治学，马克思主义中国化的研究对象仅限于社会的政治领域。马克思主义研究具体社会机体的政治进程，研究不同政治制度和机构运行及其相互作用的机制。政治学是“中等水平”的理论，即它不追求哲学式的概括。从西方世界发源的政治学有一种倾向，把西方世界的模式冒充为全人类的

---

① “奎托斯”（奎托斯，kratos－希腊语“力量”的意思，idea kratos－政权）想法的国家是在社会秩序和人民政权的理想系统基础上建立的国家，在思想与其从生的伦理、法律基础上，用宗教、哲学及意识形态表达的方式，建立社会生活与政权机关的国家。

自然模式。但是到现在为止，一方面，仍然没有真正发现西方政治学与全人类文化共相（universals）的关系，另一方面，它是否适用于非西方社会制度的政治进程特点的分析。从这个意义上，回头看国家传统的政治思想，特别是政治儒学，让我们制定一个社会政治生活的一般规律性的科学分析方法和中国的这种进程的特点与历史、传统的密切相关性之间的平衡。

政治学中有两个传统，一个来自亚里士多德，另一个来自马基雅维利。前者对自己提出问题：什么样的政治制度是合适的——适合于人类的本性，为人类的幸福而服务。后者侧重于政治体系与制度的效率问题，专注于研究政治行动的内部结构与其外部条件和界限的政治行为学（praktikos+logos）。由于这个传统，我们开始看到有意思的分化。形成两种政治学的亚文化。第一个，是强大国家的，它以国家利益为主。它的目标是效率，而在方法论方面是以价值中立、系统功能方法为主。第二个，可以被称为公民的。它着重于人类向度的政治，而在方法论方面它着重于文化学的、价值论的、历史比较的分析和哲学的分析。在中国，在笔者看来，第一个政治亚文化是中国化的马克思主义，第二个是政治儒家。这些“亚文化”不是相互排斥的，而是互补的。只有这两种意向（intentio）相遇的时候，才会构成一个有效的两极的系统，它们之间的张力为政治学界提供了创新的积极性和创造性对话的氛围。

因此，政治儒学的范围可以被定义为一种政治哲学。当然，几个世纪以来，政治儒学也仔细研究比政治存在的性质更具体的政治问题，而在笔者看来，它还是有哲学和形而上学的重点，因为政治儒学有普遍人道主义的激情，它在目前中国转型期社会的情况下更具有现实的意义。笔者认为，在理解人性特定的背景下理解政权关系的本质与其特点，普遍人道主义的策略是儒家政治哲学的本质。它不仅着重于解决务实功利性的治理问题（可以说，政治的治理），还着重于更广阔的政治向度的存在，既包括人类历史文明的视角，又包括人类存在本体论的视角。儒学政治哲学任务的范围是揭示政治的一般规律，寻找它内在的发展逻辑，与其他公共生活领域，尤其是在精神、文化和社会方面的联系。政治儒学的焦点集中于政治本体论——政治存在理论。它的目标是恢复政治界与其本体论的身份。对儒学而言，政治不是一个上层建筑，而是一种人类影响社会环境的实践，人类的目的是创建和维护让人性适应地与充分地发展的条件，达到人与社会一宇宙的和谐。这里分析政治客观本体论基础的问题，政治空间和政治时间的问题，与社会存在有关的一般政治改造能力，政治决定论的特点，政治最一般的基础及可能性，政治内在的相互关系：客观的和主观的、规律性的和随机性的、现有的和应有的、理性的和非理性的。在多个问题的领域中，笔者只观察一个跟政治主体有关的问题，需要的话，会涉及一些周边的主题。

二、作为人文主义哲学的政治儒学

儒家思想承载着巨大的人道主义力量。儒家核心的范畴是仁。这个众所周知。我们说以人为本、人是根本的时候，往往没有理由地、不由自主地将儒家所理解人性的仁与西方所理解的人类中心主义联系起来。实际上，这是两个完全不同的事情。西方政治哲学的大厦围绕着人类中心主义的原则而建设，它靠个体人性与主权个性的概念，认为人性唯一的现实是个人利益，个人据此现实而生活。即哲学术语说，这是纯粹唯名论（nominalistic）的立场，它认为共性（除了其组成部分的总和）没有自己本体论的地位和独立的本体论的内容。在这个意义上民主也是唯名论的系统，因为它来自于这种基础且只在这里有意义：参与选举的人表达自己自主的政治意志，他的意志和一群人的政治意志只是间接的一致，不过对于一个民主体制来说这些并不重要。民主最重要的两难境地，也是政治哲学基本的问题，是个人利益和公共利益之间的关系。但在实践中，个人利益只有当数量占优势地位时才会被合法化，即被社会认可及有政治的重要性，而时间也有限。理论上，这里社会（和政治）正义以一个简单的算术加法的投票的方法而建立的。总之，民主是为个人利益的斗争而建立的一个高度竞争的制度，这场博弈结果的关键理由是群众性。

对儒学来说，没有这个问题，因为欧洲与亚洲的人类实践基础上的世界观差异的原因。欧洲的人类中心主义束缚了基督教世界观的上帝与“创造灵魂”（creatio anima）的原则，它把人看成是世界的中心，从而人被理解为自给自足与具有自我价值的个体。而儒学跟它不一样，它不是来自于主权的与自给自足的个性的原则，那样将会不可避免地导致经验的人性的经验概念化，而是来自于人道主义的原则，这意味着，人作为社会—宇宙的系列转型中的一个环节反映了人的本色。儒学人道主义原则的基础来自于共相（universals）现实的直觉，共相展开的空间是人的命运。在这个意义上，儒学是集体主义和团结的哲学理念，它信仰个人与集体（民族、国家、文明）统一的命运的观念，而不是来自于个人价值绝对化的想法。用西方哲学的语言，儒学的主张可以被有条件地称为哲学的实在论。

三、作为社会本体论范畴的仁

仁是伦理的范畴。大家都知道，道德是关系的形式，而关系总是需要另一个人（至少两个）。所以儒家思想不是基于作为社会原子的、自给自足的个体，而基于个体之间的关系。中国世界观基本的特点甚至体现在“仁”字中。右边的部分有“二”表明，道德关系具有内在的对话，这种思想深入中国人的思维。杜维明先生将儒家人文主义的主要特点之一定义为："儒学人道主义……表明，具体的、活生生的人的个性作为关系的中心。从'中心'而言，一个活生生的个人的本质特征是个人的尊严、独立和自治；从'关系'而言，个人的认同离不开社会。"① 让我们回顾马克思的观点："人是社会关系的总和"。不难看出马克思主义和新儒学思想有耐人寻味的相似立场，不过不可忽视它们之间的重要分歧。不同的是，马克思强调的是"社会"的关系，而新儒学强调的是"关系"的社会，强调万物之间的相互关系是社会本体论的基础。正如我们看到的，新儒学社会的实体是有程序的，在一定条件下产生并且符合人类行为学（个体的人本身也有这样的特点）。所以，仁不是一蹴而就并且长期保持的一种状态，而是在社会实践中需要不断地、积极地证明的品质，通过创造性的实践积极地自我教化，这个创造性的实践使世界和谐和有序，包括政治和谐。仁是动态的原则。②

道德以存在他者为前提，而其存在的偶然性（accidentia）则以自由选择和负责任的行动为前提。的确，行动包括了人的有意向的关系、道德立场与实际现实、道德的感觉与事情。对儒学来说，这就是最高的人道意义上的政治。这种道德政治的范式是"社会"的，也是"民族"的，它的"正义"在于它超越了社会等级结构，不区分等级和社会地位，包括"被统治者"与"统治者"、"受控"与"控制"的地位。

而在西方的话语体系中，存在的"他者"要有与其说建立人和人之间道德关系的"政治"，不如说统治者与被统治者、一个管理另一个的关系也有政治的色彩，难怪亚里士多德定义人为一种政治动物。理解这一点是原则上的，包括既理解西方政治哲学的本质，又理解儒学中形成的政治哲学。③ 有人可能会反对：政治与道德一样的，它们俩需要"他者"。事实也是如此。但是，根据西方经典的形式，政治的理解需要以"他者"为客体，那里是占优势的主导逻辑的。而儒学以对象为主体，主体与主体之间的关系被认为是有同等价值的。如果谈的是隶属关系，也是一样的。从属地位是同样重要和受尊敬的，因为它表达道德配置与道德关系本体的模式。统治者有统治者的义务，被统治者有被统治者的义务。这里的隶属关系有宇宙世系与道德意识——这里，隶属关系意味着，关心和尊重（崇敬）的关系，而不是虚荣心和自我利益力量的任性游戏或者尼采式的权力意志。

对政治儒学而言，以仁为"态度"（相互关系）是既具有人性的实体性（substanti-

---

① Tu Weiming. Confucian Spirituality in Contemporary China. In: Confucianism and Spiritual traditions in Modern China and Beyond. Ed. by Fennggang Yang and Joseph B. Tamney. -Brill, Leiden —Boston, 2012, p. 90.

② 自我教化的方法和结果是更"仁"，其基础是一种关系。这个关系是不完善的自我本身与理想的、人性化的自我的关系。这种表示人性的两面性，在道的概念中，表现为生成动态的原则。

③ 当然，笔者这里说的是关于西方政治反思基础的原型，而不是给西方政治哲学一般总结的评估。

val）的性质，又属于社会本体论的范畴或者本体论的实践。仁表示在世界上人的本体论并非是寂寞的——普遍宇宙演变奥秘的参与者，因为仁是万物彼此联系的宇宙协同（synergos）的本体论的社会样式（modus）。孟子称为这种力量是“浩然之气”：“其为气也，至大至刚，以直养而无害，则塞于天地之间。”[①] 儒家思想由于其基本的意向性，普遍宇宙的相互关系的本体论有道德的性质（用成中英先生的术语，它是本体论的伦理）。由于其普遍性，对别人积极的态度（仁爱）有助于得到别人对你积极的态度，因为别人的仁会积极地回应。

儒家的人道，要理解，它不是个人主义的人道，而可以说，社群的人道主义：个人的价值唯一被证明的途径，就是其参与社会活动（家庭、社会、国家）的程度，正是社会构成、确认、许可作为个人的个体。这种包容性（inclusiveness）通过个人对仁爱自我培养而可以达到，这种爱，既积极地面向外部，又能由外而内回归源头。但是，接受爱也需要能力，也需要一个发达的仁，就是要爱别人对你的爱。在本质上，这意味着，再次把它重新向外引导。

只有在他人个性的形成，即共同的、集体的仁的背景下，可以讨论儒家个性的形成；在仁的循环过程中形成一种似乎是共同的、集体的个性，它具有人民的“集体”的仁。在这种理解下，提升他者的个性价值是提升个体个性价值的条件。注意到儒学的理想与马克思的教科书的定义相似，不应被忽视的是：每个人的自由发展是所有人自由发展的条件。这种观点是否和孔子的观点一致？每个人对仁的自我培养是所有人对仁自我培养的条件?! 这种儒学与马克思主义观点是否具有相似性？1989年，南京大学校长匡亚明与俄罗斯学者在一次私人谈话中说：“孔子是古代的马克思，马克思是现代的孔子”?! 在各种形式的美德中，仁是一种完善的美德，是“行动中的美德之美德”。[②] 作为纯美德的仁是我们普遍的人道，我们共享的仁爱，也就是普爱。

这是仁的互相循环，它形成理想社会制度的基础——大同。在这种全体互相循环的仁爱中实现个人平等的尊严。对政治儒学而言，个人平等的尊严是最高的平等与最高的正义。而儒学的平等与儒学的正义不意味着人的共性，而意味着人差异的平等。孔子说：“和而不同”。这是儒家式的民主。互相回应的仁的平等尊严是存在的普遍向善的凝聚原则起作用的结果，渴望当君子的人会自觉投入其中。

---

① “孟子”，IIA。

② Tao J. Trust Within Democracy：A Reconstructed Confucian Perspective //Taking Confucian Ethics Seriously. Contemporary Theories and Applications. Ed. by Kam-por Yu，Julia Tao and Phiilip J. Ivanhoe. -State University of New York press，Albany，2010，p. 109.

四、政治的价值向度。论政治的界限与道德的无限

儒学坚持本体论伦理地理解人类生存本质，从而界定存在的政治维度的边界。儒学的热情在于人的存在规律，超越了合法民意或者统治阶级意志的政治目标合理性以及政治意义上的权力。这些规律也超越国家这个强制服从其意志的机器。

儒学揭示的那些本质、价值与规律属于另一种本体上超越国家、议会民主、和全民公决的序列。儒学揭示那些规律与价值，它们的存在需要国家本身的服从。真正法治国家的意义不在于它指示执行法律，而在于它本身遵从于法律“所有人生而自由，在尊严和权利上一律平等”[①] 的本质。首先是生命权。作为政治哲学的儒学认识到，即使是最民主的政权，其主权也不是无限的。人的尊严与他自由选择的道路是儒学的重要价值与个人权利之一。它正是以此表明了永恒的普世价值，即根植于人性的价值的首要地位。根据孟子的观点，人性的实质是“根据人道和适当的正义”而生活。因此，永恒普世价值无须重新审视，而不只是那些价值被合法化了的、在历史上短暂存在的社会。儒学因为跟人类学的性质相关的原因，界定政治学话语和政治实践的边界，警告我们避免绝对化，并把我们从体制政治的生活向度转向人本身的生活。儒学超越了社会学实际情况，并且将确定社会、政治向度上的人的生活和人性本身的关系。其实，对作为人的存在的本体论的仁爱关系主题进行儒学反思的政治向度中这一持久的客观存在，将它变成了政治的人类学。

儒学政治的人类学是人的哲学，而这个“人”是“政治的人”。儒家思想基于这样的事实：虽然人与政治范围的关系具有实体性（substantival）的性质，而“政治的人”首先是人。这与儒学对世界本体的理解有关。按照这个理解，世界是一个结构有序的整体，其中的部分有“隶属”的与互相产生的关系（“那个产生这个，反之亦然”）。整体内包括人，人在整体内的地位是独一无二的。这个关系的系统是多方面的、灵活的和全面的——它涵盖的不仅是三位一体的人与天地（这是一种相互依存的关系），而且实际上是人类的世界。儒学教导关系不只是一个道德准则，而且是“万物彼此联系”形而上学普遍性的一种体现，这种联系，因为人类的参与而应该变得温暖，并且因为个人同其在自己的生活中所接触的一切事物的深刻关系而应该变得丰富多彩。从儒学的角度来看，政治的人是完整的人，而只从政治的角度被审视。对儒学而言，没有与一般伦理不同的、特殊的“政治伦理”，因为没有不顾道德的特殊的政治行为。如杜维

① 《世界人权宣言》第1条。

明所强调的，“在儒家思想的意义上，真正危险的是道德政治化。”[①] 道德是全面的，它渗透在生活的每一个毛孔，包括政治领域。

人类的活动与动物的不同。人类活动的特点在于不仅有能力确定经济目标和政治目标，而且有能力超越客观现实，用应然的东西——价值的世界和理想的世界来比照实然的客观现实。不顾价值向度的政治不仅是不道德的，而会失去激励和可持续的指导方针，退化成为一个纯粹投机性的活动一般公式：“刺激－反应”。所以儒家政治如此重视价值观念，用价值观念可以构建理想的人与人之间的关系的标准，这种关系既是社会的，又是个人的。

儒家的政治理念从一以贯之的人的思想出发，而西方政治思想的反思则来自于一个抽象的概念——一个政治主体。这个主体没有任何人类学的确定性和内在世界，仅作为政治分析和政治学预测的一个“统计单位”。此外，这个主体往往是群众化的和“总体”的（群体的）。这里的人只是某个“群体”的一般性的代表，对政治学的分析而言，他是社会政治的类型，类型特征的一个载体，系统的“元素”，换句话说，是“局部”的人。在结构功能论、角色理论、政治人类行为学、治理论、制度理论等理论中人都是这个地位。此外，事实上，这个主体其实是一个客体，因为他是操纵政治实践的对象，无论是选举技术或政治优化的技术。

相反，按照儒家的固有认识，这种“局部”的人的存在是异化了的、反人性的存在。现实的人的生存基于整体的规律，他在空间和时间中是自我确定的、自我繁衍的、有自由选择权的本质。在历史进程中他这样认识并繁衍自身。

五、儒学是政治化的吗？

儒家经常因为缺乏民主的原则而遭到批评。但是，从其发展的历史来看，很显然，它是非常不同的。儒家可以是卫道的，可以是革命的，也可以是保守的或者创新的。迄今为止，儒学被做出许多不同的理解。儒学政治的考量不应该从时代背景中剥离。但蒋庆在他的著作《政治儒学》（2003 年）中批评现代新儒学时，主要是针对台湾和香港的，确实是这样。他认为现代新儒学是“政治化的儒学”，是西化的学说，是异化的和歪曲的意识形态的儒学形式，它绝对地失去了社会批判的能力与反对现代的制度，作者认为这些制度需要改变。在蒋庆看来，这是政权强化的工具与执政者手中的意识形态。相反，蒋庆分出“政治儒学”，批评政府与制度努力维护社会正义的儒学模式。

---

① Tu Weiming and Daisaku Ikeda. New Horizons in Eastern Humanism. Buddism, Confucianism and the Quest for Global Peace. -London -Ntw-York, I. B. Tauris, 2011, p. 119.

他认为“政治儒学”将应该表示中国特色的文化民族主义的意识形式。[①]

蒋庆对政治化的儒学提出的最重要的责备之一，是儒学片面地、夸张地强调“内圣”与人性道德的自我完善。蒋庆认为“外王”的理想（如民主与科学）超越了美德教化与个人道德修养的范围。按照公羊学派制度的原则，他认为，在心理生理的特点与外界环境的影响下人失去了与生俱来的善良的本质，能够帮助人找回善良本性的不是在20世纪儒学发展的心学，而是强调制度改革（不是强调达到完美智慧）的政治儒学。为此，西方制度要通过上天本身给人类的意愿，取代中国土生土长的“人的制度”（即社会的制度）。

在笔者看来，蒋庆对现代新儒学的批评是不太正确的，并且，他仅仅寄希望于新的制度，这与儒学基本的公设联系不起来。现代新儒学的主要特征恰恰是“内圣”与“外王”的和谐，这里内部和外部是不可区分的，它们具有非二元性——内部包含了外部样式及外部包括了内部的样式。

西方人理解不了中国古代人说的关系：“阴中有阳，阳中有阴，你中有我，我中有你”。这就是内部和外部的辩证论。“圣道与王道应该有和谐的关系”（熊十力）。因为这种原因（内部与外部的非二元性（nonduality）），儒学精神教育下的中国人不能区分伦理与礼仪。对中国人来说，礼仪就是伦理，而伦理是基于人的地位的奖赏机制，意思是人与其在世界上的地位具有宇宙一致性（正名）。这种逻辑绝不是对社会“不公平”的辩护，相反，它反映了最高的、上天的正义。世界是等级的与有秩序的，但不在庸常的和表面的“政治”意义上，而在一个较高的宇宙社会人类学的意义上。因此，很明显，政治领域与道德领域不能人为地切断，不以为然不仅是一个严重的科学错误，也是一种道德错误。道德一定不能是“局部”的，因为以任何特定的领域（例如，私人的领域）活动范围的限制，而在其他领域拒绝承认道德本身是不道德的。它反对“道德是不可分割的与绝对的”原则，从而它解除了作为道德主体的人。但事实的真相是，政治恰好是以人与人之间的关系和它们相互作用的本质，在道德的空间展开。只有遵循道德的先验论，政治才可以是“公平”的。它的意思是，道德的本质是社会的，它根植于人与人之间的关系，人在培养道德的过程中做出道德的行为的时候并不孤单。在这个意义上，培养自我，意味着根据本体论道德的互惠原则（“己所不欲，勿施于人”）来完善这种关系，从而改变社会。与人类一样，社会也是关系的总和（系统），这些看上去是“外部”的关系充满了道德的内容，实际上，这是自我完善内在的意义，如果自我完善不在社会和政治取向的道德实践范围之内，就是不可思议的。

---

① 蒋庆：《政治儒学：当代儒学的转向，特质与发展》，北京：生活·读书·新知三联书店，2003年，第397、399页。

在中国传统中，这种内部和外部的辩证论与“大同”的概念牢牢结合。在大部分情况下，“大同”被解释为理想社会机制的概念，而它首先是管理社会关系的原则，建立这种关系之后没有任何因素能阻止人们到达他应得的、上天注定的地位。这是儒学的完美的人和谐的原则，不过，完美人的完美是不一样的，每一个人都以自己的方式发展自己的本性，并且彼此保持着对差异的尊重。这里，应当理解的是：不仅对尊重差异的保持，而且和谐的现实化本身也有一定的程序，在对话的和谐的共处的前提下，只有保持“互惠原则”，和谐的现实化才具有可能。大同是动态的原则，因此，其根植于人的日常实践并在实践中自我实现。这是道德与管理生活的原则，因而也是生活行为的原则，而不是在虚无缥缈的“理想社会”中等待其实现的理想。因此，大同是道德一政治的形成的实践，是人和社会一起创建的。这里我们所说的是儒学人道民主的原型，不同于西方形式的民主模式。

六、在政治意义上“革命”的原则是民主的吗？

为了论证自己对政权体制的社会批判态度，蒋庆引证孟子关于人民拥有以“革命”夺取统治者“天命”的不可剥夺的权利。但是，孟子认为剥夺“天命”的理由不是集会自由和政治多元化制度，而是对统治者不适合“天子”身份的道义愤怒。这意味着统治者本身失去了“天命”与“天子”的权利，而人民以自己的愤怒证明了这个事实。虽然是“通过上天和人民”来实现，但剥夺“天命”权利不是最经常被解释的人民，而是上天本身。正如香港大学 J. Chan 先生观察，孟子观念里的“‘天命’是通过人类是否接受‘天命’而揭示的”。[①] 依照 J. Chan 的逻辑，不难得出这样的结论：剥夺“天命”是人民反对统治者的结果，通过人民的否定发现上天的愿望。但是，人民本身没有选择和消除“天命”的权利，这是上天的特权。人民只是上天的声音，按照孔子所说的，天不能说，人民只是表示与执行上天的愿望。获得人民的同意是天赋权力合法化必不可少的条件。从这里可以看到，孟子了解的“革命”的秩序与现代意义上的民主差距甚远，也可以据此理解很多人的意图，看到这里民主的萌芽。

J. Chan：“在所有的儒家思想中，‘天命’的想法是最接近民主的想法。而‘同意’与‘民主’是不一样的。人民的同意跟民主的制度没有关系。同样的，它与民主主权和政治平等也没有关系。最后两个想法意味着，个人平等的参与权影响所有人的决策，这种权利应该在某些制度或程序里表现出来，例如，投票。人民与政权自愿的

---

① Chan J. Democrasy and Meritocracy：Toward a Confucian Perspective //Journal of Chinese Philosophy，2007，vol. 34，No. 2，p. 185.

同意不是人民主权制度的表达（人权的统治地位）或者个人政治的平等的表达”。[1] 实际上，很难否认J. Chan上述的论断。并且他描述的政权合法化（同意）不是有程序的，它按照“事实”而出现，是民意的结果（满足人的欲望）。政权合法化不是发生在统治者进入政权之前，不是预告它，不是在所有的统治期“陪同”它（更准确地说，政权审批权力后，不需要群众再对其合法化）。然而，必须承认的是，还有其他的无可争辩的事实，J. Chan所说的是，把西方民主标准加在儒学政治学说身上，从方法论的角度来看，是不太正确的。

在儒学中“天命”被人民合法化不是一个政治的行动，“民意”也不是政治的权利，而是道德的。儒学人道民主与西方民主是不一样的，它有另一个本质。在中国的传统中，把政权本身与“政治家”的职能（包括国家形成和国家保护的职能）提高到道德的绝对命令（imperative）（道德责任）的高度，有其本体论的血统和意义。因此，政治具有调整世界宇宙一伦理的意义，善与象征恶的熵与混乱的斗争的意义。所以统治者和人民的关系不是“社会契约”的结果，而是被“天”证明了统治者和人民的结合。孟子提到关于人民“革命”的权利，他反对的不是政权，也不是统治者（政治家），而是统治者的德与上天之德不一致，反对不合法的、从道德的角度没有权利得到这种地位的人，他所说的是抗议执掌政权的小人。换句话说，参与政治的权利是道德的合法化，而不是蒋庆所说的人民的“政治”的权利。此外，不能根据正式民主原则的要求，以政治权利相等地扩大到每个人，因为品德高尚不是普遍的。由此可见，孟子所说的人民统治的地位是道德的原则，而不是民主的标志。孟子说：“闻诛一夫纣矣，未闻弑君。”他的意思是，这不是反对皇权的行动，而是反对居非其位的小人，违反了天人合一的法则。“天命”合法化以及撤销天命的权利（强调：基于形而上学和道德，而不基于政治）——是对不道德政治的人道主义抗议，道德与政治的分离的实践的抗议。显然，孟子主张“仁爱的治理”（仁政）的原则，就是道德与政治同一性的原则。而蒋庆恰恰反对这种观点，他主张，培养道德是个人的事情，甚至是个人主义的事情，它有以自我为中心的、反社会的性质。因此，蒋庆认为“内圣”对世界与社会的正义是冷漠的。在蒋庆立场中，笔者看到西方的“分离的逻辑”，而不是表现中国人思维独特性的“关系的逻辑”。谈论三权分立，是一件事，而如果深入理解蒋庆的立场就会发现，他认为人的整体生活经验是分散，这些生活经验的不同部分自主地存在于职业的、道德的、科学的、经济的等不同方面，它们只通过外面的（制度的）关系才结合在一切。

---

① Chan J. Democrasy and Meritocracy: Toward a Confucian Perspective //Journal of Chinese Philosophy, 2007, vol. 34, No. 2, p. 186.

七、论制度上的社会正义的边界

在人类实践的领域之一——政治的领域中，通过“外界”的变换（例如，“人的制度”）是否可以得到社会的正义？这意味着，公平“制度化”。如果我们不是从“公正”的原始意思理解这个词，即从拔高的道德的意义上，而从数量分配和形式平等的意义上，就有这种可能性。这是让我们回头看旧的形而上学的争议，即根据“法律”规定的正义与根据“良知”的正义的争议。如果“依法”实现正义，仁与良心将是无人认领的，因为这样好像把社会责任推到法律的身上。因此，人失去了自我完善的动因，因为正如我们所记得的那样，无论是仁，还是自我完善，在儒学中意向性地同社会自我实现相关，而不是同自我孤立相关。将来逻辑的后果，不是人自身，而是政治家有权力代替他们解决个人问题，政治家以正式的方式重新解释这些问题，不重视这些问题与每个人道德价值观的关系。这种立场使政治家面对“空”的社会形式（社会制度），这些社会制度没有道德的内容，而认为自己有能力一下子解决所有的社会公正问题的社会制度。因此，我们注意到，对待人的自我实现的实质任务的制度性社会公正，会变成自己的反面——不公正。

这个不公平是复杂的事实，在这些社会制度范围内，政治家展开的实践活动中，社会制度只注意生活的“此时此地”（here and now）的经验的人与经验的人民，他们陷于有自私利益的自发力量的日常生活中。同时，寻求政治家的“制度”的社会正义将不可避免地重视目前生活的人的利益。从另一方面，经验的人，通过社会机制和制度构建的政权对这些利益的关注和最后实现社会的正义表面上关联起来，也是不可避免的。其内容没有理由地变成狭窄的，结果是政治功能化，并转换一种管理的形式，政治的服务。要承认，现代中国也有这种趋势，认为政治科学是管理的理论和实践。但在儒家的理解中，“人民”和经验的人是不同的实体。在宇宙一人类学意义上的人民是祖先、同时代与后代人的总和，因此儒学对社会正义的理解没有狭隘的功利的意思。这里我们遇到一个悖论。作为人“道”（本质）的社会，正义的实现超越了现代范围，它对应永恒的普世价值，但这个“道”只能“此时此地”地实现。诸如社会公正那样的永恒的普世价值，可能不会跟经验主义者以及经验主义人民的利己主义的追求一致，而是相反，可以包括诸如实现人民的历史的和文明的使命的想法。这是暂时性在永恒性中的问题。在那个时候，新儒学论这个相反的根本立场被称为“天理一人欲”。为了理解“人民”与“社会正义”这两种说法，在它们里面两个向度（天理一人欲）要结合起来，而这种要求给政权带来不能忽视的严峻挑战，这个责任中政权范围不仅是在

“社会契约”的范围内，而也是在“超越”合法化的范围内。

这里不可避免地出现的另一个问题。这是理论中最难的问题，被称为“道德主体性”（moral subjectness）的问题。它的本质是发现与确定矛盾的毫无疑问的事情。在实践中一贯地应用的“分离逻辑”的结果，如笔者上面所讨论的：道义上有欠缺的人如何创造一个完美的社会？一个完美的社会是否能保证完美的人？这是马克思所带来的问题，但没有得到解决。解决这个问题，仅通过传统政治学的方式显然是不可能的。然而，作为政治人类学的儒学给出了这种答案——人具有先验的和超验的本性，人和社会之间的关系不是主体与客体之间的关系（人是世界一部分，这种宇宙一人类学对世界的理解排除了人以世界为客体的态度）。人与社会是一个完整体，但存在于不同的表现形式，所以社会完美的程度等同于人本身完美的程度。

八、从儒家政治人类学角度来看主体的问题

政治儒学的这种初始然而又是最终的直觉充满了和谐精神，而不是分裂的和扩散的精神。儒家思维的政治化是“软”的，无意的。儒学政治观为个人整体的自我内在的向度，不仅仅从人民的看法、也是从政治家的看法出发。儒学认为，政治家不只是一个人类活动专业形式的代理人，而首先是人，所以他对政治的态度，首先是对某种道德实践、自我培养的态度，然后是对一种职业的态度。在儒学中，政治是人对世界深有道德态度的异在，即始终对自我的态度（这是被表明尊严的概念）。这里，不是贪财，不是尼采式权力的意志，而是道德的先验作为任何社会性形式的实体。

当然，指责儒学不实事求是是容易的。这里理想道德政治综合的轮廓是很明显的。然而，同样明显的是，中国政治目前的方针（本质上，而不是理想的）符合古典儒学与新儒学的英才治国理想。很显然，在任何情况下，至少有两个儒学主要的主题——特殊的较高个人素质的政治家和他们为了共同的利益的奉献精神，这在中国政治实践中是受到高度欢迎的。所以，这并不奇怪，在目前中国政治中，新儒学的复兴中可以看到它的政治伦理英才治国实现的前途。

按照这种理解，人是内在的而不是外在的。要记住，在儒学中这种个人“内在”的向度是全面本体论的、伦理的、宇宙一人类学的。与西方政治学的价值观相比较，这种根本的全球方向，决定了思想的巨大进展，赋予儒学政治反思相应的施展空间。

跟西方政治理论不同的是，儒学认为自身是“［每］个具体的人的生命起点”，[1] 是

---

① 杜维明：《儒学的理论体系与发展前景》，《杜维明文集》（参郭齐勇，郑文龙编），武汉：武汉出版社，2002年，共5卷，第206页。

人生规划。从这个意义上说，儒学是为所有人做出的存在主义地生命结构化的模型，而不仅是为政治精英和政治家的群体（这是西方政治学的特征）的模式。真正的政治儒学需要作为包罗万象的世界秩序原则的道德返回到政治领域，拒绝理论的误解（像一个特殊的跟上天一人类的不同的“政治伦理”），需要重新解释道德形而上学的原理，即需要儒学转型为政治人类学。

中华文化与国家治理现代化的价值支撑

中央社会主义学院 李道湘

推进国家治理体系和治理能力现代化需要价值支撑，这一命题的提出具有非常特殊的意义和价值，它清楚地表明，国家治理体系和治理能力的现代化必须立足于中国的文化传统，而且要体现中国特色、中国品格、中国气魄。

一、国家治理现代化与全面深化改革的总目标

党的十八届三中全会通过了《中共中央关于全面深化改革若干重大问题的决定》（以下简称《决定》），《决定》提出："全面深化改革的总目标是完善和发展中国特色社会主义制度，推进国家治理体系和治理能力现代化。必须更加注重改革的系统性、整体性、协同性，加快发展社会主义市场经济、民主政治、先进文化、和谐社会、生态文明，让一切劳动、知识、技术、管理、资本的活力竞相迸发，让一切创造社会财富的源泉充分涌流，让发展成果更多更公平惠及人民"。① 习近平指出，我们要完整理解和把握十八届三中全会提出的改革总目标，这两句话是一个整体，我们的方向就是中国特色社会主义道路，这是坚持和发展中国特色社会主义的必然要求，也是实现社会主义现代化的应有之义。

完善和发展中国特色社会主义制度规定了国家的方向和性质。我们的方向就是中国特色社会主义道路，而不是其他什么道路，既不走封闭僵化的老路，也不走改旗易帜的邪路。新中国成立以来，特别是改革开放以来，我们党和国家在实践中逐步形成的中国特色社会主义根本政治制度、基本政治制度和社会主义初级阶段基本经济制度、中国特色社会主义法律体系，以及建立在这些制度上的经济体制、政治体制、文化体制、社会体制等各项具体制度，已经被证明是唯一能够发展中国、发展马克思主义的制度体系。我们应不断增强对中国特色社会主义道路自信、理论自信、制度自信。

---

① 《中共中央关于全面深化改革若干重大问题的决定》，人民出版社出版，2013年，第3页。

中国走社会主义道路，选择社会主义制度符合中国的国情，符合中国人民的意愿，是中国人民自觉自愿的选择，不是由少数人的意志决定的，而是社会客观发展的历史必然取向。习近平总书记在十八届中共中央政治局第一次集体学习时的讲话中指出，中国特色社会主义制度，坚持把根本政治制度、基本政治制度同基本经济制度以及各方面体制机制等具体制度有机结合起来，坚持把国家层面民主制度同基层民主制度结合起来，坚持把党的领导、人民当家做主、依法治国有机结合起来，符合我国国情，集中体现了中国特色社会主义的特点和优势，是中国发展进步的根本制度保障。因此，在制度模式上，我们不能动摇，也不用动摇，我们站在960多万平方公里的广阔土地上，吸吮着中华民族漫长奋斗积累的文化养分，拥有13亿中国人聚合的磅礴之力，我们走自己的路，具有无比广阔的舞台，具有无比深厚的历史底蕴，具有无比强大的前进定力。中国人民应该有这个信心，每一个中国人都应该有这个信心。

完善和发展中国特色社会主义制度，同推进国家治理体系和治理能力现代化是并行不悖、相辅相成的。如果没有国家治理体系和治理能力的现代化，亦即人的现代化，即便中国特色社会主义各方面制度都更加成熟定型了，也不等于就能自然而然地全面建成小康社会。所以，正是努力开拓中国特色社会主义事业更加广阔的发展前景，呼唤着、倒逼着国家治理体系和治理能力尽快实现现代化。①

由此可以看到，完善和发展中国特色社会主义制度、推进国家治理体系和治理能力现代化是全面深化改革总目标的完整系统的表述，二者不能割裂开来。推进国家治理体系和治理能力现代化的前提是完善和发展中国特色社会主义制度，这是对于全面深化改革和推进国家治理体系和治理能力现代化的性质和方向的定位。这就是，全面深化改革，推进国家治理体系和治理能力现代化，必须在坚持中国特色社会主义制度的前提下进行，在完善和发展中国特色社会主义制度的方向上进行。而推进国家治理体系和治理能力现代化的目的和归宿是为了完善和发展中国特色社会主义制度。全面深化改革，从根本上说就是为了更好地坚持完善和发展中国特色社会主义，为了全面建成小康社会，实现全体人民的福祉。所以，推进国家治理体系和治理能力现代化既是全面深化改革达成的目标内容，又是完善和发展中国特色社会主义制度的实际内容。②

---

① 石鸿芝：《准确把握全面深化改革的总目标》，《光明日报》2013年12月5日。

② 教育部中国特色社会主义理论体系研究中心：《科学把握“国家治理”的含义》，《光明日报》2013年12月29日。

二、推进国家治理体系和治理能力现代化

国家治理体系和治理能力现代化，是我们党提出的全新理念，标志着我们党对中国特色社会主义规律的认识提高到一个新境界。它包括两个方面的要求，一是要把我们党和国家对现代化建设各领域的有效管理，同各种范畴、各种层次、各种形式的多元治理相结合，推进国家治理体系现代化；二是强调提高治理水平，实现国家治理体系和治理能力现代化。

1. 国家治理体系和治理能力的涵义

所谓国家治理体系，就是指保证党领导人民有效治理国家的制度体系。它包括人民代表大会制度这一保证人民当家做主的根本政治制度，中国共产党领导的政治协商制度、民族区域自治制度、基层群众自治制度等基本政治制度，中国特色社会主义法律体系，公有制为主体、多种所有制经济共同发展的基本经济制度，以及经济、政治、文化、社会、生态文明和党的建设等各领域的体制机制、法律法规。这些构成了一套紧密相连的国家制度，是党领导人民治理国家的基本依托。① 简而言之，所谓国家治理体系就是在党领导下管理国家的制度体系，包括经济、政治、文化、社会、生态文明和党的建设等各领域体制机制、法律法规安排，是一整套紧密相连、相互协调的国家制度。

我们所说的国家治理能力，就是指运用国家制度管理国家事务和社会事务、管理经济和文化事业的能力，也就是制度执行力。这种能力体现在改革发展稳定、内政外交国防、治党治军等各个方面。治理能力的关键是人的素质，特别是干部素质。提高治理能力关键是全面提高人民思想道德素质和科学文化素质，特别是建设适应现代化要求的高素质干部队伍。②

2. 推进国家治理体系和治理能力的现代化

国家治理体系和治理能力是一个有机整体，相辅相成。有了好的国家治理体系才能提高治理能力，提高国家治理能力才能充分发挥国家治理体系的效能。

习近平在省部级主要领导干部学习贯彻十八届三中全会精神全面深化改革专题研讨班开班式的讲话中指出，国家治理体系和治理能力是一个国家的制度和制度执行能力的集中体现，两者相辅相成，单靠哪一个治理国家都不行。治理国家，制度是其根本性、全局性、长远性作用的。然而，没有有效的治理能力，再好的制度也难以发挥作用。同时，还要看到，国家治理体系和国家治理能力虽然有紧密联系，但又不是一

① 秋石：《为了国家长治久安——怎样理解全面深化改革的总目标》，《求实》2014 年第 1 期。

② 秋石：《为了国家长治久安——怎样理解全面深化改革的总目标》，《求实》2014 年第 1 期。

码事，不是治理国家体系越完善，国家治理能力就越强。

社会主义是一种新生的社会制度，还处在实践和发展阶段的初期。怎样治理社会主义社会这样全新的社会，世界上没有成功经验，只能在实践中探索。我党进行的艰苦探索，虽然发生了严重曲折，但在国家治理体系和治理能力上积累了丰富的经验，取得了重大成果，总体上说是好的，是适应中国国情和发展要求的。同时，我国在国家治理体系和治理能力方面还有许多亟待改进的地方，在提高国家治理能力上需要下更大力气。面对这种现实，习近平指出，只有以提高党的执政能力为重点，尽快把各级干部、各方面管理者的思想政治素质、科学文化素质、工作本领都提高起来，尽快把党和国家机关、企事业单位、人民团体、社会组织等的工作能力都提高起来，国家治理体系才能更加有效运转。① 这就是推进国家治理体系和治理能力现代化的问题。

实现国家治理体系的现代化就是要打破传统习惯，打破人治思维方式，形成以制度化、体系化、系统化为外在表现，以法治化、法治中国为其核心内容，逐步破除运动式、活动式和会议式的治理范式的治国理政的总的制度体系。国家治理体系现代化是一个从传统治理体系转型为现代治理体系、稳步推进现代国家建设的历史过程，其特征表现为五个方面：一是规范化，无论政府治理、市场治理和社会治理，都应该有完善的制度安排和规范的公共秩序；二是法治化，任何主体的治理行为必须充分尊重法律的权威，不允许任何组织和个人有超越法律的权力，真正“把权力关进制度的笼子里”；三是民主化，即各项政策要从根本上体现人民的意志和人民的主体地位，各项制度安排都应当充分保障人民当家做主；四是效率化，国家治理体系应当有效维护社会稳定和社会秩序，有利于提高经济效益和行政效率；五是协调性，从中央到地方各个层级，从政府治理到社会治理，各种制度安排作为一个统一的整体相互协调，密不可分。在这五个目标中，能否实现法治化对于推进国家治理体系现代化是至关重要的。②

国家治理能力是国家统筹各个领域的治理，使其相互协调、共同发展的能力，是今天全球化、现代化进程中衡量一个国家文明程度的重要指标，是一个国家核心竞争力的综合体现。没有现代化的治理能力，就无法搭建起真正现代化的治理体系，就会使现代化的治理体系徒具形式。政府是国家权力的执行者，是国家治理的主体力量，其责任就是努力实现国家治理目标。我们可以从三个方面来认识和把握治理能力现

① 习近平在省部级主要领导干部学习贯彻十八届三中全会精神全面深化改革专题研讨班开班式上的讲话：《完善和发展中国特色社会主义制度，推进国家治理体系和治理能力现代化》，《人民日报》2014 年 2 月 18 日。

② 张燕玲：《如何准确理解国家治理体系和治理能力现代化》，《西安日报》2014 年 3 月 15 日。

代化：

首先，从治理主体角度讲，有效的治理，突出强调社会公共事务的多方合作治理。过去我们的社会管理存在一个根本性的问题，就是管理主体的政府一家独揽，市场、社会、民众的力量比较薄弱，甚至缺席，这导致了社会治理的过度行政化，造成了社会资源配置效率的低下。通过改革，从政府与市场关系而言就是要回归市场本位，充分发挥市场在资源配置中的决定性作用，这是治理能力现代化的关键；从政府与社会关系而言就是要回归人民本位，让人民群众以主体身份参与到社会治理中去，实现自我治理，这是治理能力现代化的突破点。

其次，从权力运行角度讲，有效的政府治理，必须合理定位政府职能。原来政府承担了其他主体的许多职能，现在要通过简政放权，放权于市场、放权于企业、放权于社会，明确政府与市场、政府与社会权力的边界范围。在此基础上，顺应经济社会发展的形势和要求，推动政府职能向创造良好发展环境、提供优质公共服务、维护社会公平正义转变。

最后，从组织结构角度讲，有效的治理，必须以科学合理的政府组织结构为基础。重点是要优化政府职能配置、机构设置、工作流程，完善决策权、执行权、监督权既相互制约又相互协调的行政运行机制，用机制再造流程、简事减费、加强监督、提高效能。①

国家治理体系和治理能力是国家制度和制度执行能力的集中体现，两者相辅相成、内在统一。从某种意义上说，国家治理体系与治理能力的现代化决定着改革的成败。目前，全面深化改革已经到了攻坚阶段，如何突破利益固化藩篱、破除体制机制弊端、打破思维定式等，都需要强有力的治理体系和治理能力予以推进和保障。

三、国家治理体系和治理能力现代化需要价值支撑

一个民族的历史是一个民族安身立命的基础。一个国家有自己的文化传统，价值追求，所以，民族的振兴和国家的强大都离不开价值的支撑。推进国家治理体系和治理能力的现代化离不开社会主义核心价值观的支撑，离不开中国历史文化传统的滋养。

1. 社会主义核心价值观是国家治理体系和治理能力现代化的价值支撑

2014年2月17日，习近平总书记在省部级主要领导干部学习贯彻十八届三中全会精神全面深化改革专题研讨班开班式上的讲话中指出："推进国家治理体系和治理能力现代化，要大力培育和弘扬社会主义核心价值体系和核心价值观，加快构建充分反映

---

① 张燕玲：《如何准确理解国家治理体系和治理能力现代化》，《西安日报》2014年3月15日。

中国特色、民族特性、时代特征的价值体系。”“坚守我们的价值体系，坚守我们的核心价值观，必须发挥文化的作用。”紧接着这次讲话的七天之后，2 月 24 日，在中共中央政治局第十三次集体学习时的讲话中，习近平同志进一步指出：“培育和弘扬核心价值观，有效整合社会意识，是社会系统得以正常运转、社会秩序得以有效维护的重要途径，也是国家治理体系和治理能力的重要方面。历史和现实都表明，构建具有强大感召力的核心价值观，关系社会和谐稳定，关系国家长治久安。”①

首先，国家治理体系和治理能力现代化需要以社会主义核心价值观为指导。

社会主义核心价值观决定着国家治理体系和治理能力的现代化的方向和性质。“富强、民主、文明、和谐”是国家治理层面的价值取向；“自由、平等、公正、法治”是社会层面的价值取向；“爱国、敬业、诚信、友善”是公民个人层面的价值取向。国家治理体系的现代化有五个特征，即规范化、法治化、民主化、效率化、协调性，由此可以看出，社会主义核心价值与此具有内在的一致性，同时又从上述三个方面为国家治理体系的现代化指明方向。

其次，国家治理体系和治理能力现代化要抢占道德制高点。

抢占道德制高点，是凝聚全体中国人的需要，是提升社会主义核心价值地位和意义的重要途径。抢占道德制高点，就要大力培育和弘扬社会主义核心价值体系和核心价值观，就要加快构建充分反映中国特色、民族特性、时代特征的价值体系。在核心价值体系和价值观中，道德价值具有十分重要的作用。国无德不兴，人无德不立。一个民族、一个人能不能把握自己，很大程度上取决于道德价值。如果我们的人民不能坚持在我国大地上形成和发展起来的道德价值，而不加区分、盲目地成为西方道德价值的应声虫，那就真正要提出我们的国家和民族会不会失去自己的精神独立性的问题了。如果没有自己的精神独立性，那政治、思想、文化、制度等方面的独立性就会被釜底抽薪。我们要占领道德的制高点，就必须夯实我们民族的道德基础，构建社会主义核心价值体系，培育社会主义核心价值观。

2. 国家治理体系和治理能力现代化要立足中华文化传统

2014 年 2 月 17 日，习近平在省部级主要领导干部学习贯彻十八届三中全会精神全面深化改革专题研讨班开班式上的讲话中指出：“一个国家选择什么样的治理体系，是由这个国家的历史传承、文化传统、经济社会发展水平决定的，是由这个国家的人民决定的。我国今天的国家治理体系，是在我国历史传承、文化传统、经济社会发展的

---

① 习近平在中共中央政治局第十三次学习时发表讲话：《把培育和弘扬社会主义核心价值观作为凝魂聚气、强基固本的基础工程》，2014 年 2 月 24 日，摘自新华网。

基础上长期发展、渐进改进、内生性演化的结果。"[①] 这里明确指出，推进国家治理体系和治理能力现代化需要价值体系，价值体系离不开中华优秀传统文化，所以，我国国家治理体系和治理能力的现代化是不能离开我们民族的文化传统的。毫不讳言，我国的国家治理体系需要改进和完善，但怎么改、怎么完善，我们要有主张、有定力。习近平指出：中华民族是一个兼容并蓄、海纳百川的民族，在漫长的历史进程中，不断学习他人的好东西，把他人的好东西化成我们自己的东西，这才形成我们的民族特色。没有坚定的制度自信就不可能有全面深化改革的勇气，同样，离开不断改革，制度自信也不可能彻底、不可能久远。我们全面深化改革，是要使中国特色社会主义制度更好；我们说坚定制度自信，不是要故步自封，而是要不断革除体制机制弊端，让我们的制度成熟而持久。[②]

这种制度自信就来自于我们的文化传统，因为它是在我们民族的文化传统上生长、发展演变而来的，是这个传统滋养孕育出来的。所以，坚守我们的价值体系，坚守我们的核心价值观，就必须立足我们民族文化传统之上。民族文化是一个民族区别于其他民族的独特标识。如果这个标识模糊不清了，我们自己的价值体系就坚持不住了。我们必须理直气壮地继承和弘扬中华民族传统美德，对先人传承下来的文化和道德规范，要去粗取精、去伪存真的基础上，采取兼收并蓄的态度，坚持古为今用、推陈出新的方法，有鉴别地加以对待，有扬弃地予以继承。习近平同志指出：培育和弘扬社会主义核心价值观必须立足中华优秀传统文化。牢固的核心价值观，都有其固有的根本。抛弃传统、丢掉根本，就等于割断了自己的精神命脉。博大精深的中华优秀传统文化是我们在世界文化激荡中站稳脚跟的根基。[③]

3. 实现中华传统文化的创造性转化和创新性发展

中华民族具有5000多年连绵不断的文明历史，创造了博大精深的中华文化，它积淀着中华民族最深沉的精神追求，包含着中华民族最根本的精神基因，代表着中华民族独特的精神标识，是中华民族生生不息、发展壮大的精神滋养。中华文化为人类文明进步做出了不可磨灭的贡献。经过几千年的沧桑岁月，把我国56个民族、13亿多人紧紧凝聚在一起的，是我们共同经历的非凡奋斗，是我们共同创造的美好家园，是我

---

① 习近平在省部级主要领导干部学习贯彻十八届三中全会精神全面深化改革专题研讨班开班式上的讲话：《完善和发展中国特色社会主义制度，推进国家治理体系和治理能力现代化》，《人民日报》2014年2月18日。

② 习近平在省部级主要领导干部学习贯彻十八届三中全会精神全面深化改革专题研讨班开班式上的讲话：《完善和发展中国特色社会主义制度，推进国家治理体系和治理能力现代化》，《人民日报》2014年2月18日。

③ 习近平在中共中央政治局第十三次学习时发表讲话：《把培育和弘扬社会主义核心价值观作为凝魂聚气、强基固本的基础工程》，2014年2月24日，摘自新华网。

们共同培育的民族精神，而贯穿其中的、最重要的是我们共同坚守的理想信念。所以，我们应该加强对中华优秀传统文化的挖掘和阐发，努力实现中华传统美德的创造性转化、创新性发展，把跨越时空、超越国度、富有永恒魅力、具有当代价值的文化精神弘扬起来，把继承优秀传统文化有弘扬时代精神、立足本国有面向世界的当代中国文化创新成果传播出去。只要中华民族一代又一代追求美好崇高的道德境界，我们的民族就永远充满希望。

毫无疑问，中华文化作为实现国家治理体系和治理能力现代化思想基础，首先必须实现自身的创造性转化和创新性发展。习近平同志指出，我们要认真汲取中华优秀传统文化的思想精华和道德精髓，大力弘扬以爱国主义为核心的民族精神和以改革创新为核心的时代精神，深入挖掘和阐发中华优秀传统文化讲仁爱、重民本、守诚信、尚和合、求大同的时代价值，使中华优秀传统文化成为涵养社会主义核心价值观的重要源泉。要处理好继承和创造性发展的关系，重点做好创造性转化和创新性发展。

忠恕之道与中国近现代对外关系

中国社会科学院　李存山

一

以儒家思想为主流的中国传统文化，是崇尚道德、以人为本的“道德性的人文主义”文化。说其是“人文主义”，乃相对于印度、希伯来文化的突显宗教的价值而言；说其是“道德性的人文主义”，乃相对于古希腊文化的“以智能为基点的人文主义”而言。[①] 中国传统文化以人为本，即以人为最有价值，亦即《孝经》所谓“天地之性（生），人为贵”，或者说，人是目的，人是价值主体，《墨子·经说上》即谓“仁，爱己者，非为用己也，不若爱马者”（此处“爱己”就是爱人如己，“非为用己”就不是以人为手段，而是以人目的）。中国传统文化崇尚道德，这从《尚书·尧典》说帝尧“克明俊德”以及《周书》强调“敬德保民”“明德慎罚”就已是如此。至《左传》中记载“正德、利用、厚生谓之三事”，“太上有立德，其次有立功，其次有立言”谓之“三不朽”，道德已被作为中国文化的最高价值。孔子在中国文化史上的重要地位就是“祖述尧舜，宪章文武”，继承了中国上古时期以及春秋时期的崇尚道德的文化传统，而又把“仁”提升到道德的最高范畴，明确提出了“仁者爱人”。

《论语·颜渊》篇载：“樊迟问仁，子曰：爱人。”此处的“爱人”首先是一种发自内心的爱，即“为仁由己”的自觉、自律、真诚、高尚的道德意识；这种道德意识发端于亲子之间真实无伪的道德情感，故“孝弟也者，其为仁之本与”（《论语·学而》）；从“老吾老”、“幼吾幼”推广出去乃“及人之老”、“及人之幼”，进而达到“泛爱众”，亦即孟子所说：“亲亲，仁也；敬长，义也；无他，达之天下也。”（《孟子·尽心上》）所谓“达之天下”就是要爱普天之下所有的人类，并且兼及爱万物。《吕氏春秋·爱类》篇说：“仁于他物，不仁于人，不得为仁。不仁于他物，独仁于人，犹若为仁。仁

---

① 参见徐复观《中国人文精神之阐扬》，中国广播电视出版社，1996年，第201页。

也者，仁乎其类者也。”“仁”的根本意义就是爱人类，其次是爱万物，故孟子说“仁者爱人”（《孟子·离娄下》），“亲亲而仁民，仁民而爱物”（《孟子·尽心下》），宋儒张载说“民吾同胞，物吾与也”（《正蒙·乾称》）。

“仁者爱人”是儒家学说的第一义，[①] 被历代儒家所始终坚持。如汉代的董仲舒说：“仁之法在爱人……质于爱民以下，至于鸟兽昆虫莫不爱……仁者，爱人之名也……”（《春秋繁露·仁义法》）唐代的韩愈说：“博爱之谓仁”（《韩昌黎集·原道》）。宋代的二程说：“仁者浑然与物同体”（《程氏遗书》卷二上），“仁之道，要之只消道一公字……故仁所以能恕，所以能爱”（《程氏遗书》卷十五）。至近代的康有为仍说：“仁者无不爱，而爱同类之人为先。……盖博爱之谓仁。孔子言仁万殊，而此以‘爱人’言仁，实为仁之本义也。”（《论语注·颜渊》）

《论语·里仁》篇载：“子曰：‘参乎！吾道一以贯之。’曾子曰：‘唯。’子出。门人问曰：‘何谓也？’曾子曰：‘夫子之道，忠恕而已矣。’”孔子所说的“吾道”当然是指仁道，而推行、实践仁道的“一以贯之”的方法、准则就是“忠恕”。孔子说：“夫仁者，己欲立而立人，己欲达而达人。能近取譬，可谓仁之方也已。”（《论语·雍也》）这里的“己欲立而立人，己欲达而达人”就是忠；“能近取譬”就是推己及人，由近及远；“仁之方”就是“行仁之方”。《论语·卫灵公》载，“子贡问曰：‘有一言而可以终身行之者乎？’子曰：‘其恕乎！己所不欲，勿施于人。’”在忠恕之道中，孔子实更重视恕，即“己所不欲，勿施于人”。《论语·公冶长》载，“子贡曰：‘我不欲人之加诸我也，吾亦欲无加诸人。’子曰：‘赐也，非尔所及也。’”这里的“加”即是侵加、强加的意思。“己所不欲，勿施于人”，首先就是把他人看作与自己一样的具有独立意志的同类：我不欲别人强加于我，我也不要强加于别人。孔子说“赐也，非尔所及也”，意即做到这一点很不容易。[②]

儒家经典《大学》将忠恕之道又称为“絜矩之道”。朱熹《大学章句》：“絜，度也；矩，所以为方也。”“絜矩”犹如言“规矩”，就是指基本的道德准则。《大学》云：

所恶于上，毋以使下；所恶于下，毋以事上；所恶于前，毋以先后；所恶于后，毋以从前；所恶于右，毋以交于左；所恶于左，毋以交于右。此之谓絜矩之道。

---

① 此不同于西方基督教《圣经·马太福音》所说：“你要尽心、尽性、尽意，爱主你的神。这是诫命中的第一，且是最大的。其次也相仿，就是要爱人如己。”也不同于西方早期来华传教士利玛窦以这样的“诫命”来比附儒家的“仁”，他说：“仁也者，乃爱天主，与夫爱人者，崇其宗原而不遗其枝派……”“夫仁之大端，在于恭爱上帝。”见朱维铮主编《利玛窦中文著译集》，复旦大学出版社，2001 年，第 77、131 页。

② 宋儒程颐说：“‘我不欲人之加诸我也，我亦欲无加诸人’，《中庸》曰‘施诸己而不愿，亦勿施于人’，正解此两句。然此两句甚难行，故孔子曰‘赐也，非尔所及也’。”（《程氏遗书》卷十八）

朱熹注："如不欲上之无礼于我，则必以此度下之心，而亦不敢以此无礼使之。不欲下之不忠于我，则必以此度上之心，而亦不敢以此不忠事之。至于前后左右无不皆然，则身之所处，上下四旁、长短广狭，彼此如一而无不方矣。……所操者约，而所及者广，此平天下之要道也。"（《大学章句》）这个"要道"也就是忠恕之道。其中上下、前后、左右等等是喻指社会生活中的一切人际关系，而"忠恕"就是最基本（"所操者约"）、最普遍（"所及者广"）的人际关系道德准则。它特别突显了一种"角色互换"或"交互主体性"的意识，这种意识符合德国哲学家康德所说的"普遍道德律"，即："不论你做什么，总应该做到使你的意志所遵循的准则同时能够成为一条永远普遍的立法原理。"①

忠恕之道既然是人际关系的最基本、最普遍的道德准则，那么它就不仅适用于本族群的成员之间，而且适用于普遍的人类。因此，当樊迟在另一处"问仁"时，孔子回答："居处恭，执事敬，与人忠，虽之夷狄，不可弃也。"（《论语·子路》）孔子有"夷夏之辨"的思想，这种区别并非种族优劣之分，而主要是道德文明程度的高低。虽然孔子高度自觉地认同于华夏文化，如其称许管仲为"仁"，说"微管仲，吾其被发左衽矣"（《论语·宪问》），但夷、夏同属人类，所以恭敬、忠恕等道德原则"虽之夷狄，不可弃也"。

按照公羊学家对《春秋》经的解释，孔子"内诸夏而外夷狄"，寄希望于首先实现诸夏的统一，以传续华夏文化，进而影响周边各族，使"夷狄进至于爵"（《公羊传·隐公元年》何休注），以实现天下太平。"孔子之作《春秋》也，诸侯用夷则夷之，进于中国则中国之。"（苏舆《春秋繁露义证》卷二）这种夷夏可以互易的思想，在中国历史上促进了华夏（汉）族与少数民族的相互融合与多元并存，以至最终凝聚成"多元一体"的中华民族及其文化。② 不仅如此，儒家的最高理想是天下太平，此即《尚书·尧典》所谓"协和万邦"。董仲舒说：

仁者，爱人之名也……故王者爱及四夷，霸者爱及诸侯，安者爱及封内，危者爱及旁侧，亡者爱及独身。独身者，虽立天子诸侯之位，一夫之人耳，无臣民之用矣，如此者，莫之亡而自亡也。（《春秋繁露·仁义法》）

这里的"王者爱及四夷"当然是"爱人"的最高境界，只有如此，才能"协和万邦"，天下太平。如果只是"爱及（本国的）诸侯"，那么这只是儒家所不认可的"霸"；如果诸侯爱及封邦之内的人民，那么尚可以"安"；如果只是爱及身边的宠臣，那么其邦国"危"；如果只是爱自己一个人，那么虽在天子诸侯之位，也只是一个独

---

① 康德：《实践理性批判》，广西师范大学出版社，2002年，第17页。

② 参见费孝通主编《中华民族多元一体格局》，中央民族大学出版社，1999年，第13页。

夫，臣民不会为其所用，则其自取灭亡。

孔子说："远人不服，则修文德以来之。"（《论语·季氏》）"骥不称其力，称其德也。"（《论语·宪问》）此即孟子所说的"德力之辨"或"王霸之辨"：

以力假仁者霸，霸必有大国。以德行仁者王，王不待大，汤以七十里，文王以百里。以力服人者，非心服也，力不赡也。以德服人者，中心悦而诚服也，如七十子之服孔子也。（《孟子·公孙丑上》）

所谓"以德服人"，可谓一种"软实力"；[①] 若要"协和万邦"，天下太平，就必须靠这种道德的"软实力"，使人"中心悦而诚服"。所谓"以力服人"，就是靠军事和经济的"硬实力"，此为孔、孟所反对，故孟子强烈谴责当时的兼并战争："争地以战，杀人盈野；争城以战，杀人盈城。此所谓率土地而食人肉，罪不容于死！故善战者服上刑，连诸侯者次之，辟草莱、任土地者次之。"（《孟子·离娄上》）

孔、孟对于处理国家、民族之间的关系是道德理想主义的，这在当时的现实历史境况中当然难以实现。孔、孟之后，秦汉两朝都曾受到北方匈奴的严重侵扰，鉴于汉、匈之间长期战争的历史教训，东汉时期的思想家王充也曾提出了"德力具足"的主张。他说：

治国之道，所养有二：一曰养德，二曰养力……此所谓文武张设，德力具足者也。事或可以德怀，或可以力摧。外以德自立，内以力自备。慕德者不战而服，犯德者畏兵而却。……夫德不可独任以治国，力不可直任以御敌也。（《论衡·非韩》）

如果说孟子的"王霸之辨"首倡了软实力论，那么王充的"德力具足"则表达了软实力与硬实力相结合的思想。十分可贵的是，王充在讲到"力"之不可缺时，仍然强调"内以力自备"，"犯德者畏兵而却"，即硬实力主要用于防御而不是用于侵略。这在当今世界的国际关系中仍然具有重要的现实意义。

二

中国传统文化的"协和万邦"思想，受其历史的局限，在中国古代不免与"宗主国"的意识结合在一起。儒家所重视的"夷夏之辨"，虽然认为夷、夏同属人类，"王者爱及四夷"，但受时代和地缘环境的局限，也不免有华夏文化的"中心主义"。突破这种局限，中华民族形成近现代的"民族国家"和"民族主义"思想，并且主张各民

---

① "软实力"(soft power) 一词由美国的约瑟夫·奈在1980年代提出，它是与"硬实力"(hard power) 相对而言：硬实力是那种强制他国的能力，而软实力则是指吸引、劝服他国的能力；硬实力凭借的是军事和经济手段，而软实力则源于一个国家的文化、道德、政治制度和价值观的感召力。参见 Joseph S. Nye, Soft Power: The Means to Success in World Politics, Public Affairs, 2004。

族国家一律平等的“世界主义”，这是在中华民族于 1840 年以后饱受西方列强的欺凌，从而被动地进入“世界历史”才逐渐形成的。

在 1840 年之前，封闭的清王朝仍以“天朝上国”自居，而视他国为“藩属国”或“朝贡国”。鸦片战争之后，林则徐、魏源等人率先“睁眼看世界”，批评此前“儒者著书……徒知侈张中华，未睹寰瀛之大”，从而提出了“夫制驭外夷者，必先洞夷情”，[①]“师夷之长技以制夷”，此时虽然仍称西方诸国为“外夷”，但已认识到“风气日开，智慧日出，方见东海之民犹西海之民”，[②] 传统的“夷夏之大防”、不可“以夷变夏”的思想已经被打破。继之，洋务派将“夷务”改称“洋务”，冯桂芬在《校邠庐抗议》中提出了“制洋器”，“采西学”，“以中国之伦常名教为原本，辅以诸国富强之术”，[③] 此为洋务派“中体西用”之说的蓝本。

如果只承认西学为“技”、为“术”（“用”或“末”），那么中国就还没有真正重视西方诸国及其文化。1875 年，郭嵩焘在《条议海防事宜》中率先提出“西洋立国有本有末，其本在朝廷政教，其末在商贾，造船、制器相辅以益其强，又末中之一节也”。[④] 1884 年，中法战争失利，担任两广总督的淮军将领张树声在临终前留下的《遗折》云：

夫西人立国，自有本末，虽礼乐教化远逊中华，然驯致富强，具有体用。育才于学堂，论政于议院，君民一体，上下一心，务实而戒虚，谋定而后动，此其体也；轮船、大炮、洋枪、水雷、铁路、电线、此其用也。中国遗其体而求其用，无论竭蹶步趋，常不相及，就令铁舰成行，铁路四达，果足恃欤！（《张靖达公奏议》卷八）

1892 年，郑观应在《盛世危言》的“自序”中引用了张树声的《遗折》，亦提出西方列国的“治乱之源，富强之本，不尽在船坚炮利，而在议院上下同心，教养得法。”[⑤] 这就打破了中国文化的“中心主义”，开始呼吁在政治体制和教育体制上学习西方文化而进行改革。

甲午战败和马关条约签订后，中国面临着被日本和西方列强“蚕食鲸吞”、“瓜分豆剖”的严峻形势。此时，对中、西文化的看法已发生根本的转变，如康有为在《上清帝第五书》中所说：

夫自东师辱后，泰西蔑视，以野蛮待我，以愚顽鄙我。昔视我为半教之国者，今等我于非洲黑奴矣。昔憎我为倨傲自尊者，今则侮我为聋瞽蠢冥矣。……今非洲剖讫，三年来泰西专以分中国为说，报章论议，公托义声，其分割之图，传遍大地，擘画详

---

① 魏源：《圣武记》，中华书局，1984 年，第 498－499 页。

② 魏源：《海国图志》，岳麓书社，1998 年，第 1、31 页。

③ 《采西学议：冯桂芬、马建忠集》，辽宁人民出版社，1994 年，第 84 页。

④ 《郭嵩焘奏稿》，岳麓书社，1983 年，第 345 页。

⑤ 《郑观应集》上册，上海人民出版社，1982 年，第 233 页。

明，绝无隐讳。

西方文化的弱肉强食，使“二万万膏腴之地，四万万秀淑之民”面临着亡国灭种的危险。而此时康有为也更加清醒地认识到：“大地八十万里，中国有其一；列国五十余，中国居其一。地球之通自明末，轮路之盛自嘉、道，皆百年前后之新事，四千年未有之变局也。”[①] 在此变局中，昔日中国的“中央帝国”已成一场旧梦，而现实的中国只是地球上众多的国家之一，如当时的今文经学家皮锡瑞在《醒世歌》中所说：“若把地球来参详，中国并不在中央。地球本是浑圆物，谁居中央谁四傍？”（转引自《翼教丛编》卷六《叶吏部与南学会皮鹿门孝廉书》）

由康有为发动的戊戌变法，意在使中国“自强而立”，“以图保全国地、国民、国教”。[②] 受中国传统文化的影响，康有为并没有走向狭隘的民族主义，而是以“天下为公”的世界“大同”为理想。他在《礼运注》中说：

“大道者何？人理至公，太平世大同之道也。……讲信修睦者，国之与国际，人之与人交，皆平等自立，不相侵犯，但互立和约而信守之。……公者，人人如一之谓，无贵贱之分，无贫富之等，无人种之殊，无男女之异。……惟人人皆公，人人皆平，故能与人大同也。”[③]

这在当时可谓一种“乌托邦”，但也突显了中国文化之道德理想与西方文化之弱肉强食的巨大差异。

谭嗣同在戊戌变法期间著有《仁学》，其以“通”释“仁”，在他讲的“通有四义”中首先是“中外通，多取其义于《春秋》，以太平世远近大小若一故也”。他说：

全球者，一身一家之积也。近身者家，家非远也；近家者邻，邻非远也；近此邻者彼邻，彼邻又非远也；我以为远，在邻视之，乃其邻也；此邻以为远，在彼邻视之，亦其邻也；衔接为邻，邻邻不断，推之以至无垠，周则复始，斯全球之势成矣。且下掘地球而通之，华之邻即美也，非有隔也。

将这一全球通而不隔的思想用之于“全球化”的世界贸易，即所谓：“通商者，相仁之道也，两利之道也，客固利，主尤利也。……庶彼仁我，而我亦有以仁彼。能仁人，斯财均，而己亦不困矣。次之，力即不足仁彼，而先求自仁，亦省彼之仁我。不甘受人仁者，始能仁人。”[④] 显然，谭嗣同在这里表达了一种经济全球化的“世界主义”思想，其中浸润了“己欲利而利人，己欲达而达人”的精神，而“不甘受人仁”、“先

---

① 《康有为政论集》上册，中华书局，1981 年，第 202、204 页。

② 《康有为政论集》上册，第 173、233 页。

③ 《孟子微、礼运注、中庸注》，中华书局，1987 年，第 239－240 页。

④ 《谭嗣同全集》，中华书局，1981 年，第 291、296、327－328 页。

求自仁”则又体现了中华民族不甘贫弱，对民族自强自立的追求。

在中国近现代史上，孙中山最先提出了“振兴中华”的口号，这一口号起初是与“驱除鞑虏，恢复中国，创立合众政府”① 相联系，即要推翻清帝国的统治，恢复汉民族的主体地位，建立民主制的共和国。当辛亥革命推翻帝制，孙中山发表《中华民国临时大总统宣言书》时，他就指出：“合汉、满、蒙、回、藏诸地为一国，即合汉、满、蒙、回、藏诸族为一人。是曰民族之统一。”“临时政府成立以后，当尽文明国应尽之义务，以期享文明国应享之权利。满清时代辱国之举措与排外之心理，务一洗而去之，与我友邦益增睦谊，持和平主义，将使中国见重于国际社会，且将使世界渐趋于大同。循序以进，不为倖获。对外方针，实在于是。”② 此时，虽然新生的共和国还面临着千难万险，但中国已经成为一个近现代意义的“民族国家”，它所宣示的“和平主义”和“大同”理想既具有新时代的内涵，又继承和发展了中国文化的优秀传统。此即后来孙中山在《中国革命史》中所说：“余之民族主义，特就先民所遗留者，发挥而光大之；且改良其缺点，对于满洲，不以复仇为事，而务与之平等共处于中国之内，此为以民族主义对国内之诸民族也。对于世界诸民族，务保持吾民族之独立地位，发扬吾固有之文化，且吸收世界之文化而光大之，以期与诸民族并驱于世界，以驯致于大同，此为以民族主义对世界之诸民族也。”③

1924年，在国共合作的背景下，孙中山对其所主张的“三民主义”作了更深入的阐发。关于“民族主义”，孙中山称其为“国家图发达和种族图生存的宝贝”。针对当时一些讲新文化的人把世界主义同民族主义对立起来，“提倡世界主义，以为民族主义不合世界潮流”的观点，孙中山指出：“我们受屈民族，必先要把我们民族自由平等的地位恢复起来之后，才配得来讲世界主义。……我们要发达世界主义，先要民族主义巩固才行。……如果民族主义不能巩固，世界主义也就不能发达。由此便可知世界主义实藏在民族主义之内……”④ 孙中山的民族主义，也就是求中国统一、独立、富强，“要中国和外国平等的主义”。⑤ 因此，当孙中山提出“振兴中华”和“民族主义”时，就已包含了反对帝国主义的世界霸权和中国如果强盛起来也“永不称霸”的思想。他深信：“爱和平就是中国人的一个大道德”，“这种特别的好道德，便是我们民族的精神”。⑥ 孙中山高瞻远瞩地指出：

---

① 《孙中山全集》第1卷，中华书局，1981年，第19、20页。

② 《孙中山全集》第2卷，中华书局，1982年，第2页。

③ 《孙中山全集》第7卷，中华书局，1985年，第60页。

④ 《孙中山全集》第9卷，中华书局，1986年，第210、226页。

⑤ 《孙中山全集》第10卷，中华书局，1986年，第19页。

⑥ 《孙中山全集》第9卷，第230、247页。

中国如果强盛起来，我们不但是要恢复民族的地位，还要对于世界负一个大责任。如果中国不能够担负这个责任，那末中国强盛了，对于世界便有大害，没有大利。中国对于世界究竟要负什么责任呢？现在世界列强所走的路是灭人国家的；如果中国强盛起来，也要去灭人国家，也去学列强的帝国主义，走相同的路，便是蹈他们的覆辙。所以我们要先决定一种政策，要济弱扶倾，才是尽我们民族的天职。……我们今日在没有发达之先，立定扶倾济弱的志愿，将来到了强盛时候，想到今日身受过了列强政治经济压迫的痛苦，将来弱小民族如果也受这种痛苦，我们便要把那些帝国主义来消灭，那才算是治国平天下。

在孙中山看来，强盛的中国不会重蹈帝国主义“灭人国家”的覆辙，而是“对于弱小民族要扶持他，对于世界的列强要抵抗他”，“担负这个责任，便是我们民族的真精神”。[1]

蔡元培曾评论孙中山的“三民主义”适合于中华民族崇尚“中庸”的民族性。他说：“三民主义虽多有新义，为往昔儒者所未见到，但也是以中庸之道为标准。例如持国家主义的往往反对大同，持世界主义的，往往又蔑视国界，这是两端的见解；而孙氏的民族主义，既谋本民族的独立，又谋各民族的平等，是为国家主义与世界主义的折中。”[2] 确乎如此，孙中山的“民族主义”从方法论上说继承了传统儒家的中庸之道，而在内容上则包含了以往儒家所没有的现代意义的“民族国家”思想，“既谋本民族的独立，又谋各民族的平等”从根本上取代了以往的“宗主国”意识，同时它又是传统儒家的仁爱精神和忠恕之道在新时代的发扬光大。

三

1949年以后，新生的中华人民共和国处在东西方两大阵营的冷战之中。难能可贵的是，在20世纪50年代，由周恩来总理首倡，中印、中缅总理在联合声明中共同提出了“和平共处五项原则”，这为建立新型的国际关系奠定了基础，得到世界上愈来愈多国家的普遍认可，逐渐成为处理国际关系的基本准则。这一准则实即体现了中国传统的忠恕之道在现代国际关系中的应用。而改革开放以后，中国的和平发展战略，“以邻为善”、“和谐世界”的外交思想，则在“和平共处五项原则”的基础上更加体现了中国传统的“协和万邦”、追求世界永久和平的思想。

由周恩来总理首倡的“和平共处五项原则”，即“互相尊重主权和领土完整，互不侵犯，互不干涉内政，平等互利，和平共处”，它所内蕴的基本道德理念就是“己所不

---

① 《孙中山全集》第9卷，第253、254页。

② 《蔡元培全集》第5卷，中华书局，1988年，第488页。

欲，勿施于人”和“己欲立而立人，己欲达而达人”。忠恕之道乃处理人际关系的最基本、最普遍的道德准则，它在现代国际关系中的应用就是“和平共处五项原则”。其中“互相尊重主权和领土完整，互不侵犯，互不干涉内政”乃恕也（我要捍卫本国的主权和领土完整，反对他国的侵犯和其干涉本国的内政，则我亦须尊重他国的主权和领土完整，不侵犯他国，不干涉他国的内政），“平等互利”乃忠也（“己欲立而立人，己欲达而达人”），只有如此才能使国与国之间“和平共处”。这一国际准则的首倡者周恩来在 1963 年接见国际友人时曾经说：“中国人办外事的一些哲学思想”，如“不要将己见强加于人”、“决不开第一枪”、“来而不往，非礼也”、“退避三舍”等等，“来自我们的文化传统，不全是马克思主义的教育”。[①] 这里的“哲学思想”、“文化传统”，应该说最根本的就是忠恕之道。

中国自改革开放以后，“以经济建设为中心”取代了 60－70 年代的“以阶级斗争为纲”，进而提出了“以人为本”、“和谐社会”等重要思想，这是与中国文化的优秀传统相契合的，实际上这也是“来自我们的文化传统，不全是马克思主义的教育”，或者说这是马克思主义中国化的一个重要体现。在国际上，中国对国际形势的判断就是和平与发展成为时代的主流，东西方冷战的格局已经被经济全球化的潮流所取代。在新的国内和国际形势下，中国奉行和平发展战略，提出了“与邻为善”、“和谐世界”的外交方针，它与“和平共处五项原则”一脉相承，仍是以其所蕴含的忠恕之道为道德基础，而又更多地体现了中华民族对于“协和万邦”、世界永久和平的追求。

在 21 世纪，中国正处在“和平崛起”的过程中，正在从一个发展中国家逐渐成为一个世界性的强国，孙中山所预想的“中国如果强盛起来”正在成为一个现实。在此过程中，中国内部的“民族主义”会有所兴盛，而中国外部的“中国威胁论”也会不绝于耳。一个强盛的中国无疑会改变近代以来的世界格局，而世界是否会因中国的强盛而再现列强争霸的历史，这是不能不引起国际政治家的疑虑的。但从中国文化的传统和中国在近代所遭受的苦难来说，中国的强盛不应引起世界的动荡甚或战争，而应促进世界的和平与和谐。在此世界格局的转变时期，重温孙中山的“振兴中华”和其取得“民族主义”与“世界主义”的折中，深信中华民族爱好和平，中国永不称霸等思想，是很有必要的。孙中山说，如果中国不承担“济弱扶倾”和反对世界霸权的责任，重蹈帝国主义列强的覆辙，“那末中国强盛了，对于世界便有大害，没有大利”。实际上，这也会成为对中华民族及其文化传统的“大害”。而从中国文化的优秀传统来说，“爱和平就是中国人的一个大道德”，承担这样的世界责任“便是我们民族的真精神”。中华民族曾“身受过了列强政治经济压迫的痛苦”，“己所不欲，勿施于人”，中

---

① 《周恩来外交文选》，中央文献出版社，1990 年，第 327－328 页。

华民族决不会背离这样的文化传统，决不会转而去欺负其他民族。

最近，积极倡导“全球伦理”的德国图宾根大学教授孔汉思撰文说：

真正有未来并确实能为全球伦理做出贡献的是中华民族的传统精神，这种精神尤其体现在孔子的《论语》中。中国和世界需要一种重新发现人的价值、人的自我主张、人的现实感、道德品质和坚韧性的民族精神；需要一种倡导以真正的人道为核心价值的民族精神；需要一种将所有人都视为社会的一分子，而非孤立个人的民族精神；需要一种将人与人的基本社会关系建立在普遍伦理价值之上的民族精神，这些价值观不取决于普遍的自私自利。目前，中国正在参与塑造人类的未来，在这一进程中，人道感、相互依存感、和谐感等中国伟大人文传统将发挥重要作用。①

这是孔汉思教授的真知灼见。中华民族和中国文化的复兴，同时就是中国“永不称霸”的宣示。一个复兴的中华民族，同时就是一个“谋各民族的平等”的民族。中华民族将与其他民族国家和平共处，平等互利，建构多元、民主的世界新秩序，努力实现“协和万邦”和“永久和平”② 的人类理想。

① 孔汉思：《中国传统伦理为全球伦理提供经验》，载《中国社会科学报》2010年6月1日。

② 德国哲学家康德在1795年著有《永久和平论》，认为“各个国家联合体的世界大同乃是人类由野蛮步入文明的一个自然的而又必然的历史过程”，可见东西方哲人对于“世界大同”和“永久和平”有着共同的理想。参见康德《历史理性批判文集》，商务印书馆，1996年，第97页。

新王道

——中国发展战略构想

天津南开大学　张荣明

当前的中国面临着十分复杂的国内、国际形势。客观评估当前中国的宏观状况，规划兼顾内外形势的宏观对策，维护国家安全进而完成现代化转型，是我们面临的重大任务。

在我们看来，因应当前中国状况的宏观策略是新王道。“道”之涵义，在中国古代不同话语体系中有不同表述。在法家学说中，“道”指政治策略和方法，如说“君之道”、“使民之道”、“用兵之道”、“霸王之道”等；在儒家学说中，“道”不但指政治策略和方法，而且指政治道德，如说“王道”、“霸道”、“无道”等。语境不同，内涵有别，无法通约。在这种情况下，我们采用居主流地位的儒家关于“道”的概念。“新王道”，是对当前中国内外策略的总体概括和战略构想，在这一构想中，既考虑到利害因素，也考虑到道德因素。

鉴古可以知今。新王道包含对中国古代历史经验的借鉴和反思。春秋战国到秦汉，中国经历了一场深刻而剧烈的社会转型。在这一转型中政治思想家们提出过怎样的宏观策略，这些策略有哪些利弊得失，值得我们审慎分析，深思借鉴。

一、法家的霸道

法家直言不讳地宣扬并奉行“霸王之道”，简称“霸道”。奉行霸道靠武力，而不是道德仁义。商鞅说：“国之所以重，主之所以尊，力也。”若要国力强盛超越别国，在政治措施上一要富国，二要强兵，富国是强兵的基础。反映在秦国政治实践中，就是推行耕战政策。商鞅提出，农民想致富，唯有多打粮；士卒想立功，就得多杀敌——在这里，只讲杀敌，不讲道德。韩非至秦，向秦王嬴政论述秦所以“失霸王之道”的原因，乃在于秦国先后接受楚、魏两国的议和请求，坐失吞并这两个国家的良机。秦国后来在十几年的时间里，风扫残云般吞并中原各国，毁人宗庙，亡人社稷，丝毫不存怜悯之心，虽被中原国家称为“虎狼之国”，却是法家霸道的成功实践。韩非没有亲眼看见山东六国之亡，但他预见这些国家必亡，必亡的原因不是别的，而是儒家思想的影响，这些国家比秦国受儒家思想影响大得多。他认为，儒家的道德主义误国害民。就秦统一中国来说，韩非虽然冷酷无情，但他的判断准确而理性，符合历史发展趋势。

霸道的理论基础是法家学说。概括说来，法家学说有如下主要特征。第一，不讲人性和道德。法家人物告子说“食色，性也”，孟子反问：那人性与马性、牛性还有什么区别？如无区别，人类岂不成了禽兽！从这个例子可以看出，儒家讲人性，人性就是人与动物的区别，就是人的社会性。告子强调人的生物性，认为食色是人性，人没有先天的社会性。孟子主张人性善，宣称仁义礼智等道德因素“根于心”，认为这是人与动物的根本区别。法家不承认这种先天差别，不认为人有与动物不同的天性。第二，宣扬个人主义。法家宣称，人不为己天诛地灭，人就是为自己的动物。父母生孩子不是为了孩子，既是自己生理需求的后果，也是出于让孩子给自己养老送终的考虑。正是由于这种利害关系，所以父母生了男孩就高兴，生了女孩就垂头丧气。至于说为别人、为国家，那更是愚阔而不切实际。第三，崇尚功利主义。法家崇拜英雄，蔑视弱者和穷人。你能种田致富，国家奖励你；你懒惰不好好种田导致歉收挨饿，国家不但不救助，而且惩罚你。你心狠手辣杀敌不眨眼，国家赏赐你爵位；你有兼爱仁慈之心，不肯杀敌而当逃兵，国家惩罚你。在这里，是否积极进取不完全是个人私事，而涉及国家利益。法家甚至把儒者、言谈者、带剑者、御患者、工商业者称为“五蠹”——五种社会蛀虫，认为他们不创造社会财富，坐食社会，应该像消灭害虫一样把他们从社会中清除出去。这是与极端个人主义相伴生的国家强权主义。第四，讲究政治手段。既然结局或效果是检验成功与否的唯一依据，手段就变得十分重要，为达目的可以灵活运用手段。法家讲权术，个人生活中用权术，政治上用权术，为了达到自己的目的，人们可以无所不用其极。韩非、李斯之间的厮杀，秦二世、赵高之间的欺骗，是法家阴谋学说的活样板。总之，霸道是法家学说的政治表现之一，以法家学说为基础。

二、儒家的王道

与法家截然相反，儒家宣扬并奉行王道。《荀子·王霸》专门阐述了儒家的政治策略。荀子认为，国家的产生乃因应社会生活需要，是为社会整体利益服务，而非少数人的利益。因此，他以义、信、利为三种不同的道德标准，对儒家的政治策略进行了阐述。儒家的最高理想是“王道”。王道的核心是行道义，具体表现是讲礼义，举义士，行义法，有义志。荀子宣称，行王道则天下归心，不战而王。商汤、周武起初仅有百里之地，最终却赢得天下，原因正在于“义立而王”。其次是“霸道”。霸道的核心是重信用，重信用的表现是讲法律，令行禁止，不但取信于民，而且取信于邻。这样的国度虽然达不到王道的境界，不能践行道义，不能使天下人民风随影从，但能守住信用，不致人心涣散。这样的国家能够富国强兵，威震天下，春秋五霸是成功范例，他们的成功在于“信立而霸”。等而下之者是“无道”。无道就是不讲道义，政治行为没有任何规则，只贪求自己国家的利益，不讲礼义，人们之间相互欺诈，整个社会分崩离析，与邻国之间互不信任，彼此猜忌。这样的国家可以强盛一时，难以长治久安，齐闵王、孟尝君是其例，他们的覆灭乃在于“权谋立而亡”。

王道的理论基础是儒家学说。儒家学说的内容繁多，但核心要素有二。第一，重礼法。儒家不否定法律的必要性和意义，没有法律社会就会混乱失序，儒家与法家主张的分野在于，法律为礼服务。礼是做人的准则，以人为核心；法是做事的准则，以事为核心，看重的是事情的客观结果。在做人与做事这二者之间，儒家偏向于前者，强调“礼缘人情”，不但考虑事情的后果，而且考虑事情的动机。第二，讲人性，具有道德主义倾向。在中国古代，道德主义的代表是墨家。墨家没有系统的人性理论，也没有系统的道德主义理论，但墨家主张最具道德色彩。墨家强调人与人之间的平等，反对贵族制度和社会剥削，呼吁停止残酷的战争，倡导人与人之间真诚相爱，彼此之间没有亲疏差别的爱，他们的理想是让社会上的每一个人都过上幸福生活。法家不讲人情人心，只重视竞争和利益。在墨家与法家之间，儒家采取了中庸主义态度。儒家讲仁爱，老吾老以及人之老，爱吾爱以及人之爱，这是道德现实主义，而不是墨家的道德理想主义。儒家的人性论和道德观，没有墨家的高尚纯洁，但比墨家的主张现实可行。总之，王道主张以儒家学说为基础，是现实主义与道德主义的统一。

三、实践的检验

法家宣扬“霸道”，儒家虽也谈“霸道”，名同而实异。儒家的霸道讲信用，法家的霸道不讲信用。法家的霸道近似儒家所说的“无道”。一个宣扬“霸道”，一个斥之为“无道”，彼此之间冰炭不容。“霸道”与“王道”两种政治策略及其理论体系，孰优孰劣？需要我们客观冷静分析。

法家的“霸道”是中国古代社会转型期的产物，适应了内部转型和外部战争的需要。顾名思义，法家是变法改革家，法家学说是改革学说，是注重经济和法律的学说体系。随着旧的社会制度的崩溃，法家提出了一系列适应社会现实需要的策略主张，“霸道”就是其中之一。在春秋战国时代各国变法中，秦国地处西陲，偏远落后，变法最晚，秦孝公任用商鞅进行了彻底的社会改革，国家很快富强起来。从今天的立场看，秦国的农耕政策调动了人们的生产积极性，极大地解放了生产力；秦国的战争政策激发了士卒杀敌立功的积极性，最大限度地发挥了军队的战斗力。韩非清楚地看到了这一点，他预见了秦的胜利。秦统一中国，是法家政治策略的成功实践。

但是，这仅仅是事情的一半。秦统一中国是奉行“霸道”的成功，秦帝国的政治家们没有理由不继续这样做。于是我们看到，秦帝国时期继续推行了与“霸道”不可分割的法家政策，并使之极端化，传统上称之为“暴政”。第一，焚书坑儒，禁锢思想。近代以来，不断有人为法家政治辩护，宣称秦非亡于制——政治制度和策略，而是亡于政——秦二世的暴政。他们认为，假如不是秦二世偶然上台，而是由公子扶苏继位为帝，秦帝国的功业将会延续。其实，我们的判断恰好相反，即便公子扶苏继位为帝，秦帝国可以延续一时，却难以长治久安，因为在当时的政治文化生态下，某一个政治家难以改变长期以来形成的基本国策，难以改变既定的政治路线。从焚书坑儒、以法为教、以吏为师，到官僚之间钩心斗角、相互厮杀，这是一个系统的、不可割裂的意识形态体系，以利己和功利主义为核心。这一道理，秦末汉初的许多政治家并不明白，他们认为依靠骑马打天下，同样依靠骑马可以治天下，舞文弄墨丝毫无用。经过几代人不断的反思，思想家们才洞悉其中的道理，代表作是贾谊的《过秦论》。贾谊指出：秦亡于仁义不施，亡于法家策略，治天下应该采用儒家之术。一言以蔽之，“攻守之势异也”。从根本上说，秦帝国不是亡于某位皇帝，而是亡于根本路线——法家的霸道和暴政。

于是我们看到，一方面“霸道”使秦统一中国，成就千秋功业；另一方面霸道政治使秦帝国崩溃，留下万世教训。这是法家政治的真实场景，是一件事情不可分割的两个方面。这是政治策略的辩证法，也是政治的辩证法，道理显而易见。

儒家的王道是中国固有的政治传统。在商周时代，在《尚书》、《诗经》等上古文献中，作为正统意识的始终是王道。人们认为王道体现天道，天道是正义和道德的化身。只是随着社会转型的到来，这样的正统观念不再适应现实政治的需要，于是逐渐被各国抛弃。宋襄公是这一正统观念的殉道者，鲁国则是这一政治精神的殉道国。在春秋战国时期，无论是一个人还是一个诸侯国家，只要秉持传统的王道主义政治道德，就必定失败。原因在于，此时是乱世，这是有目共睹的事实。儒家的“王道”精神固然高尚，理想圣洁，但在战国政治中却全然无效，是亡家亡国之术。这也正是孔孟周游列国宣扬“王道”而不被各国政治家接受的根本原因。

否极泰来。随着中国古代社会转型的完成和秦帝国的建立，儒家王道迎来了发扬光大的契机。汉武帝独尊儒术，从主流上说，不是由于儒士们的游说，而是由于政治的需要。汉武帝向士人们策问：天怎样主宰社会？刘家统治的合理性在哪里？应该怎样实施仁义礼智？这样的问题，法家无法回答，法家反对这样的提问方式，而这恰好契合儒家学说，儒家学说适应了汉代社会安定发展的需要。儒术独尊以后，政治由秦朝的事功转向了汉代的人与事并重——以人为主，以事为辅。此后官方策略虽有起伏跌宕，但大方向未变。一些学者认为，汉代政治特点是“霸、王道杂之”，主流上是法家政治。这似是而非。因为，政治上偏于事功，但不弃王道，仅仅是汉宣帝时期政治的特色。元帝以后，无论是王莽新朝，还是东汉明章以后，都是典型的儒家政治，是王道政治。

于是我们又看到，儒家的“王道”在战国时期使诸侯丧家亡国，汉代以后使国家长治久安。看似矛盾，其理固然。真正陷入思维困境的，是人们的意识形态，是一根筋式的思维方式。

“霸道”与“王道”，各有短长，适于不同的政治环境，不可一概而论。霸道适于乱世，是富国强兵之策，也是乱世图存之道；王道适于治世，是安定人心之策，也是长治久安之道。

四、当前的中国

中国当前应该采取怎样的宏观政治策略？这取决于对如下两方面因素的判断分析：在国内，当前社会转型所处的阶段及其任务；在国际，各国关系及其对策。

就国内现状而言，当前的中国社会处于宏观转型的制度转型阶段。战国秦汉的历史轨迹表明，社会转型是一个宏观上循序渐进的过程，从生产技术、政治制度到意识形态，虽彼此紧密相关，却又是各自独立、前后相依的三个阶段，不同阶段有不同任务，欲速则不达。经过三十多年的改革，社会转型第一阶段的主题——生产技术的转型已经完成，不必讨论。社会转型第二阶段的主题——制度转型仍在探索中。目前的经济制度转型，让民企进入更多的经济领域，是“包产到户”农业政策向工商领域的延伸，有利于提高生产效率。在保证国家安全的前提下，应该允许民企进入更多的经济领域，这是当前中国富国强兵的制度利器。这势必在一定程度上改变既存的利益格局，因而会遇到相当大的阻力。摆脱这一困境的办法是坚持利益机制公平下的社会正义，而法制是保证社会正义的制度利器。没有法治就没有秩序，没有秩序就没有经济效率。当前中国之乱，法律松弛是祸根之一，而导致法律松弛的深层原因是政府角色转型。应该进行政府机制调整，建设服务与管理并重的政府，使之适应经济发展需要，这是当前中国社会建设的重中之重。第三步，社会意识形态建设。就终极目标而言，还远远没有提上议事日程。所谓终极目标，是指以守成为主要特征的思想形态，它要完成的任务是固化、神圣化已经建立起来的政治秩序。社会意识形态为特定政治制度、政治秩序服务，在具有民族特色的制度体系没有完善之前，谈不到有针对性的社会意识形态建设——“皮之不存，毛将焉附”！当前一些学者主张照搬西方意识形态模式，会使中国社会转型失去自组织性，甚至会造成社会失序和政治动荡，会使中国落入西方的意识形态陷阱。在制度转型阶段，为维护社会稳定需要倡导和谐的人际关系，但更需要依法治国的政治意识形态，激励进取，恪守法律正义。

就国际环境而言，形势颇为险峻。据国内媒体转发的一篇报道，近期一项民意调查表明，超过百分之五十的美国人认为，中国的强大会威胁美国的利益。其实，早在十多年前就有美国国会议员宣称，中国的强大不符合美国的利益。《纽约时报》2014年3月13日刊发芝加哥大学政治学教授米尔斯海默的文章，批评奥巴马政府在乌克兰问题上完全搞错，美国不应把精力牵扯到东欧，“美国需要莫斯科来帮助处理伊朗、阿富汗问题，并最终对付中国这个美国唯一真正潜在的对手”。[①] 这是典型的法家话语，具有“霸道”政治特征。近年发生在中国东海、南海及周边其他地区的一系列事端，背后都是最初看不见、后来日益显露的那只手在起作用，动机在于遏制、扼杀成长中的中国。在当前世界局面下，虽未发生大规模的军事冲突，但地区性冲突不断。只要不发生大规模的国际经济危机和社会动荡，尤其是欧洲和美国不发生类似情况，爆发大规模军事冲突的可能性就不大。经济与军事之间的因果关系需要引起注意，对可能发生的国际环境恶化，中国应有足够的战略、战术对策。当前世界，虽非战国时代的你死我活，亦非汉代的和平盛世。在这种外部情势下，中国不能没有法家的策略和国家意识形态。

综合国内外局势，当前中国的首要任务是富国强兵，图强求存。中国需要强大的经济实力，需要有效率的政府，需要稳定的国内国际政局。适应这种需求的，是新王道，而非儒家传统的王道。新王道应该建设新型政府，法律治国，富国强兵；应该伸张道德正义，借鉴优秀的传统文化以重建现代道德和文明秩序，重塑礼仪之邦的民族形象。只有这样才能完成民族的复兴，最终实现中华民族的百年梦想。

---

① “The United States needs Moscow’ s help to deal with Iran, Syria, Afghanistan, and eventually to help counter China, the only genuine potential rival to the United States.” John J. Mearsheimer, “Getting Ukraine Wrong”, New York Times. March 13, 2014.

《论语》中的和谐理念与和谐世界建设

河北省董仲舒研究会 李奎良 白立强 魏彦红

优秀的中华传统文化蕴含了丰富深厚的和谐因子，一定意义上，正是籍于此，中华文明才历经几千年而不曾中断。因而，传统和谐思维成为维系中华文化源远流长的内在力量，进而为世界所关注，并有可能成为推进人类共同进步和发展的核心理念。为此，探讨中华优秀传统文化中的和谐思想，对于21世纪人类的生存和发展具有重要作用。

《论语》作为儒学经典，包括了丰富的和谐元素，如“礼之用，和为贵”、“君子和而不同”等，以此为切入点，学界围绕着建设和谐世界问题进行了较为广泛的研究。

一、“和”之视角下学界关于和谐世界的观点

一是“和而不同”的总原则说。坚持“和而不同”是建构和谐世界的总的原则：坚持“和而不同”，践履“和平共处五项原则”；坚持“和而不同”，确立以联合国为核心的国际安全机制；坚持“和而不同”，推进全球化的发展；坚持“和而不同”，构建和谐世界，要做到政治互信、经济互利、文化平等、科技协作等。无独有偶，还有观点认为，坚持“和而不同”，构建和谐世界，有着深厚的内蕴和巨大的张力。人类世界是一个由不同民族、不同国家、不同文化构成的世界，“和而不同”则是引领不同民族、不同国家、不同文化和平、和合、和睦、和谐相处进而“协和万邦”的普世原则。构建和谐世界，要靠全人类共同努力，长期奋斗，应该有各国都能认同，都能遵循的原则。以“和而不同”为核心的“和为贵”思想理念，不失为构建和谐世界的总原则。

二是“和合文化”论。该观点认为，和合文化所蕴含的“和为贵”、“和而不同”、“协调合作”、“和谐共生”等重要理念，以儒家文化为载体，贯穿于先秦以来中国文化发展史上的各个时代，被各家各派广泛认同，对民族精神、意识形态乃至风俗习惯的形成与发展产生了深远的影响，成为中国文化的精髓和首要价值观。古代中国传统的“和合文化”经过现代转换，对当代世界和人类发展具有重要的借鉴和启示意义。伴随

着中国综合国力和国际影响力的不断增强，“和合精神”也将伴随着中国走向世界的步伐而被不同民族、人种、肤色、文化、信仰、语言的人们所认同和接受。

三是“道德人文主义”说，即儒学从本质上说是一种道德人文主义哲学，是一种追求和平与发展的中庸哲学。儒学中以仁爱、和谐、诚信、中庸为核心的价值观，对于建设和谐社会乃至建立和谐世界新秩序有着其他文化系统无法代替、不可或缺的积极作用。

此外，还有观点从和平、和立、和达、和爱以及仁学思想等范畴进行了探讨。不可否认，这些研究一则在理论纵深层面推进了学术思考，二则在现实层面有助于和谐世界建设。然而，纵观当前研究成果，基本观点依然锁定在对和谐思想进行微观层次的解读，即在点上探讨多，而在面上思考的少，或者说，对点与点之间的联系探讨得还不够，尚未形成较为系统的理论成果。深厚的儒学包含了丰富的和谐思想，并蕴含着内在的系统性和整体性。为此，深入发掘儒学之中的和谐思想，特别是从宏观整体角度进行探究依然非常必要。

二、《论语》中的和谐思想

对于《论语》中的和谐思想，不同学者有不同的表达。

有观点认为，差异是和谐的必然前提，礼乐是保证差异之间和谐的外在制度安排，仁德则是外在礼乐制度的内在道德理性。其和谐观的基本特征有三：天人合一的思维方式、性近论的人性预设和家庭本位的伦理意识。

有学者认为，孔子集内圣外王于一身的精神气质是个人的身心和谐与外部的社会和谐通融连贯的产物。仁爱的情操、自然的情怀与审美的情趣，共同构成了孔子“乐在其中”的身心和谐的全部内涵，也是他内圣精神的全部写照。内在的仁外化、表现出来就是“爱”、“孝”、“礼”与“和”。孔子试图以“爱”建立起良好的人际关系，以“孝”建立起良好的伦理关系，以“礼”建立起良好的政治关系，最后以“和”建立起全社会和谐、协调的关系。

另有“三方面”说。如有观点指出，《论语》和谐观，集中体现在政治和谐、社会和谐及人与自然和谐三个方面。也有作者认为，《论语》和谐思想集中体现在以孝、诚为先的德育思想；以“执两用中”、“持中致和”追求中正的中庸理念；以“求富疾贫”、“取之有义”的义利观三个方面。刘宏伟、高美庚认为，孔子和谐理念是儒家思想的重要范畴，其中具有代表性的观点是“仁者爱人”的处事之道、“和而不同”的工作方法以及“执两用中”的思维方式。

苏永利从有限性角度论证了孔子的和谐观。他认为，孔子确实主张和谐，但他的和谐并不针对全社会，而只是局限于部分人群，是一种片面的有限和谐。换一句话说，孔子不提倡“全面和谐”。孔子思想的基本特色是“仁”，不是“和”。而“仁”与“和”之间存在一定的矛盾。

显而易见，上述各种观点均是从某一角度作为切入点，以此展开论述，这在一定程度上容易导致偏离实质内涵的倾向。

传统文化中的和谐思想构成了《论语》和谐理念的深厚土壤。换言之，正是传统文化中的和谐因子润化滋养生成了孔子的和谐理念。孔子自述“述而不作、信而好古”就体现了自身学说就是对先人思想的缔结与承传。因而，传统文化首先就是和谐文化。正如张耀灿教授所言，和谐是中国传统文化的基本价值。而学者王宇则将传统文化的基调称之为“和谐本体论”。老子学说的本质是主张社会和谐，无为而治；墨子强调“兼爱”“非攻”；即使专攻战略的兵家思想也把最高理想定位于“不战”。中国古文字的形成过程也显现和平和谐基因，最经典者即“止戈为武”。可以说，传统文化包含了诸多的和谐因子，一定程度上，和谐因素构成了传统文化脉络的内在元素，成为不可忽视的核心力量。其中鲜明的例证是，中华文明作为历史上幅员辽阔、人口众多、民族多样的国度，之所以能够历经几千年而存在、统一，原因固然很多，但不可否认的是，其中必然有着和谐文化的力量支撑。

优秀的中国传统和谐文化源远流长。可以说，自先秦以来中华民族在处理与社会、自然以及人的多重关系的实践中，逐渐形成了和谐思维。其基本特征是，注重人自身价值、强调整体、重视协调与和谐，当然不是否认矛盾，恰恰相反，而是正视矛盾、利用矛盾，通过融合矛盾、冲突，以实现共生共荣、相辅相成、互利共赢的状态。

正是优秀传统和谐文化的宏大背景支撑起了《论语》中的和谐理念，其价值取向就是追求“道”。如“志于道”(《论语·述而》)；“无为而治者，其舜也与!”(《论语·卫灵公》)“天下有道”(《论语·季氏》)；“天何言哉？四时行焉，百物生焉，天何言哉?”(《论语·阳货》)；“君子学以致其道”(《论语·子张》) 等等，这包含了自然、社会以及人类自身各个方面。在孔子看来，无论哪方面，其最佳存在状态就是“合道”，而“合道”就是各行其道、相互合作、彼此和谐、融为一体。具体表现为《论语》和谐思想的核心概念，即“中”与“和”，即“中庸之为德也，其至矣乎!”(《论语·雍也》)“礼之用，和为贵。”(《论语·学而》)“中”与“和”的和谐理念可以划分为三个方面，即人与自然的和谐、人与人的和谐以及人的身与心的和谐。

(一) 人的身与心之间的和谐

儒家经典《大学》中强调：格物、致知、正心、诚意以及修身等方面是规范人的思想和行为的基本环节。其中，正心就是“中”、“和”的典型体现。何谓正心？“所谓修身在正其心者，身有所忿懥，则不得其正；有所恐惧，则不得其正；有所好乐，则不得其正；有所忧患，则不得其正。心不在焉，视而不见，听而不闻，食而不知其味。此谓修身，在正其心。”心正即身心和谐，也就是人与自身达到了和谐状态。

因为人是双重存在——身与心，身是物质现象，心是精神现象。一定意义上，身作为物质存在是人之为人的载体或形式，而心作为精神存在则是人之为人的归宿或内容。如果身与心不和谐，那么，或者是出现生理病变，或者是产生心理问题。二者必居其一。统计表明，当前世人中90％以上的人都有心理问题，这是身心不和谐的鲜明例证。

如何实现身心的和谐呢？方法一就是坚持自我省察与反思。“吾日三省吾身”、“内省不疚，夫何忧惧？”内省就是对自我——身体、心智的审视、省察，以实现对自我生命存在状态——物质层面和精神层面——的升华。二是教育。孔子学生问他，一个国家人口多了，该怎么办？孔子说，富之；富裕之后呢？孔子说，教之。

唯此，才能完善心智、提升境界、抵达身心和谐，从而实现无所忧惧的完美人格。在《论语》中，孔子称赞颜回：“贤哉，回也！一箪食，一瓢饮，在陋巷，人也不堪其忧，回也不改其乐。贤哉，回也！”

又如，子贡曰：“贫而无谄，富而无骄，何如？”子曰：“可也。未若贫而乐，富而好礼者也。”

另，子曰：“君子谋道不谋食。耕也，馁在其中矣；学也，禄在其中矣。君子忧道不忧贫。”

显然，无论是颜回的“自得其乐”，还是孔子对子贡的答复“贫而乐”，抑或是“君子谋道不谋食”、“君子忧道不忧贫”等，都是通过思想的提升、境界的修炼，成就完美存在——物质与精神、身与心统一——的理想路径。一旦抵达身心和谐之境，则遁入“小大由之”、“从心所欲不逾矩”的自由境界。

（二）人与人之间的和谐

《论语》中具有丰富的反映人际和谐的内容。其中，既包含了思想元素，也涉及了物质基础。

在《论语》中，“爱人”和“忠恕”是两个基本原则。“爱人”的词语表达就是“仁”，“仁”在《论语》中是出现频率很高的词汇。何谓“仁”？从字体结构看，就是“二人”，所以，“仁”就是人与人之间的关系。什么样的关系？求同存异，即“君子和而不同”。换言之，人与人之间是存在个体差异的——无论物质方面还是思维方面，但这并不影响人与人之间的相互合作。因为人与人之间是相互关爱的。正如《论语》所言：“弟子入则孝、出则悌，谨而信，泛爱众、而亲仁”。所以，彼此关爱是人人应该遵守的基本道德律令。依此逻辑推论，则“爱人者，人恒爱之；敬人者，人恒敬之。”从而搭建起人与人相互友好合作、其乐融融的和谐状态。这充分反映了孔子思想中以

“仁爱平和”为核心的人与人之间和谐相处理念。诚然，孔子思想中人与人之间和谐互助思想是以家族关系模式为基础而展现的，由此推及社会，最终达成社会和谐氛围。正如《中庸》所言：“仁者人也，亲亲为大”，以及《论语》中的“孝悌也者，其为仁之本与”等思想，都意味着：家庭作为社会成员成长的首要环境，其对仁爱情感的培养发挥着不可或缺的作用。推而广之，儒家后学也以“亲亲敬长”作为“仁”的基本涵义——“父慈、子孝、兄良、弟悌、夫义、妇德、长惠、幼顺、君仁、臣忠，十者谓之人义。”（《礼记》）显然，以孔子为代表的儒家学说从家族关系出发，构筑了由家族到社会、推己及人、仁爱和睦的美好局面。此外，儒家思想的“宽厚处世、协和人我”观念，倡导以“仁爱”为中心，并力图以“己欲立而立人，己欲达而达人”（《论语·雍也》）和“己所不欲，勿施于人”的方式建立和谐美好的人际关系。而孟子提出的“天时不如地利，地利不如人和”，更是把“人和”提到一定高度，从而反映了对人与人和谐关系的重要性。

“忠恕”也是孔子的和谐理念表达。子曰：“参乎，吾道一以贯之。”曾子曰：“唯。”子出，门人问曰：“何谓也?”曾子曰：“夫子之道，忠恕而已矣。”“忠恕”包括“忠”和“恕”两层含义。“忠”字形结构意味着其含义是“心”在“中间”，即不偏心、无私心。无论处理何种问题，都必须摆正角度，既从个人角度考虑，更要换位思考，替他人着想。也就是人们常说的，君子成人之美。同时，为人处事的“忠”并不要求有所回报，甚至说当他人的行为处事对自己造成某种危害时，也应该做到“恕”，宽恕为上，也就是“能饶人处且饶人”、“得理让人”。唯此才能建立和谐的人际关系。

显然，建构人际关系和谐状态是孔子为代表的儒学文化的基本特质。当然，人际关系和谐不是抽象的，而是基于现实的物质条件之上。于此，孔子指出：“丘也闻有国有家者，不患贫而患不均，不患寡而患不安。盖均无贫，和无寡，安无倾。夫如是，故远人不服，则修文德以来之。既来之，则安之。”（《论语·季氏》）其中，“均、和、安”是实现人际关系和谐的前提条件。“不患贫而患不均，不患寡而患不安”是对“有国有家”者而言的。在孔子时代，有“国”者为诸侯，有“家”者为卿大夫——都属于不直接从事农业生产的社会管理人员，他们要依靠农业生产者提供的物质资料而生活。所以，“不患贫而患不均”的确切意义应是，所有的物质生活资料应如何在直接从事农业生产的劳动者与社会管理人员之间进行分配。根据相关史料，中国夏、商、周的标准税率是十分之一。可见，如果“有国有家”者提取税率高于十分之一，即为“不均”。在孔子看来，恰当的农业税率是政治稳定与社会和谐的基础。孔子的意思是，“有国有家”者不必忧虑提取的农业税率是否能够满足财政需求，而真正有必要的担忧的却是，统治者为了个人的贪欲而对劳动人民的横征暴敛。所以，这段话的真正含义则是：只要社会财富在社会管理者与农业劳动者之间能够实现均衡分配，生产就会发展，财富自然增长，国家税赋必然相应增加，而财政自然不会成为问题。这样就会社会安定、人民安居乐业、社会和谐。

汉代大儒董仲舒对孔子的“不患贫而患不均”作了进一步解释：“有所积重，则有所空虚矣。大富则骄，大贫则忧。忧则为盗，骄则为暴，此众人之情也。圣者则于众人之情，见乱之所从生，故其制人道而差上下也，使富者足以示贵而不至于骄，贫者足以养生而不至于忧。以此为度而调均之。是以财不匮而上下相安，故易治也。”（《春秋繁露》）汉代土地私有比较普遍，土地兼并甚为盛行，以致形成了“富者田连阡陌，贫者无立锥之地”的分化格局。为此，从社会稳定角度出发，必须将贫富分化限定在一定范围内，即使富裕者“足以示贵而不至于骄”，使贫困者“足以养生而不至于忧”，从而实现“财不匮而上下相安”的社会和谐治理局面。

防止富者与贫者之间的阶级对立与冲突、实现二者的合作与和谐，是孔子思想的命题之一。孔子深知，力图实现财富在社会各成员之间进行绝对平均分配不仅是不可能的、更是做不到的，故提出了各得其所式的“均”与“平”。今天，费孝通先生所主张的“差序”均衡，就是这种“均”与“平”的现代体现，即在“绝对均等”与“绝对不均等”之间寻找一个平衡点，以此维护社会稳定与和谐的良性存在状态。

（三）人与自然之间的和谐

人与自然的关系是中国传统文化思考的对象。在传统文化中，自然就是“天”。“天有好生之德”，子曰：“天何言哉，四时行焉，百物生焉，天何言哉。”人作为自然的产物，同样与“天”是统一的，即“天人合一”。

而《中庸》中提到的“致中和，天地位焉，万物育焉”，更是说明了自然与人之间的和谐存在状态。特别是“子钓而不纲；弋不射宿”，“智者乐水，仁者乐山”等话语，更体现了孔子的天地人和谐观。同时，孟子强调必须尊重自然、敬畏自然。因为事物的存在是因时而生，这本身就是自然的、有序过程。所以，对事物的利用必须合乎自然秩序，唯此，方得以利物、利人。显然，这体现了鲜明的人与自然和谐观念。

上述三个方面，人的身与心的和谐是和谐理念的基点，而人与人的和谐、人与自然的和谐是人的身心和谐的外在表现。换言之，主体自身的和谐既是实现人与人、人与自然和谐的起点，也是其归宿。作为中华文化传统，这一理念根植于远古，流传于后世。《尚书》赞尧曰：克明峻德，以亲九族，九族既睦，平章百姓，百姓昭明，协和万邦——这是曾子“修齐治平”说的理论源点。

如果把“平天下”视为和谐世界的表现（当然不是两个相同的范畴，但肯定存在相通之处），那么，其始点就是“修身”，修身目的就是达成身心和谐，也就是孔子所说的“从心所欲不逾矩”、“君子不器”。

处理人与自然之间关系是人类生存发展的前提和基础。回顾历史，人类曾经在很长的一段历史时期将生命活动的中心锁定在改造天然自然界这一领域；随着经济社会发展，改善、优化人与人之间的关系，从而使人们结成整体最优格局以实现对自然的改造和利用，这意味着，人类生命活动中心的转移，即由天然自然界转为社会自然界；依此逻辑推论（经济社会发展特别是科学技术已经昭示），人类将生命自身作为关注的对象，实现身与心的和谐，将是人类生命活动中心的第三次变迁，一旦达到这个阶段，也必然意味着经济社会发展达到了相当高级的阶段。换言之，当人类以处理自身生命身与心的关系同时体现为处理人与自然以及人与人之间关系的时候，人类社会的和谐状态、和谐世界、大同社会也就真正到来了。

显然，人的身心之间、人与人之间以及人与自然之间关系是一个内在的矛盾统一体。其中，人的身心和谐是主要矛盾——决定着其他两个方面。一定意义上，这也正是中华文化传统重个人修为、淡化物质追求的价值所在。为此，“安贫乐道”、“君子忧道不忧贫”成为中华传统文化的价值取向。

三、《论语》中和谐理念在建设和谐世界中的启示

在全球化时代条件下，整个世界成为“地球村”——其中各个要素相互联系、结为一体，可谓“一荣俱荣，一损俱损”。为此，建设和谐世界是全球化时代大势所趋。于此，《论语》中的和谐理念具有重要的启示意义。

对应于人的身心和谐、人与人之间关系和谐以及人与自然之间关系的和谐，和谐世界也涵盖了三重向度：世界上物质文明与精神文明相协调、各民族国家相和谐以及人类与自然之间相共生。

就生命个体而言，和谐意味着身心完善协调，就整个世界而言，建设和谐世界则须物质文明和精神文明相协调。囿于社会存在和社会意识二者的不同步，当前无论就整个世界来说，还是就一个民族国家而言，物质层面和精神层面二者处于非均衡状态，特别是精神文化层面的建设依然任重而道远。根据《论语》的和谐意蕴，人的身心和谐与否，一定程度上，直接受到思想观念的影响，正是在此意义上，有人认为，幸福是一种感觉。基于此，世界和谐状况如何自然与精神文化氛围息息相关。

精神文化氛围就是世界的基本价值观。建设和谐世界须各个民族国家达成正向的文化共识，唯此，才能为世界和谐搭建起健康的关系氛围。

在全球化条件下，我们既承认多元文化并存，但更须强调基于基本价值观的某种统一，当然，这绝不同于将某种价值观强加于世界的文化霸权主义。和谐世界，必然存在各个民族共同认可的普世价值，随着全球化的不断深入和拓展，不同文化在交流当中相互吸收和借鉴，完全可以形成促进整体世界存在和发展的思想共识。

就民族国家关系而言，建设和谐世界，各个民族国家须以“推己及人”的仁爱之心，相互合作、共同发展。“一枝独秀不是春。”民族无所谓优劣、国家无所谓强弱，都是全球文化圈中的组成部分。强不凌弱、弱不媚强。国家民族之间的关系，就应该像人与人之间相处一样，如孔子所言，不只是“贫而无谄”、“富而无骄”，更应该是“贫而乐”、“富而好礼”，小国、穷国、弱国不因自身之短而谄媚于人，大过、富国、强国也不凭借一己之长而恃强凌弱。无论文化方面还是政治方面，抑或经济方面，任何一个方面的强势都不应该成为小视乃至奴役其他族类的理由。

当前，东西问题、南北问题依然存在，建设和谐世界，要求各个国家和民族在相互尊重的前提下，开展相互对话与合作、互惠互利、共谋发展。

就人与自然的关系而言，人类与自然应该建立起良性的互动关系格局，以实现二者的和谐共生。自然是人类生存的基础和前提，衣食住行皆源于此。为此，对于自然，不应该只是单向度的索取，更需要对自然施以呵护。这是人与自然和谐的内在要求。《论语》强调人与自然的统一、和谐，所以，对自然的利用也是一种“有限度”的利用，即“子钓而不纲；弋不射宿”。今天，诸多的生态问题与危机就是源于人类对自然利用方面的无序、无度、无道。

建设和谐世界意味着，自然不是随意攫取的对象，自然同样需要呵护与关爱。换言之，对自然的利用不是无限度的。这个限度就是人与自然之间应处于和谐状态。《论语》为什么提倡“君子忧道不忧贫”、“君子固穷”呢?！一定程度上，就是先哲认识了自然资源的有限性，而为了使有限转变为无限——使人类永存，才提出人与自然应和谐相处的观点。

一定意义上，种种问题乃是人文问题，人的问题，人的思想问题。马克思主义当年所批判的人的异化几乎成为常态——人之为人本有的精神、思想严重偏离正轨，或者说精神世界已经在物欲的引诱下或游离出了人的身心世界，或成为被物质绑架的俘虏和奴隶，生命个体丧失了人之为人的价值和意义。

不仅如此，人的思想直接影响着世界的和谐与否，正如联合国教科文组织前的碑文所示：战争源于人的思想，所以唯有在人的思想中筑起一堵保卫和平的有效屏障，才能在未来避免战争。

《论语》中的和谐思想就是诊治上述问题的良方。

英国哲学家罗素曾言：“中国人摸索出的和平生活方式沿袭千年，如果能够被全世界所采纳，地球上肯定会有比现在更多的欢乐祥和。”

建设和谐世界，从健全身心、完善心智开始。

参考文献：

[1] “东学西渐”栏目编辑．儒学对于建构和谐世界的意义——中国孔子基金会“儒学与和谐世界研讨会”论要［J］．东方论坛，2006（5）：1—15.

[2] 徐诚，寿杨宾．坚持和而不同　构建和谐世界［J］．孔子研究，2006（6）：10—15

[3] 王扬．中华和合文化及其当代价值［J］．湖南社会主义学院学报，2009（2）：71—74

[4] 吴光．儒学核心价值观在构建和谐世界中的重要意义［J］．孔子研究，2006（6）：4—9

[5] 曹树明．孔子和谐观及其现代转换的可能向度［J］．理论与改革，2010，（5）：98—101.

[6] 初景波．孔子和谐思想的内在结构与逻辑展开［J］．辽宁行政学院学报，2009，（5）：42—46.

[7] 王桂海，黄伟良．试析孔子和谐思想［J］．淮北煤炭师范学院学报（哲学社会科学版），2006，（3）：45—47.

[8] 夏莲．孔子和谐思想对构建和谐社会的启迪［J］．广东行政学院学报，2007，19（2）：92—94.

[9] 刘宏伟，高美庚．孔子和谐理念的思想政治教育方法论意蕴［J］．湖北省社会主义学院学报，2009，（3）：74—75.

[10] 苏永利．论孔子和谐思想的有限性［J］．江汉论坛，2008，（2）：83—86.

[11] 张耀灿．中国传统和谐文化的当代价值［N］．光明日报，2005—12—20—3.

[12] 王宇．发掘传统和谐智慧　建设当代和谐文化——“中国传统哲学与和谐社会”研讨会综述［J］．浙江社会科学，2007，（3）：220—224.

[13] 傅佩荣．论语解读［M］．南宁：广西人民出版社，2006，241.

[14] 罗素．中国问题［M］．秦悦译．上海：学林出版社，1996.

儒家传统政治伦理文化的理性审视及现代性重塑

江苏省委党校　杨　明

自孔孟肇始，政治生活从未淡出儒家学说理论探讨的视野，如何构建理想的道德化政治秩序成为儒家学者学术研究的一大主题，如何通过扮演“王者师”的角色布道说教、兴利除害、经世利民成为儒家学者孜孜不倦的政治追求。尽管他们表达方式各异，却都秉持“德治优先”的原则，紧紧围绕“以德治国”理念来设计一套能够全面安排人间政治秩序的政治设计学说，即政治价值的评判标准在于政治秩序能否与伦理原则相符合。质言之，儒家在探讨政治问题时倾向于伦理政治化和政治伦理化的相互指称，儒家政治文化是典型的“伦理政治型”或“政治伦理型”文化。我们应该理性审视儒家传统政治伦理文化，既要看到其作为当代人无法回避也是取之不竭的历史文化资源之价值，又要敏锐觉察到其所带来的一些负面效应。当前，我国道德建设面临的一个重要课题就是如何将继承中华传统美德与弘扬时代精神相结合，这呼唤我们对中国传统政治伦理文化进行深刻反思与重新整合，努力寻求儒家传统伦理文化与现代政治文明之间的良性互动。

一、德主刑辅：儒家传统政治伦理文化的价值立场

在儒家看来，王权政治合法性根本取决于统治者的美好德行，即政治与道德具有同一性关联，此同一性关联有着天命依据、历史依据和人性依据。所谓“天命依据”是指君主的政治行为（人道）与天地运行规律相贯通，“夫大人者，与天地合其德，与日月合其明，与四时合其序，与鬼神合其吉凶。”（《周易·乾》）统治者作为人间政治权力的代表必须自觉认同天地之德，遵循“天理”、“地时”，制定和维持能够给百姓带来福祉的政治秩序，甚至有的儒家学者认为“灾害”、“妖孽”、“怪异”等异象是上天对人间君主“无德之政”的“谴告”、“惊惧”。儒家通过这套“天人法则”既论证了“君权天授”的合理性，又为统治者的德政设置了“天人合德”的天道律令。所谓“历史依据”是指儒家回溯历史传统寻求德治合法性的依据，孔子将儒家政治伦理的合法

性追溯到“三代之德”以及周公之礼，他“述而不作，信而好古”、“祖述尧舜，宪章文武”，自觉延续这种道德历史传统，后世孟子讨论性善则“言必称尧舜”。以孔孟为代表的儒家面对鲜有资料可依的历史事件，做出了道德化的历史评判和价值抉择，为儒家政治模式的建构提供了合法性的历史基础。所谓“人性依据”是指儒家相信人之性善的本能，相信人性向善的力量，虽然人与禽兽之别“几希”，但人具备不学而知、不虑而能的“良知良能”，能够自然知晓“爱其亲”、“敬其长”，有的学者曾将儒家“性善的预设”称为支撑儒家学说的“阿基米德点”。作为统治者必须体察到“人禽之别”的细微界限，完善自身，教化民众。总的来说，“为政”之人做好道德表率在儒家那里是一种必然要求和必然命题。

在这种理念指导下，儒家特别强调德主刑辅的价值立场，将“德治”作为治国理政的基本方针。孔子曾对“德治”与“刑罚”这两种统治方针所带来的结果进行过鲜明对照，他说：“道之以政，齐之以刑，民免而无耻；道之以德，齐之以礼，有耻且格”（《论语·为政》），刑罚只能让百姓心存畏惧不敢犯法，却难以使他们真正服膺于政治统治，“德治”才是统治者一劳永逸的有效统治工具，“为政以德，譬如北辰，居其所而众星共之”（《论语·为政》），只要统治者能够修持自身德行就可以“不怒而威”、“垂拱而治”。如此，统治者也就掌握了治国理政的道德法则，运用此道德法则应对人间政事就会像自然运行规律一样有条不紊，正所谓“四时行焉，百物生焉，天何言哉?”（《中庸》）。

显然，儒家德治理念的核心原则是道德教化。“教化”，即教导感化，这是儒家极为推崇的一种政治手段，意图通过改变道德教育对象的心性修养以及影响其心意态度、情感归依、意志品质和行为倾向达到净化心灵、塑造人格以及改善社会风气的功效，如《礼记》所言“礼之教化也微，其止邪也于未形，使人日徙善远罪而不自知也”（《礼记·经解》）。在儒家看来，统治者必须自觉充当这种教化风气的引领者，“君子之德风，小人之德草。草上之风必偃”（《论语·颜渊》），只要君子垂身示范做好道德表率，百姓就会如影相随，自然就会上行下效。汉儒董仲舒曾建议汉武帝以教化为大务，他说：“夫万民之从利也，如水之走下，不以教化提防之，不能止也。是故教化立而奸邪皆止者，其提防完也；教化废而奸邪并出，刑罚不能胜者，其提防坏也。古之王者明于此，是故南面而治天下，莫不以教化为大务，立太学以教于国，设庠序以化于邑，渐民以仁，摩民以谊，节民以礼，故其刑罚甚轻而禁不犯者，教化行而习俗美也。”（《举贤良对策》）从政治传播的角度而言，“古代王朝教化的实施，可以看作是一种独特的政治方式和信息编码、操作技术，使社会全体（也包括君主）在一个持续稳定的风俗环境中，不知不觉被涵化、被定位，同时思维与行为被延续。”儒家道德教化不仅是一个“欲速则不达”的长期过程，更是一个“润物无声”的自然过程。

如此，儒家通过天命、历史以及人性的论证确立了德治传统的合法性，形成儒家道德教化的思维逻辑和叙事方式，儒家所说的政治是典型的王道政治，这种王道政治不仅体现在治理内部臣民的政策，也体现在对待外邦的政治态度。儒家认为，对外邦交不能任凭武力，应该“修文德以来之”。在孟子看来，王道“以德服人”，霸道“以力服人”，“王道”与“霸道”决然对立，他曾对“王道政治”的盛世景象做出了描绘，“今王发政施仁，使天下仕者皆欲立于王之朝，耕者皆欲耕于王之野，商贾皆欲藏于王之市，行旅皆欲出于王之途，天下之欲疾其君者皆欲赴愬于王。其若是，孰能御之?”（《孟子·梁惠王上》）那些求取功名的知识分子、从事农耕的普通百姓、从事商业贸易的市井商人都会投奔王道之君，甚至受到不公正待遇的冤屈之人也会找王道之君倾诉，真可谓一副“万朝来贺”的壮观场景。由是观之，儒家传统伦理文化的价值取向是王道政治，王道政治的核心是人心归服，“得人心者得天下”，人心归服的前提是君主的道德人格魅力。

二、差序格局：儒家传统政治伦理文化的实践模式

“差序格局”由著名社会学家费孝通先生在《乡土中国》一书中提出，旨在描述中国传统社会亲疏远近的关系格局，他认为中国传统社会“以‘己’为中心，和别人所联系成的社会关系，不像团体中的分子一般大家立在一个水平面上的，而是像水的波纹一般，一圈圈推出去，愈退愈远，也愈退愈薄。”费孝通关于“差序格局”的论述引起了当代学者重视，被认为具有“穿越历史时空的巨大学术生命力和学术魅力”，一些学者认为存在“论述过于简单”、“概念有待澄清”等问题。笔者认为，且不论费先生所说的“差序格局”具体描述是否恰当，至少这种“分层”的思维方式提供了一种透视中国传统文化的方法，这种方法对于把握中国儒家传统政治伦理文化的实践模式具有重要意义。

儒家传统政治伦理文化的“差序格局”集中典型地反映在《礼记》的政治构思之中。《礼记·大学》篇云：“古之欲明明德于天下者，先治其国；欲治其国者，先齐其家；欲齐其家者，先修其身；欲修其身者，先正其心；欲正其心者，先诚其意；欲诚其意者，先致其知；致知在格物。物格而后知至；知至而后意诚；意诚而后心正；心正而后身修；身修而后家齐；家齐而后国治；国治而后天下平。”在此，《大学》指出了个体道德修养的实践序位，即“格物”、“致知”、“诚意”、“正心”、“修身”、“齐家”、“治国”、“平天下”八个步骤，按照冯友兰先生的说法，这八个步骤以个人（修身）为中心可以分为两条进路，“向内延伸到他的主观世界，向外延伸到他的客观世界。这就是以修身为中心，向内延伸到正心、诚意、致知，向外延伸到齐家、治国、

平天下。”其实，如果置身于整个儒家发展历史进行考察就会发现，儒家这种修齐治平的传统政治伦理践履模式在某种程度上淡化乃至忽视了“乡里”的重要性，而肇始于宋代的“乡约”重点发展乡村道德教化的理论与实践，“某种程度上成为‘齐家’和‘治国’之间的桥梁，实现了二者之间的顺利过渡。”在此理解基础上，我们可以将儒家政治伦理实践序位概括为这样一组关系：正心←诚意←致知←格物←修身→齐家→约乡→治国→平天下。如此，“自天子以至于庶人，壹是皆以修身为本”，就构成了儒家以“修身”为基点进而辐射开来的政治伦理文化模式。实践证明，整个儒家政治伦理思想整个发展历程也紧紧围绕这个模式而展开：原始儒家损益“三代之德”寻求依仁而礼的主体政治修养和规范，汉儒在天人感应思想指导下进行宇宙论政治伦理秩序建构，宋明理学家在佛道冲击之下自觉重建心性秩序以接续“内圣外王”之道统，清儒在民族危亡的历史境遇之下构思新的政治设计方案，现代新儒家致力于“内圣”开出“新外王”，无不是从主体的政治修养来谈论政治问题，无不是依主体来设计政治秩序。

儒家这种政教合一的“差序格局”兼具稳定性与开放性功能，既考虑到传统社会的血缘宗法情节和情感逻辑，强调“血缘本位”、“爱有差等”，又注重“老吾老以及人之老，幼吾幼以及人之幼”（《孟子·梁惠王上》）的推衍法则，从而形成绵延不绝的传播机制和再生机制。在这种思维逻辑的引领下，形成了儒家特有的家国同构理论，即家庭、家族与国家在组织结构方面具有共同性，家庭美德与政治美德具有共同性。例如，儒家有意识地将“孝亲”和“忠君”联系起来，所谓“移孝作忠”，“君子之事亲孝，故忠可移于君”（《广扬名》），君子治理家能积极认真地达到完善，那么他能以这种精神去为官处事，定能做得有条不紊。因此，在官吏选拔标准上，儒家倾向于选择那些至孝之人，形成了历史上特有的选官制度——举孝廉。

“举孝廉”活动始于西汉，随之，“在家为孝子，出仕为廉吏”之舆论风尚蔚然成风，东汉光武帝时，所举官吏需“皆有孝弟廉公之行”。“举孝廉”活动一直延续至五代，“孝廉”一词也成为明、清两朝对举人的雅称。可以说，“举孝廉”这种选官制度在社会上确实起到了移风易俗之功效，是儒家传统政治伦理文化催生下的必然产物，深刻影响了中国传统政治文化的发展方向和关系格局。

三、传统断裂：儒家传统政治伦理文化的历史遭遇

我们所说的“传统断裂”特指儒家设计的政治伦理模式遭到普遍质疑而难以为继的境况，即过去几千年虽然经历王朝更迭，但最终仍以儒家传统政治伦理设计作为政治统治的伦理要求，近代以来的历史遭遇使得这种传统格局不仅得不到认同，反而被

认为是祸乱之根源，我们正是在此意义上使用“传统断裂”。儒家之所以能够构思一种差序格局的政治伦理模式，进行“移孝作忠”、“举孝廉”之类的政治伦理道德规范设置和人才标准评定，一个决定性的政治前提是“家天下”的世袭君主制度，“普天之下莫非王土，率土之滨莫非王臣”（《诗经·小雅·北山》），“六合之内，皇帝之土，……人迹所至，无不臣者”（《史记》卷六，《秦始皇本纪》），天下的土地、臣民都是君主的私人财产，管理天下无异于经营家庭，而家庭美德自然也就可以推演出政治道德规范。然而，就儒家政治伦理思想发展史而言，中国传统社会“家天下”的伦理模式并不是一直为儒家所认可。明清之际，商品经济的发展和市民阶层兴起，促成了道德领域价值观的深刻变化，一批启蒙学者对封建专制制度展开了猛烈抨击，他们立足于公私之辩对“家天下”的合法性发起诘难。例如，黄宗羲提出了以利天下人之利为“公利”的价值观，王夫之主张“不以天下私一人”，坚决反对“王者以公天下为心”，顾炎武则广引古籍以证实“君”并非帝王的专有称呼。总的来看，以王夫之等人为代表的明末清初思想家对中国古典政治伦理思想进行了全面深刻的批判和总结，在某种程度上对开启新的政治启蒙思想具有重要意义。但随着清朝统治的稳固，这种政治启蒙未能得以延续，所谓的“启蒙”也只是昙花一现。与此同时，儒家政治伦理文化也开始了尴尬的历史遭遇，中国儒家传统政治理念尤其是政治伦理理念遭到了前所未有的冲击。

自乾隆末期始，封建社会江河日下、日渐颓废，1840 年鸦片战争之后，中国由一个独立主权国家逐渐沦为半殖民地半封建国家。政治局面的骤变也引起了思想领域的变革，一批批有志之士日益觉醒，纷纷走上救国救民的探索道路。在此期间，有提倡在学习与研究中谋求解决现实社会问题的“经世致用”之风，有主张“师夷长技以制夷”的西学路线，也存在洋务派和维新派围绕选取何种手段维持封建统治的激烈争论。就具体人物思想而言，以梁启超的“新民说”、康有为“背苦趋乐”的人道主义道德观、谭嗣同“仁—通—平等”的万物进化法则、孙中山的再造“国民性”、章炳麟的以佛学增进革命道德最具代表性。在这些有识之士看来，挽救民族危亡的途径莫过于拯救世道人心，此致思理路仍带有儒家伦理浓厚的道德本位色彩，但他们又不约而同地认为封建伦理纲常需要变革乃至革除，即新时代的民众不能继续扮演封建王权统治下的“臣民”角色，不能继续按步照班地遵守儒家传统政治伦理规范，必须积极借鉴西方伦理道德对中国传统道德进行必要批判、改造。然而，这些有识之士仍无法摆脱传统的政治伦理文化套路，“早年宣传西方近代伦理思想学说，晚年又转回到中国固有的礼教体系之中。可以说，在近代中国始终没有产生真正的伦理学大师，始终没有建立起来兼采中西伦理道德精华的、具有中国特色的伦理思想体系。”

轰轰烈烈的五四新文化运动，以民主和科学为精神武器对中国两千多年的封建专制政治制度进行了猛烈抨击。他们提出“伦理斗争”、“道德革命”的主张，先驱者们在伦理道德领域以新的伦理思想同封建礼教做斗争，明确提出反孔教、礼法、贞节、旧伦理的主张，希冀以此改变文化领域伦理道德倒退的局面。始料未及的是，这些标榜“科学”、“民主”的青年。

面对色彩斑斓的西方文化，未能进行系统研究和深度剖解，也来不及对中国传统伦理道德进行细致的分析和取舍，自然难以建立起健全的伦理道德秩序。如列文森所言，“中国人虽然在理智上接受了西方文化，但在情感上却不能心悦诚服地学习外来文化精神。”新文化运动的倡导者之所以极力倡导“科学”、“民主”，其目的在于“当下事功”，急于将西方政治文化理念兑换成批判儒家封建纲常的现实武器，以服务于现实的政治需要。

如果说五四时期未能认真审视中国儒家传统文化以及深入剖析西方文化，以致造成以西方“科学”、“民主”简单否定儒家传统伦理道德的话，那么，现代新儒家则在深入领会西学精神归旨的基础上，对儒家伦理文化抱以同情地理解，以期谋求中国文化以及中国社会的现代化出路。然而，现代新儒家学者也更能深刻感受到儒家传统伦理文化的现代社会困境，尤其是政治伦理文化的困境，如郑家栋所言，“新儒家人物同样是生活在历史的夹缝之中，乃至成功与失败，都既是个体的，也是文化的；既关涉个人的出身、经历、学识、性情和存在感受，亦关联到民族及其文化近代以来特殊的历史境遇。”可以说，这种“历史境遇”深深镌刻在现代新儒家的思想世界之中，构成他们精神世界和道德世界的主流基色。

总体而言，明清之际以来，儒家传统政治伦理文化发展的历史也是一段饱受质疑、亟须调整的历史，儒家政治伦理的价值立场和实践模式的合法性普遍遭受质疑，这种历史遭遇宣示儒家政治伦理文化历史传统已然断裂，也暗示儒家传统政治伦理文化亟须调整或者重构。也就是说，儒家传统政治伦理对现代社会生活的启示不是全部的或原生态的，而应是有所取舍的或衍生性的，按照冯友兰先生的说法就是“抽象地继承”。[①] 其实，“抽象地继承”并不是最终的目的，还必须进行“现实地还原”，即在领会精神实质的基础上用于指导现实社会生活。

四、主体修养：儒家传统政治伦理文化的现代性重塑

以上我们分析了儒家传统政治伦理文化的历史遭遇，以及随之而来儒家统治传统的逐渐断裂。问题在于，究竟什么原因导致此种“传统断裂”？笔者认为，主要原因有两个：其一，传统儒家所言的“主体”范围仍过于狭窄。儒家政治理念的初衷在于通

① 1957年1月8日，冯友兰先生在《光明日报》发表了一篇名为的文章《关于中国哲学遗产的继承问题》，提出“抽象继承法”。

过个体道德修炼实现政治秩序稳定，而这里所谓的“个体”主要是指以君主为代表的统治精英集团，普通百姓只能“日用而不知”，需要知识精英和道德精英的带动，所谓“天之生此民也，使先知觉后知，使先觉觉后觉也。”（《孟子·万章上》）。因此，儒家崇尚精英领导的道德教化模式，而广大民众是相对惰性的力量，如此只能形成单向服从的统治形式，这种单一的动力机制和推演模式难以形成有效地主体互动。其二，近代知识分子对儒学的功利主义误解。回顾整个近代儒学发展史就会发现，在晚晴王朝江河日下之时，一些知识分子把希望寄托于儒学能够拯救清王朝，如梁启超的“新民说”、谭嗣同的“仁学”等等。五四时期，新文化运动的倡导者则把儒学视为近代社会糟糕境况的始作俑者，将儒家视为封建社会的代表。其实，二者都存在着对儒学功利主义的误解：梁启超等人过度估价了儒学当时的时代价值，将儒学作为摇摇欲坠清王朝的救命稻草；而五四时期的知识分子则让儒学背负了过多的时代过错，将儒学视为一切社会问题的总根源。在上述理解的基础上，我们才会避免对中国儒家传统政治伦理进行简单的重复和张扬，对儒家传统政治伦理文化进行现代性重塑，即在面向当代中国道德建设实践的现实社会生活中实现对中国传统伦理道德的理性扬弃。

那么，儒家传统政治伦理文化对当今社会的启示究竟在哪里？笔者认为，其最大的价值在于对主体自身修养的重视。如林存光所言，“无论内圣能否开出外王，起码内圣不会成为外王的阻碍。相反，个人道德修养的提高对于政治的改良是有百利而无一害的事情。……儒学要在当今社会发挥作用，达到与政治文明的良性互动，不妨先从提高个人道德修养做起。”也就是说，基于主体自身修养的价值逻辑成为儒学参与社会政治生活的起点。当然，这种主体不应局限于社会精英的狭窄范围之内，而应是具有自主能动意识的现代公民都应纳入其中。儒学应着眼于如何通过自身文化影响力塑造现代公民的道德品行，着眼于如何在现代社会培养起道德教化的社会风尚，形成主体与社会政治生活道德与文明的有效互动，产生集体价值认同感、道德认同感以及文化认同感，这才是儒家文化的时代课题。

儒家基于主体自身的修养逻辑在当代社会显得尤为重要。就现代社会特质而言，现代社会是一个“祛魅”的社会，它以前所未有的力量、始料未及的速度和难以想象的彻底不断解构着一切神圣的事物，创造着一个新奇的世界，那些曾经一贯信仰或受追捧的人、事、物、情感、文化、定论都要被重新审视。与此同时，当代消费社会使现代人深深陷入物化逻辑难以自拔，由此给个体精神上带来难以消解的孤独、不安而产生深层次的生存焦虑。其实，人作为社会活动的主体，既是社会道德规则的设计者和制定者，更是责无旁贷的践行者，参与社会活动的人对于社会和谐具有不可推卸的道德责任。因此，社会活动主体的精神面貌和道德水准在很大程度上决定着整个社会的道德程度。显然，儒家立足于修身的政治伦理文化模式对于培养主体道德责任感和道德认同感具有重要意义。

参考文献：

［1］杨阳．文化秩序与政治秩序——儒教中国的政治文化解读［M］．北京：中国政法大学出版社，2007：107．

［2］陈谦．中国古代政治传播思想研究［M］．北京：中国社会科学出版社，2009：223．

［3］费孝通．乡土中国［M］．上海：上海世纪出版社，2010：294．

［4］夏玉珍，刘小峰．论“差序格局”对中国社会学理论的贡献［J］．思想战线，2011（6）．

［5］涂骏．论差序格局［J］．广东社会科学，2009（6）．

［6］廉如鉴．“差序格局”概念中三个有待澄清的疑问［J］．开放时代，2010（7）．

［7］冯友兰．中国哲学史新编（中）［M］．北京：人民出版社，2001：105．

［8］杨明，韩玉胜．《吕氏乡约》乡村道德教化思想探析［J］．东南大学学报，2013（5）．

［9］张岂之．近代伦理思想的变迁［M］．北京：中华书局，2000：10．

［10］［美］列文森．文化：中国与世界（第2辑）［M］．上海：三联书店，1987：108．

［11］郑家栋．断裂中的传统——信念与理性之间［M］．北京：中国社会科学出版社，2001：2．

［12］林存光．儒家式政治文明及其现代转向［M］．北京：中国政法大学出版社，2006：220－221．

论儒家政治哲学的特质、使命和方法

中国人民大学 彭永捷

一、儒家政治哲学

何谓儒家政治哲学？正像教师回答哲学专业的新生“哲学是什么”时会像黑格尔那样说“哲学就是哲学史”[①] 一样，我们也会说，所谓儒家政治哲学就是儒家政治哲学史。这种回答的意味在于，儒家政治哲学并不限于从孤立、抽象的原则出发去建构当代政治哲学，更为重要也更为深刻地，是把儒家政治哲学——无论是历史形态还是当代形态，都不理解为一个个单独的政治思想学说或体系，而看作是植根于儒家文化基本精神而不断寻求最佳实现方式的儒学运动，理解为立足于仁义之道的内在精神所驱动的在现实世界中追求理想世界的入世情怀，理解为儒家学者群体为开展仁义之道而形成的自我继承和自我超越，理解为从仁义之道出发和以理想之治作为参照而对现实与异端展开的匡正与批判。正是在此意义上，我们主张首先把儒家政治哲学理解为儒家政治哲学史，主张从儒家政治哲学史中把握仁义思想的义理演进以及不断为仁义思想开辟道路的求索精神。

人们从儒家政治哲学史中既汲取政治价值，又汲取理论自信。就政治价值而言，儒家并不倾向从知识论的进路，把关于政治的智慧发展成政治学（即关于政治的知识），儒家也不单纯地追求社会秩序（和法家不一样[②]），儒家更不会宣称价值中立（不会像自由主义那样[③]），而是明确地追求从好的政治价值出发去达成好的政治秩序，即从仁义之道出发去达到实现仁义价值的理想之治。因而，儒家立足于仁义之道的政治

---

① 黑格尔在《哲学史讲演录》第一卷中提出“哲学史就是哲学”，而“哲学就是哲学史”是研究者根据他的论述所做的推论并广为流传，学术界一般认为这个推论也是可以成立的。

② 笔者至今仍在试图从文献中找寻法家除了驱使人民以达成帝王争霸的目的之外，是否还有什么高尚的社会理想。

③ 自由主义本身也被人们视作不过是作为复数的政治哲学的一种。

思想，本质上就是属于政治哲学类型的。

就理论自信而言，由于我们是回到儒家政治哲学史来观察儒家的政治思想，我们可以发现儒家的政治哲学并不和某种特定的政治制度相关联，也并不必然导致并种政治制度，而是在一切政治制度中去寻求实现仁义之道的最佳形式，并在某种具体政治制度再也无法容纳儒家的仁义之道，成为实现仁义之道的枷锁和桎梏的时候，儒家也将为仁义之道寻求实现自身的新的形式，例如明末清初黄梨洲[①]、顾亭林[②]、王船山[③]等人对于君主制的批判、是否复封建的讨论以及对新型政治制度的探索。从历史上看，儒家分别和分封建国的封建制（如周、汉）、中央集权的郡县制（唐、宋）、种族压迫的帝国[④]制（元、清）、民主共和制（民国）、工农兵苏维埃制或人民共和制（国朝）都打过交道，这些具体的政治制度，无论是已经成为历史的，还是在未来会成为历史的，与儒家文化的历史相比，都不过是暂时的历史现象，而儒家的仁义之道则是“须臾不可离”[⑤] 的常道，力图在每一种具体的政治制度中最大限度地展开。换言之，儒家政治哲学可以从中发展出任何一种能够在特定历史时期发扬仁义之道的适宜制度。今天我们讨论儒家与民主政治的关系，完全可以独辟蹊径：仁义之道是儒家政治哲学的价值内核，制度只是儒家仁义之道借助于实现自身的历史形式，儒家的仁义之道并不必然专属于某一种历史形式，也不能将儒家仁义之道等同于某一种具体形式。儒家并不必然导致专制，也不必然导致民主。如果一定要坚持说儒家必然导向民主，那么作为论

---

① 黄宗羲提出“公其是非于学校”，类似于议会；君主只具有发布政令的名义，具体的政事由士人在学校中讨论，主张“虚君”。黄氏的政治主张可以看作是提出代议制民主和君主立宪制的雏形。

② 顾炎武提出“以天下之权，寄天下之人”、“庶民干政”的“众治”主张。可参阅周可真：《论顾炎武的“众治”思想》，《苏州大学学报》1999年第4期。

③ 王夫之以“公天下”批判秦以下的“私天下”，以“虚静以统天下”来限制君主的权力，主张恢复宰相制度，加强谏官作用，来规范和监督权力动作。

④ “帝国”一词在此的意义，指以种族压迫为特征的国家体制。不理解帝国的这一特征，也就不理解为什么孙中山领导的革命党人为何会提出“驱除鞑虏，恢复中华”的政治口号，为何以种族革命来推动政治革命。

⑤ 《礼记·中庸》：“道也者，不可须臾离者也，可离非道也。”

证的前提，我们对民主的认识一定是：民主是实现仁义之道在当代最好的形式，[①] 因此，儒家的仁义之道一定会寻求民主政治作为实现自身的最佳形式。正是在此种意义上，我们也可以说，儒家仁义之道必然导致民主。[②]

综上，正是我们回到儒家的政治哲学史，我们才明白仁义之道的伟大力量：儒家在历史上不断地衰落，又不断地复兴，正是由于早期儒家的代表人物，充分继承和总结了他们那时传统文化的精华，很早就把握了政治的本质和历史的常道，成为政治哲学领域的伟大先知，让我们看到仁义之道的内在力量和崇高价值。故而儒家政治哲学基于一个深厚而伟大的政治思想传统，这个政治传统从由儒家学派解释和建立起的上古政治史到儒家学派的原典作家和先秦时期儒家政治哲学的主要奠基人，经由汉唐经学和宋明理学，再到现代新儒学和当代新儒学是一脉相承的。再从儒家政治传统所成就的事功来看，由儒家文化所主导的中国，在过去的20个世纪里，绝大多数时间都走在人类文明历史的前列，仅在距我们最近的两三个世纪，由于文化和制度上较为落后的草原民族入主中原，持续杀烧抢掠、野蛮统治，才使中国的发展逐渐失去领先优势。[③] 即便如此，也正是在自强不息以追求仁义之道的内在精神支撑和驱动下，由儒家文化所培养的知识分子，不断发起诸如洋务运动、戊戌变法一类的民族自救运动，引入西学和发扬古学，为中华文明克服这场几乎覆灭自身的危机创造了条件。而且，也正是在儒家仁义之道的文化熏陶下，我们无论由衰落中重新崛起，还是在发展壮大后影响于世界，都没有采取世界上那些殖民强盗烧杀抢掠、以众暴寡、以强凌弱的方式，相反，恰恰是遵循了儒家的仁义之道。自儒家文化产生后，中国逐渐确立了以仁义立国的指导

---

① 李晨阳教授针对此处所说“最佳方式”，提出如何看待“民主是最不坏的方式”这一流行看法。民主究竟是“最佳方式”还是“最不坏的方式”？这个问题非常有意义。李晨阳教授的提问引发了笔者关于讨论民主问题的一个看法：无论在讨论民主，还是在追求民主，“民主”对于我们不能只是一个抽象的语词，我们心目中应当有一个具体的民主制度。对一些人来说，心目中倒是有一个具体的民主制度，那就是美国式的民主制度，而并未意识到世界上存在着作为“复数”的民主制度。我们追求的是一个具体的民主制度，因此必须研究和学习各国的民主制度，然后制定和完善我们自己的民主制度。在态度上，我们甚至应当向清末的人学习：清朝派出数位政治大员出国考察各国政治制度，归国后得出结论，最适合当时清朝国情的政治制度是君主立宪制。即便于今来看，这个结论也是非常公允务实的。

② 杨泽波教授在研讨会上认为文章并未清晰表达背后的政治关怀，因而对此追问。的确如杨泽波教授所问，笔者于此并未着意体现个人的结论，这是出于以下理论目的：第一，儒家政治哲学由仁义之道出发，可能导致各种政治倾向，并不必然导致民主，因为何为体现仁义之道的最佳方式，本就是“仁者见仁，智者见智”；第二，在儒家与民主的关系问题上，相对于以往的儒家阻碍民主说、儒家开出民主说、儒家与民主相容说，我们可以有新的论证思路：我们建设民主政治的前提，一定是因为民主政治在当代是体现仁义之道的最佳方式。

③ 可参阅彭永捷：《儒家重人权》，载张志宏著《德性与权利——先秦儒家人权思想研究》，人民出版社，2012年。

思想，通过儒家政治哲学史研究的开展，让我们仍尝试从儒家的仁义之道出发，去破解当代政治生活中的诸多课题，以仁义之道去重塑我们的家庭生活和社会生活。[①]

二、仁义政治学

儒家政治哲学也可以被称作是仁义政治学。前边我们刚说过，儒家的政治思想是政治哲学而不是政治学，即不是关于政治的知识。但在此处，政治学是依据“政”和“治”在汉语里的本来含义。政是个会意兼形声字，从攴从正，“攴”是象形字，手持杖或鞭子。“政”的意思当是强行端正、校正的意思，使一切都回到正确、应有的轨道。“治”则是为政达到理想的效果。“政治”一词的含义是说“政”达到了“治”。[②]故而汉语语境中的“政治学”，可理解为关于“政”如何达到“治”的思想或学说。

儒家追溯尧舜禅让、天下为公的政治传统，继承了夏、商、周三代一脉相承的礼乐文明，所谓“祖述尧舜，宪章文武”，但儒家的兴起却基于礼崩乐坏的因缘。有不少学者坚持认为儒家的创始人应溯源至周公，理由是周公制礼作乐，而儒家是周礼的继承者。其实历史上的确也曾有以周公为圣人，也孔子为亚圣的做法，但终究不为儒家学者所坚持。儒家继承了礼乐文明，但仅有礼乐文明并不意味着就有了儒家学派。礼崩乐坏对于一群以司礼为职业的人来说，具有别样的意义，司礼或坠落为一个谋生的饭碗，而失落了礼背后的精神。孔子于礼乐之中发现了“仁”，故而方有“礼云礼云”、“乐云乐云”以及“人而不仁”“如礼何”、“如乐何”之问，方有“汝为君子儒，勿为小人儒[③]”之训。从带有宗法与血缘特征的礼中，阐扬了渗透于礼制又超越于礼制的“仁”的精神，这是孔子的伟大贡献，于此才确立了儒家文化的灵魂，也才有儒家学派的诞生。

仁是基于血缘的亲情，是爱的基础，是道德的根基。仁、爱两个字在先秦就已经多次被连合在一起当作一个词来使用。仁爱基于血缘，因而是自然而然，具有“直”的特点。仁爱基于血缘，从而又具有局限，因而需要以“忠恕之道”作为“为仁之方”，从“爱由亲始”，达至“泛爱众”，广泛地爱一切人。仁是儒家建立一切人际关系，无论是家庭、家族关系还是社会政治关系的基础，无论是其他的道德德目还是人伦准则，例如和仁并列为五常德的义、礼、智、信，或父慈子孝兄友弟恭的具体道德，

---

① 可参阅彭永捷：《我们每个人都是新儒家—2012年新儒家思潮扫描》，《人民论坛》，2013年第3期。

② 如《尚书·毕命》：“道洽政治，泽润生民”，又如《说苑·敬慎》：“（晋）政治内定，则举兵而伐卫”。

③ 《论语·雍也》。

都是仁爱为基础，都是仁爱的具体体现形式，所谓“理一而分殊”者也。

孔子重视的是内在的仁和外在的礼，强调仁和礼的统一。孟子重视礼背后仁的精神，以及实现仁的恰当方式（义者，宜也），荀子强调以礼的教化来培养内在的仁（化性起伪）。孟子以“仁者，人心也”，“义者，人路”来界定仁和义之间的关系，主张居仁而由义。义是实现仁的恰当方式和对思想、行为是否符合仁的内心裁断。从今天的观点来看，孟子是伟大的政治哲学家，荀子则成为制度儒学的先驱。

仁义是儒家政治哲学的理论基础和价值基础，每一代儒学复兴的标志，都是从重申仁义之道开始。韩文公《原道》“原”的是仁义之道，大程夫子的《识仁篇》首句便开宗明义点出“学者须先识仁”。两宋之间以《仁说》为篇名者比比皆是（如苏东坡、张南轩、朱元晦）。

在战国时代，孟子以仁义之道划清了儒家与杨（杨朱代表的道家学派）、墨（墨子代表的墨家学派）的界线。在唐代，韩退之以仁义之道与佛、老划清界限。在今天，仁义之道是儒家政治哲学区别于其他政治哲学学派的根本标志。马克思主义政治哲学的核心是主张消除阶级剥削和阶级压迫，追求人平等生活和发展的权利，致力于人从不平等的社会关系中解放出来，我们可以将马克思主义政治哲学称之为平等政治学；自由主义将自由作为“众善之善”，将自由视作是根本的价值，我们可以称之为自由政治学。儒家的核心价值是仁义，儒家政治哲学是仁义政治学。

在今天儒家政治哲学研究的开展中，无论研究儒家政治哲学史，还是建构当代政治哲学，都是在研究和弘扬仁义之道，熟悉儒家仁义之道的求索历程和探求儒家仁义之道的当代形式。从这个意义上，一切儒家政治哲学，都是以回归、重申、阐扬儒家仁义之道为标志的，因而一切儒家政治哲学的建构，都会成为儒家当代文化复兴和儒家复兴运动的组成部分。我们在当代复活儒家仁义政治学的理论诉求在于：我们这个社会已充分展示了以人与人相斗、人与人互整来组织社会的恶劣性，也已充分展示了用拜金主义和利益争夺来组织社会的恶劣性，这让我们重新回归儒家，尝试从仁爱的价值和原理出发，去重新组织我们的家庭生活和社会生活。

三、民本政治学

孔子从仁爱出发，提出“泛爱众”的主张。孟子云“四海之内，皆兄弟也”。韩退之在《原道》中将儒家的仁爱表述为“博爱”，张横渠将仁爱表述为“兼爱”。表述虽各有不同，然其旨一也。儒家所讲的仁爱、博爱、兼爱，并不是一些宗教般的诱人词句，不是一些泛泛的口号，而是要在组织人群、构建秩序的政治实践中变成可操作、可落实的组织原理，这便是儒家根深蒂固的民本主义。在儒家的政治哲学中，从仁爱出发，或如从孟子所说的、作为“仁之端”的“不忍人之心”出发，“泛爱众”也就意味着“政”如果想要达到“治”，就必须超越有国者只爱自己，只爱自己的阶层，而是要实实在在地去爱一切人，尤其是要爱下层民众，这便是民本思想。儒家在对上古政治传统和政治文献的理解和总结中，敏锐地发现和精心地总结了这一颠扑不破的政治原理，诸如“民惟邦本，本固邦宁”,[①]“民之所欲，天必从之”,[②]“天视自我民视，天听自我民听”,[③] 并作为仁爱思想在政治方面的具体体现。

民本思想是儒家政治思想的精华，具有超越具体时代和制度的永恒价值。民本思想也同样不绑定于特定的具体社会制度，而是可以成为一切社会制度的指导思想。民本思想之所以形成，一个重要原因在于人民显示了自身具有的决定性的政治力量。周人以一小邦，联合其他部落，推翻了庞大的商王朝，以分封建国的形式建立起新的王朝。“武王克商”这一历史剧变，对于取得政权的周人亦是甚为震撼，他们从这一历史经验中总结出“敬德”、“保民”两条基本政治结论，他们认识到人民才是上天保佑的对象，才是政治的主体。[④] 在其后的中国政治历史演变中，民本思想在多数情况下作为新王朝所拥护的执政理念，同时也作为一个王朝是否具有政治合法性的理论基础。

在人们普遍关注和讨论民主政治的今天，民本思想依然具有不朽的理论价值，民本思想依然高于民主的价值。我们这么说的理由在于，民本思想反映了政治的本质在于为人民服务。民主只是表达民意并选举政治代表的具体形式。民主也并不必然导致善政，民主选举产生的政治领导集团也不必然维护多数人民的利益。[⑤] 但是民主是当代实现民本思想可供选择的具体形式，我们追求民主的目的，仍然是希望通过一种成熟和完善的民主政治，使政治回归其为人民服务的本质。

---

① 《尚书·五子之歌》。景海峰教授提醒说，“民惟邦本”主要是“得民”的意思，还不直接就是后来说讲的“民本”，需要做些分疏。对此笔者深表赞同。学术界关于中国传统民本思想的研究成果甚多，本文略人所详，于此暂不展开。

② 《尚书·泰誓》。《泰誓》虽出于《古文尚书》，但据刘起釪考证，内容多为辑录先秦文献所引《尚书》缀串而成，故而笔者认为《泰誓》三篇的史料价值和思想价值，不应因其出于《古文尚书》而轻视或忽视。可参阅刘起釪《尚书学史》，中华书局，1989年；《尚书源流及传本考》，辽宁大学出版社，1987年。

③ 《尚书·泰誓》。

④ 杨泽波教授提出一个有意义的讨论：在君主制条件下，究竟君主是政治主体，还是人民是政治主体。笔者以为，究竟谁是主体，不是一个事实判断，而是一个理论解释问题。法家认为君主操赏罚二柄，君主才是权力的源泉；阴阳家认为改朝换代也不过是德运循环；儒家认为君主虽握有权力，但权力只能为人民服务，人民握有最终的决定权和选择权。因而，站在儒家的立场，自然在理论上就坚持人民是政治的主体。

⑤ 世界上没有无缺陷的政治制度。当我们讨论某些民主制度存在的缺陷时，并不意味着我们推崇民主的反面，为与民主格格不入的政治制度和政治行为作辩护。相反，我们是希望在总结各国民主制度优、缺点的基础上，发展和完善出一套最能体现仁义之道的民主制度。

我们今天谈论民主政治，不应把民本和民主视作对立的，更不应贬低和忽略民本思想的价值。同样，从儒家文化来讨论诸如自由、人权、平等、公平、正义等问题，[①]也同样不能脱离开民本思想的指引。显而易见地，泛泛地谈论维护一切人的自由、人权、平等、公平和正义，都往往流于空泛，缺乏具体针对性。只有立足于民本主义的立场，讨论怎么落实宪法赋予的广大人民的自由、人权、平等、公平、正义的时候，问题才真正被揭示出来。否则，这就如同我们无法指望享受着专门由解放军士兵负责种菜、养猪、养鹿[②]以特供有机蔬菜、放心猪肉、鹿奶的特权领导们来解决餐桌上的地沟油问题一样。相反，北京的雾霾让特权阶层也不得不和人民“同呼吸，共命运”，故而我们可以看到北京市政府以各种激进方式[③]来解决。儒家文化在政治上是早熟的，他们早把政治的本质和政治的问题看透，认为政治的本质就在于为人民服务，政治的问题就在于掌握权力的阶层背离人民的利益，一切政治的核心问题都在于解决如何使政治回归其应有的本质。

四、理想之治

仁义之道完全实现的社会便是理想之治。从儒家的角度看，“中国梦”即是大同梦。《礼记·礼运》所讲的“大同”之治，是儒家追求的最高理想，“小康”之治，则是退而求其次的初级理想。我们看《礼运》篇的这段文字：

“大道之行也，天下为公。选贤与能，讲信修睦。故人不独亲其亲，不独子其子。使老有所终，壮有所用，幼有所长。矜鳏寡孤独废疾者，皆有所养。男有分，女有归。货恶其弃于地也，不必藏于己。力恶其不出于身也，不必为己。是故谋闭而不兴，盗窃乱贼而不作。故外户而不闭。是谓大同。”

“大道之行，天下为公”，讲的正是“祖述尧舜”，取法的是“天下为公”的唐虞禅让，和禹以下“家天下”的“小康”之治正不相同。就此而言，儒家追求的最高理想，和马克思主义所取法的人类早期无阶级、无私有制的原始共产主义非常接近。“选贤与能”，是讲德才兼备的人掌握和行使公共权力。“讲信修睦”，是讲人与人之间相互信任、融洽的人际关系。“人不独亲其亲，不独子其子”，是讲人们从仁爱出发而超越仁爱的血缘性，“泛爱众”。“使老有所终，壮有所用，幼有所长。矜鳏寡孤独废疾者，皆

---

① 韩星教授提醒说，应当具体分析儒家仁义之道和自由、人权、平等、公平、正义等价值的关系。这个提议很有建设性，今后另文讨论。

② 笔者于居住区边上的某海军后勤基地所亲历。

③ 不从治理污染企业、治理数量庞大而昂贵的公车消费、调整带有严重缺陷的城市规划入手，而是尽可能采取损害人民群众权益的机动车限购、限行入手。

有所养。男有分，女有归。”在大同社会里，所有的人民都得到精心体贴的照料，生活都有依靠与保障。“货恶其弃于地也，不必藏于己。力恶其不出于身也，不必为己。是故谋闭而不兴，盗窃乱贼而不作。故外户而不闭。”在这样的社会里，个人图谋的不是最大限度地占有财富，而是让财富为更多的人享用，最大限度地发挥财富的社会价值，个人考虑的不是如何索取，而是如何奉献。《礼运》篇没有像我们展望共产主义社会一样，认为那一定是物质极大丰富的社会，相反，在儒家看来，物质财富的不足不仅在于物质财富本身的多少，因而发展生产是非常必要的，更重要的在于分配的不均，故孔子说“不患寡而患者不均”，① 要求统治者“节用”，② 认为节用就不会不足。同样的思想也出现在道家经典《老子》中，老子认为人民贫困而盗窃作乱的根本原因在于分配不均，在上位者“食税之多”，③ 横征暴敛，违背均平的天道，“天之道，损有余而补不足”，“人之道则不然，损不足以奉有余”。④ 道教理论家还提出“太平”⑤ 之治的社会理想，并以此指导了一场轰轰烈烈推翻腐朽旧政权而建立新政权的革命——黄巾起义。这些宝贵的思想财富都值得后人汲取并从中受到鼓舞，看到中国人民在历史上是不懈追求一个符合人性、适宜人生存和发展的理想社会形态。

理想高于现实，也正因高于现实，理想才有意义。我们并不能因为儒家追求的大同之治和道家追求的太平之治没有在现实中实现，就怀疑和贬低理想之治的理论意义。孔子曾以“北辰”来比喻有国者端正自己而为国民起到的表率和指引作用，在中国政治哲学史上，大同之治和太平之治的理论意义，正是起到了政治“北辰”的作用，就像中国正在建设的“北斗”导航系统为我们提供全球定位和导航一样，理想之治对于我们思索当代政治问题也起着导航作用。理想之治不仅鼓舞着一代又一代的人民不懈追求理想之治，也指引我们从根本上反思，中国当代社会究竟要向哪里去，我们究竟是接近了还是远离了中国人的理想之治，我们的社会是更符合人性还是更背离人性，是更宜于人发展还是更不宜于人的发展，是使人更好地成为一个高贵的人，还是更容易使人堕落为一个丧失人性的禽兽。⑥

---

① 《论语·季氏》。

② 《论语·学而》“节用而爱人”。

③ 《老子》第七十五章“民之饥，以其上食税之多，是以饥。”

④ 《老子》第七十七章。

⑤ 语出《太平清领书》，参阅今人王明《太平经合校》，中华书局，1997年。

⑥ 可参阅彭永捷《回归中华文明的价值理想》，收入《“儒学与中国现代性”学术研讨会发言纪要》，《国学新视野》2011年10月。

五、匡正政治学

前文论及“政治”一词的本义是“政”达到了“治”。儒家对于政治的理解，还具有别种深意。《论语》记载：季康子问政于孔子。孔子对曰：“政者，正也。子帅以正，孰敢不正?”[①] 在孔子看来，所谓为政，就是有国者首先端正自己，率先垂范，这也是德治的内涵，同时也是周人自“武王克商”所得出的“敬德”的政治信条。汉代许慎的《说文》对“政”字的释义，就沿用了孔子的说法，把“政”解释为“正”。《大学》的三纲领八条目，论述了如何从明在我之明德，至“明明德于天下”的路径，丰富了儒家的德治主义。对于“正”字的解释，也颇有意思，“正”被解释为“正其不正”，看似同语反复，但在政治哲学上却别有意味。

在把为政理解为“端正”之外，儒家又从匡正、格正的角度来理解“政”字。孟子说：“格君心之非”，[②] 汉代马融在解释《论语·子路》“冉子退朝”章的“有政”一语时说，“政者，有所改更匡正。”[③] 儒家学者把匡正权力，尤其是匡正君主，当成是士人的权利和义务，留下许多有名的佳话，如北宋程伊川给皇帝授课时，批评皇帝课间无故摧折柳枝属害仁的行为，[④] 南宋朱晦庵给皇帝授课，天天只讲“正心诚意”四字。[⑤] 儒家对古代的政治生活有着充分的研究，深知不受约束和无法匡正的政治权力必然导致混乱和暴政，夏桀和商纣都是权力滥用而无所忌惮的典型。儒家不断尝试建立起一整套完整、系统的权力制约机制，尤其是致力于对君权能够有效制约，为此他们无所不用其极，发展出一套包括保傅、宰相、封驳、台谏、三司、经筵、制举、轮对、清议等内容丰富的权力制约机制和权力匡正制度。如果人们只习惯于通过流行于影视作品中的清宫奴才戏来概括中国古代的政治传统，恐怕难以理解古代政治传统的正统和真相。儒家总是力图通过种种匡正措施，以使政治在其应有的轨道上运行，然而当种种匡正机制受到破坏而无效，一代政治实在无法挽回时，他们也会毫不犹豫地行使终极的校正手段——效法“顺乎天而应乎人”[⑥] 的汤武故事，以暴力的方式革替天命，改朝换代，一切从头重新开始。例如颇具典型意义的一个历史事件是，虽然孔子的思想

---

① 《论语·颜渊》。

② 《孟子·离娄上》。

③ （魏）何宴注，宋邢昺疏《论语注疏》下册。

④ 程氏理学从“生生”来理解“仁”，故而妨害生命便是害仁。

⑤ 朱子如此授课，一直讲到皇帝逃课。朱子在《己酉拟上封事》中的解释是：“天下之事其本在于一人，而一人之身其主在于一心。故人主之心一正，则天下之事无有不正，人主之心一邪，则天下之事无有不邪。”《朱文公文集》卷十二。

⑥ 《周易·革·彖辞》。孔颖达疏：“殷汤周武，聪明睿智，上顺天命，下应人心。”

比较保守，思想中具有强烈的人民性却缺乏革命性，然而即便如此，作为圣人子孙的孔鲋，[①] 也毅然投身于反抗暴秦的农民起义中，作为陈胜的博士，死于对秦将章邯的作战中。

儒家不仅充分发展了立足于仁义之道的匡正政治学，而且将儒家知识分子群体对于政治权力的匡正发展成为一种相当合理的政治结构。儒生掌握真理，但不掌握权力，帝王掌握权力，但不掌握真理，“君臣以义合”，[②] 他们根据儒家的仁义之道结合在一起。儒生用手中掌握的儒学真理来匡正政治权力。相比之下，领导人的讲话都是“重要”讲话；不是人民勉励公仆如何像个好公仆，而是官老爷一天教导人民该如何做一个好人民。谁拥有权力谁就拥有真理，谁拥有权力谁就拥有话语权。当前知识分子与政治权力的结构完全本末倒置，相较于中国传统政治结构，不仅没有进步，相反却是严重的恶化和倒退。我们今天讨论权力制约问题、宪政问题，从儒家匡正政治学出发，应是一条具有建设性的思路。

六、批判儒学

儒学从仁义之道出发，对不仁不义、贼仁贼义的思想和行为，就不能不给予批判。从孔子开始，儒学就带有强烈的批判性。孔子提出“攻乎异端，斯害也已”。[③] 孟子辟杨、墨，荀子著《非十二子》和《解蔽》，对先秦许多代表人物思想的片面性给予批驳。韩文公辟佛、老，主张以行政的方式攻异端，“人其人，火其书，庐其居”，[④] 宋代理学则将“攻乎异端”的“攻”理解为“攻治”，从而将儒学发展为理学形态，力图从自身理论建设上胜过佛教和道教的影响。

今天的儒学，更多的工夫花在为自身辩护上。虽然中国在近代遭遇到从未有过的严重挫折，遭遇“数千年未有之变局”，[⑤] 但国人还没有对儒学彻底失望，康有为依然以“托古改制”的方法推动变法，张之洞依然以“中体西用”的方式订立京师大学堂章程。“五·四”新文化提出“打倒孔家店”以降，儒家文化一直处在被批判和被边缘化的状态，至“文化大革命”发展至登峰造极，因而儒学的主要任务都是自我辩护式的，包括对自己做无罪辩护或轻罪辩护，以及为自身具备回应现实挑战的能力作辩护。

在我们看来，既然反传统、反儒学的新传统的习惯势力依然强劲，对儒家的妖魔

---

① 字子鱼，亦字甲，约公元前264～前208年。

② 《白虎通》：“君臣以义合，不可则去。”

③ 《论语·为政》。

④ 《原道》。

⑤ 语出《李鸿章同治十一年五月复议制造轮船未可裁折》，见梁启超著《李鸿章传》。

化依然颇有市场，那么为儒学辨诬的工作就仍有必要。但是，儒学最重要的工作是弘扬仁义之道，我们仍然应当继承儒学“攻乎异端”的一贯做法，立足于仁义之道，对今天贼仁贼义的思想、学说、文化、社会和政治现象，展开理论上的、学理上的、价值上的批判，因而当代儒学必须发展为批判儒学，作为当代儒学的一支，儒家政治哲学是一种价值哲学，更有理由从价值哲学的角度，广泛地对当代的人文学和社会科学以及社会文化开展批判，在批判活动中挺立儒家仁义之道的价值，并确立儒家的经典解释学（经学）在人文社会科学中的基础地位。①

七、诠释历史与历史诠释

儒家政治哲学史属于中国政治哲学史的一部分。中国政治哲学史的研究方法，可以对比有关中国哲学史研究方法的讨论。以往中国哲学史研究方法，更多地强调从当代思想的角度来重新理解和诠释古代思想史料，因而中国哲学史的研究方法，一直就是解释学的，区别在于用何种学说作为指导思想和由何种话语来提供语言工具来诠释史料。这种研究方法，有时也表述为用现代的语言来诠释中国古代思想史料。所谓现代的语言，具体落实为提供语言工具的某一家思想，多数情况下是某种现代西方的学说，所以所谓用现代的语言来诠释中国古代思想，也就是借用或套用某种现代西方学说来解释中国古代思想史料。对于依赖上述方法建立起来的中国哲学学科模式的检讨，学术界关于中国哲学学科合法性问题的讨论已经涉及很多，此不赘论。②

在今天，我们不满足于把关于中国古代思想的研究，仅仅限制在“中国哲学史”的领域，也就是说，“中国哲学史”对我们而言，不仅仅当作是思想的历史，而且把中国古代思想史当作是当代史，中国哲学学科也试图生产思想，由中国哲学史生成中国当代哲学，因而在方法论上也需要有相应的变革。在过去，我们重视的是用当代来诠释古代，用西方的思想来演绎古代史料，在今天，虽然我们依然重视这种解释向度，重视借鉴现代西方哲学的经验和语汇，但我们也应该重视从古代来认识和解释当代。在中国政治哲学研究领域中，我们研究和讨论政治哲学史的目的，一方面是试图让我们了解和理解古代思想家如何思考和处理政治问题，了解他们的问题、话语和思维方式，另一方面，我们也在这个过程中逐渐学着试图以古代思想家的致思方式和价值立场，来理解、看待、评价当代的政治问题。这就如同世故的老人和资深的戏迷，会从他们从历史教育、文学戏剧中接受的古老观念，来评判世道的变迁、政治的清浊。例

① 笔者另文讨论“经学对于消解中国人文学危机的意义”。

② 可参阅彭永捷主编《论中国哲学学科合法性危机》，河北大学出版社，2011年；《重写哲学史与中国哲学学科范式创新》，河北大学出版社，2011年。

如当代政治生活中仍然具有浓厚的民主主义色彩，诸如“权为民所用，情为民所系，利为民所谋”，毫无疑问是传统民本思想的现代表达。无论是中国哲学史的研究，还是政治哲学史的研究，都可以大力拓展这个新的解释向度，从历史中学习，获得灵感和视角，来观察和诠释当代。当代开展的经学研究，也需要通过这种解释向度，将经典所承载的价值和义理，充分地参与现实生活。两种解释方式相互结合，有可能解决政治哲学史通向当代政治哲学的方法问题。

在史料运用方面，中国政治哲学史的研究又具有与中国哲学史研究稍有不同的地方：中国哲学史必须严格地甄选材料，认定材料所反映思想的确切时代。中国政治哲学史，就其作为中国政治思想的一般通史而言，也必须遵照同样的选材方式。但是，对于我们从古代史料中汲取政治方面的思想和价值而言，古代的一切史料都可以作为研究对象。例如《古文尚书》一般被学术界视为伪书，但即使是伪书，也仍被古人视作经典，我们仍然可以从中汲取许多宝贵的思想，至今仍为人民传诵的许多经典语句，都出自《古文尚书》。古代的伪书数量也非常庞大，只要我们不把这些伪书所反映的思想，严格地纳入思想史序列，而只是从中汲取古人的政治思想，那么中国政治哲学史研究的开展，将会扩展中国古代思想历史研究的史料范围，一些长期因作伪原因而被排斥在思想史研究之外的史料，也将实现其研究价值。

综上所论，儒家思想的核心是仁义之道，儒家政治思想是以仁义之道为核心价值来求索实现仁义之道的最佳方式，因而儒家思想天然便是属于政治哲学类型的。儒家政治哲学史是仁义之道实现自身的探索史、发展史，儒家当代政治哲学的主要任务是为仁义之道寻求实现自身的当代方式。立足于仁义之道，儒家当代政治哲学可以具有仁义政治学、民本政治学、匡正政治学、批判儒学等多种面向。

原始儒家和平主义散论

苏州大学 蒋国保

和平主义主张反对战争或一切形式的暴力，提倡以和平与非暴力的方式解决人与人之间、民族与民族之间、地区与地区之间、国与国之间的冲突与对抗。严格意义上的和平主义，产生于19世纪，为印度的甘地、美国的马丁·路德金所大力主张与传布。将儒家追求和平的思想与主张称为和平主义，绝不是旨在强调儒家如同激进的和平主义者一样反对一切形式的战争，而是旨在阐述儒家充其量也就是温和的和平主义者，他们在价值取向上真诚地相信以和平的方式处理和解决人与人、国与国之间的冲突与对抗要比以战争与暴力的方式处理和解决人与人、国与国之间的冲突与对抗更符合人的本质与人的根本利益。当前，我国在南海问题上，遭遇美日越菲的联合围堵这一严峻的政治、外交局势。如何走出这一困局？这从以孔孟荀为代表的原始儒家的和平主义思想中也许可以找到一些启迪。

一

儒家的确主张和平，反对战争。这个价值取向，早在孔子创立儒家学派时就已经明确确立，接着为孟子、荀子陆续强化，形成了思想传统，为两汉之后的儒家代代传承。

《论语·述而》有云："子之所慎：齐（通斋）、战、疾"；《述而》篇又有云："子不语怪、力、乱、神"。语中的"战"指战争，"力"指暴力，[①] "乱"指以暴力的形式反动的动乱。战争是国与国之间解决争端和冲突的政治形式；暴力以及暴力之极端形态的动乱是国内的不同的利益群体与信仰群体解决其矛盾、争端与冲突的政治形式。这两种政治形式，都是以和平为价值与追求的和平主义者所反对的。孔子的学生之所

① 杨伯峻解为"勇力"是不准确的。《论语》中"力"字13见，"勇"字16见，然它们都难以解为"勇力"（勇敢的力量，或勇敢有力量），况且"勇力"这个组合词，偏重不在于"力"而在于"勇"，则孔子不说的若果真为"勇力"，那么照当时用语的习惯，孔子当用"勇"而非"力"。

以特意记下其师对战争持谨慎的态度以及从不评说暴力与暴力动乱，就是要告诉后人，孔子是一个温和的和平主义者，他固然反对战争和暴力及暴力动乱，但对战争和暴力及暴力动乱从不就一般意义上加以评说。

孔子不妄说战争，有《论语·卫灵公》篇的记载为证："卫灵公问陈于孔子。孔子对曰：'俎豆之事，则尝闻之矣；军旅之事，未之学也。'明日遂行。"陈，同"阵"，指军队作战时布置的阵势。卫灵公向孔子讨教如何布置作战阵势，显然是基于战伐考虑而希望同孔子讨论战争问题。孔子当然明白卫灵公的意图，但他并没有趁机阐述自己关于战争合法性与否的正面看法，而是以一句"未学过军队作战方面的知识"搪塞之。孔子搪塞卫灵公之问"阵"，最鲜明不过地表现了他决不一般性的谈论战争的慎重态度。先是搪塞卫灵公，紧接着于（来到卫国的）第二天就很快离开卫国。孔子为了实现自己的政治抱负特意来到卫国，又只因为卫灵公问"阵"于他而很快离开卫国，其反常举动之用心难道不昭然若揭吗?！既然孔子借此举向时人表明其决非好战如卫灵公者的同道人，则他之反对战争、向往和平的根本立场还用得着明说吗?

孔子虽不妄说暴力及暴力动乱，但他对暴力及暴力动乱却采取区别对待的不同立场：或坚决地反对之，或不坚决地迁就之。出于前一种立场，他反对季氏攻打颛臾。他反对攻打颛臾，口头上的理由，照朱熹的解释有三条："颛臾乃先王封国，则不可伐；在邦城之中，则不必伐；是社稷之臣，则非季氏所当伐也"，[①] 但更真实的原因是他由衷地反对季氏为扩大自己的地盘而"谋动干戈于邦内"（《论语·季氏》）。为什么不能用暴力的方式解决国内不同利益集团之间的利益矛盾与冲突问题?孔子回答是："丘也闻有国有家者，不患寡（一说当为贫）而患不均，不患贫（一说当为寡）而患不安。盖均无贫，和无寡，安无倾。今由（子路）与求（冉有）也，相夫子（指季氏），远人不服，而不能来也；邦分崩离析，而不能守也。而谋动干戈于邦内。吾恐季孙之忧，不在颛臾，而在萧墙之内也"（《论语·季氏》）。从孔子这一回答不难看出，孔子之所以反对用暴力的方式解决国内各阶层的利益冲突问题，是因为他认为这将彻底地打破原有利益均衡，破坏和谐的社会秩序与安定的政治局势，从而造成国家分崩离析，最终极大地危害了包括实施暴力者在内的所有群体的根本利益。

出于后一种立场，孔子又迁就公山弗扰与佛肸的叛乱。公山弗扰是季氏的家臣，季氏令其掌管费邑；佛肸是范中行家臣，为晋邑中牟的长官；他们一"以费畔（通叛）"，一"以中牟畔"，但都招呼孔子与之共事。得知招呼，孔子起先竟然是想答应，准备去与他们共事。孔子对家臣反叛主公之叛乱行径的容忍迁就态度，让子路难以理解，子路于是去质问其师为何想去与叛乱者共事。对自己为何想答应公山弗扰的招呼，

---

① 朱熹：《四书章句集注》，中华书局，1986年，第170页。

孔子是这样回答："夫召我者，而岂徒哉？如有用我者，吾其为东周乎？"（《论语·阳货》），这是说他之所以想答应公山弗扰的招呼，就是想利用这个机会去做复兴东周礼乐的事业；而对于他为何想答应佛肸的招呼，孔子却是这样回答："然，有是言[①]也。不曰坚乎，磨而不磷；不曰白乎，涅而不缁。吾岂匏瓜也哉？焉能系而不食"（《论语·阳货》），这是说他之所以想答应佛肸的招呼，只不过是谋个饭碗、讨个生计，然而他可以出淤泥而不染，决不会丧失自己本有的人格。尽管这样回答，但孔子最终并没有真的去与这两个叛乱者共事。

孔子对战争与对暴力及暴力动乱所持的立场，从表面看显然是悖反的。但正是这种悖反揭示了他作为温和和平主义者的真实面目：他从不公开抨击战争，但他决不以好战者为同道，坚决不与想发动战争的人共事；他虽然公开反对"犯上作乱"，[②] 但却容忍迁就推翻主公的暴力叛乱，甚至想与叛乱者共事。尽管孔子对自己迁就国内暴力叛乱给予了解释，但连他自己也未必不相信那样的解释不过是其心虚的搪塞，否则他怎么会最终打消了投奔叛乱者的念头。孔子最终打消投奔叛乱者这一行动足以表明，他在内心里认定犯上作乱的暴力动乱是不合法的，是他所不能理直气壮认同的。

孔子从不妄说战争和暴力及暴力动乱，也许出于"为中庸"[③] 之为人、处事态度，但也不能因此否定他反对战争和暴力及暴力动乱的根本立场，更不能否认他的这一根本立场其实是奠基在对于战争和暴力之负面作用的理性思考之上。在孔子生活的春秋时代，判断诸侯国之间的战争是否正当，是有个客观标准，这个标准用孔子自己的言语说就叫作"道"。检验战争是否合法的"道"，具体就是指"征伐自天子出"（《论语·季氏》），也就是说该战争如果是征得周天子同意而发动的，就是合法的；如果未征得周天子同意而由诸侯私自发动的，就是不合法的。对检验战争合法性的这一标准，孔子有清醒的认识，所以他明确地说："天下有道，则礼乐征伐自天子出；天下无道，则礼乐征伐自诸侯出。"（《论语·季氏》）在孔子看来，合法性的战争，其合法性就在于维护诸侯国关系上的正义；非合法性战争则危害诸侯国关系上的正义，为了维护正义（天下有道），就要反对任何由诸侯因本国利益着想而私自发动的战争。既然诸侯为本国利益私自发动战争是不合法的，那么在孔子看来作为战争之机器的军队，在诸侯国立国中的地位与作用就并非如穷兵黩武者所视为的那么至高无上，而只能是有之而不多、弃之不足惜之可有可无的地位与作用。孔子曾明确地表达了他对军队在诸侯国

---

① 指孔子曾经所说的"亲于其身为不善者，君子不入也"，意谓君子决不去亲自做坏事的人那里。

② 参见《论语·学而》篇第二章。

③ 朱熹：《四书章句集注》，第 18 页。

中之地位与作用这一认识。有一次，其弟子子贡向他请教治国为政方针，他列举了三条：备足粮食、完备军队、让老百姓信任施政者。子贡问：不得已必去三项中的一项，当先去其中的哪一项，孔子回答得十分干脆："去兵"；子贡又问：不得已必再去一项，当去两项中的哪一项，孔子又回答得很干脆："去食"。[①] 从这个回答可以看出，孔子虽然将军队与粮食、民众信任并列、视为治国施政的三大要件之一，但他又认为军队是最先可放弃的要件。孔子对军队地位与作用的这一认识，虽然是他作为温和的和平主义者的必然反映，但毕竟有其时代的局限性，因为在存在着国与国利益冲突的时代提倡"去兵"不啻将国家推向绝路。不过，对为了最终取消军队必在一个相当长的历史期间加强军队这一现代政治理念，孔子缺乏应有的认识，也可以同情地理解之。

二

孟子本质上也属于温和的和平主义者，但较之孔子的和平主义态度，他的和平主义态度要激进得多。与孔子虽反对战争却从来不公开评说战争不同，孟子非但公开评说战争，甚至敢反当时"好战"[②] 之潮流，抨击说"春秋无义战"（《孟子·尽心下》），将春秋时代以争霸为目的之战争一概斥之为非正义。他还明确地说："善战者服上刑"（《孟子·离娄上》），坚决主张将好战分子处以极刑。[③]

孟子不但旗帜鲜明地批判战争的不人道，而且深刻地揭示战争的不合理：战争机器为争城夺地利益动力所启动，战争一发动，成千上万无辜人的性命就会被吞噬，则将发动战争的人处以死刑都不足以抵挡他们的罪过，因为他们的行径不啻率领国人吃人肉，将人当禽兽待，在本质上是反人类的，所谓"争地以战，杀人盈野；争城以战，杀人盈城，此所谓率土地而食人肉，罪不容死。"（《孟子·离娄上》）发动战争的人总是向国人宣传他们发动战争符合本国的利益，但这只是他们"糜烂其民而战之"（《孟子·离娄上》），让无辜民众充当炮灰的借口，实际上一旦他们决定发动战争、让民众走上战场，就表明他们已丧失人的爱心，以广大民众作为"其所不爱"（《孟子·离娄上》）。民众既为"其所不爱"，则发动战争的人真正所关心的是自己那个有别于民众要求的小集团的利益。但正如孟子所强调的，那个"好战"的梁惠王（即魏惠王），为了以战争争夺土地而不惜牺牲民众的生命，战败了，还想再战，"恐不能胜，故驱其所爱弟子以殉之"，其结果"以其所不爱及其所爱"（《孟子·离娄上》），将自己所爱的贵族子弟的性命也白白断送。如果不拘泥于训诂，那么孟子二千多年前对梁惠王"好战"

---

① 参见《论语·颜渊》第七章。

② 参见《孟子·梁惠王上》第三章。

③ 朱熹解"善战"云"如孙膑、吴起之徒"。这种解释也许更能凸显孟子的反战的立场。

不仁的批评，恰好揭示了战争不合理之所在：发动战争的一方本为“利”于己方而悍然发动战争，结果却从根本上损害了自己的利益。

但孟子并没有由抨击战争而走向一般意义上的反对一切战争与暴力，反倒旗帜鲜明地支持或主张他认为正当的战争与暴力。齐国大臣沈同问他“燕国可以攻打吗？”他回答说“可以！”理由是燕国君臣子哙（君）、子之（臣）未经周天子同意就私自转让和接受君位。后来齐国真的攻打燕国。于是有人去质问他：“你干过劝齐国攻打燕国的事吗？”他却回答说：“没有”。明明对人说过可以攻打燕国，却亲口否认他曾劝齐国攻打燕国，孟子为何要这样予人口实以不顾？孟子对他的这一行为解释得很简单：当沈同问燕国可以攻打吗？我回答说“可以”，他们就这样去攻打燕国。沈同如果问我“谁可以攻打燕国？那么我就会回答说‘只有天吏才可以攻打。’”孟子这个解释所强调的是：他只说过可以攻打燕国，但他没有说过齐国可以攻打燕国。这有什么区别？孟子以一个比方辨别之。他说，现在有个杀人罪犯，有人问杀人犯可以杀吗？那么会回答说：“可以。”那人如果问“谁可以杀死杀人犯？那么会回答说‘师士（治狱）官才可以杀他。现在以一个与燕国一样的国家（指齐国）攻打燕国，我为什么要去劝呢？”从孟子为自己行为的辩解中，我们不难判断两点：齐国攻打燕国，是不正当的，为孟子所发对；天吏去攻打燕国，则是正当的，为孟子所支持。战争的正当与非正当，在孟子看来，固然要看被攻打的国家是否无道，但更取决于战争的发动者是否有道。也就是说，孟子认为，即便对一个无道的国家，如果以同样无道的国家攻打之，则战争的发动是不正当的；反之，以有道的国家攻打之，则战争的发动是正当的。

对以暴力形式解决政治冲突是否正当这个问题，孟子亦是以使用暴力者是否有道来解答。周武王攻打商朝，以暴力方式杀了纣王。有人就此事问孟子“作为臣子杀其君是正当的吗？”孟子回答说：“祸害仁者叫作贼，伤害义者叫作残。干祸害、伤害人之事者叫作独夫。我只听说武王杀了独夫纣，未听说武王杀了其君。”邹国与鲁国发生争斗。在这次争斗中，邹国的官吏死了三十三人，而老百姓没有一个为助他们而牺牲。邹穆公对本国的老百姓不营救其官吏很生气，想惩罚之，但法不治众，他不知如何办，于是向孟子请教。孟子回答他：灾荒那年，您的老百姓，老弱者饥饿辗转死在山沟，年壮者一个个四方逃荒，这样有几千人；然而您的粮仓里装满了粮食，库房里装满了财宝，可官吏没有一个人向您报告。这就是当官的不关心老百姓，残害他们。曾子曾说：“警惕之警惕之，你怎么待人，人家就怎么待你。”您的老百姓从今而后有机会报复了。但您不要责怪他们。您如实行仁政，您的老百姓就会亲近其官长，肯为其官长牺牲。孟子通过这两件事告诉人们，使用暴力形式正当与否，不在于暴力形式本身，而在于什么人为什么目的而使用暴力形式。为了制止暴力的暴力形式，因为可以通过它解除民众苦难，所以使用之就是正当的。

发动战争是否正当，在孟子看来，更取决于民意是否接受之。也就是说民意容忍、接受甚至欢迎的战争，就是正当的，否则，就是不正当的。可通过两个事例来分析孟子的这一认识。一个是孟子告诫齐宣王不要吞并齐国。齐国攻打燕国得胜之后，有人劝齐宣王趁机吞并燕国，有人则劝他不要吞并燕国。齐宣王当然想吞并燕国，但心有顾虑，就试着问孟子："不取，必有天殃。取之，如何?"（《孟子·梁惠王下》）。孟子当然明白齐宣王这是将其打算吞并燕国说成是遵循天命，但他仍然回答齐宣王说当取不当取要以燕国的民意来抉择："取之而燕民悦，则取之。……取之而燕民不悦，则勿取。"（《孟子·梁惠王下》）

另一个是他告诫齐宣王尽快从燕国撤军。齐国攻打燕国得胜之后，其他诸侯商议讨伐齐国以救燕国。齐宣王感到危机来临，向孟子讨教如何抵挡众诸侯的讨伐。孟子对齐宣王说：我听说商汤征伐四方而"民大悦"，是因为其征伐救民"于水火之中"。现在燕国虐待其民，您攻打燕国，燕民以为您将拯其于水火之中，就欢迎您的军队到来。得胜之后，如杀戮其父兄，拘缚其子弟，毁坏其宗庙，搬走其宝器，这样做正当性在哪里呢？天下本来就畏惧齐国的强大，现今你的国土增加一倍而不施行仁政，这是挑动各国对齐国动武。您赶快下达命令，遣回其老少俘虏，停止搬运燕国宝器，再与燕国众人商议，择立一个燕君，然后从燕国撤军。这样做，让各国停止对齐国动武，还来得及。[①]

从这两个事例可以看出，孟子看待与评论战争，不是以战争本身是否惨烈来定战争是否正当，[②] 而是以受战争祸害之民众的人心向背来定战争是否正当。孟子藉这两个事例以强调，尽管以有道之国去征伐无道之国，其战争就是正当的，但正义战争要取得被占领国民众的支持，就不能掠夺占领国。正义战争得胜之后，一旦掠夺占领国的财宝，必然遭到被占领国民众的反对，就会丧失其原来的正义性（救民于水火之中）。

王天下还是争夺国土，也是孟子判断战争是否正当的一个标准。孔子弟子冉求为帮季氏敛财而将赋税加倍，孔子因此于众弟子前斥之说"非吾徒也，小子鸣鼓而攻之可也"（《论语·先进》）。孟子有一次特意引用此语以发挥说："由此观之，君不行仁政而富之，皆弃于孔子也。况于为之强战？争地以战，杀人盈野；争城以战，杀人盈城。此所谓率土地而食人肉，罪不容于死。故善战者服上刑，连诸侯者次之，辟草莱、任土地者次之"（《孟子·离娄上》）这里所谓"强战"，就是指非正义的战争。非正义的

---

① 参见《孟子·梁惠王下》第十一章。

② 孟子曾批评《尚书》关于武王伐纣"血之漂杵"的记载，说武王的仁义之军，怎么会杀那么多人。这个批评主要是反映孟子"不嗜杀人能一之"（《孟子·梁惠王上》）的思想取向，但也间接说明他并不因为武王伐纣战争本身的惨烈而否认那场战争的正当性。

战争，是指以争城掠地为目的的战争。争城掠地为目的的战争之所以是不正当的，非正义的，就因为它“率土地而食人肉”，将本用以养人的土地之价值视为重于人的生命价值。正因为战争极度的轻视人的生命价值，则挑动战争对于人来说就是死不抵罪的最大罪行。战争既然是最大的罪行，那么好战分子就应定一等罪，处以极刑；而为诸侯发动战争出谋划策的就应定二等罪，处以相应的刑罚。

战争的反面是和平。为谋求求和平，国与国之间究竟应奉行怎样的交往原则？齐宣王曾就这个问题问孟子道：“与邻国交往有一定的原则吗？”“有”，孟子回答得很干脆。孟子对齐宣王讲的邻国相交原则，用今天的话讲，就是大国不要欺负小国，小国不要冒犯大国。这用他自己的话说叫作“以大事小”、“以小事大”。小国服从大国，是明智之举，所以孟子说“惟智者为能以小事大”；大国服从小国，固然反常，但正因此而彰显不以强欺弱的大国的风范，所以孟子说“惟仁者为能以大事小”。在孟子看来，无论“以小事大”还是“以大事小”，都只是根据国情所确立的与邻国交往原则，非但不会损害本国的利益，反倒维护了本国的根本利益。孟子认为大国的根本利益是“保天下”，小国的根本利益是“保其国”。“乐天者保天下，畏天者保其国”，大国能“以大事小”，就在于“乐天”，怡然接受天意（反对以强欺弱）；而小国能“以小事大”则因为“畏天”，害怕因违背天意（反对以小犯大）而受到惩罚。孟子所谓的“天”乃“正义”理念之客观化、绝对化。则透过“乐天”“畏天”的说法，我们可以看出，孟子以为无论大国与小国交往还是小国与大国交往，其根本的准则都是“天”（正义），区别只是：大国因其为大国要做到以怡然快乐的心态维护与小国交往当遵循的正义原则——不欺负小国；小国因其为小国要做到以恐惧不安的心态维护与大国交往当遵循的正义原则——不冒犯大国。不欺负小国与不冒犯大国，之所以都是正义的邻国交往原则，就因为它们起码能维持大国与小国交往的现状，不至于将大国与小国的政治、经济冲突引向战争。

相比于大国，小国要想谋求和平就更为困难。这就是滕文公为什么再三向孟子讨教生存之道原因所在。滕国是个小国，处在强大的齐国、楚国中间，时时会发生生存危机。滕文公为此忧虑，再三向孟子请教消解滕国生存危机的办法。有一次他问孟子，在齐楚之间求生存的滕国，是服从齐国还是服从楚国为好？孟子回答说：我没能力为您做这方面的谋划。非得要谈，那么我只有一个建议：深挖护城河，筑固城墙，与老百姓一起守卫之，老百姓宁肯死也不愿离开，照这样做，您才能有所作为。言下之意，是说滕国没有其他法子化解危机，求得生存。又一次他问孟子，齐国在邻近滕国的薛地筑城，我很害怕，如何是好？他回答说，有德的人创立功业，确立其传统，为的是让子孙代代继承下去。至于能否成功地传承下去，则有老天爷决定。您拿齐国能有什么办法呢？只有努力行善（指实行仁政）罢了。还有一次他问孟子，滕是个小国，即便竭力服从大国也难免被吞并，那么该如何做呢？孟子以为没有好做法，他告诉滕文公只能在下面两种做法种任选一种，或效仿周王朝祖先太王以仁德赢得人心，或为守护祖先的基业宁死也不离开父母之邦。[1] 孟子三次回答滕文公，一个中心意思，是说小国在武力争霸时代，根本无法以暴力形式对抗暴力，唯一能做的事，就是实行“仁政”，以道德对抗暴力，化解生存危机，因为“仁者无敌”，唯有行仁政，小国才有可能取得与大国的和平相处。这固然有所幻想，但也是出于儒家道德优先思想的必然主张，是可以理解的，亦当同情地理解之。

三

根据以上阐述，可以将孔子和平主义之思想特征概括为以不言战不言暴力的方式表达其反战反暴力的立场；亦可以将孟子和平主义的思想特征概括为以抨击非正义战争的方式来凸显为民所支持之战争的正义性。与孔孟相比，荀子和平主义思想的主要特征是：在坚持孔子和平主义立场的同时，摒弃了孟子“善战者服上刑”（《孟子·离娄上》）的极端倾向，以积极的态度讨论作战技术，提倡以正义的战争实现天下和平。

荀子将世界和平称为“一天下”（《荀子·非十二子》），或曰“天下一”（《荀子·正论》），又曰“四海之内若一家”（《荀子·议兵》）。“一天下”，既是大儒[2]的政治抱负，也是众多诸侯“人情之所同欲”（《 荀子·王霸》）。两者的区别，不在于是否想“一天下”，而在于用什么途径和方法实现“一天下”，大儒主张以“王道”实现“天下一”，而众诸侯莫不主张靠“霸道”实现“天下一”。

行“王道”还是行“霸道”，在荀子看来，是有本质区别的，根据他自己的论断，诸如“王者富民，霸者富士”（《荀子·王制》）；“义立而王，信立而霸”（1《荀子·王霸》）；“隆礼尊贤而王，重法爱民而霸”（《荀子·强国》）；“尊圣者而王，贵贤者霸”（《荀子·君子》）等等，他认为其区别只限于服务对象，效仿榜样、价值理念及政治纲领这四个方面，并不包括是赞成还是反对以战争或暴力的形式实现“一天下”这一点。换言之，荀子决不从是否运用战争或暴力形式来区别“王道”与“霸道”，就说明他非但不一般性的反对战争或暴力，而且赞成通过战争或暴力实现“天下一”的政治行为。他认可周公“屏成王”以定天下的做法，就反映了他正面肯定战争或暴力之作用的认识。照荀子的认识，周公取代成王以摄政，并且为了巩固自己的统治而用暴力的方式平息了殷遗民叛乱，杀了鼓动叛乱的其兄管叔，既非僭越，亦非残暴，反倒是正当的，因为周公的做法避免了周王朝丧失天下，维护了天下安定的局面。周公以暴力方式制

---

① 参见《孟子·梁惠王下》第十五章。

② 荀子所树立的儒家最高的理想人格，被他明确定为大儒者只有孔子与子弓。

止暴力动乱的做法所以为荀子所认可，是因为在荀子看来：周公的做法虽然亦会造成君臣易位、兄弟反目这样的动荡变化，但它维护了文王武王大业，顺应了天下和平的潮流，最终使“天下厌然犹一也”（《荀子·儒效》）。“厌然”，是安然的意思；“一”当理解为“一家”。天下稳定安然得像一家人相处似的，这是多么难得的天下和平景象。周公是否真的造就了这样的和平景象，不必深究，我们所要注意的是，通过荀子对周公功业似乎夸大其词的宣扬，不难看出荀子实际上认为战争或暴力有正面的作用，不应该笼统地反对一切形式的战争或暴力。荀子甚至说：周公所为，“非圣人莫之能为，夫是之谓大儒之效”（《荀子·儒效》），真诚地称赞周公所发挥的作用，就是大儒所要发挥的作用，除了圣人没有人能够做到。“笞棰暴国，齐一天下，而莫能倾也，是大儒之征也”（《荀子·儒效》）。这是说大儒的作用就体现在以暴力的方式打击制止暴力，以维护天下和平。从大儒的作用看荀子对周公作为的赞许，让我们明白：荀子并不是在简单地评价周公的功绩，而是藉评价周公的功绩予正当的暴力形式（即有益于维护天下和平的暴力手段）以积极的肯定。

正因为荀子正面肯定正义性战争或暴力对维护天下和平的积极意义，所以他能一反孔孟等原始儒家惯常的做法——绝口不谈战争之方略与技巧，在儒家阵营中首先起来“议兵”，即谈论战争的目的与意义以及战争方略与战争技巧。荀子所谈，集中于《议兵》。通过《议兵》，大体上可以把握荀子关于正义战争的认识：其一，在《议兵》中，荀子将为和平（一天下）目的而发动的战争，定性为“王者之兵”。“王者之兵”亦即“仁人之兵”，其“用兵攻战之本在乎壹民”，[①] 以使民心一致作为实施战争的根本方略。根据此方略，实施战争的用兵要领，不是上得天时、下得地利，也不是在交战之际占得先机，而是在善于使民众归附，“故善附民者，是乃善用兵者也”；

其二，“仁人之兵”，当审“强弱存亡之效、安危之势”以决定是否发动或实施战争。荀子论曰：“君贤者其国治，君不能者其国乱；隆礼、贵义者其国治，简礼、贱义者其国乱；者强，乱者弱，是强弱之本也。上足印则下可用也，上不足印则下不可用也。下可用则强，下不可用则弱，是强弱之常也。……好士者强，不好士者弱；爱民者强，不爱民者弱；政令信者强，政令不信者弱；民齐者强，民不齐者弱；赏重者强，赏轻者弱；刑威者强，刑侮者弱；械用兵革攻完便利者强，械用兵革窳楛不便利者弱；重用兵者强，轻用兵者弱；权出一者强，权出二者弱，是强弱之常也。”简单地说，荀子此论是强调：国家的安危是由国力之强弱决定的，而国力之强弱，决非仅仅由军备或军事技术所决定，它是由国家领袖、国家之经济、政治、军事及军事技术等各种因素综合作用决定的；

① 《荀子·议兵》，以下凡未注出处之引文，皆引自此篇。

其三，“仁人之兵”，用兵当慎行“六术、五权、三至”（238）。“六术”是指要重视六种战术原则：“制号政令，欲严以威；庆赏刑罚，欲必以信；处舍收臧，欲周以固；徙举进退，欲安以重，欲疾以速；窥敌观变，欲潜以深，欲伍以参；遇敌决战，必道吾所明，无道吾所疑”；“五权”是指五种情况值得权衡考虑：“无欲将而恶废，无急胜而忘败，无威内而轻外，无见其利而不顾其害，凡虑事欲孰而用财欲泰”；“三至”是指将领不请示君王就可自行处理的三件事：“可杀而不可使处不完，可杀而不可使击不胜，可杀而不可使欺百姓”；

其四，“仁人之兵”，当为仁师，军法严肃、军纪严厉，进退听令，令不进而进与令不退而退同罪；“不杀老弱，诛其乱百姓者也”，使远近的人莫不乐于效劳之，整个天下的人都服从之，真正实现四海之内若一家似的天下和平；

其五，“仁人之兵”，以仁德爱人，其用兵，“所以禁暴除害也，非争夺也”。有人批评荀子：用兵应以方便行事为上，不该空谈仁义以妨碍军事方便。荀子反批评道：施行战争，当分本末。将帅用兵之方便技巧，只是末事；其本统却在于修政者。他提倡仁义，就是着眼于“修政者”来说的。依仁义以修政，则“民亲其上，乐其君，而轻为之死”，[①] 这是保证举兵得胜的最大方便之处。较之讲仁义这个“大便之便”，其他“所谓便者，不便之便也”；

其六，“仁人之兵”，当是以德兼并别国。荀子认为兼并别国，不外乎三种办法，分别为“以德兼人”、“以力兼人”、“以富兼人”。“以德兼人”是指被兼并国之民众以兼并国之德行为美，愿意被兼并；“以力兼人”是指被兼并国之民众虽不以兼并国之德行为美，但被兼并国之威势所畏惧，不敢有反抗的念头；“以富兼人”是指兼并国不以其名声德行来赢得被兼并国之民众的顺服之心，而是利用被兼并国之民众因贫求富的心理，通过“发廪窌之粟以食之，委之财货以富之”。荀子强调，只有“以德兼人”才能实现天下和平，而“以力兼人者弱，以富兼人者贫”，靠武力与财富兼并天下者，只能给天下造成贫弱。

四

尽管孔孟荀主张和平主义的说法各不相同，但他们奉行和平主义却出于相同的人文情怀，即仁者情怀。“仁者爱人”（《论语·颜渊》）。爱人的情怀决定了原始儒家在战争与和平的价值选择上，一定是认为战争违背人的存在本质而反对战争，却相信和平符合人的存在本质而选择和平。原始儒家相信和平符合人的存在本质，其实是有着深

---

① 意谓将为君牺牲看得很轻。

深的“人性善”的理论基础。从“人性本善”理念出发，原始儒家坚信渴望和平是人的本质诉求。而人由此本质诉求又势必将“保合大和”[①] 作为根本的价值取向。从此根本价值取向出发，原始儒家坚信人类必将由“天下为家”的小康社会走向“天下为公”的大同社会。大同社会，不仅仅“政治和平，世无兵革”，(《汉书·王商传》)而是如《礼运》所定义的，乃完全意义上的人世和平：“大道之行也，天下为公。选贤与能，讲信修睦。故人不独亲其亲，不独子其子。使老有所终，壮有所用，幼有所长，矜寡孤独废疾者皆有所养。男有分，女有归。货恶其弃于地也，不必藏于己；力恶其不出于身也，不必为己。是故谋闭而不兴，盗窃乱贼而不作；故外户而不闭，是为大同。”[②] 以“大同社会”为最高政治理想，就从根本上保证了原始儒家决不会成为鼓吹战争的狂人，而只能是和平主义的信奉者。

虽然孔子孟子荀子坚信人类先天具有渴望和平的本质，但春秋战国时代的现实却不无讽刺地告诉他们，人类实际的行为却走向了和平的反面，违背了自己的本质追求，总是习惯于用极端残酷的战争方式解决争端。其时代之诸侯争霸、君臣仇杀、父子或兄弟相残的残酷现实，刺激与教育了他们，让他们对于和平主义的信奉不至于盲目，而变得更为理性。在理性的引导下，他们认真思考战争发生的原因及战争正负面的作用与影响，走向了对“以暴禁暴”这一正义战争的认可。不是一般意义上的反对战争，而是在坚持反战立场的前提下，对正义战争非但不排斥，反倒一定程度的认可。这个特征在孟荀身上尤其明显，它足以表明原始儒家绝不是激进的和平主义者，只能是温和的和平主义者。

原始儒家作为温和的和平主义者，其和平主义的思想贡献，在于为后人提供了以“仁道”(或者说“王道”)谋求世界和平的正面启示。以“仁道”谋求和平，照原始儒家所说，首先要讲“仁者无敌”(《孟子·梁惠王上》)，坚定地相信正义战争不但是制止以争财掠地为目的非正义战争的必要手段，而且必定能取胜。所谓正义的战争，在原始儒家看来，不是指存在着与人类渴望和平的本质愿望相吻合的某种形式的战争(战争就是战争，即便是有其合理性的正义战争，因为它毕竟也要造成无数无辜群众的牺牲，也不符合人类渴望和平的本质愿望)，而是指以制止非正义战争为目的的战争。在原始儒家看来，正义战争的合理性就在于只有靠正义战争才能废除非正义的统治、制止非正义的战争。以制止非正义战争为目的的正义战争之所以必胜，就因为它主要不是着眼于军事实力与军事技术来设计和实施战争，而主要是着眼于如何以仁德得人心来设计和实施战争。在看重实力和技术的军事专家眼里，原始儒家所谓“仁者无

① 《易传·彖》；又按：句中“大”读作“太”。

② 《十三经注疏》下册，中华书局，1980年，第1414页。

敌”，不啻幻想，但他们自己却并不认为其思想有丝毫的空想成分。他们总是在想，人之所以为人，就在于它在本质上有别于其他动物。在人之外的动物界，普遍通行的法制是“弱肉强食”。“弱肉强食”法则的自然通行，说明禽兽是非道德性的存在，其行动无道义可言。由此不难推论，人类作为道德的存在，要区别于其他动物，彰显其行动的道义性，就不能奉行实力主义，只相信仅凭武力就能取胜，要坚信实施战争的主体毕竟是人，人之主宰为心，人心向背才是决定战争胜负的根本因素；

其次要正确认识“感人心”对避免选择战争的心理制约作用。正如荀子所强调的，“义与利者，人之所两有也”（《荀子·大略》），人作为理性动物，其道德理性与工具理性的深刻矛盾与生俱有。人在处理道德理性与工具理性矛盾时，本应优先考虑道德理性对人的价值，但人往往以工具理性化解现实生存困境，着眼于眼前的实力、实用、实效、实利处理问题，而把道德理性置之度外，以为追求理想、承担道义无助于解决人的实际生存问题。由于人首先是一个感性的存在，人不能离开感性生活，衣食住行、生老病死便成为人类首先考虑的问题，这决定了人首先重视工具理性价值。但人如果总是以工具理性处理自己的生存问题，把是否有利、有实用效果作为目的来追求，人就不可能消解自己的本质异化，从战争的阴影下解脱自己不安甚至恐惧的灵魂。可人类总是希望在不放弃自己的利益追求（把尽可能获得最大化的利益作为根本目的）的前提下幻想能避免战争、走向世界永久和平，或希望以和平共处的方式求得短暂的和平，或者幻想靠人类的良心觉悟来保证人类永不受战争之苦，但人类的战争史证明人类任何着眼于功利目的之避免战争、谋求和平的设想都是徒劳无益的空想。要转变以往关于谋求世界和平的空想，就原始儒家和平主义思想的启示来进，当沿着德理性的思路去寻找合乎人的利益法则（对于利益的欲望既是行动的动力又是行动的目的）的通向世界和平的必由之路。一旦按照这个思路去探讨实现世界和平的切实可行的途径，人们就有可能由对战争不合理性（战争的不合理性从根本上讲，就在于它违反人的类本质，人类自己干出了反人类的勾当，用孟子的话说，战争之根本不合理性在于：发动战争的一方本为“利”于己方而悍然发动战争，结果却从根本上损害了自己的利益）的反思中清醒地认识到：即便从卫护自己的利益着想，不发动战争的选择也是极其合理的。

欲从卫护自己利益着想去设想制止战争可能性，照《易传·彖》所说：“圣人感人心而天下和平”，[①] 就要重视“感人心”对避免选择战争的心理制约作用。所谓“感人心”，就是以自己的愿望与别人的愿望相感通。将自己的愿望与别人的愿望相感通，是

---

① 高亨：《周易大传今注》，齐鲁书社，1979年，第290页。

指从自己的愿望出发推及别人也有同样的愿望。这样的推及之所以具有制止选择战争的心理制约作用，就在于它符合康德道德理性所强调的行为选择应合乎目的。根据康德所确立的选择行为当遵循的普遍规律——“除非我愿意自己的准则也变为普遍规律，我不应行动”，[1] 那么除非不“感人心”，一旦“感人心”，推己及人，就必然会发现发动战争绝不是人之合乎理性的义务，因为人是根据利益原则选择战争，然而人的这一选择就目的看不具有合理性：①我所以发动战争当然是因为我觉得它会给我带来巨大利益，由己推人，别人发动战争也必定出于同我一样的想法，但战争双方绝不可能都能藉战争获得巨大利益，则我不能在选择战争时就能保证我定能在战争中获得利益；②我所以发动战争当然是因为我坚信我能赢得战争的胜利，由己推人，别人所以发动战争也必同我一样坚信能赢得战争的胜利，但战争注定只能一方获胜，则我在选择战争时不能保证我定能在战争中获胜；③我所以发动战争，当然是想我能赢得战争的胜利，由己推人，别人所以发动战争也必定出于同我一样的愿望，但战争的胜败并不依我的愿望所定，则我不能在选择战争时保证我的愿望一定不会落空。

基于对选择战争不合理性的推断，我们不但很容易发现制止战争、谋求和平才是人之合乎理性的义务，而且很容易发现与人的这一义务相吻合的谋求和平的普遍规律，这就是：除非你为自己的利益计而愿意别人将战争强加给你，你决不可将战争强加给别人。如果这的确是制止战争的客观规律，那么儒家的“恕”道——“己所不欲，勿使于人”——恰好就是合乎这一客观规律的行之有效的制止战争的普遍原则。既然如此，人类不必再费神去寻找其他所谓制止战争、实现世界永久和平的有效原则，唯一要做的事就是按儒家的“恕”道行事，从根本上打消发动战争的念头。世界各色文化大多具有类似儒家“恕”道的思想传统。这奠定了以儒家“恕”道制止战争、谋求和平的现实可能性。但人类是否真能放弃战争，实现和平，仍然取决于人类，尤其是他们的政治领袖是否真诚地奉行儒家的“恕”道。

---

① 康德：《道德形而上学原理》，苗力田译，上海人民出版社，2002 年，第 17 页。

从对中华文明的研究探讨中俄关系的走向

俄罗斯科学院远东研究所 黄立良

中国与俄罗斯两国相互为最大的邻国，毗邻着全球上最长的海岸线，两国陆地边界长达近4400公里。正如论语中所述："德不孤，必有邻"。(《里仁篇》)俄罗斯是近代对人类文明做出过巨大贡献的民族，是一个精神上的巨人，历史中的巨人— 俄罗斯是几代中国人情结萦绕的地方。中华文明五千年，历史悠久，文化厚重，自古为礼仪之邦。因此不断深入加强中俄两国的文化研究，不仅是历史必然，也是现实的需要。在这历史的课题重托之下，300年多来，中俄两国的专家学者通过文化载体，互通理念、沟通交流、结友而行、诚挚对话，进而达到求同存异、减少偏见，消除隔阂和误解，促进了两国关系的友好发展。

纵观世界汉学研究的领域，俄罗斯的汉学研究具有不同寻常的历史地位。如果在全球分析排列汉学研究的座次，可以确认除日本以外，俄罗斯汉学研究与法国汉学研究难分高下伯仲。近些年来俄罗斯的汉学研究更是当仁不让的名列前茅。

俄罗斯的汉学家为广泛深入传播中国文化做出了自己应有的贡献，在国际汉学界独树一帜。所以对俄罗斯汉学历史进程和现实经验进行梳理和总结，不仅有益于两国的文化交流和各领域的合作，更能全面认识中俄关系的宏观走向，进一步促进两国全面战略协作伙伴关系长期、健康、稳定的发展，同时也必将有利于促进国际儒学的研究与发展。

俄罗斯是全球汉学研究历史最长的国度之一。1711年，俄罗斯沙皇彼得一世时期(清朝康熙年间)，俄罗斯就已经开始了对古老中华的研究探讨。在这300多年的历史长河中，涌现出许多杰出卓越的俄国的汉学家，他们对推动两国人民相互理解、友好交往、文化沟通、文明对话起到了非常重要的作用。

进程：从历史到当今

17世纪，汉学作为一门单独学科出现在西欧。俄罗斯汉学的诞生稍晚，始于18世纪初叶。俄罗斯东正教在北京的传教士团（即北会馆，俄罗斯联邦驻华大使馆如今的所在地）是俄罗斯汉学的摇篮。俄罗斯第一批汉学家全都出自于此，其中包括 А·Л·列昂季耶夫、И·К·罗索欣（18 世纪中期）、Н·Я·比丘林（雅金福，19 世纪）、К·А·斯卡奇科夫。正是他们后来成为俄罗斯第一个汉学家学校（圣－彼得堡学校）的骨干。他们翻译了中国法律汇编、哲学巨著，编纂了汉语和满文词典以及中国政治制度概论，钻研出培养汉学家的教育方法。圣－彼得堡学校学者 Н·Я·比丘林（1829 年）、В·П·瓦西里耶夫（1837 年）、С·М·格奥尔基耶夫斯基（1855 年）在世界上最先广泛描述了中国传统、中国历史及其宗教。俄罗斯汉学从最初发展阶段起就包括两个方面：基本理论（文史）研究和实践（为俄罗斯东方政策提供咨询）。关于俄罗斯汉学研究的深入详尽过程，在国内已经有许多专家学者著书立说、寻根探源、分析论断，笔者就不再重复冗述，本文侧重是俄罗斯当今—尤其是莫斯科汉学研究的最新进展状态以及内涵。

十多年前，在莫斯科的中国信息还是由华人自办、不定期的俄语报纸《中国信息报》传播，而今国家层面的俄语版杂志《中国》每月按时发行出版。全面深入具体地介绍了中国政治、经济、社会、文化、体育的所有领域的最新发展。就是在这本杂志上，自 2013 年 7 月开始专门开辟了文化专栏，由国际儒联副理事长、远东研究所东北亚文明比较研究中心主任、俄罗斯——中国友好协会副主席 A. 卢基扬诺夫教授撰写了介绍中国古典文化的文章，从孔子的《论语》到老子的《道德经》，从《诗经》到《三字经》以及中国神话、传统武术，一年多以来每月如期固定篇幅刊载。这种方式主要是理论上的文化熏陶，更为普及的就是汉语语言的学习，俄罗斯有 19 所孔子学院，莫斯科现在有 4 所孔子学院，其中莫斯科大学孔子学院每年都在春意盎然之际举办丰富多彩的中国文化节，展示中华文明的风采，吸引了众多俄罗斯青少年对中国的兴趣和关注。

2010 年 1 月，在莫斯科大学孔子学院中国文化节上

由北京大学艺术团表演的孔子读经舞蹈照片

至今已经延续了22届的莫斯科大学生汉语口语比赛在每年的4月举行，参加比赛大学生的地域由多年来单一的莫斯科市，到近年来已经扩大到伏尔加格勒市、下诺夫哥罗德 、梁赞、卡尔梅克、喀山等等城市。参加比赛的俄罗斯的青年学生们从15点一直表演到22点，对汉语言和对中华文化的热爱让人深受感动。其表演形式愈加丰富多彩，汉语水平也逐年提高。为俄中两国的政治、外交、经济、文化交流输送了大量的优秀人才。

在上述普及基础之上的提高就是理论层面的研究深入，而提供给专家学者的汉学研究书籍出版则是举足轻重。自2005年秋《中国精神文化大典》（以下简称《大典》）第一卷（哲学）艰难问世之后，以M. 季塔连科院士领导的远东研究所荟萃俄罗斯联邦汉学界精英们，以十多年的精心竭力总共编著了六卷本的《大典》。这是首次用以汉语之外的语言来详细阐述纵观中华文明五千年有关古代史、近代史、当代史的哲学、政治、经济、历史、军事、宗教神话、科技、艺术的众多范畴，堪称是俄罗斯的汉学研究大百科全书。中国四川大学的刘亚丁教授在《人民日报》撰文指出，这就是俄语版的《永乐大典》。此书已经作为“国礼”送给了中国最高领导人。与此同时，由四川大学俄罗斯研究中心主持，组织了中国有关大学、科研院所全文翻译此巨著，预计2017年在中国由中国社会科学院出版发行。2013年3月23日，中国国家主席习近平在莫斯科会见俄罗斯汉学家、学汉语的学生和媒体代表时，国际儒联副理事长、远东研究所东北亚文明比较研究中心主任、俄罗斯——中国友好协会副主席A. 卢基扬诺夫教授在应邀的发言中特意向习近平主席汇报了此项翻译工程。

此巨著受到俄罗斯联邦政府的重视与褒奖。2011年6月在克里姆林宫，时任总统梅德韦杰夫向11位俄罗斯国家科技奖获得者颁发了国家奖章，其中就有M. 季塔连科院士、A. 卢基扬诺夫教授、科比杰夫教授三位汉学家。（播放奉送当年的视频节选一10分钟—— 内有褒奖现场实况）

2013年底，由俄罗斯汉学界泰斗、95岁高寿的C. 齐赫文斯基院士担任总主编的10卷本俄语《中国通史》中的第2卷（战国一秦汉部分由Л. 贝列洛莫夫教授主编）、第7卷（民国部分由玛玛耶娃教授主编）出版问世，这是俄罗斯汉学研究对五千年中华文明史的凝聚浓缩，是曾经代表苏联政府在1949年10月2日承认中华人民共和国、与新中国第一个建交承办者的又一个伟大的历史功绩。这10卷本《中国通史》中的3、4卷已经得到了国际儒学联合会以及贵州省孔学堂发展基金会的资助，俄罗斯汉学界定当积极努力编著、出版。

俄罗斯的汉学界以莫斯科为中心，“以M. 季塔连科院士—远东研究所为旗帜”（李辉语），汇聚了莫斯科大学亚非学院、俄罗斯人民友谊大学、圣一彼得堡大学东方语言系、远东地区的众多学者专家形成的强大的汉学研究队伍，这支队伍在广袤的俄罗斯大地为普及汉学，提高汉学质量，挖掘汉学的深度与广度竭尽全力。为何如此断言呢？因为远东研究所荟萃着俄罗斯联邦所有研究中华文化的汉学家，进而起着精华的领军作用，在俄罗斯汉学界众口皆碑的所长 M. 季塔连科院士是研究墨子的顶级权威，在他担任所长的近 30 年中，远东研究所面貌一新，不断进取，而这已经占了俄罗斯 300 年汉学史的十分之一；85 高龄的 Л. 贝列洛莫夫教授是享有莫斯科的孔夫子之称的资深教授；A. 卢基扬诺夫教授是《道德经》、《易经》最新俄语版本的译者，中国一俄罗斯政府多次国家奖章的获得者，可称得上是莫斯科的老子；著名翻译家 C. 托洛普采夫教授就是莫斯科的李白，他表示：李白的 500 多首诗歌研究已经由他翻译完成。这些史实已经生动的解答了前面的问题。

特点与意义：

寻根探源找到莫斯科地区汉学研究的特点是笔者多年来一直思考的题目。为什么如此众多俄罗斯的专家学者对中华传统文化如醉如痴，存在如此浓厚的兴趣、在极其困难、经济举步维艰状态下、呕心沥血、废寝忘食的研究中国文化？笔者分析有以下一些原因：

历史责任感：

自 1711 年起步的俄罗斯汉学延续至今是代代传承的产物，这与俄罗斯民族的特定性格息息相关。俄罗斯的历史观极其凝重，无论是莫斯科大公国的建立史料，还是近代十月革命、沙皇尼古拉的倾覆以致苏联时期都在人们的视野中留存。

2010 年 3 月，比丘林家乡切巴克萨雷市的

大学生举办中华文化节的主持人

例如：俄罗斯汉学的奠基人比丘林（1777—1853），他曾于 1808 年 1 月作为第九届俄罗斯驻华宗教使团团长抵达中国，在北京生活了 13 个春秋。期间，比丘林刻苦学

习满、汉语，在搜集中国典籍的基础上进行大量的翻译。笔者曾经3次拜访比丘林的博物馆，那是一座在其家乡切巴克萨雷市郊的极其普通建筑，完全是民间集资修建经营。当地民众为自己家乡能够诞生著名汉学家而自豪。2005年10月底，在秋天的寒风瑟瑟中，当地村民与儿童们夹道欢迎我们——来自北京的客人和俄国汉学家，并且按照当地传统习俗要求北京来的客人首先与村里的一位男孩儿挖掘第一锹土，栽种友谊的树苗。让人为之动容！感动之余顿然醒悟了，正是这种强烈凝重的历史观延续了俄罗斯的汉学。

家庭传统的熏陶：

在俄罗斯汉学界，父子、夫妻、兄弟共同研究，成为汉学世家的精英比比皆是，已故著名苏联外交家、汉学家伊戈尔·阿列克谢耶维奇·罗加乔夫（罗高寿）父子；已故著名汉语教学领域的康德拉塞斯基教授父子、俄罗斯外交学院的“大、小”卢金教授、远东研究所的中国文学翻译家C. 托洛普采夫教授“老李白”—他的父亲就是50年代在北京修建北京展览馆的苏联专家，他的妻子尼娜教授就是研究中国教育的著名专家。笔者众多学习汉语的学生都是在父母的影响下迈入了汉语大门的，或许就是儿时的一幅中国画，一件中国儿童玩具，一首动听的汉语歌，影响了年轻人的选择，开始了对汉语、对汉学的兴趣、沟通交流。

这种诚挚、纯粹的“ 近亲 ”感染使俄罗斯汉学的根基牢固。正如今年4月28日M. 季塔连科院士在他80寿辰时感慨而言：“中国是我的第二故乡，不仅我本人在中国结婚，我的长子和长孙女也出生在中国。”这就预示着俄罗斯汉学不会发生断代的危机，必将会不断再创辉煌。

乡土近邻地域的影响：

俄罗斯汉学界的许多专家学者就出生在远东地区，如：远东所常务副所长C. 卢佳宁教授的故乡就在贝加尔湖畔的伊尔库斯科；哲学研究所的布洛夫教授就是在中国哈尔滨市长大，中国哲学和文化史专家A. 卢基扬诺夫教授出生在伊万诺沃市，那正是著名的苏联国际儿童院所在地、中国众多红二代曾经学习启蒙、成长的摇篮。这些看似无足轻重的中国因素潜移默化地对他们一生的汉学家道路带来了难以估量的巨大推动和内在渊源。如是《论语·述而》中指出的：“ 仁远乎哉？我欲仁，斯仁至矣。”可见中华文明的影响，对俄罗斯的汉学家成长起到了重要作用。

政府的有力支持：

俄罗斯历届政府的利益都与远东地区的政治经济密切相关。因而汉学家们的著书立说理所当然作为领导层的决策选择。在当代，远东研究所的《大典》不仅是学术界的巨著，也是普京、梅德韦杰夫等政要们的工具书。对汉学家的褒奖是300多年来俄罗斯历届政权共同的国家政策。

在苏联时期，远东研究所是直接隶属于苏联共产党中央国际部的，可见对其重视程度。

2013 年 9 月 2 日，95 寿辰的 C. 齐赫文斯基院士收到了普京总统的贺电，2014 年 4 月 28 日，80 寿辰的 M. 季塔连科院士收到了梅德韦杰夫总理的贺电就是例证。这是对华关系重要性的明确表态。

军事、经济可靠支柱的巨大作用：

中俄两国的军事合作是有目共睹的，莫斯科的各个军事大学里每年都有中国人民解放军的高级军官在学习，两军的共同演习从地面到空中、海洋，至于俄罗斯武器装备的销售对于中国军队来说是敞开大门的。

两国经济上的伙伴关系是众所周知的，笔者不必详细罗列数字与百分比，只是从衣食住行的具体生活物品来说，俄罗斯需要近邻中国的高质量产品。同样，俄罗斯充裕的能源、电力，也需要中国广阔、稳定的市场。例如，今年春天双方签署的 30 年的天然气供应大单是苏联时期都不曾出现的。

中华文化精神层面的弘扬在俄罗斯是与物质生活的进步相辅相成的。在俄罗斯与中国的商品进出口总额直线上升、人员交往越来越多的大气候下必然需要文化和理念来指导。

互补的必然：

中国与全球文化沟通、交汇、对话、互鉴、融合是漫长的历史过程，在这个过程中，中华民族博大精深的文明不仅为世界文化宝库增光添彩，同时也为俄罗斯的汉学界提供了可贵的精神食粮。反之，“和而不同”的理念同样让俄罗斯近代丰厚的文化、辉煌文明走进了中国。

当今中国研究俄罗斯的专家们是中国中老年人群中的一部分。他们的青少年代是伴随着苏联一俄罗斯的文化成长的。那个年代，他们思想启蒙的好书和好歌，至今还闪现在眼前，回响在耳边：正是以文会友，这些书籍和歌曲滋润着自己的心灵，伴随着他们的成长，坚定着一代人的信念，影响着平凡的一生。那个年代的他们，倍受这些充满爱国主义、集体主义、革命浪漫主义和憧憬爱情幸福的书籍和歌曲的熏陶影响，直到今天，银丝染双鬓，仍难以忘怀！

伴随这样一代人的成长，影响他们一生的书，对他们世界观、人生观、价值观形成起到推动力的书籍有：

钢铁是怎样炼成的	奥斯特洛夫斯基
青年近卫军、毁灭	法捷耶夫
童年、在人间、我的大学	高尔基
叶尔绍夫兄弟	柯切托夫

静静的顿河　　　　　　　　肖洛霍夫

……

对他们来说，至今依然耳熟能详，饱含青春旋律、永存信念中的苏联一俄罗斯歌曲有：《共青团员之歌》《小路》《喀秋莎》《神圣的战争》《在克留柯沃村》《海港之夜》《莫斯科郊外的晚上》《列宁山》《山楂树》《伏尔加纤夫曲》《我们举杯》，等等。

谈到俄罗斯文化，中国国家主席习近平也信手拈来："普希金的诗歌，莱蒙托夫的《当代英雄》，托尔斯泰的三大名著《战争与和平》《安娜·卡列尼娜》《复活》，屠格涅夫、契诃夫的短篇小说，陀思妥耶夫斯基的《罪与罚》《白痴》，果戈理的《死魂灵》，还有高尔基的三部曲，法捷耶夫的《毁灭》，肖洛霍夫的《静静的顿河》"（2013年访俄谈话）正是对友好邻邦的文化如此熟悉，才使中俄两国历久弥新的文化交流源远流长。

这些苏联一俄罗斯文明的结晶，无论苏联是否存在都烙印般地铭刻在中华大地上。这种相互心领神会的文明交融是俄罗斯汉学的底蕴，反之俄罗斯汉学家们钻研翻译的《周敦颐》《正蒙》《尚书》就是中华文明在俄罗斯弘扬最生动的写照和见证。

在阐述分析了中国一俄罗斯的文化研究特点之后，笔者认为正是这种各自对对方优秀文明魅力的喜爱、尊重、借鉴、领会、融合，才使得中国一俄罗斯友好关系、全面战略协作伙伴关系得以稳定、持久、健康、顺利发展。那种排他的、唯我独尊、不可一世的文明是难以持久、无法立足于世界民族之林的。中俄文明的原本自身基础是建立在大气磅礴、相互吸取的高层面，因此就必将在发展本民族文明的同时广泛同其他文明对话交流。只有那种自身不具备文明素质的民族才屡屡提出"文明冲突论"，实则"巧言乱德"，以求掩盖污浊的无知和狂妄的野心，因为他们自身的历史才不过是区区几百年，所以他们只能靠诋毁悠久厚重文化来取得自信，妄图成为世界"规则"的制定者。

某些国家"削别人足""试自己履"，多次实施肆意干涉别国内政的行径，屡屡发出试图返回亚洲的叫嚣，借用季塔连科院士的告诫，他明确指出，个别国家企图把自己的价值说成是世界的普世价值，他们从来就没有离开亚太，何谈重返？中国个别人吸收了一些不应该吸收的东西。季塔连科院士在中国许多媒体的采访中，展现了对中华文明的深入、细致、透彻的研究功底，表达了对中国改革开放探索的深切厚望，寄予中国人民汲取苏联时期的重要经验教训——走自己的路，行中国特色，本民族延续几千年的文化传统不可偏废。而令M. 季塔连科院士忧虑的是，越来越多的少数中国人不再珍视本国文明，转而追捧西方文化，这的确很令人担忧和可悲。中国—俄罗斯自身道路的选择是自己国家人民的事，个别国家凭什么指手画脚？“道不同，不相为谋。”（《论语・卫灵公》）当今历经风雨洗礼而得来的高水平的俄中关系，“百分之二百”符合两国利益，中国梦当然也包括中俄永远的友谊和睦邻友好关系，这是历史经验赋予两国共同的战略共识，使中俄的战略协作伙伴关系基础扎实，立意高瞻远瞩，将会带给两国人民长久的利益。

无论中国还是俄罗斯在最近这些年，经济发展、国力增强、民众生活改善、社会格局平稳，都在寻求更多的机会，更大的发展。但是需要注意的是不能因改革改得丢掉了自身的优势——那就是文明的旗帜。如果一个民族失去了信仰，放弃了精神支柱，那将是十分可怕的。目前令人十分警觉的苗头已经出现，就是中国—俄罗斯自身的璀璨文明却映照在对方国度的精神领域。多年以来每次陪同俄罗斯友人赴华访问时，众多俄国朋友们都感觉中国的变化大、气象新、进步快、文化浓，反之我们中国人自己却往往意识不到这些 —“久而不闻其香”，俄罗斯的文明程度在近些年已经点滴呆滞，但是十多年来，笔者见到的所有访俄华人都感觉比国内要强许多。这里笔者不得不引用2001年6月17日在中国驻俄罗斯大使馆礼堂里的一段对话。那是在大使馆教育处举办庆贺中国共产党八十周年华诞由张德广大使做报告的会议。笔者的后排坐着中国人民解放军一位大校学员与一位上尉，他们的轻声耳语清楚的传到笔者耳中，大校肯定地对上尉说：要想我国的国民素质赶上俄罗斯至少需要五十年！当时笔者像他的同伴一样都不敢相信，可大校却说，我没有说一百年。十多年过去了，这话语时常在耳边警笛般的响起。纵观我国的论国力、讲经济不知提高了多少倍，可是中华民族“富贵不能淫，贫贱不能移，威武不能屈。（孟子）”的民族气节、精神灵魂却受到了更大的伤害。以致连古朴的敬老尊贤传统道德民风几近丧失。这就说明经济建设不能够代替精神世界的充实高尚，物质生产并非与文明同步。

这种现象的出现应该引起我们的高度警惕。《论语》中告诫我们，子曰：“富与贵，是人之所欲也；不以其道得之，不处也……君子去仁，恶乎成名？”《里仁篇》人类如果只是认识金钱与权势，就只能造就人欲横流、乱象丛生，人将不人，鬼将不鬼。民不可无信，缺乏信仰，拜金主义的倾向不光是本民族本国的发展障碍，更是两国关系持久稳定友好的大敌。中国某些领域显现的“礼崩乐坏”，再加上极少数人对巨大物质财富的疯狂奢求，已经让包括俄罗斯人在内的许多民族感到困惑忧虑了，那将给中国和全世界带来前所未有的灾难。对于俄罗斯联邦—中华人民共和国这样的全球性大国，毋庸置疑的需要确立进步、科学、正义、高尚、集体主义、爱国主义的价值观，必须延续本民族的优秀精神理念，不断发展厚重的文化历史传统，不能让“20世纪最严重的地缘政治灾难”（普京语）再度重演。

无论是中国还是俄罗斯都存在着某些知识分子对社会生活的偏颇认识进而产生极其负面的社会影响。在多年前的一次研讨会上，来自北京的中国学者提问：俄罗斯知识分子的近况如何？M. 季塔连科院士感慨的直接反问，什么是知识分子？他指出：“本人出生在一个普通的俄罗斯家庭，却有幸在莫斯科大学、北京大学和复旦大学等国际一流学府学习并终身从事中国和中俄关系研究工作。这都是苏联人民的培养！知识分子总是有不满意的现象，这是知识分子的一个特点，他对生活、对任何人都持批判性的态度，他只看自己，他的工作、生活方式都是个人的。集体的生活、集体的责任心比较弱。”M. 季塔连科院士介绍自己出生在距莫斯科五六千公里远的布良斯克州农村，是苏联的教育使他自己走上了历史学家、汉学家的道路。这里必然有着中国教育的因素。在“北大”期间，他还曾经参加了北京——河北省的“四清”运动，了解了中国社会当时的政治风雨状况。M. 季塔连科院士坦率地说，尽管已经80岁了，但这仅仅是一个数字，对于研究拥有5000年文明历史的中国来说，还太年轻，自己只是300多年来俄罗斯汉学道路的传承者。

“展望中国—俄罗斯的睦邻友好合作关系不仅符合两国和两国人民的根本利益，也有利于世界的和平稳定。我们两国都坚持选择符合本国国情的发展道路，都清晰确立了民族复兴的战略目标，两国又互为最重要、最主要优先合作伙伴，互相提供重要的发展机遇。这些共同点恰是推进中俄政治互信、战略协作和务实合作的重要基础，是相互支持、共同繁荣、世代友好的有力保障。”（李辉大使）从孔夫子到孙中山的民族传统，相信文化可以改变和提升人，同样，我们坚信文化是可以使中国－俄罗斯的两国关系持久友好的保证。

本文的视角仅仅局限于莫斯科地区，材料的收集，观点的立论，引证的注释恐有不当、偏颇之处；应该衷心感谢俄罗斯科学院远东研究所10年来的厚爱给笔者提供了机会研修，感谢莫斯科大学哲学系的硕士培养，因此才有了这些内心体会与大家共享交流；诚挚感谢能够屡屡应邀参加中华人民共和国驻俄罗斯大使馆近15年来的各项活动，祖国母亲的声音使旅俄游子受益匪浅；由衷感谢国内学者和亲人们的提示斧正。

儒家思想是指导先秦中国睦邻外交的实践基础

江苏将军书画苑　宋建国

儒家思想在世界思想史和世界诸大文明中占有十分重要的地位，为我国乃至世界文明的发展做出了重大贡献。古代，也随着战争实践的增多和战争规模的增大，军事思想得到进一步发展，脱颖而出的军事外交运用愈加丰富而精妙，也为儒学文化的外交思想的孕育和发展提供了契机。

春秋战国的特定时代背景，孕育了先秦睦邻外交思想。当时，中国正处于从奴隶社会向封建社会过渡阶段。东周王权落地，出现了“春秋五霸”和“战国七雄”的诸侯争霸格局，全国战事频繁，国无宁日，生灵涂炭。正所谓“春秋无义战”。此时的中国，可以说是无政府状态。于是，各种为战争、争霸展开竞争较量的变法、起兵、纵横外交家、霸道外交等大行其道，一时兴起各种思潮，如儒家、墨家、道家等。其中，儒家极力强调仁义道德，以王道睦邻外交与和平主义来批评现实，通过推行仁政与王道以求对内治乱，对外和平。现在看来，虽然儒家这一思想未能在当时成为主导和现实政策，但却对之后统一的封建中国专制王朝产生了积极而又久远的影响。当然，先秦王道睦邻外交与其社会特征相关，当时进入封建社会，带有深厚的父权宗法制传统，家族和集体本位的专制等级体现明显。因此，注重道德，提倡尊卑区别、高低之分和君臣之礼等伦理学特别受到推崇。另外，当时的小农经济的社会基础也决定了其对平衡、稳定、和谐与和睦理念等中庸之道的特别重视。

一、儒家思想的核心

古代，反对战争、讨厌战争是中华民族的悠久的传统。因此，“和为贵”、“信”、“礼”、“仁”和“中庸之道”便是儒家思想的核心。

（一）坚持“和为贵”的思想指导原则。“和为贵”是孔子的名言，与“礼”和“仁”形成儒家思想的核心内容。孔子认为，在一个充满“仁”的理想社会里，从“仁者爱人”道德原则出发，不应存在战争暴力相对抗现象。孔子提出的无论是“礼”，还是“仁”，出发点和归宿点都是“和”，正如孔子的名言。儒家思想强调人与人、人与自然、人与社会维持和谐和平衡，强调人应顺应自然，保持适度和中庸，人人讲仁义，以礼待人，和睦共处，充满着理想主义情调。儒家思想重视“仁义与礼”，轻视利和力。即使对利的追求，也要合理合法，合乎道义，重视精神追求，轻视物质追求，反对以力取利，反对不择手段。儒家思想主要是以防守为主，比较软弱，缺乏攻击性和扩张性。

（二）重视“信”、“礼”、“仁”等自身修养与德行的作用。中华帝国的对外战略历来追求不战而屈人之兵，“不以兵强天下”，“远人不服，则修文德以来之。”十分重视自身软实力的构建和应用。而德即是古人眼中最重要的软实力。汉文帝在谈到匈奴威胁时称，“朕既不明，不能远德，是以使方外之国或不宁息”。唐太宗也认为应以德服夷，“君临区宇，深根固本，人逸兵强，九州殷实，四夷自服”。在德的概念内涵中，“信”、“礼”、“仁”又是对外交往的三大支柱。

所谓“信”即信誉、信用，国家间交往要“讲信修睦”，信义相交才能赢得邦交，背信弃义则后患无穷。中国古代思想家和统治者将“信”看成是德之首要，国家权威的最重要来源。孔子认为，影响国力的三大要素：“足食、足兵、民信之矣”，其中信用最为重要。管子称“先王贵诚信。诚信者，天下之结也”，将“信”视为建立霸权的决定性因素。韩非子也认为信誉是国家威望或者说国际影响力的重要来源，“名号，诚信所以通威也”。需要指出的是，中国历代君主很多可能上位并不是太光彩，大量使用了权谋之术，但其一旦成为皇帝，就必须行大道，搞阳谋，否则难以取信于天下。典型的如唐王李世民，其为了争夺皇位，弑兄杀弟，逼宫，可谓很不光彩，但其自当了皇帝，就严格规范自己的言行，取得了天下人的信任，被周边少数民族国家尊之为“天可汗”。“故用国者，义立而王、信立而霸，权谋立而亡”。事实上，历代各朝在“信”的问题上对统治者都要求甚高，不仅是皇帝，“信”作为大德，也是储君、外交使臣等人选考量的重要参照。

所谓“礼”，讲的是人际关系的行为规范，《礼记·曲礼》中称，“君臣、上下、父子、兄弟，非礼不定”。国家间同样要以礼相待，相互敬意，以保持亲近之情，做到“以宾礼亲邦国”。在外交实践中，“礼”实际上指的是一系列国际规范。周朝时始行侯服、甸服、绥服、要服、荒服的“五服”制度，根据距离的由近及远，对天子直接统治以外地区的责任义务进行了明确界定。秦汉以后，中原王朝逐渐将此制度推广到整个东亚体系，构成了华夷秩序的基础。即中国皇帝是东亚体系的名义统治者，中原王朝是体系的中心；周边国家承认中国皇帝的天子权威，并对其称臣纳贡；中原王朝则向周边国家提供一定的安全保护和经济援助，皇帝本人还将赐予各国封号。在这种礼制秩序下，大国和小国都要高度自律，“大邦以下小邦，小邦以下大邦”。东亚各国尊重中华帝国，而中华帝国也谨慎克制地应用权力。

所谓“仁”，首先是个人的自我修养和完善，仁就是善，就是向善。孟子认为仁义之道是富国强兵和立国之本。“三代之得天下也以仁，其失天下也以不仁。”“仁政无敌。”“夫国君好仁，天下无敌。”“得道者多助，失道者寡助。”“乐以天下，忧以天下。”“穷其独善其身，达则兼善天下。”仁义是一种统治方式，是用一种宽容之道来治理国家，为天下百姓着想。孟子的思想对秦以后的君主影响甚大，是评价战争合法正义与否的关键指标，也是影响中国统治者认识其他国家是否良治的一个重要参照。

（三）推行中庸之道处事理念。儒家十分崇尚和重视中庸之道，认为“中庸”是道德的最高层次，是人生修养的最高境界，也是为人处事的基本原则和方法。何为中庸？《中庸》中说“喜怒哀乐之未发，谓之中；发而皆中节，谓之和。”中庸之道就是让处事人排除个人情感，好恶的偏向，秉持理性的，现实主义的态度和实事求是的观念，客观地分析和把握所要处理的问题及其变化，在事物的两个极端之间择其中者而行之，做到既无过分，也无不足，既不冒进，又不保守，而是恰如其分。此外《中庸》还提出“君子之中庸也，君子之而时中也”。这句话明确提出时与中的关系，指出中是随时而中因时而中，是根据时机的变化，灵活的适中的处理问题。而不是不分场合不分条件的随意折中。儒家认为，中庸是一种理想状态，是极高的人生境界和处世艺术，他充分体现了儒家文化追求“和谐”效应的本质。

二、儒家思想的特点

“性本善”是儒家思想的本质特征，反映在古代特别是先秦时期的睦邻外交思想中，主要体现在如下方面。

（一）儒家的中和思想与中庸之道。《论语·尧曰》中最早出现过“中”的概念：即“尧曰：咨！尔舜！天之历数在尔躬，允执其中。四海困穷，天禄永终。”这是尧对舜的政治交代，即“中”是不偏不倚，无过无不及与恰巧到好处的意思。而“和”的概念，最早出自《国语·郑语》所记载西周末期史伯的话，即“夫和实生物，同则不继。以他平他谓之和，故能丰长而且物归之。”此“以他平他”的意思是以“一个方面去平衡协调另一个不同的方面，使用权对立的差异的双方牌一种平衡协调的统一关系，从而形成一个和谐统一体，构成一个协同的统一物。”史伯首次将“和”与“同”明确区分，并因此奠定了先秦儒家在和与同问题上的选择，即“取和而弃同”，故此后又有了《中庸（三十）》中“万物并育而不相害，道并行而不相悖”以及《论语·子路》“君子和而不同，小人同而不和”等至理名言。对“和”高度重视，先秦另一名言出自《论语·学而》，即“有子曰：‘礼之用，和为贵。先王之道，斯为美；小大由之。有所不行，知和而和，不以礼节之，亦不可行也’”。这其中“知和而和”是指无原则地为和而和，而“和”字既有合适恰当之意，又有和睦和平之意。可见，孔子及其弟子们讲“和”是有原则的、有条件的、有等级的。

《中庸》是将中与和最早结合起来的“中和”论者，《中国儒学百科全书》中这样记载说“喜怒哀乐之未发谓之中，发而皆中节谓之和。中也者，天下之大本也；和也者，天下之达道也。致中和，天地位焉，万物育焉。”那么，中庸之道就是指“允允执其中”，“执其两端，用其中于民”。孔子十分推崇中庸之道，《论语·尧曰》中这样记载说：“君子中庸，小人反中庸…君子而时中…小人而无忌惮也。”由此可见，中庸之道是儒家在方法论与道德实践原则方面所提倡的以不偏不倚、无过无不及为特征的学说，也就是儒家经典《尚书》中的《洪范》所表述的“王道”，即遵王之意。充分反映出儒家中庸之道与王道的同一性。

先秦儒家的中和哲学与中庸之道主张持中调和，反对走极端，这对中国古代的政治思想与处世（外交）哲学均产生了极为深远的影响。正如董根洪先生在其《儒家中和哲学通论》中所引：中为上，和为贵，中庸是至德，和合是达道，便成了二千多年中国人的人格理想。中国人世世代代的生活轨迹便是由中和或中庸铺就的。这一思想后来被推广和运用于处理人与人国与国关系的时候，也就必然表现出它的“雍容、巽顺、和平的气象”，这种“和平、温良则积定为中华民族的优良美德”。

（二）儒家的人我关系与忠恕之道。中恕之道是先秦儒家处理人际关系的基础。儒家认为，交友之道是君子之交，它与小人之交有所不同。君子之交，首要是“守信”，及交往要“言而有信”，并要“则善”而是之。意思是对对方忠告劝谏，使之迁善改过，道德有成。“责善，朋友之道也”就是孟子的常言，他甚至说：“荣辱与共，患难相扶”。当朋友间遇到矛盾和问题纠纷时，要“行有不得者皆反求诸己，其身正而天下归之”。遇到矛盾冲突，不是首先责怪、责难对方，而是要先自我反省，找自身问题。表现了儒家遇事严以自律的“内省”思维模式及君子风度。

所谓忠恕之道，“忠”主要是说“尽己以为人，也就是在处理人我关系时，要忠诚信实，不虚情假意，是满怀古道热肠，尽己之心以待人”，是指对于自己所不愿意做的事情也绝不强求他人去做。“己所不欲，勿施于人”的恕道在处理人际关系时采取了以己度人与推己及人、设身处地与将心比心的方法，即尽量地替他人着想。这一思想，在先秦儒家的人我关系哲学反映在处理中国与其邻国的关系上，要求自己时刻要体现出君子般的大国风度，处处严于律己与宽以待人，自我约束，守信诚实，与邻为善，成人或与邻国之美，不伤害别人。

（三）儒家的大一统与天下观。中国古代的外交思想中，“天下”的说法多与国家的说法，何为“天下”？即皇帝“天子”所管辖的范围。在先秦时期，主要指周王，是封建统一王朝的皇帝，因此，中国古代不存在国家主权的概念，领土疆界不定论，以中国中心论为基调，“以天子为中心，诸侯为外围，四夷为诸侯的外围的层层防卫系统”。当然，儒家的“天下”观也包括“协和万邦”与世界“大同”的思想。那么，儒家对“天下”的态度是什么呢？《礼记·礼运》说，“以天下为一家，以中国为一人”。意思是说，天下所有的人都像一家人一样。从经济学的概念去理解，在所谓“一家人”之间，在成本和收益的计算上并不互相独立，即一个家庭成员的效用会给另一个家庭成员带来效用，因而他们之间的利益并不直接的互相对立。而经济学假定的个人主义的个人却是在成本和收益上互相独立，他们之间的利益存在着互相对立的一面。

这种区别导致了截然不同的两种态度。一种是，一个社会的人将其他社会的人看作是自己在争夺既定资源时的竞争对手，自己的福利取决于竞争的结果。而竞争的手段并不排除武力手段。最极端地，是将竞争对手消灭。一种是，一个社会的人将别的社会的人看作是自己的家庭成员，这个社会的存在本身就对他们自己的福利有所增益，所以他们愿意牺牲一部分自己的利益以维护这另一个社会的福利。即使在资源既定的情况下，一个家庭内部也会采取共同减少福利，以及更倾向于后代的方式分配资源。因而这种态度不倾向于诉诸武力。

儒家的“世界”在哲学层次上是一个没有边界的世界，也就是一个没有“外人”的世界，也就没有“我们”和“你们”之分；所有的人都被按人来对待，而不是“我们的人”提高自己福利的工具或障碍，从而不会被当作“物”来对待。总之，不论是“协和万邦”还是“大同”，其中都包含了和平和睦的外交思想与处世哲学。

先秦儒家大一统的“天下”观将中国自视为世界的中心，其心态具有明显的不平等性。它常带有理想主义的“天下”一统秩序观，却是一种十分松散的难以控制的，它所主张的四海一家与天下一家，带有早期的世界一统观的理想主义色彩。

（四）德政与仁政。德政是先秦儒家提倡的施政准则，反映在孔子的政治思想领域，主要包括：对民众进行道德教育（教化）；统治民众须宽猛相济；必须重民、爱民、富民，省刑罚，薄税敛，以争取民心。孔子“为政以德”，他在《论语·为政》中讲，“为政以德，譬如北辰，居其所而众星共之”。他反对“以德报怨”，主张“以直报怨，以德报德”。在外交方面，孔子主张对邻国的怀柔安抚政策，一次，面对叶公问政时，子曰：“近者悦，远者来”。以及“故远人不服，则修文德以来之。既来之，则安之”《论语·季氏》，他认为，德不孤，必有邻，反映出讲道理对于处理邻里关系的重要性，在《春秋左传》儒家甚至对此这样表述“亲仁善邻，国之宝也”；仁政，则源于孔子的德政，是孔子和孟子的思想反映，在《论语·雍也》中这样记载孔子的话，“夫仁者，己欲立而立人，己欲达而达人”。孔子在考虑个人的成功同时，兼顾到他人的利益与成功，追求不仅是自己的好处，同时兼顾彼此共同的互惠与双赢。真正对仁政思想阐述最多的应该说是孟子，他坚持认为，人性本善，其所谓“不忍人之心”，就是关怀同情他人的恻隐之心，在施政上则表现为“仁政”。《孟子·离娄上》中说，孟子推行仁政“三代（指夏商周）之得天下也以仁，其失天下也以不仁。国之所以废兴存亡者亦然。天子不仁，不保四海；诸侯不仁，不保社稷；卿大夫不仁，不保宗庙；士庶人不仁，不保四体”。孟子甚至说：“老吾老，以及人之老；幼之幼，以及人之幼，天下可运于掌，”确信“仁者无敌”。他从人的性本善推演出仁政，由内政之仁政进一步发展到外交上的王道思想，以开展王道外交。

（五）王道与霸道在外交领域的体现。关于王霸之辨最早是孟子论述最多，《孟子·公孙丑上》如是区分说，“以国假仁者霸，霸必有大国；以德行仁者王，王不不待大。汤以七十里，文王以百里。以力服人者，非心服也，力不赡也；以德服人者，中心悦而诚服也，如七十子之服孔子也。诗云：‘自西自东，自南自北，无思不服’。此之谓也。”这里“以力假仁”就是假借仁义之名而行武力压服之实；“以德行仁”则是从内心的道德本性善，来推行仁政之王道，靠仁义道德并非武力来争取人心归向，哪怕是“行一不义，杀一不辜，而得天下”，“皆不为也”！王道以德服人施行仁政，霸道是用武力去征服对方。这一点，孟子提倡王道政治，反对霸道政治，反对诸侯间的争战，批判战争政策与好战思想。他甚至这样抨击好战者：“争地以战，杀人盈野，争城以战，杀人盈城。此所谓率土地而食人肉，罪不容于死。故善战者服上刑。”他指责说，“春秋无义战。敌国不相征也”，反映出孟子十分重视义战作用，也即正义之战。他说：“天时不如地利，地利不如人和。……得道者多助，失道者寡助。”在与邻国处好关系时，当时的齐宣王问及孟子，“交邻国有道乎？”答说，“有。惟仁者为能以大事小，惟智者为能以小事大，以大事小者，乐天者也；以小事大者，畏天者也。乐天者保天下，畏天者保其国。”是说，大国对小国要讲仁义，强国帮助弱国，大国帮助小国，小国对大国则要讲理智，侍奉大国。

孟子的王道外交是纯粹王道睦邻外交考量，他将王道与霸道区别开来，没有其他选择。反对战争求得和平，可以是无条件的，有时为了所谓和平，可以牺牲国家和民族利益，失去国家权力。甚至排除考虑自己的实力，不顾现实利益，唯道德第一，将德与力竟然对立，言德而不言力。在外交实践中，不分场合，不分对象，“以德行仁”，其结果由于因外部条件的不具备，造成不必要的损失和一味妥协与空想，也难以达到因仁而答到德厚之回报。孟子的王道外交实质上是一种完全否定任何形式的霸道功利性外交，给外交实践带来消极因素。

三、影响先秦中国睦邻外交的儒家思想核心分析

（一）“中”“和”是中庸思想的核心。“中”讲求中道，追求不偏不倚的公正、公

道，表现为凡事皆有所克制、有所保留、适可而止、留有余地、不走极端的特点。“和”讲求和谐、和睦、和平安宁，追求和而不同与多样性的和平共处。“中”与“和”二者、结合在一起所追求的外交必然具有公允、以和为贵、致力于和平而非战争的特征；受忠恕之道影响的外交则具有“忠”与“恕”的特点，所谓“忠”即忠实、以诚待人，守信用而不背信弃义。所谓“恕”即在外交事务上遵循“己所不欲、勿施于人”的原则，不干预他国内政，不强加于人和强人所难，而是将心比心，设身处地地为对方、为邻国着想，而非一味地为自己着想甚至以邻为壑，因而具有了起码的平等、对等、互利互惠的精神。

（二）坚持重义轻利传统。表现在外交上不唯利是图，而是坚持原则、承担而非推卸责任、富于正义感，甚至于过于轻视利益、忽略利益，以至为了空洞的道义而牺牲实在的利益；大一统的“天下”观带有典型的自我中心的色彩。儒家思想体系中，最能关系到整个宇宙秩序、世界秩序建立的思想就是“大一统”。这一思想体系不仅影响着中国国内的政治制度，而且对中国的对外关系同样影响深远。“大一统”思想的内涵经历了一个演变过程。“大一统”思想经过春秋、秦汉等时期的发展，最终完成了一个概念的重构和更新，此后的“大一统”大致包含了道统一元、时间一元和空间一元。这一概念与国家分裂相对立，是指在广大的领域内建立统一国家，在最大的空间范围内达到统一。而这一最大空间范围，即是中国特有的天下观念。即“普天之下，莫非王土；率土之滨，莫非王臣”。世界上没有一处不归王者所有。总之，秦汉之后的“大一统”思想中最终包含了道统一元（天命归一）、时间一元（万世一系）、空间一元（普天之下）之意。世界万物全部笼罩在这种一元性的秩序之下，所谓“天无二日，土无二王，家无二主，尊无二上，道无二致，政无二门”。“大一统”理念影响下的中国对外关系，一切政治关系皆为内政，没有“国家间”外交，没有与中国平行的、多元的国家观念，“四海之内莫不为郡县，四夷八蛮咸来贡职”。在“大一统”思想和政治格局支配下的对外关系，只有君临天下的一元等级世界秩序：中国居天地之中心，以控周边的万邦属国。有西方学者把“大一统”看作“中国的世界观”；德政仁政的外交思想则强调道德仁义，本着“己欲立而立人、己欲达而达人”的精神，追求与邻国的共同发展、共同受益而非单方面的得利。对邻人、邻国要有恻隐之心，富于同情感，而非无动于衷、麻木不仁甚至于乘人之危、趁火打劫与落井下石；王霸之辨即推崇王道、贬低霸道，表现在外交上则是反对滥用武滥杀无辜与残害生灵，反对对外发动战争与侵略等。

（三）华夷之辨是处理外部世界关系的指导原则。“大一统”观念具有强烈的一元与整体意识，然而这种整体并非是部分的简单叠加，而是内外有别、远近不同。中国、诸夏和四夷从中心向边缘渐次扩展，最终形成一种“内中国而外诸夏”、“内诸夏而外夷狄”的差序格局。华夷之辨就体现了这种构想，它成为儒家外交思想中另外一个重要部分。华夷之辨原理包含有两种含义：其一是“严夷夏之防”。夷夏之间保有严格的尊卑之分，保持着严格的距离和相对稳定的关系。华夏不主动去勤边远略，“王者不治夷狄”。四夷不得侵扰华夏并觊觎中国的权力和财富：夷不谋夏、夷不乱华。其二是“以夏变夷”。夷夏之间，华优夷劣，“夷狄之有君，不如诸夏之无也”。这是用夏变夷的前提。因此孟子认为“吾闻用夏变夷者，未闻变于夷者也”。“以夏变夷”又表明华夏文明包举天下、不忍四方长期陷于蛮荒状态。华夷之辨的两种内涵相应导致了两种不同的倾向。“严夷夏之防”导致了种族上的“华夷之辨”。在这种原则指导下，华夷的身份由其血统来决定，后发展为汉族中心主义、种族沙文主义，这是华夷之辨的负面影响。而“以夏变夷”则导致了文化上的“华夷之辨”。在这种倾向下，华夷之间的划分仅仅是一种文化上的分别。四夷与诸夏之区别，不是“民族”界限而是“文化”优劣的区别，古代诸夏代表的中国是一个“文化中国”，即“诸侯用夷礼，则夷之；进于中国，则中国之”。华夷之辨理论指导下的中国对外关系，一方面确立了华夏民族在文化上的自信心和优越感，进而形成了对外关系格局里中国居高临下、傲视万国的情势。但另一方面，华夷之辨理论中的“文化中国”概念又确保了夷夏关系的开放性，成为推动天下秩序内部发生变化的推动力。

（四）怀柔远人的原则。怀柔远人，源于“仁”的概念，是传统中国处理对外关系的又一原则。“仁”是儒家理论中最为重要的概念，它不仅适用于人际关系，也推及到了国家间关系。在国家间关系上，儒家主张由华夏中国行“仁道”即“王道”来德化天下。从“王道”理论中延伸出传统中国处理对外关系的两项原则：“和平”与“礼治”。和平观念导致中国传统对外关系中出现了慎用武力征伐、强调整个世界和谐相处的观念。礼治观念导致中国与他国互动时，采取礼的方式，即“事大志小”的模式。怀柔远人指导下的对外关系，是一种对外国单方面施恩、关怀的体现。现在我们总结一下儒家的世界观念。传统的儒家对外思想，强调世界为一整体；在构成世界整体的中心、边缘各部分，其地位有尊卑之分；中心与边缘之间的互动方式是和平交往。传统的儒家思想中包含的这些对外思想，长久以来影响了中国的对外交流模式。首先，从对外决策的过程而言，儒家思想体现出的外交理念根深蒂固地影响着历代政府的对外决策过程。其次，儒家外交理念具体转化和内化为一系列复杂的制度、规则和礼仪，永久地规定着帝制时代中外交往的性质和范围。

先秦儒家外交思想简单说来，就是王道睦邻外交思想，其本质为道德的理想主义，其内在逻辑主要有四点：一是遵循了由一般到特殊的演绎推理，即从强调中和、中庸到注重和谐、和睦的特定领域，在处理人际关系与国际关系领域，其行为规范是由一般性伦理学思想派生与引申出来；认为人性本善或从善的，并将国家关系、国家的定位与人与人的关系、家与家之间关系等同起来，把处理人与人、家与家的关系推演到处理国际关系，强调性善论；以“三纲八目”的道理来推演出对外治理的政策策略。《礼记·大学》所述：“古之欲明明德于天下者，先治其国。欲治其国者，先齐其家。欲齐其家者，先修其身。欲修其身者，先正其心。欲正其心者，先诚其意。欲诚其意者，先致其知。致知在格物。”“自天子以至于庶人，壹是皆以修身为本”；提倡内政与外交互动，把国内的德政仁政延伸并推之与国外交往方式即外交之间的互动，以礼尚往来、以理服人的王道睦邻外交来检验德政仁政策略。

儒学中的政治理想：德化论与和平论

美国夏威夷大学　成中英

儒学以人为本，其既重视个人，也重视社群，既重视人的整体性，也重视社会的和谐发展，讲求人和社会的道德发展。孔孟提出的“仁道”与“义道”，都具有个人与社会的意义，从今天看来，应该还具有推广于国家、国际和全球的意义。个人若能反身而诚、体现仁心，再以仁为基础、进行义的思考，来实现正义的行为，就可以将个人的修养同国家发展的目标相统一，乃能成为一种社会伦理的基础与规范；将之推到国家的层面，它就应该成为国家法律的基础；将之推到国际层面，它就应该成为国家之间交往的基本要求。诚然，在国与国之间谈道德问题似乎将流于空谈，但不要忘记，在人类发展的过程中，以道德为基础的国际法、国际正义，也是十分重要的；而这种国际法、国际正义，亦不能离开人终极的发展目标和人基本的发展企求。人皆要获得一种安定的、繁荣的生活，皆要能够维护一种文化生活，故文明具有多元性、融合性，这有利于世界的和平。在与其他国家交往时，任何一个国家都人应该有一种道德的规范，不能任凭一个的霸权来侵犯他国的权益，或强加毫无历史根据与漠视理性的所谓“再平衡“政策于相关国家。

纵观当前的国际关系与国际政治，伦理和国际行为规范，似乎尚无法解决这一基本的国际行为的伦理规范问题。面对这一问题，应当有一种面对过去与面对未来的历史的思考；同时，我们必须认识到，不能用权谋来扭曲历史、捏造历史，而要真实的认识历史。如何真实的认识历史，是一个重要的问题，事实上这也是一个道德良知的问题。即使一个侵略者改写其屠杀无辜，掠夺奸淫的暴行，蒙蔽其下一代，但历史的真相也将逐渐发现，并不能抹灭一个族群的污点，而不付出代价。当然，在历史中，也存在一种以强势的权力制衡来达成和平的方式，但如果罔顾道德正义，这种和平是不可能持续的，因为任何权力平衡都需要一个道德价值和道德目标的支撑。我们分析两次世界大战的起因与结果，我们看到显然是由于历史上的不义事件引发战争，而战争的结果却未能真正清除不义的因素，最后仍然导致新的冲突与新的战争。就以中国在两次大战中的遭遇而言，第一次大战的结果巴黎和会姑息了日本，等于间接鼓励了日本积极谋取侵略与掠夺中国。第二次大战后，中国作为战胜国仍然未能完全收回为日本掠夺的土地与岛屿，造成了今日尾大不掉的失控局面。当然由于列强的早期侵略，中国的现代化受到阻扰，造成了中国的内忧外患，未有充足的权威与力量来发挥道德与正义的诉求。

总言之，如要历史上国际关系长期稳定，我们就不能仅仅依靠一个不讲道义与公平的霸权独断。我们必须认识到世界的和平是同时需要权力与正义的：仅有正义，没有权力，只是软弱的空谈；仅有权力，没有正义，只是为人类社会制造威未来的不安。在这种情况下，我们必须要建立一种道德意义或价值意义上的历史认知，来解决实际的多元问题。因此，在国际法之外，还应该要有国际伦理。国际伦理应该满足下列两点：一、充分表达人类对长期发展的期望；二、充分表达人类对永久和平的志愿。面对未来的国际与世界，一个负责任的大国不但要有充足的国力与权威来维护世界和平，还要有充分的家文化资源与道德眼光与智慧来促进公平与正义，从而成就并维护世界和平及人类社会的和谐发展。这是具有必要性和必然性的世界和平的理想与逻辑。

儒家可以说从一开始就很重视从道德到政治的发展。对于孔子来说，仁的发展必须要有伦理道德的信念作为基础，也要有实际实践与实行的能力。有了对此一实践能力的保障，仁的民胞物与、四海一家的大同理想才能加以践履。我们可以说，儒家的精神就是仁民爱物，推己及人的精神。它的重要性就在其仁爱的精神能够努力实现全球人类的互通与和平。我把它看成是儒家思想最根源的价值，也可以说是一种哲学的本体关怀之所在。在这种本体关怀之下，个人与国家都是仁的对象，也是仁的载体，足以承受相互发展与共同发展的责任。人类的发展，必须相互沟通，不仅是社会中人与人的沟通，也包括国际上国与国的沟通。只有沟通，才能帮助人们，让人民认知和平并创造和平，以道德正义的眼光来寻求发展目标。我们必须要重新审视儒学对于世界发展的重要价值，要认识到其关系到人类共同的发展。

我在这里强调，儒学的政治哲学，发萌于其人性哲学以及其所包含的仁的哲学，它区别于两战后的各种短视之政治学。从儒家的基本观点来看，政治上的仁道必须务于实践仁的法和伦理，以内在的诚恳取得外在的信任，让社会融通，打破藩篱。我在此要强调儒学中的伦理价值：人性、知性、正义、文明、和谐。以文明为价值，以正义、和谐作为教育的手段，就能达到恢宏德性的目标。

《周易》的第三十一卦——咸卦，提出了“天地感而万物化生”的说法，从一个大宇宙的高度，来考察人的感知能力与世界万物间的关系，也就是人与宇宙发生感应互动的关系。在这之中，我们既能看到历史事实位置的重要性，也能看到本体层面的要求。此一意义如何可能，和平又如何成为世界的保障与成果，我想我们可以就咸卦来加以了解。咸卦注重“感”的概念，重视感受、感应、感通。“感”既是对外在存在的知觉，也是启发内在存在的动因。外在的感受，内在的愿望和追求，多种多样的“感”，乃形成交感、感通、感应。这是哲学发展、繁荣的必要过程，也是维持和平与发展的过程。咸卦《彖传》说：“天地感而万物化生，圣人感人心而天下和平。观其所感，而天地万物之情可见矣。”《彖传》对咸卦的诠释，是很有卓见的。天地无感则无法生物，只有天地感才能生物。“感”是沟通、交往、交感，即《系辞传》所谓“天地絪缊，万物化醇；男女媾精，万物化生”。在《系辞传》之外，咸卦《彖传》也提到“天地感而万物化生，圣人感人心而天下和平”。故我要强调：在生物之层次上，滋生一种生命之交感，是一种阴阳的融合，乃有万物化生；在人之存在的层次上，系从个人到群体，而群体的存在又有多元的发展，于是有不同的群体，这些群体虽有不同目标，但应当共感交流，实现一个共同目标。不管是社会中的个人，还是国际上的国家，都会因而和谐相处。所以，交感和感通，是人之融合的共同要求。所谓“圣人感人心”者，人心是人之行为的主体，不能掌握人心之所感，就不能掌握人的行为、不能掌握个人所在的处境。这也是何以要将关心他人作为道德之宗旨的原因之一。圣人能感知人心，从而获得生命的更新之价值、更新之目标，这就有利于天下的和平与发展，所以说“圣人感人心而天下和平”。

从这个意义上，我们就可以看到儒学的和平观：和平是一种道德伦理的融合关系，经过道德的实践，来达到社会转化的目标。可知，人或国家在正义与道德的交往和沟通中进行着一个和平结构与实践论的道德实践。在这里我强调，要实践这一德化和平的目标，不管是领导者的个人或国家都必须有此信念与实行，也就必须要“反身而诚，乐莫大焉”，以仁爱为根基以实现在国际社会践履世界和平的共同理想。在德化论与和平论的基础上，以德服人，就可以独立自主地进行国际政治交往。这也是《大学》所关注的问题。

大学说：“大学之道，在明明德，在亲民，在止于至善”，这是德化论的一种发展。要正确理解此一德化的发展的可能，我们必须重视大学本文中提出的“格物致知”的要求。我们要反躬自省，德性的实践必须有两个基础：即是充分的知识，以及充分的道德动力，发之于人的“诚意正心”。建立一个实现的目标，或面对一个交往的对象，客观上必须“格物致知”，主观上必须“诚意正心”。前者是知识的基础，后者是德性的基础。两者结合，才能有意义的有价值的进行一己的实践行为。也就是在出发点上，我们需要兼备客观正义和主观正义。唯有同时符合这两者正义的要求，我们才能真正实现正义，有此两者，我们也才能真正为正义而战。大学以格物致知为诚意正心的先决条件，有一定的含义：先认识客观的真实才能更好反思自我的真实，毕竟客观的真实是明显的表现的。也可以说，客观的真实的意义在启发主观的真实，而主观的真实的价值则在呈现客观的真实。其实，追求客观真实已经有一个主观的真实作为原始的起点，只是一个人往往未能自觉而已。

儒家从头就强调民贵君轻，认为君主应当以天下为己任。我们注意到，儒学将人心与道心相区别，鼓励人涵养自身的德性，从克己复礼中掌握仁性，确立智性，认识正义，体现礼乐之道，从而达到天下一家、世界大同的目标，将文明与和谐推进和发展到极致。这是非常重要政治哲学思想，既不同于超越的柏拉图主义，也不同于西方17世纪以来的契约论政治哲学。而是把政治建筑在伦理道德的自觉之中。阅读《尚书》，我们看到尧舜禹以及汤文武周公，都是以修习事物之知与德性之行来实践一个正义的行为。这就是德化论的表现形式。简言之，我们可以看到，在个体生命中掌握仁和正义，在自然社会中走向文明与和谐，这都体现在《尚书》内中国古代圣王的行止之中。此中包含着追求和谐与和平的基本欲念。

这里我特别举出“天地感而万物化生，圣人感人心而天下和平”的易学理论，因为它回应了《尚书》中权力与责任相统一的德化论的思想。按照易学的观点，天地的自强不息、厚德载物之道，无时无刻不影响着人类，是社会发展进步的依据。人类领悟到这些，才能做到和而不同、周而不比的心灵态度。我们必须要发挥自己的人之性能，实践德能，至其极处，以配天德。为此，中庸进一步提出了“致中和”的理想与准绳以为基本的修持身心之道。

最后，我要说明“和平”与“和谐”的差别。总持地看，儒家在整体上讲的是和谐，其有整套通向和谐的理论。而其和谐论又有六个层次：太和，义和，中和，人和，协和，共和（大同）。① 这些“和”具有内在的动态统一性。我们既要顾及世界的安定，也要考虑外在的平衡。我把“和”看作一种内在的发展力量。作为基础，六层次之“和”必须要有一种内在的整体性，六种“和”是相互勾连的力量。这样一来，才能够产生一种对外在的影响。从内到外，复又从外到内，故能达成多方面的平衡。《大学》里所说的“平天下”，就是一种由内及外、内外相通的和谐。而咸卦《彖传》“圣人感人心而天下和平”之语，则彰显了“和平”与人的内心、人和人之间关系的紧密联系。由此可见，“和谐”是“和平”的基础和本源，“和平”是“和谐”的结果和表现。

儒家的和谐精神，包含着五种和平力量，只有具备这五种力量，才能实现真正的世界和平。这就是我的“和平五力”之说，我将它作为对儒家和平理论的一种论述。这“五力”分别是：维护生态，防卫国土、繁荣经济、鼓舞文化、坚持道德。我将它

---

① 成中英著，赵长江译：《儒家和谐论的六个层次》，《河北学刊》，2006年06期，第26页。

们分别视作自然和平之力、刚健和平之力、智慧和平之力、柔和和平之力、道德和平之力。其一，人类必须要学会维护自然机能，保护人类存在的环境，使生态得到保护和尊重，否则不可能得到真正的和平，因此需要自然和平之力。其二，国家与社会需要具有防卫它自己的基本能力，我们毕竟不能消除国土的界限，在这种情况下，既然有些国家与民族觊觎他人国土、热衷侵略，那么我们就应当有防卫自己所必需的力量，因此需要刚健和平之力。其三，真要实现世界和平，也不能只依靠刚健的力量，还需要重视经济繁荣，国家和社会必须要各尽所知以致力于经济的发展，才能使人心平稳安定，因此需要智慧和平之力。其四，人的生活里，除了物质的需要，更有精神的需要，以是故，要维护和平，还需发展文化，因此需要柔和和平之力。其五，则是本文一直强调的道德和平之力。

总结来说，我的和平理论的重要性，在于充分发挥了以儒学作为基础的太极创化论。如果我们把自然看成太极，那么道德是阳，智慧是阴，在其上又有一个形而上的易，乃成其为太极。事实上，要维护世界的和平，还需要一个和平论的指导，这又需要一个将天道地道与人道相结合的三才之道，即太极哲学的创化论来作为人类发展的圭臬。有了这样一个共识，我们才能互化而和平。

最后，当下的国际关系之发展，过多地彰显和突出了没有经过道德约束和智慧锻炼的霸权意识。这是世界和平所面临的问题。在西方，目前还没有一个关于霸权主义的反省。从马其顿帝国到罗马帝国，以至于近代，对权力欲望的追逐都缺乏反思。两次世界大战之后，人类的生活还围绕着霸权。现代的社会，除了有霸权主义的问题，还有过分追求发展的情况。在发展过程中，要寻求科学和规律的支持，也要寻求人文价值的支撑，在发展中互利而不互害。加强人类各族群文化间的交融互化，是很重要的。在刚健和柔和中，要看到柔和的价值。另外，我们可以看到，现在的经济发展势头非常猛烈。但经济发展如果不考虑到道德约束，就会产生2008年的经济危机。现在，虽然美国已经走出危机，那么，他能不能维持和平、以高瞻远瞩的眼光来促进经济发展，而不是互害地发展，就相当重要了。我们怎么在经济和道德之间、在金钱和正义之间找到一种平衡，这非常值得我们加以关注。因为这是一个建立动态和平的根本关键。

康有为与现代中国

北京大学　干春松

1927 年，对于现代中国的政治、历史发展和学术演进方向来说，是一个值得关注的年头。

在 1927 年，蒋介石面对共产党蓬勃的势力发展日益忧虑，进而发动了一次以纯洁国民党队伍为目的的“清党”运动，自此，国民党和共产党之间的对立成为中国政治新的主题。

而从 1926 年就开始的北伐战争，则以高歌猛进的姿态对自晚清以来逐渐形成的地方军事力量进行讨伐，并在 1927 年取得决定性的胜利。这场胜利也意味着北洋军阀时期的结束和一个新的一统时期的到来。

同样，也是在 1927 年：刚刚还在自己七十寿宴上与溥仪频繁互动的康有为，却于 1927 年 3 月因为一次可疑的食物中毒而在青岛离世。稍后，虽在清华国学院任导师却依然担任逊帝溥仪南书房行走的王国维则选择以自沉昆明湖来终结自己的生命。康有为和王国维的死或多或少都与北伐有牵连。不过，对于康有为而言，其政治生命的终结则可以追溯到十年前参与张勋复辟之时。在 1917 年之后，康有为则已经被时代视为“历史人物”。在陈独秀等人努力将儒家“塑造”成专制和愚昧的象征以使之成为民主和科学的对立物之后，康有为却依然坚信没有文化作为基础的制度形态难以发挥其实质的效用，并试图探索一个超大型的、多民族国家的独特路径。而这一切都恰好成为新文化运动诸公信手拈来的儒家阻碍中国现代化的铁证，康有为本人也无可逃避地成为这个铁证环节中的“人证”。概而言之，从 20 世纪 20 年代开始，康有为的政治主张与现实的政治发展之间已经筑造起一堵厚厚的墙。

在“革命”叙事被国共两党共同接受为“政治正确”的中国近现代史的线索中，康有为的政治行为被分为前后两橛，即戊戌变法之前因提倡变法而引领时代，戊戌之后因日渐反对革命而落后于时代。这样的叙事预设了一个前提，即中国已经发现了一条迈进现代的道路。

即使是在儒家发展谱系的内在性描述中，康有为也长期被置于边缘地带。在大学儒学系统“内圣开出新外王”的尝试下，肯定民主和科学成为儒家道德理想的内在发展需要。在这样的趋势下，儒家的实践性导向被贬抑，基于儒家立场对现代性的反思被视为对于现代性的抗拒，而基于今文经学的立论方式则被钱穆等视为晚清学术的“末影”，认为其与以实证和推理为特征的现代科学格格不入。

然而，进入20世纪的末期、特别是21世纪之后，随着中国社会经济的不断发展，人们发现难以从已有的模式来解读中国式的政治体制和经济模式，而对于政治、经济独特性的分析必然会导致对于民族文化传统的关注。与此同时，多元现代性的理论也导致多元合法性思潮的兴起，这既造成了主流价值观的破产，也使得多种社会思潮蓬勃兴起。大陆的儒学复兴运动便是在这样的背景下得以不断发展。

与倾向于阐扬道德心性的港台新儒家不同的是，大陆新儒家具有一种强烈的实践性和政治化的倾向，其表现并不仅仅体现为身处大学的儒家知识分子的理论阐发，而是遍及宗教、教育和政治实践诸方面；其价值取向不仅仅是对现代性的接引，而是对现代性抱持一种强烈的反思态度。在这样的趋势下，康有为终于得以从由他自己、不同政治派别和擅长发掘各类掌故的历史学家的“陈旧”故事中解放出来，康有为的政治活动和理论思考重新焕发出其对于现实的参照意义。按张旭的说法，甚至形成了一种“新康有为主义”的思潮。

如果，“新康有为主义”是为了摆脱以前的种种意识形态的标签、而不只是添加新的标签的话，我们就需要拒斥一种新的意识形态的解读，需要仔细打量康有为所面对的问题，而本书所收的五篇文章，所聚焦的则是“建国”的问题。

“建国”问题可以分解为两个问题，一是中国如何从一个王朝转变为现代民族国家；二是如何设计这个新的国家的内部秩序和治理体系。

康有为清晰地认识到中国所面临的世界格局已经是一个民族国家为主体的国际竞争格局，即所谓万国竞逐的争夺之世，也被康有为称之为“新世”。面对这个“新世”，康有为认为要将他内心所追求的大同世界秘而不宣，大同的世界虽然符合王者无外的儒家天下理想，但是，并不切合依然处于小康阶段的时代需要。基于对公羊三世和进化理论结合的历史哲学，康有为的政治哲学处处展现出他对中国所处的历史阶段和现实任务的确认。

既然我们所面对的世界呈现出一种“对内文明，对外野蛮”（杨度语）的内外有别秩序，那么中国所应提倡的就是“霸国主义”，唯其如此，中国才能完成“保国”、“保种”的目标，而不至成为列强瓜分的目标。面对欧美列强对于中国的掠夺和印度、南美等国因为分裂而被殖民的教训，康有为认为中国只有维持统一才会具有竞争力，所以他反对章太炎、孙中山等基于激发种族仇恨而推行的革命主张，认为新的民族国家应以清王朝的版图为基础，担心由种族革命而引发的周边民族的分裂。

针对革命派强调民族国家是由一个民族构成一个国家的看法，康有为更愿意从国族的角度来理解民族国家，他依据德国的经验认为，要建立一个强有力的国家，则需要把国内的各个民族统合在共同的国家观念下，而不是将已经置于国家之内的民族分离出去。因此，康有为坚决反对晚清和民国初年受人心仪的“联邦制”和“联省自治”。固然美国是一个联邦制的成功的国家，但并不能据此认为中国也应该实行联邦制。在康有为看来，联邦制即使在某一个时期是一个可以接受的方案的话，那么也只能看作是为最终建立一个统一国家的目标过渡而已。

在与革命派的论战中，康有为认为应对“民族”概念进行正确的认识，由于中国相对封闭的地域和独特的价值观念，中国境内的各民族始终处于不断的融合过程中。作为清朝的统治群体的满族，既然接受儒家的观念和生活礼仪，因此，也已经融入了中华民族之中，所以不应对其采取驱逐的策略，而是应当通过改汉姓等多种方式促进民族融合。

康有为一直强调要“保全中国”，这意味着需要完整地继承清王朝的土地和人口，在此基础上的主权独立才有意义。在这样的前提下，他一直强调国家意识的培育。为此，他和陈焕章一方面建立孔教会，想通过儒家的教会化建制，使儒家获得制度化的传播和实践的保障；另一方面，则试图通过立孔教为国教的方式，使儒家的价值观念成为凝聚国民的核心资源。

这个备受争议甚至招致批评的国教设计，看上去是有阻碍信仰自由和汉族沙文主义的倾向。但是，如果我们考察康有为对于宗教的认识，特别是他的多元国教说，就会了解他所关注的其实是一个国家内部多元民族如何找寻一体价值的可能性。

民族国家的内部秩序和治理体系是康有为要进一步申说的问题。在戊戌变法之前，康有为开始以托古改制的方式，将民权、平等、议会、宪政等观念引入中国知识界。不过他自己对于这些观念背后的制度设计并没有深入的认识，他所关注的是面对僵固的皇权体系，如何通过设立制度局等方式使得社会的正向流动得以实现，底层的民意能够上达。戊戌之后，康有为开始长达十几年的流亡和游历，足迹遍及欧洲、美洲、非洲、亚洲的三十几个国家。这期间既有如印度大吉岭时期这样重新注释儒家经典的沉潜期、也有与各国政要、知识界探讨中国变革得失的反思期、更有对相同的制度在不同国家产生不同效果的对比期。如此丰富的经历和思考，让康有为坚信并没有一个现成的模式可供中国模仿，他诙谐地说，如果美国、法国这样的经验可以照搬的话，那么政治就是一件最容易的事，我们只需要派出一些留学生，将他们的制度、法规抄写即可实现国家之富强。

康有为认为，国家的体制和具体制度的确定，一是要看现实的可能性，二是要照顾到本国的人心、风俗、礼仪、法度。

相比于晚清民国普遍流行的以“共和”来解决中国社会顽疾的制度乐观主义倾向，康有为一直质疑中国实行共和制度的现实可能性。他比较了英国、法国、美国、瑞士等不同国家的民主共和体制，认为瑞士式的直接民主制度只适合小国寡民的地区；而美国式的总统制则需要辅以交通、通讯等手段的配合，才能使选举权等民主形式得到落实。相比之下，他认为英国保存虚君，结合上下议院的体制比较适合中国国情。因此，在民国初年，他采用曲折的方式坚持认为“虚君共和”最为适合中国的政治体制。而在袁世凯复辟之后，他开始直接批评共和制度，质疑缺乏道德支撑的政党政治和议会政治，只可能成为政客谋取自身利益的工具，而与真正的民意和人民的福祉无关。

在对于代议制度、政党政治等现代民主制度的反思上，康有为和他一生的论敌章太炎甚至有着惊人的相似之处。他们都质疑在一个超大规模的国家里，以一人代表数十万人的代议制能否真正传达民意。康有为设想一种地方自治和中央集权相统一的方案。

康有为认为，国家对于财政、军队和外交的统治权是必须掌控的，否则难以应付国内和国际的新格局。同时，权力的集中还有助于推进修建铁路、通讯、教育等公共服务体系，确定统一的国家意识。晚清的国际秩序使康有为坚信，在缺乏国家能力的前提下，国民的民权和社会福利便无从谈起。但他同样反对中央对地方的过多干预，认为这会遏制地方的积极性。所以，在国家结构上他主张“析疆增吏”，即一方面废除现有的省的建制，而改以更为小规模的州、县，扩大地方自治的空间，并提出要从传统的宗族和团练等地方组织发展出有别于官方机构的地方自治机构，以此作为国民的政治素质训练环节。另一方面则设立跨越地区的、具有更强专业性的官员来处理卫生、教育、民政等事务。康有为认为，这样的设计顺应了社会分工的多样化趋势，官员的数量也应该随之增加。总之，在康有为看来，地方自治和中央集权并非是对立排斥的关系，也可能是一种相辅相成的促进关系。

对于新的国家治理秩序需要考虑本国的人心、风俗、礼仪、法度的问题，经由哈耶克等人对理性的“自负”的批评，可能已经不难被人接受，但是在实际的操作过程中，依然是一个困难的过程。因为世界各国现代化发展存在时间上的先后和程度上的差异，而现代社会的制度设计一般而言是由那些最先发展的国家所制定的，这样的历史背景造成了对后发国家的制度牵制甚至制度压榨。比如晚清时期西方国家就是借助于法律观念上的差异来为他们在中国的“治外法权”寻求“法律”依据的。

当然，制度上的移植和模仿是必须的。因为在新的世界格局下，人类产生了大量的国与国之间的公共事务，这些事务需要有共同的规范来处置。但是对于国内的秩序安排，能否完全照搬别国的模式，这是值得怀疑的。对此，康有为的论证是极端基础性的。他认为所有的制度运行需要道德素养做基础，国人的道德价值只能从自身的文化传统中养成发展，所以，只有符合国人人心和风俗的制度，才可能是适合并有效的，否则便会产生制度的变异和失灵。可惜，这样的警示被视为对于旧制度的留恋而需要“最后之觉悟”。

很显然，在康有为的思考中，其众多灼见被掩埋于他自身在叙述中的许多矛盾性的论述里。但是，在随后中国的政治实践中，我们其实经常可以在各种不同的制度设计中，看到康有为的影子，哪怕只是一个倒影。在我看来，他的有些设计可能是不现实的，比如立孔教为国教；但是他的思考则是超前的，比如如何保全中国的统一、如何处理中央权力和地方自治的关系，如何思考不同民族之间的关系，这些依然是摆在当下政治家面前必须应对的棘手的难题。

最后，我们需要对康有为在儒学发展史上的地位做一个说明。在讨论康有为的建国策略的时候，始终萦绕在我思绪里的一个问题是，康有为对于建国问题的思考可以被理解为儒家在面对新的国际格局中的一种回应，这是儒家对于现代性问题的一种回应。

最为通常的看法是将儒家思想的发展分为三个阶段，即先秦至汉的儒学、宋明儒学和现代新儒学。然而，学术界在讨论现代新儒学即所谓“儒学的第三期发展”时，往往从梁漱溟开始，理由在于梁漱溟是对新文化运动的激烈反传统的一种回应。

很显然，将儒学第三期发展的使命仅仅视为对新文化运动激烈反传统的一种回应，且不说是儒家自小局面的认识，也是儒家对自己的新使命认识不足的表现。如果说，宋明儒学因为回应佛教的冲击，所以强化了儒家对于内在道德意识的阐扬，那么作为第三期儒学的使命则是要回应西方的挑战。

对于西方的挑战，无论是李鸿章这样的朝廷重臣，还是康有为这样的敏感士人，均视之为三千年未有之大变局，因此，儒家所要回应的问题，则是自孔孟以来所未曾面对过的：它既是经过启蒙运动而产生的一种全新的价值体系，也是市场体制为特征的新的经济形态，更是建立在个人权力基础上的一套社会政治制度。这样的挑战对于儒家而言是全方位的。因此，儒学的第三期发展只能理解为是儒学对于古今和中西问题的全面回应，而不是作为其中的插曲的新文化运动的回应。而最早对此做出全面系统回应的人不是梁漱溟，而是康有为。如果我们阅读梁漱溟的作品，我们能特别明显地看到，梁漱溟的所有思考，始终没有超出康有为的范围，而随后的熊十力、牟宗三、唐君毅，继而以一种“防御性”的心态将民主和科学视为儒家道德理想的内在要求，这正是由于失去了康有为和章太炎等人所具有的对于现代性的反思精神所致。尤其严重的是，在这些新知识形态中出现的“新儒家”甚至没有真正在儒家的经学体系中浸淫过，这导致他们的对许多问题的思考甚至是游离于儒家的内在理路之外的。

更进一步地说，如果我们将中西问题理解为现代和古典的话，那么，儒家可以甚至可以分为两期，即康有为之前的儒家和康有为之后的儒家，因为宋明时期儒家所要回应的佛教并没有对中国的政治制度和价值体系产生颠覆性的冲击，而只有在晚清的制度化儒家解体之后，儒家才发现自己已无存身之所。

康有为对于教会化儒教的设计，对于国家治理体系的思考，对于儒家经典体系与西学融合的尝试，在当时即已被批评为“其貌若孔，其心则夷”。这样的批评说明儒家并没有找到恰当的应对西方的方式，亦没有摆脱失去存身之所的困境。但是，在康有为那里，一切努力，已经开始。

儒学中的丰饶及和平的意义

韩国公州大学 权正颜

一、绪论

个人和社会最大限度地利用他们所有的力量和赋予的生存条件，解决威胁他们生活的问题，创造更好的生活条件。人类的历史正是创造这种幸福的生活条件的过程。此外，通过悠久的历史经验，我们已确认幸福生活的最重要和必不可少的条件是丰饶及和平。个人在家庭或职场没有矛盾，在经济方面丰饶的生活是每个人梦想的理想生活，从战争的恐怖中解脱出来，共享丰饶生活的社会是人类共同梦想的理想的社会面貌。

反之，这句话意味着贫穷和饥荒、矛盾和战争是威胁个人和社会生活的最大威胁因素。虽然说不上是人类遭排斥的根本原因是饥荒和战争的务台理作这句话，人类至今依然未从饥荒和战争的恐怖中解脱出来。实际上丰饶及和平的理想是忍受家庭和职场的矛盾及贫穷的人的梦想，对在残酷的战争中失去家人或受到伤害，因为饥荒和经济不景气，失业的人来说更是令人渴望的梦想。

也许是因为矛盾和贫穷、战争和饥荒的创伤和疼痛而感到疲惫，所以为了和平及丰饶的人类的热切努力更加富有意义，随之警惕阻碍取得蕴含这种意义的成就和摸索持续地保存和扩大的方法必然变得重要起来。本章将讨论成就儒学中的丰饶及和平的方法，破坏该成就的因素，如何防止，以及保存和扩大该成就的方法。

二、致富之道

丰饶始于衣食住等最基本的生存条件，是指尽享我们生活的便利、健康和悠闲。从重视百姓的儒学观点来讲，始于“使民养生送死无憾”的“王道之始”，书经中提到的福利的条件意味着良好的成就状态。此外，古代东亚认为其关键在于农业生产的成功与否。

当然，这种丰饶的许多部分是自然提供的。尤其是在拥有利于人类农业的优越自然环境的古代东亚，丰饶大多都是托自然的福。众所周知，甚至连大洪水的灾难也是为黄河流域带来悠久丰饶的根基。

但是正如中庸中提到的“天地之大也，人犹有憾焉”，人类不能满足于自然赋予的一切，也不能满足一切需要。因此，人类因不能满足于狩猎，开始饲养家畜，因不能满足于采集，开始种植粮食，因不能满足于捕鱼，开始养鱼。

对人类的生存和丰饶的自然力量和作用的尊重，同时对人类的努力和作用的觉悟成为形成天人相助的意识和文化的重要基础。书经中提到，“天工人其代之”，不仅周易中将天道视为无限生成的“生生之谓道”，而且出现了视上天为人类道德性根源的孔子的“天生德于予”，将天人相互联系起来理解的天人相关的意识和文化以多样的形态发展。

但上天不仅赋予洪水、旱灾或自然灾害等少数的变数，而且赋予基本上与人类的意志无关的不变常数，即功能和作用。因此，人类将其理解成自然，顺应该法则，将其用作生活的有用条件，逐渐地重视人类的作用，向着促进该力量发展的方向进步。

那么，为了成就生存和丰饶，人类应该怎么做呢？个人确保和利用意识主义生存条件，实现福利的丰饶生活的最佳方法是勤勉的劳动和节约的消费。虽然适当的消费有助于促进社会经济的活性化，但个人和家庭实现丰饶的正道是勤俭。懒惰和超消费是导致贫困的原因，从这点来看，“勤俭乃起家之本”这句话依然是正论。

问题是虽然勤俭，但却丰饶不起来，甚至难于生存的现实充满了在人类的整个历史。孔子说，“耕也，馁在其中矣（《论语·卫灵公》）”，这种令人悲叹的现实并非存在于孔子时代。

平凡的百姓们都在为自己和家人勤俭。虽然如此，这么勤俭的百姓们还在忍受着饥饿的苦痛，过着不安的生活，其原因何在呢？孟子提出了一治一乱论的历史观，指出人类初期经历的混乱的两个原因是大洪水的自然灾害和桀纣等支配者的暴政。虽然自然灾害是原因之一，但问题的关键在于社会的要素，尤其是政治和指导者。对这些混乱的解决，禹的治水和汤武的革命等事实全都表明了这一点。

那么，政治权力和指导者的社会作用具体是什么呢？

禹的治水所表明的作用是在农业社会确保百姓的居住和耕地，且整备灌溉设施。如果从现代的角度来说明，就是确保产业的基础设施。书经尧典的历书本来是为向百姓们“授时”而制成的，被称为百工的国家官厅和官吏在主要农事指导和农具的制作方面也发挥着主要作用。

国家通过井田法公平地分配土地，通报农事时期，开发和提供农业技术和工具，百姓们以家庭为单位，以村庄为单位协作整备耕地，通过勤勉的劳动生产农产物。然后将这些生产物的十分之一作为税金上缴至国家，国家运营国家组织，开发新的农业技术和工具，并充实国家防卫，配备有助于百姓利用的公共设施，扩充照顾鳏寡孤独和残疾人等难于独自生活的人们的社会福利。

通过在国家和百姓的互动、劳动和技术的合作中进行的生产，人类体验到了过去未曾体验过的丰饶。周易中象征丰饶的卦，即富卦是由象征劳动的震卦和象征智慧的离卦构成的，这一点带给人很多启示。程子将该劳动和智慧的关系称为“相须如形影，相资有表里（富卦初九程传）”。

禹并未完全发挥作为指导者的作用，同时虽然是百姓们的勤俭榜样，但重要的是百姓和国家的相互协助的民官相助的原则和各自充实地发挥自己的本分，即开发劳动和技术这个明动相资的作用，实现社会的丰饶。该理想的面貌正是诗经豳风七月章中提到的勤勉的农民和劝农官——田畯的互动。

三、富之功效

个人的丰饶通过自然和人类的天人相助，是勤俭的结果，社会的丰饶是通过百姓和国家的民官相助，是劳动和技术结合的结果。那么，这些丰饶对个人和社会有什么意义呢？从反面来看，如果了解贫困这个经济的不安对民生的安稳会带来什么问题，答案将会更加明确。

贫困是不能让子女吃饱、穿好，不能让他们接受良好的教育，不能让他们实现自己的梦想。贫困对年老的父母来说是不能提供“衣帛食肉”的奉养，是不能照顾疼痛的身体和接受治疗。贫困偶尔是让心爱的妻子在毫无希望的劳动中忍受苦痛，不能与子女们一起生活，用绝望的痛哭令人撕心裂肺。

一个家庭的丰饶至少应防止子女们在这样的苦痛中成长。不对，丰饶不仅应该让子女们吃饱、穿好，而且应该成为可以让他们实现自己的梦想和希望的力量，成为可以让父母们安享舒适和健康晚年的力量，为妻子带来可以追求安乐和幸福生活的宽裕时间。丰饶是带给人们可以郑重地送走去世的人们，追慕他们的生活，不忘记他们的恩惠和回忆他们的宽裕时间。

此外，这样的丰饶将再次成为社会成员之间和平的最重要基础。当然，和平并非仅仅源自丰饶。孔子说，“不患贫而患不均”，这句话说明社会成员之间的和平关系并不仅仅是丰饶，还源自均平分配。那么，真正的和平如同太阳升至中天，向所有人散发光芒，以向所有人平均分配丰饶的“所有人均衡的丰饶”为根基。

实际上，真正的丰饶，首先，不仅是该社会的一部分，而且还要让所有最平凡的家庭太平和睦。当然，如前所述，丰饶并不会带来所有侧面的和平。但是经济的宽裕也明确地具有消除许多不和原因的力量。在该丰饶及其带来的和平之上，每个人都会追求自己的幸福生活。即让出生的生命实现享受其生活的“乐生”。

儒学的目的是什么呢？这就是创造让平凡的每个人尽享这种生活的“乐生”世界。儒学中所说的“日用平常之道”就是指这种平凡人所追求的日常生活幸福的真理。诗经周南的芣苢篇歌颂了这样的丰饶及和平构成的理想的生活面貌。

芣苢篇是诗经中代表性的女性集团庆典的舞曲歌谣。该诗自古以来被认为是歌颂丰饶及和平的歌曲的最重要象征正是舞蹈和女性这两个中心概念。朱子说，“化行俗美，家室和平，妇人无事，相与采此芣苢而赋其事而相乐也”，准确地说明该诗歌颂了基于丰饶的家庭的和平和女人们的幸福庆典这个核心。

也许丰饶及和平所具有的真正意义在于可以满足该诗中女流之辈所代表的社会弱者，即儿童、老人、病人、残疾人等人们的要求。春秋公羊学中理想社会的太平时代的象征之一“在乱世或小康世不属于被考虑对象的社会弱者的痛苦和要求也都可以被考虑”正是其意义所在。

首先考虑社会弱者的所有痛苦，并充分地接受平凡人的小小要求，所有人汇聚一堂，过上幸福生活正是丰饶及和平的理想社会应呈现的面貌。社会的丰饶在每个人的意识中滋生温柔敦厚之风，形成充满人情的社会风俗，扩大福利的社会基础，如同文王的灵台一样，与实现丰饶的百姓和指导者一起建设与民同乐的乐生余暇设施，是可以为社会的弱者提供充足福利的力量。

儒学所追求的“平天下”的理想或“各得其所”的内容或“措世于隆平”和“大同社会”的梦想全都是指在丰饶的基础上实现和平的社会和在其中实现平凡人的幸福生活，所有时代的儒学者们梦想和实践的也未脱离该范围。难道仅仅儒学如此吗？人类提出的所有思想、哲学和宗教虽然各自的表现不同，但实现丰饶及和平，创建没有贫穷和战争的世界是所有人类的真正师徒们所共同梦想和实现的梦想。

四、败富之贼

丰饶是自然和人类共同协同创造的，是个人和国家共同协力实现的。此外，其结果是建设个人的幸福生活和真正文明的理想社会的基础。因此，我们人类长久以来一直期望着这样的丰饶及和平，一直在为了建设实现这种理想的社会而奋斗。

此外，在人类的悠久历史中，我们好不容易积累了建设这样的丰饶及和平时代的成功经验。实现丰饶及和平的过程虽然是与饥荒战斗、平息战争的奋斗过程，但享受这样的成果的大概是下一个世代，这也许就是上天赐予的幸运或祝福吧。

但是，世上的事情并非全都如人所愿，并非永远如人所愿。虽然丰饶及和平成为个人的安乐生活的根基，成为社会的丰富文化发展的基础，但同时会给个人的生活带来懒惰和安逸，给社会带来贪婪和享乐的陷阱。

虽然“无事安逸”是饱受战争和饥荒的人们的梦想和理想，但对拥有这种生活基础的人们来说却是“无忧地狱”，如“内作色荒”、“外作禽荒”这些书经的教训所教导的那样，安逸是可以荒废人类的心性，使生活变得毫无价值的陷阱。孟子给予的“饱食暖衣逸居而无教则近于禽兽”的警告正表明了这样的丰饶及和平为生活带来的危险。

我们有句俗语说，“聪明的人在贫穷中诞生可谓双福临门”。在严酷的考验中实现丰饶及和平的人们不觉之中具备了超强的力量，相比之下，享受丰饶及和平的人们几乎没有获得这种力量的机会。

当然，没有能力实现并不意味着没有能力享受。大概的情况是享受不需要特别的能力，任何人都可以做到。但是，正如孔子所说的，“小人不可以长处约，不可以长处乐”，一边守护和平及丰饶一边享受其实也并非一件易事。

丰饶及和平不会创造温柔敦厚的心性和风俗，反而会滋生贪婪和享乐，将人类转变成禽兽，关于破坏未曾享受过的该丰饶及和平的幸运的小人的逆说和悲剧源自何处?

也许那是源自“好逸恶劳”、“始勤终怠”的人类本性。但是，也许关键在于人类的无止境的贪婪。古代智慧的贤人始终如一地强调地节制欲望、知足和寡欲源自对这样的人类的理解。

但是，实际上并非在实现丰饶及和平以后，而是从过程本身开始，阻碍成功的最大原因大概在于错误的政治权力和支配者。本来他们的存在目的是让通过勤俭实现丰饶及和平 的百姓们可以与家人们共同分享。这就是“后天下而乐其乐”的精神。

因此，孔子所说的“政者正也”，即纠正不正，实现正义，看破了政治的本质，但那意味着纠正那些没有对实现丰饶作出贡献的人享受甚至独占该丰饶的不义正是政治权力及其指导者的作用。这种作用并不是仅通过法律防止百姓中无为徒食的面貌，而是通过制度和文化预防和防止窃取、掠夺百姓们通过勤俭实现的丰饶的所有不义。

但是，反过来说，在大多数的人类历史中，破坏丰饶及和平的最严重的元凶存在于肩负着应发扬这种正义的责任的政治权力和指导者当中，是诗经魏风硕鼠篇的“硕鼠”们。尤其是在没有战争的状态下，社会的矛盾和不和，以及在没有饥荒的状态下，勤俭的人们的贫穷等许多历史现实正是忘却人道和正义的和平及丰饶的另一个敌人，即因为变质的政治权力和支配者们。甚至很多情况下，并非战争和自然饥荒的“社会饥荒”也是因为这些和平及丰饶的敌人而引起的。

更严重的情况是将社会的丰饶视为军国主义的力量，用作破坏国际和平的力量。自从汉武帝的渎武以后，甚至招来了近代西欧列强的帝国主义的掠夺和日本帝国主义的侵略，丰饶不是被视为内外的和平的手段，而是被视为侵略的手段，是最可怕的丰饶及和平的敌人。

并非共同分享上天和人类共同实现、百姓和国家协力获得的成果，而是被权力者和少数的支配阶层的永无止境的贪婪所独占，他们将其用作贪婪的工具，是破坏丰饶及和平的根本原因。我们容易忘却的是那些贤人们的节制、知足和寡欲是人类一般的生活智慧，这样的情况主要针对的正是属于这种领导层的人们。因为过上平凡而健康生活的百姓们本来就不会贪婪超出他们的努力以外获得的成就。

五、保富之道

知道了破坏丰饶的原因就是知道了持续地保存丰饶的方法。其核心也取决于人类和制度。为了获得丰饶，保障正直地实践勤俭的人们可以享受其成就，通过法律防止不劳动窃取和掠夺的人，权力和金钱不会变质成掠夺体制全都取决于人类和制度。

第一步与孔子或孟子对人类的信赖和尊重不同，也许应该从正直地认证现实的人类是不懂得满足的贪婪者这个事实开始。他们甚至将和平及丰饶的力量用作满足更大欲望的工具，走向永无止境的贪婪之路。无论是个人还是社会，获得可以节制这种诱惑的力量并非一件易事。当今时代从国民收入的增加到自由的社会都反映了这种困难。

儒学的解答是什么呢？首先，比起福利，宣扬正德的书经思想是解答之一。诗经唐风蟋蟀篇中提到的“警戒安逸，坚守节制和勤俭姿态的人类面貌”说明指导者的正德最重要。觉悟“始勤終怠”的危险，保持道德的紧张，大学中提到的“日新又日新”指像汤的盘铭那样，要求通过反省不断地自我革新的指导者。这样的指导者正是孔子在论语中提到的君子这种人类面貌。孔子提出的君子相看起来好像与创造和享受丰饶及和平没有关系。因此，安贫乐道的君子相在现代社会不受欢迎也是理所当然。实际上经过所有的时代，这对多数人来说是无法选择的人类面貌。

有些人为了自己的富贵而生活并不是应受到责备的事情。正如孔子所说的“各从其志”，人类有权过上自己认为幸福的生活。虽然如此，但明确的是为了自己的富贵生活的人们不能成为指导者。只有“不为贫穷忧虑，而为道忧虑，不追求如何生活，而追求道的君子”才能成为指导者。“尊贤使能”虽然是等用人才的原则，但其核心也是道德的君子。

保存丰饶及和平的制度是什么样的制度？儒学中为了持续富民安民最强调礼义教育。因此，首先，在行使了不义以后，以防止不义的“法和刑罚的制度”为辅，以事前防止不义的“宣扬教育和礼义的文化”为中心，振作仁义和礼让的风气。

从这样的侧面来看，孔子渴望恢复和继承的周礼的文化精神和制度原理是特别宝贵的资产。也许周礼本身已成为“要进入博物馆的旧时代的封建遗物”。但是其中通过礼乐创出人文主义文化，通过人道和正义的原理树立融合秩序和统一的社会制度，种族、地区、宗教和文化各不相同的各成员们共同建设丰饶而和平社会的历史经验及其中蕴含的人类精神至今具有更高的价值。

孔子所称的“继周者”正是该周礼的文化精神和制度原理，感叹“觚不觚”也是对蕴含该精神和原理的文物的变质感到遗憾。随着时代的变化和技术的进步，文化和制度当然也会随之变化。但是其精神和原理在百代以后依然是宝贵的。“知时识势”虽然是以“栗谷”改变社会制度为前提提出来的，但维系制度的精神和原理的同时随时损益是世俗的面貌。

人类和制度，严格地讲，为了有德的君子和百姓的制度不仅仅是丰饶及和平，而是如同创造和守护所有社会价值的两个车轮。而且至今也一样。

六、结论

今天我们所在的世界里存在着为摆脱贫穷和获得丰饶而努力的个人和社会，也存在着为了享受和维持好不容易获得的丰饶而使用力量的个人和社会。与传统的儒学相异在其根底存在肯定人间欲望，而把它认定社会的、经济的发展的推动力。这正是资本主义的人间观与制度。与现代科学它成就物质文明的大成功。

可是同时这种人间观和制度为了个人和社会的丰饶的永无止境的贪婪和无止境的竞争，以及面临着因其结果带来的资源和环境的全人类的危机。甚至连他人和他国也无视全人类的生存，不仅追求自己的利益的野蛮横行于世，而且这种意识在我们每个人的内面心性中正在不断地扩散。

对人类的文明史问题和危机这个事实每个人都已有同感。理所当然地正在为此实施各种对策和实践，提出以先进国的姿态成长，并为了全人类和地区的均衡发展及和平，全人类共同实践。这些都具有宝贵的价值。

但是，我们不能忘记的是在获得或享受丰饶的过程或保存和持续的所有过程中，实际上存在危害丰饶及和平的敌人，这所有的过程正是与这样的敌人开展不可避免的战斗来取胜。此外，从儒学的观点来看，最可怕的敌人正是自己的内面。

我在该战斗中经历了无数次的失败，是一个败者。虽然如此，但作为一名学习儒学的学者，我是从圣贤的话语得到安慰，忘却失败，重新获得参与战斗勇气的人。因此，虽然我是战斗中的败者，但我有同感，我是与现在参与战斗的所有人一起战斗的同志。那是他们和我各自的精神中务台理作所说的确认和树立“人类的面貌”的过程中获得的最耀眼的成就，不是吗？

因此，我们与给予安慰的千古圣贤们成为朋友，与一次都未曾见过的朋友们成为同志。“尚友千古圣贤”是指“宇内存知己，天涯若比邻”，这并非一句空言。希望各国的国民们都能树立这样的人类面貌，为了和平奠定连带的基础，让所有国家都拥有开放的主体性，自发地建设文明的人类共同体。这正是儒学的修己治人的现代的含意。

儒学“中和”思想何以促进世界和谐

河北省董仲舒研究会　魏彦红

随着时代的发展，世界格局处在不断变化中。从冷战后的两极格局发展到今天的多级格局，世界形势也在不断变化之中。政治、经济、军事、科技、文化、教育等受其影响，日益呈现出不平衡的状态。最为突出的是全球政治、经济格局的变化导致了多级利益群体的形成，并为此影响了世界的和平，出现了战争、经济纷争、领土争端等诸多不和谐的现象。世界和平、和谐相处的世界氛围是每个公民期望中的理想状态，这种状态的形成要受多种因素的影响和制约，除了经济的根本因素外，文化亦是一个重要的促进因素。儒学“中和”思想对缓解世界矛盾争端能起到很好的协调作用，可以说为促进世界各国和谐相处能够起到较大的促进作用。

一、“和”是处理各种社会问题、促进世界和谐的总原则

（一）和与“合同之辩”之于世界和谐

无论是个人之间相处，还是国家民族之间相处，中国以“和为贵”作为终极价值目标，“和”是中华民族的核心价值观和道德情操，以“和”作为处理人与人、人与社会、国家之间关系的准则。“中和”文化源远流长，早在孔子之前即已产生。最早出现在甲骨文中的“和”字指音乐的和谐受耳。《诗经》中多次出现的“和”有和顺、和调、平和之意。《易经·乾·彖》中这样载：“乾道变化，各正性命。保合大和，乃利贞。”即世间万物各有自己的特性，变化有其规律，如果人与自然万物和谐相处，世界即是祥和的。世间万物有其存在的道理，各有自己的发展规律，如果按照规律行事，和平共处，则有利于自身的生存和发展。当今世界风云变幻，少数国家总是依仗自己雄厚的经济实力，为了自己的利益对他国经济、政治等进行干涉，以影响世界和平，违反了“乾道变化，各正性命”之理，打破了“合和”状态的氛围，从长远看，于己于人均为不利。如果“保合大和，乃利贞”，使万物保持最大程度的和谐、和平、和合，遵守事物发展规律，互相尊重，在和合状态下，必定繁荣昌盛，和平安宁。

“和”的思想也在不断发展，影响较大的是“和同之辩”中突出了“和”的作用。西周末年史伯同郑桓公分析周朝衰败的原因时对“和”“同”思想进行了剖析。“夫和实生物，同则不继。以他平他谓之和，故能丰长而物归之；若以同裨同，尽乃弃矣。故先王以土与金木水火杂，以成百物。是以和五味以调口，刚四支以卫体，和六律以聪耳，正七体以役心，平八索以成人，建九纪以立纯德，合十数以训百体。出千品，具万方，计亿事，材兆物，收经入，行姟极。故王者居九垓之田，收经入以食兆民，周训而能用之，和乐如一。夫如是，和之至也。于是乎先王聘后于异姓，求财于有方，择臣取谏工而讲以多物，务和同也。声一无听，物一无文，味一无果，物一不讲。王将弃是类也而与专同。天夺之明，欲无弊，得乎？”（《国语·郑语》）

史伯在这里讲明了“和”与“同”在万物发展及治理国家中所起的不同作用，即“和实生物，同则不继”，“和”，即五行冲突融合之后产生万物，同性、同质、同居则不能化生新事物。“和”是动态发展的，不同事物能够相互配合达到平衡的状态，从而产生新的事物；“同”是静态的，一种事物排斥另外一种事物，矛盾无法克服，不能达到融合，没有吸纳和创新，即“同则不继”。《周易·系辞下传》对“和、同”进行了解释：“和”为“天地氤氲，万物化醇，男女构精，万物化生”。天地有阴阳，阴阳有冲突，男女亦阴阳，亦有冲突。天地阴阳冲突化生新事物，男女冲突构精即产生新的一代。“同”即同类相叠加。《周易·革·象》解释说：“二女同居，其志不相得”，即同性相居不能产生后代。即同一个品质的植物不但无法增产，还会减产，甚至被淘汰。而由于多个“他”相交而成的植物如杂交水稻就可以增产。人类近亲不婚、同姓不婚就是这样的道理。由此，自然界的万物存在不能“同”。对于管理国家这也是不足取的，应该以“和”的方法和原则管理国家，即“以他平他”，以一种事物去协调另外一种事物达到平衡，使二者达到矛盾的统一，最终处于相互融合的状态。“平”意指“他”与“他”之间的平等关系，没有高低贵贱之分。这是非常具有现实意义的，在世界多级格局并存的状态下，国与国之间的关系应该是“平”的，大家具有同样的主体地位，在世界群体中拥有共同的话语权。人类是由不同种族构成的统一体，是由不同的国家构成的客观世界，民族之间、国家之间应以“和”的状态相处。当然，矛盾的存在有其必然性。由于种族、文化、历史等的不同，必然会出现各种各样的矛盾，政治、经济、法律等体制的不同也会造成国家、民族之间的不平衡状态，但这些障碍不是不能克服的，如果遵循儒家“和”的思想为原则，“以他平他”，多个矛盾体在相处过程中既保持独立又相互吸纳、相互融合，则和生万物，即国家民族会生机勃勃，蓬勃发展。如果“以同裨同”，相互排斥，则“同则不继”，不仅发展会停滞不前，矛盾无法得到克服，而且必然会激化矛盾，甚至引发战争。

（二）“合同”思想的发展之于世界和平

孔子对“和”“同”概念在继承的基础上有所发展，“君子和而不同，小人同而不和”（《论语·子路》），作为君子，应该在吸纳各人差异的基础上进行融合，能由此阐发自己的理念，有自己的主见，进一步调整矛盾以达到和谐，而不是不加思考地附和别人的观点；同，则是人云亦云，无思想无主见，不克服矛盾，往往激化矛盾。如果用以作为评价为人的标准的话，即是搞帮派，搞不团结之意。孔子进一步提出了“礼之用，和为贵”（《论语·学而》）的理念。孟子将“和”的观念用以天地人三者中，认为人的因素最重要。“天时不如地利，地利不如人和”。（《孟子·公孙丑下》）人是社会个体，每个个体带着自己的思想、理念融汇到不同的群体中，构成了各种利益群体，群体的意志反映了人的意志，如果人人之间以和相处，则群体也会以和而处，其结果必然是共生共荣。国家是由多个民族和利益群体构成，之间能以和相处，必然会促进世界和谐发展。

春秋时期齐国政治家晏婴丰富发展了史伯关于“和”的思想。“齐侯至自田，晏子侍于遄台，子犹驰而造焉。公曰：‘唯据与我和夫！’晏子对曰：‘据亦同也，焉得为和？’公曰：‘和与同异乎？’对曰：‘异。和如羹焉，水火醯醢盐梅以烹鱼肉，燀之以薪。宰夫和之，齐之以味，济其不及，以泄其过。君子食之，以平其心。君臣亦然。君所谓可而有否焉，臣献其否以成其可。君所谓否而有可焉，臣献其可以去其否。是以政平而不干，民无争心。’故《诗》曰：‘亦有和羹，既戒既平。时靡有争。’先王之济五味，和五声也，以平其心，成其政也。声亦如味，一气，二体，三类，四物，五声，六律，七音，八风，九歌，以相成也。清浊，小大，短长，疾徐，哀乐，刚柔，迟速，高下，出入，周疏，以相济也。君子听之，以平其心。心平，德和。故《诗》曰：‘德音不瑕。’今据不然。君所谓可，据亦曰可；君所谓否，据亦曰否。若以水济水，谁能食之？若琴瑟之专一，谁能听之？同之不可也如是。”（《左传·昭公二十年》）晏子从君臣关系的角度对“和”的思想进行了阐发。认为真正的大臣要与君主有不同的认识，不能君主说什么即随声附和，溜须拍马，要给出不同的可行性的主张和建议。好的君臣关系应是“和”而不是“同”，君臣要相济、相成，以此完善和发展了“和”的内涵。

荀子也阐发了史伯的“和生万物”说。认为“天地合而万物生，阴阳接而变化起”。（《荀子·礼论》）“万物其和以生，各得其养以成”。（《荀子·天论》）无论是“合而万物生”还是“万物其和以生”，意义相同，即和合生万物，万物因和合而生生不息。由此推论，世间万物，无论是个体、群体相处，还是民族国家之间，甚或植物、动物、无生命体之间的关系，均应以和为原则，天地合，阴阳接，则万物生，变化起。试想，如果世界和谐相处，则万物会生生不息，这该是怎样的一幅美景！

当代哲学家对合同思想的认识也前进了一步，具代表性的有张立文先生和钱耕森先生。张立文先生在此基础上创立了“和合学”，他认为和合学包含五大原理，因后面要提及，此不详述。钱耕森先生以史伯的“以他平他谓之和”阐发史伯“夫和实生物说”，并概括为“合生学”，又以老子的“万物负阴而抱阳，冲气以为和”阐发“道生万物说”；打通二者，特命名为“大道合生学”。钱先生在史伯强调“和”的作用的基础上，提出并强调了“斗”的作用。认为，为了自卫，为了保家卫国，有时候“斗”也是必要的。斗争的目的是为了恢复和平，保卫和平，发展和平，建设持久的和平。并进一步强调和生学的重大现实意义是有益于实现我们党构建和谐社会与和谐世界、实现中华民族伟大复兴的梦想以及联合国的和平与发展的伟大理想。所以该学说可谓是解决当今时代诸多危机与矛盾的一剂理论良方，为我国别开生面的又一种新的和谐文化。

（三）“中和”是奠定世界和平的思想基石

“中和”二字之义相同。《说文》中解释：“中，和也。”进一步解释：“和，相譬也，又和调也。”“中”作为“和”密切相关的概念，意为兼顾两端，无所偏倚。多指处理人际关系时应采取的态度和准则。在此基础上，孔子阐发为“中庸”，并以此作为最高道德准则。唯其如此，才能达到“中和”之最美的境界。《中庸》对“和”的思想有了进一步的发展，提出了“中和位育”的和谐理念。“喜怒哀乐之未发，谓之中；发而皆中节，谓之和。中也者，天下之大本也；和也者，天下之达道也。致中和，天地位焉，万物育焉。”由此看出，中庸包容了自然之中和、人为之中和，中、和是万物的存在状态和规律，是万物相处的基本标准和价值取向。对于人的各种情感隐藏在心中没有表现出来，处于静止淡然的状态，无所偏倚，就是“中”；各种情感表现出来，如果能够做到恰到好处，无过分之举，符合一定的节度，不乖不戾，便是“和”。并进一步认为，“中”为天下之大本，“和”为天下之达道。即“中”为天命之性，由此生发天下各种理，是道所依存的本体。由此推论，“中和”乃是修道、达道的意义和价值。致中和，位天地，育万物是万物发展最完美的状态和最高的境界。

按照王守仁的解释，认为“中和是人人原有的”“天理亦自有个中和处”。（《传习录上》，《王文成公全书》卷一）既然人人天生有中和之因素，为什么却出现了不中和的现象呢？不“中和”即“过”，“过”之因私利、私欲所成。当今世界出现了霸权主义、单边主义、军国主义、狭隘民族主义等违“中和”现象，其根源即在于一些国家为私利所驱动。但世界需要和谐相处，如何做到呢？即借鉴参考以“中和”为准则，加强自我修养，去私欲，平私利，于内“亲九族”，于外互相感通，矛盾方得以协调，天下将协和太平。“天地感而万物化生，圣人感人心而天下和平”。（《周易·咸·象》）

《尚书·尧典》中记载：“克明俊德，以亲九族。九族既睦，平章百姓，百姓昭明，协和王邦，黎民于变时雍。”这里讲到尧治理国家时采用的策略和坚持的原则，任用贤明之人，与九族亲近和睦相处。作为群体的九族构成了国家之平民百姓，九族和睦相处得到表彰，百姓生活在和谐氛围之中，这是国之福，万邦和谐，放过来又促进百姓和合。如果万邦之间相互尊重，求同存异，矛盾得到调和，和平共处，不干涉他国内政，不存在一方打压另一方，一方吞并他方，那么，万邦之间将会处于无过不及、没有偏倚、团结相让、睦邻共生的中和景象。

二、“中和”思想促进世界和谐的原理与路径

“中和”文化是中国传统文化中的精华，是中华民族的核心价值观，也是处理国家、民族关系的基本准则。“中和”作为人类存在的本体和大道，应该成为人类生存的福祉。

（一）“和”的层级与价值取向

“和”有多种表现层次，其价值主要体现在“己和”、“人和”和“天和”。

1．己和

社会和谐源于人与人之间的和谐，作为构成社会的个体，人的内外和谐是基础，即“己和”。“己和”包含自体身心的和谐及个体与外界的和谐，这种和谐通过修身才能达到。在一定程度上，“和”即修身。只有“己和”做到了，才会为“人和”“天和”奠定基础。

《礼记·大学》中讲：“古之欲明明德于天下者，先治其国，欲治其国者，先齐其家；欲齐其家者，先修其身；欲修其身者，先正其心；欲正其心者，先诚其意；欲诚其意者，先致其知，致知在格物，物格而后知至，知至而后意诚，意诚而后心正，心正而后身修，身修而后家齐，家齐而后国治，国治而后天下平。自天子以至于庶人，壹是皆以修身为本。”在此，我们不仅看出“和”及“修身”的逻辑地位与价值体现，更能发现其渊源及对社会、国家和谐发展所起的重要作用，及“格物、致知、诚意、正心、修身、齐家、治国、平天下”。我们希望国家太和，世界和平，万物和谐。这样的境界有其逻辑过程，即欲天下平则需治国；欲治理好国家则需齐家（家庭内部和谐）；若要齐家，则需每个家庭成员修身养性；怎样修身呢，则需正心；如何正心？则要诚意；诚意何来？要致知；致知何得，需要通过格物。这样就给出了世界和谐、和平相处的逻辑过程。即“内圣外王”。只有修炼成“内圣”，完善了自我，才能“外王”，国家才能昌盛，才能屹立于世界民族之林。简单地概括为：修身——齐家——治国——平天下。四者之间相互影响、相互依赖。为此孟子提出：“天下之本在国，国之本在家，家之本在身”，还强调“人人亲其亲，长其长，而天下平”。（《孟子·离娄

上》）《中庸》进一步发展了这种观点："知所以修身，则知所以治人，知所以治人，则知所以治天下国家矣。"提高了"知"，便提高了修养，提高了修养便达到"己和"，"己和"则可以化解矛盾，国家得以治理，天下变得太平，世界便将和谐。

那么如何达到"己和"的状态，即应达到怎样的修养、具备怎样的"知"呢？儒家认为要处理好义与利的关系，以义利统一为"己和"的基本原则。孔子认为："富与贵，是人之多欲也；不以其道得之，不处也。"（《论语·里仁》）人有欲望是正常的情感表现，正当的"欲"得以满足是可以的，非义之利，则是唯利是图了。不应见利忘义，应该"见利思义"，才能义而后取。进一步认为"君子惠而不费，劳而不怨，欲而不贪，泰而不骄，威而不猛"（《论语·尧曰》）。如此，个人首先要有正确的义利观，作为由人构成的利益群体、民族、国家，如果也以这样的义利观处理群体矛盾、国家矛盾、民族矛盾，对于利，不以其道得之，自然便会国如君子，惠而不费，劳而不怨，欲而不贪，泰而不骄，威而不猛。但对于任何修养的形成，不是停留在口头和理念上，而是要通过自省和践行来实现。遇到矛盾和困难，如果能做到"躬自厚而薄责于人，则远怨矣"（《论语·卫灵公》），对于民族矛盾、国际矛盾，首先应该从自身的各种体制、政策入手查找问题，解决问题，这是首要的环节。否则"爱人不亲，反其仁；治人不治，反其智；礼人不答，反其敬"，只有"行有不得者反求诸己，其身正而天下归之"。（《孟子·离娄上》）管理一个国家，德和礼的力量是至上的，作为国家管理者，要想国泰民安，善教，传播德与礼，会起到根本的作用。"道之以政，齐之以刑，民免而无耻；道之以德，齐之以礼，有耻且格"，（《论语·为政》）孟子进一步发展了孔子的思想，"善政不如善教之得民也。善政，民畏之；善教，民爱之。善政得民财，善教得民心。"（《孟子·尽心上》）从德的角度进行管理，得民心，顺民意，提升了国民的整体素质，协调了各种社会矛盾，则整个社会一片祥和。

2. 人和

"人和"指人与人之间的和谐。"人和"包括的范畴非常广泛：自我与他人，自我与群体、群体与群体、自我与社会、群体与社会、群体与国家民族、国家与国家等之间的多种关系。但这些关系的基础在于自我与他人、自我与社会的关系。

家庭是社会的基本细胞，自我与他人的关系是大社会关系形成的基本因素。从家庭内部人际关系的和谐到社会关系的和谐有着必然的逻辑脉络。从父慈、子孝、兄友、弟恭到夫妇互敬互爱，家庭关系和谐美好，构成了社会和谐的基础，进而又会促进社会和谐。每个个体归属于不同的群体，群体又构成了民族、国家和人类社会。在这样繁杂庞大的群体中生活、工作、相处，维系群体间的稳定和谐是多么重要，其基本因素则要求做到"人和"。如果"天下为家，各亲其亲，各子其子，货力为己"，则世界处于自私混乱状态，国将不国。君子应"和而不同"，以此作为解决所有矛盾的根本途径。无论是作为人际关系的处理，还是国际矛盾的解决，均需遵循“和为贵”的基本原则，由小及大，由点及面，由下及上；由个人到家庭，由家庭到群体，由群体到到民族、国家，如果以“和”维系相互间的关系，则家和、国和、世界和，和和万事兴。

3. 天和

“天和”即人类与自然界的和谐。人类与自然界处于相生相克的状态，为此儒家坚持“天人合一”的和谐观。人类是自然界的一个组成部分，受自然规律的制约。“天何言哉！四时行焉，百物生焉，天何言哉!”（《论语·阳货》）“天行有常，不为尧存，不为桀亡”。（《荀子·天论》）自然界的运行有其规律，作为其中重要组成部分的人类必须遵循自然规律行事，否则要受到自然界的惩罚。天道人道是合二为一的，是相互融合，互为依存的关系。《中庸》讲：“天地之道，可一言而尽也，其为物不贰，则其生物不测。”即要以仁之心待人待物，用友善的态度对待自然，和谐共处，合理开发自然，用之有度。反对过度开发、浪费自然的资源，做到“节用而爱人，使民以时”，（《论语·学而》）并进一步举例说明，“钓而不纲，弋不射宿”（《论语·学而》），钓鱼时不要用渔网，不要射猎夜宿的鸟儿。世间万物如果按照自然法则生存、繁衍、发展则是祥和美好的，如果谋一己之利，违规行事，或许能够获得当下利益，但长远来讲，不仅于己无利，而且将殃及周边四邻，祸及子孙后代，一并受到自然的惩罚。

（二）遵循和合学五大原理

张立文先生认为当今世界面临五大冲突与危机，为此提出了五大原理进行化解。这五大危机分别是人与自然的冲突、人与社会的冲突、人与人的冲突、心灵的冲突和文明的冲突。主要表现在生态危机、社会危机、人文危机、道德危机、精神危机、信仰危机和价值危机等。为此，首先要遵循和生原理。万物共生于自然之大体中，不能为一己之利掠夺资源，破坏生态平衡，应与自然合生共处，共生共荣。其次，遵循和处原理。万物要做到和谐共处，为了共同发展，应和而不同。矛盾的解决要依据“以他平他”的方式，尊重他方，以求和处。第三，遵循和立原理。立即站得住，成功立业，“己欲立而立人”，和立就是自我发展，不要搞霸权主义。第四，遵循和达原理。孔子讲“己欲达而达人”，自己发达了也要让别人发达起来，大家共同发展，共生共荣。在国家主权平等的前提下，富裕的国家应该帮助、带动较贫弱的国家发展，以求共同富裕。第五，遵循和爱原理。爱即仁爱，无论是个体还是民族、宗教、国家之间，应“泛爱众、而亲仁”，“己所不欲勿施于人”，应该“仁者爱人”，如此，世界将会和谐、富裕、爱意满盈。

（三）“仁”是“中和”思想核心价值的体现

仁是“中和”思想核心价值理念。“中和”的实现要以“仁”为原则，以“仁”为媒介。做到了“仁”，在一定程度上便达到了“中和”。“仁”字在《论语》中出现109

次。“有子曰：其为人也孝悌，而好犯上者，鲜矣，不好犯上，而好作乱者，未之有也，夫孝悌者，其为仁之本与。”（《论语·学而第一》）。孝悌，仁之本，人伦之本，为和谐人际关系的基础。孔子非常强调仁的意义和作用，“志于道，据于德，依于仁，游于艺”。（《论语·述而第七》）并认为“里仁为美。择不处仁，焉得知?”（《论语·里仁第四》）看来，仁成为儒家思想中的重要观念和基础。那么如何做到“仁”呢？首先，子曰：“克己复礼为仁。一日克己复礼，天下归仁焉。为仁由己，而由人乎哉?”（《论语·颜渊第十二》即通过“礼”实现仁。礼是实现仁的路径和方法。其次，当樊迟问仁，子曰：“爱人。”（《论语·颜渊第十二》）即以强烈的社会责任感关爱天下的人，这样就能做到“老者安之，朋友信之，少者怀之”。（《论语·公冶长第五》）即通过“爱人”实现仁。第三，子曰：“桓公九合诸侯，不以兵车，管仲之力也。如其仁！如其仁!”“管仲相桓公，霸诸侯，一匡天下，民到于今受其赐。微管仲，吾其被发左衽矣。岂若匹夫匹妇之为谅也，自经于沟渎而莫之知也。”（《论语·宪问第十四》）即能“不以兵车”就能“九合诸侯”“一匡天下”者为仁，为国家的和平发展做出巨大贡献为仁，同于墨子“兼爱、非攻”的思想。第四，子曰：“能行五者于天下为仁矣。”请问之。曰：“恭、宽、信、敏、惠。恭则不侮，宽则得众，信则人任焉，敏则有功，惠则足以使人。”（《论语·阳货第十七》）即能够做到对人谦恭、为人宽厚、诚实守信、做事敏捷、多施恩惠就是仁。总之，一个社会个体，以高度的社会责任感约束自我，不断提升修养，对人、对社会以礼相待，泛爱众，对国家和谐发展做出巨大贡献，即达到仁，由此体现了“中和”思想的核心价值。

（四）通过“礼”实现“中和”思想

荀子对礼何以产生及礼的作用进行了分析：“礼起于何也？曰：人生而有欲，欲而不得，则不能无求；求而无度量分界，则不能不争；争则乱，乱则穷。先王恶其乱也，故制礼义以分之。”（《荀子·礼论第十九》）“人之生不能无群，群而无分则争，争则乱，乱则穷矣。故无分者，人之大害也；有分者，天下之本利也；而人君者，所以管分之枢要也”（《荀子·富国第十》）。人生而有欲望，为了得到想要的东西则往往求而争之，争的结果便产生了混乱、不和谐的现象，比如战乱、争端。乱，则劳民伤财，便导致穷困；人是社会个体，生来属于不同的群体，群体间为了各自利益会产生各种纷争，纷争、斗争的结果直接导致混乱现象，乱则穷。要想解决由“求、争”而产生的混乱、战乱现象，则以礼制之。

“礼之用，和为贵。先王之道，斯为美；小大由之。有所不行，知和而和，不以礼节之，亦不可行也”（《论语·学而》）在强调了“和”的重要作用的同时，更加强调礼的作用。“和”作为终极价值目标，是最高的“礼”。“和”的实现需要礼的辅助和支撑，即礼作为重要载体和途径体现“和”、达到“和”。对于国家的管理，礼起着重要作用。子曰："为国以礼，其言不让，是故哂之。"（《论语·先进第十一》）子曰："道之以政，齐之以刑，民免而无耻。道之以德，齐之以礼，有耻且格。"（《论语·为政第二》）。子曰："恭而无礼则劳，慎而无礼则葸，勇而无礼则乱，直而无礼则绞。君子笃于亲，则民兴于仁；故旧不遗，则民不偷。"（《论语·泰伯第八》）强调了"恭、慎、勇、直"品性的重要，但这样美好的品性是需要"礼"相伴的。无论对于个体间的交往，还是群体、民族、国家间的相处，"和"作为永远的价值追求，"礼"是其永恒的价值载体。

参考文献：

[1] 张立文．儒家"中和"思想及其现代价值［M］//．儒家文化与和谐社会——纪念孔子诞辰2556周年学术研讨会文集：1－14.

[2] 张立文．弘扬和谐文化　构建和谐世界——中国传统和谐思想的当代价值［J］．中国井冈山学院学报，2008（3)：39－45.

[3] 徐一成．《论语》的和谐思想研究及其当代价值［D］．扬州大学硕士学位论文，2010：16－25.

[4] 刘一．儒家和谐思想的当代价值［D］山东大学硕士学位论文，2010：12－19.

[5] 黄山文化书院．钱耕森与"大道和生学"［J］．衡水学院学报，2014（2)：52.

[6] 钱耕森．"大道和生学"运思轨迹略述［J］．衡水学院学报，2014（2)：53－56.

儒學：王道精神與世界和平

台湾辅仁大学　黎建球

一、前言

中國文化自發展以來，就以王道思想為其基本內涵，王道思想之所以有別於霸道思想，就是因為王道思想中所含蘊的天道行仁，仁民愛物，以天道之流行為為政之道的基本目標和霸道之反天意，逆民心為區別，王道思想在今日，仍值得提倡，乃是因為在今日世界秩序及未來發展中，如果不以王道思想為核心，仍令霸道及強悍之風流行，則世界之秩序，將被破壞，而世界之和平，也將無以寧日，因此，強調王道思想及加強王道思想之研究，或可以是未來世界發展的方式。

二、史説——儒家的王道思想

1. 王道思想的出現

王道思想最早出現在殷周之時，尚書："無偏無陂，遵王之義；無有作好，遵王之道。"[①] 就已蘊含王道之意，其實，所謂王道，就是指"無偏無黨，王道蕩蕩；無黨無偏，王道平平；無反無側，王道正直。"[②] 所謂無偏私、無阿黨、無反道、無偏側，就是秉公而行、率直以為。因此，主政者，如果能依據上述原則任命官吏，施行政事，則天下就可以成就王道，不能則就成了霸道。

從另一方面來看，王道思想在中國出現的意義，不僅是指理想社會的狀況，也是在述說禹、湯、文武三代之王道之治，他們以仁義為核心，廣施慈恩為胸懷，體民之恤，仁民之愛，處處顯示作為聖王的王道精神，他們以人民的幸福為最高目標，這種自我期許，就成了後世王道施為的道德標準，這種以道德為政治的標準，又將政治作

---

① 《尚書・洪範》。

② 同上。

為道德的內涵的方式，不僅是中國人的普遍主張，甚至更以此比為天道流行的普遍因素。

事實上，從文字發展的歷程來看王道思想時，① 這種普遍流行的觀念必須建立在權力的基礎上，有權利才能為人民謀求幸福，不然就會危害人民，而成了霸道，因此，對於施政人的選拔及獲有權力者的自我修養都是重要的，也由此，王道思想的發展奠定了選賢舉才的基本規範，也確定了中國歷史上以賢為德的道德指標。

2. 春秋

春秋之時，王道被作為當時人們的政治理想和治理國家的最高原則，左傳以王道比喻祁溪的不偏私、不朋比、不結黨的美德，② 可見王道並非狹義的先王之道或帝王的治國治民之道，而是廣義的按王道最高原則辦事的有德行的人，"夫唯善，故能舉其類。" 由於祁溪自己是個按王道行事的人，才能推舉與他相似的人。因此，王道是道德價值的標準。

同樣的，在春秋時的論語書中，也同時指明王道是指有德之君及按道德道德原則行事之人，如論語："如有王者、必世而後仁。"③ 或 "先王之道，斯為美。"④

3. 戰國

戰國之時，孟子對長期以來給人民帶來痛苦的諸侯爭霸戰爭抱持深惡痛絕的態度，他開始批判霸道，他說："以力假仁者霸，霸必有大國；以德行仁者王，王不待大。"⑤ 又說："以力服人者，非心服也，力不贍也。……以德服人者，中心悅而誠服也。" 因此，在孟子的心目中，以能行仁義，作為衡量王道社會的標準。

而荀子則以禮法作為王道的標準，他以為王者以禮法在爭取人民的歸服，他以禮做為國家施政的方式，並以此作為道德規範及價值標準，他以五點來闡述其王道思想："王奪之人。"⑥ "隆禮重賢而王。"⑦ "義立而王。"⑧ "粹而王。" "善曰者王。"⑨ 他以為王者必須爭取人民的支持、守禮、有義、勤謹做事，珍惜每一日，如此，人民才會支持，因此，荀子的王道，仍是統治者的治國之道。

---

① 吳其昌金文名象疏証中以王字之本義為斧為古義，見《武漢大學文哲季刊》卷五第三期。

② 《左傳・襄公三年》。

③ 《論語・子路》。

④ 《論語・學而》。

⑤ 《孟子・公孫丑上》。

⑥ 《荀子・王制》。

⑦ 《荀子・強國》。

⑧ 《荀子・王霸》。

⑨ 《荀子・強國》。

4. 秦漢

秦漢之時，呂氏春秋以公與平作為王道的原則，並以書經："無偏無黨，王道蕩蕩，……"① 作為論證的依據，如呂氏春秋所載："桓公行去私惡，用管子而為五伯長；行私阿所愛，用豎刀而蟲出於戶。"② 就在說明有公才能成其王業，因私而導致死後五子爭立，國亂民擾。董仲舒則尊崇王道，他以為"王者愛及四夷，霸者愛及諸侯。"③ 就是指明王霸都是愛人，但範圍有異，他說："春秋之道，大得之則以王，小得之則以霸。"④ 因此，王與霸的行為準則，不祇是以倫理為規範，更是以天道作為其最後標準，他說："上承天之所為，而下以正其所為，正王道之端云爾。"⑤ 由此，王道的基礎就是以天道為基礎的論証，在此獲得確立。

孔穎達則以為王道是"無偏私，無阿黨，王家所行之道，蕩蕩然開闢矣；無阿黨，無偏私王者所立之道，平平然辯治矣；所行無反道，無偏側王家之道正直矣。"⑥ 孔穎達把這種無偏、無私、無阿黨的道，稱之為中道，他說："其行必得中，則天下歸其中矣。言人皆謂此人為大中之人也。"

5. 唐朝

唐朝韓愈則明確定義王道，並為後儒所尊崇，他說："博愛之謂仁，行而宜之之謂義，由是而之焉之謂道。"⑦ 韓愈以仁義為王道的基準，能行仁義者，即是行王道。

6. 兩宋時期

王道思想有了進一步的發展：司馬光以為王霸二道相同，他說 ："合天下而君之之謂王，王者必立三公，三公分天下而治之，曰二伯一公"⑧ 又說："伯之語轉而為霸，霸之名自是興。自孟荀氏而下，皆曰由王道而王，由伯道而霸。道豈有二哉？得之有淺深，成功有大小耳。" 又說："仁義禮信，天下之達道，而王霸之所同也。"⑨ 又說："而其所以名者則異，何也？蓋其心異而已矣。"

而二程則不同意司馬光的看法，以為王霸根本就是道不同，"誠心而王則王矣，假之而霸則霸矣，二者其道不同，在審其初而已。"⑩ 程顥以為王霸二道之所以不同，乃

① 《尚書・洪範》。
② 《呂氏春秋・貴公》。
③ 《春秋繁露》，卷八仁義法。
④ 《春秋繁露》，卷六俞序。
⑤ 《漢書・董仲舒傳引對》。
⑥ 《尚書・洪範疏》。
⑦ 《韓昌黎集》，卷十一，原道。
⑧ 《司馬文正公傳家集》，卷七十四，迂書、道同。
⑨ 《臨川先生文集》，卷六十七，王霸。
⑩ 《河南程氏文集》，卷一，論王霸札子。

是依道學家天理人欲之辯，理解為“得天理之正，報人倫之聖者，堯舜之道也；用其私心，依 仁義之偏者，霸者之事也。王道如砥，本乎人情，出乎禮義，若履大路而行，無後回曲。霸者崎嶇反側於曲徑之中，而卒不可與入堯舜之道。”

二程以為自漢唐以來，幾乎都是霸道，沒有所謂王道之治，他這種思想，雖有可能來自邵雍，但他以儒道為王道的內含，則為不易之說，他說：“王道與儒道同，皆通貫天地，學純則純正純儒也。”[①] 他以王道向儒道的內聖轉為倫理化，儒道向王道外王轉為政治化，由此王道的儒化，儒道的王化主張成了南宋時期的主要思想。

在南宋的王霸辯論中，最有名的是來自於朱熹和陳亮之間的辯論，這個辯論主要的是關於歷史的意義如何傳承的問題，而雙方的觀點則以功利和心性之學為討論中的差異，這個論爭的起點是來自於朱熹。朱熹以為三代（堯舜周孔所傳）相傳之“人心惟危，道心惟微，惟精惟一，允執厥中”的心法，自孟子以後就不傳了，漢唐以來，私欲流行，自然不流行王道了，他說：“漢唐之君雖或不能無暗合之時，而其全體卻只在利欲上。”[②] 所以，他以為三代是王道之治，漢唐以後則是霸道之治。

陳亮則批評朱熹之說，以為“三代以道治天下，漢唐以智力把持天下，其說固已不能使人心服。”[③] 又說：“近世諸儒遂謂三代專以天理行，漢唐專以人欲行。”都是不符合歷史事實的，因為在三代之時，尚有夏桀、商紂之類的暴君，漢唐以來則有漢高祖，唐太宗等的賢主，因此，陳亮肯定漢唐具有三代以來同樣的功業，他說：“心之用有不盡而無常泯，法之文有常備而無常廢。”

陳亮主張的王霸並用的統一論，在以後的發展中，似乎成了較主流的思想。

7. 明清之際

由於心學的發達，王道與霸道似有不同流的發展，王守仁以為王霸不兩立，他說：“三道之衰，王道熄而霸道猖，孔孟既沒，聖道晦而邪說橫。”[④] 要復聖學，祇有恢復良知，才能拔本塞原，泯霸道而後王道，因而主張內求良知王道。

王守仁以後，王廷相以策問形式，提出尊王賤霸說，[⑤] 王艮則撰王道論，指出王道之治的理想與方法，由是王道思想成了心學的主要主張。

黃宗羲則對王與霸有所分疏，他不同意傳統的以王者為仁義之事，霸者為功利的說法，以為事與功都是外在的表現方式，其內在的根源則是心術，他說：“王霸之分，不在功而在心術。事功本之心術者，所謂‘由仁義行’，王道也；只從跡上模仿，雖件

---

① 《河南程氏外書》，卷十一。

② 《朱文正公文集》，卷三十六，答陳同甫。

③ 《陳亮集》，卷二十，又甲辰秋書。

④ 《王文成公全書》，卷二，答顧東喬書。

⑤ 《王氏家藏集》，卷三十，策問十二。

件是王者之事，所謂‘行仁義’者，霸也。”①

王夫之則依據傳統，以仁作為王霸的尺度，他說：“王霸之分，學術邪正之辯，即世運盛衰之別也。王之所以異於霸者無他，仁而已矣。”② 又說：“王者以清心寡欲為本，而無欲之極，天下為公，推而行之，其教之養之之政，一本於惻怛之至誠。”他以王之寡欲，甚至無欲，以達不伎不求，雖可說是道德上的自我修鍊，但在仁的闡發上，仍須有惻怛之情，不然就可能顯得迂腐了，王夫之對王道的解釋並沒有太多的新義，但對於歷史發展上，對王道的擴大解釋，及對霸道的內含，仍以傳統方式解釋，似未能盡其意。

清末康有為撰王霸篇，其思想格調、評價和王夫之是大異其趣，他以王與霸在內含上並沒有實質上的差異，如天子為諸侯之霸，諸侯又為地方之霸，雖有霸名，並非霸道，他所以為的霸，乃是指篡弑，他說：“劉裕、桓溫、高歡、宇文泰之流，真古之霸也。此就名跡言之；若以義言，則漢高祖、唐太宗、宋藝祖③、明太祖皆以力服人，而稍假仁義。”④ 康有為以為王有二義，一指王霸之王，此王與霸雖不同，基本上仍可統一，也可以是傳統上對王霸的看法，另一則指教王之王，康有為說：“如堯舜孔子，乃能以德教服人心，乃當王之一義，故《春秋》以孔子之為新王，所謂善教以德行仁，為後世之教王者也。”他不但將教王賦予政治上的意義，甚至具有宗教上教主之意，他說：“教王為民所愛，天下心服，入其教者，遷善而不知，過化存神，東西南北，無思，同流天地，非孔子孰當之？此孟子特發明孔子為教主之義也。”

從上所言，在中國儒家思想的發展過程中，王道思想有其傳統的連貫性，傳承性及正統性，但另一方面，王道思想也在述說對歷史及王朝更迭的褒貶，凡褒者為王，凡貶者為霸，同時也接受歷史的循環說，所謂一治一亂乃王霸更替的鐵律。

三、王道精神的發展

王道思想的起源並不始於儒家，但儒家在建構其體系時，則以王道思想為其主要的內含。由於實行王道，對於為政者及擬於為政者，都有最基本的要求，王道思想之所以成為儒家的基本特徵，也就是因為儒家在秦漢之後，已成為中國歷史上最重要的思想，他不但影響了人民的生活，更是政治上無可替代的體系，即使在今日多元化的時代中，儒家仍是中國人，中國政治最基本的內含，也因此，探求王道思想的基本義

---

① 《孟子·師說》卷一。

② 《四書訓義》，卷二十七。

③ 康有為以宋藝祖稱宋太祖趙匡胤。

④ 孟子微卷三，王霸。

理，已是無可避免的工作。

1. 王道思想的原始意義

王道思想在其開展之初，是由王、王政、王道而來，儒家在歸結東周以前的思想時，將治與亂區分，堯舜禹湯文武周公之治與夏桀、商紂之亂加以區分，並在區分中，導出其各自之特質。由此，而說明王道之意義，論語說：“先王之道，斯為美。”① 就是指堯舜禹湯文武周公之治，他們之所以美，就在“如有王者，必世而後仁。”② “禮在用，和為貴。”③ 說文：“王，天下之歸位也。董仲舒曰：‘古之造文者，三畫而連其中謂之王也。’孔子曰：‘一貫為王。’”④ 所謂的王乃是能通天地人或能溝通天地人者，但除此之外，也有學者⑤不同意許慎的說法，以為所謂的王，其本意為斧，代表一種權力，王沄說：“王字本象斧鉞形，而斧鉞來為軍事統率權的象徵物。……最高行政權力的王，也是以軍事首長為其前身的。”⑥ 而王字的甲骨文是“”，象徵無柄的斧鉞之頭，刃部朝下放置之形，象徵權力，後寫成和，“王立黍，受年？貞：王勿立黍，弗其受年。”⑦ 刃部由弧形變成平直，後依線形寫成和王，“王其田於宮。”⑧ 卜辭中之王指稱商王，也有指某方國之首領。而金文中王字較多，作“”（成王鼎），王（善夫克鼎）等，都是說明王字不論在甲骨文或金文中都有斧鉞之意，董仲舒的見解乃具引伸之意，也因此，所謂的王道就是指具有權勢的首領，能溝通天地人者，王道能作為儒家思想的主要內容也由此而定論。

2. 儒家的王道思想就是仁政，就是行仁

儒家的王道思想，從孔子以來，就是寄望有權勢的君王，能做溝通天地人行仁政之人，而這也是自孔子而後所有的儒者和政治往來的基礎和方法。

何謂仁政？仁政的主體在仁者，有仁者行仁政，不仁者行暴政，“仁者人也”⑨ “仁者愛人”⑩ 就是仁者所當擁有的特質，因此，仁者行仁政必須合乎下列幾個特質：

(1)“仁”者在“獨善其身”以及“兼善天下”的運作中，都以“修身、齊家、治

---

① 《論語・學而》。
② 《論語・子路》。
③ 《論語・學而》。
④ 許慎《說文》为“王”。
⑤ 如吳其昌、商承祚、林沄等。
⑥ 《考古》雜誌一九五六年第　期。
⑦ 《殷墟文字丙編》，74。
⑧ 《殷墟文字甲編》，574。
⑨ 《禮記・表記》。
⑩ 《論語・顏淵》。

國、平天下”[1] 的漸進原則，作為進程。

(2) “仁政”要涵蓋“行仁主體”的“仁者”，即是為政者的道德展示的境界“仁”，以及“政治運作”的過程，還有“政治”的成果。這三者合璧而成的“仁政”，才是政治的起點，方法及目標。

a. “仁者”必需具備“賢”和“能”，因此，暴君行的是暴政，唯有仁君行仁政，這是以“賢”作為判準的看法。

b. “仁政”在政治運作上，其政治行為要合乎“仁”，合乎百姓的希望和要求。亦即“民為貴，社稷次之，君為輕”[2]

c. “仁政”的成果是“風調雨順”“國泰民安”，其最終的目標是“天下為公，世界大同”。[3]

(3) 仁政的基礎是從人性開始而止息在“天道”“天命”，所謂“天命有德，天討有罪”[4]；“有夏多罪，天命殛之”，[5] “天道福善禍淫”[6] 都在說明“上天”對人事的賞善罰惡的性格。

(4) “仁政”的對象是服務“大眾”，君王需要有“德行”，要有“仁心”。

(5) 仁政的內容是：“夫仁政必自經界始，經界不正，井地不均，穀祿不平。是故暴君汙吏，必慢其經界。經界既正，分田制祿，可坐而定也。”[7] 又說 ：“王如施仁政於民，省刑罰，薄稅斂，深耕易耨，壯者以暇日修其孝平忠信，入以事其父兄，出以事其長上……夫誰與王敵，故曰：仁者無敵。”[8]

(6) 由於孟子主性善，荀子主性惡而有“德治”和“禮治”的分野，但後世仍以孔子的：“道之以政，齊之以刑，民免而無恥；道之以德，齊之以禮，有恥且格。”[9] 為主。

由上述可知，儒家的王道思想，就是行仁，就是行仁政。

3. 儒家的王道思想雖然以孔孟為其內容，但在歷史的演變中仍有許多不同的意義

(1) 正面思想，就是以王道為唯一的發展路程，這也是說明為政者的心思單純，不依任何反面的或消極的思想，謹守治道，發揚人性的光輝。

---

① 《禮記·大學》。

② 《孟子·盡心下》。

③ 《禮記·禮運篇》。

④ 《尚書·皋陶謨》。

⑤ 《尚書·湯誓》。

⑥ 《尚書·湯誥》。

⑦ 《孟子·滕文公上》。

⑧ 《孟子·梁惠王上》。

⑨ 《論語·為政》。

（2）對偶思想，以王霸對偶來述說王霸間的關係，有以王霸對立，有以王霸相成，也有以王霸一體，這些不同的說法，祇在指出王霸在為政者的心態上的關連及詮釋，而他們的依據也都是以先王為本，因此，在依據上，不論是那一種主張都可有各自的理由，但在掌政後的心態及作為上，則是可以王道標準來衡量。

（3）融滲思想，以王道雜霸道或以霸道雜王道為敘述重心，這在現實的歷史上，似乎是佔多數，特別是在現代史上，雖有民主、自由的提議，但不論以何者（王道霸道，正義邪惡，帝國主義、民主主義，自由主義、法西斯主義，……）為倡導，王霸互雜或融滲，大概是無法避免的。呂氏春秋說："五帝[①]先道而後德，故德莫盛矣；三王先教而後殺，故事莫功矣；五伯[②]先事而後兵，故兵莫強矣。"[③]

因此，從上所言，儒家王道思想的義理對世界和平可以做的貢獻，首重心術，次重程序，最後才是措施。

首就心術而言，王者心術不正，必不成王道，只有心術為正，王道才成，而所謂心術正，就是正心、誠意、格物、致知[④]的功夫，博學、審問、慎思、明辨、篤行[⑤]的能力，及"視思明，聽思聰，色思溫，貌思恭，言思忠，事思敬，疑思問，忿思難，見得思義"[⑥] 的方法端正心思、濾清意念，則在面對人事物時，自能從正面思考，積極面對，不然，就會有邪思。

次就程序而言，先教而後處罰，才合乎程序正義的原則，"不教而殺為之虐、不戒視成為之暴；慢令致其為之賊；猶之與人也，出入之吝，謂之有司。"[⑦] 從法治的觀點來看，先有公平的法律，次要教民守法，才能在處罰人民時，使人民心悅誠服，因此，王道思想必須符合正義的原則。

後就措施而言王者所行的措施，不但要符合人民的需要，更要符合整體發展的狀況，只顧民意不顧國家，或只顧國家不顧世界，甚至只顧局部不顧全人類，都不是王者所當有之措施，只有顧及整體人類利益下的措施，才是人民真正之幸福。

因此，儒家的王道思想是一首尾兼顧，系統具備的思想，從古至今之所以仍能為人所主張，乃在其義理的深入淺出，方法的可行可信。

---

① 五帝是指黃帝、高陽、高辛、堯、舜。

② 五伯，高誘注：昆吾、大彭、豬韋、齊桓、晉文。也有另一說為：齊桓、晉文、宋襄、楚莊、秦穆。

③ 《呂氏春秋・先己》。

④ 《大學》一章。

⑤ 《中庸》二十章。

⑥ 《論語・季氏》。

⑦ 《論語・堯曰》。

四、今說：王道思想與世界和平發展

從以上所述看來，儒家的王道思想既有如此的價值，那麼，她在世界秩序的重建上，扮演了何種角色？她有沒有可能成為世界秩序的重建者？

美國學者杭亭頓教授[①]在其文明衝突與世界秩序的重建[②]一書中，對亞洲，特別是中國的文明有如下的描述：

他承認儒家是中國文明的一大要素，雖然中國文明絕不止於儒家文明。[③]

他接受韋伯的觀點，以為世界五大宗教中（基督教、回教、印度教、儒教和佛教）除佛教外，都和主文明有著密切的關係。[④]

他定義世界文明（universal civilization）為："人類在文化上的匯聚，及世界各地人民越來越接受共同的價值觀、信仰、方向、措施和制度。"[⑤]

雖然他以為世界文民這一詞是西方世界的產品，[⑥] 也是西方世界在現代化過程中，欲以西方文明的定義代替世界文明的定義，但在經過幾個世紀的發展之後，他以為西方文明已從壓倒性的勝利中逐漸沒落。[⑦] 而事實上，西方並未衰退，而是東方升起。[⑧] 或是非西方文化的復甦。

所謂非西方文化的復甦，乃是在觀察了西方成功的價值觀及制度之後，找到了自己本土文化成功發展的要訣，因此，非西方文化學者不承認他們的發展來自西方文化的輸入，而是對自己本土文化的堅持。[⑨]

在本土文化復甦中，最明顯的是宗教的復興，如中東的回教、新加坡，香港，台灣的佛教，雖然韓國有些不大一樣，[⑩] 但不論是本土或外來的，都提供現代社會崛起的精英階層生命的意義與方向。[⑪]

---

① Samuel P. Huntington 是美國哈佛大學的講座教授。

② 原文是 The Clash of civilizations and The remaking of World order. 本文採用聯經 1998 年黃裕美翻譯的譯本（以下簡稱黃譯）如有不清楚之處，則參考 1996Simon & Schuster 出版的原文，有人批評 Huntington 是典型的大西方沙文主義者，擅於搞二分法，將西方與非西方對立，並以文化衝突為彼此未來對決的發展，本文暫不論及這些討論，純就杭氏對儒家的敘述來論究。

③ 黃譯 40 頁。

④ 黃譯 43 頁。

⑤ 黃譯 61 頁。

⑥ 黃譯 73 頁。

⑦ 黃譯 99－102 頁。

⑧ 黃譯 101 頁。

⑨ 黃譯 114 頁。

⑩ 韓國傳統的佛教及儒家似已被統一教及基督教所取代。

⑪ 黃譯 117－125 頁。

20世紀初，中國知識分子和德國社會學家兼哲學家韋伯殊途同歸，都指儒家思想是造成中國落後的根源。到20世紀末，中國政治領袖和西方社會學家則不約而同弘揚儒家思想是中國進步的源頭。在1980年代，中國政府開始大力提倡儒家思想的優點，共黨領袖更宣稱，這是中國文化的“主流”。李光耀也大力提倡儒家思想，他認為這是新加坡成功的主因，並成為向世界其他地方宣揚儒家價值觀的使者。到1990年代，台灣政府自稱“承襲了儒家思想”，李登輝總統界定台灣民主化源於中國的“文化傳統”，而這可以上溯到公元前21世紀的堯舜時期，或公元五世紀的孔子及公元前三世紀的孟子。[1]

亞洲人對自己的自信，出現了“亞洲肯定”說（Asian Affirmation），亞洲人相信“亞洲必須告知世界其他地方，亞洲價值放諸四海皆準。”[2]（Asian must “transmit to the rest of the world those Asian values that are of universal worth”）

在亞洲價值中，大部份發展出來的國家或地區都是儒家文化地區，這一個所謂的中國區，除了是中國人或華人的地區外，還包括韓國、越南、琉球或日本，這一個具有儒家文化或分享儒家文化的地區稱之為大中華共榮圈，[3] 按Huntington的描寫，可繪成下列圖式：

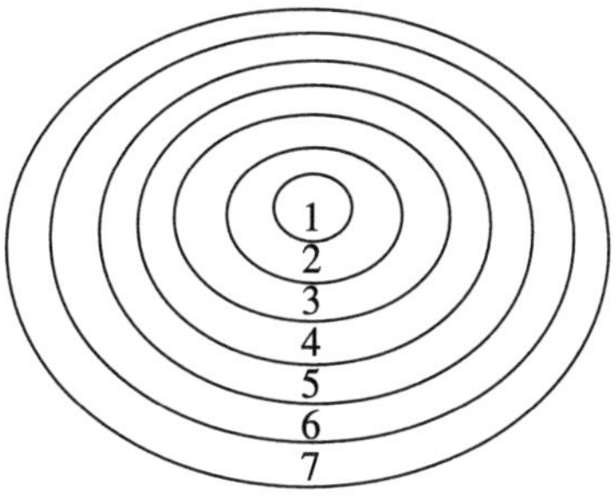

中央核心區：由中國漢人組成

較偏遠但是中國屬地

合法省分，但由非漢人密集居住地區，如西藏、新疆。

以北京為中心的中國一部分華人社會，如香港、台灣。

大部分由華人組成越來越親北京的國家，如新加坡華人有極大影響力的泰國、越南、馬來西亞、菲律賓和印尼分享中國儒家文化的非華人社會，如南北韓及越南。

由於如此具體的描述，“大中華因此不只是抽象的概念，而是個快速成長的文化和

---

① 黃譯136頁。

② 黃譯139頁．原著109頁。

③ 黃譯226頁。

經濟事實，同時也開始變成一個政治事實。”[①]

從以上的敘述及摘要看來、Huntington 教授同意大中華共榮圈正在或已形成，而其形成的核心是儒家的價值觀，這一個價值觀在 20 世紀初年是被亞洲人甚至中國人所唾棄的，[②] 但到了世紀末時，又被中國人，亞洲人認為是亞洲肯定說的核心內容，甚至被世界人士所注重的世界三大勢力之一，理由為何？同時，在 Huntington 的文章中，有一現象或描述，是值得我們重視的，就是自 1910 年以來，整個中國思潮演變的方向，如何由自卑而肯定？[③]

在檢對這種現象時，我們可以發覺，1910 年初的中國，是處於民國肇興，新思潮流竄，各種不同勢力角逐爭雄之時，整個中國呈現在一種混亂中，沒有一種思想是能完全的被接受，更在西學澎湃之時，對中國文化呈現一種輕視、鄙棄的狀況，更不論任何的復興，究其因，除了積弱不振頻遭外侮之外，士人乃將矛頭指向中國文化，以為中國文化特別是儒家文化是中國積弱不振的原因，其實，正如黃宗羲所說：“王霸之分，不在事功，而在心術。”[④] 心術不正之人，不但不能成霸，甚至還會毀國，朱熹更以自漢唐以來，王道之治就已不存，[⑤] 王道既已不存，又如何求治國，成國？亞洲各國在經歷第二次世界大戰之後，幾乎都要由破壞之中建設起來，一個徹底的破壞就會有徹底的建設，亞洲各國回到原始儒家精神所組成的“竹子網路”，[⑥] 使得從家庭關係到社會關係變成了一個有效的溝通模式，建立了成功的發展基礎。

可知，亞洲發展的成功，實奠基於儒家王道思想中的倫常關係，這種倫常關係由於經過現代化的衝擊和洗禮，已不若清朝以前的繁複及嚴酷，而成了一種較具彈性及人性化的關係，重建了王道思想的精神和價值。因此，在回塑此種關係時，亞洲華人，甚至全球華人在他們移居海外及向全世界發展時，在他們心中並不存有歷代大思想家繁複，難解的對王道思想的詮釋，而是謹記原始儒家倡導王道思想中的若干條目，最多加以一些說明，如此，就構成了他們的精神生活，建構了他們的網路，發展了他們的事業，也因此，不論他們從事任何行業，信仰任何宗教，參加任何政黨，儒家王道思想的核心，都是他們心中和一切事接觸的基礎，像新加坡的李光耀大力提倡儒家思想，中國大陸共黨領袖宣稱儒家文化是中國文化主流，台灣的李登輝界定台灣民主化

① 黃譯 227－228 頁。
② 黃譯 134 頁。
③ 黃譯 136 頁。
④ 《孟子·師說》，卷一。
⑤ 《朱文正公文》，卷三十六，答陳同甫。
⑥ 黃譯 228 頁。

源自中國文化傳統,[1] 都在說明儘管彼此之間有不同的背景及作法，但，把儒家文化做為行事，做人的基礎則是一致的，也由此可知，儒家思想的歷史任務藉由此一轉折，變成了人性內在意義與價值的基礎，也祇有在此一基礎下，儒家思想才有可能在和世界其他文化接觸時，有其更深的基礎與秩序。

但是，不可諱言的，亞洲文化之所以能夠發展的理由，除了依憑儒家的精神外，西方文化的制度，也是不可或缺的理由，由於中國古代藉由自己本土所產生出來的文化，雖曾輝煌一時，一旦和西方已發展出來的文化相較時，似就顯出制度之不足，因此，在這二種文化相遇之時，彼此的互補才是造成亞洲文化發展的主因，張之洞所謂的“中學為體，西學為用”似正為此一發展的結果作了註腳，也由此可知，儒家的王道思想，在重建世界秩序時，其所扮演的角色就是作為任何制度發展的核心。

---

① 黃譯136頁。

论中国崛起与国际秩序和体系的关系

阿根廷罗萨里奥国立大学　爱德华多·丹尼尔·奥维多

中国经济现代化的成效提高了其国际地位，重组了大国间力量对比关系，导致国际秩序中的变化。假如中国地位在国际格局中继续上升，将有足够的政治力量来改变国际秩序。若其国力再增强得到全球霸权地位，中国能否使用儒家伦理取代“威斯特伐利亚体系”的西方原则？看来中国外交政策中期目标是建立新的国际秩序和远期目标是替代国际体系原则。不过，至今为止，中国崛起还未导致建立新的国际秩序，也没有改变国际体系原则。同时，中国正在重新集中全球财富，缩短与大国距离并扩大与边缘和半边缘国家的不对称关系。

因此，本论文研究中国崛起与国际秩序和体系的关系。首先，依靠国际关系历史演变区分国际体系和国际秩序的两个不同概念。其次，分析现行秩序及中国等国崛起对权力均衡进行重新调整。再次，为了了解中国对“美国主导秩序”和“威斯特伐利亚体系”的立场来评估中国对外政策的状态和类别。最后，在研究中国对国际体系的立场当中，着重中国朝贡体系儒家原则的丰富经验，作为中国构成新体系的主要内容。不过，根据国际体系的历史演变，中国很可能像其他大国一样，当中国谋求改变“威斯特伐利亚体系”西方原则的时候，会受到力量均衡和国际法的制约，除非推动一个跨文明的联盟。

一、国际秩序和体系的历史分析

要理解国际政治变革首先必须界定体系和秩序这两个不同的概念。像其他社会体系一样，国际体系含有：单位、结构和原则。在国际关系专业术语中被称为政治单位、权力结构和定序原则。国际秩序涉及政治单位如何位于权力结构，以及在一个特定的历史时期中如何形成力量对比关系。[①]

国家是国际体系的主要政治单位。它发挥“价值权威性分配”[②] 的重要作用。在体系中还有一个非集中的权力结构。其特点：一是没有一个超国家的权力机构；二是政治单位位于相互并列和面对面的状态中；三是其外部行为基于共识，因国家还保留自我保护的政治手段，与其他国家只有经过其同意而来表达自己的承诺。但这两个组成部分都不足以全面地对体系进行描述，需要有定序原则。体系有两套：政治性原则和法律性原则。在没有超国家的权力机构的情况下，国家之间的权力平衡是政治性的定序原则[③]（像亚当·斯密所说的“看不见的手”一样）。与此同时，还有国家间历来遵守的法律规定和习惯，当今可以在国际法书籍中参考。所以，国际体系不在无序状态之中运行，因无序状态是现实主义学说的理论假设，而不是现实历史所证明的事实。甚至，无序状态更不可能成为体系的定序原则，[④] 正如华尔兹所说，因无序状态只能说明缺乏超国家机构的情况，而不能当作国家在国际格局中分配的定序原则。

图1 国际体系的组成部分

1648年的“威斯特伐利亚和平条约”是国际体系的出发点。与此同时，创建了第一个秩序，直至1713年签署西班牙王位继承战争结束的“乌得勒支和约”。[⑤] 也就是说，“威斯特伐利亚条约”构成了国际体系，即“威斯特伐利亚体系”；同一时间，形

① 雷蒙·阿隆认为力量比权力更容易估价，因此创造力量平衡的概念，以取代权力平衡的概念。（雷蒙·阿隆：《国家间的和平与战争》，马德里：联盟出版社，1985年西语版本，第79—80页）在国际关系中力量对比关系和权力对比关系虽然不一样，但是用法同样。

② 大卫·伊斯顿：《政治分析的框架》，布宜诺斯艾利斯：Amorrortu出版社，1976年西语版本。

③ 论文不否认权力平衡概念的争议性。在这方面，恩斯特·哈斯教授在一篇讨论权力均衡八个不同含义的定义。Ernst B. Hass. “The Balance Power：Prescription，Concept，or Propaganda?” World Politics，5（4），July 1953，p. 447.

④ 肯尼思·华尔兹：《国际政治理论》，纽约：McGraw－Hill出版社，1979年，第100页。

⑤ 基辛格将威斯特伐利亚秩序延续到1815年的维也纳会议。亨利·基辛格：《外交》，墨西哥：FCE出版社，1995年西语版本。

成了第一个秩序，即“威斯特伐利亚秩序”：政治单位初次分配，其中法国成为霸权国家。

经过三个半世纪以来的创造，“威斯特伐利亚体系”还保持其三个组成部分：单位、结构和原则。因此，历史上没有过体系的变化；但是政治单位在其权力结构中分配不断地发生变化，即国际秩序的变化。这种权力分配可以静态观察（在特定时间和空间上）；或动态观察（在长期的历史过程演变中）。从后者的角度来看，自“威斯特伐利亚体系”开始以来，国际秩序的时序演变如下：

· 威斯特伐利亚秩序	1648-1713
· 乌得勒支秩序	1713-1763
· 巴黎和平秩序	1763-1813
· 维也纳秩序	1815-1919
· 巴黎-华盛顿秩序	1919-1945
· 两极秩序	1945-1991
· 美国主导秩序	1991-
美国霸权主导秩序	1991-2003
美国非霸权主导秩序	2003-

图 2　国际秩序（1648 年至今）

国家权力通过国家所具备的物质和非物质要素来估价。[①] 因这些要素不断变化，国家权力也变，形成国家的兴衰逻辑。[②] 另外，国家权力大小不一，使各国在政治结构中处于不同地位。国家权力通过法律创造权力对比关系，对国际秩序提供合法性（legality），特别是大国之间达成的默许或明确协议。与此同时，公正性（legitimacy）对权力分配和管理秩序提供理由和论据。由于秩序不断演变，改变权力对比关系和恶化其公正基础，会导致现行秩序变化的可能性。

所以，谁要撰写关于国际秩序必须考虑到以下几种假设：

国际秩序属于国际体系，1648 年由“威斯特伐利亚和约”建立。

区分体系的变化和秩序的变化。如果体系的组成部分（单位，结构或定序原则）其中之一变化，那么体系改变。倘若结构中主要政治单位的布局变化，国际秩序会改变。改变现行秩序有两种方式：革命性（秩序的变化）或改革性（秩序中的变化）。

---

① 汉斯·摩根索，《国家间政治》，北京：中国人民公安大学出版社，1990 年，第 152—216 页。

② 保罗·肯尼迪，《大国的兴衰》，北京：中国经济出版社，1989 年，第 10 页。

注意体系中各国力量的状况。虽然结构本身是非集中的，力量分散大小不一，但在特定的历史时期集中于少数国家，却从不会被垄断。

政治单位间的“对称与不对称辩证法”产生各种权力情况，其特点为大国间的“横向关系”以及大国和中等国家或小国家之间的“垂直关系”。① 一般现实主义学说重视横向关系。垂直关系曾被几位国际关系学者分析，其中包括世界体系理论。②

了解国际秩序不断改变的特征。注意其在该演变中的形成，因国际关系历史证明，国际秩序在发生巨大战争之后出现。不过，1991年苏联解体中断了该趋向，实行了国际秩序的和平变革，但也不能认为是国家放弃战争来作为改变国际秩序的手段之一。

因帝国解体，非殖民化进程和其他国家独立方式，形成国家数量增多的历史大趋势。

国与国之间在政治平衡的指导下构成敌友关系，体现于合作与冲突关系。

二、分析美国主导秩序（1991—）

苏联解体终结了两极秩序。一旦一极消失，学者使用“单极”、“一边”或“帝国”等概念来描述国际政治剩余的另一极的作用。不过，政治学算术与数学不同，因为二减一不等于一（2－1 ≠ 1）。事实上，除去两极格局权力之一未能构成一个单极秩序。新的美国主导秩序脱离了两极格局并恢复寡头格局，③ 但没形成单极秩序和也没有构成“霍布斯式的无序多极化分散状态。”④ 在这个过程中，一些系统因素的持久性（例如别国强大、非集中的权力结构以及力量平衡演变）干扰算术逻辑，使其没有达到算术预期的结果。

同时，大国兴衰逻辑改变力量对比，丝毫不改变秩序，但是它分为两个历史时期：美国霸权主导秩序（1991—2003）以及美国非霸权主导秩序和经济不对称缩小的状态（2003—）。

---

① 霍夫曼确定了国际体系的三个维度：“横向维度涉及主要行为者之间的关系；垂直维度属于强者与弱者之间的关系；以及功能维度指国家间关系”。斯坦利·霍夫曼：《雅努斯和弥涅耳瓦：关于国际政治理论与实践杂文》，布宜诺斯艾利斯：拉美出版集团，1991年西语版本，第65页。

② 伊曼纽尔·沃勒斯坦：《现代世界体系》，马德里：二十一世纪出版社，1996年西语版本、第489－502页。

③ 国际秩序即不是单极的，又不是多极的。根据肯尼思·华尔兹教授所说，可以根据小数国家体系（small-number system）的逻辑来对国际政治加以研究。我认为寡头（oligopoly）这一概念更准确地说明该小数国家体系的中文意思。

④ 阿尔特米奥·路易斯·门罗.《在国际体系中权力的结构：1492—1992年》，“Res Gesta”杂志，罗萨里奥：阿根廷天主教大学、罗萨里奥法学及社会科学学院、历史研究所，第31期，1992年，第153页。

美国霸权主导秩序（1991—2003）

新的世界寡头格局基于美国的主导地位。据西班牙皇家学院（Real Aca-demia Española）主导（predominio）是“在数量，数字或强度上更加丰富”。[①] 这种丰富体现在美国的超级大国性质与其他寡头成员的大国性质不同。该区别形成寡头成员之间的不对称关系。

作为一个超级大国，美国的霸权主导地位出现于国际社会大多数国家支持其不扩散核武器政策；“合法性”的军事干涉，像海湾战争和科索沃战争，并在那些战争中展示了其全球军事实力及高科技武装力量。另外，在“华盛顿共识”倡导之下向全世界出口其市场经济模式。在联合国重要提案得到英国和法国（偶尔中国和俄罗斯）的支持，领导安理会。它带领主要的军事联盟（北约，泛美互助条约），经济组织（世界贸易组织、世界银行、国际货币基金组织）以及世界上最先进的政治和经济模式。虽然有内部和外部的批评，民主和资本主义都被传播到世界各地。美元仍然是国际金融体系的霸权货币。此外，国内社会具有较高的意识形态凝聚力和文化融合，其政治制度有广泛地公正性。其国家统一已经实现，享有稳定的边界，使美国对现行秩序感到满意，执行维持现状的对外政策。

国家	国民生产总值 *	百分比
美国	5,920,199	25.6 %
日本	3,670,979	15,9 %
德国	1,789,261	7.7 %
法国	1,319,883	5.7 %
意大利	1,222,962	5.2 %
英国	903,126	3,9 %
寡头总数(大国经济)	14,758,758	64.0 %
中小国家经济总数 * *	18,448,448	80.0 %
总数	23,060,560	100.0 %

资料来源：世界银行

注：* 表示百万美元；* * 表示按照维弗雷多·帕累托的 20/80 法则（世界生产总数的 80% ）。

图 3　1992 世界经济寡头

① 西班牙皇家学院：西班牙语词典，www.rae.es（参考日期于 2013 年 5 月 26 日）。

在经济上也出现美国的主导地位。当时寡头的主要经济大国显示全球财富的高度集中特点，只由六个国家组成。1992 年，美国占世界经济的 25.6%，日本 15.9%。也就是说，唯一的超级大国超过世界经济的四分之一和寡头总数的 40.1%（见图三）。到 1998 年中国进入寡头，日本是唯一的非西方成员。印度、俄罗斯和巴西分别为中等经济并没有达到大国的角色。

从美国霸权主导地位到美国非霸权主导地位和经济不对称缩小的秩序（ 2003—）2001 年美国发生世界贸易中心和五角大楼的恐怖主义袭击事件是同一秩序的转折点。它揭示了超级大国安全系统的脆弱并削减其主导地位，迅速地转移到其在世界政治中行使的霸权地位。美国在秩序第一个时期中对其外交政策获得了别国的广泛支持；但在第二时期中这些国家否认或阻碍美国对外行动，特别是自 2003 年伊拉克战争以来。①

国家	国民生产总值 *	百分比
美国	15.734.000	22.3 %
中国	7.748.000	10.9 %
日本	6.105.000	8.6 %
德国	3.603.000	5.1 %
法国	2.742.000	3.9 %
英国	2.418.000	3.4 %
巴西	2.311.000	3.3 %
意大利	2.061.000	2.9 %
印度	1.890.000	2,7 %
寡头总数(大经济)	45.164.800	64.0 %
中小国家经济总数 * *	56.456.000	80.0 %
世界总数	70.571.000	100.0 %

资料来源：世界银行。

注：* 表示百万美元。* * 表示按照维弗雷多·帕累托的 20/80 法则（世界生产总数的 80%）。

图 4　2012 年世界经济寡头

在寡头中经济大国权力平衡的重新调整是美国主导地位削弱的主要表现。中国、印度和巴西崛起逆转了世界经济财富的集中化进程，扩大寡头成员国数量，从六个增至九个国家。美国经济力量的削弱缩短了与其他大国的不对称距离和其“同侪之首”

① 拉法特·哥特梅：《当代国际体系中权力的制度化》，《国际关系、安全及战略杂志》，6 册，第 1 期，波哥达，2011 年，第 4—5 页。

(primus inter pares）作用。美国从超级大国往大国方向退步以及日本、德国、法国、英国和意大利经济出现衰退。同时中国、印度和巴西打破了中等国家水平的边界线并成为主要经济大国，加入寡头行列。在2012年，美国是全球经济的22.3%并在寡头中其份额下降到34.8%。根据世界银行统计，中国成为世界第二大经济强国，达到美国国民生产总数的50%（见图四)。虽然中国学者认为中国“……从国际体系的边缘走向国际体系的核心圈”，[①] 我认为20世纪90年代末中国已经进入“中心大国俱乐部”里面。

这种非集中性是经济的，因为美国仍然有足够的军事力量。2012年，其军费开支是中国的五倍和俄罗斯的十倍。[②] 然而，正如保罗·肯尼迪所说，一个与庞大军事能力毫无相等的经济基础来支撑它，至少开始进入衰退的过程。如果我们随着“……从长远来看，某一个大国在经济上的兴衰同其作为一个重要的军事强国的兴衰之间有很清楚的联系”[③] 的论点，很显然，美国的命运将由其经济衰退而定，虽然肯尼迪警告不要“陷入赤裸裸的经济决定论中去”。[④] 霸权稳定理论有同样的论点。托马斯·怀特认为美国的扩张已经走到了尽头，他观察美国的衰退并尝试了解如何维护国际秩序。[⑤] 据琼斯表示，[⑥] 美国不再是“自由世界集团”的执行官（ceo)，现在是“全球秩序有限公司”少数股东中最大的一个股东。总之，经济力量与20世纪90年代相比下降了，但与其他国家仍保持着较大的非对称权力距离。

文明异质性是美国非霸权主导秩序的突出特点。自从20世纪末期，欧美在大国经济寡头的主导地位扩大到中国、印度和巴西，加上已有的日本。也就是说，国际秩序含有属于不同文明的国家，[⑦] 着重强调体系异质性。这不仅是文明的，而且也是意识形态、权力资源和政治制度领域的异质性。虽然，琼斯认为安全和经济利益（而不是意

① 刘清才和刘文波：《中国崛起与国际体系互动关系分析》，天津师范大学学报（社会科学版)，2010年第3期，第2页。

② 斯德哥尔摩国际和平研究所（SIPRI)：《SIPRI年鉴2012：军备裁军和国际安全》，斯德哥尔摩：SIPRI出版社，2012年西班牙语版本，第9页。

③ 保罗·肯尼迪：《大国的兴衰》，第9页。

④ 同上，第11页。

⑤ 托马斯·怀特：《美国必须调整对华战略》，《金融时报》，2010年8月11日。

⑥ Bruces JONES, “Managing a Changing World. How the United States has become the largest minority stakeholder in the new global order”, Foreign Policy, March, 2011.

⑦ 亨廷顿识别以下文明：中国、日本、印度、伊斯兰、西方和非洲。西方文明分为欧洲、北美和拉丁美洲。塞缪尔·亨廷顿：《文明的冲突与世界秩序的重建》，布宜诺斯艾利斯：Paidós出版社，1997年西语版，第50—54页。

识形态或反美战略）导致新兴国家[①]组成的联盟。尽管有人想找到西方/其他或者民主/独裁的选择，但这并不占优势。[②]

三、中国对“美国主导秩序”和“威斯特伐利亚体系”的挑战

本节描述中国外交特征与国际体系和秩序的互动关系。初步肯定的是：中国自1955年起实施一项巩固国家的扩展性政策，在国际秩序中引起了重大变化，但其力量不足以创新国际秩序和国际体系。假使中国继续在国际结构中上升，很可能会导致建立一个新的秩序。不过，倘若中国试图以儒家伦理改变“威斯特伐利亚体系”的西方原则，会受到国际权力均衡的制约，难以真正创新体系，除非中国建成广大的文明联盟。

中国政治制度的扩展趋势

对外政策是国家政治制度的产物，与其外部环境（国际政治体系）互动。所有的政治制度与其环境基本上保持平衡状态。其自然倾向于扩展。虽然不一定每个国家制度都会扩大，因为国家的对外行动，如摩根索教授所说，寻求保持权力、增加权力或者显示权力。[③] 增加权力资源和其他政治制度的毁灭，都会利于扩大另一些国家制度的权力范围，即扩展性政策。

政治制度的扩展或收缩动态使其有效范围超越或缩小国家地理界线。政治制度的边界与国家规定的边界之间相符，指定每一个政治制度所要求的“理想一现实饱和点”的状态。现实是因为它与国家现有的领土一致。理想是因为政治制度达到饱和点，其扩展或缩小不一定停止。“饱和点”是一个抽象概念，作为制度的边界，最终与政治制度保持其有效性联系，并且它可以与国家边界一致与否。因此，政治制度与环境的边界以灵活为主要特点，而国与国间的边界是固定的和不可侵犯的。

另外，按照政治制度有效范围，扩展性政策划分为：一是为巩固国家的扩展性政策，像中华人民共和国和众多其他政治制度一样，因其治理机构是在一个次国家领土之内有效的，但为达到其理想一现实饱和点，它们努力扩大其有效范围。二是国家扩展性政策，因当达到了理想一现实饱和点的时候，不会在此停止，并扩展吞并别国领土；人员和货物的控制；政治意识形态和经济模式的出口；在国外驻扎军事基地等其他超

---

① 新兴国家是从半边缘过渡到中心的国家。也就是说，指大国寡头刚刚到来的大国。根据图四，在经济方面，包括中国、印度和巴西。俄罗斯未能进入，但它是最先进的半边缘世界大国之一，因在2012年排行第十位，在大国和中等国家边界之中，并具有核能力。新兴国家也可以是从边缘向半边缘转变，虽然本小论文注意力集中于半边缘过渡到中心的研究。

② Bruces JONES, ob. cit., s/n.

③ 汉斯·摩根索：《国家间政治》，第64页。

过理想一现实饱和点的统治方式。例如，美国从独立战争以来不断行使一项国家扩展性政策，因我们大家可以看到其原有的有效范围仅限于英属北美十三个殖民地，而今已达到了最佳的扩张范围，对现行秩序感到满意。因此，经我检验现实主义学说，外交政策分为维持现状的政策、扩展性政策和威望政策，每种有一个对应的行为（见图5）。[①]

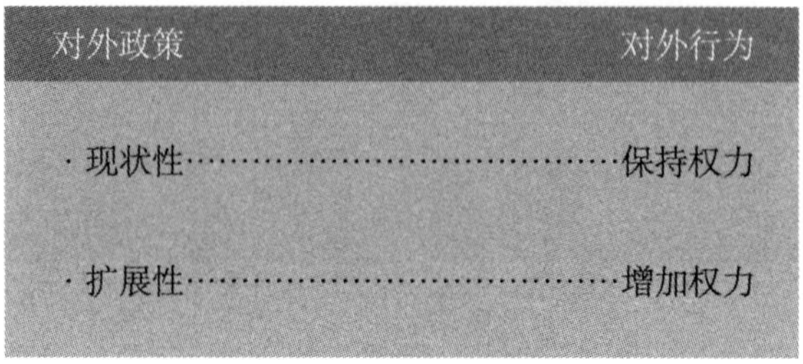

图5　外交政策的分类

上述提到的划分可发现所实施政策的类型和状态。中华人民共和国的对外政策是为巩固国家的扩展性政策。该政策始于1955年，当苏联军队从中国领土撤走的时候。1960年中苏同盟关系破裂，中国开辟了自主的道路。几年后，中国在“文化大革命”和中华人民共和国恢复联合国的合法席位中继续。正好过去了两个年代，苏联解体留下的政治空间，使中国立即采取措施控制周边区域。1997年和1999年中国对香港澳门分别行使主权，终结对中国的殖民主义时代，以和平方式扩展国家领土并改变地区现状。然而，这种扩展不仅是与国界有关，它是全面的，包含整个社会体系，这就是政治、经济和文化子体系。因为自20世纪70年代末起扩展与经济现代化密切联系，从而增加了政治制度的运行要素，影响中国实力的其他组成要素。中国经济、政治和军事能力的一体化增长，构成日益强大的权力，使它在世界大国寡头中获得席位。

中国扩展和国际秩序中的变化

判定中国是否是一个维持现状的国家还是现存秩序的修正国家需要知道是否是一个满意的国家，而满意程度取决于国际秩序是否与本国主要利益和谐。布鲁斯·琼斯认为，中国与其他金砖四国是保持现状的国家，因它们正试图得到国际秩序的利益。[②]据卡斯特勒教授所说，中国领导人出国访问“与现状国家是一致的”。[③]相反，本人认为因中国政策是为巩固国家的扩展性政策，还有一些尚而未决的切身利益使中国对国

① 爱德华多·丹尼尔·奥维多.《中国在扩展中.自中苏正常化至加入世界贸易组织，1989—2001时期》.科尔多瓦：科尔多瓦天主教大学出版社，2005年西语版，第24—25页。

② Bruces JONES, ob. cit., s/n.

③ Scott L. Kastmer. “Is China a Status Quo or Revisionist State? Leadership Travel as an Empirical Indicator of Foreign Policy Priorities”, International Studies Quarterly, N° 56, 2012, p. 175.

际秩序产生了不满因素，同时现行秩序有利于其扩展。它一边扩大，一边改变秩序（像中国不断增加的经济角色和收回港澳地区的主权），但这些并不意味着是秩序的变化。就是，中国对国际秩序中进行过改革，并通过提高其国际地位将继续修改秩序，除非中国因现代化的不良政治后果，被返回排入半边缘地区之中。[①]

中国加入现行的大国寡头对国际秩序进行改革。假如继续强大的话，也可以改变秩序，虽然目前并没有足够力量。面对现行秩序中国有两种选择：一是继续从现行秩序得利；另经过改变秩序得利。但是，倘若从中还可以继续上升，为什么目前，当它在仍然不具备所必要的力量的时候，会改变秩序？中国尚未进入与现行秩序有冲突的时期，从中得利，而缺乏最佳的强度来改变它。因此，中国会继续参加现行秩序，直到秩序不再符合扩展性政策，并中国政府对实际利益和改变秩序代价进行评估。那时候，秩序将开始转变。

总之，中华人民共和国从冷战后期以来扮演了三个国际角色。自1971年起，与美苏在两极格局分散力量的过程中形成大三角关系。苏联解体后，与其他主要强国共同管理现行秩序。最后，对现行秩序进行挑战，形成一组倾向于重组权力关系的国家之一。也就是说，中国在设置了“旧秩序”的国家之间插一只脚；共同管理目前的秩序；同时，正如琼斯所说，[②] 使用“未来的影子”（the shadow of the future）的现象，准确与否，被认为美国首要地位消减和新兴国家时期的到来。

中国寻找体系的变化？

不确定性因素不是中国如何对待现行秩序，而是如何对待体系。在那里其作用显著突出。因为定序原则不属于秩序或某一单位，而属于体系，因此，受到政治单位在结构中相互作用的制约。当然，历史上所有霸权国家的领袖们及其帝国的梦想使他们试图改变原则，但都以失败告终。中国会在这个逻辑之外吗？它可以通过改变原则来改变国际体系？或者它只是一个新的大国，像其他国家从“威斯特法利亚和约”至今将承担同样的角色？提出上述疑问的原因是因中国即是一个国家又是一个文明，有自己的另外一套原则。就是说，中国能够打破均衡并改变国际法中来自欧美等其他西方国家的基本原则吗？或者只是在已设定的政治和法律原则下执行其行动方针？这些问题长期保持在不确定的答案中，并如果中国继续扩大的话，会越来越成为国际关系讨论会的议题。

回顾起来，当在威斯特伐利亚构成欧洲国家体系的时候并存其他体系。当时中国

---

① Ronald INGLEHART y Christian WELZAL. “Development and Democracy: What We Know about Modernization Today”, Foreign Affairs, Nueva York: March 2009, p. 15.

② Bruces JONES, ob. cit. , s/n.

和西方国家属于不同的体系。中国，通过一个基于儒家伦理和权力的金字塔形结构的封建制度，构成以朝贡为基础的宗藩模式。有趣的是，虽然满族是汉族的“外国人”，却吸收了中国的政治哲学并合法统治汉族人。与此同时，西方列强建立威斯特伐利亚体系，通过经济和军事的进步成为统治体系。19 世纪以来该统治的特点很明了，并在 20 世纪成为一个全球和普遍体系。它包括区域子体系（即从属国家体系)，具有自己的当地均衡，但是依赖于世界权力均衡。(1839—1842 年）第一次鸦片战争代表西方列强和中国文明的冲突，同时，这也导致国际体系和朝贡体系之间的对抗，前者统治后者。尽管冲突因中国不愿接受从属，西方经济、军事、科技力量摧毁皇帝制度及其来源于儒家合法的政治哲学。其他依赖于中国的边缘番薯，比如日本，脱离了宗藩模式并发展现代化，与西方融合。[①] 中国作为宗藩模式政治哲学的“母亲”直到最后一刻进行抵抗，但 1895 年马关条约之后，被强制性融入列强的威斯特伐利亚体系，开辟中国学者和政府所说的“中国屈辱史”。

目前的世界权力局势也许是该过程的逆转。像 19 世纪的欧洲国家，今日的中国一样开始扩大。此外，世界三个最大的国家经济有美国、中国和日本。如果国内生产总值按照购买力平价计算，印度占第四位。这说明欧洲国家，早晚会从大国地位转变成半边缘国家，并在未来十多年中有人把欧洲当作“亚太世纪的边缘区域”,[②] 我们将不会感到惊讶。因在本世纪第二个十年中期，欧洲已经是美国和中国的半边缘地带，除非德国、英国和法国。欧洲大陆从中心地带转到半边缘地区是世界经济理论早已提出来的警告。[③]

如果中国进一步提高自己的综合国力，[④] 实现全球霸权，中国将是否可以使用儒家原则来取代“威斯特伐利亚体系”的西方原则？上述说明权力均衡和国际法是国际体系的定序原则，并如果中国用自己的原则来改变西方原则，不但非常困难，而中国在努力谋求改变体系的过程中，“威斯特伐利亚体系”会变革或土崩瓦解。请记住，改变体系组成部分之一导致体系的变化，同时导致其毁灭，像中世纪欧洲教皇和神圣罗马帝国的上下级关系体系，[⑤] 传到“威斯特伐利亚国际体系”大国之间的横向关系一样。中国将恢复其儒家价值观来对“屈辱世纪”进行复仇吗？具体说，“仁”和“礼”是否

---

① 伊恩·布鲁玛:《创造日本》，巴塞罗那：Mondadori 出版社，2003 年西语版本，第 25—26 页。

② 德克·梅斯纳:《欧洲联盟：多边主义世界秩序的主角或亚太地区世纪的边缘权力?》，布宜诺斯艾利斯：新社会，第 42 期，2007 年西语版本，第 70 页。

③ 伊曼纽尔·沃勒斯坦:《现代世界体系》，第 492 页。

④ 黄硕风：综合国力论，北京：中国社会科学出版社，1992 年。

⑤ 胡安·卡洛斯·普伊格:《国际社会法》，布宜诺斯艾利斯：Depalma 出版社，1975 年西语版本，第 45 页。

会取代或改变均衡和国际法所制定的主权原则？一项仁义政策与国家利益怎么能共处？讨论该问题涉及预测理论，但是预测理论的重大制约是缺少经验性实例“empirical evidence”，目前还无法证明，虽然按照其他大国经历过的经验，都感觉到失败的滋味。中国，作为华夏文明的国家，将带着自己的儒家原则改变体系，但需要权力过大和一个广泛的跨文明联盟才能成为普遍性原则。

像过去的大国一样，中国对外政策的中期目标是建立一个新的国际秩序。其长期目标是取代体系的原则。然而，到目前为止，中国的和平崛起还没有建立起一个新的国际秩序；更没改变了威斯特伐利亚国际体系的原则。据国际体系的历史演变，像其他霸权国家一样，中国将受到权力平衡的制约。不管将来的政策如何，目前中国重新集中世界财富，缩短与其他大国的距离，并扩大与边缘和半边缘国家的非对称关系。

结束语

随着几十年的经济增长，中国政治制度扩大其有效范围。政治扩大自 20 世纪 90 年代后期加快，特别是 1999 年中国收复澳门，殖民主义时代在中国终结，以及 1998 年进入中心国家集团，标志着中国大国地位的开端。中国加入寡头重组大国间政治关系并对美国霸权主导秩序进行改革，尤其是在权力分散和文明异质性方面。

中国作为对国际秩序感到不满意的国家，假设继续在国际结构中上升，会有足够的政治力量来试图改变现有秩序，虽然这不是一个国家的单方面行为。倘若进一步提高自己的能力，实现全球霸权，将会试图用儒家伦理取代威斯特伐利亚原则。然而，中国在权力结构中崛起依然未能建立新的国际秩序，更不用说改变国际体系的原则。根据国际关系的历史演变，就像其他新兴的霸权国家一样，中国将通过权力均衡的机械性受到制约，很有可能建立一个“中国和平”（pax sinica），但是在威斯特伐利亚体系的框架内。假设中国为了改变体系三个组成部分之一，构成一个跨文明的联盟，在努力的过程当中将导致原体系的毁灭或改革。

在继续这种不确定性局面的同时，有必要提醒发展中国家：虽然从苏联解体以来出现经济力量非集中性趋势，中国、印度和其他新的经济大国不断重新集中经济力量。的确，随着美国的衰退和几个大国从核心圈中出去到半边缘地区中，中国和其他“刚刚到来”的国家积聚世界财富的大份额，缩短了与大国原有的间隙，以及拉长与边缘和半边缘国家的不对称距离。

儒学与当代政治

——汉初历史的一些启示

新加坡南洋理工大学 梁秉赋

一、引论

儒学与政治的渊源，尤其是体现在儒生与国家政权之间的互动关系，既深且远。孔子（公元前551—479年）没后的百余年间，弟子门人已将其所传授的学与术发展成为在民间有深厚基础的一门显学。而他去世三百年以后，以所谓的“六艺”为核心的孔门之学与当时的国家政权更发展出一种互为依存的紧密关系。自此以后凡二千年，以孔子为宗的儒术经学，一直与治统维持着共生共存的关系。而有不少人对此持有一种看法，认为这二者之间主要是政治力量利用了儒学。前者为了维系自身的生存与发展，往往是采取主动力促后者与其结合的一方。后者则是这一双边关系中经常处于被动、受到掌控的一方。这样的看法诚然不乏一些事实基础，但实际的情况可能远比这一简单的概括要复杂得多。本文拟以汉朝初期的朝廷与儒生群体之间的关系为本，对儒学与当代政治的这一课题做些许考察与思考。

二、儒学在汉初之“复兴”

言汉初政治者常有一种看法，以为在秦朝时遭受压抑的儒学在汉武帝时代即已抬头，呈现出欣欣向荣的发展。这一见解又似乎可以在史书中获得证实。比如司马迁在《史记·儒林传》中就曾这样写道：

“及今上（汉武帝）即位，赵绾、王臧之属明儒学，而上亦鄉之，于是招方正贤良文学之士。……及窦太后崩，武安侯田蚡为丞相，绌黄老、刑名之言，延文学儒者数百人，而公孙弘以白衣为天子三公，封以平津侯。天下之学士靡然鄉风矣。”[①]

“今陛下（汉武帝）……劝学修礼……为博士官置弟子五十人，复其身。太常择民

① 《史记·儒林列传》，第3118页。

年十八已上，仪状端正者，补博士弟子。（于）郡国县道邑，（亦令官员举荐）有好文学，敬长上，肃政教，顺乡里，出入不悖所闻者，诣太常，得受业如弟子。自此以来则公卿大夫士吏斌斌多文学之士。”[①]

后世论者更经常以武帝年间“始置五经博士”，来作为儒学在政治上业已取得正统的学术地位之表征。五经博士之置是汉武帝建元五年（乙巳，公元前136年）的事，[②]两年以后的元光元年（丁未，公元前134年），更因朝廷“诏贤良”，而有“董仲舒、公孙弘等出焉”。[③] 这是“汉兴已七十年”时的事。

然而，实际的情况恐非如此完美。司马迁自己其实亦同时指出：

“叔孙通作汉礼仪，因为太常，诸生弟子共定者，咸为选首，于是喟然叹兴于学。然尚有干戈，平定四海，亦未暇遑庠序之事也。孝惠、吕后时，公卿皆武力有功之臣。孝文时颇徵用，然孝文帝本好刑名之言。及至孝景，不任儒者，而窦太后又好黄老之术，故诸博士具官待问，未有进者。”[④]

可知儒生在文、景两朝时仍备受冷落。就算至武帝时，其实也尚未得势。非但如此，他们还经常动辄得咎，可在旦夕之间性命不保，或身受凌辱。比如司马迁就曾如此记述：

“太皇窦太后好《老子》言，不悦儒术，得赵绾，王藏之过以让上，上（汉武帝）因废明堂事，尽下赵绾、王臧吏，后皆自杀。”[⑤]

“窦太后好《老子》书，召辕固生问《老子》书。固曰：‘此是家人言耳。’太后怒曰：‘安得司空城旦书乎？’乃使固入圈刺猪。景帝知太后怒而固直言无罪，乃假固利兵，下圈刺猪，正中其心，一刺，猪应手而倒。太后默然，无以复罪，罢之。”[⑥]

汉武帝刚即位为皇帝（辛丑，公元前140年），即因“鄉儒术”而“以文学为公卿”，任用赵绾、王臧等。但绾任丞相后，认为“治申、商、韩非、苏秦、张仪之言”者，乃“乱国政”之人，因此奏请将之尽皆罢黜。他还进一步“请毋奏事太皇太后”。此遂导致“治黄老言，不好儒术”的窦太后要借故令绾、臧二人下狱，自杀。[⑦] 这一事件透露出来的信息，是儒生在武帝朝虽开始崭露头角成为政治新贵，但在当时的汉廷实还未能一枝独秀。因为其时左右朝廷政治的，仍是皇室的宗亲贵族及所谓的刘邦之

---

① 《史记·儒林列传》，第3119—3120页。

② 《汉书·武帝纪》，第159页。

③ 《汉书·武帝纪》，第160—161页。

④ 《史记·儒林列传》，第3117页。

⑤ 《史记·儒林列传》，第3118页。

⑥ 《史记·儒林列传》，第3123页。

⑦ 《史记·孝武本纪》，第452页。《汉书·武帝纪》，第156—157页。

“军功集团”。[①] 武帝即使欲用儒生，但窦太后仍可横加阻挠，甚至对儒者施予极为无礼的对待。轻则肆意羞辱，如景帝时期的大儒辕固生之被投入猪圈；重则可随意将之诛杀。

儒生的命运纵使在武帝以后其实也还不是一帆风顺的。刘奭任太子时，“柔仁好儒”。因见宣帝“所用多文法吏，以刑名绳下”，复不忍见杨恽、盖宽饶等“坐刺讥辞语为罪而诛”，而进言“陛下持刑太深，宜用儒生”。结果遭到宣帝的训斥。宣帝以为，“汉家自有制度，本以霸、王道杂之，奈何纯任德教，用周政乎！”在他眼中，不仅儒家所推崇的周朝政制是不可专用的，而且儒生还多为“不达时宜，好是古非今，使人眩于名实，不知所守”的“俗儒”，在政治上实属“何足委任”之辈。宣帝因此对即将继承大统的刘询偏好儒生而担忧“乱我家者，太子也”，甚至由此开始疏远太子而爱淮阳王，原因竟是因为后者“明察好法”。[②] 由此可知，就算直到元帝以前，西汉立国已逾一百五十年，五经博士之置也已八十年了，儒学在政治上还是力量尚浅，儒生在朝廷之中似仍尚未形成一股具有势力或实力的政治集团。因此，儒生不得不汲汲于经营其政治地位，以便取得政治靠山，来面对其竞争对手如申、商等黄老刑名之学在政治上的挑战。

虽然如此，儒学的政治地位自汉初以来便开始取得逐步的稳健发展，却也是一个不争的事实。其实，司马迁指窦太后以后，“公卿大夫士吏斌斌文学之士自此多矣”，这一句话是需要从两个层面去理解的。首先，其表面意义就是汉代官员之中从上到下以儒生起家，或愿意修习儒学、浸淫儒业者人数日渐增加。其次，也是它更为深层的意义，则在于表明，在关中地区八百里秦川这一周秦旧地，其知识阶层之中已有越来越多的人开始服膺儒学。这一发展趋势不仅极富学术意义，也深具政治意涵。因为汉朝的首都所在地，在历史上从来就不曾是儒学的重镇。而儒学现在则开始在这一横向移植之地扎根成长。

秦朝创立以后，曾将六国贵族及全国各地的有力家族或强宗大姓迁徙至咸阳城。[③] 所以发展至汉代初期，长安及三辅之地，已是全国最大的一个城市群，俨然成为再无一处地方可与之相提并论的全国政治、经济与文化中心。所以汉朝察举孝廉，其中一个标准便是才能足以担任京师三辅之地的“县令”官者，就得以获举荐。由此可见当时汉朝首都及它的这几个卫星城市，是一个龙蛇混杂，原住民与新旧移民人才荟萃的所在。不过，长安及关中地区虽本周、秦故地；镐京及周原虽为姬周文明的发源地，

---

① 见李开元的《汉帝国的建立与刘邦集团——军功受益阶层研究》，北京：三联书店，2000年。

② 《汉书·元帝纪》，第277页。

③ 《史记·秦始皇本纪》，第239页。

但后来位处华夏之东的齐、鲁之地反而成了维系西周文化的重镇。儒学便是在这个地域独具的文化氛围与学术传统之中发展出来的。而在东周的文化版图中，嬴秦则是地处边陲的国家。由于地理的原因，长期以来它所受到的最直接的高等文化的影响，主要还是传自三晋，以讲求实效为目的的富国强兵之学。虽然晚周以来，“崇尚文化，重历史，学风对象以整个社会为主”[①] 的儒、墨、道家之学，也从其齐、鲁的源头不断西渐，但从秦至汉初，儒学在这两朝政治中心的所在地终究还是属于移植历史相对尚浅的新学。而且，儒学在秦代还遭遇到严厉的打压。不过秦亡以后汉初以来，以京师为其事业之基地的知识阶层之中，有越来越多的人开始热衷于专习或兼习这一渊源于东方的学术传统。这一现象的产生，一方面与儒学代表的是暴秦的对立面，符合当时人们对秦朝怀有的反动情绪有关；另一方面，可能更和整个关中地区的时代思潮之改变有关。从前由于时局的关系，长期以来秦晋之地的人们只把心力投注在能即时产生成效的功利之学上，但时代的变局则让他们有机会接触认识到另一种有深厚传统，但学术旨趣与短视的富国强兵之学迥然有异的学术思想。可能这一眼界的敞开，使渭水流域的士人为儒学所吸引，遂一往情深。

司马迁父子的为学经历，很可以作为当地这一时代大趋势的一个例证。据史迁自述，其先本“世典周史”的天官，后来其家族东迁至晋，复又“分散”在卫、赵与秦。他们散居异地的族人各事其主，从文事及武功者皆有之。史迁这一族便是繁衍于秦地的司马氏后人。到他父亲这一代，司马谈在学术上已是兼习多门。他“学天官于唐都，受《易》于杨何，习道论于黄子”，所以能“论六家之要旨”。[②] 但从司马谈的畅论之中，我们看到他似乎并不特别推崇“以六艺为法”的“儒者”之学。《易》道阴阳，其与“天官”之学多有共通之处，谈兼习之可能更与其专业职守有关，而并不一定是由于倾向儒学之故。黄子是汉景帝时的博士，我们知道他的学术旨趣是与儒生如辕固生针锋相对的。[③] 可见作为文帝与景帝年代之人的司马谈，[④] 有自身固有的家学要守，但由于六艺之学在汉初的勃兴，他可能因此由儒门《易》旁通儒术。如果谈的治学背景是有代表性的话，则从他身上可以看到，与前秦时期相较而言，儒学在当时全国的政治中心已开始取得颇为实质的进展，渐渐发挥其影响。最明显的迹象，是当地已有像司马谈这样，已世居秦地多代的知识阶层的人物，成为家族中兼习或旁及儒业的第一

---

① 钱穆语，见氏著《秦汉史》，北京：三联书店，2004 年，第 5 页。

② 《史记·太史公自序》，第 3288 页。

③ 详后文。

④ 司马谈生年不详，只知卒于武帝元封元年（辛未，公元前 110 年），见张大可《史记研究》（北京：华文出版社，2002 年），第 7 页。假若他与司马迁活至约六十岁的寿命大致相同，则当为活跃于文、景时期的人。

代人。谈首开其风之后，到了司马迁这一代，情况又有更为长足的进展。史迁出生成长于前汉的京畿地区，[1] 虽然仍承家学于其父，但他个人似乎更钟情于向当朝的大儒问学，曾亲向董仲舒与孔安国请益。[2] 迁晚年著述，交代自己年轻时的游历，还会特别强调当年“北涉汶、泗”时，曾“讲业齐、鲁之都”，为“观孔子之遗风”，而特于鄒、峄两地行“乡射”之礼。[3] 述自己“读孔氏书，想见其为人。适鲁，观仲尼庙堂车服礼器，诸生以时习礼其家，余祗迴留之不能去去”。[4] 所以他忍辱负重作《史记》，何以是本着《春秋》之旨而为之的抱负，也就不难理解了。

明乎此，我们才能对司马迁在《史记·太史公自序》中所表述的情怀有更为深刻的领会。史迁的这篇序文，其实也是一篇对我们了解在前汉初期生活于京城地区，接纳了儒学之熏陶的新兴知识集团，如何致力于为其所信奉之学争取政治地位的重要文献。文章的要点在于指出，儒家经典对当代的现实政治其实是有着极为实际的功用的。太史公如此说明道：《易》“著天地阴阳四时五行”，所以其长处在于能教人掌握客观世界的“变”化；《礼》则“经纪人伦”，所以其长处在于能教人了解为人处事的“行”为；《书》则“记先王之事”，所以其长处在于能教人明察“政”事；《诗》则“记山川溪谷禽兽草木牝牡雌雄”，所以其长处在于能教人知晓各地的“风”土；《乐》则是“乐（之）所以立”，所以其长处在于能教人彼此之间培养“和”睦；《春秋》则“辩是非”，所以其长处在于能教为政者懂得如何“治人”。司马迁是以对这几部儒家经典在政治上得以发挥的重大作用，做出这样的总结：“是故《礼》以节人，《乐》以发和，《书》以道事，《诗》以达意，《易》以道化，《春秋》以道义”。[5] 正是由于对儒学的政治作用有如此深刻的体认，所以司马迁对传述这一套学术的孔子推崇备至。他指出，周代自“幽厉之后，王道缺，礼乐衰”，所幸有孔子传承文王、武王及周公的德业，“修旧起废，论《诗》、《书》，作《春秋》”，方始“学者至今则之”。[6] 史迁因此遵从其父之教诲，以继承孔子的事业为其志业。他说：“先人有言：‘自周公卒五百岁而有孔子。孔子卒后至于今五百岁，有能绍明世，正《易》传，继《春秋》，本《诗》、《书》、

---

① 《史记集解》中，徐广对“迁生龙门”的注解为“在冯翊夏阳县”，见《史记·太史公自序》，页 3293。

② 据张大可的考证，司马迁问学于董仲舒和孔安国都在他二十岁启程的壮游归来以后的事。张以为，史迁作为孔安国的“私淑弟子”，更有“相当长的受业时间”，有可能是在他二十三四岁至二十七八岁之间。见张大可《史记研究》，第 72—76 页。

③ 《史记·太史公自序》，第 3293 页。

④ 《史记·孔子世家》，第 1947 页。

⑤ 《史记·太史公自序》，第 3297 页。

⑥ 《史记·太史公自序》，第 3295 页。

《礼》、《乐》之际?' 意在斯乎! 意在斯乎! 小子何敢让焉。"[①] 在儒生的意识中，周公和孔子是使治统与道统合而为一的人物，司马迁父子将己身视为接续周、孔之业的化身，则其学术旨趣就不能仅只停留在单纯的治学层面而已，而实必与经国济世相涉。也就是说，汉儒的学术依归，最终还是要落在政治层面上的。如果司马迁父子的理想和信念确实是具有代表性的话，则我们可以据此推证：秦亡以后，儒学在原本根基尚浅的秦晋旧地已开始生根发展；而自汉初以来，以京畿地区为基地的一个新型的儒生集团亦开始在政治上跃跃欲试，急于推展其集体意识。

三、儒学得以复兴之基础

不过，儒学与儒生毕竟曾在秦地遭遇过系统性的摧残（秦之"焚《诗》《书》，坑儒士"），当地的知识阶层在秦亡之后纵使有心兴复"绝学"，这一门学术或许也必须尚具一定的基础，方得以让有心者有着力之处。纵观秦汉之际的学、政生态，儒学当时确实是还具有这样的基础的。这可从几方面来分析。首先，儒学在晚周、先秦时期便已发展成一门显学，它不但在民间具有深厚的根基，即使是在政界，儒门弟子也有极广的分布。孔子之后，儒家人才辈出，从子思到孟子再及荀子，都是整个战国时期的学术界甚有名气的领袖人物。距秦汉间约一个世纪以前，儒家有孟子为领军人物。[②] 其时，田齐在威王与宣王时代，国势达至鼎盛，"诸侯东面朝齐"。而它用以蓄养、储备人才的稷下学宫，更是当时汇集天下卓有名气的学人之一学术中心。孟子第一次适齐时未能为齐威王所用，那是因为其时"天下方务于合从连衡，以攻伐为贤"，而孟子却"乃述唐、虞三代之德，是以所如者不合"。[③] 但他退而著述，并游于列国，名气更著。第二次到齐国时，则获宣王重用为卿，[④] 其学术地位可知。至于荀子，其之适齐，已是年届五十岁时的事。他更以其名气与学术成就，在稷下学宫"三为祭酒"，"最为老师"。[⑤] 可知荀子实乃一全国性的学术领袖，而其活跃于学界的年代，则已是战国的末季，秦汉之际的前夕了。于此可知，儒家学派两百余年下来所累积的基础之深厚。

此外，儒门弟子在各国为官参政者，为数亦众。其实，这一现象在孔子去世以后就已出现。司马迁就曾记载："自孔子卒后，七十子之徒散游诸侯，大者为师傅卿相，

---

① 《史记·太史公自序》，第 3296 页。

② 据杨伯峻，孟子当生于周安王十七年（丙申，公元前 385 年），卒于周赧王十一年（丁巳，公元前 304 年），见氏著《孟子译注》（北京：中华书局香港分局，1984 年版），第 1 页。也就是说，孟子乃是出生、活动于孔子去世约百年以后的时期。

③ 《史记·孟子荀卿列传》，第 2343 页。

④ 见《孟子·公孙丑章句上》。

⑤ 《史记·孟子荀卿列传》，第 2348 页。

小者友教士大夫，或隐而不见”。几乎各主要地区都有儒门弟子散布其中，“子路居卫，子张居陈，澹台子羽居楚，子夏居西河，子贡终于齐”。而其徒子徒孙，更有成为“王者师”者，如“受业于子夏之伦”的“田子方、段干木、吴起、禽滑釐之属”。[①] 这种情况至秦代犹然。荀子的弟子之中，较著名的就有韩国的贵族韩非与官至秦相的李斯。[②] 而伏生则是“秦博士”。[③] 至汉代，我们更可举以治《诗》经起家，并且在刘邦当年过境鲁地时，曾“以弟子从师入见高祖”的申公为例，以见一斑。《史记·儒林列传》记曰：

“申公者，鲁人也，……游学长安。（后）归鲁，退居家教，……弟子自远方至受业者百余人。……申公独以《诗》经为训以教。（其弟子）为博士者十余人，（包括）孔安国、周霸、夏宽、砀鲁赐、缪生、徐偃、阙门庆忌。……其治官民者皆有廉节……。学官弟子行虽不备，而至于大夫、郎中、掌故以百数。言《诗》虽殊，多本于申公。”[④]

申公弟子之中，即包括上文所提到的，为汉武帝所提拔，但却遭窦太后杀害的赵绾、王臧。除此之外，以治《诗》而于“孝景时为博士”的，尚有辕固生；[⑤] 而治《春秋》的董仲舒、胡毋生，也在“孝景时为博士”。[⑥] 这些例子俱可表明，在秦汉时期的政治中心所在的地域，儒生不论是在朝抑或在野，都有一定的人脉基础。

然而，诚如上文所指出的，儒学相较而言在周秦故地毕竟还是属于移植历史尚浅的一门学术。它在这个新疆域要得以应对诸种挑战，取得更上一层楼的发展，也许还需要有一个学术根基远为深厚的基地为其奥援，方有可能。庆幸的是，当时它也备有这一条件。由于秦朝的国祚很短，所以儒学在当时受到的打压因为时间不长而不至于是一种毁灭性的打击。但更为关键的是，儒生遭受到的迫害，可能仅以秦的京畿一带较为严酷而已。全国其余地方，情况当较为宽松。尤其是齐鲁地域，这一儒学的源头所在地，儒业的传习似乎并未遭遇到什么严重的破坏。我们从《史记》的记录中尚可看到一些蛛丝马迹：

“及高皇帝诛项籍，举兵围鲁，鲁中诸儒尚讲诵习礼乐，弦歌之音不绝，岂非圣人之遗化，好礼乐之国哉？”[⑦]

---

① 《史记·儒林列传》，第 3116 页。

② 《史记·老子韩非列传》，第 2146 页。

③ 《史记·儒林列传》，第 3124 页。

④ 《史记·儒林列传》，第 3120—3122 页。

⑤ 《史记·儒林列传》，第 3122 页。

⑥ 《史记·儒林列传》，第 3127—3128 页。

⑦ 《史记·儒林列传》，第 3117 页。

可知至秦末的乱世，刘邦打天下时，秦的压抑儒学政策没有导致儒学在鲁地的中断，当地“诸儒尚讲诵习礼乐，弦歌之音不绝”。这应当与“天下并争于战国”时，“儒术既绌焉，然齐鲁之间，学者独不废也”有关。[①] 纵使是周末天下纷纷扰扰百年以上之时，儒学在当地仍然没有受到冷落，其修习传承尚不绝如缕。正是如此的日积月累，才使齐鲁之地至汉代初期仍维持着它作为全国性的儒学重镇之角色，得以作为在当时的政治中心力谋发展的儒生之学术上的源头活水。汉朝初立时，政府能找到的，得以在朝廷讲授《诗》、《书》等儒经的，无一例外都是来自齐鲁之地的学术人才，这一点《史记·儒林列传》已多有记载。此外，当汉武帝因得“宝鼎”，而与“公卿诸生议封禅”时，其时京师一带的儒生对封禅的“仪礼”莫衷一是，对这个学术问题似乎毫无头绪，以致徐偃有“太常诸生行礼不如鲁善”之感叹。[②] 我们不难想象，每当有这种情况出现时，儒学维持、保存在齐鲁地方的基业，就得以成为汉廷儒生足可仰赖的学术资源。

四、儒生争取政治地位的努力

儒学能在秦亡汉兴以后，获得知识阶层的青睐，最直接的原因可能与它所代表的思想信念，是和暴秦所奉行的政治意识形态处于根本的对立面甚有关系。据《史记》所载，

及至秦之季世，焚《诗》、《书》，坑儒士，《六艺》从此缺焉。陈涉之王也，而鲁诸儒持孔氏之礼器往归陈王。于是孔甲为陈涉博士，卒与涉俱死。……以秦焚其业，积怨而发愤于陈王也。[③]

儒生之往归陈王，固然不乏泄愤的成分，但鲁地的儒生持孔子的“礼器”襄助反秦革命，并与之共存亡，其实也昭示着儒学所主张的理想政治，是和“以吏为师”的秦皇李斯之政不仅完全处于相对的两端，甚至有生死之对立的意味。对曾经生活于秦、汉之间的人而言，两种政治体制带给他们的切身生活体验之反差，可能便是让他们对儒学容易生出亲近之心的肇因。孔子所传的，是尧舜文武周公之道。周代享国八百，秦代三世而亡。周、秦的对比，不仅是国祚之短长而已，也是两种思想取向截然不同的政制之对照。由于秦之快速灭亡恰恰足以反证周代政制之更为可取，因此以弘扬周孔之道自居的儒生，很自然的得以借助于活生生的历史现实为其学说的合于时宜，更符合正义张目。诚如我们所熟知的，出生成长几与汉朝开国同步的贾谊，对曾经如此

---

① 《史记·儒林列传》，第 3116 页。

② 《史记·孝武本纪》，第 473 页。

③ 《史记·儒林列传》，第 3116－3117 页。

强大的嬴秦在其国势达至顶峰之后何以会如此快速灭亡，已得出是缘于“仁义不施”的结论。对经历过秦朝，以及张楚、西楚所曾建立的政治秩序的士人而言，刘汉的政权在他们的认知之中无疑是有长治久安的远景的，遂自然有拥护、扶持之心。所以受建国气象感召的汉初士人，会认同孔子之学可作为回应时代之感召的选择，恐非偶然。而当年“高皇帝过鲁”至孔子故所，“以太牢祠焉”，后“诸侯卿相至，常先谒然后从政”。[①] 更显示，以反秦起家的汉代统治者自汉初伊始，也乐于依附、利用社会上的这一尊孔之风气。这为儒生得以在汉廷为其所信奉之学争取政治地位，营造了一个有利的先决条件。不过儒学之终被汉庭奉为学术之正统，却不是一蹴而就的，而是儒生经历过一段颇为漫长的努力之后才取得的成果。

我们已看到，武帝即使已开始提拔文学之士，至窦太后时儒生其实还是处境堪怜的。要知道何以如此，必须从汉初政治的现实去了解。刘邦即皇帝位后，虽然终于完成大统，但随高祖打天下者当中有功高震主之威者不在少数。他们并且互为掎角，势力盘根错节。汉朝开国以后，又递经诸吕、八王之乱。汉室江山得以维系下来，实又仰赖此高祖军功集团至少两代人的支持。而且这些重臣及其后代除累有世功之外，亦因历经事变之磨砺，皆为老谋深算、顽颉难驯之辈。由此可知，朝廷不对此军功集团行大刀阔斧之钳制，其实可能并非不为而是不得已而不得不“无为”。汉初之崇尚无为政治，是需要从这一层面来理解的。虽然无法采取主动来削弱这一高祖集团的势力，但皇室至少还是具有被动的防守之利器，那就是以法纪与刑罚来剋制其逾越的过分之举。所以对从文、景两朝与列侯的激烈博弈之中过来的窦太后而言，如何能轻言以儒术取代申、商，不重倚刑名绳下？而且儒生之中又多本理想之追求而畅言高论，不以个人荣辱为念，甚至不惜将生死置之度外者。这一特性，使统治者也不得不对之持有戒心。比如武帝向申公“问治乱之事”，当时这位已八十余岁，“老”态毕现的大儒竟“对曰：‘为治者不在多言，顾力行何如耳’”。[②] 此外，“好《老子》书”的窦太后，“召辕固生问《老子》书”时，固竟以“此是家人言耳”应之。怪不得要激怒太后以“安得司空城旦书乎?”来斥责。[③] 由此可见儒生由于对自己所信奉的学术理念常有一种近乎宗教的虔诚，遂使其往往不愿妥协，不能以大局为重。儒生在秦代之所以要被朝廷对付，实也是因坚持理想而“好古非今”所导致的。因此，在汉初公室力量尚未足以统摄全局时，统治者要对儒生保持戒心，以免其势力坐大而破坏大局，自是极为自然的。就如许倬云所指出的，从高祖到迟至武、昭二朝，出任汉朝外廷之最高官位的丞

① 《史记·孔子世家》，第 1946 页。

② 《史记·儒林列传》，第 3121－3122 页。

③ 《史记·儒林列传》，第 3123 页。

相一职之人选，都是从“功臣、功臣子弟、外戚、掾史文吏”这几个政治集团当中而来的。而以“经学之士”出身而官至丞相者，要至宣帝朝方有韦贤首开其先，尔后韦玄成、匡衡继之。成帝已降，汉相一职则已皆为儒生集团的人物所垄断。[①] 这一显示汉庭政治集团之间势力对比之变化的分析，让我们清楚地看到，儒生是要到西汉中晚以后，才积累有足够的政治资本，得以有权位施展其理想与抱负的。

可见儒生是要经过一番持之以恒、锲而不舍的苦心经营才争取到其地位的。而汉廷虽然对儒生怀有戒心，却不能如秦朝那样对之加以过分的排斥，甚至还不得不对之行笼络拉拢，这可能和儒生之善于利用形势有关。对汉初政治而言，朝廷最为关注的问题，当为其政权的合法性与持续性。刘邦以一介“泗水亭长”而位至九五之尊，这是自殷、周到战国，贵族政治已行之千年以来未有之事。此外，他终究是以秦吏的身份违逆政治伦常而当上汉高祖的。而刘邦集团虽然已在军事上打败其竞争对手，但汉廷本身自建立以来，内部纷争不断。其政权是否能维持，又何以长治久安？这些显然都是西汉统治者必须正面应对的迫切问题。儒生急智地抓住这一历史机遇，高明地善用历史契机，为争取其政治地位而迂回前进，努力不懈。司马迁就为我们记录了一个传神的例子：

清河王太傅辕固生，…… 以治《诗》，孝景时为博士。与黄生争论景帝前。黄生曰：“汤武非受命，乃弑也”。辕固生曰：“不然。夫桀纣虐乱，天下之心皆归汤武，汤武与天下之心而诛桀纣，桀纣之民不为之使而归汤武，汤武不得已而立，非受命为何?”黄生曰：“冠虽敝，必加于首；履虽新，必关于足。何者，上下之分也。今桀纣虽失道，然君上也；汤武虽圣，臣下也。夫主有失行，臣下不能正言匡过以尊天子，反因过而诛之，代立践南面，非弑而何也?”辕固生曰：“必若所云，是高帝代秦即天子之位，非邪?”于是景帝曰：“食肉不食马肝，不为不知味；言学者无言汤武革命，不为愚。”遂罢。是后学者莫敢明受命放杀者。[②]

汉朝的江山是造反而取得的，这是它不能否认的事实。周人所创的“天命”，经儒者之敷衍，已发展出一套“天听自我民听、天视自我民视”的学理。[③] 而这一原来旨在为武王伐纣的造反运动作合理化的解释，使周朝的革命政权合法化的政治理论，几乎也是一部特为汉朝量身打造的理论。辕固生在朝廷辩论这样的重要场合，就大胆却巧妙地揭示了儒学与汉廷的唇齿相依。但从景帝的回答之中，我们不难看出汉廷其时对

---

① 许倬云《西汉政权与社会势力的交互作用》，见氏著《求古篇》，台北：联经，1994 年，第453—482 页。

② 《史记·儒林列传》，第 3122—3123 页。

③ 见《尚书·泰誓中》，《孟子·万章章句上》引之。

自己“受命放杀”之出身，还是深有顾忌，不愿意它成为一个可让人随意作公开讨论的课题的。但这些举动可能更让儒生洞悉汉廷的软肋之所在，并由此获得儒学具有和汉廷发展出紧密的依存关系之潜能的启示。所以孔子获麟而作《春秋》，素王为汉帝制法等“非常异义可怪之论”在汉初之发展成熟，或与此深有关系。另一方面，孔子去世以后，“葬鲁城北泗上”，“弟子及鲁人往从冢而家者百有余室”；“鲁世世相传以岁时奉祠孔子冢，而诸儒亦讲礼乡饮大射于孔子冢……至于汉二百余年不绝”，[①] 这一史实也得以让儒生有所发挥。太史公便对此慨叹：

天下君王至于贤人众矣，当时则荣，没则已焉。孔子布衣，传十余世，学者宗之。自天子王侯，中国言《六艺》者折中于夫子，可谓至圣矣！[②]

孔子仅以一布衣而能传其事业十余世，使学者至今宗之。司马迁作此言时，汉廷从高祖到武帝，所传也不过五世而已。我们若是将史迁的这一陈说置放于汉初内患频仍的大背景之下来理解，当得以体会其意味之深长。孔子以文教而成“至圣”，刘邦以武功而为高祖。两人俱以布衣之出身，成就伟业。只是孔门弟子的事业，已证明得以延续数百年；而汉朝的基业可维持多久，尚是未知之数。因此，西汉的皇权若是能和儒门的文教结合，应当很可能缔造一种合则两利的局面。不过这种结合不能仅靠儒生的一厢情愿，而必须让汉廷也意识到这一必要。这便是汉儒的挑战所在。

我们在上文已经看到，司马迁在《史记·太史公自序》中如何费心解释儒家经典可以与当代政治有着何许密切的关系，以致他们父子两代人要把传承周孔之业视为上天赋予的使命。然而，有一上大夫名“壶遂”者曾表示对史迁的这样的用心感到难解。因为他认为：“孔子之时，上无明君，下不得任用”，因此不得已才作《春秋》，“垂空文以断礼义，当一王之法”。但司马迁生活于“上遇明天子，下得守职，万事既具，咸各序其宜”的西汉盛世，所以又何必如孔子那样的苦心孤诣呢？太史公指出，这样的说法似是而非。他先解释说，儒家所传授的诸经典都是记载表彰历代圣王的伟大贡献的。比如《易》是体现伏羲的“至纯厚”，《尚书》、《礼》、《乐》是记载“尧、舜之盛”的，《诗》则“歌汤武之隆”，《春秋》则“推三代之德，褒周室”。接着再继而指出，“汉兴以来，至明天子，获符瑞，封禅，改正朔，易服色，受命于穆清，泽流罔极，海外殊俗，重译款塞，请来献见者，不可胜道”。所以作为汉朝的史官，他若对这一泱泱盛世的“主上明圣盛德”不加以记载，对众多“功臣世家贤大夫之业”不加以记述，以致“堕先人所言”，则“罪莫大焉”。[③] 由此可知，司马迁认为虽然孔子和自己身处于

---

① 《史记·孔子世家》，第 1945 页。

② 《史记·孔子世家》，第 1947 页。

③ 《史记·太史公自序》，第 3299 页。

不同的历史情境之中，但所肩负的历史任务却是一样的。孔子身处“上无明君，下不得任用”之时代，所以有必要传扬古圣遗风，以免统绪断绝。而司马迁身居有道的盛世，也负有表扬当代之德行、事功的历史责任。换句话书，《史记》的表彰汉世之盛德，是应与《易》之述伏羲，《尚书》、《礼》、《乐》之述尧舜，《诗》之述汤武，及《春秋》之述三代、周室的盛德等同而论的。为了要使汉廷认识到其与儒学之休戚与共，儒生之言可以如此。

五、儒学与当代政治——历史的启示

自20世纪八十年代以来，儒学在中国大陆似亦有一种“复兴”之势。其实，把儒学在当代百年之间的经历，与它在秦汉之际的遭遇拿来做一对比，抚今追昔，不禁要令人莞尔。发生于20世纪初期的新文化运动，曾把儒学作孔家店来打倒；其后继有60年代的“破四旧”，70年代的“批林批孔”运动。此与秦之焚《诗》、《书》，汉之重刑名抑儒生，似异曲而同工。其实，儒学在当代之衰，严格说来实启自清季而非社会思潮已然大变的民国时代。清儒今、古文阵营的同室操戈，其实也为儒学带来一个元气大伤的副作用。“古史辨”所代表的疑古思潮，实与清代学者的疑经辨伪一脉相承。但20世纪后期以来，“走出疑古时代”，似已蔚为主流。[①]“汉兴七十年”以后，有“五经博士之置”，这可与经学及儒学之研究近年来已不复为学术之“禁区”相映成趣。儒学在今日的中国不复受到抑制，已是既有的事实。民间对儒学有兴趣者，能否作自由的讲习与研究，也已不是个问题。但此中唯有一处，颇值得我们留意。那就是，当代的儒学运动之中，似有一种将整个民族的文化生命力系缚于儒学之兴衰的论调。这一理念若是推展至极致，可能要衍生出必以儒学取代所有现行的意识形态，以为国家社会“一尊”的价值观之期待。这种期待若真有化为实践的努力，则其与汉初儒生之志业，就有几分的相似了。因此，这种期待有无现实的基础，比如我们见诸汉初历史中有利于儒学之复兴的民心舆情、学术资源与政治大环境，确实值得我们作深入思考。此外，汉儒面对挑战时所表现的进退之道，也许尤有借鉴的意义。此即本文的题旨所在。

---

① 李学勤认为：“在现在的条件下，我看走出‘疑古’的时代，不但是必要的，而且也是可能的”。见氏著《走出“疑古时代”》，《中国文化》第七期，第1—7页。

中庸之道可以化解人间纷争

印度尼西亚孔教《金声玉振》主编 陈克兴

儒教价值观能化解人间纷争

步入了人类文明的21世纪，国际间、国人间还争执不断。经过了两次世界大战，殖民时代结束了，换来的是两大阵营的冷战；社会主义的苏联因无法解决内部矛盾最终解体而冷战结束。此时，标榜“自由民主”的资本主义阵营以为可以终结历史了，可以毫无顾忌地发动橘色的抑或橙色的革命，确有些效果。东欧变色，华沙条约瓦解。但，1998年的金融危机使这“历史终结论”扑了个空。接着是恐怖主义出现，给美国这位世界警察空前的挑战。受西方民主制度影响的阿拉伯人民开始向专制体制宣战而出现阿拉伯之春运动。但此次运动结果如何，是否中东、北非各国最终接受西方式的民主制度抑或阿拉伯之春最终成为阿拉伯之冬，还需观察一段时间。

21世纪，互联网高度发展，信息资源不易被垄断但信息的安全出现问题了！因为信息是通过空间传递的，时刻有被截获、修改的可能，识别真伪和伪造信息是当今专家们的重要任务。维基解密、斯诺登事件都是互联网时代引起争端而待需解决的国际问题；美国以反恐及国家安全为理由监听别国的电话通讯俨然形成巨大争议！

太空探索、深海探测、基因研究、新材料、新能源的创新是发达国家紧锣密鼓争分夺秒必争唯恐落后于别国的国之项目。

然而，科研的有效率还得看经济的支持力够不够大，政治环境稳不稳定，除此之外民族的文化因素有没有起到推动作用也是一个值得思考的课题。70年代起东亚的崛起令西方的欧美日感到困扰而不安。

反看中国近三十年来的崛起，人均收入的急速提升，工商业产品质量的提高，推动国防走强的科技发展，人民对前途自信心的加强，对欧美来讲是件令人困惑的事件。

从西方的角度看，一个不完全实行自由经济，又不讲“民主”的“专制”国家，怎么政府的号召会驱动那么多人民的支持呢？这是件不可思议的逻辑！但，事实便是如此！这一切引起了西方决策人的困扰；解答不了的困惑转而变为不安的心情。中国人爱好和平，不希望因自己崛起引起别人而做出欠理智的“狗急跳墙”反应！这不是危言耸听，不久前“老大”说过，“我们决不做老二”。就这句话反映出无可奈何的尴尬姿态。

世界还不很太平，日本挟美国以挑战中国，日本不反省二战失败的教训，且蠢蠢欲动企图恢复罪恶的军国主义；泰国不成熟的民主反而有撕裂民族的危险；乌克兰民族夹在欧美与俄罗斯之间过得很不自在。世界要和平与稳定不是件容易的事，达还须大家共同努力！

具有数千年连绵不断的历史及大家公认的灿烂文化，中华民族不好战而不怕战的防御性的国防理念，面对现代复杂的世界局势，中国有为和平做出贡献的能力吗？本文试图从理论层面分析以供探讨。

首先，中华民族自己要能找出行之有效又易于一般人接受的一套长治久安的哲理，这个哲理虽然现在没能完满呈现出来，但很多迹象都指向具备现代化的儒教精神文化将是指导中国走向长治久安的治理理念。

儒教是近代中国国力衰落的罪魁祸首吗?

自从19世纪末鸦战失败签下无数充满耻辱的不平等条约，直至“文革”结束，儒家思想遭指控为中国国力衰落的罪魁祸首。果真是这样吗？并非全无道理！错在社会及国家精英们没能觉悟清朝的鼎盛时期过了，过惯了奢侈生活的统治阶级在物质上形成了既得利益群体，精神上道德败坏；官员贪腐；土豪掠夺农田；民间士气颓废；迷信思想猖獗……不一而足。在此种社会氛围之下，儒家精神被异化了，原来应该是好的事物，现在却变成对社会发展起阻碍作用的思想。这里主要是指儒教的礼教问题，也就是“五伦”在当时现实社会所出现的各种不合理现象。

“五伦”是指“父子有亲、君臣有义、夫妇有别、长幼有序、朋友有信”《孟子·滕文公上》。试问，这伦理关系那点有错？那点不好？

错在实践上！

在伦理上应该双向平等对待的态度，变成了单向蛮横的行施于对方：五伦中理应父慈子孝，但实践中父亲强迫儿子行孝而父亲却对儿子不慈；君义臣忠，实践中臣必忠而君却可以不义；要求弟弟对兄要恭敬，但兄却对弟弟不友善；要求朋友之间要讲信用，但实践上却尔虞我诈……（孟子《滕文公上》)。还有不少例子表明儒教被异化的事实。但是，有人却说这是“吃人的礼教”。打开儒教经典何来礼仪叫你吃人的？

问题不在儒教教义，而在于当时标榜儒家的人行错误的儒教教义！但，五四新文化运动出现“打倒孔家店”的口号，虽然其作用还算不上绝对，但破坏力肯定不小。

过后辛亥革命、国民党蒋介石都无法彻底改变中国衰落的命运。只有当共产领导下的社会主义革命彻底解决了中国的前途问题，但道路仍然坎坷，“文革”又把中国拉到危险的边沿。

1978年，邓小平推行开放的改革政策，中国才开始走向正轨。

中国式社会主义模式与儒家治国理念有相通之处

当前中国的社会秩序治理、政治体制、经济制度、教育原则都有儒家的精神的因素。

第一，以“礼”治理国家、社会秩序的方式。

“道之以政，齐之以刑，民免而无耻；道之以德，齐之以礼，有耻且格”这是两千五百年前孔子在《论语·为政》记录下来所说的话。毕竟时间非常久远了，历史也起了巨大的变化，人世间物质层面与社会制度层面都与以往不同，古代圣人的训话还管用吗？

的确，人世间物质及制度层面上已不可同日而语，但是，人的心灵层面上基本还是没有多大变化。也就是说，在道德和情感上几千年还是一样：饮食男女、喜怒爱惧哀恶欲、恻隐、羞恶、辞让、是非之心照旧不变！人的道德判断似乎恒定不变。如果有变化的话只不过度量上的不同而已。为维持人间秩序靠“道德”兴许有些“虚”，在现代极端复杂的社会环境里是非常不够的，还需要黑字白纸明文规定的法律去规范人间秩序才能实在的执行。但，法律是死的东西，还得靠执法人员去行施。缺乏道德意识的执法人员操纵法律时，好法就变成恶法了！倒霉的还是普通不知法的老百姓！

酷吏认法不认人，贪官认人不认法，理想的社会秩序还需要既认人又认法的清官去执行！

所以，好政府定下来的好法律还得由俱道德良心的执法人员去执行。以这种方式治理国家秩序的方式不妨叫作“以礼治国”。

不过，在中国近代史上“礼”曾经是一个贬义词，即“吃人的礼教”。要改变社会上这种不正的认识还需要大家的共同努力。

第二，政治体制。

共产党领导的多党合作的政治体制是一种整体性的政治体制，是自身具有相生相克修复机制的有机体，不需要如反对派之类的外部制衡机制。因此，当前中共的政治体制效率极高！

以上论点当然需要有一个前提，即整体共产党组织是一个具有高度道德自觉性的群体，他们有共同崇高的理想，拥有德才兼备的领导干部，能容纳不同意见，在坚持“和”的条件下始终达成协调，因此行动步伐始终一致，善于解决任何难题。领导干部的选举或选拔必须通过严格的学习及实际工作锻炼的过程。

这种有统一思想而形成统一领导的概念在中国历史上源远流长，在春秋时期早就有“大一统”的想法。孟子《万章章句》写道：孔子曰：“天无二日，民无二王。”意思是说一个国家只能有一个领导，是不许有所为“反对派”的机制的。真如一个人只能由一个脑袋，其他部分只是由脑袋指挥行动的机体的组成部分。

关于国家的领导机制，古代中华文明认可皇帝领导的权威性。这种权威性表现在“普天之下莫非王臣，率土之滨莫非王土”的信念。就从当时历史的角度想，这种信念保证了皇帝领导的合法性，也给了全国军民保卫祖国疆土完整的决心。如果没有这种信念，中华民族可能早就变成了一盘散沙，祖国疆土也早已支离破碎了。

随着时代的步伐，中华文明也跟随进步。现代国家已不是皇帝一朝一姓的财物，然而国家照样是保护人民安居乐业疆土完整的工具，国家职能并不随时代而改变，改变的是“人民安居乐业”的内涵与如何保卫疆土完整的手段的变化。由于这些“人”有所变化，理所当然要求那些领导“人”（老百姓）的“人”（领导干部）也要改变自己；改变自己在强大的物质诱惑下保持清廉，在更复杂的社会、国家、国际环境中发挥更高更好的效率与创新能力！如果领导人没有与时俱进的话，将会被物质与精神文明不断提高的老百姓所遗弃 ！

持西方观点的人认为目前中国的政治体制不民主而且是专制的，是不完美，不可能治理好国家。民主应该多党制、一人一票全民选举、议会三权分立制等等。治理国家的方式，西方多党民主不是万能药，源于为防止腐败避免权力集中而设置的制度，在非欧美国家有不少已经异化成多党派利益的你争我夺政治游戏。反对派利用法律空间绑架政府的工作进展，大大降低了国家的工作效率，损害人民的利益。

总之，欧美式的民主制度有自己生长的土壤、自己的历史根源、自己的文化因素，并不是放诸四海而皆准的制度。

反看今天中国共产党领导多党合作制，也同样有自己生长的土壤、历史根源和文化因素。发端于古代大一统思想，在思想、法度、政令统一的条件下形成内部协调相生相克的原则。当前中国和平崛起其发展之快令人瞩目的深层原因，其实是全国一盘棋统一指挥的结果是儒家治国理念的一种表现。

第三，经济制度。

70年代初期，中国改革开放之前，在东亚有四个地区，新加坡、韩国、台湾及香港出现令人瞩目的经济繁荣的景象。两位澳洲外交家李瑞智（Reg. Little）和黎华伦（Warren Reed）写了一本题为《儒学的复兴》小题‘亚洲经济发展的源泉’。这本书序言里有这么一段记载：贺门·卡恩（Herman Kahn）和同伙写了一本书，题为《东亚的锐锋》。书上引指：

“孔子提倡五论——朋友、兄弟、夫妇、父子及君臣——并坚持它是人伦与社会秩序的基础。”

从《东亚的锐锋》到《儒学的复兴》同样说明了西方一些学者对东亚经济发展前知性预测的明锐度。这和一些华人学者唱衰中国经济发展的言论大相径庭。

在中华文明影响下的中国人，不论在世上任何地方都能搞好自己的经济，这和华人信奉的儒教是否有某种内在联系？也就是说，不在意识下华人在生活中必定就是那么做！问他们为什么会那么做，自己有时也回答不清楚！

遍布东南亚各国的中国人，其生活状况都是从贫穷逐渐富裕起来的。在相同经济与政治制度下比起一般的本地友族，华人的生活程度一般较为富裕。这究竟什么道理已经形成当前的热门话题。一般华人只了解如何再日常生活中执行，再深的道理就说不清楚了。

其实，这和华人的儒教信仰有直接的关系，分析起来大约有下面几种原因：

（一）华人没有把终极幸福寄托在彼岸世界，要幸福就在今世。

（二）华人相信，只要做人为善，苍天（上帝）一定保佑他们平安，生活幸福。

（三）做事一定要做出最好的成绩，不必和别人竞争、称霸。做人要“止于至善”做事要“尽心”。“善”并不停留在道德上的完善，也包括在物质创造上的尽善尽美。

（四）只有在竞技场上按规矩争夺最好成绩。

（五）以“己所不欲勿施于人”的原则尊重别人，保持和谐人生。

（六）和谐人生包括维持均富，愿意帮助别人提高经济收入。

（七）要不断提高自己的生活能力，抱着“己欲立而立人，己欲达而达人”的人生态度，诚心帮助别人提高他们的经济与生活程度。“别人”可以是本小区人也可以更大范围所有的人。

（八）没有把“义”与“利”矛盾起来，而是以“义”领“利”。

以上诸点是从个人为出发点谈及个人在经济上的道德取向，追求的是个人安居乐业心安理得。

从整个国家的角度看，问题就复杂多了，因为关系到整个国民在经济上的集体愿望；在和谐的基础上要取得均富、在均富的前提下和谐可持续发展，中国的儒家经济传统，早就有了良好的解决方案，那就是把有价格调整作用的“看不见的手”和具有防止贪婪及维持公平交易的政府的“看得见的手”合理同时协调。政府在经济领域的作用是推动发展又限制贪婪。

中国工商业发展的起跑点落后于西方发达国家两三百年，为应付早已强大的西方工业大国的强大竞争力，中国只能动员国家的力量建设国有企业外，实无他法！

从西方资本主义国家的角度来说，他们最怕的无非就是遭到第三世界国家发展起来的国有企业的竞争。所以，以自由经济为标榜，西方国家尽力反对国有企业参与国际经济活动；他们以国有企业由国家操控为理由，极力阻挠拥有国企的国家融入国际经济组织。

值得关注的是中国国内也出现一些反国企的声音。他的理由国企是效率低的垄断企业、贪污枉法猖獗，只有尽量私有化才能避开那些弊端。这些指控部分应该是事实，但通过改革与反贪打击，国企的各种弱点与缺点都是可以降至最低的。考虑国企对提高国势所具有的战略意义，国企的存在是不可忽视的！早在汉朝武帝时期，为打败匈奴所需要的庞大经费，武帝接纳桑弘羊的意见垄断盐铁经营，此后国家能累计强大的经济能力，汉朝国势大振！

现代高尖端企业需要庞大的经费与技术，比如高铁、航空航天、深海钻探、核工业等等。这些“国之大器”的经营，除国企外一般民营企业还担当不起。过一段时候，当民企积累足够的资本与技术，那时国企就可以和民企分工了。

反国企的人如果不是无知便是别有用心！其实更深层的原因这是公与私的价值观较量，自以为私企发展到相当规模之后可以化为政治筹码而与政府讨价还价，此种想法如果成为事实的话，中国就有可能变天了。

第四，教育制度。

孔子是设定中国教育制度的教育家。孔子的教育中心是“如何做人”的道理。做人就要做善人、做不危害别人的好人。虽然孔子不直接提出性善论，但，从他的教育理念中能导出“人能为善”的结果来。

首先，人能为善是儒家的一种信念。这种信念蕴含着浓厚的、独特的精神价值，这价值的形成不是由人再回到人的世俗精神价值而是由“天命”到“人性”形成的精神价值的升华。

儒家认为由天命设定的人具备着所谓天命之性，即仁、义、礼、知四德。但是，人除了“性”之外，人也具备着“情与欲”，即喜、怒、哀、乐、爱、恶、欲。《中庸》。

人的善性一定要通过教育才能形成，儒家的教育目标就是调节好“性”与“情、欲”的关系。“性”是仁心、良心的根源“情、欲”是人活着有乐趣的根源。

当人们个个都能把性与情欲调节得当，人就有幸福感，社会就和谐了。但是，当人们只知纵情欲不知节制时，情欲必然将害人也害己。反过来，不适当发挥情欲，人生就变得枯燥、乏味、古板，使人失去进取心。

由于纵情欲是小孩和青少年的本能，他们还没能力约束自己，需要恰当的引导。

对青少年来说，教育除了灌输知识外，培养道德信念和锻炼自律是必不可少的科目。培养人才必须德才兼备，而且德优先于才。有道德没本事的人将来可能是穷好人；没道德而有本事的人将来可能是聪明的坏人。

中华民族通过教育把儒家价值观灌输到青少年是长期的方针，其存在历史也很久远了。

从1919年五四运动起至1967年“文革”以来，儒教遭到了严重的创伤；传承上遇到内外排斥与阻挠否定。在物欲横流、尔虞我诈、贪污腐败的现实社会里不少人沉沦了，儒家道德精神基本式微了，很多人不明善恶，良心丧失，是非不分了。照此下去，如果儒家的道德教育没有加以强化以弥补过去的遗失，中国将面临新一代的道德没落!

长期以来，由于对英美文化的崇拜，中国青年对中华文化的认识相对减少。如今，时代变了，对自己文化的认同感提高了，人们对祖宗文化的向往性也提高了，必要时外文——主要是英语—可以减少其教学时间而改之以诵读儒家经典来巩固对自家文化的信念。

文化教育是否成功，从测试公民对“性”与“情”能保持平衡的程度大体上可以知道。社会永远是力求动态平衡的。动态平衡的具体意义就是“公平”!

为迎接中华文明的伟大复兴，从现在起中国必须培养出具有刚毅自强、心地善良、富有道义的基本价值概念的青少年不可!

大好形势下，保持危机感

前段谈及了社会秩序、政治，经济体制、教育方法，可以说样样都渗透着“现代儒家精神”，这是不是意味着天下已经太平了？不！在中国辽阔的天边仍有几朵黑云悬在那里不肯离去。它暗示着中国社会还存在不公平的现象。

伴随着经济发展，人民生活水准的提高，官场出现贪腐现象，官商勾结、买官卖官现象的出现，贫富差距的拉大，社会的不公现象令人的性情容易急躁，如果一些不负责的人利用互联网煽风点火，社会治安必定受影响。还好，目前一切还在可控的状态下。

幸运得很，20世纪中末期毛泽东预见了苏联解体的根本原因；邓小平的改革开放政策也解决了资本主义国家周期性的经济危机。两位世纪伟人从西方学来的马列主义巧妙的嫁接到（或克隆到）中华文化的核心思想上，即儒家思想。及时摒弃两种极端思想，即任性的自由主义与封闭的专制思想。从此中国就能进入富裕且和谐有尊严的升平社会。

但，天下还不太平呢！

中国社会的急速发展，生活节奏加快，正如一辆满载乘客奔跑的车一样，司机一不小心，车容易翻倒一样。技术高明的司机可以保证车子是安全的，怕的是车子里有安中捣乱的乘客。飞速奔跑的社会主义快车非常壮观，但有些人看不顺眼。国外的唱衰、抹黑，国内也有人唱和！

欧美资本主义国家周期性的经济危机以及效仿西方民主制度的一些亚洲国家的社会仍动荡不定等现象中也看出强权制度与西方世界“自由民主”制度都出现危机。可是，如何看待、分析那些问题，似乎我们内部还存在许多思想分歧。前届人大委员长吴邦国说，不走封闭僵化的老路，也不走改旗易帜的邪路，充分表明了这种现象。

如何凝集人民对国家的信任是永远不可更改的政策。孔子说的好，国家可以没有兵，人民也不怕挨饿，但国家不能失去人民的信任！

共产党领导下中国失去了人心吗？没有！经过了四代的领导更替，共产党仍保持着强力的道德意识，一是“为人民服务”，是长期以来大家所熟悉的；二是“人民所向往的幸福生活就是我们的奋斗目标！”是习主席新近提出的号召。如何使这口号化为实际行动，领导人以身作则很重要；但，要治本还必须提高广大老百姓对法律与道德意识才行！

西方软势力挑战中国

国家能满足人民的终极追求——安身立命，井然的社会秩序是必要条件。本文前段提到了，要长治久安必须以“礼”治国。“礼”就是以“德”为基础的“法”的制度。不是单独以“德”或以“法”的制度。“法”比较“实”，黑字白纸看得出也读得出，也可以修改。“德”就比较“虚”，

甚至“有理还说不清”。但是，文明的核心之一就是道德文化！

中国道德文化的核心当然是儒家道德。目前虽然反儒反孔的逐渐减少，但是暗中反对的还不少。

其中拥护自由主义者视为其核心力量。

毋庸置疑，自由主义是颇有吸引力的。自由是一种价值观，从词义上就是“任我行”，我要怎样就怎样。有人认为自由比爱情甚至生命还重要，为了自由两者皆可抛，这是匈牙利诗人斐多斐讲的。在革命时期，很多年轻革命者以浪漫主义精神拥抱自由。自由等同于解放，因此热爱自由也无可厚非。

但，‘自由’不可能没有最高和最低限！意思是说，自由只能在预定的范围里运行；这就是为什么我们不谈“自由”而谈“道”。

人活着必然受很多制约，不可能像鸟一样自由飞翔（其实鸟儿也还受空气与地心吸力的制约的）。居然客观上没有绝对的自由，一切都要在“道”里才能生存在，离开“道”就是一瞬间也是不可能的。《中庸》写道：“道也者，不可须臾离也；可离，非道也”。所以，冠上“自由”的一切概念其实都是模糊概念，比如“言论自由”、“结社自由”、“宗教自由”、“民主自由”、“经济自由”等等。每种概念都要先详加解释，不然思想会混乱！

有些人不直接说‘自由’而先把它伪装起来，乍看很科学、很现代化，比如不直接谈自由而说“我们要寻找普世价值”。

有人说人类当然有“普世价值”，也就是大家共同认可“最值得大家尊重的价值观”。而所指的价值观还是“自由、民主、法律面前人人平等的人权”。

“自由”的概念前段分析了，它是由条件的，没有普世意义。

“民主”要是执行西方式的多党制议会民主，一人一票的选举制度已经证明是不完善的，没有普世意义。

西方提出普世价值概念目的就是利用软实力摧毁中华民族的价值观以达到他们扰乱社会秩序的政治目的。

要预防西方价值观的侵害必须用中国固有的价值观相抗衡，因为价值观毕竟是一种文化现象。具有悠久历史的文明古国，中国，必然拥有用来维系本民族凝集力的精神价值观。儒家价值观是中华文明的核心价值观。民族价值观表现在该民族最为突出的生活态度，其中就是“善”了。

中国人最看重“善行”，你生活再穷再艰苦，心头还必须思念着善举。“善行”不只停留在心上和口头上，而要付诸行动的价值观。儒家把“善行”提高到宗教信仰上，认为只有“善行”苍天才保佑他，活在世上才有尊严和意义！“善行”的根源是恻隐之心，是人类普遍存在超越时空的先天之性。“善行”靠的是每个人仁心、良心，不需要有前提条件。

如果拿“天人合一”儒家精神价值的最高境界或许抽象些，用“善行”来替代或许更为通俗些。“善行”的具体内容大致如下：

以孝顺作为基础而爱人。

义与利不是矛盾关系，而是以义领利、利不背义的关系。在不符合义的条件下，任何利是不能接受的。义与利的价值表现是己立而立人，己达而达人。

爱人发展成仁心是儒家价值观的横向意义，对所有人负责。义举是儒家价值观的纵向意义，对自己的良心负责。

国与家是一个结合体，没国就没家；民要报国，国要护民。民富则国强，国强则民安。

自强不息与厚德载物融和；刚强与宽容不悖。

学与思相匹配，道与器是事物的里与外。

以上所谈的精神价值观是凝集中华民族的内在力量。这种凝集力绝不是自然而然能自动永存的力量；它是通过数千年来在人间不断磨炼、发展、精化而成。儒家精神价值观隐含着恒定不变的核心价值——天人合一，其外围结构是道德教育与敬天法祖的各种礼仪。礼仪的作用是强化内心深处对精神价值的向往；礼仪与道德构成儒教的核心内容。

从儒家价值观考量，虽然以耶教的基本教义为基础的西方文明的价值观相冲突，然而以你不犯我我不犯你的精神对待，他俩是可以共存的。

“儒教”是一个完整系统的儒家精神价值观

儒教渊远流长，由远古时期的神灵崇拜逐渐进化为单一神昊天上帝、祖宗神和孔孟学说为宗旨的祭祀活动与道德修养。祭祀活动的核心意义是强化道德修养的终极精神价值的认可。虔诚的祭祀活动是心灵深处对精神价值的无条件的肯定与认可！儒教绝对是宗教，是和世界上其他宗教有同等地位的宗教！

“仁”与“义”是儒家赖于信仰的最高价值观。由仁义衍生出许许多多具体的道德规范，比如：

“孝始于事亲，中于事君，终于立身”（《孝经》）；

“己所不欲勿施于人；已欲立而立人，己欲达而达人”（《论语》）；

“志士仁人，无求生以害人，有杀身已成仁”（《论语》）；

“见利思义”（《论语》）；

“正其义不谋其利，明其道不计其功”（《汉书》）。

“仁”是横向对人负责的精神价值观；“义”是纵向对良心（上天）负责的精神价值观。

仁与义是儒家不可逾越的价值低限。

有千年岁龄的大宗教都有解决心理问题的功能，但效果不尽相同。大多数宗教只给予有效的精神慰藉——就认命吧，上帝会救你——宗教利用精神慰藉的功能可以使信徒摆脱怨天尤人的悲观情绪，但没有直接处理问题的纠结所在。当信徒恢复了自信心以后，他的理性思想有时也能解决面对的实际问题。

不同于其他宗教，儒教里只要不犯天理（“天理”其实就是“良心”），没有所谓“受上帝惩罚”的概念。

儒教对中华民族起着精神鼓舞作用，同时也构成民族认同感而形成民族凝集力，对个人心理的失落也起精神慰藉作用。儒教对人的精神影响力和其他宗教有同样的效果，但，由于核心价值观和其礼仪不同，践履的结果信徒的精神状态表现就不一样！

一个活在世上的儒教徒，当他觉得完成了上天所赋予他的使命时，他内心达到了安身立命的境界，他也就有满足感。这个满足感是在现实世界里获得的，不必，也不是在彼岸世界才能获得。

儒家道德和礼仪是全民每个人的需求，没必要有特定组织去执行。通过教育及一般的礼仪训练，家庭和学校就是传承儒教的机构。

儒教教义是解决人生的一切问题，涵盖着自身、家庭、社会、国家以至天下。在“道”里没有事情解决不了，问题在于每个人的修养不同，解决的能力不尽相同，但无需寻找解脱。

儒教非宗教说将削弱中华价值观的存在

世界上所有民族都以他们特有的宗教核心教义作为他们赖以生存的价值观的依据。

至今为止还有不少人，甚至在儒家学者群体中不承认儒教的宗教性。人有死生，因而有神圣性问题，而国家也需要神圣性叙事以增加凝聚力，所以建立公民宗教意识势在必行，她可以满足道德、信仰、心理慰藉等方面的需求。

他们以什么理由说儒教非宗教？他们从非东方体系的世界大宗教——主要是耶教——的外在形式作为“标准”对儒教进行比对。结论是，儒教不符合那些“标准”，所以儒教不是宗教。

“宗教”的外在形式不外：1. 有出世（彼岸世界）的终极关怀；2. 有信仰；3. 有至上神；4. 有宗教组织；5. 有教主，等等。

反儒教者从不提或少提信徒的精神价值问题；他们只认为儒教是封建统治阶级麻醉人民巩固地位的麻醉剂。照此道理讲，中国历史就应该如同欧洲中世纪那么黑暗了！中国在儒教的影响下果然是这样吗？

不难理解耶教与儒教的精神价值观是非常不同的。甚至是背道而驰！

耶教的基本教义可以从耶稣被钉在十字架上的形象感觉到，人生的命是充满苦难的；苦难的根源在于“原罪”！后来耶稣复活了，因为他是上帝的唯一儿子且为你赎罪而来世的。他带着“爱”救你；救你赎罪而死后可以升天国过着无忧无虑的理想生活！这个“爱”是由条件的，“爱”必须在耶教的“家庭”里才有效。“爱”必须有“信”才能实现！

对于选择了儒教价值观的人，上述论点有些匪夷所思，但是，对于心灵空虚的人群来说，当他面临着生活困难、失业、失学、失恋、生命垂危、失去父母和社会关爱、不得志而心理失落时，耶教的教义就如同一根救命稻草似的让他获得精神慰藉！牧师的各种承诺虽然等死后才知道，对信徒来说那是绝对可信的。形成了信仰的教义虽然荒谬却具备着强大的精神力量。我们不可不察！

中华文化始终以“善”看待一切，包括皇帝与大臣对外来文化抱开放的态度。17世纪初意大利传教士利玛窦来中国，明朝的君臣都善待他。利玛窦心理明白，改变中国人的人生价值观将遇到很大的困难，所以他拿出所谓“西学”（数学、天文、物理等学）作为诱饵传给徐光启。当徐光启对西学全心接受后，（肯定）利玛窦逐渐把耶教教义慢慢灌输进去。徐光启无形中也心甘情愿的接受耶教教义。徐光启接受洗礼那天，就是他的“精神家园”给利玛窦占领的时刻了！也从这天起，耶教价值观慢慢蚕食中华文明！利玛窦把先进西学传给中国是诚心的，但不是目标！目标是把耶教传到中国，让中国“归主”!

鸦片战争之后，传教士在八国联军枪口的保护下，不顾当地的民情风俗，大肆传布“爱”的宗教。尤其五四运动“打倒孔家店”的号角打响以后，儒教捍卫者越显得惨白；“文革”时期以“批孔批林”为口号出现之后，儒教更遭到灭顶的打击！儒教将面对死亡吗？

儒教的存在毕竟经历了数千年的历史，如今21世纪，西方社会在政治、经济、竞争力等方面开始出现问题了，以儒教为其精神价值观的中国却和平崛起！这说明什么？儒教这棵根深蒂固的文化大树枝叶又开始茂盛起来，“中国虽旧邦，其命维新”。儒教是“活”的宗教，儒教信徒是与时俱进的，炎黄子孙还应该为往圣续绝学。要不然，儒教是否可以丢弃？或用别的宗教取代？在宗教自由的舆论怂恿下，反儒教说无非劝你信其他“正宗”宗教，放弃有几千年历史的儒教传统！无疑，这是自废武功的做法！

中华文化与科学发明

物极必反，欧洲中世纪，15世纪前后，基督教的极端势力使经院哲学遭到前所未有的挑战，地球中心说被太阳中心说所取代，基督教内部经自我改造而让位于科学。理性思想崛起，实证科学诞生，从此之后欧洲快速发展步入全新的时代。

伴随着科学的诞生，技术作为科学的实践引起社会巨大的变革，产业革命就在英国发生，而后蔓延至全欧洲甚至全世界。

与此同时是中国的明朝时期，当时商业与手工技术远远在超越欧洲，综合国力应该是世界头号大国。遗憾的是，中国始终停步不前，过后终于在发展上被欧洲逐渐甩在后面了！为什么呢？道理何在？当时由于信息不畅通交通也不便，或许中国精英们不知道把？或另有原因？

19世纪末20世纪初是中国历史的耻辱时期，战场上屡战屡败，不平等条约签了一大堆。

犹如西方世界的科学发明为什么没有在中国出现？以儒教为核心的中华文化是不是反科学？反竞争？反创新？当时就有人同意此论点而提出“全盘西化”论。

但，眼看目前的一切事实，中国人又似乎不难掌握科学；不但没有心理障碍，在科技的发展上甚至还信心十足的要超欧赶美！怎么在不到一百年的间隔里有如此大的现实差距？对科技的开创和发展上，以儒教为核心的中华文明究竟和西方文明有什么区别？

对科学的开创方面先看欧洲经历了怎样的路程。

首先，经院哲学走上极端的方向，封闭的圣经教学愚化了人的思想。导致物极必反，催化文艺复兴的诞生，带动了思想解放，理性思维抬头！在教堂任牧师的哥白尼首先质疑圣经里的地球中心说而提出太阳中心说。自此以后，16世纪的数位天文学家、数学家在理性思维的引导下，强调自然科学必须经过观察和试验，要求知识的确定性、可以通过实验反复证明结果的一致性而且用理论解说及严密的数学论证其结果的无误性。17世纪在伽利略、牛顿等努力下，对自然科学理论与手段上的要求越趋于完善。

总结起来，欧洲自然科学是在这种特定的氛围之下诞生：

（一）基督教实力强大，宗教裁判所对异端思想（不同于正规教义）实行严酷的惩罚，使有识之士越发抗争，冲破旧教义的教条把对大自然奥秘的探索看成是上帝的召唤。

（二）用理性的实证精神探索大自然的奥秘。

（三）起初用假设，再用重复实验证明或修改以达到理论的正确性。

（四）用严密的数学方程式表达结果的正确性，使人一目了然。

对以上四点，儒家思想有怎样的异同？

（一）根据耶教教义，“神”给人于治理地球的权力（创世纪一章二十八节），所以耶教信徒有探索、征服大自然的意向。儒教的教义不同，不是征服大自然而与自然和谐相处。“天人合一”、“为天地立心”、“生生之谓易”这些概念使中华民族“无意揭开自然之谜澳”以为这是对大自然的亵渎。

（二）儒教多用“思”取代“想”或“理性”。根据《书经。洪范九畴》说：“思”曰“睿”，“睿作圣，则思无所不通。”

孔子曰：“君子有九思：视思明、听思聪、色思温、貌思恭、言思忠、疑思问、忿思难、见得思义。”

孔子的“为仁由己”的自由定义，可以涵盖中西各种自由观念。在思想领域内 谋求自由思考：“学而不思则罔，思而不学则殆”；理性与感性适中统合、理性中有道德，道德中有理性。

如此丰富的心理活动，加上好学不耻下问，难怪持儒家文化的中华民族不难向先进的其他民族学习，且青出于蓝而胜于蓝！

（三）科学实验手段和数学阐述是欧洲人发明的，所以“科学”不在中国产生。

（四）用阿拉伯数字和拉丁文表达的数学方程式也是西方的一大文化特点。中华文化并不是没有数学才能，甚至也不下于别的民族，可惜其表达方法不如西方数学容易掌握。

以上分析足于解释为什么自然科学虽然不是中国人最先发明的，但中国人却不难掌握、利用并加以发展。

实证精神用试验和数学表达可以精确的认识自然，因为自然是“死”的。可是，科学能解释“活”的人的各种活动吗？比如，人的经济活动。

我们如何用“科学方法”解释苏联以计划经济而解体；西方资本主义自由市场经济周期性的爆发危机？西方经济学家不是好多获得了诺贝尔经济奖吗？经济学能够用科学方法解释吗？

反过来看，“科学”又怎样解释中国的社会主义市场经济蓬勃发展？到目前为止，获得诺贝尔经济奖的中国人一个都没有！问题的症结何在？解决经济问题用“科学”方法好呢，还是从“制度”的“好、坏、对、错”去考虑？科学有没有涉及价值判断的“好、坏”？还是单纯从逻辑推理的“对、错”去判断？

中庸之道是化解纷争的道德依据兼手段

同样活在一个地球上的人是不是一定能和平共处？有一种（群）人抱有某种价值观，他（们）强制对方就范，不然将采取暴力手段对付！遇到这种敌对矛盾时，儒家（儒教信徒）如何处置？

面对善恶，儒教徒的信仰是有底线的。只要没有达到“伤天害理”的地步，一切问题最终是可以和平解决的。如何解决？儒家中庸之道之精神和手段是可以化解人间纷争的。

中庸之道是一种“道”，需要用理性去了解也要用感性去体会。理性是中庸解决问题的手段，但在处理问题的过程中还得用道德感情去化解。

中庸是一种道德价值观，是人生在处理“性”与“情”之间力求平衡，精神状态始终不极端，处于恰到好处的状态。面对纷争时心态“静”而不激动，头脑“冷”且保持清醒。中庸是下意识地去解决问题，不是逃避问题的折中态度！孔子评价中庸是“至德”！

孔子说：“……隐恶而扬善，执其两端，用其中于民……”这段话中，“两端”所指是什么？“两端”应该是纷争的两边，也可以是两边纷争的特质，说清了，纷争两边还处于“不同而不和”的阶段抑或其中一方因“天理不容”如纳粹希特勒、东条英机之流而必须诛灭的那种状况。

照当前的局势，虽然大多数纷争都可以化解，但还得看化解的人实力足不足。孔子说:“……以直报怨……”遇到暴力时，势力不足是“直”不起歪理的。如何维护和平、发扬“仁心”还得靠实力去维护，反儒教就是自废武功的表现!

三、儒学与不同文明对话

寻索后“后现代”的儒家哲学方向

加拿大文化更新研究中心 梁燕城

何谓“后现代”

20世纪末开始，欧洲思潮环绕着一个重要的名词讨论，就是所谓“后现代”的争论与界定。卡平灵（Kaplan）在其书《后现代主义的“非内容”、理论及实践》中指出，后现代的观念是从现代发展出来而对现代文明的“文化突破”（cultural break，或译作对现代文明的“文化中断”），[①] 也可以说是对启蒙运动塑造的科学和理性文明加以全面反叛。

“后现代”这个辞有两方面的应用，一是社会科学角度所谓“后工业社会”，指现代以后的“后现代性”（Postmodernity），是哲学、艺术与文化角度所谓的“后现代主义”（Postmodernism），指对现代文化加以批判和“解构”的文化运动。

最早提出“后现代”一词的人物是汤因比（Toynbee），于1939年的“历史研究”第五册中，他提到第一次大战后的新社会为后现代的，到第二次大战后出版的第八册，指出“现代”是指西方的中产阶级文化，当布尔乔亚阶级的人数足以操纵社会时，即“现代”开始，但是从城市劳工阶层及世界各民族和宗教兴起后，就是后现代时代的来临。[②]

汤因比能洞见新时代的临，确具历史家的眼光，但其对新时代的认识仍十分肤浅，倒是在他之前的彭迪（Penty）在1922年出版一书名“后工业主义”（Post-industrialism），[③] 更能指出了“后现代”是工业时代的终结，其后麦洛肯（McLuhan）在50、

---

① 参考 Postmodernism and its Discontents：Theories，Practices，ed. E. Ann Kaplan（London；New York：Verso，1988），1.

② 参考 Arnold J. Toynbee，A Study of History（Oxford：Oxford University Press，1957）.

③ 参考 Arthur J. Penty，Post－Industrialism（London：G. Allen & Unwin Ltd，1922）.

60年代指出这时代是以电子传媒系统为本的新世界，[①] 图拉宁（Touraine）于1967年认为后工业时代将产生一全新的、以科学政治为本的程序化社会（Programmed society）。统治阶层则是技术官僚。[②]

具尔（Bell）在1976年发表其名著《后工业社会的来临》，认为控制新时代的不是科技，而是理论知识，及头脑与信息的人才。在这社会的经济重点将由货品生产转向服务行业，职业分配着重高层的专业及科技人士，社会的主轴原则是以理论知识去定政策，未来方向是要控制科技及科技评估，决策过程将会创造一种智能科技去运作。[③]

种种研究皆指向一结论，后现代性的特质，将是一信息社会的来临，这新时代将以拥有信息和传媒者最有权力。

至于文化方面，所谓“后现代主义”则是一多层次多面向的反省，集中在怀疑、批判和摧毁现代文明那专断的科学和理性标准，否认科学的权威性，强调所有文化和思想平等而自由地并存发展，因而开出灿烂的新文化领域。

后现代主义评科学的霸权

后现代主义一词非常难以界定，有人用之以形容艺术上对现代主义加以反叛的运动，如后现代建筑，反对现代的装饰形态，求更不传统和不和谐的表现（如香港的汇丰银行和中国银行）。也有人以之形容当前的社会特质，如詹明信（Jameson）即指出后现代是“操控的全面消费的科层社会”，[④] 布特里拉（Baudrillard）却认为这是一虚拟（Simulation）的年代，一切都只重外表的形象，由不定性所控制。[⑤] 或许我们可以总结说，后现代主义是一文化运动，源于20世纪以来那种文化解体的经验，赏试对这文化解体带来的不定性、虚无性及社会的控制性加以反省和理解，进而加以描述其特质，以自别于现代文明的种种现状，求开出一种无定之开放性体系。

---

① 参考 Marshall McLuhan，Understanding Media：The Extensions of Man（New York：Signet，1964）.

② 参考 Alain Toraine，The Post－Industrial Society：Tomorrow’s Social History：Classes，Conflicts and Culture in the Programmed Society，trans. Leonard F. X. Mayhew（London：Wildwood House，1974）.

③ Daniel Bell，The Coming of Post－Industrial Society：A Venture in Social Forecasting（Harmandsworth：Penguin，1974），188.

④ 参考 Fredric Jameson，“Postmodernism and Consumer Society，” in Postmodernism and its Discontents，13－29.

⑤ Jean Baudrillard，“The Ecstasy of Communication，” ed. Hal Foster，Postmodern Culture（London：Pluto Press，1985），126－134.

后现代主义影响最大的人物，当是李奥泰（Lyotard），其《后现代处境》[①] 一书，于当前科学和文化处境作一整全的哲学反省，李氏认为后现代是对所讲“后设传述”（Meta'narrative）的全盘怀疑，不再接受科学或任何权威的真理标准，亦不接受所谓“共识”的理论，却让一切不同文化并存发展。

他认为知识不等于科学，知识不单是一套描述性的语句，却是要学习到如何的实践行动，这种实践的知识往往要通过传统的传述（Narrative）方法来传递，如古人以唱戏或讲故事来带出道理，用各种语言游戏的规则，以不同方式叫人聆听，并在此树立了传述的权威。

但近世科学兴起，建立一种新知识，以为必须通过逻辑和提供证据去检证或否证一些语句，就可以确定某论述与真相印证（Conformity），这种知识袛承认一套语言游戏，慢慢发展成一种专业和机构，对所有其他的传述知识加以审判，认为都是缺乏证据的，原始而落伍的思想，科学逐渐成为一种“文化帝国主义”，并且认为自己的霸权是合法化的（Legitimate）。[②]

李氏指出，所讲“现代”，就是相信有一套合法化的知识，成为一种“后设传述”，并可审阅一切其他传述。但这时代已过去，科学并无特别的合法性，它只是多种语言游戏中的一种，其合法性袛靠那些承认这套游戏的团体去同意，是靠权力去建立，却不能客观地证明自己，科学和任何传统的神话和传说一样，只是一套传述而已。

李氏认为，后现代就是这种具霸权性的“后设传述”崩溃之时代，最前卫的后现代思想将要承认一切“并行不悖”，而基于一种新学问：“并行不悖学”（Paralogy）。

后现代的“并行学”

李奥泰认为自二次大战以后，各种庞大的传述系统均已失去其可信基础，因为科技已滑转了重点，袛讲工具性的运作，而资本主义则重视个人享受商品和服务。

现代化的玄思系统往往想建立庞大系统去使一切知识得到联系与定位同时保住了科学的合法性，但这些系统往往不能自己证明自己，19 世纪末以来，各大传述系统已被视为一些思想游戏，科学和知识的合法性基础正一步步地溃落。科学的“非合法化”（Delegitimation）过程就形成后现代的观点：“科学袛能玩自己的游戏，无能去判别其他游戏合法性。”[③]

---

① 参考 Jean-Francois Lyotard, The Postmodern Condition: A Report on Knowledge, trans. Geoff Bennington and Brian Massumi (Minneapolis: University of Minnesota, 1989) .

② 同上，第 27 页。

③ 同上，第 40 页。

有时我们见到一些修读过大一思想方法导论的学生，到处用其所谓理性的原则，去检查和判定他人说话的语句，对于所谓不清楚或无证据的语言认为无认知意义，加以嘲笑藐视，这就是典型的现代思想，视科学为检证一切其他语言的一套“后设传述”（Meta－narrative）。但这在当代欧洲前卫思潮看，却是落后和狂妄，当科学的语言未能证明自己的合法性时，就不外是各语言游戏之一，而无权去判其他语言游戏。李奥泰指出，维根斯坦的“语言游戏”观点，正是后现代世界要去发挥的。

后现代时期的科学，已改变了从前决定论形态的思想，一切都随着处境的改变而发展，知识正在失去其典范性与预测性，各种信息均不完整，甚至产生矛盾，任何控制均不全面。故李奥泰认为必须用游戏理论去看后现代的科学。由此而指出其“并行不悖学”的观点。

“并行学”（Paralogy），就是指出在任何自称评断一切的后设传述崩溃后，各种理论或语言游戏均可以并行不悖，再没有一套知识的霸权。任何理论都未发展完成，故可各自发挥。新的科学模式将反对一套稳定系统，却是一开放系统的模式，其中的语句之所以被认为合宜，在其能引发新观念，即引发其他语句与游戏规律。[①] 当前科学实用运作的并行不悖学活动，是要指陈科学游戏的后设规定，及要求各游戏玩家去接受不同观点。

李奥泰指哈伯玛斯（Habermas）的共识理论，称所谓共识理论即认为人可通过对话去建立双方的同意，及可改造一系统的表现。李奥泰认为共识是不可能达至，因为各派均在争论中，而且共识常常是一种工具，去成就权力，并使一些系统得到合法化基础。

与其用共识去建立权力，不如让所有理论或语言游戏各自发展，并行不悖，后现代世界将是容让一切多元并行的年代。

德理达对人文主义的解构

当沙特大讲存在主对即人文主义的时候，海德格却反对将自己归入人文主义的范畴中，他在“人文主义书简”中批判人文主义是一种既定的形而上学思想，视人的主义为宇宙的中心，认为人有普遍本质，海氏以人只是一时间性的“在此存有”，否定人文主义的主体哲学。

法国的一位当代思想大师德理达（Derrida）写“人的本质”一文，批判海德格仍在寻索一种人的共同尊严，基本上仍未摆脱人文主义那种人的本质观，要求追寻“事

---

① 参考 Jean-Francois Lyotard, The Postmodern Condition: A Report on Knowledge, trans. Geoff Bennington and Brian Massumi (Minneapolis: University of Minnesota, 1989) . 64.

物本身现有的本质”，[1] 仍是本质的形而上学，或主体的形而上学那种传统格局，德理达遂要对之加以“解构”破斥。

德理达有句名言，就是“一切事物没有那么简单”，人文主义的人观往往给人一些简单答案：如人是道德主体，人性有尊严，人有本质价值，或谓人是欲望的存有者等，用一两个简单清楚原则，高举一两套主义，评断天下一切，为时代提供简易的答案。德理达指出所有这些大哲学，均可在其边缘发现其矛盾，而加以破斥解构。他研究各派哲学，不是要让人去理解其理论，却是要叫人发觉这理论原是不可理解，矛盾重重，根本就没有意义。故他不是去重构（Reconstruct）一哲学，却是去“解构”（Deconstruct）之，说明任一理论都不行，都是自我解消，哲学应是不实践，揭示“无有”，而打破“现有哲学”（Philosophy of presence）的框框，哲学若陷于“现有”事物，就永远陷于由界定而来的界限与迷执，祇有实时破斥，才可释放。

人文主义对的“主体”、“意识”，“自主性”的界定，都把人放入框框中看，故德理达否定人的主体性和自主性，认为康德及启蒙运动以来的形而上学人观，哲学人类学，均是科学、理性及人文主义的崩溃。

启蒙时代的基本思考和沟通模式是，默认了一种“主一客”对立的架构，视物质规律和科学方法是客观，而艺术美感、道德价值和宗教真理是主观，其高峰的思想是将宗教的真理性和普遍性相对化，以科学才代表客观真理，但是后现代思潮推倒了这种“主一客”对立模式，使一切重新开放，找寻新的定位。

“主一客”定位的架构瓦解，使后现代成为一沟通困难的年代，各派有各派的传述系统，并行不悖，没有共识，没有客观的对话条件，以致很难有沟通。而现实上信息的革命，使人与人之间可用各种新机器通消息，沟通似乎多了，但机器传讯却又减弱了人与人的情志和人间沟通关系，且信息很易被误解和扭曲，加上政治和经济的操纵，更形成有权力者控制信息，对沟通作有系统的扭曲，故后现代世界亦缺乏沟通的“社会条件”。

后现在主义的“并行不悖学”和“解构”思想，是拆毁性的思潮，成功地摧毁了科学和理性的霸权，但却基于虚无主义的设定，从先存的信念上否定了一切。但这种虚无主义信念却有一内在矛盾，即一方面认为各学用一套理性理论去套住具体的人，最后就是非人化。不论是存在主义、马克斯主义或结构主义的观点，均逃不了这种“非人化”的框框，当然中国新儒家强调的道德主体和道德意识，亦当被判为非人化了。

---

① Jacques Derrida, Margins of Philosophy, trans. Alan Bass (Chicago: University of Chicago Press, 1982), 131.

德理达更发表其巨著“格文学”（Grammatology），[①] 指出没有任何语言系统真能反映外物，传统西方哲学的认识论总想找个定点去保证知识的真实性，其实这衹制造各种理论的狂妄和偏见，德理达批判传统太重视语言和言谈，他认为文字更重要，因为文字可以写完加以涂掉（Erase），随写随破，才能揭示无有，才能突破人文主义与形而上学的框架。故由德理达的“解构”思想去看，现代学人常自我认定为人文主义者，其实都是一种虚妄迷执，自设新框框去拘限自己。

总结言之，面临21世纪，所谓后现代时代的来临，人类回首一看，才知启蒙时代以来的现代文明，神化所谓个体、理性、科学和进步，及其所牵连的主体哲学、人文主义、唯物主义与实证主义，原来都是一些独断肤浅教条式肯定，并不是宇宙的真相，人类常常根据某一年代所流行的知识去架构世界观，建立意识形态，以为代表真理，使知识变成权力，但时代过后，才知这原来是一种迷执，一种虚妄，现代人嘲笑中世纪的“日心论”，相信后现代人亦嘲笑现代的唯物论和进化论。或许多人反省历史的演变，就多了解自己所执着的往往是基于狂妄和愚昧。

后现代文化的核心课题——沟通的重建

综观后现代文化，从社会学角度看，是后工业社会的来临，社会的结构将由工业为主轴转向信息为主轴。从哲学角度看，是启蒙时代的结束，派的传述无法建立共识，无法对话沟通，另一方面又不断写作批判各派思想，到处传扬自己一套，似乎又肯定了人与人之间有共通语言，有思想共识，可以沟通，那么当其传扬并行不悖学和解构思想时，是否已推翻了自己那否定一切的信念呢？

当处无主义者在努力沟通自己那认为“人无法沟通”的观点时，已是解消了虚无主义的信念，肯定了人不论观点如何不同，仍是可以互相沟通的，这肯定即打开了后现代世界的哲学反思方向，去探讨人类沟通之所以可能的根基，并依此去重建沟通，批判信息社会的沟通扭曲，这将是后现代文化的核心课题。

沟通的根基在人永远处于情际关系（Interpersonal relationship）的脉络（Context）中。我们不须像人文主义者般界定人是一主体，用简单概念将人判定，却正面描述人与人的相关性现象，沟通是一不可推翻的事实，而沟通之所以可能在人与人处于相关的状态中，人在相关时，建立全面的，包括情态和人格的关系，发而为语言和行动去表达情态人格，并在情际关系中发展了理解和诠释的作用，而达到沟通。

---

① 参考 Jacques Derrida, Of Grammatology, trans. Gayatri Chakravorty Spivak (Baltimore: The Johns Hopkins University Press, 1974).

“我一你相关”的思考模式

后现代文化和哲学解构了人文主义的主体观，摒弃了“主一客”对立的思考模式，若不想陷入虚无主义的自我矛盾中，就必须转移向“我一你相关”（I-Thou Relationship）的模式，而以人与人的情际关系为核心，在关系中看沟通的全面事件，而不须界定主体和客体。

在沟通的事件中，沟通者通过语言和行动去发出一些讯息，每一讯息不单是一套命题，而被限在语言中，同时也是用行动和各种语气表达出沟通者的感受、情怀倾向、以人格状态、意志动机等。我们总称这一切为“情格性”（Personality），在任何人与人的沟通事件中，人都表现为具情格者（A person），而沟通所建立的关系是为“情际关系”。

“情际关系”中的理解，不能建基于主体认知客体的静态方式，却是在沟通的过程中逐步开显出互相的理解。正如一男一女相爱时的沟通，双方的理解不能以“主一客”对立的认知方式来决定，却是在过程中建立理解。沟通是一有机地相关而又不断转变的过程，理解在这过程中一步步建立。从这意义下看的理解，只能是一诠释学（Hermeneutics）的过程，而不是传统的认知过程。

诠释学意义的理解，是视沟通者双方均各有其原先的理解事物观点，有其意义系统，迦德默（Gadamer）称之为一种“眼界”（Horizon），这眼界是各自人生历史中形成的观点和偏见。然后在沟通的过程中，人与人传达的讯息遇见，双方均须以自己原有的眼界，尝试融入对方的眼中，造成“眼界的融合”（Fusion of Horizon），[①] 因而产生理解。

从沟通至理解，是一眼界融合的诠释过程，每一“眼界”都牵涉了一知人的人生历史、先存成见，以及全面的情格状况，其中产生的诠释理解，不能是一客观抽离情格关系的认知，却是活生生地投入对方历史中，重新经历对方的经验，而形成对他人情格和人生历史的感应沟通，是为一种感通关系（Interpenetrative relationship）。

理想的沟通，是达致感通，而感通关系的基本模式，就是马丁布伯（Martin Buber）“我一你相关”（I-Thou Relationship）的模式，[②] 即沟通者必须付出诚意，视对方不是一外在的“死物”（it）或客体（Object），却是一可以交流情意的“你”（Thou），

---

① 参考 Hans-Georg Gadamer，Truth and Method，trans. and ed. Garrett Barden and John Cumming（New York：Continuum，1979）.

② 参考 Martin Buber，I and Thou，trans. Ronald Gregor Smith，2nd ed.（New York：Charles Scribner’s Sons，1985）.

当双方都视对方是一“你”时，即可融入对方的情格和历史中，而有所感通，相互间有理解。

只有在这“我—你相关”的格局下，信息机器才不再障碍沟通，使沟通成为可能。所谓“沟通的扭曲”，就是社会权力和经济力量全面难阻了这基本格局，而我们亦可基于这模式的标准，去批判社会体制，重建沟通的社会条件。另一方面也可用这模式去说明，真理不能孤立地被界定，却须在情际关系中显出来，故真理亦必为一有情格的真理。

依这感通关系为本的思考模式，我们便能很快发现中国哲学的概念如“仁”，基督教神学的概念如“自我沟通的上帝”（Self-Communicative God）等，均有后现代意义，前者建立人的沟通本体，后者建立沟通的终极真理。而以沟通为本，去开出一感通宇宙，使一切可并行不悖，而又同时交感互应，不是孤离隔绝。并且中国哲学和基督教神学，也可因这共同课题而互相有“沟通”，走向迎战21世纪的风浪。

儒学与后现代思想的挑战

当代新儒学最大的成果，乃将传统儒家思想建基在近代康德与黑格尔的哲学根基上，使中国哲学得到理性的安立，而溶入现代哲学的架构中，唐君毅和牟宗三先生的历史使命已完成，其哲学史中的地位永不能抹杀。

但在世界文化迅速演变的情势下，儒学亦必须有相应的发展，就是进入“后唐牟”或“后新儒学”时期的研究，以回应所谓后工业社会和后现代文化。

就儒学的自己发展看，后新儒学必须为“语言”定位，如伽德默（Gadamer）曾提出的“语言性”，如何在儒家的本体论中找到立足点呢？又维根斯坦（Wittgenstein）的语言游戏观念，对当代哲学影响很大，儒学又如何应付呢？儒家若不开出对语言的观点，根本就不能和当代哲学对话，而只能闭门造车了。

其次，儒学必须发展一套实践方案，对后现代世界的科学宇宙观，社会政治演变，提出批判及行动方向，而不是纯在理论上讲民主科学如何由儒家“开出”，若中国科学界请儒家提些科学理论提意见，从儒学如何回应当代科学理论如量子力学、大爆炸论、超弦线理论等宇宙观呢？又中国社会管治如有一天交给儒家提方案，他们能提出什么与众不同的具体社会管理，去开展未来的政治文化理想呢？又对政治社会的不公平处，依什么方法去批判和分析呢？这是儒家适切面对时代的课题。

为语言定位和发展实践方案，是新儒学本分应走的方向，但这方面工作终使完成，仍未足够响应当前西方的思潮，面对福柯、德理达和李奥泰等后结构主义和后现代主义，后儒学必须摆脱启蒙时代人文主义和主体哲学的框框，这须经过一全盘自省和

"解构"的过程，从起点上摧毁主客分离对峙的假设，不是只由终点上讲智的直觉和超越主客的境界，转而由宇宙或天道的全体角度讲人的定位，不再溶入主体为中心的唯心论困局。

后现代主义的"并行学"（paralogy）与新儒学的判教观及圆教观根本对立，前者容许多元并存，各自发展的思想，后者对各不同思想文化进行大包容，自命为一切哲学的最圆满完成，依自己的标准，判定各教派的等级和定位，好处是能欣赏和进入不同思想，坏处是对他人分层判定，没有平等并行的多元并进观念，结果是引发中国文化高人一等的妄识，而不被其他学统所接受。西方李奥泰的"并行学"或许有许多漏洞，以及虚无主义太重，但其开放性机制却是后现代文化所必具的条件，后新儒学须发展平等亲人的开放思想，承认及容忍多元并有，解除圆教形态的包容主义思维，才可重整自身价值在世界的定位，而以中国哲学作为一人类精神资源的方式，贡献后现代世界。

朱熹与儒学的后现代出路

在后现代思潮的冲击下，当代新儒家人民主义、道德主体、圆教系统及道德形而上学，都免不了被"解构"的命运。那么中国的精神文化还有什么出路呢？从现代化转向后现代化的过程中，中国当代千辛万苦建立的新儒学，始终逃不了被摧毁的前景，更可怕的是当今中国文化遗留下来者，并不是伟大的精神文化或人生智慧，却是轻薄谩骂的猥琐文风和狂妄自欺的文化自大狂。那么中国人在未来世界还有什么剩下来的价值，可以堂堂正正地站在人类历史中呢？

从中国哲学里寻，能回应后现代主义那"并行学"，还有两位大师，就是朱熹和唐君毅，因为他们原则上均不主体哲学为核心，却建立了一开放的思想体系。

从朱熹早年的发展看，他也曾体验过道德主体的美善呈现，故有"为有源头活水来"及"万紫千红总是春"的悟道诗句。这是和陆象山王阳明的境界一致的，但朱熹并无停留在这境界上，特别是离开老师李延平之后，发觉其教导的" 默坐澄心，观喜怒哀乐未发以前气象 "，总停留在不能落实的光景上，只是所谓"中"的境界，未能透入"发而皆中节"的所谓"和"，换言之，即是伟大的"天理"不能在实然的人生中彻底自由流露，故其诗有"未胜物欲昏"之叹。

于是朱子乃苦参"中和"的问题，其反省的核心在崇高美善的心体，如何能贯通在日常生活中呢？人的原初善性：为何总不能在生活中实现呢？这一切善若不与现实生活通起来，又如何能成为圣人呢？这些问题迫使朱子提出"持敬"的理论，以"敬"去持守本体自然的现象，使之常存不失，因而其发动时即可"中节"。

朱子的哲学遂依此作了几个重要的区分，把“性”（心中的天理）与“情”（心灵的气质）分开，解释了人为何常常不能自然流露善的问题，主因在人的情不必依天理而行，常有偏离。亦正因此而不能建立以道德主体为本的独断纵贯系统，却须强调心灵的开放感通，时常接物致知，即物而穷其理，不断地开放心灵，不断地诠释万物，不断地在格致的过程中丰富化自己。

面对后现代“并行学”的挑战，中国儒学自不能一己独大地自命圆教，但又不能一下打败后现代的虚无主义，其出路当是建立一“感通宇宙”，强调多元并存的一切文化和思想之间，仍有感通，感通是一切和谐并存的条件，这使儒学为一切和谐沟的条件。

而朱熹哲学正可为此立根，他说，“心之所以为用，感而遂通者也。”心体寂然至善，其发用则开放感通，可在后现代寻索感通其他并行文化与思想之道，而为沟通立基础。

唐君毅与后现代文化

后现代的核心问题，是一切多元思想并存，并行不悖，又不能沟通，没有共识时，人类文明一切价值将面临解体，不论是启蒙时代建立的科学理性权威，或新儒学所讲的道德主体，均被踢出权威（或所谓“后设转述”）的领域，一切散归平列浪荡的散立世界，全体价值消散在虚无主义的黑洞中。

人类文化若想走脱虚无主义的黑洞，就必须在多元散立的世界中，重建沟通的根据，沟通不单是哈伯玛斯所讲的建立共识，却须肯定不同信念中的共通理解条件，并由人类的感通现象中重建一感通的宇宙。前者是欧洲诠释学思潮所走之路，后者就中国当代哲人唐君毅所发展的方向。

唐君毅先生已逝世十多年，当年牟宗三判定其一生是一位“文化意识的巨人”，于是唐先生就被归入“文化意识”的框框中，有了历史定位，其哲学的成就即被一笔带过，再没有人去发展后唐君毅的哲学了，而多年来，后学们也相当满意于唐先生的定位，认为他继承和阐扬了中国文化，对他的哲学则轻描淡写地忽略了，近儒哲学的主流，则落在“道德形而上学”的多方研究和发展上。

然而我反省人类文明转向后现代的发展，及后现代主义带来的重的重挑战，已可预见道德形而上学的命运，在社会转型及文化核心价值改变的日子，一定会失去根基而崩溃，文化和哲学必须适切响应时代的发展，否则维系不了多久，最多只能留在学院中被研究。

在这种发展和转化的形势下，我忽然发觉那久被搁置的唐君毅哲学，正可回应后现代的文化挑战，主要原因在唐先生提出了一个多元感通的本体论，而建立了一个感通的宇宙，这在唐先生则称为“性情的形而上学”。

唐君毅这感通本体论，在其写中国哲学原论原道篇时，其导论即有清楚简要的描写，他指出中国哲学言“道”的涵义，“可唯就一存有之通于其他存有而言。就通言道，则道非即一存者，亦不必是一积极性的活动或变化，而只是消极性的虚通之境。”就人感觉之方式范畴言，道是感觉思想活动所“通过”以知物中的路，通过之后即可超越之。故道的涵义是“次第贯通一法与方式范畴，而更超过之。”

唐先生依此义而讲孔子的“仁道”，是人自己之内在感通，对他人之感通，及对天命鬼神的感通三方面，此中“通情成感，以感应成通”，这是人生命存在的精神活动。在多元并立，互相隔绝的后现代文化中，这感通本体论无疑可以重构人类沟通的根源。

唐君毅的人生现象学

唐君毅的哲学，始于对人生的深刻反省，然后惊觉于此心之能有灵觉反思，进而深入探索此心灵在人生中的自我实现和发展，这就是先生早年写《人生之体验》、《道德自我的建立》和《心物与人生》这三本书时的思考，这种对人生命反省的哲学，可以说是儒学的基本性格。

唐君毅的早期思想，可以归结为一种人生现象学，基本上受了黑格尔的精神现象学影响，视人生是一伟大的精神性生命心灵之彰显过程，这精神生命能自觉自发地追求和实现善，故亦是一道德自我主动地流现善性，其中通过各种苦难和罪恶的煎磨，渡过种种曲折，终得最后完成，而这是传统的所谓成圣，于是中国儒家心性之学即可以在这架构下得到新的营养滋润。

唐先生这早年思想，是顺着这人生现象学格局，及传统中国哲学的人生修养和自省，而发展的一种哲学智慧，这哲学智慧的特点，是摆脱了知识论的封闭格式，维持思想的开放性，使人生可以永远开放地冒险探索，而不陷入独断系统中，以为自己的系统已终极完成，代表了真理。

这种哲学具有清新可喜的性格，而没有传统的老人文化那僵死和狂妄，若评说唐君毅只是一位“文化意识巨人”，那是缺乏深入和正确的了解，唐先生的思想是一开放的哲学结构，以生命心灵的开展去呈现各不同世界，文化意识只是其中之一。他在中年经历中国的巨变，痛思中西文化问题，乃用他这生命心灵的哲学贯穿入文化反思中，其间最关键的著作即是《文化意识与道德理性》，描述生命心灵在广大文化领域史的展现，而对中西文化作一全面的评价。

唐先生此期哲学的致命弱点，即是有太强烈的“人为中心”思想，把宇宙和文化都吞入人的心灵中，这将逃不了后现代文化的批判，但唐先生并非闭门造车之辈，他不断与当代思潮对话，故在后期思想即转出“感通宇宙”的思想，主要在其写六册《中国哲学原论》时，不断要找寻中国各门各派哲学间的通道，视之为生命心灵的不同彰显，而视所有哲学派别均可在一基础上互相感通，互通转化，这时即转出各派多元并存互通的博大胸襟，而突破早年那种人为中心的格局。

此期间唐先生完成其巨著《生命存在与心灵境界》，而提出其“性情之形上学”，以一切哲学均可摄在人心的性情流行中了解，在思想流行历程次序中，各哲学均可相通。可惜唐先生写到此即飘然长逝，留下无数哲学洞见，不为人所了解，但我相信，这里隐含一后现代的开放性圆教思想，而使中国哲学能立于未来文化中。

儒学的诠释转向

当代新儒家的最大困境，在其与启蒙运动所发展的知识论有太紧密的结合，在“主—客”对分的格局下树立起传统的道德心，而解之为一道德主体。儒家的仁心一被主体化，就逃不了“主—客”对立的现代框框，由此讲智的直觉超越主客，及良知坎陷开出知识，明显的启蒙时代思想格局，结果亦逃不了后现代主义对这框框的否定和结构。

西方哲学有一支重要支流，避过了这解构之锋，即是“哲学诠释学”（Philosophical Hermeneutic）的路向。传统知识论总有一基本设定，即知识和语言是有一定对应的客观真实。以为客观真实本存在那里，只要我们有可靠而严谨的知识或语言系统，即可确立真和假，及何谓有认知意义的语句。这种设定很易引发独断和封闭性思想，哲学家可以自立一套检证真理的标准，自称是检查一切认识意义的判准，成立学派去相互吹捧，也可称雄一段时间。

但这种自封为“后设传述”（meta-narrative）的封闭系统很快受到后现代主义的摧毁，因为这宣称本身也是一传述，是一语言游戏，根本不能自己证明自己的权威，其权威只是自启蒙运动对理性的迷执和梦想而已。对于后现代文化来说，整个启蒙时代的知识论和哲学假设均无真理性。

在这背景下，从海德格到伽德默（Gadamer）的思想就避过了对知识论解构之锋芒。海德格将“理解”视为人生存在的方式，而不是主体所拥有的能力，任何理解都牵涉人先存的历史文化，先存的语言观念，先存的前提和假设，故任何理解均有先存的偏见，称之为“前理解”（pre-understanding），在主体与客体的自觉区分之前，是人存在的方式。

这种先理解的存有状态，有点像庄子在齐物论中所言的“成心”，这成心决定了人的是非判断，在哲学上基本是否定了主体可以毫无偏见地掌握客观真相，或各种“文本”（text）的原意，任何认识和理解离不开前理解的偏见，人是受人生的时间性和历史性所限制，而不能傲慢地以为自己的一套具有检证知识确当性的真理标准。

伽德默则称这前理解状态为“先见”（prejudge），这先见由人的传统和历史所构成，是人理解时的基本眼界（Horizon），也是理解的基础，故他认为理解根本不是一方法论的问题，也没有任何不带偏见的中立方法论，理解是根是根于人生的存有。人生的历史，人生的先见。

也正是由于明白这理解的先存偏见性；哲学才可打破知识论或各种主义的狂傲，而建立开放的思考，我相信中国哲学要在后现代有出路，必须走诠释学的路线。

伽德默指出，人理解事物的必有其“先见”，先前一词的德文为vorurteil，指“未有根据的判断”，在英文则译作“偏见”（prejudice），但德文意思较少有负面意义，故译为“先见”较适合。

启蒙运动以来，由于假设了理性的纯中立客观性，因而对“先见”有否定，但伽德默则指出人生存在本就在历史中，早已形成其对事物之眼界，这眼界是人所站之处，是其理解一切的起点，因而没有人能超越其眼界中而有纯中立的理解，这是理解的先决条件，也是其基本限制。

依这哲学路向思考，所谓理解，本身就是人生存在的方式，从来没有理解活动可以超越人生存在及人的先见，任何宣称客观中立或科学的观点或方法，都由先存偏见产生，并不具有真理性与权威性。当任何理论仅省到自身理解的偏见时，都要谦卑下来，不能目空一切地判这判那。

哲学诠释学打破了各种迷执的真理观后，必然要成为一开放系统，任何哲学理解均须永远开放自己，发展自己的先存偏见。这种观点可不拆解中国哲学自命包容天下的傲慢。

本体—诠释学的方向

当中国哲学家成中英曾努力从哲学诠释学角度去重体中国哲学，在其新出版的英文论文集《儒学新境界与新儒哲学》的序中，[①] 提出“理解的自发原则”（principle of the autonomy of understanding），认为理解不同于知识和信息，却是心灵的状态、活动和意向，故是人生中的一个不断重整人格的过程。

---

① Chung-ying Cheng, New Dimensions of Confucianism and Neo-Confucian Philosophy (New York: State University of New York Press, 1991).

成中英又提出“理解的整全原则”(principle of the totality of understanding),认为人自发地理解包括一整全的理解领域,同时去理解物的全体与部分,这整全眼界可通过庄子的“道”来掌握,道是一整全而包容一切,和转化一切的真实,亦构成理的整全领域。

这种从诠释学来论中国哲学的方向,可解除新儒学那“认知主体”的启蒙时代框框,而以一开放系统来讲讲中国哲学。成氏指出理解“是人生存在的体验,通过自发性和体全性来界定,不单通过世界事物的转化和互相依赖,及其与人生存在的关系来解释,却也由人生存在的创发性潜能,及人生是在开放世界中的一部分来看。”由于人与世界的循环互动,而形成一“本体—诠释学的整体”,使人的理解不再陷入“主—客”对立的架构中,却是不断开放和探索的过程。

本体—诠释学的基本原则,是存有与方法的互动,一般现代性思想,是把方法分裂于人的存有,以方法是外在观而掌握真理的过程,人的存有则是主观而运用方法的主体,认知事物的方,及理解的过程均与人的存有分离,但“本体—诠释学”以理解的方法正基于人存有本体的历史性而来,为存有本体所衍生,而对存有本体自身及其眼界所及之世界加以理解。

存有衍生方法理解自身,因着这理解,存有对自身有新的理解,引发新的体验,而得以丰富自身,这丰富了的存有,又衍生新的方法去理解,于是方法亦得以丰富化,而对存有作新的理解。因此,存有是永在一自我开放的进程,存有与方法则永在互为丰富化的互动中。

这是开放的本体论,不再是一静态的知识论,在本体—诠释学的进程中,人可不断反省“先见”,而批判理解的先存偏见,形成诠释学之开放性。并且依“理解的体全原则”,存有依体全的理解领域,对处境的全体与部分同时理解,而有格物致知的过程,再由这理解来丰富化存有自身,使存有对处境有适切的响应与行动。这亦形成“知”与“行”的互动,由理解处境之“知”,引发存有之“行”,用“行”感通处境,而引发新之“知”。“知”丰富化“行”,“行”丰富化“知”,成为不断互动的过程,使人的存有本体开放向处境,处境亦开放向人存有本质。

“本体—诠释学”的“存有”与“方法”互动,及“知”与“行”的互动,构成了不断开放和丰富化的过程,加上对先见的批判反省,及整体与部分兼重的理解,使任何不同思想和文化均得到“并行不悖”的各自独立性和多元性,但同时亦不同思想与文化立下沟通的基础,因为“本体—诠释学”的理解过程,再不落入“主—客”对峙当中,却由每一存有本体开始,以开放方式,摄入其他存有本体的思想,而有“我—你”模式的相互理解,形成我与你的互相开放。

中国哲学本身具有“本体—诠释学”,如易学之本体和卦象(方法)间的衍生与互动关系，孔子哲学中仁之同时为本体与方法，朱熹哲学的格物致知，是由理到理的理解过程，即由心中之理以达万物之理，及“知行相须”的互动，均是具有“主体—诠释学”的模式，这亦是中国哲学能突破现代哲学和新儒家“主—客”框框的出路，而可全面重建，依新方式重整、克服后现代主义的挑战，响应后现代文化的需要。

秩序的重建：现代新儒学的历史方位

上海华东师范大学　高瑞泉

现代新儒学作为儒学发展的一个重要阶段，在 20 世纪表现出多方面的走向，从社会哲学的观念史角度说，可以归结为围绕着“动力”与“秩序”这两大观念作多重演化。前者促使其开掘传统文化的“源头活水”，以应对外来的动力式文明的挑战，获得主体性的自觉与开展，展现出努力由被动变主动地进入现代世界的精神取向；后者则要求其面对价值失范与社会存在的裂隙，努力弥合传统与变革的间隔，在新的社会条件下重建秩序，服务于民族复兴和文化复兴。这是互相之间具有很高相关度的两项，不过可以分别加以讨论。关于前者，我以前曾有所论述，比较详细的研究需要另具文发表，本文着重讨论后者，由于篇幅的原因，主要是限于以现代新儒家的早期代表为例，以展示其内在的不同向度。

一

现代新儒学有一个谱系。比较宽的谱系是指 19 世纪 20 年代开始至 30 年代形成一个高峰（以梁漱溟为先驱，包括熊十力、冯友兰、贺麟、张君劢、马一浮等世称第一代新儒家），50 年代形成了主要以熊十力的后学唐君毅、牟宗三、徐复观为主的港台新儒学哲学家，和钱穆等历史学家，以及与其有师徒关系的若干海外华裔学者。比较窄的谱系则认定，所谓新儒家就是熊十力与其弟子唐徐牟及其再传弟子所形成的一个学派。我以为，如果从儒学在近代以来的新开展来说，所谓“现代新儒学”应该有一个更宽的谱系。从历史上说，宋明理学已经被称作“新儒学”（neo-confucianism），是汲取了佛老又排斥佛老，发展出一批更具有哲学意味的理论。而现代新儒学（new Confucianism）之“新”，很大程度上是在回应和融摄西方文化的过程中，形成在经典世界有所根据而又适应现时代需求、希望能够对治现代生活的理论。[①] 从这个意义上说，现代新儒学在时间向度上应该往前追溯；而在覆盖范围或解释厚度上则应该注意到学科的多样性、风俗的流变和建制的过程。

所谓时间向度上更向前追溯，是指应该将19世纪末儒学内部呈现的新变化考虑在内，而将从那时开始的儒学内部的分化和不断调整其应对社会期待而发生的变化，看成整个现代新儒学运动的不同阶段。具体而言，从19世纪60年代开始的早期工业化（洋务运动）带来的儒家观念变迁，是“中体西用”论以及从“中体西用”论分化出激进的一翼，尤其是政治上被称作“改良派”的康有为谭嗣同等。提倡“中体西用”论的张之洞等属于儒家是没有争议的；而无论康有为的“旧瓶装新酒”如何震撼了传统儒家，无论其大同说如何惊世骇俗，康有为之属于儒家也应该没有争议的。同理，无论谭嗣同如何激烈，如何否定传统政治，他的学术方向终究是《仁学》而不是其他。“《仁学》何为而作也？将以光大南海之宗旨，会通世界圣哲之心法，以救全世界之众生也，南海之教学者曰：‘以求仁为宗旨，以大同为条理，以救中国为下手，以杀身破家为究竟。’《仁学》者，即发挥此语之书也。”[②] 孔子是他心目中的宗主，融贯儒释道墨与西学所可以采纳者，是救世与救心的途径。这一翼中某些人物政治态度一时的激进，并不能改变其儒家的根本面貌。事实上，后来的新儒家，就其政治态度而言，特别在对待帝制这个两千年以来的政治建制的态度上，在实质上比康有为更为激进：梁漱溟和熊十力都参加过辛亥革命，张君劢后来曾经参与设计中国的宪政。徐复观在和自由主义论辩的过程中，对自由主义不乏同情的理解。总之，儒家在应对现代性的过程中，本身可以因为面对既成体制的态度而呈现某种激进的姿态，因而和保守主义之间形成紧张。这种内在的张力，是新儒家运动的动力之一。

儒家保守主义，是现代新儒家的另一翼，也是更重要的一翼，其源头可以追溯自清末张之洞及其所主张的“中体西用”论，我把它视为现代保守主义的第一个纲领，其基本精神被包括现代新儒家在内的20世纪中国保守主义所承袭。如果说康有为是“旧瓶装新酒”，那么自觉“议论近乎（曾）湘乡（张）南皮之间”的陈寅恪就主张

---

① 本文受到教育部重大攻关项目“中国20世纪社会思潮研究”（07JZD0006）和上海市社科基金项目“动力与秩序：中国现代哲学的追寻与转向”的资助。

尽管从学术形态而言，由于现代新儒家基本上进入了现代学院制度，他们已经是人文学科的教授，而不是古代意义上的儒者，由此表现为两大途径：一是通过融摄西方哲学的概念来解释中国古代思想资源，阐发古代儒家的价值与理想，以明了其肯定的中国精神具有恒久而普遍的意义；一是通过反思历史，把中国文化精神概念化。我们可以将之归结为司马迁所谓“学究天人之际，通古今之变，成一家之言”的工作，按照现代学科分野则分别为历史的和哲学的。

② 梁启超：《仁学序》，《谭嗣同全集》，中华书局，1981年，第373页。

“以新瓶装旧酒”。[①] 现代新儒家则依违在两者之间，或者是这两种方式的哲学综合。关于这一点我们下文会有比较详细的讨论。在此我们先需要说明的是，以往人们对于中体西用论常常采用全盘否定的态度需要纠正。“中体西用”论实际上表示了对于社会变迁有某种理性的选择，[②] 提示了在以传统中国的价值为基础和前提自觉地融合中西文明的路径。这一点张之洞与现代新儒家之间是一脉相承的；至于其不同，只是具体问题和对历史经验概念化的方式而已。

除了在时间上应该往前延伸以外，对于现代新儒学（家）在解释厚度或覆盖层面上也应该有所扩大。“儒”的意义有多重性：在学术的层面是指“儒学”，即研究历史上的儒家经典与当代儒家著述的学问或学科，它最集中的是经学的义理系统。也包括认同儒家基本价值的文学、哲学、历史等儒家文化系统。在信奉某种生活方式和价值以及思维方式的角度说，它是“儒家”，一个社会派别。从儒家以孔子为宗主，共享了某种信仰，包含了梯里希所谓的“终极关怀”，或者现代新儒家自己强调的“内在超越”，儒家也可以说是“儒教”。后面两个名称都和社会建制有关系，所以海外汉学家常常会有所谓“儒家社会”或“儒教社会”的概念。

基于上述问题域的扩展与廓清，我们在讨论 20 世纪儒家如何重建秩序时，将以分析新儒家的哲学话语为主，但也不局限于哲学，而将其处理为一套整全的社会学说，注意其如何影响到社会行动与实践。

二

在政治哲学的论域中，儒学在古代中国的突出功能是为秩序和权威提供原则与论证，演化为围绕着“天”、“命”、“性”、“道”与礼教而展开的话语，表现出伦理理性主义的特色，尤其注重历史文化的连续性。孔子在回答子张提问（“十世可知也?”）的时候，很肯定地说“殷因于夏礼；所损益可知也。周因于殷礼；所损益可知也。其或继周者，虽百世可知也。”（《为政》）又说：“周监于二代，郁郁乎文哉！吾从周。”（《八月》）。我们现在大体上同意这样的解释：春秋时期“礼崩乐坏”，正是在雅斯贝斯所谓的“轴心时期”，孔子为代表的儒家，主要通过重新解释传统的礼乐，来重建秩序。

仲尼祖述尧舜，宪章文武；上律天时，下袭水土。譬如天时之无不持载，无不覆

---

① 冯友兰：《中国哲学史》审查报告三，《三松堂全集》第四卷，河南人民出版社 2000 年，第 462 页。

② 美国学者列文森把张之洞的“中体西用”论称作是“理性主义”，见列文森著《儒教中国及其现代命运》，中国社会科学出版社，2000 年，第 48—49 页。

帱，譬如四时之错行，如日月之代明。万物并育儿不相害，道并行而不相悖，小德川流，大德敦化，此天地之所以为大也。(《中庸》)

按照文化历史的连续性，子思说“天命之谓性，率性之谓道，修道之谓教”这表达了儒家正统的价值原则。朱熹有更进一步的解释：

命，犹令也。性，即理也。天以阴阳五行化生万物，气以成形，而理亦赋焉，犹命令也。于是人物之生，因各得其所赋之理，以为建顺五常之德，所谓性也。率，循也。道，犹路也。人物各循其性之自然，则其日用事物之间，莫不各有当行之路，是则所谓道也。修，品节之也。性道虽同，而气禀或异，故不能无过不及之差，圣人因人物之所当行而品节之，以为法于天下，则谓之教，若礼、乐、刑、政之属是也。盖人之所以为人，道之所以为道，圣人之所以为教，原其所自，无一不本于天而备于我。(朱熹《中庸章句》)

先秦儒家就是通过对危机中的传统秩序加以重新解释来为新的社会秩序提供基本的原则规定，从而建立了持续两千年的权威。从先秦到汉代，经历了一场历史性辩论。其中既有怀特海所谓“说服的力量”（理想的感召力、以德服人)，也有怀特海所谓的“强制力”（暴力、以力服人）共同在起作用。总体上是采用一种自上而下、德力并用的方式，确立了一套人间性和整全性的基本秩序。

所谓“秩序”，尤其是社会秩序，在柏森斯看来，包含着两个易于混淆的含义，即规范性秩序和实际秩序。从静态的说是有结构；而结构包含了（规范性）元素与关系。从动态的说是有条理和法则；“秩序意味着依循规范体系的规定而发生的过程”。[①] 思维要把握它就有观念、原则和推理。譬如荀子就说：

“以类行杂，以一行万；始则終，終则始，若环之无端也，舍是而天下以衰也。天地者，生之始也；礼义者，治之始也；君子者，礼义之始也。为之，贯之，积重之，致好之者，君子之始也。故天地生君子，君子理天地，君子者，天地之参也，万物之总也，民之父母也。无君子，则天地不理，礼义无统，上午君师，下午父子，夫是之谓至乱。君臣、父子、兄弟、夫妇，始则终，終则始，与天地同理，与万世同久，夫是之谓大本。故丧祭、朝聘、师旅一也。贵贱、杀生、与夺一也。君君、臣臣、父父、兄兄、弟弟一也。农农、工工、商商一也。”(《荀子·王制》)

所谓“以类行杂，以一行万；始则終，終则始，若环之无端”表明，秩序既是（社会的）结构又是（活动、生活、历史的）条理。以类行杂，以一行万，也就成为逻辑、成为分析的方法，秩序即使是变动的也是可以预测的，因而成为合理的。这里似乎是在说，社会的合乎规则性，（类和一都可以是规范）是社会存在的基础和本质。这

① （美国）T. 柏森斯：《社会行动的结构》，张明德等译，译林出版社，2003年，第103页。

样的秩序观念是理性主义的。在理性主义的基点上承认秩序，就意味着世界本质上是合（道）理的，是可以“理”解的和“理”喻的，也是可以提供我们行动的方法和规范的。在中国哲学中最能体现“秩序”的概念是“道”。全部中国哲学都可以归结为求道、论道、践道的学问。道有天道有人道，中国哲学强调天人合一，统天道人道为一个道，姑且说是大写的道。“道”成为秩序的第一原理。人道是人世间的秩序、法则和动力（生生之谓易），就人世间的秩序而言，朴散为器，道分为理，表现为伦理、经济、政治等的秩序。在儒家看来，所有的秩序本质上是伦理的或带有伦理意味的；伦理的秩序是基础，根本的秩序。伦理的秩序有合乎天道的价值世界为其作神圣性的辩护，天道和伦理原则就成为权威的源头。

理解儒家在秩序问题上的总体特点，对于理解儒学在近现代中国的历史方位有重要的意义。我们知道，现代新儒家兴起以前，作为正统意识形态的官方哲学，程朱理学受到各种各样的批判，而现代新儒家，则被称作“保守主义”。它与其他保守主义（如《学衡》派）一样属于文化保守主义，但却有更强烈的政治意蕴。按照亨廷顿的说法，保守主义是一种方位性的意识形态（a positional ideology），而不是捍卫特定制度的理论。[①] 但是作为现代中国的保守主义的新儒家，却显示出它的双面性。它既有捍卫民族传统的古老制度及其文化价值的一面，又有随着历史方位而不断改变修正自己的一面。因此似乎适宜在自主式定义与情景式定义的交叉中获得界定。即一方面它有某些原则，有某些特定的价值乃至思想方式与生活方式需要捍卫，另一方面，在捍卫这些东西的过程中，它又常常随着时势的变化而改变自己的话语策略，因而自身的理论构成也发生了一些变化，呈现某种修正主义的色彩。

不过这样平面描述的定义，没有办法解决它的连续性与转化的问题。即无法回答曼海姆的问题：“与‘保守主义’这个词所包含的意义相当的历史学和社会学的实体存在吗？一种能够在现象学上加以确认并能够确切地被称为‘保守主义’的感觉方式、思想方式和行为方式存在吗？”[②] 这是从知识社会学的角度提出“保守主义”具有何等相对明晰的思想形式，以及它在社会总体进程中如何获得植根性。这个问题在中国学术界尤其重要，因为从 20 世纪 90 年代关于“激进和保守”的争论中，对于保守主义的界定就是相当含糊的。事实上，1988 年余英时先生用比较直观的方式表达了相似的困惑。在中大那个著名讲演中，余先生不但提出近代中国思想史是一个“激进化的过程”（process of radicalization），包括一波比一波更激烈的反传统；而且认为保守主义

---

① Conservatism ：An Anthology of Social and Political Thought from David Hume to the Present，Edited by Jerry z. Muller，1997，Princeton University Press，p3.

② 卡尔·曼海姆：《保守主义》，译林出版社，2002 年，第 55 页。

与激进主义之间根本不成比例，无法制衡时代思潮的激进化。而之所以如此，是因为近代以来中国始终没有出现可供“保守”的“现状”，没有形成“某一种秩序：社会的、文化的、政治的秩序。”[①] 按照余先生的意见，保守主义主要与文化的传统主义有关，但是也是一种政治的“态度”（disposition，orientation），所以这种政治－文化保守主义，并不单独指称某种思想或学派。余先生的讲演曾经引起极大的反响。当时对他的批评大多是针对其中包含的政治诉求而发的。不过，其中也蕴含了另一层悖论：既然历史没有形成可以值得保守的秩序，“保守主义”还是合理的吗？

事实上，要说中国的激进与保守之争，没有形成什么秩序为共同的基础（common ground），那只能说20世纪中国现代化的进程尚未完成，现代性的秩序尚在建构途中。不等于现代中国各种社会思潮之间没有任何common ground。从观念史研究的向度说，不但不同观念、思潮的争论，总有它们共享的前提、预设，共有的问题，否则争论无从展开；而且19世纪中叶以来的中国社会史就是现代化的曲折进程，正是在激进主义、自由主义与保守主义的长期争论中，中国进入了现代社会。[②] 所以，现代化过程就是20世纪中国各派思想的common ground：不但经济起飞使得中国的崛起成为一部当代传奇，而且“社会主义核心价值”提供了公共思想的共识与讨论的平台，民族复兴更是几代中国人的梦想。因而，我们可以在这个意义上承认保守主义的“方位性”，即它是随着中国的现代化进程不断调节着自己论辩策略。从社会史的角度看，是如何发掘和运用传统的文化资本，满足不断变化的社会期待。从哲学史的角度看，则是如何对现代化运动作了保守主义视角的概念化。

三

现代新儒家围绕自身与中国的现代化之关系的论述，大致上是从“儒家文化可以为现代化提供传统资源”转变为“儒家思想可以成为对治现代弊病的良药”。前者是对于“儒家传统不能开出现代化”的反驳，中心是现代化的焦虑；后者是对于现代性的风险与意义危机的诊断，提供现代病的救治。但是我们不能将这种方位性理解为纯粹

---

① 《知识分子立场：激进与保守之间的动荡》，时代文艺出版社，2000年，第3页。

② 我在《开辟考察中国经验的新境界》的讲演中批评过这个问题，我以为以20世纪80年代的争论为例，无论是文化激进主义，还是文化保守主义，都犯了一个的共同的错误，我把它叫作前提误置。毫无疑问，这两类学者的结论和文化倾向明显不同，而且各自带着其政治诉求；或者说双方的争论不过是各自开出药方的不同。但是他们的前提是相同的：中国现代化长期止步不前。换言之，对于中国近代以来尤其是20世纪社会变革结果的判断，双方的意见是惊人的一致。但是，具有极大的讽刺意义的是：就在双方争论不休的同时，一夜之间，几乎全世界都开始谈论“中国的崛起”！见2007年12月6日《文汇报》“每周讲演”专版。

的策略转变。所以我们对前述“曼海姆问题”[①]要给予一个肯定的回答：作为保守主义的新儒家，他们确实有其特具的“感觉方式、思想方式和行为方式”，它表现为两个纲领：一是“中体西用”；二是“返本开新”。

“中体西用”最早出现于张之洞的《劝学篇》。它对中国从19世纪中叶“师夷之长技以制夷”而开始的“学习型现代性”的历史经验，作了最初的保守主义的概念化。在《设学》一章中就开设新式教育机构的原则，张之洞说：

其学堂之法约有五要：一曰新旧兼学。四书五经、中国史事、政书、地图为旧学，西政、西艺、西史为新学，旧学为体，新学为用，不使偏废。

在另一个地方，张之洞强调学习的程序本质上是由学习的目的和诸价值之间的特定排序规则所决定的：

今欲强中国，存中学，则不得不讲西学。然不先以中学固其根底，端其识趣，则强者为乱首，弱者为人奴，其货更烈于不通西学者……今日学者，必先通经以明我中国先圣现师立教之旨，考史以识我中国历代之治乱、九州之风土，涉猎子集以通我中国之学术文章，然后择西学之可以补吾阙者用之，西政之可以起吾疾者取之，斯其有益而无害。[②]

张之洞的主张当然超出了单纯学校组织的方案，而实际上是1860年代以后中国早期现代化的理论表述，它在后来的论辩中被概括成“中学为体，西学为用”。要维系固有的社会秩序，需要儒家价值作为规范性要素。由于张之洞用传统哲学的“体用”范畴来讨论中国早期现代化的经验与谋划，背离了中国哲学“体用不二”、“体用相即”的传统。“中体西用”作为中国早期现代化的概念化没有获得成功。它不但受到严复等自由主义者的批判，而且在进入实践的过程中，“中学”丧失了“用”从而也丧失了其“体”的地位。换言之，在保守主义那里，一开始就将工具合理性与价值合理性（或者解释的合理性）分离开来，反而凸显了传统价值及人文学科（即我们可以归结为价值合理性或者解释的合理性），与以工具合理性为特征的现代性的不相容。

现代新儒家，从梁漱溟到熊十力，实质上延续了（从“师夷之长技以制夷”到“中体西用”）这一路径，但是如何将其概念化，他们尝试了新的路径。从梁漱溟说西方的科学和民主我们要全盘接受，“只是根本态度要改一改”，我们可以看到其中之端倪。而熊十力更说：

南皮欲采西学，其意自是。惜其以中西学，判为一体一用，未免语病耳。中学既具其体，即有其用。而用有所未尽者，则取诸人以自广可也。若中学果为有体无用之

---

① 卡尔·曼海姆：《保守主义》，译林出版社，2002年，第55页。

② 张之洞：《劝学篇》，上海书店出版社，2002年，第22页。

学，则尚安用此死体为哉？南皮下语，既不能无病。而其深意，在当时又不为人所深察，于是吾国人日趋完全毁弃自己之路。[①]

如果我们注意梁漱溟熊十力从事哲学创造时的语境，那么不难发现，作为“体”的“中学”之一面已经发生了现代性的转变。张之洞讲“中体西用”时，“中学”（“体”）的核心是“明纲”，[②] 辛亥革命以后，尤其是经过新文化运动以后，作为既往的秩序原则，“君为臣纲，父为子纲、夫为妻纲”已经丧失了现实性，梁漱溟熊十力等也并不赞成这些死的教条。作为保守主义，他们在回答何为“中体”的时候，回到文化上的“古今中西”之争，“中”指中国文化，“体用”论被文化哲学所替代。梁漱溟持一种意志主义的文化哲学，用“意志——生活——文化”这样一个简单的结构建设其体系。这不止是因为受到叔本华、柏格森等西方哲学家和刚刚传入中国的深层心理学的影响，同时也可以说——用罗杰·史库顿（Roger Scruton）的解释——曲折地表达了作为保守主义之本质的“生存意志”（will to life）。[③] 起于对中国历史的生命力与人文世界的连续性的深刻感受，梁漱溟做出了其现代性谋划的方案：

第一，要排斥印度的态度，丝毫不能容留；

第二，对于西方文化是全盘接受，而根本改过，就是对其态度要改一改；

第三，批评的把中国原来态度重新拿出来。[④]

梁漱溟的结论用一种非常吊诡的论式表达，包括他定义“中国文化是以意欲自为、调和、持中为其根本精神的”，[⑤] 方法上是“理智地运用直觉的”，而西方文化是“直觉地运用理智的”等等，表明他尚未找到概念化的合适途径来建构其文化哲学，在讨论其中包含的认识论问题时虽然不乏真知灼见，却离开融贯与精巧甚远。

自梁漱溟以后，现代新儒家的一个共同信念就是：中国文化自身有其强劲的生命力，包含着不竭的源头活水。因此，作为现代保守主义的“感觉方式、思想方式和行为方式”，新儒家就从“中体西用”，展开为哲学建构的“返本开新”。前述我们把“中

---

① 熊十力：《读经示要》，《熊十力全集》第三卷，湖北教育出版社 1992 年，第 564 页。

② “君为臣纲，父为子纲，夫为妻纲……五伦之要，百行之原，相传数千年更无异议，圣人所以为圣人，中国所以为中国，实在于此。故知君臣之纲，则民权之说不可行也；知父子之纲，则父子同罪、免丧废祀之说不可行也；知夫妇之纲，则男女平权之说不可行也。”（张之洞：《劝学篇》，上海书店出版社，2002 年，第 12 页）

③ 罗杰·史库顿（Roger Scruton）以对“历史生命力”和“社会世界的连续性”的感受为中心，从心理学来解释保守主义，并把它的本质规定为“生存意志”（will to life），或者说对于社会秩序的认同，通常就是源于它对于其所属社会的生存意志的认识。给保守主义以某种神秘主义的解释。见罗杰·史库顿：《保守主义》，王皖强译，台北：立绪文化事业有限公司，2006 年，第 18 页。

④ 《梁漱溟全集》第一卷，山东人民出版社，1989 年，第 528 页。

⑤ 《梁漱溟全集》第一卷，第 383 页。

体西用”视为保守主义的第一个纲领，现在可以把“返本开新”视为保守主义的第二个纲领。这一派哲学家认为，哲学是文化的核心，中国文化要能不坠落于世，就必须在哲学创建上展示其超胜。它包括从哲学去发掘中国文化的动力，同时获得人文世界的秩序原理。从熊十力开始，转向本体论的建构。之所以如此，在于他要救治实证主义的偏失：

“近世哲学不谈本体，则将万化大原、人生本性、道德根底一概否认。”①

“盖以为哲学者，所以穷万化而究其原，通众理而会其极。然必实体之身心践履之间，密验之幽独隐微之地……哲学所穷究者则为一切事物之根本原理。易言之，即吾人所以生之理喻宇宙所以形成之理。夫吾人所以生之理与宇宙所以形成之理，本非有二。”②

熊十力从天人合一出发，表示他的哲学主要创建在形而上学。在立足于研究“宇宙人生之根本问题”的过程中，形而上学一方面满足人们对于意义的追寻，尤其是对于神圣性的精神需求，一方面也给社会实际秩序的重建提供了以目的、规则或理想等形式出现的规范性根据。

四

然而，从形而上学的秩序原理，转变为社会生活的实际秩序，其中不但有理想如何转变为方法与德性，包含了实践论的飞跃；而且有形上学转变为具体行动理论的指南，因而需要社会科学的支持与验证。现代新儒家意识到问题的这一面向，譬如，对于社会实际秩序的混乱与救治，熊十力说：

“自家礼及社会酬酢，乃至国家一切度制，今皆紊乱无序。礼失则乱，乱极宜反。民亦劳止，迄可小康。酌古准今，如何通变，是在有多数经儒，真能于性地用功，而复格物达时变者，方堪议此。”③

他意识到重建中国社会的实际秩序，需要若干条件：相当数量的儒者，既有儒家性理之学的深厚造诣，又能对具体的现实问题与变化有科学研究；并且需要经过“议”——讨论的过程——由此即“酌古准今”而“通变”。无论是“返本开新”还是“酌古准今”，都要从“中学”经典出发，它是曼海姆所说的“留存到现在的过去”之最具体最权威的要素。经典世界本身是有秩序的：义理、经济、考据、辞章四科之学，义理为主脑。义理之学虽然融贯百家，却又“要以六经为归”。这意味着经济学、政治

① 熊十力：《新唯识论》，中华书局，1986年，第242页。

② 熊十力：《十力语要》，辽宁教育出版社，1997年，第128－129页。

③ 《熊十力全集》，第三卷，湖北教育出版社，2000年，第609页。

学乃至所有的社会科学，都必须在六经之义理中寻找到根据。因此，熊十力实际上回到传统的经学中发掘现代社会的规范性和秩序原理：

经者常道也。夫常道者，包天地，通古今，无事而不然也。无地而可易也。以其恒常，不可改变，故曰常道。夫此之所宗，而彼无是理，则非常道。经之道不如是也。古之传说，而今可遮拨，则非常道，经之道不如是也，戴东原曰：‘经者至者道也’。此语却是。[①]

儒家不管新旧，大致都承认“常道”的存在。但是又承认“权”和“更化”。康有为以今文经学讲“大同”，这一翼提出了平等主义的政治文化取向：在对帝制的改造（或者颠覆）的基础上实现一个普遍平等的“大同世界”。在20世纪中国，永久和平的理想与现实危机的应对之间明显是脱节的。为了弥补这一裂隙额，新儒家提出了一个道德理想主义的蓝图。这一方向是熊十力开启的。他坚持“至治”或“大同”有一个首要条件：全人类共勉于道德。

“礼乐之原，一也。一者，道也。此道在人曰性。性者，序也，和也。何以言之?性者，生生也。生生者无滞碍，恒亨畅故，说之为和。生生者，非迷乱，具条理故，说之为序……礼者，天理之节文。天理谓性，节文犹云条理。即显性是生生而条理。若夫人事之仪则，只此条理显发于外，自身心之律范，乃至天下一切度制，亦皆是仪则……圣人礼乐之用，合政治与道德为一。但欲穷礼乐之原，须证见本体始得。政治道德合一，此乃儒者精神。世界如期大同，非由此道不可。”[②]

通观《读经示要》，熊十力归结为九条：1. 仁以为体；2. 格物为用；3. 诚恕均平为经；4. 随时更化为权；5. 利用厚生，本之正德（科学在其中）；6. 道政齐刑，归于礼让；7. 始乎以人治人；8. 极于万物各得其所（按照礼的原则）；9. 终之以群龙无首。与古代儒家相比，现代新儒家的秩序构想中间，随着天命论的衰落，政治合法性问题，以及人与自然的关系大大地被祛魅了（与张之洞比，不再主张三纲五常）；有限地承认科学与民主；否定法治与竞争（自由）。尤其显示其秩序原理之复杂性的，是熊十力的平等观。他一方面坚持儒家德治的传统，以“圣人”为垂直型权威的源头，表现出在社会组织原则方面，有杰里·马勒所谓的“反契约主义”，即“与欣赏自愿的、契约式的社会关系的自由主义者不同，保守主义强调非自愿的义务、责任和忠诚的重要”。[③]另一方面，又向往“群龙无首”式的平等，因而依违在精英主义与民粹主义之间。

同样是从“中体西用”到“返本开新”，如果说熊十力走的是学院哲学的路径，从

---

① 熊十力：《读经示要》，《熊十力全集》，第三卷，湖北教育出版社，2000年，第197页。

② 熊十力：《读经示要》，《熊十力全集》，第三卷，湖北教育出版社，2000年，第606—607页。

③ 杰里·马勒：《保守主义》，第13页。

经学去发掘现代秩序原理，那么梁漱溟就是另一个路径，是从恢复古风——类似泰州学派那样的儒者讲学与民众运动结合——的路径，试图从实践上真正成就社会秩序的重建。梁漱溟反复揭示当时中国社会失序的危险：一个原先以乡村为基础、以农民为主体的中国社会，经历了“一部乡村破坏史”，加之帝制废除以后，统一的民族国家尚未形成，因而陷入了“文化失调”的危机；文化失调的外化，就是社会构造的崩溃：

今日中国问题在其千年相沿袭之社会组织构造既已崩溃，而新者未立；或说是文化失调，人非社会则不能生活，而社会生活则非有一定秩序不能进行；任何一时一地之社会必有其所为组织构造者，形著于外而成其一种法制、礼俗，是即其社会秩序也。一社会之文化要以其社会之织构造为骨干，而法制、礼俗实居文化之最重要部分。中国文化一大怪迷，即在其社会构造（概括政治构造经济构造等）历千余年而鲜有所变社会虽有时失掉秩序而不久仍旧规复，根本上没有变革，其文化 像是盘旋而不能进。但到今天，则此相沿不变的社会构造，却已根本崩溃，夙昔之法制、礼俗悉被否认，固有文化失败摇坠不堪收拾，实民族历史上未曾遭遇过的命运。而同时呢，任何一种新秩序也未得建立。试问社会生活又怎得顺利进行?①

梁漱溟意识到一个健全的社会秩序需要规范性秩序、实际秩序和社会成员对于秩序的认同三者之间，有相对的稳定；本来的社会秩序（包含社会上一切法制礼俗），是跟着社会事实来的。（这个事实，经济很居重要。）社会秩序无非是让社会事实走得通的一个法子，所以秩序与事实是要相符合的。我们的意识要求，也常常与秩序与事实是一致的相符合的。因秩序就是一个是非标准，含有价值判断在内，普通我们的意识要求既视此为标准。总之，意识要求、社会事实、法制礼俗，三者都要调协。②

但是近现代中国陷入了三者的冲突：其根本原因，不是传统社会的实际秩序的问题，而是知识分子尤其是激进主义的知识分子，盲目地引用西方文化的观念，导致了价值失序以及由此而来的规范性秩序之无效。在梁漱溟看来，中国社会依然是以农村和农民为基础的社会，以“返本开新”的方式重建秩序，则需要“由社会事实以演自中国数千年特殊历史者为本”。③ 中国数千年的实际秩序，属于“伦理本位、职业分途”。而中国人的伦理观念，与西方个人主义也有根本的差异，其要点在于“互以对方为重”。所以传统的五伦都强调反契约主义的责任、义务和忠诚的重要性，以此为“本”——梁漱溟相信未来中国社会的秩序一定是历史的延续——吸收西洋文化之长，梁漱溟在乡村建设的实验中，强调农民应该培养“团体组织”的能力，乡村建设同时

---

① 《梁漱溟全集》第二卷。山东人民出版社，1989 年，第 162 页。

② 同上，第 232 页。

③ 同上，第 239 页。

也是新型的团体组织的养成。从乡村着手，建立中国的新秩序。

从哲学上说，梁漱溟在讨论秩序原理时，不再局限于单个的人与人的关系，而把传统哲学的“人我之辩”，扩大为“群己之辩”：个人与团体互以对方为重：个人尊重团体以尽自己的义务，团体尊重个人使其享有自由平等。“其组织原理就是根据中国的伦理意思而来的；仿佛在父子、君臣、夫妇、朋友、兄弟这五伦之外，又添了团体对分子、分子对团体一伦而已。这一团体组织是一个伦理情谊的组织，而以人生向上为前进的目标（这两项很要紧，西洋人也将转变到这里来）。整个组织即是一个中国精神的团体组织，可以说是以中国固有精神为主而吸收西洋人的长处”。总之，梁漱溟对重建秩序的思考、谋划与实践，都体现了他如何用“中体西用”与“返本开新”的思维方式，探讨中国传统文化尤其是儒家伦理精神复兴、社会进步的途径。其中虽然存在着将历史理想化，或者说对于实际秩序的描述与评估未能恰当分离的问题；也没有充分认识到阶级、利益和暴力等等在中国社会秩序重建中的重要作用，因而使得其理论带有浓重的乌托邦色彩：

我们把许多中国冲突点疑难点解决以后，就可以发现一个新的社会组织。这个组织乃是以伦理情谊为本源，以人生向上为目的，可名之为情谊化的组织；因其关系是建筑在伦理情谊之上，其作用为教学相长。这样纯粹是一个理性组织，它充分发挥了人类的精神（理性），充分吸收了西洋人的长处。西洋人的长处有四点：一是团体组织——此点矫正了我们的散漫；二是团体中的分子对团体生活会有力的参加——此点矫正了我们被动的毛病；三是尊重个人——此点比较增进了以前个人的地位，完成个人的人格；四是财产社会化，此点增进了社会关系。以上四点是西洋的长处，在我们的这个组织里，完全把他容纳了，毫无缺漏；所以我们说这个组织是以中国固有精神为主而吸收了西洋人的长处……才能为社会开一条新路。我相信这样的组织才是人类正常的文化、世界未来的光明。[①]

梁漱溟的秩序理论，从对传统社会的文化历史连续性和的价值认同出发，将对中国社会伦理的想象作为构造理想政治的原则，使得其政治原则与制度设计保留了儒家伦理学的预设，同时拒绝西方原子主义的个人观，将自由平等和个人的实现都建立在团体（群体、社群）与个人互以对方为重的关系上，实际上扬弃了古代“礼教”对个人的束缚，同时又坚持在历史脉络中“成己”、“成物”，因而有某种社群主义的倾向；就其对财产共有的认同，并认为均平的经济秩序是秩序的基础而言，他又有某种社会

---

① 《梁漱溟全集》第二卷，第309页。

主义的倾向。[1] 梁漱溟是现代新儒家中努力在实践中探讨中国道路的思想家，他早期从事乡村建设、农民教育，中年积极参与民主建国，都实践了自己复活泰州学派将讲学（宋明理学）与社会运动结合的志愿。从这层意义上说，他复活了儒家知行合一的传统。从动员民众的自觉出发，去重建中国社会的合理秩序，这一路经和社群主义的倾向一起，后来为徐复观有所继承。牟宗三唐君毅等则主要继承了熊十力从心性论“曲通”社会理论的路径，走了一条专业哲学家的道路。

---

① 这方面的情况，我们通过阅读其后期的著作《人心与人生》就可以更加明了。在《乡村建设理论》已经中有所提示。但是其社会主义与我们通常所说的科学社会主义有所不同，主要是并不赞成阶级斗争的理论。事实上，梁漱溟一方面不同意自由主义或资本主义的路径，另一方面也不赞成共产主义革命，他的整个重建秩序的理论都是第三种道路的探寻。

儒学在中国崛起中如何贡献与世界共享的价值观

上海同济大学 邵龙宝

中国正在和平崛起，这是举世公认的事实，中国这头已经苏醒的雄狮正在改变世界的格局和走向。中国和平崛起即中国模式的表层是令全球瞩目的“经济奇迹”，中间层体现为“制度优势”，深层则是中国优秀的传统文化的动力效应和平衡机制有机统一的文化优势。习近平总书记前不久在视察山东专程考察孔子研究院并在座谈会上发表的重要讲话中讲到关于中华文化的“四个讲清楚”，深刻地揭示了中华优秀传统文化是中华民族的突出优势和我们深厚的文化软实力。在2014年9月24日“纪念孔子诞辰2565周年国际学术研讨会暨国际儒学联合会第五届会员大会”开幕式上的讲话中他进一步说道：“不忘历史才能开辟未来，基于继承才能善于创新，优秀传统文化是一个国家、一个民族传承和发展的根本，如果丢掉了，就割断了精神命脉——当代中国是历史中国的延续和发展，当代中国思想文化也是中国传统思想文化的传承和升华，要认识今天的中国、今天的中国人，就要深入了解中国的文化血脉，准确把握滋养中国人的文化土壤。研究孔子、研究儒学，是认识中国人的民族特性，认识当今中国人精神世界历史来由的一个重要途径。”[①] 本文试图通过揭示中国道路的制度优势之深层的中国传统文化的优势，阐述中国在和平崛起中何以能够和怎样向世界贡献与世界共享的价值观。

一、贡献与世界共享的价值观之前提

英国前首相撒切尔夫人曾说，中国不可怕，因为中国只会输出廉价商品，不会输出思想、理念和价值。美国共和党候选人罗姆尼也曾说过，中国除了经济上去了，其他方面等于零。无论这两位西方领导人的话是攻击还是挖苦、谩骂，是错是对，都无法否定一个事实，中国已经成为经济大国和政治大国。当下的中国人应有大国的心态

---

① 习近平：《在纪念孔子诞辰2565周年国际学术研讨会暨国际儒学联合会第五届会员大会开幕式上的讲话》，光明日报2014年9月25日。

和思想准备，在与西方各国经贸、科技和文化的对话、交流中向世界贡献能与世界共享的价值、思想、文化和理念。

贡献与世界共享的价值观之首要前提是，要承认在这个世界上存在着普遍主义和特殊主义相统一的价值观。我们反对文化帝国主义为了实现“西化”和“分化”的图谋用“民主”、“自由”、“人权”等所谓的普世价值强加于我们。“民主”、“自由”、“人权”等理念既有古希腊的，又有基督教的、马克思文本中的、苏联模式中的，还在中国共产党的十八大报告中所倡导的，其内涵各不相同，各有时代特征、民族特色。“民主”、“自由”、“人权”作为一种理想的价值目标，从理论上看，思想家可以赋予其普遍主义的内涵，但一旦被某个时代、民族和某人在特定的社会背景下加以诠释或在治国理政的实践中进行应用时，它就变成一种带有民族特色、个性特征的政治价值观。可见，“民主”、“自由”、“人权”是普遍主义与特殊主义之统一的价值观。“不许杀人”、“不许奸淫”、“不许偷盗”是人类的普遍主义价值；“己所不欲，勿施于人”曾被世界宗教大会公认为人类行为的黄金定律，也是普遍主义价值。习近平总书记曾引用的在联合国教科文组织总部大楼前的石碑上用多种文字镌刻的一句话：“战争起源于人之思想，故务需于人之思想中筑起保卫和平之屏障”，也是一句具有普遍主义价值的话语和思想理念。

中西文化流来流去，在对话交融中相互学习、吸收，这种文化的共享就是因为中西方文化中包含着能够被对方接受和吸收的普遍主义价值。比如，自东汉末年到宋朝，曾从佛教经典的汉译传入中国的印度古代的天文学，其源头可以追溯到古巴比伦和古埃及的天文学。蒙元铁骑扫荡欧亚，“为东西方文化和科学技术的交流提供新的契机，由阿拉伯人消化、吸收的古希腊天文学，随伊斯兰教的东传进入中土。”[①] 明清之际，耶稣会教士为了进入北京宫廷，又一次以介绍、引进西方天文学进入中国。四百年前，西方文明第一次传播到中国，在激烈的争论中，中国人悻悻然以西方的数学起源于中国的《周髀算经》作为心理安慰，先是接受了数学、历法的普遍主义价值。19世纪后期，在“中学为体”的核心价值观指导下又接受了西洋器具的普遍主义价值。20世纪中国人接受了自然科学和技术方面的普遍主义价值。改革开放后，又接受了市场经济和管理科学的普遍主义规则。19、20世纪的中国人越来越多地留洋学习，21世纪的中国人越来越多地出国旅行和留学，耳濡目染了西方的人文道德、公共理性和公共精神等，都饱含着令我们学习借鉴的普遍主义价值的成分。

反过来看也一样，西方近代科学技术的昌明是建立在东方尤其是中国古代科学技术的普遍主义价值的基础之上的。中西方文化和文明的对话和交流不但使来自西方的

---

① 江晓原，《中华文明的世界意义》，《文汇报》2011年8月22日，文汇学人B。

思想深刻地改变了中国人的思想和社会面貌，同样，中国思想文化也在深刻地改变西方人的思想和社会面貌。美国西点军校的军事理论充分吸收《孙子兵法》的理念。有许多西方启蒙思想家吸收了孔子儒家和老庄道家带有普遍主义价值的思想。马克思曾评价过中国的四大发明中的三大发明："火药、指南针、印刷术——是预告资产阶级社会到来的三大发明。火药把骑士阶层炸得粉碎，指南针打开了世界市场并建立了殖民地，而印刷术变成了新教的工具，总的来说变成了科学复兴的手段，变成对精神发展创造必要前提的最强大的杠杆。"① 中西方文化和文明自古以来就在对话和交融中相互借鉴，只不过在古代，因交通阻碍进程缓慢，对话和交融表现得不明显，近代以降信息沟通便捷，尤其在网络化、全球化的世界背景中，使得中西对话和交融的频率和深广度不断扩展。

改革开放30年来，中国的经济总量增加了18倍，大部分人民的生活水平的提升堪称世界第一。中国的经济奇迹在世界上产生了强烈的影响，中国的体制和文化、文明的优势定然会对整个世界产生更加强烈的影响，这就需要在中国和平崛起中回答何以能够和怎样为世界贡献与世界共享的价值观这样一个不仅对中国而且具有全球意义的重要命题。习总书记为回答这一问题曾说，"要维护世界文明的多样性——丰富多彩的人类文明都有自己存在的价值——因而要尊重各国各民族文明——不同国家、民族的思想文化各有千秋，只有姹紫嫣红之别，而无高低优劣之分——文明因交流而多彩，文明因互鉴而丰富——对人类社会创造的各种文明，无论是古代的中华文明、希腊文明、罗马文明、埃及文明、两河文明、印度文明等，还是现在的亚洲文明、非洲文明、欧洲文明、美洲文明、大洋洲文明等，我们都应该采取学习借鉴的态度，都应该吸纳其中有益的成分，使人类创造的一切文明中的优秀文化基因与当代文化相适应、与现代社会相协调，把跨越时空、超越国度、富有永恒魅力、具有当代价值的优秀文化精神弘扬起来。进行文明相互学习借鉴，要坚持从本国本民族实际出发，坚持取长补短、择善而从，讲求兼收并蓄不是囫囵吞枣、莫衷一是，而是要去粗取精、去伪存真。"② 提供与世界共享的价值观是为了发展壮大自身，同时是为人类文明的发展和进步做出我们应有的贡献。

二、儒学在中国崛起的体制优势中之作用

中国经济奇迹的秘密在于体制优势和文化动力：其一，我们的政治制度的有效性

---

① 《马克思恩格斯全集》第47卷，人民出版社，1979年，第427页。

② 习近平：《在纪念孔子诞辰2565周年国际学术研讨会暨国际儒学联合会第五届会员大会开幕式上的讲话》，光明日报2014年9月25日。

的深层文化原因是中华文化的强大凝聚力和以爱国主义为核心的民族精神和以改革创新为核心的时代精神的高度统一，它不存在西方民主的多元权力导致的互相扯皮、互相掣肘，权力运行效率不高、成本昂贵等问题。“越来越多的西方人看到了中国模式的精髓即‘团结就是力量’的整体主义的中国元素。它能组织和调动起八千多万党员和十三亿人民的积极性和创造性。”① 中国制度的优越性，表现在决策和行动的效率高，“已经发展成一个高度适应性强、独立自主和上下一致的组织，能够在偌大的一个国家动员所有成员”。② 东西互补与梯度推进是中国发展的内在动力，“沿海地区的率先改革开放构成了对外的比较优势动力，其包括两个方面，一是国际资本流入以利用中国廉价劳动力的外来动力，二是国内中西部民众向沿海地区流动以求职致富的内生动力，这两个动力共同推进了沿海地区的迅速崛起。”③ 中国经济奇迹的深层文化因素还包含着经世致用、德法兼治、文以化人、自强不息、厚德载物、道法自然、协和万邦等儒家文化的动力效应和道家文化平衡机制的有机统一。其二，它能为现代化目标做出长远规划且能在动态中加以调整，确保改革开放在和谐稳定的环境中逐步推进。我们的现代化目标绝不是欧美式的现代化，而是要为全人类探索一种真正幸福的生活状态，它注重精神价值的追求。中国独特的以道德为核心的人文资源不仅是克服自身在发展中出现问题的本土资源，还将成为矫正资本主义缺陷提供良药。我们的现代化更加注重意义世界的构建，其最高理想是要实现马克思主义“人的自由全面发展”。其三，我们的政治制度有足够的组织上的激励去执行和维护经济发展的战略，各级地方政府不断进行着发展竞争，中央政府和党的各级组织能推动国家和社会的良性互动，能为包括地级市和县在内的几千个地方政府间互相竞争，提供一个可持续的学习和创新平台；“自上而下，自下而上，双向互动，上有大政方针，下有广泛试验创新，中有多层次研讨交流和知识扩散，从而使得改革年代的中国成了全世界规模最大，最有活力的知识更新和制度创新的试验场。”④

中国模式的深层原因在于以儒学为主的中国传统文化的驱动力和道家的平衡机制的有机统一在发挥作用。比如我们制度的决策和行动的高效与我们文化传统的大一统有密切的关；与“整体和谐、以民为本、生和化、自强和厚德、道法自然”有关；与“为政以德、革故鼎新、仁者爱人、知行合一、整体和谐”有关。在国际政治上的“因时而变、以变求胜、纵横手持捭阖、左右逢源”等又与中庸之道中的权变思想有关。

① 邵龙宝：《中国元素：实现中国梦的文化基因》，《兰州学刊》2013 年第 7 期。
② 邵龙宝：《中国元素：实现中国梦的文化基因》，《兰州学刊》2013 年第 7 期。
③ 张幼文：《这是西方所没有的发展秘诀》，《兰州学刊》2011 年 4 月 14 日。
④ 邵龙宝：《中国元素：实现中国梦的文化基因》，《兰州学刊》2013 年第 7 期。

在现代化建设中，优秀传统文化中的“博施于民而能济众”、“忧患意识”、“天人合一”、“中庸之道”、“革故鼎新”和阴阳协调、整体和谐、直觉顿悟、有机论的思维模式即中国智慧在发挥作用。中国优秀的传统文化使中国经济模式实现了社会有机体的协调一致，形成了整体发展合力。中国模式越来越向世人显现出它的深厚的文化实力，使西方模式走下神坛，使得西方社会产生了奇特的心态，比如白宫经济咨询委员会前高官克里斯汀·福布斯曾说：“中国既是西方最大的希望，也是西方最大的恐惧。”有人甚至认为，“以理性为主的西方的思维模式也已走到了尽头，而中国智慧、中国的思维模式却可以弥补西方思维模式之不足。”原来西方人以为只有实现了民主才能发展经济，现在他们意识到随着经济的发展，某些具备一定条件的社会的民主制度会逐步成熟起来。所以，他们中的一些人觉悟到：“按照我们的想法去改造中国是不可能的。我们无法把西方的标准强加给中国，不得不改变的是我们自己，因为中西方深层的观念文化不同。”还有人认为，中国的民主是一种特殊的民主，这种民主将考虑到这个大国的社会、文化和经济特点，“这种亚洲的社会主义民主的文化背景是孔子的公共伦理，而不是抽象地复制西方资产阶级的民主。”澳大利亚的汉学家李睿智早在六年前就说：“中国在超越西方，将来中国将引领世界，它的成功主要有十大原因，诸如注重教育；中国文化适应性强；包容性强；中国的道文化圆润通达，使人有力量、能变通，西方的宗教像洗脑；科学发展观首先注重人的身心和谐，在稳态中求发展，在和谐中讲变革；天人合一更有利于生态环境；上层建筑和社会组织的调动力更强，中国文化的中庸之道有更大的回旋余地；儒道互补使中国人像毛笔既刚劲有力、铁笔银钩又龙凤飞舞，圆润柔顺、不可战胜。”①

三、儒学如何在中西对话中向世界贡献与世界共享的价值观

1. 历史上我们向世界贡献了哪些与世界共享的价值观。我们中国人只记得西方近代科学技术给我们带来的震慑，认为西方是中国的样板，早就遗忘了从5世纪到15世纪中国古代科学技术领先和超越世界一千多年的历史事实。实际上，西方近代的科技文明是与其启蒙思想有密切关系，而西方的启蒙思想家当时深受中国传统儒释道思想理念的影响同样是不争的历史事实。我们在历史上曾经为世界提供过许多非常有意义的与世界共享的价值观。尽管黑格尔曾经讽刺中国没有哲学，但在自己的著作中却赞美中国是理想的国家，他不得不承认：“中国曾经是我们的样板。”② 早在希腊、罗马时代，我们为西方贡献过丝绸、瓷器、玉石，自15世纪马可·波罗来到中国的“大航

① 邵龙宝：《中国元素：实现中国梦的文化基因》，《兰州学刊》2013年第7期。

② 张云熠：《中国：欧洲的样板》，时代出版传媒股份有限公司，2010年，第3页。

海”时期，欧洲就流行“东方主义”。罗马教廷向亚非各国传播“上帝福音”之时，中国的经典就传入了欧洲各国，如利玛窦 1591—1594 首译的朱熹《四书》，之后有金尼阁翻译的《五经》（1626），郭纳爵翻译的《大学》，取名《中国的智慧》。18 世纪后，法国神父唐尚贤著《易经注》、钱德明著《孔子传》和柏应理的《中国哲学家孔子》等，后者还介绍了朱熹的理学以及“太极”、“理”等新儒学概念。莱布尼茨 6 岁时就已读到家藏的《易经》等中国经典，后来发明了著名的“二进制”。17 世纪和 18 世纪初叶，许多西方学者承认，中国的历史、艺术、哲学和伦理思想、政治对欧洲的影响比欧洲对中国的影响大很多，尤其是中国人对于德行、智慧、信义、仁爱、慈惠、礼貌、威仪、谦逊均是其他民族所望尘不及的。他们用中国的智慧来审视基督教，感叹不信基督教的中国人为什么与基督教信徒一样快乐。他们认为孔子的思想是理性的结晶、智慧的宝库。亚当·斯密从他的好友魁奈（被称为欧洲的孔夫子，认为老子的“道”即是自然法）那里得到灵感，完成了《国富论》和《道德情操论》；马弗里克认为孟子的恻隐之心的思想启发了亚当·斯密撰写《道德情操论》，“书中的许多观点源于中国的儒家”[①] 斯宾诺莎的“实体”，康德的“纯粹理性”与“实践理性”、黑格尔的绝对精神都有中国思想“道”的成分。康德指出斯宾诺莎的“实体”取自于老子的“道”，尼采说康德是“格尼斯堡的中国人”。朱谦之认为康德的理性直接来源于宋明理学的“理”和中国文化的“道”。马克思则说黑格尔哲学跟中国哲学具有共同点。最近我们还从俄罗斯学者那里了解到，大文豪托尔斯泰也从儒家的伦理道德中吸取营养，用以自身的道德修养和灵魂洗涤。众所周知，朱熹理学传入东亚的朝鲜、日本和越南，随之形成了“东亚儒家文化圈”，在文艺复兴后期至法国启蒙运动期间由耶稣会教士把“天理”、“太极”和“道”等概念输入欧洲思想界，成为近代欧洲本体论哲学的重要元素。儒家的核心概念“诚”在康德那里是“善良意志”，当我们剖析他的“纯粹理性”以及他的“自在之物”时，我们发现他跟朱熹的“理”或“太极”更为相似。[②] 儒家的人性本善不但推动了法国大革命，还对康德发起的德国哲学的‘哥白尼革命’都产生了深刻影响。毛泽东也说过“吾国宋儒之学，与康德同”⒀康德曾说斯宾诺莎的“实体”源于老子的“道”。费希特的“自我意识”与王阳明的“本心”十分相似。列宁也曾指出莱布尼茨的“前定和谐”包含“深刻的辩证法”，而康德和黑格尔的辩证法更是直接受益于莱布尼茨，他们都不同程度地受到中国哲学的影响。《易经》中的一阴一阳之谓“道”的思想到了黑格尔那里发展到了顶峰。黑格尔阅读过《易经》、《论语》、《道德经》及朱熹集注的全部四书五经。在《易经》中，莱布尼茨看到了二进制，黑格

---

① 张云熠：《中国：欧洲的样板》，时代出版传媒股份有限公司，2010 年，第 14、17、30 页。

② 张云熠：《中国：欧洲的样板》，时代出版传媒股份有限公司，2010 年，第 14、17、30 页。

尔看到了“肯定”和“否定”。贺麟早在40年代就指出黑格尔的“绝对理念”就是朱熹的“理”或“太极”，张岱年也一直持这一观点。莱布尼茨一生都在研究中国哲学，他的学生沃尔夫继承了他的事业，黑格尔直接继承了从莱布尼茨—沃尔夫学派到康德所开创的德国古典哲学。朱熹的“理”和老子的“道”在欧洲思想家看来是“自然律”。在黑格尔时代，中国哲学在欧洲已经传播了二百年之久。马克思曾说：“如果黑格尔说，中国占主导地位的规定性是‘有’，印度占主导地位的规定性是‘无’等等，那么，绝对的批判就会‘十足地’附和黑格尔，并把现时代的特性归结为‘非规定性’这个逻辑范畴，并且会更加十足地把‘非规定性’同‘有’和‘无’一样列入思辨逻辑的第一章，即列入关于‘质’的第一章。”① 黑格尔的体系当中有三个因素，一是斯宾诺莎的实体，即中国哲学的“有”，费希特的自我意识即佛学的“无”，而“绝对精神”则是“有”和“无”、“实体”与“意识”的统一。马克思道出了黑格尔哲学受到中国思想文化影响的秘密。

16至18世纪文艺复兴尾声也就是法国启蒙运动兴起之时，卢梭、伏尔泰、孟德斯鸠、霍尔巴赫、狄德罗等启蒙思想家都几乎成了中国文化迷，狄德罗赞赏中国政治与道德合一，伏尔泰评价朱熹的理性是把人从宗教中解放出来的普遍道德，教育的目的就是要引导人们学会道德理性的实践行为。他认为欧洲的君主和商人在东方发现了财富，而哲学家则在那里“发现了一个精神和物质的新天地”② 他认为耶稣只是禁止人们作恶，孔子则是劝人行善，“基督教和西方的格言根本没法与这种纯粹的道德哲学相比。他赞美孔子不媚帝王，不好女色，实为世界上第一师表。为了表示对孔子的崇敬之心，他在自己住宅的墙上挂了这位中国圣人的画像。”③ 儒学在启蒙思想家的眼里是唯物主义的理性精神，是与“上帝”、“宗教王国”的对立物，从17世纪德国莱布尼茨的唯理论和18世纪英国休谟的《人性论》可以发现儒释道三教合一的宋明儒学的影子。美国学者雅可布逊说：“断定休谟的思想来源包括大量的中国、印度教和佛教的思想，这并非故作惊人之语。”⒄有更多的西方哲学家认为，是朱熹的哲学一定程度上导致启蒙时代的西方突然出现了偏离神学传统而呈现出倚重“理性”的奇特现象。尽管笛卡尔是改变欧洲思想方向的第一人，在这之前的斯宾诺莎更有欧洲哲学转向的特色，正如黑格尔所说的他有深刻的统一性，东方绝对同一观是儒道哲学的基本原理。古希腊原本是有辩证法的，“西方恢复对辩证法的重视是16世纪东学西渐的事。欧洲人的辩证法思想随着东方阴阳学说的传入被激活了，于是才出现斯宾诺莎、爱尔维修、康

---

① 《马克思恩格斯全集》第2卷，人民出版社，1972年，第114页。

② （法）伏尔泰：《风俗论》下，商务印书馆，1996年，第16页。

③ 张云熠：《中国：欧洲的样板》，《时代出版传媒股份有限公司》，2010年，第14、17、30页。

德和黑格尔的辩证法。”[①]《周易》是讲一阴一阳之谓道，老子是讲一生二，二生三，这个二就是阴和阳，这里的三是由阴阳二气和合而成的和气，都是对立统一的法则和否定之否定的辩证法，量变质变和物极必反等思想。中国的辩证法早于黑格尔辩证法二千多年，就像黑格尔指出斯宾诺莎把东方的绝对统一性纳入了欧洲的思想形式一样，正反合的中国哲学理念成为黑格尔哲学的基本命题。

马克思也是一个中国迷，他的大女儿小燕妮有两个绰号，一个叫“中国皇帝”，一个叫“高贵的中国人”。马克思的唯物辩证法其实最接近于中国的阴阳辩证法，是更高一级的辩证法，康德、费希特、黑格尔的辩证法是概念辩证法，马克思将其变为唯物辩证法。所以，马克思的唯物辩证法也与中国的阴阳辩证法有密切关系。李约瑟曾说过：“现代中国人如此热情地接受（马克思的）辩证唯物主义，很多西方人觉得不可思议。他们想不明白，为什么这样一个古老的东方民族会毫不犹豫、满怀信心接受一种初看起来完全是欧洲的思想体系。但是，在我想象中，中国的学者们自己可能会这样说：‘真是妙极了！’‘这不就像我们自己的永恒哲学和现代科学的结合吗？它终于回到我们身边了！’‘中国知识分子之所以更愿意接受辩证唯物主义，是因为，从某种意义上说，这种哲学思想正是他们自己所产生的。我们也许能从这里得到马克思主义与中国传统思想的内在联系的某种消息。当然，马克思主义的世界观的基础早在古希腊就奠定了。”[②]

2. 儒学向世界贡献与世界共享的价值观之可能性和必要性。向世界贡献与世界共享的价值观在历史上是事实，今天当然也是可能的。这种可能性是建立在中西文化和哲学的对话和交融当中；这种可能性也是建立在共同面对人类的困境即生态破坏、环境污染、能源危机和人为物役等普遍性问题的基础之上。

杜维明认为是儒学的两个基本原则“恕”和“仁”能够为全球伦理提供必要的和有益的智力资源。他主张与西方进行对话，需要产生一大批关心政治、参与社会、对文化有抱负、有敏感，具有人文精神的公众知识分子。我想我们能为世界贡献的价值观的途径主要是在对话中传播。没有广泛和深入的对话和传播，我们的价值观不会被西方人所接纳。历史上西方耶稣会士之所以会传播中国的思想理念，是因为他们为了将神的启示传播给中国人。今天的西方人之所以会重视中国的价值观和智慧是因为中国正在崛起，他们想了解中国强大的原因以及如何与中国做生意。我们向世界贡献与世界共享的价值观，归根结底是为了在中西对话中让世界了解中国，不仅是为了发展我们自己，更是为了共同应对人类所面临的问题和为了推进世界文明和和平。

---

① 张云熠：《中国：欧洲的样板》，时代出版传媒股份有限公司，2010 年，第 35 页。

② 《马克思恩格斯全集》第 30 卷，人民出版社，1974 年，第 410 页。

3. 儒学能够贡献与世界共享的什么样的价值观？有人认为中国的和平崛起必须具备三项法理要素即：组织和体制上的规范与保障，健康与健全的国民精神支撑，民主、均衡、和谐的社会环境和坚持科学发展观。我想还有一个非常重要的方面就是中国传统文化和文化传统的核心价值的创造性转化。任何制度、体制和规范的设计，环境的营造和公民的素质、精神状态都离不开思想、理念、价值和信仰的支撑。这种思想、理念、价值和信仰不是凭空从当下活着的人的头脑中产生的，而是由五千年的文化传统积淀而成的，它主要是在传统文化的儒释道中，在近代以降的马中西文化的融合创新之中。

就内容上而言，我们可以向世界提供经现代诠释和创造性转化的一系列价值观，如“仁爱”、“天下为公”、“大同理想”、“协和万邦、亲仁善邻”、“忠恕之道”、“天人合一”、“和合”、“包容”、“中和”、“泰和”、“和而不同”、“忧患意识”、道德自觉的“内在超越”、“极高明道中庸”的“中庸之道”、“自强”“厚德”、“道法自然”、“以民为本、安民、富民、亲民、乐民”、“为政以德”、“经世致用”、“清廉从政”等思想理念都具有普遍主义价值。

我想强调的是在中国文化中，最重要的是“道”的智慧、“仁义”的德性和中国哲学的思维模式。中国文化中的“道”意味深长，一阴一阳中的道是《易经》中所讲的道，道者反之动的道是《道德经》中所讲的道，天道之阴阳，地道之柔刚与人道之仁义是儒道两家共同讲的道。道是最高的智慧，是经中之王，是中国思想精神的最高境界，是形而上的最高表现形式。这种智慧与佛祖、耶稣、神的智慧有异曲同工之妙，比苏格拉底的智慧似乎更玄妙、幽深。它是对宇宙、自然、社会、人生的全方位的领悟。“道”可以和“无极”、“太极”、“空”并列，这种智慧与西方的逻各斯、上帝的智慧不同，是直觉顿悟的——是微妙玄虚的。道是万物的总根源。道又是真善美的精神实体。是指导社会人生的总原则和规范。它坚信搞歪门邪道之人必败，在日常生活中黑白颠倒的人一定身体不好；过于追逐名利的人一定会早夭。道深信大宇宙与小宇宙息息相通。无论治家、治乡、治国、治天下都一样，都是要循“道”而行，都要把常德、孔德、玄德之人格用于社会，以至德治世。道还是柔弱的智慧，它告诉人们一事物总是向相反方向转化，充满了朴素的辩证法思想。

中国传统的思维模式不同于西方的主客两分，由概念、判断、推理形成的庞大的形式逻辑体系和实证实验以及机械论的思维模式，我们是讲阴阳协调、整体和谐、直觉顿悟，有机论的思维模式。这两种思维模式即智慧是人类最重要的智慧结晶，过去西方自文艺复兴以来的思想家曾经非常热衷于学习、吸取中国的智慧，今天的中国需要向西方和全人类虚心学习各种文化和文明成果，同时也要为世界贡献我们的智慧。在与各国、各民族人们进行对话、交流中传播我们的思想、理念、价值和智慧，以促进世界和平和繁荣。

4. 向世界贡献与世界共享的价值观之路径设想。其一，除了主流媒体和网络之外，靠民间组成的类似“儒学世界”、“儒学时代”的网络平台的渠道用英语等向世界传播我们的思想、理念和价值的效果也许更好。现在有一些西方的汉学家发自内心地由衷赞叹中国优秀的传统文化，已经产生了许许多多有辐射力的学术成果，他们也愿意为传播中国优秀传统文化参与与西方文化的对话、交流，他们善于运用西方人能听懂的语言与西方人交流，也愿意在我们民间组织的网络中开展文化对话的工作，我们应当把他们组织起来，在我们的民间网络团体中工作。这种民间的组织可以在网上为其确定各种主题或网名，诸如“儒学时代”、“儒学世界”、“儒学与基督教”、“儒学与伊斯兰教”、“儒学与当代文明”等。中国文化的交流和对话再也不能像历史上的那种被动的局面，而是应采取主动向世界发出友好的声音，主动向世界传播孔子的价值观对世界的意义和价值，主动向世人介绍中国在崛起中的文化主张和和平的人文主义、道德自觉的理念。

其二，承认、引导和开掘民间信仰。民间信仰是中国社会伦理治理的“活”的传统资源，它蕴藏在每一位中国公民的血脉中和言谈举止中——它需要当政者关注它，在主流导向中将其标示出来，在人性的深层进行唤醒和培育。我们应当承认它是一种人文信仰，它渊源于儒释道传统文化的道德自觉意识的内在超越，渊源于儒释道民间信仰的传统，是我们老祖宗千百年来流传下来的“集体无意识”，对建立有序的精神秩序意义非凡。这是可以和基督教文化传统媲美的伦理道德的社会资本，应当引起我们党和政府的高度重视。我们应当向世人宣示：中华民族绝不是一个没有信仰的民族，我们的人民绝大多数都有自己的信仰，包括对马克思主义的信仰，还有基督教、伊斯兰教、佛教、道教的信仰，更有为广大的民众信奉的民间信仰，这种民间信仰主要表现为老百姓深信的“积善余庆，积恶余殃”、“因果报应”和“仰不愧于天俯不怍于人”、“头上三尺有神灵”等。这是一种重要的道德资源，它对整合社会具有重要价值。对民间信仰要科学地加以引导，将其与社会主义核心价值观有机结合起来。

其三，把仁爱、责任等儒学理念与民主、自由、信用等价值进行综合创新。儒学传统中的仁爱、正义、包容、责任、和谐、礼乐、自强、厚德、诚信等理念也是人类文明的结晶，可以与民主、自由、人权、法治、信用等进行综合创新。把仁爱普遍地洒向洲际间的所有共同体中的人。“民胞物与”、“天下一家”、“主客相容为一”等儒学理念可以使人与人、人与社会、人与自然，人与洲际之间的所有陌生人相互之间得到关爱，地球共同体中的人彼此都用善心来对待，彼此看作是同舟共济的人。

苏格拉底、孔子、耶稣和释迦牟尼的思想都有一个对人性的尊重，对生命价值的关爱，对精神和意义的追求，这些圣哲的思想虽有其差异但又有许多共同点。无论中西方学者都越来越认识到“从古老智慧中寻找现代灵感”的迫切需要。

民主、自由、正义、仁爱、包容、责任、厚德等价值理念都赞成与人为善，与社会和谐相处，都要变“与自然为敌”为“与自然为友”人与自然“共同生存与繁荣”。人们对科技文化的偏向要转为重视社会——人文文化；人类文明从原始文明走向游牧文明、农业文明、工业文明，现在已经进入信息文明、网络文明和金融文明的新时代，原始人也已经演化为传统人——政治人——经济人向现代——文化人转换；知识社会的分裂状态将会转化为智慧的管理，人的德性再一次在新的高度上被颂扬。每一个人都在与他人相处中完善自身，人不仅仅是智能实体，更是“智慧实体”，智慧实体具有极高的情商，很高的仁心、爱心、博爱心和菩提心。人人都要回归自然之家、精神之家和爱的家园。

社会儒学建构：当代儒学创新性发展的一种选择

山东省社科院 涂可国

自从孔子创立原始儒学以来，随着不同历史时期儒家人物的不断诠释与重构，儒学内容愈来愈丰富，叙述方式与主题形态也不断发生着改变，由于内容、方法和存在形态的不同，形成了各种各样的儒学类型。虽然儒学的系统化建构从上个世纪初伊始已达一百多年的历史，但是当今儒学重建仍然“任重而道远”。根据时代特点和儒学发展的需要，要推动儒学的传承与创新，笔者认为应当建构社会儒学。

一、何为社会儒学

在某种意义上可以说，儒学即是社会儒学，尽管儒学体系中并没有排除对宇宙自然的沉思，如天道学说，但是，一则儒家对天道的追问是为了推演人道及社会历史的常道常理，二则儒家往往把自然之天伦理化、人道化、社会化，三则儒家致思的重心与进路主要放在对人伦政治与理想社会的构建上，因而儒学从总体上表现为社会儒学。根据笔者的理解，社会儒学可以分为三个方面：作为思想内容的社会儒学、作为功能实现的社会儒学和作为存在形态的社会儒学。

（一）作为思想内容的社会儒学

所谓作为思想内容的社会儒学，即是由儒家或儒学研究者对社会及其各个层面问题进行探讨所建构起来的儒学形态，它本质上实为有关社会的思想学说。黄玉顺同仁在系统创立生活儒学这一种儒学理论抑或当代儒学形态时，正是把人的生活存在当作反思的对象或思想视域对儒学思想进行重新诠释。他指出，“生活儒学”并不是龚鹏程所说的关于生活的儒学，不是说的将现成既有的儒学“生活化”地运用到实际生活当中去，而是说的在重建儒学即建构儒学的一种当代思想理论形态时，在观念系统中将“生活”视为作为大本大源的“存在”，而这里所说的存在并不是存在者的存在，更不是存在者，一切存在者皆由存在所生成，即是由生活所生成①。

要理解和界定作为思想内容的社会儒学，就要先弄清其对象的“社会”概念的本质特征。

对“社会”范畴的诠释历来众说纷纭，归纳起来大致有三种代表性观点。一是相互作用和相互关系说。马克思恩格斯指出，社会“是人们交互活动的产物”,② 其本质只能在人们的相互行为、相互联系中寻找。马克思恩格斯还指出，社会不过是人与人之间各种关系的总和，而生产关系又是基础，“生产关系总和起来构成所谓社会关系，构成所谓社会”。③ 日本社会学家横山宁夫也从社会关系的总体角度去解说社会。他指出，从本源意义上说，“社，意指土地之神；社会，原来意指人们以祭神为中心而进行集合。后来，便转化为把祭神的场所，称之为社，进而由此意味着以和睦为宗旨的各种集合”。④ 二是社会有机体说。最先把社会视为有机体的学者是孔德和斯宾塞。他们认为社会是超乎个人的、由各部分相互依存相互联系的有机统一整体。马克思和列宁也多次称社会为有机体。三是社会共同体论。这也是由经典马克思主义提出来的科学观点。他们认为，社会作为人们交互活动的产物，也就是“人的真正的共同体。”⑤

综合以上关于社会本质的论述，再结合其他场合人们对“社会”概念的运用，可以得知“社会”范畴除了在“国家一社会”语境中被运用外，还经常在三种不同对应概念的关系范式中获得自身特殊的规定性。

一是“自然一社会”关系范式。在此种语言环境下，人（包括个人、群体、人类）只是社会的一个内在要素、部分或环节，文化也是其中的构成因素。正如日本社会学家横山宁夫所言，社会“是由三个单位组成的：一、行为主体的人；二、人与人的相互关系；三、相互有关的人具有的意义、价值、规范之类的文化。”⑥

二是“人类一社会”关系范式。人固然离不开社会、社会关系或社会环境，因而他总是“社会人”；社会固然是由众多个人（至少两人）组成的，无个人即无社会，但是，个人却有其相对独立性、自律性，社会也并不是完全由个人叠加而成的，而是由无数关系、现象和实体所组成，因此，社会就不同于个人，它是超于个人之上的有机系统。这里，个人就不包括在社会范畴之中。

三是“文化一社会”关系范式。不少人类学家、社会学家和文化学家经常在与

---

① 参见黄玉顺：《生活儒学关键词语之诠释与翻译》，《现代哲学》2012年第2期。

② 《马克思恩格斯选集》第4卷，人民出版社，1995年，第532页。

③ 《马克思恩格斯选集》第1卷，人民出版社，1995年，第345页。

④ （日）横山宁夫：《社会学概论》，上海译文出版社，1983年版，第29—30页。

⑤ 《马克思恩格斯全集》第l卷，人民出版社，1956年，第487页。

⑥ （日）横山宁夫：《社会学概论》，上海译文出版社，1983年，第38页。

“文化”相区别的意义上界定“社会”范畴。例如，美国社会学家格尔茨指出，文化“就社会互相作用发生的角度来说，是一个意义和象征的有序系统（ordered system）”，而社会系统就是“社会互相作用本身的模式。”[①] 美国另一位著名社会学家帕森斯在研究社会结构时，把社会系统划分为四个不同的体系：行为有机体、人格体系、文化体系和社会体系。不论人们如何把握和规定“文化”的内涵与外延，它同“社会”总是有区别的，文化不过是社会的组成部分，文化是相对独立于社会系统（狭义）的以精神形态为主体的自主系统。

既然“社会”被类分为广义、中义和狭义三个不同层次，那么社会儒学也就相应分为三种类型。广义社会儒学包括历史儒学、人类儒学和中义社会儒学，它是相对于自然儒学而言的，又分为两个层面：一是作为总体的普遍的社会儒学，可称为普通社会儒学（或一般社会儒学）；二是作为特殊的具体社会儒学，可称为分支社会儒学，包括生活儒学、政治儒学、法律儒学、制度儒学、宗教儒学、道德儒学、经济儒学、民主儒学等。中义社会儒学是相对于人类儒学而言的，它由文化儒学、狭义社会儒学（经济儒学、政治儒学、法律儒学、管理儒学……）所组成。狭义社会儒学是相对于人类儒学和文化儒学而言的。这样，社会儒学就是由人类儒学、文化儒学和狭义社会儒学所组成的有机体系。[②]

撇开作为研究社会总体的普遍社会儒学不论，这里单就分支社会儒学作一阐释。

1. 人类儒学

人类儒学也可称为人的儒学，由于人具有个体、群体和类三种存在形态，同时人的问题涉及人的性质、地位、存在、发展、价值和意义等内容，因而人类儒学的内涵较为丰富和多样，从形态而言主要有人生儒学、心性儒学和身体儒学等。倘若从宽泛意义上来理解社会儒学，那么生活儒学也可算作人类儒学。

一是人生儒学。历代儒家致力于思考为人之道，阐发了仁且智、见义勇为、杀身成仁、和而不同、直道而行、宁折不屈等圣贤人格、君子品格和大丈夫气象，倡导仁者爱人、依礼而行、见利思义、明知不可为而为之、持之以恒、坚忍不拔、自强不息、勤劳勇敢等人生态度，提出了忠恕之道、推己及人、中道而行、和而不同、正人正己、以身作则、见贤思齐、三省吾身、讷言敏行、君子慎独、学思并重、反身而诚、主敬集义、持志养气、通权达变等一系列为人之道，也成为协调人际关系的重要人生智慧，

---

① 转引自（美）R. M. 基辛：《文化·社会·个人》，辽宁人民出版社，1988年，第41页。

② 黑格尔将其哲学体系分成逻辑学和自然哲学、精神哲学。精神哲学又分为三大部分：第一，主观精神，分灵魂、意识、心灵三个环节；第二，客观精神，分法、道德、伦理三个环节；第三，绝对精神，分艺术、天启宗教、哲学三个环节。本文所说的人类儒学、社会儒学和文化儒学，大致与黑格尔所说的主观精神、客观精神和绝对精神类似，只是内容更为广泛，更为全面。

从而阐发和发展了人生儒学。

二是心性儒学。在儒学系统中，“性”与“心”具有内在的统一性，它们相互规定、相互渗透，有时还被视为一体两面。儒家致力于从人内在的天性中探寻伦理的根源和人学根据，更为直接地强调道德之根本在于人的心性，从而把道德置于主体的规定性之上。为儒家所张扬的心性儒学为人的道德成长与实现创设了较为坚实的主体论基石，为主体道德发展提供较为坚实的人性基础，从总体而言，儒家心性儒学一般肯定人的善性、智性、仁性、理性对于人道德品质培植的积极作用，从根本上说，它为人的道德完善提供主体条件。

三是身体儒学。人是一种身心合一的统一体，因而它既具有物质属性又具有精神属性。儒学一般把人性分为肉体本性和精神本性，而人的肉体本性又大致包括两方面的含义：一方面是指形体本身的特性，也就是人作为一个物质存在的性状，如身材、体重、外貌等；另一方面则是由肉体所产生的各种感性欲望、本能、机能等，如食、色（性）、暖等。孟子肯定了形色是人的天性：“形色，天性也；惟圣人，然后可以践形。”① 在著名的性命之辨中他分辨出人具有肉体（器官）机能和精神道德特质，并把人体分成大小、贵贱。汉代思想家董仲舒认为“身之有性情也，若天之有阴阳也。”② 明清时期的刘基认为，天生人和万物，并赋予它们以形和性，“天生物而赋之形与性”，③ 可见，他把性与形区分开来。历代儒家正是从人性论角度论述了践形、修身、养身、养气、养性等身体儒学问题。21世纪以来，有的学者提出“视中国哲学为身体哲学”的说法，台湾学者黄俊杰对儒家身体观中的“化”与“养”两个功能性概念以及“体知”问题做了充分阐释，杨儒宾则对儒家身体观作了较为系统的研究，中国香港学者王庆节对儒家身体观也做了一定的关注，中国大陆学者格明福、徐蕾则为儒家“身体”作了正名。

2. 文化儒学

在儒学发展史上，由于不同的思想追求和时代背景，思想家建构了多种文化儒学形态，既有前后相继的先秦儒学、两汉经学、魏晋玄学、宋明理学和清代朴学，也有义理儒学、教化儒学、宗教儒学、艺术儒学、道德儒学、易学儒学、佛学儒学和实学儒学，等等。

近代以来，许多儒学研究者立足于不同的学术资源和研究范式建构了不同学术形态的文化儒学，如儒学本体论（成中英）、儒学道德形而上学（牟宗三）、新理学（冯

---

① 《孟子·尽心上》。

② 《春秋繁露·深察名号》。

③ 《诚意伯刘文成公文集》卷二。

友兰）、新心学（梁漱溟）等，以及马克思主义儒学、现象学儒学、本体论儒学、社会主义儒学等。这些文化儒学均使儒学得到了新的丰富发展。

3、社会儒学（狭义的）

社会分为不同的层面，它不仅包含着各种人际关系的总和以及各种群体、社区，还包含各种人类创造的社会物质，同时也包含着各种各种关系体系、组织形态、场景、生活部门和领域（政治、经济、法律、管理……）等，这些就为儒学分为不同的类型创造了社会基础。正是顺应这一社会现实，历代儒家和后世儒学学者纷纷提出了不同的儒学类型，既有学院儒学也有草根儒学，既有法律儒学也有家族儒学，既有制度儒学也有新兴儒家经济学。[①]

（二）作为功能实现的社会儒学

儒学自从创立伊始，其命运可谓坎坷，几经沉浮。孔孟奔走诸侯列国宣扬自己的德治仁政主张，却屡遭碰壁，被以为“迂远阔于事情”。虽然汉代“独尊儒术”，但历代有些统治者实际奉行的却是“阳儒阴法”。汉唐自佛道两教在中土生成输入之后，逐渐发展成为上层统治者和下层民众的崇奉信仰，儒学一度被边缘化。宋初流传着“佛教治心，儒教治世，道家治身”的观念，宋明一大批道学家为了挽救“儒门淡泊”的景况，援佛道入儒，使儒学发展到第二期，儒家经典成为科考的必备科目。然而，进入中国封建社会中晚期，儒学因其经院化、贵族化使其被认为“袖手空谈心性”，遭到具有实学倾向的启蒙思想家的怀疑、批判。鸦片战争以后，由于资本主义经济的发展，西学东渐与冲击，特别是科举制的被取消，儒学在文化生存环境、政治制度依托和经济社会基础等方面遭受巨大冲击，出现了不可阻挡的衰落之势，以致有人认为儒学是“魂不附体”。

笔者认为，儒学不论是在过去还是在将来，因其呈现以下四大特征而具有不可替代的社会功能。一是主位性。自从汉代“独尊儒术”之后，儒学上升为官方统治思想达两千多年，成为中华主流文化。儒学上升为政治意识形态，成为政治化儒学，使人的生存、成长和发展有了信仰支持、精神支柱和基本规范。二是普适性。儒家创造性发展出来的纲常伦理、治国理念、人生准则、教育方法等由于建立在超越时代的文化心理结构、社会关系结构、生存环境等基础之上，使之具有普遍适用性。三是丰富性。儒家思想博大精深、流派众多，它涉及人类思想的各个方面，人们从中可以汲取到各种各样的有益精华。四是独特性。虽然世界各国思想家提出了许多同儒学共同或相近的思想观念，例如亚里士多德的“中道”原则、罗梭的“同情心”，但儒家基于道德人文主义作了独到的解释，尤其是对诸多伦理范畴之间的辩证相互规定作了深刻的揭示，

---

① 参见张峰：《新兴儒家经济学》，研究出版社，2009年版。

如“仁者必有勇，勇者不必有仁”、“知耻近乎勇”等，同时儒家的经典名言精辟凝练，它们大多可成为人生格言。

儒家之所以建构不同形态的社会儒学，之所以建构不同形态的道统、学统，并非“为知而知”，而在于用之于世，在于治统、政统，这就是“修道之为教”。作为功能实现的社会儒学，它着眼于寻求社会文治教化、长治久安之策和“南面之术”，从而对中国乃至世界社会发展产生了重大的作用和影响，主要表现在其所具有的社会分析功能、社会批判功能、社会重建功能、社会激励功能、社会规范功能、社会教化功能和社会奖惩功能上，由于篇幅所囿，这里重点论述儒学的社会激励功能、社会规范功能、社会教化功能和社会奖惩功能。

1. 社会激励功能

儒家文化中的入世情怀、进取精神和家族伦理等，蕴含着许多促进社会发展的动力。一是入世情怀。儒家文化轻鬼神重人事，讲究正德、利用、厚生，提倡内圣是为了外王，修身以达到齐家治国平天下，以关心民事民瘼为己任，反对消极遁世，追求现世社会的秩序及人的生命安顿。这种积极入世的社会情怀和经世致用传统是推动人们去建树事功、发展工商业经济的重要精神力量。二是进取精神。中国古代文化元典《周易》提出“天行健，君子以自强不息”的著名论断；儒家也倡导“我欲仁，斯仁至矣”、“人能弘道，非道弘人”等道德自律精神；孔子要求人们“学而不厌，诲人不倦”、“发愤忘食，乐以忘忧”，称道颜回不畏艰难、以苦为乐的人格。孟子不仅提出“天将降大任于斯人也，必先苦其心志，劳其筋骨，空乏其身，行拂乱其所为”的吃苦理念，还倡导“富贵不能淫，贫贱不能移，威武不能屈”的大丈夫气概。这些自强不息的人格品质，是推动人们为了国家振兴和民族富强而艰苦奋斗的精神力量，是实现经济现代化的根本动因。三是家族伦理。儒家文化倡导以家为本，要求做到父慈子孝，兄友弟恭，孝亲为大，光宗耀祖，慎终追远，为了家族的名誉、声望和繁衍发展，个人应不懈努力甚至勇于牺牲。这种家族主义伦理不仅促进家族成员努力建立和发展家族式企业（包括家族作坊），也在极其广泛的意义上推动人们参与各种经济活动以实现发家致富。

2. 社会规范功能

从孔子的“君君、臣臣、父父、子子”到《中庸》的“五达道”、《大学》的“五止”以及“三纲领”和“八条目”，从《礼记》的“十义”到孟子的“五伦”，最后由董仲舒较为系统地提出“三纲五常”以至宋元明清时期流传的“新四德”和“古八德”，儒家的纲常伦理经历了不断的变革、发展过程，历代儒家也曾进行过不懈探索。《左传》的“五教”、孟子的“五伦”、《大学》的“五止”尽管属于调节特殊人伦关系的行为规范，不及马王堆帛书《五行》篇和郭店楚墓竹简《五行》篇的仁、义、礼、智、圣“五行”和圣、智、仁、义、忠、信“六德”、董仲舒的仁、谊、礼、知、信“五常”更具有普遍性，但它们作为调整各种人际关系的行为规范，至今仍具有一定的作用。以礼教为基石、以五常德（仁义礼智信）和五常伦（君臣父子夫妇兄弟朋友）为主要内容的儒家道德规范，不止具有建构社会秩序、约束个人行为的功能，它还有激励人、感召人、凝聚人、教育人、指导人的多种作用，它能够培养人在社会实践中学会进行合理的角色定位，学会正确的待人处世。

3. 社会教化功能。

历代儒家本身重视人文社会教化，并对社会教化思想进行了大量阐述，而且儒学也具有社会教化功能。基于此，在当权者的支持下，不仅设立了许多如乡校、私塾、文庙、书院等文化机构对民众进行德化教育，教之以“六艺”及种种为人处世之道，还借助于科举考试让民众掌握儒家的人伦知识，同时还通过书信、图片等方式对民众进行道德教化、感化，努力把儒家的伦理纲常转化为人的内在道德自觉。正是根据儒学呈现出较为强烈的社会教化功能，韩星才提出了“社会儒学”概念。[①]

汉代“以名为教”，以儒化民，从而发展出名教化的儒学。汉代推崇孝治，《孝经》一经问世就受到历代重视，《二十四史》多有《孝友传》、《孝义传》，集中表彰历代孝悌力行的人。宋代以后，儒学的教化不再限于政治教化而进一步延伸到一般社会教化，此时，《孝经》被尊为“十三经”之一，进学读书必须诵习，科举考试从此出题。宋以迄明清，社会上流传《朱子治家格言》之类的家书，出现了如《三字经》、《千字文》、《名贤集》、《改良女儿经》、《童蒙须知韵语》、《四言杂字》、《教儿经》、《小儿论》、《增广贤文》、《劝孝歌》、《二十四孝图》、《劝孝文》等蒙书，用生动的语言和形象宣传孝道之类的儒家道德文化。文以载道。宋明以后流传的各种小说《水浒传》、《三国演义》等也宣扬“忠”、“孝”、“义”等儒家伦理，对人们的品德修养起到了浸润作用。即便是致力于张扬佛道观念的神怪小说《西游记》，也引用了大量儒家的经典名言，在一定程度上培养了人的儒家伦理品格。

4. 社会奖惩功能。

儒学的社会奖惩功能主要展现在两方面。一方面是作为儒家思想形态对社会所取的奖惩作用。在儒学主导下，往往援德入法，礼法一体，把缺德行为如不孝作为犯罪加以惩处，促使人们扬善抑恶。不论是传统儒学还是当代儒学，均树立了大量理想人格让人们学习仿效，利用人见贤思齐的心理，激励民众培养向善之心，培植人的德性。儒家诸如为政以德、以道抗君、从道不从君、诛一夫、格君子之非、天谴、正己以正人、民贵君轻、和而不同、举贤荐能、闻过则喜、从谏如流等思想，对上至帝王下至

① 参见贾磊磊、杨朝明主编：《第三届世界儒学大会学术论文集》，文化艺术出版社，2011 年。

士大夫也起到了批判、奖惩、约束作用。

另一方面是作为意识形态所起到的奖惩作用。儒学独尊之后，它就成为礼仪教化、典章制度、朝廷文告等的思想依据而实现褒扬或惩罚的功效，儒学经典也被奉为不可移易、不可亵渎的“圣经”而对人的言行起到规约作用。自从实行科举制以后，一般士人以至百姓通过学习儒学经典以博取功名，从而对人的行为发挥某种导向作用。

（三）作为存在形态的社会儒学

儒学各种社会功能的实现，必须借助于儒学的社会化或外在建制，融合到社会各个领域，从而建构作为存在形态的、不同层面的社会儒学，这主要表现在以下四方面。

1. 融合到社会文化领域。

儒学作为重要的传统文化被纳入教育体系（如科举）、渗入各类读物、融入文艺作品（文以载道）乃至潜入百姓习俗文化之中，为个人做什么样的人及怎样做人（为人之道）提供有用的思想资源、生存智慧、行为规范和人文环境，从而发展出文化儒学。经过长期的历史演化，儒学逐渐融入精神文化领域，发展出以儒家思想为核心，以儒家观念、儒家信仰、儒家情感、儒家思维、儒家态度（如对儒学的认同或排斥）、儒家精神（如儒商精神）、儒教、儒学文艺、儒家道德等为主要内容的观念形态的精神儒学。同时，通过经典诵读、国学普及、传唱活动以及组织编写新三字经等方式，通过对儒学道德文化传统的转化，对“五伦”赋予它以新的内涵、新的生命力、新的要素，把儒学融入思想道德建设之中，发展出道德儒学。

2. 融合到社会经济领域。

对儒家文化资源利用现代科学技术手段进行加工复制，加以整合、互补、烘托、再造，生产出精美的工艺品；发展与孔子相关的文化旅游、文化演艺、孔府餐饮等文化产业，打造寻根朝觐游、成人之旅等旅游品牌；开发楷雕如意、竹简论语等文物复仿制品，不断设计和推出新的儒家文化商贸产品，如金版《论语》、银版《论语》、石版《论语》、金版《文韬武略》等，这些在一定意义上有助于培育经济儒学。日本属于儒教文化圈，日本企业注重运用儒家伦理入管理之中，构建了企业儒学和管理儒学。日本、韩国等国家和地区许多企业家努力从儒家经典中寻找智慧，不少企业家把《论语》作为工商企业的圣经，主张以儒治厂，以儒治企，提出了人本管理、自笔者管理、忠信管理、礼治管理及和谐管理。涩泽荣一是日本具有深厚儒学修养的著名企业家，他撰著的《论语加算盘》（又名《道德经济合一》）一书还被当作“致富经国之大本”，被称为“实践论语”。

3. 融合到社会政治领域。

自汉独尊儒术以后，儒学就受到统治者的重视，他们在治国理政中奉行仁治、礼治和孝治，逐渐形成了传统中国的德孝文化传统。汉唐两代君主对礼的重视和遵从，在客观上也引导民众重礼、循礼，不仅对中国形成“礼仪之邦”起到了引导作用，也对中国人的礼行、礼德发挥了范导功效。从尧舜时期的“克明峻德”，到孔孟的“德治”、“仁政”，再到明清时代儒家对德治思想的承继，儒学不断丰富完善，并成为中国人占统治地位的意识形态。儒家通过为当权者的为政之道提供行为准则、道德规范，将之外在化、社会化，达到政治伦理化和伦理政治化，建构了政治儒学。同时，通过制度化，也发展出所谓制度儒学。它既包括有关儒家文化的制度化规定，如汉武帝的“独尊儒术”、隋唐宋元明清的科举考试制度，以及秦汉时期的博士制度和儒生制度，也包括制度儒学化层面的条例规定，如以孝治天下、礼制等，以及按照儒家思想所制订的乡规民约、家规族规、校训学规等。制度儒学是实现儒家齐家治国平天下理想向现实社会转化的重要途径和建制。新时期以来，许多学者出于不同的理论旨趣提出了各自不同的儒学样态，例如政治儒学、民主儒学等。

4. 融合到社会生活领域。

从孔子创立儒学之后，通过历代儒家不断地加以阐发，构成了历史悠久的文化传统，这一传统可分成精英文化和平民文化，它们即为余英时所讲的大传统和小传统。[①] 一方面，儒学是由文化精英所创造的，用杜维明的话说它是“士的自觉”的产物，它代表了士大夫阶层的精神追求、社会理想、价值观念，因而在某种意义上儒家文化即是士大夫文化，儒学也就是贵族儒学。另一方面，儒学又具有实用性特征，它致思的对象不离人伦日用，它的思想宗旨讲究经世致用，它不仅可以为统治者作为安邦定国工具所用，也为普通民众待人处世提供人生智慧、道德规范、行为准则和精神家园，因而通过统治者的推动，以及社会教化，儒学文化融入婚丧嫁娶中，融入衣食住行中，逐渐转化到平民的文化心理结构之中，借助于生理性遗传和社会获得性遗传，成为代代相传的平民文化传统。这些平民化传统既有如讲究婚礼、祭礼，注重敬祖，推崇孝道等，又包括重男轻女、人情往来等。这些日常生活文化构成了今人所说的“平民儒学”或“草根儒学”。

此外，儒学文化在中国古代又融入为了宣传、推行、尊奉、传播儒家思想和儒家人物而建造的物态事物之中，如府学、文庙、乡校、书院、私塾、碑刻、牌位、文物等，构成物化存在形态的儒学。当代中国大陆一些有识之士致力于儒学在社会层面的推广和普及，由此生成了所谓的校园儒学、公园儒学、墙体儒学和公交论语，等等。这些物质儒学作为重要的儒家文化载体、象征和平台，对于教化民众、传播知识、文化传承等都具有重要的作用。

另外，从社会总体来说，在国际社会也存在不同的儒学样态，如中国儒学、韩国

---

① 参见余英时著、任菁编：《内在超越之路》，中国广播电视出版社，1992 年。

儒学、日本儒学、美国儒学等。即使是同一个国家，儒学也分为不同的具体样式。例如中国就有大陆儒学、台湾儒学和香港儒学之别，在美国则有波士顿儒学和夏威夷儒学之分。

综上所述，儒学与社会呈现出相互作用、相互依存的态势，正是二者的双向互动，才使社会儒学得以生成、存在和发展，并赋予社会儒学以三重意蕴：一是关于社会的儒学，这就是以社会及其经济、政治、文化等为致思或研究对象的儒学形态；二是社会的儒学，也就是由社会各个领域、层面、场域等所承载和展现的儒学形态；三是功能的儒学，这就是在儒学对社会的分析、批判、重建、激励、规范、教化和奖惩中所体现出来的儒学形态。

二、建构社会儒学的意义

儒家虽不乏家国天下礼治秩序和社会价值建构的追求和构想，在其思想体系中蕴含着较为丰富的社会儒学理念，但从总体上心性儒学更为发达，以致牟宗三等现代新儒家认为心性之学是儒学尤其是宋明儒学的核心和本源。而现代以来，对上而言，儒学界缺乏对传统儒家社会思想的探究，由此带来忽视历史上儒家关于社会发展、秩序、稳定、变迁、规律、控制、治理、整合等这些社会儒学问题的研究，而仅仅停留于从纵贯维度、立足于历史哲学参考框架去触及传统儒家的社会思想，从而使得其社会儒学思想受到社会学家的重视，儒学界不过是在谈论历史观时偶尔涉及一下，未见有从总体上研究社会的比较系统、比较专门的社会儒学论著问世；对下而言，儒学界较为关注诸如生活儒学、政治儒学、法律儒学、制度儒学、宗教儒学、道德儒学、经济儒学、民主儒学等之类的中观层面的分支社会儒学，而对经验形态的社会生活各个领域的大众化儒学则疏于概括、总结和提炼，这也是导致社会儒学相对落后的重要原因之一。实际上，多元一体的社会儒学对于儒学的发展、传播、普及、应用具有极其重大意义。

（一）助成儒学的结构优化

儒学博大精深、源远流长。从内容上说，它是由天人之学、人学思想（主要是人性论、人生哲学、人格论等）、伦理思想、政治思想、教育思想、宗教思想（如子不语怪力乱神）、文化思想（如博学于文）、审美思想（特别是乐论）、法律思想、经济思想（如孟子提出“井田制”）等所组成的庞大体系。与之相应，儒学可以分为天人儒学、人学儒学、伦理儒学、政治儒学、教育儒学、宗教儒学、文化儒学、审美儒学、法律儒学和经济儒学等等。以往学术界只是笼统谈论儒学，并没有严格科学梳理不同类型儒学之间的关系，以致造成了某种对儒学认知的思想混乱。例如，陈来提出“作为哲学的儒学”和“作为文化的儒学”，认为前者是学术思想的存在，后者是社会化、制度化、世俗化的整合的文化形态。[1] 显然他没有意识到哲学也是文化的组成部分，因而把儒学作如此分类不够准确，实际上哲学儒学从属于文化儒学。

按照笔者上面对社会结构的分析，儒学是由自然儒学和社会儒学所组成的二元一体系统，社会儒学又是由人类儒学、文化儒学和狭义社会儒学所构成的体系，除自然思想外，儒学各种思想可以划入社会儒学的不同类型之中，这样使之得到合理的定位，理清不同儒学形态之间的关系。刘述先认为儒家可以分为三种传统，即精神的儒家、政治化的儒家和民间的儒家，[2] 如果把“儒家”换成“儒学”，那么刘氏所说的精神儒家就是学术形态的文化儒学，而政治化的儒家和民间的儒家则为狭义的社会儒学。

崔大华把儒学的理论形态主要分为天人之学、自然之学和性理之学，提出儒学的理论结构分成社会的理论层面、心性的理论层面和超越的理论层面三大部分。[3] 这尽管揭示了儒学的核心内容，却忽视了以礼为主的儒家文化思想。笔者在《儒学与人的发展》一书中指出，如果用圆圈来表示的话，那么，可以认为伦理学说构成了儒家文化的核心层，人生学说和政治学说则为第二层，其他的则为第三层。[4] 站在社会儒学的高度来看，这说明道德儒学是儒学的核心，人生儒学和政治儒学是儒学的副核心，而这三者分别代表文化儒学、个人儒学和社会儒学。不过，根据对儒学新的体认，笔者认为与其说人生儒学是个人儒学的核心，不如说心性儒学是个人儒学的核心更准确些。

（二）强化儒学的整合统一

开创儒学研究新局面，就必须推动儒学的创新性发展；而要实现儒学的创新性发展，一个重要途径就是建构一种新的儒学形态或者儒学样态。儒学具有悠久的历史性和丰富的多样性，历代儒家根据特定的思想传统、文化资源、社会条件与历史背景推动着儒学的发展，形成了不同形态的社会儒学。在社会多样化或者多元化的背景下，毫无疑问，按照现代学科分类体系，可以对儒学分别进行哲学、文学、政治学、社会学、经济学、史学、伦理学、美学等方面的专门研究，进而发展出各种类型的社会儒学。它们之间并不是绝对的你死我活的互相排斥，而是各有其存在的合理性，在“理一分殊”的理念下，根据“多元一体”的致思理路，可以共生共进，殊途同归，从不同方面丰富和发展整个儒学体系，在不同文明的对话和交流中，共同为人类提供有益的精神资源。

但是，各种形态的社会儒学（如在中国大陆较为热火的生活儒学、心性儒学、制

---

① 参见干春松：《制度儒学》序言，上海人民出版社，2006 年。

② 参见刘述先：《儒家思想开拓的尝试》，中国社会科学出版社，2001 年，第 16 页。

③ 崔大华：《儒学引论》，人民出版社，2001 年。

④ 涂可国：《儒学与人的发展》，齐鲁书社，2011 年。

度儒学、政治儒学等）之间毕竟在思想主旨、参考框架、致思模式、理论重点等方面存在差异，它们仅是儒学系统中的组成部分，难免有相对局限性。如果任其完全自由发展，甚至互争高下，呈现多元并存的状态，不仅不利于儒学的统一，反而引致儒学的离散以致分裂。任何社会是一个有机系统，任何子系统之间都是相互联系的，一个子系统只有在与他种子系统及其要素的相互联结中，才能获得特有的规定性，才能获得合理的说明，才能发挥应有的功能。即便是儒家文化中的“仁”与“礼”也是彼此关联、互相规定的。因而有必要对各种社会儒学进行有机整合。社会儒学具有良好的整合功能。它作为儒学大系统中第二层次的亚系统，一是通过不同类型儒学的相互吸收、涵化、融会、调和而趋于社会一体化，逐渐整合为社会儒学体系，给儒学带来新鲜的血液，提高儒学内部凝聚力；二是通过儒学所彰显的社会之道、社会之理，而把生活儒学、心性儒学、制度儒学、政治儒学等不同样态借助社会儒学的价值追求、社会理想、人伦秩序等统合起来，达成社会健康和谐发展的终极目标。

（三）促进儒学的经世致用

在一些人看来，儒学同实用性是不搭界的。这一则因为儒学“迂远而阔于事情”，它所创设的圣贤君子人格、仁义礼信等德性伦理、仁政德治政治主张等过于理想化，难以同现实合拍；二则是因为许多儒者空谈心性、理气、有无、一多、道器等“玄学”问题，不仅离百姓日常生活太远，且不易被大多数民众所理解和接受；三则儒家坚持伦理本位，具有泛伦理主义流弊，把伦理价值作为唯一的评价尺度，因而同人丰富多样的社会生活和多变的思想观念（现代尤甚）相脱节，难以真正发挥其规范指导作用。应当说，这些否定儒学实用性的说法并非没有一点道理，因为儒学确乎有着过于高远、过于理想化的一面，尤其是宋明后学更是流于空谈和玄虚。但是，从另外一个角度看，儒学又呈现出较强的实用性，它在致思对象上强调不离人伦日用，在理论主张上儒家追求学以致用，在治学目的上强调经世致用，从而强调不离日用、学以致用、明体达用、经世致用、实事求是等，足以表明儒学不失为一种实用之学。现代新儒学为人所诟病的是它过于重学理，追求利用西学范式重建儒学理论体系，而其发展起来的经院儒学往往同普通民众的生活相脱离，儒学的实用性遭到削弱乃至消解。为此，有的提出应建立一门实用儒学，以使儒学中有价值的内容能为现代社会利用。①

笔者之所以断言社会儒学能够促进儒学的经世致用，不仅在于它本身具有实用性，还在于：第一，社会儒学所阐发的齐家、治国、平天下等理念涉及社会发展、社会秩序、社会分工、社会治理、社会整合等重大问题，它们将为治国安邦、经世济民提供可资借鉴的思想资源和行为规范；第二，社会儒学由于发散在社会经验的各个层面，

① 参见刘宗贤、蔡德贵主编：《当代东方儒学》，人民出版社，2003年。

具有强烈的可感性、可接受性，能够为普通民众提供“日用而不知”的儒学环境，使之在潜移默化中接受儒学教育；第三，当代社会儒学在传播方式上发生了革命性的变化，它可以借助于现代性的科技手段如影视、网络、手机、动漫等使之传播更加迅速、更有效率、更为多样，推动儒学更好地进入人们的精神世界，创建用以安身立命的精神家园。

三、如何建构社会儒学

要积极推动社会儒学的当代重建，对于作为思想内容的社会儒学来说，要推动儒学与不同社会科学的融合，强化各种具体社会儒学的整合，挖掘传统社会儒学丰富资源，这一点前贤做了多种阐述故无需赘述；而对于作为功能实现的社会儒学和作为存在形态的社会儒学，则要完善儒学社会化的通道与机制，这里作重点阐述。

（一）政治化

所谓儒学政治化并不是要求国家大政方针奉行王道主义，也不是要儒化共产党、儒化社会主义，更不是要恢复儒家政统，而是一方面要让儒家主导价值观如仁爱、贵和、尊礼、尚中等成为主流文化核心价值体系不可或缺的价值支撑和价值基础，成为全球价值观的有机构成；另一方面，则是成为国家领导人在对外文化交往中的重要政治智慧和文化精华，使儒家名言被引用、被宣传、被推广；再一方面则是把儒家德治思想整合到“以德治国”的基本方略之中，吸收传统中国“举孝廉”、以德选官的某些做法，把具备儒家伦理品性的人选入干部队伍，纳入人事考核和管理范围。只有将儒学政治化，建构特色鲜明的政治儒学和制度儒学，才能使之像古代中国“独尊儒术”一样，成为国家统治意志和统治思想的要素而在更大范围内得到重视和推广，成为民族的集体意识和众趋人格。

（二）人文化[①]

俗话说“文以载道”。虽然在当前世俗化的更为开放文明的公民社会，不能强求所有文学艺术的作品、大众传媒等文化产品均要宣传纲常伦理、理想道德，但从客观上说，文化产品不能不传播某种价值观念、人生态度、道德追求和审美情趣。当前，要想使儒学通过文化的传播、润泽、教育、范导而吸纳进中国以至世界主流文化之中，使之成为绝大多数国民所奉行的灵魂性东西，从而发展出覆盖广泛、内容多样的文化

---

① 郑可君指出，国外在如何培养小公民方面大致有八种模式，即传统深厚而著称的法国公民教育、理论经验丰富成熟的美国公民教育、拓宽视野关注欧洲的英国公民教育、“多维公民”理念独特的加拿大公民教育、公民学加公民身份的澳大利亚公民教育、东方德育与西方价值兼备的新加坡公民教育、阶段特征鲜明的日本公民教育和突出国民精神教育的韩国公民教育，载《中国社会科学报》2010年11月2日。

儒学，就务必做到：在大中小学课程中加大儒家经典的分量，不能仅满足于把四书五经作为语文范本来读，而是要像新加坡那样考虑把儒学或儒教作为专门课程来让学生选择；要充分利用好文庙、孔庙、乡校、府学、碑刻、标语、口号、墙体等载体，宣传儒家文化，为广大民众提供日迁善而不知的儒学环境，孔子的故乡曲阜的做法值得向全社会推广；利用影视、动漫、图书等形式传播儒家人物事迹；加强儒学学科建设力量，培养一大批儒学大师、专家，使之成为传道解惑的文化人才，发展好各种儒学研究机构和学术团体，使之成为传播研究乃至信仰儒学的中坚力量，等等。

（三）大众化

在当前，由于科举制等依托制度的废止、语言文字的障碍、社会经济基础的变更、多次激进反传统运动的破坏以及主流意识形态、西方文化和现代化等的冲击，导致儒学在许多大众心理层面出现了疏离、陌生、冷待乃至排斥，因而，要使儒学成为绝大多数中国人的精神信仰、人格操守、价值向导、观念支撑，成为大众化的儒学，就不能将儒学博物馆化、学院化，而要使它走入大众日常生活之中，内化成为他们内心世界中的重要成素，这在某种意义上也就是在全民中进行儒学普及。从修身齐家达至治国平天下的内圣外王之道固然令人向往，但如果难以做到，则由格物致知诚心正意达至修身齐家也是可为可取的。要将儒家思想转化为人们内心信仰，应借助于向大众普及儒学使之成为人们的日常生活价值准则。自 20 世纪 90 年代以来，儒学普及工作正逐步展开，诸如读经班、儒学讲坛、儒学普及读物、中华美德教育实验、经典诵读活动等形式，都有力地推动了儒学在全国的推行。这里笔者们只想指出的是，目前在致力于普及儒学的人士之中，有一种泛伦理主义的倾向，把儒学普及的主题归结为“儒家伦理——公民道德——建设精神家园”。诚然，儒家伦理是儒学的核心，也是它的现实价值所在，但是儒学精神不等于儒家伦理精神，它还蕴含着人文主义精神、民本精神等，儒学也不能完全归结为道德，它还有为政之道和为人之道，在普及儒学、以使之成为全民族共同的价值诉求、伦理品格过程中，不仅要大力宣扬它的伦理价值和行为规范作用，同时也要把它当成人生智慧和政治智慧向全社会推广普及。当然，儒学的普及也应注意防止当前“国学热”中出现的赶时髦、功利化（商业炒作）、装门面、浮躁化等不正之风。

（四）现代化

中国社会的现代化显然并未完成，但作为一个后发现代化国家正处于加速转型过程之中，中国社会的整体现代化需要民族精神现代化及其人格现代化、观念现代化和道德现代化，儒学毕竟是适应传统专制政体、小农经济、宗法关系等的产物，它固然蕴含一些超历史的共相的东西，但也存在不适应现代化的落后成分，它要继续成为当代中华民族精神家园能够接纳的精华，就不能不使自身实现现代转型。为此，必须进行创造性转化。这里不妨引述现代新儒学代表性人物杜维明的人格观点作进一步解释。杜先生在接受薛涌的访谈中对儒学的现代转化进行了较为系统的阐释。同李泽厚主张儒学四期说不同，杜先生力倡儒学三期说。立足于儒学三期发展说，他指出，中国的现代化要解决四个问题：要发扬代表中华民族文化认同的优良传统精神，要彻底扬弃在中国为害甚深的封建遗毒，要引进西方文化中最精彩、深刻的东西，同时也要认清与之俱来的一些负面现象，清除一些必须清除的“污染”。他指明儒家学说与现代人存在种种矛盾，如“五伦”往往会限制人的个性发展，它为人的生活提供的道路比较狭窄，对儒学的一些君子人格设想应进行批判，同时他又认为儒家所塑造的人格是一种全面性的人格，它既有开放性，又有无穷的内在动源；既非窝囊的“乡愿”，又不是以个人主义为中心的自了汉；既有开拓的心灵，又有一种群体的自笔者意识，以强烈的社会关切对人类各方面的问题都加以照察，因而它有适应现代化的一面。[①] 在笔者看来，不管是提创造性转化也好，还是提转换性创造也好，要使儒学能够适应中国社会和个人发展的需要，不仅要做好剥离工作，去粗取精，也要结合当代中国社会实际进行转换，例如像日本那样，把对封建君主的“忠”转化为对企业的“忠”，同时也要大力进行儒学创新，赋予它以新的内涵、新的生命力、新的要素，像国内提出的新孝文化即是对儒家“孝道”的超越。

（五）世俗化

世俗化同现代化是相伴相生的，随着现代化的发展，一个国家公民会更加关注日常生活中的享受、发展，追求平民化的生活方式，关心现世的人生体验；与之相应，民族文化也会变得更加务实，更为契合普通大众的个人正当利益追求，更加现实化、入世化。在这样的生存背景下，儒学也必须相应做出调整和更新，使其日益平民化、去魅化，只有这样，才能为广大民众所理解、认同和接受，进而上升为一种民族集体品格。20 世纪 90 年代来，中国大陆许多人致力于儒学世俗化的探索，这一努力对于如何吸收儒学的合理成分以建构中华民族精神家园，富有重要意义。儒学的世俗化即是通俗化，不过通俗化并不等于庸俗化，它无非是要求笔者们把儒家经典用文言文形式所传达的义理之学变成易懂的现代话语，这就是改变儒学的言说方式，使老百姓喜闻乐见、易于接受。对此，应当学习明清时期的做法，编写新的三字经之类的蒙学读物，同时把儒学的一些精神要素融贯到民规民约、标语口号、座右铭等之中去。至于利用故事、小说、评书等方式也不失为儒学通俗化的好形式，这能做到雅俗共赏、下里巴人。当然在儒学通俗化过程中，也要注意传播者的儒学功夫修养，防止出现对儒学的误读误解。陈卫平先生所讲的于丹《论语心得》出现的回避孔子儒学内在矛盾的问题

---

① 参见杜维明：《儒家传统的现代转化》，中国广播电视出版社，1992 年。

确实值得我们警惕。

（六）全球化

中国儒学早在汉代就开始传播到近邻的韩国和日本，进而向越南、马来西亚等国输出，到了15世纪被一些传教士带到欧洲，以致对欧洲的启蒙运动产生了影响。日本和亚洲“四小龙”的经济腾飞也引发了马克斯·韦伯关于儒家伦理阻碍资本主义兴起思想的重新评估，有的论者甚至提出了“儒教资本主义”概念。20世纪末以来，世界经济全球化步伐进一步加快，文化全球化已成为一种必然的经验事实。全球化固然会造成文化的某种同质化，但它也为不同民族文化在全球范围内展现自身的魅力和价值提供了机会和舞台。近年来，令世人瞩目的是孔子学院实现跨越式发展，已达400多家，孔子早已成为世界文化名人。儒学在国际上普遍受到重视，为世人所了解乃至接受，这些为建构全球化的社会儒学和世界儒学创造了良好的条件和平台。应将传统儒学经过去粗取精、去伪存真的改造后融入世界民族精神价值体系之中，成为全球价值、普世伦理的重要一元，成为全人类可以共享的精神资源，以更进一步增强人们对儒家传统文化的认同感，在文明对话中反观儒学，建构儒学，发展儒学。

儒家“中道”哲学与世界文明和谐

中国孔子研究院 杨朝明

前几年，清华大学收藏了一批战国时期的竹简，价值极高！最初公布的第一篇文章被定名为《保训》，李学勤先生首先认定这是周文王临终时训诫太子的“遗言”，这位太子就是周武王。人们惊奇地发现，周文王临终时谆谆嘱托的竟然就是一个“中”字。他要求太子发了解民情、了解人生，深入社会、认识社会，从而准确把握矛盾，尽量处事以“中”。显然，孔子儒家的“中道”哲学与《保训》里的“中”一脉相承。由此，这引起人们对于孔子“中道”哲学的重新思考。

孔子“中道”学说渊源有自

周文王如此重视“中”，而且这一文献属于战国时期，它一定产生了重要影响。事实正是如此，《逸周书·五权解》记载，武王临终时，同样希望儿子尽力做到“中”。于是，他对辅佐成王的周公说：“先后小子，勤在维政之失。”要他勤勤恳恳，力求避免政治上出现偏失。武王还强调希望儿子“克中无苗”。“苗”通“谬”，即谬误、偏失。意思是尽力做到适中无邪，以“保”成王在位。武王接着说：“维中是以，以长小子于位，实维永宁。”既要“保”其在位，又要“长”其于位，使他在王位上要尽快成长起来。那么，怎么成长？就是要“维中是以”，“以”的意思是“用”，即维中是用。

文王、武王以后，周人认真遵行了“中”的思想。西周时期，“中道”思想很受重视。西周职官中有“师氏”，具体职掌邦国事情是否合乎法度或礼制，以之教育后代。《周礼·地官司徒》说：师氏“掌国中、失之事，以教国子弟。凡国之贵游子弟学焉。”郑玄注：“教之者，使识旧事也。中，中礼者也；失，失礼者也。”符合礼的为“中”，否则就不是“中”，就是“失”。师氏具体掌握邦国中符合礼和不符合礼的故事，用以教育国子弟，凡国中的贵游子弟都参加学习。原来，西周时期是以“中”来教育国中子弟。

周人重视“中道”，是因为他们以“中道”为“人道”。《逸周书·武顺解》有一个重要论述，反映了那时人们的观念："天道尚左，日月西移；地道尚右，水道东流；人道尚中，耳目役心。"他们认为，天之道以左为尊，日月都是东升西落：地之道以右为尊，河川都是自东向西入海：人事的规律是以中正为上，所以耳目要顺从于心。人道尚"中"，就像"日月西移"、"水道东流"那样，自然而然，理当如此。所谓"耳目役心"，就是"耳目役于心"，这是说要用心去思考、分析、把握信息，要有透过现象看本质的能力。

《逸周书·武顺解》还说："天道曰祥，地道曰义，人道曰礼。"这里的"礼"符合天理、人情。这种朴素的"人道"主张将"天"、"地"、"人"合观，把人放在天地之间，没有孤立看待人的问题。从中还看出，这个"人道"之"中"，其标准就是"礼"。

周代重视"中道"，也是他们的创造，而是接受了尧、舜以来的思想成果。在《保训》的叙述中，既说到了尧、舜，也说到了商朝的先人以至商汤，这些都可以得到其他相关文献材料的印证。

据整理者介绍，"清华简"的时代在战国中期偏晚。这些珍贵早期文献记载的早期历史，同样也让我们透过中国学术史上的种种讨论，清晰地梳理出中华民族"先圣"、"先王"思考"中"的历史。唐宋时期，思想家们说的"道统"，便是"中道"的传承统绪。从尧、舜时代到西周时期的文王、武王，这个"道统"传承直接影响了孔子的学说，直到子思作《中庸》，将孔子儒家的中庸思想记录下来。《中庸》所包含的，实际是中国两千多年的思想成果。

"孔子智慧"精髓在于"中道"

孔子思想的一个重要特征便是"述而不作"，孔子"祖述尧舜，宪章文武"，他集上古历史文化之大成，站在历史的高端上系统凝练提升。用梁漱溟先生的话说，"孔子以前的中国文化差不多都集中在孔子的手里"（梁漱溟：《东西文化及其哲学》第150页，商务印书馆，1999年），孔子所继承的前人成果，其精髓恐怕应该就是"中道"思想。

在近代东西方文化的交汇交流中，曾经有人（如林语堂）向西方介绍"孔子的智慧"。1988年1月，"第一届诺贝尔奖获得者国际大会"在法国巴黎举行，75位参会者（包括52名科学家）经过四天讨论得出重要结论："人类要在21世纪生存下去，必须回头2500年以前，去汲取孔子的智慧。"提出这一结论的是瑞典物理学家汉内斯·阿尔文博士。（顾犇：《关于诺贝尔与孔夫子的一些说明》，《中国文化研究》2002年第2期）不论阿尔文博士对孔子儒学了解多少，但孔子儒家的社会主张、政治理想是人所共知的。他们向往"天下为公，讲信修睦"，希望人们"己所不欲，勿施于人"，要求人们互相关爱，尽力做到“不独亲其亲，不独子其子”、尽力做到“泛爱众”。孔子相信“道不远人”，无论是政治主张还是伦理学说，孔子往往从浅近的道理出发。有人认为孔子“只有一些老练的道德说教”，其实，正如中国的《周易》不太容易读懂那样，真正读懂孔子也不是轻而易举的事情。

有现代西方学者经过比较后说道：“在孔子学说的影响下，伟大的中华民族比世界上别的民族更和睦和平地共同生活了几千年。”又说：“孔子提出的方法是简单的。也许你不会马上就喜欢它，但是其中却蕴含着比人们第一眼所看到的更多的智慧。”【英国·贡布里希（Ernst H. Gombrich，1909～2001）：《写给大家的简明世界史·一个伟大民族的伟大导师》，广西师范大学出版社，2009 年】孔子的智慧来源于他对以往历史的总结。历史给了孔子一个制高点，在他的时代，似乎没有人比他更有仁德，也没有人比他更博学、更睿智。他与常人所不同的，就在于他立足更高，所见更远。他思考人性、思考人道，同时也思考天地之道，他整体、系统而动态地观察世界。从他敬仰的“先圣”、“先王”那里，他看到了“允执其中”，看到了“中道”。通过继承、凝练与提升，孔子达到了他认识世界的最高境界。不理解“中庸”，就难以真正了解孔子。

孔子思想也有一个阶段性的发展过程。孔子思想产生之初，他关注最多的应该是“礼”，即周礼。孔子名声日隆，从学弟子众多，都在于他对周代礼乐的精深造诣。这时期，孔子谈论最多的也是周礼，他所念念于怀的，是怎样以周代礼乐重整社会。后来，孔子对社会的认识逐渐深化。他到处推行自己“礼”的政治主张，企图改造社会，但处处碰壁，遂进一步思考“礼”之不行的深层原因。于是，他越来越多地提到“仁”，议论“仁”与“礼”关系，孔子“仁”的学说得到了充分拓展和完善。进入“知命”之年以后，孔子的人生境界继续提高，逐渐达到“从心所欲不逾矩”的佳境。他晚而喜《易》，作《易传》，对哲学思想进行了具体阐发，他“中庸”的方法论观点也臻于成熟。

“中庸”就是“用中”、“使用中道”

对于“中庸”，历代学者都做出过很多解释。“中庸”十分神奇，也并不复杂，甚至可以说十分简单，因为“中庸”就是“执中”、就是“用中”。无论从《易经》，还是借助新出土的地下文献（郭店楚简《五行》），都证明“庸”在先秦时与“用”相通，“中庸”即“用中”。用中就是“用心”，按照《礼记·中庸》的思想，用心之道就是“诚”，所谓“至诚”，所谓“诚外无物”，就是“用中”之道。

宋代以来，学者们对“中庸”的解说越来越复杂，让人如坠云里雾里。近代以来，大家都误认为“中庸”就是调和，就是“和稀泥”，甚至就是“没原则”，其实这是极大的误解。西方有人认为孔子的学说“只是一些老练的道德说教”，其原因恐怕也主要是没有理解“中庸”思想的精妙。“中庸”绝不是简单的“调和”，也不是简单的“折中”。难怪孔子说：“中庸其至矣乎！民鲜能久矣”；孔子又说：“天下国家可均也，爵禄可辞也，白刃可蹈也，中庸不可能也”。仔细思考这些话，就能觉察出“中庸”的分量。

我认为，“中庸”这一概念的意思，东汉学者郑玄已经讲清楚了。他说：“名曰《中庸》者，以其记中和之为用也。庸，用也。”庸，也就是“用”。《中庸》通篇所讲都是如何把握中道，如何在实际中使用“中”。

作为概念，“中庸”特别简单，但真正把握“中”道、做到“用中”却并不容易。不难理解，“中”不是凝固不变的，而是动态的，它随着时间、空间的变化而变化。或者说，“中”实际就是在现实中不断纠偏的过程。因此，孔子所说的“时中”十分重要！也就是说，这个“中”因时而变，“与时偕行”、“与时偕极”（《易·乾卦·文言》）。“中”，不是任何时候都能一眼看透，它不是数理意义上的“中间”。人在具体行为中对“中”的把握，就好像掌握平衡，这种平衡就是一种稳定、一种和谐。不稳定、不和谐，就谈不上发展。所以《中庸》说：“致中和，天地位焉，万物育焉。”“天地位”就是和谐，“万物育”就是发展。

对于事物“中”的把握，必须有一个整体、系统、全局的观念。《荀子·大略》篇中说：“礼之于正国家也，如权衡之于轻重也。”治理国家，就像使用秤或者天平，秤或天平达到平衡状态时，可以称为“中”。但是，就像事物总是在不断发展变化那样，这种和谐、这种平衡绝不会是不变的，不会是静止的，随着时间、空间等相关条件的变化，“中”的标准也应相应改变。就像天平中物体增加或者减少，平衡就被打破了。要维持新的平衡，达到新的“中”，权衡必须进行相应的移动。但是，这种移动要适当，必须处理好三个问题：第一，方向：往哪移动？第二，距离：移动多少？第三，速度：移动快慢。任何方面做不好，这个平衡都会被打破。而要在新的条件下求“中”，就必须讲究科学，就应该全面认知事物，懂得见微知著，洞察变化。

真能把握“中”的人一定境界很高。“时中”也是为人处世的重要道理或原则。《论语·乡党》记载了这样的故事：“色斯举矣，翔而后集。曰：‘山梁雌雉，时哉时哉！’子路共之，三嗅而作。”这里好像是说孔子和子路在山间散步，发现一群雌雉（即母野鸡）。子路看见野鸡，似乎有一个举手之类的动作，野鸡便警觉地飞翔到前面的树上。见此情景，孔子感慨地说道：山梁间的野鸡呀，它们懂得“时”呀。野鸡懂得“时”，就是它们发现了“变化”，而且及时做出了正确反应。孔子的意思是，野鸡发现对自己不利，可能遇到危险，便远离这种危险，把自己置于安全的境地。所以，孔子感慨雌雉知“时”！

《大学》引《诗》云："缗蛮黄鸟，止于丘隅。"孔子说："于止，知其所止，可以人而不如鸟乎?"他是说那些小鸟很不简单，它们知道停落在山丘安全的地方，对此，孔子感慨地说：何以人还不如这些小鸟呢？正像现在学生学习与将来找工作的关系，孔子说："不患无位，患所以立。"不应只是担心将来能否找到工作，最应该自问的是自己将来能干好什么！《论语》编者将这一章放在《乡党》篇之末，其深意应该就在这个"时"。

孔子"时"的思想意义重大，儒家典籍里面有好多相关记述，很多都是相通的。《周易》里面"卦以藏时"（王弼语），也给今人以很好的启发：我们都应该了解自己，了解自己是谁，了解自己是干什么的，了解自己能不能干好自己该干的事。那么，踏踏实实做好当下恐怕才是最重要的。

宋朝以前孔子故里曲阜孔庙的大门名曰"中和门"，后更名为"大中门"，可以想象宋代人心目中孔子"中道"思想的极其重要地位。孔子的"中道"思想之所以受到重视，是因为它是一种行为方式，是指导人们的重要思维方式，具有重要的、普遍的指导意义。

"以礼制中"和"以刑教中"

无论为人处事还是国家治理，"中道"的应用体现在"以礼制中"。西周时期用"中"来教养国中子弟，其实就是教育引导他们"守礼"。同样，人的行为符合"中道"，也就是明理修身，循道而行。《逸周书》说"人道尚中"，同时说"人道曰礼"。礼，自然就是事物的道理，正如《孔子家语》中说的："礼也者，理也"，《礼记·礼器》也说："礼也者，合于天时，设于地财，顺于鬼神，合于人心，理万物者也。"把握"人道"，就应该了解事物的本质，了解社会和人生的发展规律。不然，要做到"中"，也只是空想。

人们要守礼、要修身，就是需要把握好行为的尺度和原则。如儒家特别提倡敬、恭、勇，这些都是优良的品质，值得提倡，但也不能简单化。孔子说："敬而不中礼，谓之野；恭而不中礼，谓之给；勇而不中礼，谓之逆。"敬，做过了头，就流于粗野；恭，做过了头，就流于奉承或者谄媚；勇，做过了头，就流于忤逆。所以，孔子说："夫礼，所以制中也。"（《孔子家语·论礼》）

以礼制中，就是以"礼"（即"理"）为行为准则，做事遵从客观规律。把握好这一方法，就要"不过"，也不要"不及"；要不偏不倚；不保守，不冒进。例如"信"与"恭"，孔子弟子有子说："信近于义，言可复也。恭近于礼，远耻辱也。因不失其亲，亦可宗也。"（《论语·学而》）人生境界高的人，不会像"硁硁小人"（《论语·子路》)，而应像孟子所说，“言不必信，行不必果，惟义所在”(《孟子·离娄下》)又如“和”，有子说：“礼之用，和为贵。先王之道斯为美，小大由之。有所不行，知和而和，不以礼节之，亦不可行也。”这就是说，不能为“和”而和，要以礼节“和”。这也是“中”的要求。

《中庸》说：“喜怒哀乐之未发，谓之中；发而皆中节，谓之和。”心里对外界的正常反应是喜怒哀乐，这是人情之“中”；其表达时有度有节，其结果被称作和。人都有喜怒哀乐之类的情绪，这些情绪是对外部事物的正常反应。人们对外界事物的反映都具有一定的客观性，这便是“率性”之“道”，这正如《尚书·盘庚》中所说：“各设中于乃心”。人心里面的那个“中”，是人正常的情绪与心境，它的正常、适度、有节的表达，才会得到“和”的结果。而人“发而中节”，决定于心里的那个“中”。没有“中”，就没有“和”。

人生的和谐体现在“中庸”或者“时中”的认识境界中。人之执中，首先应当“知中”。《易·乾·爻辞》九三曰：“君子终日乾乾，夕惕若厉，无咎。”传统上，认为“终日乾乾”是终日戒慎恐惧，自强不息。“夕惕若厉”，到了晚上还是心怀忧惕，不敢有一点的松懈。人们通常认为这里是说人应当有“忧患意识”，这样理解《周易》并不准确。实际上，“夕惕若”的“惕”，帛书《易传》作“沂”，沂本作“析”。衣、析、惕，意义相同，本义为解除，引申有安闲休息义。《乾》九三爻辞强调的是一个“时”字，要求君子要因时行止。所以《淮南子·人间训》认为：“终日乾乾，以阳动也；夕惕若厉，以阴息也。因日以动，因夜以息，唯有道者能行之。”孔子解释得好，他说：“君子进德修业。忠信所以进德也。修辞立其诚，所以居业也。……居上位而不骄，在下位而不忧，故乾乾因其时而惕(析)，虽危无咎矣。”(《易·乾·文言》)人生贵在正确对待升迁进退，因为“上下无常”、“进退无恒”，重要的是不断“进德修业”，关键的时候才能“及时”，抓住机遇。

每一个人刚出生时都天真无邪。随着年龄的增长，人对外部世界产生了一种认知。在外物的诱导下，“好”与“恶”的情感产生了。人被外物所“化”往往是无休无止的，如果是这样，“好”与“恶”的情感就应该有所节制，不然就会滑向危险的边缘。这个“节”能够作为人“情欲”与“天理”之间的平衡，以防止“人化于物”，防止“灭天理而穷人欲”(《礼记·乐记》)，避免产生人间的罪恶。这个“节”就是“礼”，处理得当，就做到了“中”。

孔子儒家思索人性，思索“人之所以为人”的问题，其中心的思想应该正是为人处事之“中”的问题，这也是儒学的核心议题。他要求人们关注“人情”与“人义”，研究“人心”和“道心”，思考“人欲”和“天理”。孔子向往社会的和谐与“大同”状态，他深信，只要人们正心修身，推延亲情，放大“善性”，秉顺理性，循道而行，社会就不难达至“至善”之境。

为了使人们的行为符合社会规范，孔子还强调“以刑教中”。所谓“以刑教中”，不是指单纯的强制性的以刑罚强迫人们遵守“中道”的要求。正如政治治理中“徒法不足以治”的道理一样，“以刑教中”还具有树立典型、正确引导的意义，而且这应该是“中道”方法教育中重要的方面。

西周时期，“以刑教中”是“大司徒”社会教化手段的“十二教”之一。这时期的“以刑教中”，是通过刑罚判决告诉人们做人的道理。但决不仅如此，因为周代的教化系统比较完备。《周礼》“天官冢宰”中有“太宰”一职，其具体职掌是“建邦之六典”，用来辅佐王者治理天下邦国。所谓“六典”，其中有“刑典”时，其表述为“以诘邦国，以刑百官，以纠万民”。太宰怎样“刑百官”？许多注释、翻译都径直理解为“惩罚恶吏”、“惩罚不法官吏”等。其实，《周礼》刑典的“刑”应该与“型”相通，有法式、典范、榜样的意义，强调的是对百官的管理，即为政者的表率作用，以此进行社会人心教化。

孔子的认识与之完全一致。在他看来，对百官应“以礼御其心”，“属之以廉耻之节”（《孔子家语・五刑》），树立法式和典范。孔子说：“名不正，则言不顺；言不顺，则事不成；事不成，则礼乐不兴；礼乐不兴，则刑罚不中；刑罚不中，则民无所措手足。”（《论语・子路》）如果社会没有正气，礼乐不兴，那么刑罚就很难做到公正，社会的公平、正义就无从谈起。

“中道”学说与世界文明“和谐”

从实质上讲，“中庸之道”就是修身之道，也是君子之道。孔子主张仁政德治，他教育弟子，十分强调个人修养，教以诗书，导以孝悌，用仁义礼乐加以引导和启示，以成就道义、德行。这是人具体的修行方式与途径。

在现实社会中，有很多时候，人的行为未必合宜，未必适当。按照孔子和早期儒家的取向，社会管理的最高境界是用道德教化人心，其次则是以政治引导人民。但政教不是万能的，它并非在任何时候、对任何人都适用，也有的人“化之弗变，导之弗从”（《孔子家语・刑政》），其行为伤义败俗，负面影响很大，对这些人就只能“用刑”，采取强硬措施。这种“伤义败俗”者的惩罚，是对社会扭曲行为的矫正，也是对社会行为的一种刚性引导。这是从特殊的角度，告诉人们什么是“中”，什么样的行为违背了社会规范。

中庸之道作为传统儒家修行的法宝，其基本点在于教育人们自觉地进行自我修养、自我监督、自我教育、自我完善，把自己培养成为具有理想君子人格的人，其理论的基础在于人道应当符合天道，将天人合一，尽心知性知天，做到将人的理性与情感的统一起来，完善自己内心的品德和智慧，在此基础上处理好各种人际关系，进而使天下国家达到太平和合的理想境界。

中庸是人生和谐之道，也是世界和谐之道。人生和谐的追求需要以“义”为准则，国家的、天下的和谐同样如此。“中和”之境的“和谐”不是暂时的，它建立在“礼”的牢固基础上，具有相对的稳定性。儒家既主张“以和为贵”，同时又强调“以礼节和”。礼贵得“中”，知有所“节”则知所“中”，能得中庸之常道，不偏不倚，恰到好处。无论对个人、家庭还是社会、国家，乃至整个世界，“和”都极其重要。

要保持“和”，重要的是守礼、有道，遵循共同的行为准则。人有恒心，坚守德行，与周围的人相处融洽。如果没有自己独立的思想，不能坚持自己的德行，一味追求和别人保持一致，而不讲求原则，就很难与他人保持和谐相处，共同发展。这同样既是人生和谐之道，也是世界和谐之道。

2014 年 3 月 27 日，习近平主席在巴黎联合国教科文组织总部演讲，提出了世界“文明和谐”论，这是中国关于世界文明关系的最新表达。习主席的演讲高瞻远瞩，气势恢宏，掷地有声，它明显高于“文明冲突”论，也包含了既有的“文明对话”论，业已引起国际社会的广泛关注和一致好评。我们认为，这一理念是在“和平共处五项原则”基础上的延伸和发展，与孔子的“中道”哲学存在着显著的契合。外交是一个道德选择困难的领域，但也是一个道德选择适宜的领域。道义因素是外交的重要维度，而现在占据主流的国际关系准则及其价值观，还没有摆脱实质上的民族主义和社会达尔文主义的影响，因而探讨符合天道正义的国际宪政规则显得十分必要。在诸多思想资源中，也许儒家的相关资源最为丰富。

在演讲中，习主席提出文明交流互鉴的态度和原则：第一，文明是多彩的；第二，文明是平等的；第三，文明是包容的。文明多彩是认识前提，文明平等是基本态度，文明包容使人类文明不断发展和进步。只有承认并充分尊重文明的多样性，看到不同文明之间的多姿多彩，才有可能尊重其他文明，从而平等对话，互相交流；才有可能参透其他文明的奥妙，消除独尊、歧视、排它心理，避免无知、傲慢和偏见，进而求同存异，互相涵摄，和谐相处，共同前行。

习近平主席的论述基于中国文化发展的历史经验，体现了中国传统文化的伟大智慧。习近平主席 2013 年 11 月 26 日视察孔子研究院时谈道：有的外国元首看长城，就能联想到中国文化的特点在于热爱和平，不进攻侵略，而是防守自己的家园。习主席说，长城还象征包容与凝聚力，外来的东西，进来后也变成内生的东西。中华民族就是不少民族共同融合形成的，中国常把外来文化本土化。这样的例证不胜枚举，佛教中国化就是如此。

中华文明的包容性特征很早便形成了。春秋时期就有人说“和实生物，同则不继”（《国语·郑语》），孔子儒家集古代文化之大成，形成了“和而不同”的优秀品质，虽不苟同，但相尊重，和平共处。只要秉持平等、谦虚的态度，了解各种文明的真谛，就能具有包容精神，实现文明和谐，就能像习主席所说，哪里还有什么“文明冲突”?

习主席说到，在教科文组织总部大楼前的石碑上，用多种语言镌刻着这样一句话：“战争起源于人之思想，故务需于人之思想中筑起保卫和平之屏障。”当今世界充斥着野性的制裁与报复，法西斯阴影和战争幽灵挥之不去。在这种国际背景下，习近平主席的演讲更加具有现实意义，更加能够振聋发聩，引起正义人士共鸣。其实，儒家的“中道”学说，核心的问题便是思索“人之思想”里面的那个“屏障”，这便是“中”，便是用以“制中”的那个“礼”。

中国先人早就看到“人心惟危”（《尚书·大禹谟》），人不能“好恶无节”（《礼记·乐记》），而应明理修身，推衍亲情，放大善性，“允执厥中”（《尚书·大禹谟》）。孔子便说：“凡夫之为奸邪、窃盗、靡法、妄行者，生于不足，不足生于无度。”（《孔子家语·五刑解》）又说：“人藏其心，不可测度，美、恶皆在其心，不见其色。”（《孔子家语·礼运》）既然“有度”与“无度”全在“人之思想”，那么，中华文明“以礼制中”的意义便不言而喻。

儒学以民为本与壮族文人的民本思想

广西大学 韦玖灵

以孔子为代表的儒家思想是中国传统文化的主体。孔子是“德侔天地，道贯古今，删述六经，垂宪万世”的文化圣人；儒学，以孔子学说为基础，以历代儒家宗师的理论为主体形成的价值观念和思想体系。儒学思想体系，博大精深，包罗万象，内容非常丰富。这里仅就其中的以人为本来探讨儒学对壮族文人民本思想的影响。

一、儒学从“以人为本”发展到“以民为本”的现代意涵

中国传统文化内容丰富多彩，其中的人文精神又是中国传统文化的精华。人本精神的主要内容，就是以人为中心，强调“以人为本”。[①]

“以人为本”的内涵，从哲学意义上看，“人”与“神”和“物”往往被放在一起来对应进行研究，人是相对于神和物而言的。因此，提出“人本”，要么是相对于“神本”，要么是相对于“物本”。众所周知，早期西方的人本主义，从本质上说，是相对于神本主义而提出的。西方学人主张用人性反对神性，用人权反对神权，强调把人的价值放到首位，即人比神的地位更高。

中国历史上的人本思想，与西方反神权的人本主义是不相同的，主要肯定人在自然与社会中的地位、作用和价值，并以此为中心，解释一切问题；强调人贵于物，“天地之性人为贵”；[②] 在解释一切问题中体现出人在世界中的地位、作用和价值，便构成中国特色的“人本精神”。

在中国历史上，较早提出“以人为本”概念的是管仲。在《管子》一书“霸言”篇中，记述了管仲对齐桓公陈述霸业的言论。其中有一段这样说：“夫霸王之所始也，以人为本。本理则国固，本乱则国危。”[③] 意为霸王的事业之所以有良好的开端，是以

---

① 参见张文立：《儒学人文精神与现代社会》，中国孟子网，名人文库，2007/7/30。

② 《孝经·圣治章》。

③ 见商务印书“万有文库”版本《管子》，1936年，第二册第8页。

人为根本的；这个本理顺了国家才能巩固，这个本搞乱了国家势必危亡。

孔子也强调以人为本。孔子的人本精神不仅在把人当作人看，尊重人格，而且重在如何做人，怎样做人，关怀人的内在道德修养。孔子仁学充分体现了人本精神。他所说的人，是具有人格的人，而不是其他外在要素的附属品或派生物。因为孔子仁学的核心是讲人，所以仁学也可称为人学或人本学。

孟子提出“民为贵，社稷次之，君为轻”的观点，是儒家对民本思想的精辟概括。中国历史上许多被后人传颂的清官、好官，多是身体力行儒家民本思想的典范。

朱熹深受儒家民本思想的影响，对当时官员普遍缺乏爱民惠民之心甚为不满，明确主张：“为守令，第一是民事为重。”倡导为官者做到“临民以宽”，并告诫统治者不要竭泽而渔。朱熹主张“恤民”与“省赋”，他认为：“天下国家之大务，莫大于恤民，而恤民之实在省赋。”[①] 这里的“恤民”，就是具有忧虑、怜悯、抚恤民众的多重含义。在朱熹看来，天下国家最大的事务就是为民众而忧虑，做官的人必须不断地为民众排忧解难；还要怜悯、关心民众疾苦，多做一些惠民的实事、好事；同时还要抚恤民众，救济民众于水深火热之中。而“省赋”，就是要减轻民众的负担，少收一些税赋。为此，他提出“平易近民，为政之本”[②] 的观点。朱熹的这些观点与现代社会公民为本的思想有异曲同工之处。

朱熹一生虽然为官时间不长，但他始终致力于缓和社会矛盾，想方设法地为百姓办些实事。他退居崇安（今福建省武夷山市）时期，崇安因水灾发生饥荒，爆发农民起义。朱熹主张设“社仓”，以官粟为本，防止地主豪绅在灾荒时期用高利贷剥削农民。此后，这一举措在多地推行。由此，以粮赈灾的制度开始向州县以下扩展到了乡镇一级。当年朱熹倡议设立的朱子社仓，在历经 800 多年风风雨雨之后，目前依然得到完好的保存。

尽管朱熹所处的是封建时代，他的民本思想和提倡的亲民、爱民精神，仍然具有现实意义和理论价值。

概而言之，以民为本，“天下国家之大务，莫大于恤民”，同情人民疾苦，“哀民生之多艰”，儒学这些思想深深影响着从古代到近现代的壮族文人所形成的独具特色的民本思想与行为。

---

① 《四书集注·中庸章句》。

② 《四书集注·中庸章句》。

二、古代壮族的民本思想

（一）明代李璧“善政惠民”的民本思想

李璧，字白夫，武缘（今广西南宁市武鸣县）人。李璧出身农家，明孝宗弘治八年（1495年）中式举人，明武宗正德年间，李璧中式进士。曾任浙江兰溪、仁和教谕，并随名士章懋到金陵（今南京）讲学。正德十三年（1518年）任剑州（今四川剑阁县）知州6年。正德十六年（1521年）转授临安府同知。明世宗嘉庆四年（1525年）转户部员外郎，赴任途中病故。

李璧学识渊博，熟谙儒学，品德高尚，历任教谕、同知、知州、户部员外郎等职。在任期间，他忠于职守，勤勉努力，善于处理各种复杂的事情，政绩颇佳，得到同僚及属下的拥护与爱戴；他还以民为本，给民以实惠，为民众办了实事好事，口碑很好，如《武缘县图经》说他“凡可以善政惠民之道，靡不悉举”。[①] 在四川任剑州知州期间，深入实际，体察民情，为当地办了许多实事好事。首先，李璧在剑州城北设市“招商致货”。他认为，没有开市，不利于产品交易，这对农业、商业的发展是有害无益的。于是，在开市前，他召集剑州有权有势的豪绅张昌平、赵思仁等人议事，把开市之想法告诉他们：“日中为市，著见《周易》；贸迁有无，纪于《虞史》。今者途无行旅，廛无藏商，民无所资，盍图所以利吾民耶”。[②] 李璧引经据典，说明开市贸易的必要性和重要性，因而得到剑州地区各位豪绅和民众的支持。于是，李璧“乃以丙子十月之吉，大会郡中士民父老而告之。击牛丽西酒，招商致货，约一月会市者九。”[③] 李璧选择黄道吉日，举行隆重的开市仪式。自此以后，剑州地区商贾往来频繁，民众会市，贸易活跃，相互有无，促进了经济的发展。此外，李璧知剑期间，还筑路修桥，植树绿化，净美环境，造福人民。《古今图书集成》载：“自剑阁南至阆州，西至梓潼，三百余里，明正德中，知州李璧以石砌路，两旁植松柏百万株，今皆蜿蜒如龙。”[④] 李璧呕心吐胆，积德累功，为剑州人民造了千秋大业：修路“三百余里”，植树“数百万株”，确实为后人所爱戴与敬仰。清代剑州知州乔钵将这三百余里的石砌路，命名为“剑门路”雅称为“翠云廓”，并赋诗赞颂：“剑门路崎岖，凹凸石头露，两旁古柏植何人，三百长程十万树，剑云廓，苍烟护。……龙蛇蜿蜒山盘亘，传是昔年李白夫，奇人怪事教人

---

① 黄君钜：《武缘县图经》卷五。

② 黄君钜：《武缘县图经》卷五。

③ 《古今图书集成》第一〇五册，李璧《剑州儒学科第题名记》。

④ 黄君钜：《武缘县图经》卷五。

妒。休称蜀道难，错莫剑门路。”[①]“剑门路”、“翠云廊”及诗赋，把李壁“善政惠民”的民本思想加以颂扬，并永载史册，流芳百世。

（二）张鹏展关怀桑梓的怜民思想

张鹏展，字南崧，广西上林县澄泰乡人，出生在“书香门第”的壮族家庭。县志说他“少承家学，刻苦淬砺”。乾隆五十三年（1788年）“考取拔贡，是秋即举于乡”；紧接着，乾隆五十四年（1789年）中式进士，领受翰林院武英殿纂修。乾隆五十七年（1792年）充任云南乡试副考官，旋复命升为福建道监察御史，巡视江南一带。嘉庆十四年（1809年）迁光禄寺少卿。嘉庆十五年（1810年）为山东乡试正考官，随之奉命提督山东学政。在山东为官期间，他多方征集，编纂《山左诗续抄》，保存了广西历代文人的大量诗歌作品，并亲自写了序言。

张鹏展是众多壮族文生儒士的佼佼者，深受儒学民本思想的影响。他是具有关怀桑梓、关爱民生、关心民瘼之思想最为突出的代表之一。《上林县志》记载的两件事情，充分反映和体现了他的这一思想。

上林县志记载：“因关怀桑梓过切，遂罔顾嫌怨，陈奏本省大吏所不欲言之迫练乡勇，滥用夫役，勒派采买兵米，有累于民者数事，均蒙俞允禁革。”[②] 原来，张鹏展告假省亲期间，看到家乡官府用“采买兵粮”勒索人民，于是便在嘉庆五年（1800年）上书《奏请严禁采买以安民心疏》。奏疏道：“臣告假省亲回籍，家居三年，又往来经数省之遥，知民间之不便，莫甚于采买，而易生扰乱，亦莫甚于采买。凡地方官无不欲借采买以网利，各省民情无不受采买之累。”[③] 在奏疏中，他详细列举了“采买”的种种弊端，并严厉谴责“地方官借采买以网利”的恶劣作风和关注“各省民情无不受采买之累”忧民之心。他又说：“臣原不宜言本地之事，第一邑如此，各邑亦不相远；一省如此，各省亦不相远。特臣就知之详者，不敢不缕述，以见采买之弊也。”[④] 他还明确指出，必须“严禁采买，以安民心”，“以杜弊端”，并把严禁采买与治国之道联系起来，明确表示：“畿辅重地，夏初雨水颇少，谷价稍昂，宜静民气，恐亦不可多方致扰。”“民气常静，此乃久治长安之道也。”[⑤] 他的这一奏疏获得恩准，地方官府不得不遵旨行事，严禁采买，这在一定程度上保证了边疆的安宁与稳定。民安国泰，经济发展，张鹏展确实功不可没。

同一年，张鹏展又上书《奏请严禁滥役以奠边民疏》。原来，自乾隆五十三年

① 《古今图书集成》第一〇五册，李壁《剑州儒学科第题名记》。

② 《上林县志》卷十一。

③ 《上林县志》卷十一。

④ 《上林县志》卷十一。

⑤ 《上林县志》卷十一。

（1788年）起，朝廷出兵平定安南（今越南）之扰，令广西思恩、南宁、太平、镇安、泗城各府，按户派拨民夫在各塘堡搬运军需。这本无可非议。但是，大功告成之后，十多年来派拨民夫之事仍沿用如故，每天需用役夫，少则数十，多则一百有余。因此，致使村民怨声载道，“逃散而弃田宅者屡屡”，“露居野处”，“荒工废业”，民不聊生。而且，衙门之胥役长利用派拨民夫之机，或“借此向用夫者讨取小费”，或向不能出夫之户勒索，或“纵恿地方官拘累良民”，导致边民“奔走流离，实难度日。”[①] 因此，张鹏展明确指出：“今年村民节次上控，经督抚批上饬禁革”，“而各州县并未实力奉行，仍派拨滥行役使，苦累服田力穑之民，自当严厉禁革。”“如再有私役人夫之事，立即究办，以免扰累。”[②] 这篇奏疏也获得恩准，更清楚地反映和体现了张鹏展忧国怜民的民本思想。

（三）黎建三体察民情，关心民瘼的民本思想

黎建三，字谦亭，清乾隆十三年（1748年）出生于广西平南县一个“书香门第”的壮族家庭。乾隆四十四年（1779年），朝廷举行大挑之选，黎建三31岁时应大挑之选，在甘肃地方就任知县达24年之久。他深受儒学民本思想的影响，为官一方，立身勤恳，体察民情，关心民瘼，清廉正直，深得民心；他按南方农村的做法，教西北农民在河干建造转轮水车，引水灌溉农田，深受民众爱戴；就任山丹知县期间，慷慨解囊，捐金三千，修筑山丹河堤，民众无不钦佩；他常巡视地方，访贫问苦，以致纵囚回家过节，民众无不景仰。由于他为民众做了许多实事好事，当他调任别处之际，当地民众“共泣留之”。[③]

作为一个普通知县的黎建三，为民众做了大量好事实事，受到民众的景仰与爱戴，是理所当然的。因为，他和其他壮族知识分子一样，民本思想特别突出。黎建三的民本思想，首先表现在他的《旱》这一诗作中：

三春萧飒吹秋风，飞沙百里黄蒙蒙；
天光熇熇夏日赤，农夫估客无颜色。
去年收获仅十一，县官督逋如束湿；
富人仓库陈相因，穷檐升合同琼食。
况夏今年春，民事那可说：
秧针干萎青草死，低田生棘高田裂；
可怜野老空较量，日日举头顶欲折。

---

① 《上林县志》卷十一。
② 《上林县志》卷十一。
③ 《平南县志·黎建三传》。

更闻道路言：‘里长相追逼，
楼船急牵挽，处处捉供役；
敢辞冻馁事上官，自痛凶荒救无策’。
吁嗟斯言使人哭，我亦穷愁相迫蹙；
含酸作为忧旱词，吞声试为父老读。
父老举手谢，天高视听下；
桑林致祷语岂多，八埏四级沾滂沱！[①]

黎建三的这一诗赋，描述了连年干旱的惨境："飞沙百里黄蒙蒙"，"天光熇熇夏日赤"，去年农作物收获不到十分之一；而今年春，"秧针干萎青草死，低田生棘高田裂"，收获更是无望。因而他对贫苦农民寄予无限的同情与怜惜："农夫估客无颜色"，"可怜野老空较量，日日举头顶欲折"。而对官府、富人却进行了无情的谴责与鞭挞："富人仓库陈相因"，富人的仓库陈粮堆积如山也不会因此拿出一星半点来济贫救灾，官府更是加强盘剥与压榨，"县官督逋如束湿"，"里长相追逼，楼船急牵挽，处处捉供役"。所以他只能寄希望于苍天，盼望降下甘霖，滋润八方，挽救众生，"天高视听下；桑林致祷语岂多，八埏四级沾滂沱"。

黎建三"哀民生之多艰"，关心民瘼的民本思想，还反映在他的《斗米谣》一诗中：

荒年穷氓无托处，眼前生计在儿女；
春来即有半亩田，争如瓮乏升斗贮。
卖儿买斗米，女子一斗余；
深知死不免，且复救须臾。
但愿儿女活，宁计老贱躯；
富人粟红腐，中人无完裤。
大官一夕宴，所费千儿具。
吁嗟乎，卖儿买米不满堤；
人命贱比犬与鸡，吁嗟何以为蒸黎？[②]

每当遇到荒年，平民百姓生灵涂炭，无所依托，为了眼前生计，只能卖儿卖女，以求活命；相比之下，富人则粮食腐烂，大官更是酒池肉林。社会上贫富如此悬殊，现实中生活反差如此之大。黎建三没有认识到这是阶级压迫和阶级剥削造成的，因而无法找到正确的答案，只能归咎于穷人命贱，"人命贱比犬与鸡"。然而，最后他发出了斥问："吁嗟何以为蒸黎?"社会为什么要如此惩罚与虐待黎民百姓呢？这也表现出

---

① 见《素轩诗集》，载于《平南县志》。
② 见《素轩诗集》，载于《平南县志》。

他对穷人的同情与关爱。

黎建三的民本思想，还表现在他的《所愿行》一诗中：

自春租夏地犹赤，百里溪壑可斗量。
黄童皓首尔奚罪？饥馑接沓何由当！
枯蕨甘脆苦蓼香，壮者为盗老弱亡。
颇传长官议赈恤，敛资投册胥吏狂。
我思荒政法，救死如救焚；
钱便与米便，以实不以文。
九重闾阖不可叩，原隰哀鸿那忍闻！①

这首诗作也是黎建三对连年酷旱的叙述以及他发自肺腑的感慨。他首先描绘荒年的惨境："自春租夏地犹赤，百里溪壑可斗量。黄童皓首尔奚罪？饥馑接沓何由当！枯蕨甘脆苦蓼香，壮者为盗老弱亡。"意思是说，从开春就已经祖借夏时的青粮来充饥，但是大地依然赤日炎炎，百里溪壑早已干枯断流。黄毛小童和白发老人何罪之有？老天爷用连年的灾荒来惩罚如何抵挡得了。人们只能食野菜啃树皮，干枯的蕨草用来充饥相当甘甜脆爽，就是吃苦蓼菜也很香甜。然而野菜树皮食光了，身体还强壮的人们为了活命只好被迫去行窃偷盗充饥，而老弱病残者就眼巴巴地等待死亡。接着，他对朝廷的赈灾寄予厚望，又对官府胥吏的贪婪进行谴责，"颇传长官议赈恤，敛资投册胥吏狂"，据说朝廷大官正在商议对灾民进行抚恤救济，而官府胥吏不去思考如何更好地赈灾济事救民，却一个个猖狂造册准备敛财，企图乘机大捞一把，充饱私囊。然后，他陷入了沉思："我思荒政法，救死如救焚，钱便与米便，以实不以文。"难道国家政治法度荒废了吗？因为赈灾救死比救火更紧急，与其用钱赈灾，不如用米救济，应该给灾民以实惠，不能只有一纸空文。最后他发自内心的感慨："九重闾阖不可叩，原隰哀鸿那忍闻！"九重大门的豪族望户千万不可去叩门求救啊，灾民到处流离失所，在死亡线上挣扎真是目不忍睹，耳不敢闻，又有谁去同情、怜惜、救助呢！这些都充分反映了黎建三关心民瘼，关爱民生的深厚感情，也体现了他为封建王朝对灾民的麻木不仁而深感忧虑以及对官府胥吏和豪门大户的深恶痛绝，蕴含着他忧国忧民的思想。这和孟子的"民为贵，社稷次之，君为轻"② 之民贵思想是相似的，且比之更为进步。

（三）韦丰华同情民众疾苦，抨击贪官污吏的怜民鄙恶思想

韦丰华（1821—1905 年）字剑城，号明山，别名大明山散人。虽有家学传统，但功名仕途却不顺利，直至 1866 年 45 岁时才得一拔贡。中年得志，大喜过望，旋即进

① 见《素轩诗集》，载于《平南县志》。
② 见《孟子·梁惠王下》。

京应试，落拓潦倒而归。仕途不顺，才学永存，名声在外，他先后受聘为武缘、宾阳、阳明、西邕、岭山等书院的山长，教授生徒，培养后学。就聘各书院山长期间，韦丰华致力功名的意志不减，直到58岁，仍时常应试，然未举于乡。但他始终不忘训导后进，教书育人，培养了许多学生。

韦丰华虽仕途不顺，然而多年备科应试，深受儒学熏陶，熟谙儒家民本思想。他写了许多诗作，在描述农村现状、反映民众疾苦、揭发剥削压迫、抨击人情世故、鄙弃土豪劣绅的作品，比较客观地反映了社会现实，有比较多的社会意义。且看他的一组抒写民众疾苦生活的诗歌：

蒿目愁如织，鲜民不忍看。啼饥悲载道，济变思无端。

此辈虽为命，伊谁正在官？偏隅兵燹后，何计救愁残？[①]

儒流雅抱济时情，未可为霖愧此生。最是酸心难自道，啼饥不绝款门声。[②]

连旬粥厂四厢开，鹄面鸠形逐队来。当道争夸恩下逮，依然饿殍半蒿来。[③]

升平气运转鸿钧，临浦波光亦作春。不道东皇恩泽渥，满城荆棘尚争新。[④]

名成利就乐如何，得意春风有客多。知否呼庚人载道，宵深高阁尚笙歌。[⑤]

这是韦丰华46岁在广西宾阳参加“科试”时的即目感吟。当时，广西各地起义农民已被镇压下去，沾满农民鲜血的封建统治者缓过气来，仿佛歌舞“升平”、“运转鸿钧”、“波光作春”，可以普天同庆了。而广大农村竟是一片凄惶，满城荆棘，鹄面鸠形，流离失所，啼饥载道，饿殍遍野，生灵涂炭，民众挣扎在死亡线上。他借春风雨露荆棘争新的荒寂景象，与“皇恩泽渥”偏偏饿殍遍野的悲惨场面相互映照，对比反差。非常清楚，他同情民众疾苦、谴责贪官污吏溢于言表。与此同时，他正面揭破“当道”官吏藉施粥赈济的名义夸饰“德政”，“济变无端”，虚报冒领，中饱私囊；再将饥民的深夜呼号“呼庚人载道”和官吏们的笙歌行乐“宵深高阁尚笙歌”作鲜明对比，在诗歌中展示了“官逼民反”的残酷现实。太平天国起义失败了，统治阶级和广大农民之间的矛盾却在继续发展，韦丰华以自己的诗歌作了见证。应该指出的是，韦丰华一向反对农民起义，面对现实，却又为自己的救世无方深感愧疚，无情地抨击贪官污吏，同情人民的苦难。

韦丰华还认为，旱灾酿成饥荒，统治阶级却漠然置之，是人民铤而走险的重要原因之一。韦丰华和许多壮族知识分子一样，基于同情民众疾苦的思想，前后数十年间

---

① 韦丰华:《宾阳即目书感》。

② 韦丰华:《宾阳杂感四首》其一。

③ 韦丰华:《宾阳杂感四首》其二。

④ 韦丰华:《宾阳杂感四首》其三。

⑤ 韦丰华:《宾阳杂感四首》其四。

不断揭示这个主题，写出一些很有内容的诗文。他在50岁后写的《秋旱即目书感四首》、《夜坐盼雨书怀》等诗篇，就沉痛地提到："粒米贵如珠，沟壑转衰朽。民贫竟为盗，兵勇纷纷凑"；75岁时还说到滇黔一带地方，"呼庚满听相途属，鬻子充饥价不昂"。[①] 这些诗句，企盼着社会对"民贫竟为盗"的理解，反映出他对民众疾苦的无限同情。

韦丰华在《谈时艰有感八首》所揭露的粤西农村凄惨景象更是触目惊心。现录几首：

十室真九空，谋生倍着忙。资难金粟借，价并木茹昂。
颗粒珠玑等，皮根草木尝。当途多瓦石，安得化为粮！[②]
纷纷行道客，大半是流移。比屋居皆病，沿门乞问谁？
倾囊悭饿妇，复钵顾啼儿。有腹都求饱，何从得肉糜！[③]
饿殍几盈野，哀怜浪有情。群羊悲鲜饱，涸鲋悼多生。
未被推恩及，难防攘食横。不图筹救急，遏籴令偏行！[④]

19世纪末年广西农村社会就是这种惨不忍睹的现实：十室九空，道途流移，比屋皆病，乞讨无处，饿殍盈野，饥妇空钵，稚子啼号；而官府还是不肯"推恩"救急，反而"遏籴"不卖；致使"粒米贵如珠"，"皮根草木尝"，因此"难防攘食横"。为什么在广西的近代史上，会党纷起，游勇遍地，农民起事前仆后继，新旧军接踵而至，难道不是天灾人祸、官逼民反所造成的吗？韦丰华通过对"官逼民反"社会原因的深刻揭示，进一步体现了他同情民众疾苦、抨击贪官污吏的思想倾向。

三、近现代壮族的民本思想

清嘉庆、道光以后，古老的中国封建社会已经矛盾重重，清王朝开始从强盛走向衰微。1840年中英鸦片战争，以及因这次战争而被迫与西方资本主义列强订立的一系列不平等条约，使中国一步一步地向半殖民地半封建社会转化，从而走上了近现代社会。

（一）郑献甫同情人民疾苦的民本思想

郑献甫（公元1801—1872年），原名存纻，别号小谷，晚年自称"识字耕田夫"，广西象州人。郑献甫生长在壮族书香世家。清道光十五年（1835年），郑献甫中式进

① 韦丰华：《诣郡途中即事》其二。
② 韦丰华：《谈时艰有感八首》其二。
③ 韦丰华：《谈时艰有感八首》其三。
④ 韦丰华：《谈时艰有感八首》其四。

士，即授刑部主事；但因不满清朝官场腐败，未及一年便辞官还乡，潜心从事教育工作。郑献甫从教三十年，先后在广西庆远书院、秀峰书院、榕湖书院、象台书院、广州顺德的凤山书院、广州越秀书院等教授生徒，培养后学，贡献才华，是一位蜚名岭表、远近赞誉的学者、思想家和教育家。

郑献甫深受儒学民本思想的影响。他生长在农村，对农民的生活非常了解，很同情和关心劳动人民的疾苦。1852 年，太平军围攻桂林，郑献甫被围在城中。他两次被义军俘虏。他认为是赋税苛重，官吏贪求无厌，造成农民起义。他说："水旱困天时，诛求迫人治，饥寒起盗贼，问之皆有自"。[①] 他认为残酷镇压农民起义是无用的。他说："衣食途穷草窃生，带刀百日自横行。诱衣郡国空持斧，赤子潢池已弄兵。岂有豺狼当大道，竟无蝼蚁聚空城?"。[②] 农民起义是"豺狼当大道"逼出来的。他认为农民起义带有少数民族叛乱的特点和性质，主张通过招抚来解决这场内乱，像汉代曾招抚南越王一样。

郑献甫对官吏压迫、剥削人民十分不满。1855 年他写作《醉钟馗图》诗云："我闻古呼韩，饮器提枯髅，酒杯亦借名王头；又闻昔龙女，宴客少麯蘖. 酒香半是溺人血。残杯收尽缺壶空，今之所饮将毋同? 山精水怪及木魅，耳目不到如盲聋。九重醉帝空浩渺，千里醉人尤缭绕：醉时苦多醒时少，此辈欲除何日了?"[③] 他大胆的揭露皇帝是不管事的"九重醉帝"，各级官吏是"山精"、"水怪"、"木魅"，他们搜刮民脂民膏，剥削和掠夺劳动人民。郑献甫认为"此辈欲除何日了"。他希望像钟馗捉鬼一样去铲除这些贪官污吏，减轻劳动人民的负担。

郑献甫十分关心农民的生活，他写作《农策》，深刻分析农民卖米换钱，又以钱折银受剥削，他说："以银市米，则徒以供回易者之取利，况折变之数，高下不齐。吾乡每米一石，贱者折钱四千，贵者折钱六七千；每银一两，贱者折钱二千，贵者折钱六七千。虽日省胥吏之留，难便民间之交纳，而此中之浮与勤，已不胜计矣。故由今之俗无变。今之法即使亩收十钟，斗值三钱，而农终不得而重，国终不得而富也。"他明确地指出，贪官横索千钟（六石四斗为一钟）粟，万端帛，十万贯钱，其能担走者没有几人，因此"贪官污吏往用银折谷，银子便于运输和收藏"。农夫不为商贾，不为官员，又不为盗贼，哪得银来用呢? 自唐中叶改税而贯以钱，明中叶又改税折以银，于是"银日益贵，钱日益荒，谷日益贱，而农遂为业之最苦矣"。他提出"当复古者，用钱不用银之法，使民不贵异物。并复古者，征税不征银之法，使官不贪轻齐，而后人

---

① 郑献甫：《鹤唳集》中的《罪言六首》。

② 郑献甫：《鹤唳集》中的《罪言六首》。

③ 刘映华注《郑献甫诗选注》，第 128 页。

知重粟，人自知重农。”[1] 他关心国家的稳定，农民的疾苦，希望政府征税用钱折谷，而不用银，切实减轻农民不合理的负担。

（二）黄焕中同情人民疾苦，控诉封建地主残忍的民本思想

黄焕中（公元1832—1912年），字尧文，号其章，广西宁明县人。黄焕中尚在襁褓之内，已经丧父，家境孤寒。清光绪八年（公元1882年），黄焕中已经到了50岁的知命之年，才学显露，能力出众，乡里传诵，远近闻名。当时抗法名将——黑旗军首领刘永福赏识黄焕中的才能，礼聘他到幕府参赞军务。从此以后，黄焕中跟随刘永福戎马倥偬二十余年，参加了1882—1885年的抗法战争，之后随刘永福镇守台湾。由于黄焕中博学多才，胸有韬略，诗文隽永，在刘永福军门幕府中代执刀笔，成为刘永福身边的一名不可多得的人才，终于由贡生以军功保举幕府经历，钦锡六品蓝翎选用。数十年来，黄焕中紧跟刘永福戎马戍边，封疆守土，为维护祖国统一，做出了不可磨灭的贡献。

黄焕中一生留下许多诗文，其中的部分十分就反映和体现他的民本思想。他在《苦农行》诗中通过一老叟之口，对农村民众的苦难生活寄予无限的同情与怜悯；并无情控诉封建社会的黑暗，地主阶级的残忍。他写道：

大雪满关山，北风撼茅屋。
天地冷昏昏，群鸟争巢宿。
一叟倚门叹，悲声断后续！
问叟叹何悲？欲言额先蹙：
不幸为村农，一生多劳碌。
勤耕数亩田，衣食常不足。
今年稻已毕，暴风吹折木。
十穗六不实，秋收大减缩。
昨日粮已尽，儿女相号哭。
借贷苦无门，今日犹枵腹。
田主恶如狼，利啄催租谷。
未容一陈情，拉去耕牛犊。
再耕已无田，有田更无犊。
妻媳嫁时裳，久当莫能赎。
大儿远征军，生死未可卜。
二儿斗官亲，被禁在牢狱。

[1] 《象州文史资料》，6辑第66页。

三儿颇聪明，家贫无书读。
小女鬻为婢，一跃葬江湖。
嗟彼大地主，坐享现成福。
煌煌身上衣，累累仓中粟。
巍巍阁与楼，堂堂园与囿。
非农何由来，非农何由筑。
不感农人恩，反把农人辱。
胡为乎苍天，造此不平局！
吁嗟乎苍天，设心何太残！①

“不幸为村农，一生多劳碌。勤耕数亩田，衣食常不足”。“一家共八口，充肠仅蔬菽。昨日粮已尽，儿女相号哭！借贷苦无门，今日犹枵腹”。在这里，我们可以清楚地看到，农民一生劳碌，却过着衣不蔽体、食不果腹的悲惨生活。农民的生活为什么如此艰辛？这完全是由于封建社会地主老财的残酷剥削和压迫。“田主恶如狼，利啄催租谷。未容一陈情，拉去耕牛犊。再耕已无田，有田更无犊。妻媳嫁时裳，久当莫能赎。大儿远征军，生死未可卜。二儿斗官亲，被禁在牢狱。三儿颇聪明，家贫无书读。小女鬻为婢，一跃葬江湖”。万恶的封建社会，豺狼当道，可恨的地主老财，残酷无情，害得农民有田无牛耕，有牛无田种，穷困交加，妻离子散，家破人亡，凄惨万状，不堪目睹。残酷的现实，启迪了黄焕中的思想，黑暗的社会，唤醒了黄焕中的呐喊：“嗟彼大地主，坐享现成福。煌煌身上衣，累累仓中粟。巍巍阁与楼，堂堂园与囿。非农何由来？非农何由筑？不感农人恩，反把农人辱！胡为乎苍天，造此不平局！胡为乎苍天，设心何太酷！”这段诗文充分说明，黄焕中清楚地看到了在封建社会里，地主阶级是靠残酷剥削农民阶级而发财致富、坐享其成的。农民用自己的血汗养活了地主，而本身反而过着牛马不如的非人生活。这是什么世道？这还有什么公理？这就是封建社会造成的不平等局面！这就是地主阶级设置的恶劣用心！这是多么残酷的现实！这些铿锵有力的诗句，这种震撼人心的呐喊，充分体现了黄焕中对劳动人民疾苦的深切同情与怜悯，以及对封建社会地主阶级无比憎恨与愤懑。

（三）黄诚沅反对军阀政治的爱国怜民意识

黄诚沅（1863—?），广西武缘人，同治二年（1863 年）生于云南，故取字云生。祖父黄彦墉，有较好的文化教养。父亲黄君钜，清道光二十九年（1845 年）举人。黄诚沅出生于书香之家，从小受到文化熏陶，加上天资聪颖，勤奋好学，童年便有抱负，十五岁时把父亲历年诗文汇编成册，二十岁左右，协助父亲编纂《武缘县图经》，因而

① 欧阳若修等：《壮族文学史》（第三册），第 1043－1044 页，广西人民出版社，1986 年。

名扬乡间。辛亥革命后，他的思想转为激进，曾主笔广西新报馆，口诛笔伐军阀统治，提倡民主政治。

黄诚远一生留下许多诗文，其中《迩言》是一部记载许多发生在近期事情的文集。黄诚远在《迩言》一文中善于抓住一个问题，层层逼近，鞭辟入里，揭露军阀统治的种种罪恶行径。他在《爱国》篇中写道：

“爱国宁非好名词哉？然出诸方今武人政客之口，则不祥之名词！试观频年扰扰，武人政客之通电，其措辞何莫不如出一辙，咸以爱国自许。举凡一事，靡不侃侃而谈，语语似出肺腑。故武人之干政亦以爱国，故曰‘吾不忍坐视也！’政客之播弄亦以爱国，故曰‘为国奔走也。’推而至于占据地盘，互相残杀，使人民膏其吻而罹其刃，亦莫不出于爱国之真诚，以爱国相号召。盖若辈之爱国也，视国家若己有，不忍放其权利，正如对肥肉大鱼，人人爱而垂涎，思大嚼以为快，大嚼不得，于是争端已起。是以若辈愈谈爱国，而国家愈无宁日，国事愈不堪问矣。噫！”①

这篇小文，深刻揭露了军阀、政客以爱国为借口而互相争权夺地、连年混战的种种罪行，文章最后严厉指出，军阀、政客爱国调头越响，而国事就越糟糕。作者开头点题，意旨鲜明，无丝毫婉曲之态，可谓口没遮拦，百无禁忌，句句击中要害。充分表现了作者痛恨军阀、政客，为国事忧心如焚的思想情感。

黄诚远在《军主与财主》一文中，鞭挞军阀，切中时弊，表现了他敢于思考敢于抨击的严肃态度：

“十年前之中国，君主国也，一变而为民主。十年内之中国，民主国也，乃无论何事，一惟军阀作主，是又曰民主时代再变而为军主时代矣。由今观之，似为军阀权盛时代也。

然而，财阀之势力亦不亚焉；试观总统之选举也，竟堂哉皇哉而以金钱运动，总统之就职也，必先设法借款，甚至省长议长之谋当选，亦必先有运动费若干。凡军阀有失败之事，财阀则无往而不利焉！

倘若无财，则所如辄阻，有财则任所欲为。所谓军主时代者，将更变为财主之时代矣！

呜呼，由民主而变为君主，民已不堪其苦；若由军主而变为财主，必至民穷财尽复变而为洪荒时代无疑。变迁如此，能不为中国前途惧耶？”②

黄诚沅把辛亥革命后十余年间的政治局面概括为“君主——民主实则军主——财主”这样一个演变过程，是抓住了时代变迁的本质。中国由封建皇帝的统治转入封建

---

① 黄诚沅：《爱国》。

② 黄诚沅：《军主与财主》。

军阀的混战和割据，再倒买办财阀的官僚宰制，乃是半封建半殖民地日益加深的过程。黄诚沅指出这也就是中国人民每况愈下、越加贫困、“民穷财尽”的过程。这个概括其极精当、准确，反映了当时中国社会的现实。他所揭露的“财阀则无往而不利”，把袁世凯、冯国璋、段祺瑞直到曹锟这样一批帝国主义的走狗都已网罗无遗，施以无情地鞭笞、挞伐，充分表现了他深厚的爱国忧民之感情。

黄诚沅有时针砭时弊，入木三分，毫无隐讳，而是直指人事，分析是非，联系引申，提出很有原则的见解：

今之詈人者，动曰奴隶性。盖奴隶只知其主，不复知有其他也。夫奴隶尽忠于主，岂不甚善？特以其暗于大义，故遂蒙人之诟病耳。宣统，前清之十叶皇帝也。张勋，清朝之一品大员也。其受清室之恩，而为复辟之举，宜若无人非之矣。乃竟为天下之所唾弃者，岂不因张勋只知其主，不复知有其他乎！①

在这里，我们清楚地看到，黄诚沅谴责了张勋复辟是“暗于大义”的罪恶行径。而他的主要思想却在于反对封建愚忠，明确指出“只知其主”而不顾道义原则的“奴隶性”，是应该受到唾弃的。可见，他反对封建思想的原则态度是很宝贵的。

黄诚沅还以严格的现实主义态度，对陆荣廷的反动统治和陈炯明的所谓讨伐，进行了揭发和批判：

济难扶倾，故最好之名词也，然出诸盗跖之口，则名与实俱爽矣。盍观诸近事乎：某军援某省，城市化为丘圩，满眼尽属疮痍，百物日渐昂贵，降至鸡犬牲畜亦有绝种之叹焉！是某省之待援，虽未能遂享幸福，然犹得安于耕凿，犁云助雨，务兹稼穑，以供层层敲剥，而与室家相团聚；自被客军援手后，不特乐趣未见，且转荡析离居，而愈速其死也。呜呼！②

黄诚沅的重点是揭发粤军对广西的所谓援助而造成的极度破坏：某军援某省，城市化为丘圩，满眼尽属疮痍，百物日渐昂贵，降至鸡犬牲畜亦有绝种之叹焉。同时，他也没有放松对于桂系军阀剥削压迫人民的罪恶的暴露。事实胜于雄辩。黄诚沅以铁的事实作证，让社会生活面貌如实地呈现于公众面前，比之空泛的指责议论、鞭笞挞伐，辞气冷静而效果强烈，感情真挚而感召力强。

---

① 黄诚沅：《军主与财主》。

② 黄诚沅：《奴隶性》。

文明对话语境中的《论语》公理化诠释

江西省九江学院 甘筱青 曹欢荣

一、对话是文明的自我拯救

亨廷顿教授在专著《文明的冲突与世界秩序的重建》中认为：冷战结束后，意识形态不再重要，全球政治成为多极的和多文明的；世界是由七、八个主要文明构成，它们是西方文明、中华文明、印度文明、日本文明、伊斯兰文明、东正教文明、拉丁美洲文明和可能的非洲文明；文化的共性和差异影响国家间的对抗和联合；世界上最重要的国家大多数来自不同的文明；文明之间的权利均势正在变更，受现代化的驱使，全球的政治正沿着文明界限进行重组；文明的冲突就是全球规模的部落冲突，表现为两种形式：在地区层次上不同文明邻国或一国内不同文明集团之间的断层线冲突、在全球层次上不同文明的主要国家之间的核心冲突。自从亨廷顿提出“文明冲突”这个说法后，引来众多争论。冷战之后，世界并不太平，战争阴云密布，民族国家以及种族间的隔阂、经济交往中出现的种种障碍等现实状况，是“文明冲突”论的国际背景，并且加深了人们关于“文明冲突”的印象：“世界确实是无政府主义的，充满了部落和民族冲突，但是给稳定带来最大危险的是那些来自不同文明的国家和集团之间的冲突。”[①] 特别使我们警惕的是，亨廷顿所提出的主题之一为“中国对自身文化的伸张所导致的冲突”，他把儒家（中华文明的代表）和世界其他文明、特别是西方文明对立起来。

与此相对应的是“文明对话”论。最早倡导“文明对话”的学者之一杜维明先生认为：“通过对话，全球化能够逐渐发展出生命共同体的意愿；通过对话，大家都具有和平共处的根源意识”。[②] “文明对话”得到了更多人士的响应。从话语表达上看，“对

---

① 亨廷顿：《文明的冲突与世界秩序的重建》，北京：新华出版社，2009 年，第 15 页。

② 杜维明：《文明对话的发展及其世界意义》，《回族研究》，2003 年第 3 期。

话”总比“冲突”更容易让人接受，也更能显示文明的价值和意义。后来亨廷顿教授在《文明的冲突与世界秩序的重建》中文版序言中也作了些辩解，强调他的期望是“唤起人们对文明冲突危险性的注意，将有助于促进整个世界上文明的对话”。

然而，无论是“文明冲突”还是“文明对话”，它们都与“全球化”和“现代化”紧密相关。全球化不是今天才出现的现象，而是到了上个世纪后半叶其进程加快，使得它成了一种潮流。如果世界各地是孤立的，或者交流不多，也就不存在所谓的“文明冲突”和“文明对话”。在欧洲人发现新大陆之前，或者说还没有进入“世界历史”之前，各国已独立发展出不同的“轴心文明”，如果相互“老死不相往来”，当然就没有所谓的“文明冲突”。与全球化相连的另一潮流是“现代化”，正是“现代化”所造就的物质技术，才使得地球成了“地球村”。那些相互遥望的文明，在现代物质技术的帮助下，突然面对面，而陌生感和疏离感却还远未消除。当然，“现代化”和“全球化”并不是同一个问题，因为“现代化”是在西方世界主导下进行的，且是在西方文明中孕育出了“现代化”观念，如经济自由、政治民主和法治精神等。非西方世界如何回应这些“现代化”观念？这其实是“文明冲突”论和“文明对话”所共同面对的问题。

“文明冲突”论与“文明对话”论，解决问题的目的也是一致的，那就是要维护某些行将衰落，或者复兴某些已经衰落的文明的地位。我们承认文明是多样的，也不否认不同文明可以共存。亨廷顿的忧思是西方文明的没落，因此他强调“美国精神”的认同来维护西方文明的强势地位，并应对他认为的未来“敌人”的挑战。而“文明对话”论者认为既然要“对话”，就应该是平等的。杜维明先生说：“‘儒学复兴’是一厢情愿的、没有经过反思而且绝对不可能有真正创见的一种提法。……所以不能走‘儒学复兴’这条路。儒学要有第三期的发展，一定要在多元文化的背景下。”[①] 杜维明先生将“文明对话”与“儒学创新”紧密相连，是否是为了不给那些具有“霸权主义”倾向的“文明冲突”论者以攻击的口实而为之呢？如果要提儒学复兴，当然是需要创见的，没有创新的儒学在上个世纪就已经成了弱势文明。

“文明冲突”论与“文明对话”论并非是截然对立的。多元化共存的文明必然会有冲突，亨廷顿述说了这种冲突的实质，并将它当成理解冷战后国际关系的理论范式。“文明对话”论是在文化领域解决“文明冲突”的思路，解决的结果是各种文明相处“和而不同”，各领风骚。这就必须开展各种文明之间的“对话”。古希腊文明的兴起是以雅典的苏格拉底为代表的理性主义者与来自周边的智者对话的结果，柏拉图的哲学生活所崇尚的辩证法在古希腊语中就是“对话”的意思。中国的孔子所创立的儒家学

---

① 杜维明：《杜维明文集（第5卷）》，. 武汉：武汉出版社，2002年，第435页。

派之所以有如此大的影响，与孔子倡导“有朋自远方来，不亦乐乎”的“对话”精神密不可分。

任何文明要具有强大的生命力，就必须从其他文明中汲取营养，积极参与“文明对话”。既然需要对话，就需要一定的“宽容度”和“多样性”。我们需要强调是，不是为了“宽容”和“多样”而“对话”，其目的是让最具有生命力的文明成为时代的文明。任何文明在时代的发展中总会体现出某种优势和缺陷，如果不能在多样性文明的视野中自我审视，衰落甚至死亡就不可避免。因此，“文明对话”与其说是为了形成带有文化乌托邦色彩的“生命共同体”，毋宁说，对话是文明的自我拯救。

二、文明对话需要超越性前提之一：公理化方法

任何文明都是特定人群在面对生存困境时，为摆脱困境和谋求发展而形成的一套理论及其指导下的行为规范，是人的智慧的结晶。然而，人的生存环境是动态的，不断涌现出新的困境。既然文明能够摆脱困境，既然任何文明都是解决某种问题的智慧，那么所有的文明都值得我们保存、继承和发扬。关键在于我们应善于去寻找解决问题的办法，而“文明对话”是发掘智慧之源的有效途径。

展开“文明对话”对于“中华文明”具有更为重要的意义。众所周知，上个世纪以来，西方文明以其强势消耗着我们的自信，而背负历史盛名的中华民族在精神气质上又不甘落后，“振兴中华”、“民族复兴”的呼声响彻中华大地。“中华文明”是我们先辈的智慧结晶，但在面对新的困境——“全球化”和“现代化”的冲击时，迫切需要通过“中华文明”与其他文明的对话，注入新的活力。

然而，“文明对话”并非是一般意义上的“文化比较”。如果只停留在“文化比较”上，那么我们只是了解不同文明之间在思维方式、价值倾向和行为习惯上的区别，谈不上真正意义上的“创新”；“文化对话”也不是为了“宽容”和“多样”，只是把“宽容”和“多样”作为基础。如果在原则问题上一味“宽容”，就没有了是非；而在任何具体问题上都不“宽容”，就会导致“霸权主义”的专制。因此，“文明对话”需要某些超越性的前提。

那么，“文明对话”所需要的超越性的前提是什么呢？有人认为，文明的核心是价值观。“文明对话”所需要的超越性的前提，可以是在各种文明的价值观中可以找到的某些共同点——普世价值。我们认为：价值观确实是文明中的核心部分，但“文明对话”所需要的超越性的前提还不是所谓的普世价值，况且到底是否存在适用于古今中外，放之四海皆准的普世价值，还需质疑。许多东西对我们都有价值，不同文明的价值观的区别其实在于，在所有这些有价值的事物中，对什么具有最高价值有着不同判

断。比如，人们常说西方人推崇个人重于群体、人皆自私、把个体生命当成最高价值；而中国人更推崇个人与群体都要有自己的利益、个人需有“义”和仁爱之心。当生命与“义”发生冲突时，中国人往往是“舍生取义”。又如西方文化的核心概念是“人生而平等”，美国的《独立宣言》、法国大革命的《人权宣言》，都是把人生而平等作为立论基础；而中华文化认为人生而在群体中定位，人要在群体中间找到自己的位置，知礼是维持人与人之间关系的基本规则。[①] 这些是中西方文化公理体系的差异。

“对话”实际上是文明之间相互寻找思想资源，以维持文明的活力和增强面对各种困境的解决能力。而任何文明形成确定价值观的基础，是具有一定的思维方式或者方法论。只有从这里出发文明才能形成，文明之间的相互理解和借鉴才有可能。因此，“对话”所需要的超越性的前提之一，就是思维方式或者方法论。在古希腊柏拉图的著名对话《理想国》中，开篇是苏格拉底与克法洛斯讨论“什么是正义”这个问题。[②] 克法洛斯认为正义就是借债要还，在苏格拉底的追问下，这个经验上的价值观摇摇欲坠，因为苏格拉底想要知道的是“正义本身是什么”，而不是“什么是正义”。苏格拉底的追问让思想走向了理性主义的路线，这个思维方式就是超越性的前提。

今天的“文明对话”需要什么样的思维方式呢？我们选择了“公理化方法”。所谓公理化方法，就是以一些基本假设、定义和公理作为逻辑推理的前提，应用演绎方法，推导出各种有意义的命题（也可称为定理）。它们总体上会构成一个公理化体系。在这个体系中，公理是不需加以证明而作为出发点的真命题；定理是从真命题（公理或其他已被证明的定理）出发，经过演绎推导证明为正确的结论（成为另一个真命题）。欧洲古代著名的数学家欧几里得用公理化方法，构建了欧氏几何学，已成为数学和自然科学结合的典范。此后，一些著名学者在自己的研究领域也建立了不同的公理化体系，例如牛顿的经典力学、斯宾若莎的伦理学等。

我们之所以认为，“文明对话”所需要的超越性前提之一是“公理化方法”，理由如下：

（1）在中华文明与西方文明的“对话”过程中，西方人对于以儒学为主体的中华传统文化，推崇者有之，但不少人认为中国人的智慧缺乏思辨逻辑与演绎推理。黑格尔曾经说过：“孔子只是一个实际的世间智者，在他那里思辨的哲学是一点也没有的——只有一些善良的、老练的、道德的教训，从里面我们不能获得什么特殊的东西。”[③]

---

① 甘筱青：《从中西方文化公理体系的差异看“文明的冲突”》，《九江学院学报》，2010年第2期。

② 柏拉图：《理想国》，北京：商务印书馆，2003年，第1—44页。

③ 黑格尔：《哲学史讲演录（第1卷）》，北京：商务印书馆，1981年，第119—120页。

黑格尔对孔子和中国先秦哲学的形态与性质存在明显的误判，但他的上述偏见至今在西方有着广泛影响。

其实，任何文明中的理论都有其内在的逻辑体系。冯友兰在《中国哲学史》第一卷的前言中指出：在诸子的著述中，虽然没有“形式上的系统”，但有“实质上的系统”，不过这需要我们去加以梳理。仅就《论语》而言，孔子的语录之间似乎没有什么内在联系，但孔子自称“吾道一以贯之”这表明孔子思想中有一个自始至终贯穿着的逻辑主线。我们用公理化的方法诠释《论语》，是在遵循原意的基础上，以基本假设、定义、公理为基本要素，推导证明众多蕴含在《论语》中的客观命题，从而将隐含在《论语》中的逻辑体系凸显出来，便于东西方人士超越不同文化语境的局限，建立起“对话”平台，共同地用理性的方式理解和准确把握孔子思想。

(2)“全球化”和“现代化”对中国的主要挑战之一，可以说就是“西方文明”对中华文明的挑战。中国传统文化的表象，往往更多关注道德修养、权谋及治术。我们用公理化方法来开展“文明对话”，既是对“西方文明”挑战的回应，也是汲取西方文明中的智慧来诠释和传承中华优秀文化。

(3)“公理化”方法是当今世界学术的常用研究和推理表达方式。爱因斯坦曾指出：近代科学的发展依赖于两种研究方法，一是公理化思维；二是可重复性实验。用“公理化”方法重新诠释中华经典，可以让《论语》研究走出疏证、解经的传统格局，改变“我注六经”、“六经注我”等偏重主观体验的学术方法，寻找比较坚实的客观基础，为中西方的《论语》研究提供一个可交流的平台，这或许是推动中华文化传播的一个重要途径。

三、《论语》的公理化诠释是促进“文明对话”的有益尝试

《论语》是儒家最重要的经典之一，蕴涵着中国传统文化的精粹。两千多年来，《论语》所表达的思想和价值取向，深刻影响了中国人的道德观念、行为方式和情感方式，成为中华传统文化的核心内容。《论语》的公理化诠释，是首先在中华经典的研究中运用公理化方法的一次学术创新。2011—2012年，《〈论语〉的公理化诠释》及其修订版的出版，在国内外学界引起了较好的反响。这一研究成果是在“文明对话”的语境中获得的，也将是促进“文明对话”的一次有益尝试。

对《论语》进行公理化诠释，首先要做的工作是确定一个逻辑起点，由此推演出《论语》中的主要观点。我们把《论语》的逻辑起点，定位在事物的矛盾变化处于相对稳定的阶段，换言之，就是矛盾处于“中庸状态”之时。“中庸”一词在《论语》文本中出现的不多，但从整个文本来看，孔子总是从相对的关系中来谈论如何修身养性，

比如君子和小人的关系、君与臣的关系、官和民的关系以及天与人的关系等，而“中庸”显然是表达某种相对关系之间的程度和状态的概念，“中庸”是矛盾的“度”的“稳定状态”。就《论语》体现的思想来看，孔子并不否定事物的质变，但他最关注的还是社会矛盾发展的“中庸状态”。《论语》中说：“中庸之为德也，其至矣乎！民鲜久矣。”（《雍也》）。“中庸”作为“至德”，在《论语》中不仅是统贯“仁”“义”“礼”“智”“信”等道德范畴的主导精神，而且也代表了一种世界观与方法论，贯穿于人的最基本行为准则和最高的道德境界之中。事实上，在世界历史上的“轴心时代”（公元前 6 世纪以后的几百年之间），在古中国、古希腊、以色列、古印度等地、先哲们不约而同地提出了德性伦理的原则：以“中”为中心，强调“适中”、“适度”。这种酷似，表明不同文明之间是完全可以沟通的，甚至是在思维方式和价值原则上也是可以相通的，而且体现了人们对事物矛盾的普遍认识，是对“过犹不及”和避免极端行为的辩证感悟。这些先哲包括：孔子、老子、柏拉图、亚里士多德、释迦牟尼。

我们对“中庸”的精神实质以及它在孔子思想中的核心地位进行了论述。《论语》的思想核心，就是试图以“中庸”为理想目标和方法论原则，建构起一个关于人类社会的理想的伦理道德体系。由此出发，我们给出了 6 条基本假设、17 条定义、7 条基本公理，并对它们作了界定和说明。例如：

基本假设 3：对于矛盾 G，如果存在一个时间段（t ＊，t ＊＋NT）（ N 是一个充分大的自然数），它具有以下性质：任意取此时段内的两个时间 t’,t”以及除少数人以外的任意两个观察者 M’,M”，所得到的两个度的差值都很小，用函数表示就是 |dG’(t’,G,M’)－dG’(t”,G,M”)|这个值很小；我们就称在此时间段内，矛盾 G 具有“稳定的度”；而称此时间段为矛盾 G 的“稳定时间段”：矛盾 G 在此时间段内的状态都称为 G 的“稳定状态”或“中庸”状态。

（这里使用了一些数学符号，是为了避免语义的模糊性，以便使得这些基本概念的表述更加清晰和准确。但这些数学符号对于公理化方法本身来说，用多了反而会阻碍证明，增加理解的难度。因此在书中的定义、公理及其定理中，不再引入这些数学符号。）

定义 3：“仁”指群体中的人从自然的血缘关系的爱心出发，通过学习约束自己，推广这种爱心，使行为合乎礼，由此所产生的一种对己、对人乃至对社会、对自然界的相互体谅（恕）与尊重（敬）的心理状态和行为。

（提出相关定义的要求是：它们来自《论语》中的重要概念，符合《论语》的原意和当时的语境，并具有概括性。）

公理 6：政的施行主要依靠管理者的“德”的表率作用、“礼”的规范作用以及“刑”的强制作用。

（形成公理的原则：它们从儒家思想的文化特性特别是《论语》的众多章节提炼而成，是得到公认、不证自明的。）

依据基本假设、定义与公理，我们从《论语》原文中提炼出120个命题及其众多推论（它们蕴含儒学的现代价值），然后对它们进行证明。这些命题分为四个部分：立德、从政、为学和养性，涵盖了《论语》的基本内容。《立德篇》着重论述在“为人处事动机”的自然性与社会性矛盾中，确立道德必然性的具体途径，即论证“仁”“礼”“乐”“学”等道德基础，和“孝”“忠”“信”“义”“知”等道德范畴的基本要求和内涵。《从政篇》主要讨论了从政的基本原则、“德主刑辅”的德治原则、君子从政的责任、态度和方式以及为官的基本要求和品格。《为学篇》着重讨论一个人在社会化过程中，学习和教育的作用与意义，以及通过学习与教育，自觉地调节人的自然天性与社会性需要的矛盾。《养性篇》重点讨论个人的理性意识与个性性情的协调关系，更多注重君子道德实践的理想境界，关注性情作为人的自然属性与人的道德理性之间的矛盾及调节状态。

《论语》的公理化诠释，也为理解《论语》提供了一个相对清晰和确定的文本，这对于“文明对话”中相互理解、反思和汲取思想资源具有重要的意义。《论语》是记载孔子及其学生言行的一部语录体作品，记载者众多，流传的版本也有出入，许多话语在表面上看起来不一致。用公理化方法来诠释《论语》，不一定能解决所有的歧义，但在某些重要问题上能给出相对确定和合理的解释。

例1：《论语》中说“民可使由之，不可使知之”（《泰伯》），译注者众说纷纭。杨伯峻先生译为：“老百姓，可以使他们照着我们的道路走，不可以使他们知道那是为什么。”杨先生从古文语法的角度，反驳那种把这句话解释为“民可，使由之；不可，使知之”的观点。[①] 但如果把此条解释为有意隐瞒、欺骗百姓，则从《论语》系统的内在逻辑上，与“有教无类”、“诲人不倦”等推行教化的思想矛盾。而我们在《论语》的公理化诠释中，给出一个更加逻辑严密并可证明的命题：

T2－9. 百姓能服从“德治”，但不一定能完全理解它。

证明：百姓就是被管理者，依据公理A6，政的施行主要依靠管理者的“德”表率作用、“礼”的规范作用以及“刑”的强制作用，又依据命题T2－5，前两者是主要的，后者是次要的，这就说明百姓能在三种作用下服从管理者的管理，尤其会从内心服从前两种作用下的管理。但是，关于为什么要施行“德治”，以及其意味什么等问题，由于百姓在“学与思”的能力方面存在差距和更多关注各自利益等原因，限制了

---

① 杨伯峻：《论语译注》，北京：中华书局，1980年，第80页。

他们对“德治”的深入理解。[1]

例 2：《论语》叙述：叶公语孔子曰：“吾党有直躬者，其父攘羊，而子证之。”孔子曰：“吾党之直者异于是：父为子隐，子为父隐。——直在其中矣。”（《子路》）

说明：依据《〈论语〉的公理化诠释》书中的相关命题，一方面，“孝”是“仁”的最基本实践。就上述条目而论，如果儿子指证父亲偷羊，则为不孝，不孝则从最基本的实践开始就陷入了“不仁”的境地。如果推而广之，必然会损害全社会的“仁”；另一方面，社会本着“德主刑辅”的原则，对偷羊的父亲实施惩罚是必要的。如果听之任之，是为失德。

因此，指证父亲偷羊的事，应该由社会来完成而不是由儿子来完成。（近期国内相关法律的条款修改，似已考虑上述分析）

综述所述，各种文明之间需要对话，而公理化方法在文明对话中具有超越性特点；从“中庸”出发的《论语》的公理化诠释，不但体现了《论语》的精神实质，涵盖了《论语》的主要内容，而且符合“文明对话”的基本要求，是促进“文明对话”的有益尝试。

我们研究与出版《〈论语〉的公理化诠释》后，得到社会各界的鼓励与评析，使我们拓展视野、心存感激，再接再厉，完成了《〈孟子〉的公理化诠释》新著，并开始了《荀子》的会读与深入研究。我们希望通过公理化诠释，为整个儒学史展开一个严密的演绎系统，揭示其内在思想脉络和内在逻辑，在“文明对话”的语境及实践中，为儒学的现代转型探索一条可行的实现路径。

---

① 甘筱青：《〈论语〉的公理化诠释（修订版）》，南昌：江西人民出版社，2012 年，第 156—157 页。

儒家思想与中国伊斯兰教本土化

——以中国伊斯兰教西道堂为例

兰州大学　张建芳

中国文化多元和谐、兼容并蓄。其主流儒家思想主张“仁爱忠恕”，倡导“万物并育而不相害，道并行而不相悖”的理念。在这样的文化氛围下，中国成为一个多样性宗教与多种文化共存的国家。伊斯兰教自传入中国，经几个世纪的调适和发展，在明清之际顺利地完成了伊斯兰教的本土化历程。明清之际的穆斯林学者通过对中国传统文化，尤其是对儒家思想的学习与吸收，将伊斯兰教义与中国传统文化交融会通，引领了中国伊斯兰教的发展与进步。中国伊斯兰教三大教派之一的西道堂则继承和发扬了伊斯兰教的优良传统，将宗教思想、社会经济生活、文化教育与爱国主义实践紧密结合在一起，在中国伊斯兰教本土化的进程中开创了新的发展方向，走出了一条独具特色的道路。

一

伊斯兰教传入中国就走上了一条漫长的本土化历程。唐永徽二年伊斯兰教进入中国，至元代伊斯兰教大规模传入。明清之际，伊斯兰教在中国的传播与发展遭遇了非常严峻的考验。当时普遍存在着伊斯兰教“经文匮乏、学人寥落，既传译之不明，复阐扬之无自”[①] 的状况。真正通晓阿拉伯语和波斯语伊斯兰教经典的穆斯林越来越少，而一些阿訇、教长本身也只是会诵经并不了解经文含义。据赵灿《经学系传谱》载：“初，吾教自唐迄明，虽有经籍传入兹土，而其理艺难传，旨意难悉，故时代无一二精通教理之掌牧，以致多人沦落迷途，漫漫长夜而甘醉梦之不觉也。”[②] 当时的一些穆斯林学者心忧于教门淡漠，经学不昌，毅然投身于弘扬教门的事业中。在这样的时代背景下，中国穆斯林学者进一步向以儒家为代表的中国主流文化靠拢，他们认为用汉语

① 陕西渭城胡家沟碑文《修建胡泰式祖佳城记》。

② 赵灿：《经学系传谱》真回破衲痴序，青海人民出版社，1989年，第1页。

阐明宗教义理、传播伊斯兰教知识是当务之急。陕西胡登州太师首创经学教育，影响深远。其他一些穆斯林学者则发起了一项历时达三百余年的汉文译著运动。他们认为伊斯兰教经典“上穷造化之玄机，中阐人极之妙旨，下究物理之异同”，“义蕴精深，无可穷尽”，[①] 应译成汉文，以传播于中华大地。明末清初，随着回族的形成以及伊斯兰教经堂教育的发展，穆斯林学者们开始用汉文翻译和撰写大量的伊斯兰教著作，把儒家思想与伊斯兰教教理融合在一起，向无法阅读理解阿拉伯文、波斯文经典的普通穆斯林大众宣扬伊斯兰教教义学说，也向中国主流汉族社会介绍伊斯兰思想。参与汉文译著运动的穆斯林学者有王岱舆（约 1570—1660 年）、张中（约 1581—1670 年）、伍遵契（约 1598—1698 年）、刘智（约 1660—1730 年）、马注（1640—1711 年）、马德新（1794—1874 年）、马联元（1841—1895 年）等人，他们深受以儒家思想为主的中国传统文化的影响和熏陶，提出“以儒诠经”，用儒家丰富的思想文化资源和中国化的文字表述方式，在系统的研究、总结、诠释伊斯兰教教义的基础上精心构建了中国伊斯兰教的思想体系。

中国儒家传统文化以人为本，内养心性，外彻天道，重和谐，言时中，衡经权，精妙恢宏，刚健有为，化俗而不泥俗，济世而不乱世。而伊斯兰教兼修两世，积极进取，平正中和，倡理性，无妄言，讲实践，本天道以立人道，求正信而远迷信。从这个意义上看，儒学与伊斯兰教在思想认识、精神修养、境界取向等方面确有共同的思想文化资源[②]。明清之际的穆斯林汉文译著家们通过深入比较分析和切身感受，得出了在伦理道德、纲常礼仪等方面伊斯兰教教义与儒家思想“理同道合”的结论，他们以此为切入点，将二者结合在一起，诠释、宣扬、传播伊斯兰教，达到了“义以穆为主，文以儒为用”的境界。王岱舆认为：“吾教大者在钦崇天道，而忠信孝友略与儒者同”。[③]“独清真一教，其说本于天，而理宗于一，与吾儒大相表里，其教亦不废君臣、父子、夫妇、昆弟、朋友之序，而洁己好施更广吾儒所不足，且立说平易，不事玄诞，与道释两家，绝为霄壤，较之吾儒性理一书，同而异，异而同，亦在所不讳”[④] 刘智认为伊斯兰教“虽载在天方之经，而不异乎儒者之典；遵习天方之礼，即犹遵习先圣先王之教也，圣人之教，东西同，今古一”。[⑤]“清真一教，不偏不倚，直与中国圣人之教理同道合，而非异端曲说所可同语者矣”。[⑥] 马注也认为：“西域圣人之道同于中国圣人

---

① 刘智：《天方至圣实录》，中国伊斯兰教协会，1984 年，第 369 页。

② 张建芳：《尹世彩与马启西先生传》，《回族研究》，2005 年 6 期。

③ 王岱舆：《正教真诠》，宁夏人民出版社，1988 年，第 7 页，下同。

④ 王岱舆：《正教真诠》，第 5 页。

⑤ 刘智：《天方性理·自序》，宁夏人民出版社，1989 年。

⑥ 刘智：《天方典礼》，天津古籍出版社，1988 年，第 12 页。

之道，其立说本于正，知天地化生之理，通幽明死生之说，纲常伦理，食息起居，罔不有道”。[①] 王岱舆将儒家的忠君孝亲之义诠释为伊斯兰教所主张的“人生三大正事”，即“顺主”、“顺君”、“顺亲”，如果违反了这三个原则，则为不忠、不义、不孝；又将伊斯兰教的“五功”与儒家的“五常”并列，即“念经”记主为“仁”、“施贫”济世为“义”、“拜主”尊亲为“礼”、“斋戒”自律为“智”、“聚礼朝觐”、诚实守约为“信”。经过穆斯林学者们的一番转化与诠释，他们成功地把伊斯兰教义哲学和伦理观念与儒家传统社会伦理学说联系起来，这种将伊斯兰教与以儒学为核心的中国传统文化相结合的努力，使伊斯兰教去掉了“外来化”与“他者化”，从而顺利跻身于中国宗教之林。也使伊斯兰教的传播与发展既未违背伊斯兰教的基本信仰和道德传统，又符合中国封建社会的伦理纲常准则，走出来一条独具特色的中国化道路。

这批杰出的汉文译著家中以刘智为代表，贡献卓越、不可磨灭。刘智，字介廉，晚年自号一斋。回族。清康熙年间上元（今江苏南京）人。出身伊斯兰教经师世家。自幼师从其父刘三杰与袁汝琦等，学习伊斯兰教经籍。他从十五岁起就有志于学。博览群书，深得儒学精微之旨，会通诸家而折中于天方之学，著述百余卷。[②] 刘智的父亲刘三杰（汉英）对刘智从事写作的影响极大，刘三杰既熟悉儒家思想，又精研伊斯兰教经典，曾校阅了马注的《清真指南》全书，慨叹“天方之经析理甚精，但恨未能汉译”。刘智继承父亲的溃志. 立志从事汉文译著事业。他结庐南京清凉山麓，闭户撰著，其间曾负笈裹粮，携稿出访，征求教内外意见，足迹遍及江苏、山东、河南、安徽、浙江、广东等地。刘智一生著译刊行传世者仅五十余种 。其中最能反映他的思想并具有重要学术价值的是《天方性理》、《天方典礼》和《天方至圣实录》，刘智曾言：“《典礼》者，明教之书也。《性理》者，明道之书也。今复著《至圣录》，以明教道渊源之自出，而示天下以证道之全体也。盖三书者。三而一者也。履阶而登，升堂入室，其庶几矣。”[③] 其余传世尚有《五功释义》、《真境昭微》、《天方三字经》、《天方字母解义》、《五更月》等。刘智的《天方性理》被收入《四库全书》，《四库全书总目提要》对它有很好的评价，说该书“习儒书，授经义，文颇雅淡”。内阁学士徐元正评它“言性理恰与儒合……则是书之作也，虽以阐发天方，实以光大吾儒。”刘智既是两个学术传统的继承人，也是两种文化融会贯通的实施者，其译著数量大，方面广，远远超出前人，其著作在中国穆斯林中影响深远，被尊为“汉克塔卜”（汉文经典），刘智被赞誉为“圣教功臣”、“大伊玛目”，在普通伊斯兰教众中则被尊崇为“介廉巴巴”。

---

① 马注：《清真指南》，青海人民出版社，1989 年，第 13 页。

② 刘智：《天方至圣实录》“著书述”，第 4 页。

③ 刘智：《天方至圣实录》“著书述”，第 4 页。

刘智是江南“以儒诠经”汉文译著运动的集大成者，是伊斯兰教“汉学派”的重要代表，[①] 他主张的将伊斯兰教与中国传统文化相结合，用中国的传统思想、理论、术语解释伊斯兰教的义理。实际上是倡导外来的伊斯兰教及其文化主动适应中国社会实际，以弘扬宗教，振兴民族。中国伊斯兰教哲合忍耶创始人马明心（1719—1781）曾经力图将刘智的理论付诸实践，尝试进行社会改革，以弘扬伊斯兰教，但壮志未酬即遭清廷统治者杀害。后来，中国伊斯兰教西道堂创始人马启西（1857—1914）启西继哲合忍耶门宦马明心之后，认真研读刘智等人的著作，立誓“介廉种子，关川开花，我要结果”，将刘智等前辈穆斯林学者创立的理论付诸实践，最终在西北边陲的甘肃临潭实现了先贤刘智的理想与壮志。他在坚持伊斯兰教的信仰基础上，创造性地将伊斯兰文化与中国传统文化结合在一起，并将伊斯兰教早期的“乌玛”[②] 实践与中国儒家的“大同社会”思想相融汇，创建了中国历史上一种完全新型的伊斯兰教社会实体。

二

西道堂，又被称为“汉学派”，是中国伊斯兰教三大教派之一，由我国著名的伊斯兰教学者马启西于清末民初创立于甘肃省临潭县。它尊崇先贤刘智的思想学说，将伊斯兰教文化和中国以儒学为主的传统文化进行了创造性的结合，主张以中国传统文化弘扬伊斯兰教教理；它以伊斯兰教创始人穆罕默德的穆斯林公社“乌玛”组织为蓝本，创立了公有制和集体经济的发展模式，在西北边陲少数民族地区成功实现了半个世纪的“伊斯兰共产主义”，在中国伊斯兰教中独具特色。马启西在传教当初提出来的一系列宗教革新主张，到目前仍然具有现代价值与意义。在政治上西道堂继承和发扬伊斯兰教爱国爱教优良传统，将宗教思想与爱国主义实践紧密结合；在宗教方面恪守伊斯兰信仰，遵行五功，提倡对宗教的理性认识，强调教民品德修养的提升；在组织传承方面选贤任能，树立宗教领袖为穆斯林教众的服务意识；大力发展文化教育事业，倡导男女平等；高度重视经济生产，推动少数民族地区社会发展与进步，在中国伊斯兰教本土化的进程中开创了新的发展方向，引起国内外学界和社会的广泛关注，被称为“新社会模型”、“穆斯林宗教公社”、“经济宗教社团”等。著名记者范长江认为西道堂“在哲学上、宗教上、社会运动上，皆有值得重大注意之必要”。[③] 西道堂从创立至今，历任马启西、丁全功、马明仁、敏志道和敏生光5任教长，教众主要分布于甘肃临潭、

---

① 金宜久:《中国伊斯兰探秘》，中国人民大学出版社，2010年，第5页。

② 乌玛（al—Ummah）阿拉伯语音译，本意为民族。后世历史学者专指伊斯兰教初期穆罕默德及其门弟子建立的以麦地那为中心的穆斯林公社。

③ 范长江:《中国西北角》，新华出版社，1980年。

合作、碌曲、玛曲、临夏、和政、广河、兰州，青海马营、格尔木、西宁，宁夏银川，新疆乌鲁木齐，四川成都等地，有清真寺近 20 座。

中国伊斯兰教西道堂的宗旨中开宗明义地写道："根据伊斯兰教教义，并祖述清真教道统，以宣扬金陵介廉学说，而以本国文化发扬清真教学理，务使本国同胞了解清真教义为宗旨。"刘智的汉文译著释五典、明义理、讲仁爱、敬圣贤、重民常，更贴近儒家纲常伦理。刘智对儒家思想采取选择性吸收，使之能更通俗，贴近民众。他主要选择了儒家的仁义、礼智、心性、成德、格致克己等思想，并与伊斯兰的一些基本遵行进一步结合起来。除此之外，他也吸纳了一些诸子百家的思想，进一步结合伊斯兰教践行与修养，以指导穆斯林的信仰人生与处世生活。西道堂创始人马启西全面继承先贤刘智的思想，接受其伊斯兰教在进入中国后应结合本土文化开拓性发展的思想并付诸实践，打破了伊斯兰教文化与中国传统文化在思想方面的隔阂，经过对两种文化的学习与吸收转化，将伊斯兰教植根于中国本土，为创建伊斯兰教西道堂作了理论和思想上的充分准备。著名学者米寿江认为"刘介廉生活在明末清初，位属中国东南的金陵；马启西生活在清末民初，位居中国西北的临潭，两人相隔数千里，生活的时代不同，环境各异，但弘扬伊斯兰文化并致使其民族化、本土化的志向和追求，使两位先生一脉相承，相继成为开创人和实践者。"①

西道堂是刘智思想与马启西思想的实践载体。在西道堂 100 年的发展历程中，西道堂致力于将伊斯兰教与以儒家为代表的中国传统文化相结合，以中国传统文化阐释、发扬伊斯兰教"六大信仰"、"天命五功"等基本教义、教法；在恪守信仰、遵行"五功"的前提下，提倡对宗教的理性认识，深切了解教义的内涵，指导自己的道德修养和人生实践；适应时代，发展经济，兴办教育，创建了中国历史上一种完全新型的伊斯兰教社会实体。

中国伊斯兰教西道堂创始人马启西（1857—1914）字慈祥，号公惠，经名穆罕默德·叶海亚，道号西极园。回族，临潭县旧城人。出身宗教世家，幼承家学在清真寺学习阿拉伯文与宗教知识，后师从汉族名儒范绳武攻读儒家经典，博览群书，诸子百家无所不涉。光绪十六年（1890 年）脱离北庄门宦，在家设帐讲学，取名"金星堂"，钻研和宣讲《天方性理》、《天方至圣实录》、《正教真诠》、《归真总义》、《清真大学》、《清真指南》等伊斯兰教汉文译著。光绪三十年（1904 年）在西凤山下修建清真寺。后因避教派纷争前往麦加朝觐，但因战乱滞留中亚撒马尔罕讲经功修。光绪三十三年（1907 年）返回临潭旧城，将"金星堂"改名为"西道堂"。当地回族及附近穷苦受难的汉、藏、撒拉、保安等族群众纷至沓来，加入西道堂。后来，甘肃军阀马安良借教

① 敏生光：《西道堂研究文集》，米寿江序，甘肃民族出版社，2010 年，第 14 页。

派纷争妄图控制宗教，威逼利诱马启西为其传教不从而怀恨在心，于民国三年（1914年）以西道堂私通土匪，祸害地方为借口，将马启西及追随者十七人枪杀于旧城西河滩，马启西罹难后西道堂教众也遭受了残酷的迫害。不过历经浩劫的西道堂人百折不挠，艰苦奋斗下，继承并发扬了马启西的宗教主张和社会革新理想，义无反顾，披荆斩棘，在继任教长的带领下，迎来了西道堂的全面发展，在宗教、经济、教育、文化等方面取得辉煌的成就，引起了全社会的瞩目。

自明清以来，王岱舆、刘智等先贤选择"以儒诠经"的方式解释、传播伊斯兰教，也就是用以儒家为代表的中国传统文化中仁义中和的人文思想阐释、传扬伊斯兰教教理的思维方式，是伊斯兰文化与中国传统文化的有机融合。以儒学为代表的中国传统文化与伊斯兰教在思想认识、精神修养、境界取向等方面有诸多相通之处：中国传统文化以人为本，内养心性，外彻天道，重和谐，言时中，衡经权，精妙恢宏，刚健有为，化俗而不泥俗，济世而不乱世；而伊斯兰教兼修两世，积极入世，平正中和，倡理性，无妄言，讲实践，本天道以立人道，求正信而非迷信。马启西继承和发展了伊斯兰教先贤们的学说与理论，并付诸实践，用自己的行动阐释了对伊斯兰教教义与对儒家思想的理解和体会。他熟练运用孔孟儒学或程朱理学的思想，用中国百姓所熟悉的"仁义礼智、孝悌忠信、法理道德"等概念阐释、宣传伊斯兰教哲理，他对儒学精神的价值意义和伊斯兰教的核心内涵都有着独到的见解，能够透过纷繁的表象世界，站在哲学与宗教的高度，援儒入伊、化儒解伊，去诠释对独一真宰的超绝信仰。

西道堂创始人马启西先生一生坎坷，历经磨难，最终以身殉道。他不仅是一位社会实践家，而且是一位宗教思想家，他生前设帐讲学，阐发经义，融汇诸家，著述丰富，但因数罹世难，书稿轶散，荡然无存。现仅有教徒录存的16幅诗联遗作传世。这些诗联语句精练，旨意深远，都是他对信仰与生活中重大命题的深入思考与理性阐发。我们通过品读、体悟这些诗联，可以从一个侧面了解他的宗教思想与社会理想。

马启西的诗联遗作意义深邃，意境高远，有着丰富的思想内涵。他的诗联写道："读书得妙意，理合天经三十部；养气通神明，道统古圣百千年"。[①] 他认为伊斯兰教"天经"与儒家"圣贤书"的道理是互通的，只有领会体悟《古兰经》的启示，才能获得读书的深邃妙义，也只有传承往圣先贤的千年道统，才能修心养性，体认真主。马启西也用中国儒、释、道语词诠释的伊斯兰教世界观："斯大明始足分映万灯；惟妙笔乃能装修两世"，他认为真主是最初无着、实有妙用的本体，但又执一含万，表现为万物的妙用。这里"分映万灯"的概念与朱熹的"理一分殊"的概念异曲同工，与刘智

① 丁正熙整理《马启西先生遗联》，载青海民族学院民族研究所、西北民族学院西北民族研究所编《西道堂史料辑》（内部资料），1987年。下文所摘诗联均出于此。

“人若灯具，真光其火，不获真光，徒为人具”[①] 的思想高度一致，认为唯有造化妙笔能修饰两世生活。他认为真主的造化活动是由至圣代理，彰显无群妙用，在宇宙万物中显现出深奥玄妙的机宜。与王岱舆、刘智等先贤一样，马启西的诗联中也汲取了伊斯兰教苏菲学说的思想，用以表述真主与人、真主与万物的关系。反映他这种思想的诗联还有：“为性海，为灵根，代有无之妙用；曰元勋，曰首命，显动静之玄机。”、“人人具我真面目，弗失即是我；物物显他假形象，化尽就如他。”马启西认为每个人的身上都有真主“真”之“真性”，只有返璞归真，方可找回真我，归于本然；而宇宙万物显现的是真主之“真”的虚假形象，万物中隐藏的真理是“大化循环，尽终返始”的唯一存在。

马启西坚持“认主独一”的基本信仰，相信“前定”，他用儒家“春风沂水”式的乐感文化表现伊斯兰教乐天知命的达观态度。“命如春风仁如春理感物如春信一生都在春光里；学是天成品是天纵启口是天言万事不出天定中。”无论道路如何艰难，他都对未来都充满着信心，坚持虔诚的信仰，认真进行宗教修行，完成所有的宗教义务。在马启西看来，宗教修养的终极目的，就是实现与真主的合一。追寻信仰的关键在于恪守教义，敬事真主。要做到“勤礼五功体认乎无声无臭；谨斋三月操存于不睹不闻”、“把斋贵清心上地；拜主须养性中天”。马启西说：“清岂易清欲清须一尘不染；真诚难真要真宜万缘皆空。”在宗教修行中要抑制私欲，净化心灵才能接近真主。信仰在于真诚、虔敬，其精髓并非在表面礼仪，而是内心的纯洁、高尚。他也认为了解真主的独一本然与精妙幽微，是品格高尚的人所具备的真正学问，而检点言行，丢弃邪念则是正人君子的克己功夫。故谓之：“开之谓言解，解微解妙解一本是大人致知学问；斋之取意齐，齐身齐心齐七情正君子克己功夫。”

王岱舆认为“真主之明命，修道而立教”，[②] 刘智认为伊斯兰教“以识主为宗旨，以敬事为功夫，以归根复命为究竟”、“圣教五功，念礼斋课朝，示人修道，而返乎其本初也。念在知所归，礼在践所归之路，斋以绝物，课以忘己，朝以复命而归真。修此，而天道尽矣。”。[③] 和这些先贤一样，马启西也认为信仰者在认主归真的道路上需秉承真诚以履圣行，需要有内省的功夫，克已去私，明心见性，凭借正道保合元气：所以他说：“穷神知化至精学问在无我；复命归真第一人品要如他”。另外，还要结交忠信善良的朋友，亲近有学问的明师，沐浴在春风化育的境界，以进于大中至正之道：“居广居由正路方能保合元气，友良友亲明师不啻坐于春风”。

---

① 刘智：《天方性理·卷首》。

② 王岱舆：《正教真诠．迴异》。

③ 刘智：《五功释义》。

中国儒家文化一向具有“经世致用”的传统，强调内在的道德修养必须与外在的济世事功结合起来，只有做到这两方面的才是真正的圣贤，这就是所谓的“内圣外王”之道。孔子的学生子贡问他：“如有博施于民而能济众，何如？可谓仁乎?”孔子回答道：“何事于仁！必也圣乎！尧舜其犹病诸!”（《论语·雍也》)。马启西先生自幼深受儒家思想的熏陶，他认为儒家的“经世致用”传统与伊斯兰教“两世吉庆”的思想有共通之处。伊斯兰教是两世并重的宗教，认为今世是来世的播种、耕耘之场所。穆罕默德曾说过：“你为今世而耕耘，犹如你永远活着；你为后世而耕耘，犹如你即将死去。”马启西非常注重继承和发扬伊斯兰教的宗教精神，他明确提出信仰与务实并重，追求“两世吉庆”的观点，马启西曾说：“须知此一身，乃两世之宝库，两世之美好，尽藏于一身。”[①] 在这个方面，马启西先生认为伊斯兰教与儒家思想是一致的。他题道：“体大公而遵主命，善身善世，洵哉，仁熟义尽；本真诚以履圣行，成己成人，允矣，道全德备”、“名实兼收，不独润身还润屋；经营俱到，真能成己更成人。”他主张“兼济天下”，反对“独善其身”，不但要“成己”，还要“成人”。马启西强调，“人人必须求生存而劳其形，动其心，成已成人，化已归真，以求得末日至上的安慰”。[②] 号召以信仰来指导善行，以善行来强化信仰，以迎接后世的到来。

吕大吉先生认为，马启西的诗联遗作中最可珍贵的是：“忠厚留有余地步；和平养无限生机。”因为它不仅是现今唯一留存于世的马启西亲笔书写的墨宝，而且渗透着精辟的人生哲理，包含着深刻的辩证法精神和丰富的人生智慧。它不仅反映出伊斯兰教的伦理道德理念，也体现出儒家“忠恕之道”与“和实生物”的中和之道。“忠厚”、“和平”，是处理人际关系的普遍性原则，适用于包括穆斯林在内的所有中国人。[③] 马启西生活的年代。西北地区军阀横行，兵连祸结，法纪荡然，百姓生活困苦不堪。马启西先生以宗教家的济世胸怀和高度的历史责任承担起了乱世中安定地方和民族和解的重任，在教派纷争、兵匪横行的甘南临潭创建西道堂教派，将包括回、藏、汉等民族在内的穆斯林信众团结在一起，相互帮助、互相鼓励，共同面对忧患丛生的社会现实，与苦难的生活相抗争。他马启西的宗教社会实践活动，不仅仅是宣扬教义，提倡文化，而且投入精力创办实业，经营农、商、牧、副、林各业，为维护地方安定和保障百姓生活做出了不懈努力。他以其洞察社会历史的睿智，结合儒家“大同”思想，创造性地把穆罕默德在麦地那时期构建穆斯林公社（“乌玛”）的社会宗教理想引入中国西北少数民族地区，将西道堂的民众组织成一个融宗教组织与社会组织于一体的穆斯林大

---

① 《西道堂简史稿》，内部资料。

② 《西北世纪》四卷八期。

③ 敏生光：《西道堂研究文集》，甘肃民族出版社，2010 年，第 273 页。

家庭，实行共同生产、共同消费、共同生活的社会经济体制。以集体的智慧和力量在动荡混乱的社会求的生存与发展之路。清末岷州进士尹世采说：“（马启西）先生设教天命五功之外，别无所传之秘诀，步步从实处着眼，不使虚度，间设经济、政治、农圃、数术诸端，无非道也，以主之财用于主道，不为私有。”① 著名历史学家顾颉刚先生也做出了高度评价：“说法遍士农工贾，无一夫不尽心诚，物与民胞奠基础。立教在修齐治平，求万事皆当其用，乡和国睦著功能。”②

西道堂是中国伊斯兰教在本土化道路上取得较大成功的一个教派。西道堂顺应历史潮流，革新进取，积极与社会相适应，是伊斯兰文化与儒家思想交流融汇的典型代表。其创始人马启西“以诸儒之薪传，会归真之总义”，将以中国文化宣扬伊斯兰教学理作为毕生追求，其践行一生的努力实现了伊斯兰教与中国文化的有机结合，也实现了伊斯兰教与中国社会的协调与适应。从而使中国伊斯兰教文化融入中华民族文化之林。虽然西道堂宗教与经济生活合为一体的大家庭时期已经过去，但其在新的历史条件下依然发扬着固有的优良传统，坚定不移地走着一条中国伊斯兰教本土化的道路，积极探索宗教与社会主义社会相适应的途径，引领着中国伊斯兰教未来的发展方向。

四

在人类文明的发展史上，每一种文化都是在各自漫长的历史氛围的熏陶中建立起来的。各种文化的思想都受历史影响而蕴含着不同的内容，运用着各自所熟悉的思维方式、思想观念和哲学、文艺等象征体系去构筑和解释对同一真理、同一超越精神的理解。人类文明中的一些的基本精神都是一致的，人类共有着对真善美的追求和对生命的珍重，多种文化交流的基础性精神资源从来都不曾缺乏过。只有去体悟同一的精神，追求最基本的共同价值和理念，才会有文化交流的可行性，才会有深层次上的价值相通和超越精神的相融。多元文化共存需要宽容、开放的文化理念。优秀文化的传承，根植于理性的文化反思和充分的文化自信，只有这样才能产生并容纳自我批判，才能保存精神的自由与文化的健康。

中国文化兼容并蓄，博大精深。中国人讲究天人一体、物我相应、浩然同流、交感相应的中和之道。朱熹认为：“中也者，天地之所以立也，故曰达本；和也者，化育之所以行也，故曰达道，此天命之全也，人之所受，盖亦莫非此理之全。中和在我，天人无间，而天地之所以位，万物之所以育，其不外是亦”（《太极说》）。牟钟鉴先生

---

① 尹世采：《马启西先生传》，转引自张建芳：《尹世彩与马启西先生传》，《回族研究》，2005年6期。

② 1938年顾颉刚先生访问西道堂时所赠对联。

认为中华文化多元和谐的传统离不开儒家思想。儒学具有多种文化共生共长的理念，虽在历史上处主导地位，而无强烈排它意识，主张“仁爱忠恕”、“和而不同”。儒家思想“万物并育而不相害，道并行而不相悖”、“天下同归而殊途，一致而百虑”等文化理念能够使它成为联系各民族文化与不同地域文明的核心纽带，从而发挥极大的文化作用。儒家主流派别对民族宗教和外来宗教都是比较宽容的，中国因此才有佛教的和平进入及伊斯兰教、基督教在中国的流传。儒家思想尚爱贵和，多元并蓄的包容精神，使中国人普遍具有较强的民族理性和宗教理性，各种外来宗教在中国这块土地上都有和平生存的空间。隋文帝实施三教并奖政策、盛唐士人有三教兼习之潮流。柳宗元以儒融佛，持“诸子和观”之论，华严五祖宗密出入孔老，提倡“会通本末”之说。利马窦最终选择附儒以行，以“文化适应”为传教方略，虽未成功，但也作了种种尝试和探讨。而伊斯兰教进入中国之后，中国穆斯林知识分子亦深受儒家“和而不同”包容精神的影响，为融入这种多元文化的社会精神生活中做出了不懈的努力。明清以来，儒家思想中对天命性理之学的思考，对道德修养的重视，对忠恕之道的践行等理念经过明清伊斯兰教汉文译著家们的诠释，已经逐渐融入中国伊斯兰教的哲学思想之中。而儒家主张天人合德的超越追求、孝悌仁爱的伦理思想、情理交融的生活规范、荣辱不惊、应物而不累于物的人生智慧及内圣外王、天下为公的文化理想亦为中国穆斯林知识分子所推崇和实践。儒家思想与伊斯兰教的交融与结合使中国伊斯兰教变成了中国优秀传统文化不可分割的一部分。

文化的开放性有利于文化交流与发展，有助于将异质文化中的进步成分纳入本民族文化体系，从而优化本民族的文化结构，促进民族发展。历史上的伊斯兰文化是一个开放进取的文化系统，对所有的进步文化都持兼容并蓄、积极学习的态度。在伊斯兰教发展史上，信仰伊斯兰教的各民族虽然表现出宗教信仰上的内敛性和文化生活中的封闭性，但为了自身民族文化在中国的传承和发展却并不缺乏积极灵活的自我调适性。中国伊斯兰教传入中国1400多年，其漫长而艰难的本土化历程其实是一种积极的文化调适和文化变迁过程。伊斯兰教正是在与以儒家思想为主流的中国文化的交流融合中获得机遇和发展，不断超越伊斯兰教文化的地域和模式局限性，走向未来的发展之路。

参考文献：

[1] 牟钟鉴主编．宗教与民族．北京：宗教文化出版社．

[2] 金宜久．中国伊斯兰探秘．北京：东方出版社，1999.

[3] 敏生光主编．西道堂研究文集．甘肃：民族出版社，2010.

[4] 敏生光主编．马启西诗联赏识．北京：中华书局，2004.

［5］杨怀中、余振贵主编．伊斯兰与中国文化．银川：宁夏人民出版社，1995.
［6］赵灿．经学系传谱．杨永昌、马继祖标注．西宁：青海人民出版社，1989.
［7］朱熹．四书集注［M］．成都：巴蜀书社，1989.
［8］王岱舆．正教真栓［M］．银川：宁夏人民出版社，1988.
［9］马注．清真指南［M］．银川：青海人民出版社，1989.
［10］刘智．天方性理［M］．银川：宁夏人民出版社，1989.
［11］刘智．天方典礼仁［M］．天津：天津古籍出版社，1988.
［12］刘智．天方至圣实录［M］．北京：中国伊斯兰教协会，1984.

儒学与当代文化的发展和不同文明的对话

中国统一战线理论研究会甘肃研究基地　钟邦定

儒学和儒家思想是一个完整的统一的文化思想体系，在儒家文化诞生后的2500多年漫长的历史进程中，对中国社会产生了极为深刻而广泛的影响。浩瀚而深刻的儒学中的精华，直至今日依然为人们所珍视，依然是当代中国社会所尊崇、遵行而不能忘却的价值观，这深刻印证了儒学思想文化体系带给我们的是一笔永恒的精神财富，是我们先祖开创人类文明的集大成者，不仅在中国历史上创造了灿烂的思想文化典籍，而且在世界文明史中也占有极其厚重的地位，在世界悠久历史的四大文明国家中，中国是唯一把自己的文明成果从创立到发展、从不断完善到传承至今的国家。从文化层面来诠释，连绵2500多年经久而不衰的儒学，是中国人在文化、道德、历史传承中一根坚不可摧的纽带，是人们的灵魂。

研究儒学，不同的时代。所关注的内涵不同；不同的历史时期，所关注的重点有别；不同的学者，对儒学的应用角度和治学方法亦异。纵观历史，在这一博大精深的文化思想体系的博物馆里，对儒学文化思想研究的主流依然体现出百家争鸣、百花齐放的开放式和兼容式态度，这可以从中国人及其家庭历来十分重视礼、义、廉、耻、忠、孝、仁、爱的基本道德观中得到答案。今天我们研究儒学，就是要把儒学与当代文化的发展放在时代的空间和地域中去考量，要把当代中国人民在为实现中华民族伟大复兴的中国梦的征程与弘扬儒学和儒家思想的精华紧密结合起来。同时我们要深刻思考，如何以更加宽广的胸怀与世界不同的文明接触、对话，让世界在多样文明中更加精彩，更富于活力，更有利于开放。这一总目标的建构，为的是建立世界和平、和谐、友好、公平、公正的新秩序。这是中国人民的一份责任，也是世界一切爱好和平的国家和人民的共同责任。

涵养对儒学文化的敬畏之心

儒学文化和儒家思想自诞生后的2500多年时空里，在中国传统文化思想的博物馆里是一部无与伦比的经典，它对国人的思想、心灵和行为方式产生的深刻影响在世界文化史上都是独一无二的。在当今中国着力倡导和用心建构社会主义核心价值观的三个层面中即国家层面的富强、民主、文明、和谐；社会层面的自由、平等、公正、法治；个人层面的爱国、敬业、诚信、友善，这24个字里，思想和文化内涵极为深刻，其中蕴含着儒学文化和儒家思想的精髓，比如和谐思想，平等和公正的法治社会观，诚信和友善的道德操守观等，都体现了儒学和儒家思想的人文内涵。

2014年3月27日，国家主席习近平访问法国并在巴黎举行的中法建交50周年纪念大会上作重要讲话，在谈到中华优秀传统文化时作了这样的表述："老子、孔子、墨子、孟子、庄子等中国诸子百家学说至今仍然具有世界性的文化意义"。这是对儒学文化和儒家思想在世界文化史上占有极其重要地位的深刻论述，当然对我们所有研究儒学文化和儒家思想的同行带来了极大的福音，对我们儒学研究者是极大的鼓舞。我们将以此为重大历史契机，以儒学文化研究者的一份厚重感和责任感，在自觉和自信的理念中，把儒学文化和儒家思想传承好、发展好、弘扬好。

笔者在这里提及的是，要对我们的儒学文化和儒家思想——这一传统的优秀文化——应当牢牢树立一颗崇尚之心，一颗敬畏之心，这是对待儒学文化和儒家思想的立命要义。中国文化常说的"安身立命"的问题，而儒学文化和儒家思想就是扭住这样一个主题的灵魂之所在。在这一文化系统里，它守卫着数千年来华夏子孙日常生活不可或缺的道德观、处世观、家国观，它呵护着我们的精神家园，为国人圈定了人性的圆周，哪些是可做的，哪些是不可逾越的。这种中规中矩为人处世的哲学观，为中国各个历史时期国人所普遍接受的学养范式和行为规范。

敬畏儒学是中国2500多年历史上十分崇尚并看重的社会历史现象，其中包含着极其丰厚的人文思想，也生动诠释了儒学所具有家国情怀的普遍价值观。从人性与文化层面的研究成果可以概括这样一层意思，敬畏传统的思想理念和人文情怀，这是人类共有的也是最可宝贵的涵养之一。敬畏我们的儒学就是敬畏我们的传统，因为儒学代表了中国传统文化中最具影响力和最能够为国人倍感自豪的集文化思想大成者。孔子说，"君子有三畏：畏天命，畏大人，畏圣人之言"，他说的三层含义是要人们敬畏自然，顺应自然规律，遵循万物生长的本真去生活；要心存敬畏那些在人性、道德修养和人文上独领风骚，具有开思想先锋，引领时代潮流的领军人物；要敬畏"圣人之言"，因为圣人以他超凡的智慧和知识来洞悉领悟天地万物间变化规律，从而揭示其内在的相互关系及其影响。

笔者从孔子"畏圣人之言"中还可以引申出另一种含义，即圣人能够道出事物之间的关联性，有先哲的思想光芒，能够为人们解疑释惑，能为人们晓之大义而穷其道理，使后学者倍感只有崇尚笃学谦学方能成为社会有用之才的敬学仰学之风的道理，这在今天仍然具有时代的积极意义。人作为社会存在最重要的形态就是具有文化性和思想性，这是区别其他动物的本质属性。人作为文化存在的本体，其本性具有敬畏之心和敬畏之意，人之初性本善就是这个含义。当然在本性当中要灌输并升华为人本思想中的敬畏观，使之成为人性中具有后天修养的元素，就能够自觉自信自警地从心灵深处做到敬畏圣人之言。这样的敬畏是心存敬畏，就可以做到“口诵而得其教，心维而明其旨，体行而匡其道”。上述儒学观借鉴当今时代，我们可以在文化建设中传承好、发展好儒学文化，把儒学放在世界文化的大背景下，我们就能有所作为，这样，人类文化的多样性、丰富性、厚重性才能够为建构和谐世界提供文化的支撑。

儒学文化在中国传统文化中是璀璨的明珠，这一点大家都有共识。但是我们必须承认，传统文化特别是儒学文化也是脆弱的，历史上曾经遭遇过极大伤害甚至毁灭性的打击（秦始皇的焚书坑儒事件）。“文革”时期对我们自己悠久的传统文化一律大加鞭伐，把孔子等诸子百家的历史文化名人、文化典籍和其他历史经典当作四旧加以横扫、破坏极为严重，这一惨痛的历史教训值得我们永远铭记。从这个意义上讲，我们必须深刻认识在对待包括儒学在内的传统文化及人才的保护、培养、发展是一项任重而道远的系统工程，需要付出艰辛和努力。在当今中国加快经济社会发展的同时，社会上出现的心浮气躁风气，一切以金钱说事论事的现象绝非个别。深刻说明了在对待我们中华民族传统文化的敬畏感上，是很缺失的，这会直接或间接造成对传统文化价值观的迷失，反过来又会严重影响我们在漫长的历史进程中形成的道德伦理价值观。人们常会在茶后饭余谈论的一个话题是，当前社会上存在着道德底线失守的现象，进而严重动摇着一部分人的价值判断和文化操守，这是很值得我们理论界、学术界关注的重大社会课题。这就为大力倡导儒学文化和儒家思想并在人们心灵的重塑提供了又一次必然而可行的历史机遇，我们要做功在当代利在千秋的一项文化大业，就是要担当起弘扬中国优秀传统文化这一艰巨而宏大的历史重任。因为，它关系当今和未来社会和人们的价值取向，只有敬畏文化传统，我们方能坚守恒常的文化价值，只有敬畏儒学和儒家思想的价值观，我们就能在大力倡导的社会主义核心价值观的氛围中做出儒学文化学者的一份担当、一份贡献。

儒学是中国传统文化的脊梁

就历史而言，儒学是一门既古老而又年轻的国学，说古老是因为它诞生在公元前500多年的春秋时期，说其年轻是因为儒学在中国文化土壤中延绵至今，始终没有断裂过，始终在不同的历史时期得以传承，重视，和发展。尽管遭遇过厄运，但其因开创之日起就以顺应时代发展潮流而动的人文属性，决定了它的生命力是坚不可摧的。在历代统治阶级治国理政方略中，把儒学放在国学的显要位置上，说明其地位的何等重要啊。儒学是中国传统文化中的脊梁，是有其深刻内涵的。第一，儒学在中华文化乃至世界文明史上都是具有超越历史意义的文化经典。纵观它对治国理政、人文、历史、社会、人的修身立德等诸多方面的作用及影响看，说儒学在世界文明史上占有制高点也是在情理之中的。这里说一件很有意义的事情，今年是中法建交50周年，法国在世界文明史上是占有极其重要地位和具有巨大影响力的西方大国，就是在这样的大国，他们搞了一次民意评选，要评选出在法国最有影响力的十部中国书籍，评选结果《论语》、《道德经》、《易经》等儒学经典巨制位列第一、第二和第四，这一民意测评的结果已经说明了中国儒学文化在世界上具有不同凡响的影响力。

第二，儒学文化和儒家思想及其丰厚。仅以孔子为代表，笔者从其列举二三以资说明并飨读者。比如，治政文化。一个“仁”代表了孔子思想的第一块基石，也是儒家文明的第一个开启点。仁者爱人，仁者不忧，仁者无敌。孔子对有志者说：“仁者先难而后获，可谓仁矣”，就是讲，必先有奋斗方能取益；对成功着说，“夫仁者，己欲立而立人，己欲达而达人”；对当政者讲，“克己复礼，天下归仁焉”；对君子说，“非礼勿视，非礼勿听，非礼勿言，非礼勿动”；对黎民百姓讲，要学会恭敬、宽厚、诚信、感恩、向善去恶等等。这是孔子最早建构的德政观和政治观。又比如，教育思想。孔子非常重视以德育人的基础性作用，他极力倡导“师道尊严”，他十分重视以道育人、以德化人、以教授人是立人之根本，他开办学堂讲学授道，为的是让人与社会懂得规矩，做到有序。孔子特别把人在仁、义、德、道方面的修身历练看作为是人生最基本的品格。孔子是博学大师，然而又十分谦卑，他给弟子的“三人行，必有我师”，不仅体现出孔子为人谦和虚心、深知人中自有人上人的大家风范，这句话，也因其经典成为家喻户晓的千古名句。再比如，民本思想。孔子对民生视为社会稳定的根基并有着深邃思考，提出“民以君为心，君以民为本”、“君以民存，亦以民亡”的君民观，这一民本思想代表了孔子在君与民之间关系这一根本性问题上有着极为深刻地的远见卓识，折射出先哲“君轻民贵”思想的伟大光烨，孔子还从《尚书》中提炼出“民为邦本，本固邦宁”的思想理念。孟子的民本思想同样闪射出我国春秋时期的时代光辉，孟子说，“民为贵，社稷次之，君为轻”，“诸侯之宝三：土地，人，政事。宝珠玉者，殃必及身”。孟子的上述思想是在告诫统治者必须要重民、安民、富民，非如此而不能安天下。儒家思想的大家们开启了中国历史上民本思想光烨的先河。历史是一面镜子，中国共产党提出以人为本的执政思想，可以说是汲取了我们先哲思想中的精华。从这个意义上说，儒学文化和儒家思想对我们建设中国特色社会主义现代化国家仍然具有现实意义和重要的借鉴作用。

第三，儒学文化和儒家思想在中国传统文化中的引领地位和潜移默化作用是不可磨灭的。儒学文化和儒家思想自诞生之日起，在我们中华大地上延绵生息，不断充实发展，才造就了诸子百家这一光辉灿烂的集文化大成者，当然这其中最为杰出的当属孔子、老子、墨子、孟子、荀子庄子等一批影响中国数千年历史文化的人文领袖和儒学大师。儒学文化和儒家思想之所以能在各个历史时期的统治阶层、知识精英阶层和普通百姓面前深入人心，之所以能延绵至今仍对当今时代的人们产生着潜移默化的积极作用，其文化性、人性、社会性、历史性、哲理性都具有无以替代的人文作用，说明儒学文化所具有的对人和人性教化的作用在人类文化史上都具有奠基性意义，是不可磨灭的。

我们先说孔子，孔子是人格修身完美和养心道德高尚的君子典范，他从《尚书》中精选并提炼出的“九德”有：“宽而粟、柔而立、愿而恭、乱而敬、扰而毅、直而温、简而廉、刚而塞、强而义”，其要义是说凡事要有选择，这是态度问题。对人要有关注之心，同情之心，怀仁爱之心，这是立人的基本道德要求。孔子提倡做人要讲诚信、做事要守规矩、凡事要有约束、要讲度。他尊重劳动，崇尚勤俭，反对骄奢淫逸；他主张克勤于邦、克俭于家。他主张君子要自重自律自警自强，有了这些的品格方能服众。他宁愿受劳顿之苦、劳心之累，也决不苟且偷生，他一生都想借力济世助贫，但决不攀龙附凤、摧眉折腰，表现出一代先师贫贱不能移、威武不能屈的精神风范。孔子非常赞赏舍生取义、杀身成仁、忠义侠骨的英雄大丈夫气概，他虽是大文人、大学者，从这一境界来看，孔子是君子，也是一位浩气壮志惯天下的大丈夫。孔子提出的“道之以德，齐之以礼”的家风社风礼教观。“百行孝为先，百善孝为首”、“今之孝道，是谓能养，至于犬马，皆能有养，不敬，何以别乎?”的孝行观。“君子和而不同”、“和实生物，同则不继”、“礼之用，和为贵”“己所不欲，勿施于人”的和谐思想。孔子的“不得中道而与之，心也狂指乎”、“君子言行，常守不偏不倚的中庸之道，而小人的言行则背离中庸之道，君子守中庸，做到恰到好处，而小人违背中庸，无所畏惧而胡作非为”等一系列中庸思想理论，一直是儒学文化和儒家思想的核心。孔子师先儒而有独创，集大成而有深造，尊古而不墨守，坚守却能应变，是2560多年前诞生在华夏大地上最伟大的思想家、教育家、历史学家和文学家。

再说老子，老子是先于孔子的杰出的思想文化大师，他的许多哲学观、思想观、道德观是儒学和儒家思想的核心之一，从历代到今天，对中国传统文化以及在思想、哲学等领域产生着重要影响。笔者从老子浩繁的经典论述中择其一隅以资鉴赏，老子说，“千里之行，始于足下”，这是一句既深刻又朴素的哲理名言。“天网恢恢，疏而不漏”，这一话语堪为是对犯罪者或有犯罪动机者的心灵有巨大震慑力的千古绝句，在今天社会的法治建设领域都是常用常新的警世恒言。“凡人之道，心欲小，志欲大，智欲圆，行欲方，能欲多，事欲少”，导出了做人心要细，志气要大，心智要圆融，行动要方正（意即讲规矩），才能要多，事情要少，这是典型意义上的人文理念。“弱之胜强，柔之胜刚，天下莫不知，莫能行”，揭示了弱与强、柔与刚之间的辩证关系。“以正治国，以奇出兵”，这在治国理政、军事战略上都是经典之作。“天下万物，生于有，有生于无”，这里蕴含着自然界发展的内在规律性的辩证思维。“我有三宝，持而保之。一曰慈，二曰俭，三曰不敢为天下先。慈故能勇，俭故能广，不能为天下先，故能成器长”。这一段精辟论述，是老子做人的要道，始终保持一颗慈爱之心、勤俭的生活观，他的不敢为天下先要理解为不是常规意义上的墨守成规、无所作为，而是始终保持谦卑、谦和、虚心讨教他人长处的态度，不像有些人半瓶水摇晃得很厉害，有一点知识就自以为是，就认为自己是天底下最了不起的，就自以为可以做天下之先的人，这是典型的妄自尊大的心态，极不可取。“道生一，一生二，二生三，三生万物”等自然科学观，深刻揭示了自然界万物生成、发展、消亡变化的内在规律。老子的上述思想理论，对自然社会、人文社会、执政思想、道德观、哲学观、法理观、事物辩证观等诸多方面进行了鞭辟入里的分析和阐释，给2500多年以来的炎黄子孙以多方面的教育和启示，对于当代中国社会的文化建设，对我们思想和人文的启示仍然产生着有深刻的影响，对人性光辉的塑造继续发挥着深刻而积极的作用。

说说墨子，据《汉书·艺文志》记载，墨家著作总集《墨子》共71篇，亡佚18篇，现存53篇，涵盖政治、逻辑、认识论、社会、人文、科技等方面的思想。墨子最基本的思想理念是“兼相爱，交相利”的世界观，他激烈反对“富侮贫、贵傲贱”，主张有力的要以力助人，有财的要将财分人，有道的要用道教人，墨子提出：“饥者不得食，寒者不得衣，劳者不得息”（《墨子·非乐上》），这是压在人民头上的三大巨患，统治者必须把此当做首要民生问题给予解决，这样可使“饥者得食、寒者得衣、劳者得息、乱者得治”，唯有此，国之将宁矣。他的这些思想理念用在治国理政上都是极其宝贵和极为有用的，在今天仍不失为是我们的一面镜子，意义非同一般。墨子提出“入国而不存其士，则亡国矣”，这是他的人才观，只要把培养人才，尊重人才，重视人才成为立国之本时，才能达到“国家之富，人民之众，刑政之治”。这与我们国家领导人提出的“科教兴国”、“人力资源是第一资源”的思想内涵是高度吻合的。还有他提出“天志”、“非命”的人生观，“尚贤”、“尚同”的社会政治观，“贵义”、“非乐”的价值观等，都极大地丰富了儒学思想宝库。墨子主张和谐“非攻”这一国与国之间关系如何相处的外交理念 ，至今都有积极的现实借鉴意义。墨子主张“田不辟，少食”，“安国之道，道任地始。地得其任，则功成；地不得其任，则劳而无功”。从他的思想和提出的主张看，他是最先提出把人类的生存和发展与生产劳动直接联系起来的奠基人，从而搭建起中国社会发展史和经济思想史的基石，这是墨子对儒学文化和儒家思想宝库最重大的贡献。

以下说孟子，孟子也是那个时代的一位杰出思想家、文学家、社会学家，我们从他的一系列论述中可以深深领略其博大精深的思想观，比如孟子说，“老吾老以及人之老，幼吾幼以及人之幼”。他的这句至理名言是尊老爱幼的座右铭。“天时不如地利，地利不如人和”充满了辩证法，道出了世界上最有力量、最起作用的乃是人的和谐团结。“不以规矩，无以成方圆；师旷之聪，不以六律，不能正五音；尧舜之道，不以仁政，不能平天下”，孟子的上述思想，揭示了大到治国理政，小到处事为人，包括社会和家庭，都要恪守一个规矩，都要遵循一个规则，否则，一切都无从做起，就乱了套。“民为贵，社稷次之，君为轻”，这同样是民本思想的精髓。“生于忧患，死于安乐”是讲做人的理想和抱负，是讲做人应有担当和责任，还可以引申为清清白白做人的坦荡境界。“君子莫大乎与人为善”，一句“与人为善”放在了“莫大乎”的地位，可见其人心的善良是人心中的本源所在，对君子是这等要求，对每一个人何尝不是这般要求呢！因为人皆有成君子的美好心愿，这里即有先天背景的影响，也有后天的修养。“天将降大任于斯人也，必先苦其心志，劳其筋骨，饿其体肤，空乏其身，行拂乱其所为也，所以动心忍性，增益其所不能”，这段千古名言对有志为国家兴旺担当重任的仁人志士尤其是年轻人来讲，是最有力也是最好的鼓励与鞭策，堪称经典中的经典。“得道者多助，失道者寡助”，这个论断好就好在一个实实在在，它精辟地说出了一个最简单的道理，国家也好，个人也好；处理国事也好，处理私事也好，就在于站不站得住“公理”，违背了“公理”的事，大到国家的穷兵黩武，小到人们之间的仗势欺人都是行不通的，最终都是要失败的，因为你不在“道”即“公理”的一边。“孝子之至，莫乎尊亲”，这也是孝道理念中必须坚守的原则。

再说说荀子，他的许多经典论述和名言，在历史上发挥了非常积极的影响和产生着重要启示性作用。荀子对有志者必后来居上有这样的论述：“学不可以已。青，取之于蓝，而青于蓝”，这在教育界被广泛引用以资鼓励年轻人应当树立敢于超越前人的志向。他留给后人做事要有一股坚定不移的决心和意志的16个字“锲而舍之，朽木不折。锲而不舍，金石可镂”，是对凡做成事的无不是具有锲而不舍精神的人的激励，也是对半途而废的人的一种批评。荀子对当政的统治阶级有这样的警示，“水则载舟，水则覆舟”。就是告诫为政者要明白，民可以扶持你，也可以倾翻你，关节在于施“仁政”，把“民为贵”放在第一位。他对如何施政有深远的见地，他说，“公生明，偏生暗”，只是六字，却道出了一条极为深刻的真理，这在古代治国理政中对当权者是高悬头上的明鉴之剑，在今天对我们的各级领导干部在处理政务尤其是在选人用人等重大问题上仍然是一面可资借鉴的明镜。

以上是笔者对儒学这一极其宏大而丰富的人类思想宝库在中国传统文化中具有引领作用的一点浅薄认识，我仅以孔子为代表并列举了老子、墨子、孟子、荀子等儒学大家思想文化宝库中沧海之一粟，还有儒学其他诸子百家的经典文化史，都是中国儒学文化和儒家思想的瑰宝，这里不一一论述了，从儒学文化和儒家思想对中国数千年社会发展的巨大影响来讲，儒学是中国传统文化的脊梁是实至名归的。

儒学与当代文化发展和不同文明对话的深远意义

一、从研究中国传统文化的发展轨迹和对数千年社会和人文的巨大影响来看，有一点是非常明确的，即儒学文化和儒家思想是中国传统文化中最具经典性意义的文化思想瑰宝。

说儒学是中国本土生长的地域文化一点没有错，因为儒学文化和儒家思想的诞生与形成是有那个时代深刻而尖锐的社会矛盾背景的，儒学是一个逐步形成、发展和不断完善的历史过程，正所谓时势造英雄。儒学奠基者是一批在文化、思想领域里卓有建树的思想家、政治家、教育家，其中首推孔子，当然老子、墨子、孟子、荀子、庄子等都是中国儒学文化和儒家思想集大成者，他们又是为人师表、谦和恭礼的君子典范。由他们的思想引领继而涌现出诸子百家，使儒学在历史的历练中形成完整的独有的文化思想体系。儒学与中国历朝历代社会经济文化的发展是一个紧密联系的社会文化现象，从儒学与社会活动始终紧密联系这一文化关系上认识，儒学对我们今天的社会和人民而言，既有文化意义也有政治意义；既有厚重的历史积淀感又有当代文化建设的现实连续性；既有传统文化的自豪感又有继承其精华为当今社会服务的现实必然性。

二、文化是一个民族的血脉，是一个民族的精神家园。

一个没有自己文化和文化传承的民族是没有希望的民族，因为没有文化的引领，一个国家、一个民族就不可能屹立于世界民族之林，就不可能在世界上占据一席之地。翻看世界几千年历史的演变，中华民族之所以历经磨难而生生不息，绵延不绝，一个重要原因就是中华民族有深厚的文化传统，有共同生活的精神家园。博大精深、源远流长的中华文化，滋养着中华民族的向心力和凝聚力，激发着中华民族的创造力，这是我们伟大民族生存和发展的根本之所在。儒学文化和儒家思想在我们建设中国特色社会主义现代化强国的征程中，在大力推进社会主义文化强国建设中，是可以大有作为的，党的十八大报告对推进文化建设有这样的论述："丰富人民精神生活。让人民享有健康丰富的精神文化生活，是全面建成小康社会的重要内容"。对传统文化有这样的定位："建设优秀传统文化传承体系，弘扬中华优秀传统文化"。党的十八届三中全会对文化大发展大繁荣有这样的论述："鼓励社会组织、中资机构等参与孔子学院和海外文化中心建设，承担人文交流项目"。我们一定要把中国传统文化这一人类历史文化瑰宝发扬光大，为建构和谐世界做出我们中国独有的贡献。

三、作为传统文化中的优秀代表，儒学在中国历史发展的影响和作用是无与伦比的，在当今中国加快发展的总体战略中仍然具有时代的积极意义。

尼采对世界文化伟人曾发出这样的惊叹："我的时间尚未来到，有些人要在死后诞生"，在这里，孔子是最有资格位列其中且居于世界文化名人前列的大师。儒学和儒家思想首先是中国的，但也是世界的。儒学文化在近代就传播到朝鲜、日本、越南、马来半岛等国家和地区；在与中国古丝绸之路上西域文化交流中，与佛教文明、伊斯兰文明和谐相处共生共荣；400多年前，《论语》等儒家经典就被欧洲文化大家翻译成法文、德文、英文、拉丁文等语种。历史已经说明儒学走出中国国门是文化的必然，这是因为作为一种文化形态的儒学，只要具有人类所共有的文化属性和思想属性，并且为人们所普遍接受这一文化价值观，那么，这一文化就完全具备可以超越国界的资格，它就属于是世界的，是当之无愧的世界文化的组成部分。据当前不完全的统计资料，我国各种文化和教育机构也包括一些社会组织在内，在世界各个国家和地区创办的孔子学院及孔子讲堂逾千所，反映了中国儒学在当今世界文化教育领域深入发展的现状日趋扩大，生动体现出中国儒学需要世界，世界也需要中国的儒学。

四、儒学文化和儒家思想对我们当今社会共同伦理的建构具有重要意义。

在我们经济转型和加快发展经济的同时，必须对当前社会和人们思想中出现的心浮气躁、急功近利、物质利益为上、以金钱论英雄等不良风气予以高度重视，这些不良风气会像病毒一样慢慢侵入人的健康肌体，久而久之会吞噬人的生命。我们常从与百姓生活密切相关的现实生活当中看到触目惊心的现象，比如，食品造假，药品和医用器械造假，重要证件包括毕业证、各类更高级别的学历证书造假，假户口、假护照、假记者证等，各种假融资和诈骗活动。特别值得关注的是，在党内还存在着腐败问题，有些问题还很严重，对执政党来讲影响极大。党中央历来高度重视并为严重危害执政党地位的腐败行为从来就是亮出零容忍的警示，并以更加严格的纪律、制度和监督机制来加强其自身建设。

以习近平为总书记的党中央部署党的群众路线教育实践活动，提出对党员干部尤其是各级领导干部都要从"照镜子、正衣冠、洗洗澡、治治病"入手，来一次思想上的廉洁自律教育，其宗旨就是要从一切为了人民的利益这一根本问题出发，来解决党风政风中存在的严重问题。我们从现实生活中深感理想信念存在危机，一部分人伦理道德丢失，价值观扭曲，一个重要原因是忽视道德伦理的日常性的、细雨融物般的、微风点化式的教育和嵌入人的心灵的系统工作，这是一个日积月累的常态性工作，就像儒学大家个个都是君子品格的中国烙印一样，如长风浩荡，如丰碑凛凛。毋庸讳言，当下世风中出现了与传统文化理念中高尚道德操守格格不入的现象，笔者仅举一例，可以透过现象分析目前社会存在的一些值得高度关注的问题，近年来多次与上海的朋友交流一个话题：房子问题，这是一个困扰绝大多数年轻人的问题，说它是头等问题不为过，因为年轻人谈婚论嫁是顺理成章的事情，问题出在只要谈及结婚这一实际话题时，基本上都是一种模式“你有没有房子”？这成为一个首要问题（当然票子、车子等也位列其中，只是没有房子来的重要和迫切罢了）。我们不妨试想一下，年轻人都把一步到位（其中不乏啃老这一极为不孝的做法，把父母辈防老养老的终身储蓄一扫而光）拥有自己一套房子当成结婚必须要达到的必要条件时，它带给我们的是什么价值追求？那就只剩下为房子而奋斗了，许多年轻人并不愿意把这一目标当成理想信念，但当下社会比较普遍存在着追求物质至上这一极为现实的风气，是客观存在的。笔者在这里毫无对谋求住房需求人们的责备之意，唐代诗仙杜甫都有“安得广厦千万间”的呼求，何况今天现代化的中国更应该解决好这一基本民生问题。我所要表达的观点是，房地产这一行业的现行做法值得很好的反思，房价畸形的高是与房子基本属性即商品的价值和实用价值规律是相违背的，由高房价惹出的祸端绝非一般意义上的事情，必须要从中国优秀的传统文化内涵对人们价值观的嵌入入手，解决伦理导向方面的深层次问题。

我赞同学术界近来发表的很有见地并有说服力的观点是：“现代性最糟糕的部分就是基于物质主义的一己私利的道德疾病，对消费主义的过度追逐和迷恋。以市场经济发展为主要方式来促进现代化，是我们的物质生活水平普遍提高，但在精神世界缺少关照，导致欲望吞噬理想，多变动摇信念。解决道德危机问题，我们不妨在市场经济发展中发挥中华民族传统文化的精神基因，结合资本的冲动与诚信的建构，建立和践行适应社会主义市场经济的道德坐标和行为规范”。我们应当把中国传统文化和儒学经典与建构中国特色文化大国有机结合起来，这是对儒学文化和儒家思想在国人心灵中重塑的普遍关切和深层表达，相信在主观、客观对儒学高度重视与人文需求的大环境下，“厚德载物”，“自强不息”，这一中华民族最具道德引领力量的座右铭，使我们最可宝贵的精神财富之一，只要我们坚守传统文化的自信并有此定力，我们就一定能担负起历史赋予的重任，在为实现中华民族伟大复兴的中国梦的奋斗进程中，书写时代新篇章。

五、各种文明之间的交流互鉴与对话是当代世界走向和平发展的可行道路，也是符合人类为之奋斗的正确道路。

今年 3 月 27 日，国家主席习近平在联合国教科文组织总部发表的演讲中，有一段话令我们倍受启示、深受教育。习主席说：“当今世界，人类生活在不同文化、种族、肤色、宗教和不同社会制度所组成的世界里，各国人民形成了你中有我、我中有你的命运共同体。中国人早就懂得了‘和而不同’的道理。生活在2500多年前的中国史学家左丘明在《左传》中记录了齐国上大夫晏子关于‘和’的一段话：‘和如羹焉’，水、火、醯、醢、盐、梅，以烹鱼肉”、“声亦如味，一气，二体，三类，四物，五声，六律，七音，八风，九歌，以相成也”、“若以水济水，谁能食之？若琴瑟之专壹，谁能听之？”习近平主席结合上述儒学古典的内涵做出当今时代发展趋势的论断：“世界上有200多个国家和地区，2500多个民族和多种宗教。如果只有一种生活方式，只有一种语言，只有一种音乐，只有一种服饰，那是不可想象的”。习主席的这一精辟论述深刻指出了世界上还存在超级大国和西方世界的某些国家总是想用自己的价值观来主导他国和他国人民的利益，总是妄图用他们的文化元素来对别的国家进行改造与渗透，岂不知，这是一种在作祟的傲慢与偏见。因为，在我们这个星球上生存着的人，尽管存在种族、语言、肤色、文化和历史背景、经济发展程度、宗教信仰等诸多方面的不同和差异，但是，每一个国家的人民所具有的生存和发展权利是平等的，这才是带有根本性的、普遍性的共同价值观，这应该是全世界各个国家和人民首先要遵循的规则。那种硬是要把西方价值观强加于别的国家和人民的做法，不仅是不明智的，当然是愚蠢的，也是永远无法实现的一厢情愿式的幻想，因为历史是公正的，也是最无情的，纵观世界历史发展的轨迹，还没有哪一种文明能够被强权政治和武力所征服的记载，只有一种可能性，就是这种文化从诞生之日起，就缺失了适合本土生长发育的基因，是没有生存条件的，是没有生命力的，因而是短命的。不同文明之间和谐共处是时代发展的必然，是顺应时代前进的潮流 。就像当今世界，唯一的超级强国在经济、金融、贸易、环境保护、气候变化、武器控制、防核武扩散、反恐、地区争端加剧等诸多方面，同样遇到它不可能单独解决的一系列重大问题，换句话说，唯一的超级大国在世界发展进程面前不可能独善其身，也不可以独善其身，超级大国必须放下傲慢与偏见，也只能在同他国对话与协商、尊重与包容、求大同与存小异、和平共处、和谐相处这一正确的思想引领下，与世界各国一起共同打造双向的和多向的、共赢的和多赢的局面。这就提出了一个现实而可行的时代命题，就是要用和平发展这两大时代主题来审时度势世界大势，就是要坚决摒弃以往固有的并且为实践和时间证明是行不通的冷战思维模式。儒学文化和儒家思想可以也能够为此贡献出自己的智慧和力量。

法国大文豪雨果有句名言，“世界上最宽阔的是海洋，比海洋更宽阔的是天空，比天空更宽阔的是人的胸怀”。对待不同文化、不同文明，我们要有比天空更加宽阔的胸怀，这样就能够容纳同一个星球上存在的多样文化和多样文明，使之和谐共处、互鉴互学、交流交往。

中国儒学文化和儒家思想有这个智慧，人类有这个气魄。儒学和儒家思想是能够让炎黄子孙天下归心的集结号，是中华儿女血气想通的文化纽带，是中国社会文化价值观的座右铭，是中华民族的“床前明月”。青史不泯，经典不老，中国是儒学文明的发源地，是世界悠久文化宝库中最为壮观瑰丽的明珠。在当今肩负起弘扬儒学历史重任的文化、教育、社科界的工作者和其他一切关注关心这一宏伟事业的海内外人士，在我们共同努力下，儒学文化和儒家思想必将绽放出与时俱进的时代光辉。

儒学与民族文化交流中的几个问题

宁夏大学 李 伟

当代的儒学研究和传播践行已经日益成为一个全球性的问题，这一方面是因为作为儒学的承载主体的中国的改革开放和迅速发展，另一方面则是因为中华文明的历史悠久和博大精深，使得全世界在全球化的过程中日益看重中国这个庞大的市场，需要从儒学中了解中国文化；而中国作为一个大国在崛起的过程中又需要和世界在相同的语境中进行全方位的对话。这种背景倒逼着中国学术界在当代儒学与世界各民族的文化交流中不断地思考以下几个问题：什么是当代儒学；当代儒学的价值是什么；当代儒学具有一种什么样的文化特质使她能与各民族文化进行交流；当代儒学与世界各民族交流的机理是什么。第一、二个问题关乎当代儒学研究、传播与践行的对话语境和价值意义；第三个问题关乎当代儒学是否具有与世界各民族文化对话的基础；第四个问题关乎当代儒学与世界各民族文化交流的可行性。

一、当代儒学及其价值

自从儒学产生以来，关于什么是儒学，不同的学派和不同观点的人们曾做出过各种不同的回答，却没有一个被普遍认同和接受。随着时间的推移，人们的视野越来越开阔，学术研究的学科也越来越繁多，对这个问题思考的角度更加广泛。由于学科背景的不同，研究视角的不同，关注的问题不同，对问题的看法和立场不同，使人们越来越难以达成对于儒学的共识。无论是从语义学、哲学、历史学、文化学、神学意义上，还是从国学、汉学、华学的意义上，儒学都被披上各种各样华丽的外装，其内在深刻的含义一直成为人们苦苦追求的“儒学之问”。这不是因为儒学太高深莫测，也不是学者们在故弄玄虚，而是因为当下的中国变化太快，当代的世界变化太快，而作为儒学所反映的社会民族关系已经发生了重大的变化。我们可以从下面几个维度对正在发生的民族关系问题自身的变化或转变的背景特点从文化的向度做如下的归纳：

第一，中国作为一个身处亚洲腹地特殊地理区域而形成的所谓中央之国（the middle kingdom)，与周围诸民族与诸国（部落政权）之间的关系已经在历史的发展中由中心与周边之间“夏夷之辩”的依附关系转变为今天“多元一体”的中华民族大家庭内部不同民族之间的平等关系。二者之间的张力不再是非此即彼的征服型关系，而转变为“谁也离不开谁”的相互依赖关系。中国与世界各民族之间封闭孤立的“谁也不了解谁的关系”转变为“你中有我，我中有你”的开放交往关系。

第二，古代传统的帝国时代，中央政权对周边族群部落政权的因俗而治，以夷制夷的治理关系已转变为以《宪法》为基础的少数民族区域自治制度与汉族共同存在在中华民族认同之下的彼此相互依存。在人民代表大会制度和民族区域自治制度下，各族人民真正实现了当家做主，分享现代权益之权。

第三，中国古代各民族在生存地理空间上的复杂性和多样性，形成的生产方式和生活方式的不同以及由此所带来的不平等的生产关系和社会关系，已经转变为在中华人民共和国的现代民族－国家组织形式下的统一的平等的发展逐渐走向均衡的东中西部地理空间关系。

第四，中国古代中华帝国形成的以儒学为正统的思想文化和夏夷分离的文化结构、价值体系已经转化为以中华优秀文化为基础，以社会主义核心价值观为取向的文化认同、民族认同和国家认同的核心价值体系，以及由此所建构的现代中华文明。

第五，中国古代农耕文明中各民族之间对土地和农业的依赖程度不同所产生的人与自然的关系，开始在现代工业文明的冲击下逐渐转化为不同民族、不同地域、不同生产方式和生活方式下的存在主体共同面临的问题，生态文明已成为当代儒学和各民族文化共同关注的对象。

在这种社会和民族关系急剧变化的情况下，无论是当代儒学的研究还是当代儒学与世界民族文化交流研究的范式都发生了危机。即一方面，我们的研究者找寻不到可以共同凭依的建立在当代民族关系基础上的儒学概念和民族文化的概念，并以此为基础积累共同体的知识，在学术上产生出没有真正可信的学术语汇可以借用的表述危机；另一方面，由于这种表述危机使得儒学与各民族文化交流和传播产生了一种实践危机。这种危机的增长将会降低当代儒学研究、传播和践行的学术价值和现实的社会意义。这就需要我们在各个学科的语义学意义上对儒学概念做一个深刻的解析和历史学阐释，从而形成对什么是当代儒学的理论上的认知和实践意义上的认同，以完成对当代儒学现代性知识体系的建构。无论这个过程多么艰难和曲折，儒学由古代儒学向当代儒学的转变，精英儒学向大众儒学的转变，帝王儒学向公民儒学的转变，中原儒学向中华儒学的转变，华夏儒学向全球儒学的转变将是一种不可改变的时代趋势。探讨这一问题的重要性一方面关乎对儒学的当代价值的基本看法，同时还涉及对国际儒学联合会成立的价值和意义的看法，关乎国际儒联的宗旨和任务究竟是什么。

二、当代儒学的特质

当代儒学的特质是从古代儒学的特质发展而来的，并且由于中国近现代的特殊变化使它的这种特质得到了充实和创新，从而使儒学在当代全球急剧变化中彰显出一种新的文化活力，这种文化特质就是儒学文化的开放性、包容性、多元性、互补性、实践性以及与时俱进的特性。

在漫长的历史发展长河中，人类文化形成两个明显的本质性特征：一个是多元性和同一性的统一；另一个是排他性和互补性的统一。

由于各个民族的历史发展、生产方式、生活方式、地理环境以及各种偶然因素的影响和制约，各个民族通过本民族的语言文字、文学艺术、道德、法律、风尚、习俗、宗教信仰所表现出来的认识、情感、意志、兴趣、爱好、能力、性格，以及审美、伦理、道德等民族特点也有别于其他民族，这些特点显示出不同民族的文化和心理特征。文化的这种多元特质突出表现在（1）宗教文明的多样性。据统计，在全球人口中，不信教的人约占四分之一；信仰各派基督教的人约占四分之一；信仰伊斯兰教和佛教的人共占四分之一；而信仰各种地区性宗教、民族宗教和原始宗教的人，加在一起大体也占四分之一（其中包括印度教、神道教、犹太教、锡克教、耆那教、拜火教、萨满教，以及自然崇拜、祖先崇拜和图腾崇拜，等等）。（2）民族文化的多样性。从现有资料来看，没有一个民族和地区的文化是完全相同的。无论是风俗习惯、语言文字、宗教习俗，还是社会制度或政治制度等，均有较大的差异，有些民族甚至差异悬殊。（3）各民族地域文化的多样性。由于各民族地理条件的差异，千里不同风，百里不同俗，各民族地区均有自己的文化特色。

人类文化的同一性特质不是孤立存在的，而是存在于各民族文化的多样性之中，突出表现在：（1）各民族、各地区文化在数千年的历史发展中逐步交融、整合而形成有机的文化整体，它是由各民族、各地区人民共同参与创造的，因而这一整体中的文化具有同质性。（2）各民族、各地区在长期的文化互动、交流中形成同质化和一体化现象，并逐步整合成一些具有普识价值取向的文化模式和价值观念。这些普识的文化模式和价值观念形成一种超越于地方和族群之上的历史文化大传统，它是世界各民族文化认同的文化基础。（3）世界主流文化往往对世界民族文化的一体化起到十分重要的作用，形成了一种无形而强大的向心力。历史上的世界各民族的统治者往往受世界主流文化的影响而采用主流文化的政治制度、语言文字、宗教信仰、价值观和伦理道德等。（4）各民族、各地区往往选择世界主流文化的语言文字作为共同交际的语言。世界许多民族的语言文字往往是在融合其他民族语言的基础上形成的。

人类文化的另一个本质特征是排他性和互补性的统一。这是一个随着人类文明的发展从自发到自觉的过程。在人类早期文明很长的一个时间里，人类对文化的多元的感知和应对是不自觉的，人们只觉得他者和自己不一样，“非我族类，其心必异”。因而对待其他民族的文化的态度往往是好奇、警惕、防范、抗拒、冲突甚至隔绝。这并不奇怪，因为人类以族群为组织形式的生存特点决定了它赖以生存的生活方式和信仰在没有安全归属的前提下只能对他者的文化持怀疑和排斥的态度。文化的自觉来自于生活的习惯和信仰，这是生命对现状的满足和未来的寄托。切断了这种习惯和信仰几乎等于断绝了自己和后代的过去、现在与未来，既是在同一民族和同一宗教系统内部也是如此。这是历史过往中世界上宗教战争不断的重要原因或借以号召民众的口实之一。例如西方世界11—13世纪的十字军东征，伊斯兰从17—18世纪开始的扩张，以及亨廷顿的“文明的冲突”无不如此。但是两次世界大战给人带来的空前灾难使人类越来越重视文化之间的对话、交流与互补。这其中的原因：（1）文化的互补性是人类文化的特质。文明的多样性是人类文化发展进步的动力。越是异性、异质的文化，互补性也就越强，越有可能从对方吸收有价值的东西。任何一种文化在历史发展长河中，并不是自我封闭，而是在相互交流中保护自己的特色，在竞争和比较中取长补短，在求同存异中共同发展。（2）人类的发展已经越来越迅速，人类的理性和文明也越来越成熟，从而使得人类文化中的互补性特质越来越凸显，文明和文化间的对话与交流成为人类文化互补性的一种重要方式。（3）世界各国越来越多的智者加入到呼吁不同文明、文化对话和交流的行列中。这些智者的文化背景、学术积累、呼吁的对象、研究的方法、预想的目的不尽相同，但是主张不同文化应该对话，通过对话促进世界各民族文化间互补和了解，促进各国间的和平发展愿望是完全一致的。学界知识精英的声音在世界各国和各民族政治精英、广大民众之间产生了不同程度的影响。联合国的教科文组织、社会和经济组织、文明联盟以及国际公众论坛、中国尼山论坛、国际炎黄文化论坛近年在世界各地的积极活动，为尊重和重视文化多元化和互补性的声音提高了分贝。（4）各国和各民族间的文明对话、文化交流和以德相融处理争端和冲突方式取得成功的例证逐渐增加，加深了人们对文化互补特质的理解。

虽然文化的排他性和互补性是所有文化的共同点，但在不同的民族和文化中却有轻重之别和侧重不同。这体现在世界各国和各个民族对待他者文化和处理与他者关系的态度和方式方法的差异上，这种差异取决于不同文化的核心，即文化的哲学基础、核心价值观念、和信仰体系以及社会伦理秩序。

儒学文化源远流长，博大精深，具有极强的凝聚力和极持久的生命力。在漫长的历史长河中儒学之所以能够数千年而不衰，正是因为在不断地与各民族文化的交流、互补与整合中继承、创新和发展，也包括外来的先进文化，如佛教、伊斯兰教等。儒学文化的天人合一的宇宙观和信仰体系、“和而不同”的哲学思想体系、以仁义礼智信为核心价值观念的伦理规范体系和“经世致用”的学术传统使其彰显出人类文化多元开放、包容互补的文化特质，这说明中国古代先贤很早便意识到文化多样性和差异性是互补的基础，各种文化相互交流，可以相互借鉴，取长补短。

儒学文化在与道教和佛教经过冲撞、融合之后，在哲学上基本上达成一致。在儒家文化看来，人类是一个整体，整个宇宙，包括所有人和物也是一个整体，因而个人、家庭、国家、人类都是宇宙的一个极其微小的部分，这就是所谓的天地一体、天人合一、“民胞物与”。这种哲学上的整体论和系统观与一神论的二元观形成鲜明的对照。“和而不同”是儒学的重要思想，意思是说，要承认“不同”，在“不同”基础上形成的“和”（和谐、相促相生）才能使事物得到发展，如果一味追求“同”，不仅不能使事物得到发展，反而会使事物败坏。这就是说，“和而不同”既可以保持和发挥自身文化的特性，又可以在互相交流与对话中得到发展，而促使不同文化的相互“认同”。因此，在不同文化之间应该通过对话与交往，在讨论中取得某种“共识”。这是一种由“不同”到某种意义上的互相“识同”的过程。这种“识同”不是一方消灭另一方，也不是一方“同化”另一方，而是在两种不同传统文化中寻找交汇点，并在此基础上推动双方文化的发展，这正是“和”的作用。儒家注重现世，以济苍生兴天下为追求，形成“经世致用”的价值取向。在儒家经世致用的教化功能下，中国的知识分子实现了“达则兼济天下，穷则独善其身”的统一，形成了“立言、立功、立德”的学术传统。强调一切学问必须有益于治国安邦，国计民生，才具有价值与意义。儒释道合流后，面对世事变化和复杂的社会人际关系和自然关系，都以儒家的仁、佛家的慈悲、道家的善为核心价值原则对待。这就是几千年来，中华大地上不同源头的地域文化，外来的佛教文化和后来的伊斯兰、基督教、天主教文化不但可以和谐相处，而且相互吸收经验和营养，从而不断发展、创造，保障了中华民族的繁衍壮大的根本原因。正是中国儒学的上述文化特质，使它为儒学与各民族文化的交流对话从普适的宇宙、人生的哲学理念到实用有效的研究方法和思维方式等多视野提供了平台，从而有效地促进了儒学与各民族文化的交流互补。二千多年来，虽经多次改朝换代及统一和分裂循环的政治局面，但作为凝聚全国各族的儒学哲学基础和核心价值观念却长期不变，而且得到发展。即使是在少数民族统治中国的时期，统治者仍以儒家思想和价值观作为中心，其重视程度甚至超过历朝。

三、儒学与世界民族文化交流的机理

任何文化的对话都是有条件的，这些条件的相互作用，形成了对话的机理，正像不同制度的实施需要一定的运行机制一样，儒学与各民族文化的对话，也需要在一定的环境条件下支持对话的运行机制和原理。这是形成对话的前提条件，为什么有的文化之间能够对话，有的文化之间无法对话，正是与是否具备这种对话的机理有着直接的关系。如果我们认真的考察中华民族发展的趋势和儒学与民族文化对话的特点，我们就会发现下列机理在儒学与民族文化的对话中发挥着重要的作用。

（一）一体多元的民族格局是交流形成的社会基础

中国秦汉时期起，就是一个统一的多民族国家。中国这个统一的国家，不是由某一个民族缔造的，而是所有民族，包括历史上的民族和现代的民族，共同缔造的。这个大家庭的整体是由分到合，逐步形成和完善的，其中各民族都在历史舞台上扮演过不同的角色，最后形成了中华民族多元一体大家庭的民族社会关系。正是中华民族大家庭提供的这种特殊的成员关系，才为对话的形成创造了特定的多民族社会基础。

（二）中央集权与地方民族部落政权统一的君臣国家治理结构是对话形成的组织形式

中国自秦汉以来，就开始形成了中央集权的统一的多民族国家，中国古代这种国家治理结构，为儒学与其他民族文化的交流与对话，创造了重要组织基础。统治者借助国家这种组织形式的力量，为文化之间的交流对话不断地创造着国家力量的影响。在这一过程中，儒学与各少数民族文化的交流日益紧密，文化的互补也日益加强，对话的形式也不断提升。

（三）大一统的天下观是对话形成的心理依据

中国历史上的大一统意识是从夏、商、周三个朝代逐渐形成的，有的学者认为："中国传统思想的许多内容，实际上都可以从多民族国家的源流上寻找到它的起因。……它并不仅仅指中国传统文化的各种内容都有着某一个民族共同体的传统文化的背景，更重要的是指中国传统文化的许多内容就出于'多民族'这一现实自身。"[①] 在天下观统合下的"中国"与"五方之民"关系中，"即使作为蛮、夷、戎、狄，事实上从很早以前也被看作是'天下'的不可分割的一部分"。[②] 因此，大一统的"天下观"成为中国统一多民族国家形成的思想基础，[③] 同时也是儒家文化与多民族文化对话的思想基础。

---

① 王珂：《民族与国家：中国多民族统一国家的思想系谱》，冯谊光译，中国社会科学出版社，2001年，第54页。

② 王珂：《民族与国家：中国多民族统一国家的思想系谱》，冯谊光译，中国社会科学出版社，2001年，第24页。

③ 王珂：《民族与国家：中国多民族统一国家的思想系谱》，冯谊光译，中国社会科学出版社，2001年，第28页。

（四）儒学“和而不同”的开放思想体系和“经世致用”的学术传统是对话形成的理论基础

“和而不同”是儒学的重要思想，这是与西方文化的一个非常重要的区别。它使儒家文化呈现出开放的文化姿态，包容着各种不同的学术流派，形成百花齐放和百家争鸣的学术局面。儒家注重现世，以济苍生兴天下为追求，形成“经世致用”的价值取向。在儒家经世致用的教化功能下，中国的知识分子实现了“达则兼济天下，穷则独善其身”的统一，形成了“立言、立功、立德”的传统三不朽的价值取向。正是中国儒学“和而不同”学术思想和经世致用的学术传统，使它为儒学与各民族文化的交流对话从普识的宇宙、人生的哲学理念和实用有效的研究方法、思维方式等多视野提供了平台，从而有效地促进了各民族文化与儒学的交流。

（五）民族大迁徙与大融合是对话形成的社会环境机制

中华民族发展的历史上，经历了五次民族的大迁徙、大互动和大整合，这一过程既是中华民族由多元到一体发展的基本动力，也为儒学与各民族文化交流对话创造了良好的社会环境机制。

在传说中的炎黄时代至夏王朝的建立，是中华民族历史上第一次大迁徙、大互动、大整合的时代。其结果是炎黄集团融合了部分东夷、苗蛮，并随着夏王朝的建立而形成华夏民族，中原地区华夏文化和社会得到较高程度的整合和较大的发展。春秋战国时期至秦汉的大一统，是中国历史上第二次大迁徙、大互动、大整合时期。秦汉时期，随着版图的进一步扩大，华夏文化也不断地想四周辐射，周边民族不断地融入华夏民族之中，至汉代，发展成为人口众多、地域辽阔的民族。从魏晋南北朝的冲突到隋唐的整合，形成第三个民族大互动、大迁徙、大整合的周期，各民族在文化上取长补短，在经济上互通有无，在宗教信仰上兼容并包，在婚姻上相互通婚，以汉语作为各民族的共同交际语言，夷夏观念淡薄，生活习俗的差异逐渐消失，血缘逐步融为一体，促进了北方各族人民的大融合。五代十国至辽宋金元时期是第四次民族大互动、大融合时期。至元末，大部分女真人已完全融入汉族。其他少数民族也与汉人杂错而居，文化上相互渗透，血缘上相互融合。明清时期是我国第五次民族大互动、大整合时期。清王朝建立后，加速了汉文化与少数民族文化的交流与发展，促进了各民族的融合，也促进了儒学与各民族文化的交流与对话。

（六）军事战争是对话形成的外部强力

从历史上看，民族大融合多是历史上的战乱时期，战争规模越大，融合的规模和程度也就越大，这种军事战争所形成的巨大力量在客观上为儒学与多民族文化的交流对话创造了外部的强制性力量。

（七）贸易往来和商品交换是对话形成的经济条件

秦统一中国，中央政权所统治的以中原为中心的各民族大都处于农业耕作的经济形式中，而生活在边疆和草原的民族部落政权则多采用游牧和与狩猎的经济方式。这使得中央政权与地方民族部落政权之间，中原的汉族和各少数民族之间的贸易和货物交换就日益成为必需。粮食、茶叶、牛羊、盐、布匹、铁器、丝绸、书籍、乐器、药品、首饰、瓷器等各种生产和生活用品都成为这种交流和交换的对象，汉族与各民族之间的官方贸易和民间贸易为儒学与各民族文化的交流创造了重要的经济条件。

（八）国子监和科举制是对话形成的制度保证

国子监是中国古代封建社会的教育管理机关和最高学府，其具备了两种功能，一是国家管理机关的功能，二是国家最高学府的功能。国家教育机构的建立，是中央政权借用国家的力量把儒学的教化与传播规范化和制度化，这在客观上也为儒学与各民族文化交流与对话提供了方向和标准，同时中央政权的这种做法也对地方民族部落政权产生了很大的示范影响。

（九）历代统治者“一国多制”、“文化多元”和因俗而治的民族政策是对话形成的政策保证

从夏王朝开始，中国便形成了华夏居中，夷、狄、蛮、戎分布四方的民族交往格局。历代王朝在处理多元的问题时，一般实行“一国多制”、“文化多元”“因俗而治”的政策，强调“修其教不易其俗，齐其政不易其宜”。[①] 在宗教方面，也实行宗教多元和包容的政策，充分利用境内各种宗教来维护社会秩序。这种民族宗教政策的实施，与世界上许多古代国家的统治者对待其他民族通过武力的强制民族同化政策不同，它为儒学与各民族文化的交流与对话提供了积极的政策保证。

（十）语言、文字、法律是对话形成的重要载体

秦在统一全国后，实行政治经济和文字上的一体化，其内容包括“书同文”、“车同轨”、“度同制”、“行同伦”等方面。废除分封制，建立郡县制，统一全国各地的文字，统一度量衡，统一全国的车辆和交通规范，统一法律。通过礼的统一、政令的统一和制度的统一来维护秦王朝的政治。在中国历史上，文字、法律和核心价值观的统一，不仅对维护国家的统一起到了重要的作用，而且在凝聚全国各民族和海内外华人方面起到不可低估的作用，增强了中华民族的认同。同时它还为儒学与各民族文化的交流与对话提供了载体。

---

① 《礼记·王制》。

纳塞尔与刘述先："回儒对话"语境中的"传统"与"现代"之争

宁夏大学 任 军

所谓"回儒对话"，一般是指20世纪90年代兴起的伊斯兰文明与儒家文明在学术实践层面上的交流与沟通，其目的是达到两种文明之间的深层理解。① 本文试图从个案研究的角度，对纳塞尔与刘述先在当代"回儒对话"语境中所进行的"传统"与"现代"之争进行回顾，并讨论这场争论背后所潜含的思想实质。

一、争论双方简介以及争论之缘起和大致经过

为了方便了解争论双方的学术背景与思想渊源，首先需要对二人的身份做一简介。

赛义德·侯赛因·纳塞尔（Seyyed Hossein Nasr），1933年生于伊朗德黑兰，1958年获哈佛大学博士学位，现任美国乔治·华盛顿大学教授，长于伊斯兰哲学、科学思想研究。② 在纳塞尔的学术生涯中，有两个标志性事件足以使他跻身于当今世界一流思想家或哲学家之列：第一，1981年，他以"知识与神圣"为题[1]，在爱丁堡大学主持吉福德讲座（The Gifford Lectures），他是1888年该讲座开设以来第一位获此殊荣的

① 有关"回儒对话"的情况，参见华涛：《文明对话：中国穆斯林与非穆斯林的对话》，《回族研究》，2002年第4期，第38—43页；丁克家：《全球化进程中精神性资源的开掘：文明对话的源头活水——论杜维明和纳塞尔文明对话资源的阐发及其价值取向》，《回族研究》，2006年第1期，第59—72页；杨文炯：《穆斯林学者眼中的儒教与孔子——回儒对话：基于文化自觉之上的文明对话》，《孔子研究》，2005年第2期，第43—55页；马小鹤：《哈佛大学"回儒对话国际学术会议"综述》，《回族研究》，2001年第1期，第11—19页等。

② 目前汉语学界对纳塞尔及其思想的介绍和研究不多，这与他的学术地位很不相称。据笔者有限的了解，译作主要有：那司尔：《我们的宗教：伊斯兰》，王建平译，台北：麦田出版社，2002年（中文简体版为：纳速尔：《世界宗教入门：伊斯兰教》，王建平译，上海：上海古籍出版社，2008年）。研究论文除参考文献[5][7][8][9][10][18]外，还有：丁克家：《全球化进程中精神性资源的开掘》；高健龙：《伊斯兰宗教哲学家纳塞尔》，《世界宗教文化》，2006年第1期，第11—12页。马效佩：《〈伊斯兰精神性全书〉译介》，《西北民族研究》，2008年第1期。另有少量译文和简介散见于中国穆斯林网（http：//www.2muslim.com/bbs）等中文网站。

东方人和穆斯林；第二，2001年，在哲学界享有盛誉的《在世哲学家文库》（The Library of Living Philosophers）专门编辑出版了“纳塞尔卷”，① 迄今为止，他是入选此文库的唯一一位伊斯兰哲学家。纳塞尔一直致力于各大文明传统之间的对话，其中包括前面提到的当代“回儒对话”，就是他和杜维明先生联手推动的。纳塞尔在东西方伊斯兰思想界声誉卓著，同时，他在政治界、媒体界也享有很高的声望，有人甚至称他为“伊斯兰教在西方的准官方发言人”。[3]

就汉语学术界这个范围而言，纳塞尔的知名度显然与刘述先先生无法相比。刘述先1934年生于上海，1966年获南伊利诺斯州大学博士学位，1999年从香港中文大学荣休，现任台北“中央研究院中国文哲研究所”特聘讲座教授。作为第三代新儒家的代表人物，刘述先出西学而入中学，其学术成就完全可以用“学贯中西，融汇古今”来形容。姚才刚认为，刘述先的主要学术贡献在于：第一，对儒学的回顾、阐释、批评与内省；第二，“理一分殊”与文化重建；第三，“两行之理”与儒学宗教意蕴之阐释；第四，“哲学全观”的建构[4]。此外，他代表新儒家，在推动儒学与基督教、天主教、伊斯兰教之间的对话以及参与世界宗教与全球伦理的交流互动方面亦有自己的独到贡献。

刘述先对学术争论一般持谨慎态度，② 而他与纳塞尔之间的争论可以说是受人之托而被动发起的。这场争论的起因与前述纳塞尔学术生涯中的两个标志性事件均有关联。1993年，《在世哲学家文库：纳塞尔卷》的主编哈恩（L. E. Hahn）教授邀请刘述先从儒学角度对纳塞尔的哲学思想进行评述，刘述先当时认为自己“对伊斯兰传统和纳塞思想所知甚少，恐怕不能完成任务”，而哈恩认为刘述先不需要遍读纳塞尔所有的著作，只要针对根据纳塞尔主持吉福德讲座期间的讲稿整理而成的《知识与神圣》一书做出回应即可[5]（P113)。因此，这里还有必要简述一下《知识与神圣》这本纳塞尔的成名之作以及此书的关键词之一——“传统”。

关于《知识与神圣》的主题，希尔（N. Heer）曾在一篇书评中概括为：以感性和理性为基础的常识、科学等凡俗知识（ordinary knowledge）可以获得宇宙万物的知识，但是终极本体（ultimate reality）或者神的知识只有通过神圣知识（sacred knowledge，scientia sacra）或“圣知”才能获得。圣知有两个来源：启示和智识。启示可以

---

① 见参考文献[2]。该卷包括四个部分：纳塞尔本人撰写的思想自传；各国学者（包括刘述先）对纳塞尔哲学思想的评述；纳塞尔对以上评述分别做出的回应；纳塞尔的作品目录。

② 根据丁为祥的记载，刘述先认为：“人不可过多地与人争论……与人争论是需要谨慎的”。见：丁为祥．其情其理两融融——刘述先先生印象［EB/OL］［2008－07－01］http：//blog. sina. com. cn/s/blog_4a04a18f010005oe. html. 关于刘述先“不喜争论”的描述，同时参见参考文献[4]（P309)。

在诸多世界传统宗教的经典中发现，任何寻道者均可获得。而智识是光照（illumination）的一种形式，只有那些宗教信仰和灵性意识达到了很高层次的特定个体，通过智性（而非理性）方可获得，这就是纳塞尔所说的宗教传统中的智观（sapiential perspective）或者智慧的境界。圣知在不同宗教的启示和经典中有着不同的喻示，但圣知本身在所有的宗教传统中是同一的[6]（P144）。一言以蔽之，《知识与神圣》的关键词可以概括为：神圣传统和神圣知识。与吉福德讲座的十次演讲相对应，该书正文共分十章，题目分别为："知识及其世俗化"、"什么是传统"、"对神圣的重新发现与传统的复苏"、"神圣知识"、"通贯之人和普罗米修斯式的人"、"作为神迹的宇宙"、"永恒与时间秩序"、"作为知识和美德之源的传统艺术"、"本初知识和神圣形式的多样性"和"作为拯救的圣知"。①

在《知识与神圣》第二章中，纳塞尔回答了"传统（Tradition）② 是什么"这个问题。纳塞尔认为，前现代（premodern）时期的人完全浸蕴（immerse）在传统之中，他们根本不会问"传统是什么"，就像鱼不会问"水是什么"一样。只有在现代主义的语境中，"传统"才会成为一个问题。③ 在他看来，"传统……意味着通过使者、先知、化身（avatāras）、圣言（the Logos）或其他传达者等不同形象所体现的，向人类启示或显示，实际上是向整个宇宙区域启示或显示的神圣根源的真理或法则，以及这些法则在法律、社会结构、艺术、符号象征、科学等不同领域内的一切衍生和应用，当然也包括最高知识以及获得最高知识的方法。"传统所涉及的领域非常广泛，"传统不可避免地同启示和宗教、神圣、正统思想、权威、真理传播的连续与一致、显白与隐秘、精神生活、科学、艺术等联系在一起。"而且，传统与永恒智慧不可分离，"这种永恒智慧处于所有宗教的核心之处，它正是获得了智观的西方的智慧（Sophia），在东方也被视为人生的最高成就。这种不朽的智慧构成了传统这个概念的一个重要部分，它就是西方传统中的永恒智慧（sophia perennis），印度教称之为恒法（sanatāna dharma），穆斯林称之为智慧（al-ḥikmat al-khālidah，或者是波斯语中的 jāvīdān khirad）"[1]。

---

① 对该书的简介与述评，见参考文献[6][11]。

② 纳塞尔所使用的"Tradition"一词含义非常复杂。在这个词语的汉译方案中，刘述先、郭晶等人直接将其译为"传统"（见参考文献[5][8]）；马效佩从纳塞尔对"Al-Islamu-Assuniyyu"一词的解释出发，将其译为"圣道"（见参考文献[9]）；笔者从"Tradition"在《知识与神圣》中兼有"神圣"和"传承"（transmission）的双重含义出发，曾经倾向于"圣传"这一译法（见参考文献[10]）。事实上，如果我们注意到"Tradition"一词中神圣性的首要含义（例如郭晶一文的标题），译为"传统"应无大碍。而"圣道"用来翻译纳塞尔的"Primordial Tradition"或者"Tradition as such"或许更恰当一些。

③ 在这里，纳塞尔与吉登斯的一个观点不谋而合："传统这个观念本身就是现代性的产物"。见吉登斯：《失控的世界》，周红云译．南昌：江西人民出版社，2001 年，第 36 页。

1996年，刘述先按照哈恩的嘱托，写出《传统与现代性之反省：从新儒家视角对纳塞尔的回应》一文[2]（P253－269）。① 按照“在世哲学家文库”的体例，纳塞尔写了一篇《对刘述先的答复》[2]（P270－276）。2001年《在世哲学家文库：纳塞尔卷》出版后，纳塞尔致函刘述先，感谢刘述先“让他有机会对于新儒家做出响应”。刘述先也复函给纳塞尔“表达了善意”。同年，刘述先在《有关“全球伦理与宗教对话的再反思”》一文的第四部分“新儒家与新伊兰教对话的具体例证”中对这场争论进行了简单总结[11]。以上就是纳塞尔与刘述先对话的起因与大致经过。

二、纳塞尔与刘述先的“传统”与“现代”之争的主要内容

在《传统与现代性之反省：从新儒家视角对纳塞尔的回应》一文中，刘述先从“对于‘传统’的反省”和“对于‘现代性’和‘现代化’的反省”两个部分对纳塞尔的观点予以了批评，而纳塞尔在《对刘述先的答复》一文中也对应刘述先的观点进行了自我辩护和反批评。本文在这一部分在各个不同的论点下对这场争论的内容进行回顾，并尽可能忠实地复述双方的观点。在各论点之下，将先列出刘述先的观点，再列出纳塞尔的观点，以方便读者对此次论战有一个比较完整的把握。

1. 对“传统”的解释问题

刘述先认为，纳塞尔对“传统”采取了一种狭隘而特定的解释，即传统与神圣和宗教密切相关。但是，“事实上大多数人是在一种相对宽泛的意义上来使用传统一词的”，也就是说，“我们所谓传统并不限于神圣传统”，因此，同样也可以有与纳塞尔所使用的“传统”相反意义上的怀疑主义、人文主义的传统[5]（P116－117）[2]（P254－255）。②

纳塞尔回应道，在传统主义者这里，传统当然与通常意义上的用法，即“某种不论其起源如何的思想或行为的连续性”是不同的。传统不是那种没有任何终极哲学意义的单纯的历史连续体，也不是一个意味着习俗、习惯之类的中性的一般词语。传统是神圣的，具有神性起源，它包括时间过程中神圣启示的持续与传播。如果不讲神圣性的含义，当然可以有各式各样的传统存在。刘述先可以不同意我用神圣和世俗来区分传统和现代主义，但是他不能批评我对这个词语的使用方式，实际上，现在有许多

---

① 后来，刘述先又将此文写成中文版《新儒家与新回教》，尽管他特别指出这是“与原文不尽相同的另一篇文章”（参考文献[5]：P113），但就主要观点而言，两文大同小异。因此本文在引用《传统与现代性之反省：从新儒家视角对纳塞尔的回应》与《新儒家与新回教》二文中主要意思相同的观点时，也会引用后者的一些表述。如有冒犯之处，还请刘先生原谅。

② 不仅是对“传统”一词，刘述先还对纳塞尔在与神圣相关的意义上使用“知识”、“智性”等词语的方式进行了类似的批评。

著述，无论对传统观点赞同与否，对“传统”一词在这个意义上的用法并无异议。[2]（P270—271）

2. 不同传统间的歧义问题

刘述先批评道，纳塞尔过分强调了各种传统中智慧境界的普遍性，而未正视其中的差别甚至冲突。刘述先以中国传统为例：中国传统不会接受古希腊传统中“永恒存在”的观念；中国传统有一种独特的“内在超越”观，这与诸亚伯拉罕传统的“外在超越”观完全不同，因此不需要耶稣或者穆罕默德那样一个在天与人之间进行沟通的中介者。传统中国哲学坚持“‘道’的体证是在变易之中把握不易的本体，而不是在现世之外另觅一个永恒的世界”[5]（P119），这与“过程神学”有互相呼应之处，因此，新儒家可以以这种进路来在各传统之间寻得某种相似性[2]（P257）。

纳塞尔的答复是，他从未忽视过各传统之间的歧义，“我总是怀着极大的敬意将这些差异看作是神圣本身的显现”。倒是刘述先对他的批评令人疑窦丛生：刘述先说中国传统有其例外之处，但又在文中不止一次地认为，对于中国新儒家而言，只有超越是不变的。远东传统确实没有使用“纯粹存在”这样的本体论语言，但是这种传统确认有这样的本体存在，否则《道德经》又怎么会以“道可道，非常道”为开端？中国传统中也有道家所说的“天人”和儒家所讲的“天子”这些天地之间的中介者，尽管他们和耶稣、穆罕默德所发挥的作用不相一致[2]（P272）。

3. 传统的演化和发展问题

刘述先说：“纳塞尔为了恢复神圣而力促我们返回传统”，但是他“没有足够正视文化不断在形成中的事实”[5]（P120）。刘述先问道：“我们应当回返多远呢？”纳塞尔不会反对雅斯贝尔斯所提出的“轴心时代”，但是再往前追溯，就会出现问题。《荷马史诗》所描述的那个时代似乎并不值得我们效仿。而色诺芬、普罗泰戈拉、苏格拉底思想中的怀疑主义传统也不必要是一件坏事。“如果我们非得保持我们所有的传统，那我们就依旧生活在真正的黑暗时代”[2]（P257）。

刘述先认为，纳塞尔完全没有给演化留下任何空间，他只关心我们是否能够找到传统之光，这种进路是他的优势也是他的弱点所在，他所采用的历史哲学与我们所习惯的对历史的看法完全不同。我们可以不认同达尔文的进化论，但是观念演化却是另外一回事情，而卡西尔（E. Cassier）所提倡的从“实体”概念到“功能”概念的观念演化就值得我们借鉴。例如，古希腊和希伯来对智慧境界的理解有着实体性的差异，圣经中的上帝或者说犹太教—基督教传统中的上帝不能被解释为希腊哲学中的永恒存在或者亚里士多德式的不动之动者，而纳塞尔恰恰就有这样的误解[2]（P259）。

纳塞尔反驳说，传统观点不但植根于不变的原则中，同时也拥有涉及时间和历史之性质的学说。纳塞尔将传统文化喻作一棵树，其根系植入神性的土壤中，为其枝干供给汁液。树木会按其本性生长，同时也会适应冷热干湿等外在条件。诸传统同样会提供树木本身之生命循环的知识。它们无论如何都不会主张，在我们所生活的这个世界的循环周期内，传统文明是完美无缺的。传统文明中也有邪恶，但神圣是无所不在的，民众生活在信仰的世界之中。今天，邪恶以更多更阴险的方式继续存在着，而对神圣的追求与发现这个生命之根本意义却消失了[2]（P272－273）。

纳塞尔说，根据对历史循环的传统理解方式，他可以往“轴心时代”之前继续追溯传统而毫无困难。“如果人的天性就是为了寻觅和获得神圣，如今我们依然生活在基于对形而上学无知的黑暗时代，无论灯光把我们的城市之夜照耀得何等明亮”[2]（P273）。

关于希伯来和希腊智慧传统的问题，历来就有冲突论与和谐论两种观点。纳塞尔认为他站在基督教柏拉图主义者和穆斯林哲学家一方，虽然亚里士多德的“不动之动者”没有对在亚伯拉罕系宗教中被揭示的神圣本体进行一种全面的描述，但其中却共同体现了伊斯兰的“认主独一”（al-tawḥ īdu wāḥid）原则。而柏罗丁所描述的“一”也就是古希腊所追求的“一”，尽管侧重各有不同[2]（P273－274）。

4. 关于对现代的“偏见”问题

刘述先指责纳塞尔对现代世界存在着偏见，并且出奇地缺乏对现代性和现代化问题的反思。纳塞尔持有一种传统与现代对立以及东西对立的观点，“采取了一种极端浪漫不切实际的怀旧态度，试问今日究竟有多少人宁可由现代倒退回中世纪去生活？”[5]（P124）刘述先认为，文艺复兴以来，现代世界在西方的出现不是偶然的，而且这个历史事件不仅对西方，而且对整个人类都具有重要意义。纳塞尔从未言及现代世界的正面成就，而“当代新儒家则明白肯定现代西方的成就是在科学与民主上面”[5]（P125），在看到现代西方文明之重大局限以及拒斥全盘西化的同时，新儒家准备在现代和传统之间进行平衡，而为了克服传统的缺陷，我们必须将现代化进程视为向我们的传统文化注入新的生命和活力的东西[2]（P261）。

纳塞尔认为他对现代世界没有任何偏见，他将现代世界中社会结构的解体以及对自然环境的破坏都归结于现代主义及其对人与世界的错误假设上。刘述先低估了西方持传统观点的人的数量，我们不会在字面意义上返回中世纪，而是想在传统原则的基础上重建一种社会与思想秩序。至于刘述先所说的怀旧态度，我所怀恋的总是居于人类之中心的精神实体以及我们已经被逐出的永恒家园。这根本不是什么浪漫的怀旧态度，而是最严格形式上的现实主义[2]（P274）。

5. 关于科学与民主的问题

刘述先认为，“正是现代科学才使得西方优于其他文明；没有理由不承认西方的科学成就”。按照李约瑟和怀特海的观点，科学还需要有机自然观在其中进行推动，但是出错的不是科学本身。“科学确实是有进步的；没有什么有力的理由让我们回到古代或者中世纪去”[2]（P261）。我们并不是否认神圣知识的存在，但是它与科学知识是两个不同层次的知识。“只有科学才能克服科学自身的问题”，新儒家主张在“道统”之外，在“学统”方面要“以坎陷曲通的方式吸纳西方科学的成就，恰正是纳塞（纳塞尔）思想所缺少的层面，这也可以说是新儒家与新回教的一项根本差别之所在，新儒家不能不对纳塞的缺乏分疏一味排击俗世科学知识的态度感到遗憾并提出尖锐的批判”[5]（P128）。

关于民主问题，刘述先认为现代世界创立了一种新的社会秩序，但这被纳塞尔指责为本质上恶的东西。现代社会和民主实践确实产生了一系列问题，但是我不认为多数生活在当下的人比中世界时期过得更糟。鉴于神治状态下出现了许多专制者，我认为必须要有一种对统治者权力予以控制的机制，而且政教分离也是必要的。经过深刻反省，新儒家放弃了“内圣外王”的传统直向进路，而在“政统”上“吸纳西方客观化架构式的民主制度……以与现代接轨”[5]（P129）。现代社会离公正社会还很远，但可以避免传统社会中的一些不公正。但是纳塞尔在传统和现代两种社会秩序中，似乎更偏好于前者。刘述先坦承，外在条件不同，社会结构也要相应改变，新儒家认为，除了超越不变之外，没有什么东西是永恒的。“在现代社会中，并不是没有宗教的需要……但我们需要的是开拓一条道路，而不是倒退回中世纪”[5]（P130）。

纳塞尔回应道，刘述先致力于为现代科学辩护以对抗我对现代科学的批判。他“以科学克服科学自身的问题”的主张只有在另一种以传统原则为基础的自然科学，即我所说的“神圣科学”被西方再次接受的时候才会发生。否则，还原主义还会持续，科学主义依然会扩张力量，并会加剧全球生态的恶化。我们不要忘记，经验科学主要是依靠一种特殊的自然哲学，并不高于传统中国科学或者伊斯兰科学[2]（P274－275）。

至于民主问题，纳塞尔本不想对刘述先的观点进行回应，因为这些观点更多反映了刘述先自己对政治和社会的看法，而不是纳塞尔本人的哲学论题。纳塞尔认为，由于人类状况的根本缺陷，关于社会方面的传统学说从未得到充分实现，因此对现代和传统社会政治制度的表层比较没有什么价值。20世纪是人类历史上最为血腥的世纪，各种社会或物质力量的新的形式的奴役更为普及，因此，在政治方面是否“古不如今”亦未可知[2]（P275）。

6. 关于传统与现代之间的平衡与协调问题

刘述先一再认为，纳塞尔持有一种东西对立、传统与现代对立的观点。基于此，纳塞尔否认文化在不断地形成这个事实，拒绝“与时推移”或者“与时俱进”。刘述先以朋霍费尔（D. Bonhoeffer）的观点为例，认为世俗化潮流并不与宗教信仰必然形成对立。这个世界不需要一分为二，一为神圣另一为世俗。儒家所考虑的中国传统从未有过这种分离，天人之间可以达到完美结合，人在宇宙中居于中枢地位，“人能弘道，非道弘人”。纳塞尔假定宇宙和历史进程中有神的干预，但这并不为科学所支持。在不再追求确定性的经验科学领域中，知识的“去神圣化”是一种迫切需要，而且，我们同样需要确立一种以政教分离原则为基础的宪政民主政府。“恺撒的归恺撒，上帝的归上帝”，不同层次的知识必须在没有外部干涉的情况下保持自治。我们需要寻觅“永恒哲学”的现代表达，并致力于传统与现代之间的平衡与协调[2]（P263－264）。

纳塞尔在这个问题的回应中，直接将刘述先称为“现代化了的东方人”，这些人希望在对现代主义和传统的模棱两可的界定中来同时保持传统与现代，这根本不可能做到。纳塞尔认为自己作为一个传统的护卫者，并不否认现代主义对传统的挑战以及回应这些挑战的必要性。关于“与时推移”或者“与时俱进”的问题，如果我们要与时俱进，那么“时”又与何俱进？在“时”面前，为什么我们必须是单纯被动的？我们为什么不能根据传统原则来塑形我们的时代？我对传统的观点是动静结合的，如果将传统喻作树木，其根系是静态的，而其枝干则根据树木的本性以及外在条件动态地生长。纳塞尔毫不担心落后于时代，特别是现代文化之战车正在加速坠向断崖[2]（P275）。

7. 关于各传统应该采取何种表达方式以及对话方式的问题

在这个问题上，刘述先首先采用帕瑞德（G. Parrinder）的观点，认为纳塞尔所主张的伊斯兰苏菲主义思想与印度教大师商羯罗的不二论有密切关联，这会导致以竞争取代比较和交流。刘述先继而推测在伊斯兰传统中，神秘主义不是其主流。此外，刘述先又借用犹太哲学家柯普斯登（F. Copleston）的判断，认为没有什么经验足以证明某种超越本体或者“一”的存在，这可以与纳塞尔浪漫的神秘主义相对抗，纳塞尔似乎也无法提供关于超越本体或者真理之存在的有力论据[2]（P264－265）。因此我们不能从纳塞尔所提供的视角去寻求各传统的表达方式以及各传统之间的对话方式。而新儒家对“理一分殊”的表达却可以做到这一点。按照这种观点，“理一”属于“超越”层面，无法用语意清晰表达。如果表达出来，其内容就已经受到不同文化的影响而有了差异。所谓“道可道，非常道”就是这个道理。中国哲学的特点是通过变易以体现不易，“‘理一’固然贯通中外古今，‘分殊’却必须在今日觅取现代的表达”[5]（P131）。因此，我们必须放弃寻求某种统一的希望，转而接受各大宗教传统之间的歧义。但是对绝对主义的放弃并不意味着对相对主义的接纳，我们还可以以一种新的策略致力于宗教间的对话，并寻求能被所有人接受的共同基础。刘述先所提倡的是汉斯·昆的对话策略，即每一个传统先作深刻的自省与严厉的自我批判的工作，然后达成某种共识[2]（P266），而纳塞尔所欠缺的正是这样的策略。① 当今世界是一个多元时代，只有积极参与对话，方可求得统一。共识都是从草根层面而凝聚的，而不是自上而下所启示的[2]（P267）。

纳塞尔反驳道，帕瑞德作为一个基督教学者，对苏菲和吠檀多之间关系的观点不足为信。真正对东方传统有权威见解应当是没有受到现代西方思想影响的东方学者。纳塞尔认为，超越及其诸多显现都是神圣的，只要某种传统在这个世界上还拥有生命力，其作为一种活生生的现实就具有永恒的价值。在这个意义上，纳塞尔不能对汉斯·昆表示赞同。他认为，统一总是自上而下所降示的，不能自草根层面的共识而来。总是少数哲学家和思想家在引导民众和社会不是相反。我们当然不能忘记“民之声，神之声”（vox populi vox Dei）的原则，但是只有少数对传统有深刻认知的人才能跨越宗教和文化的边缘，为大众指引道路。传统真理以一种当代语言予以表达，是为了让今日世界的芸芸众生能够对其进行理解，但是传统真理绝不会向一个已经快速朝向完全分崩离析阶段的世界妥协[2]（P275－276）。

三、争论背后的思想实质

包括刘述先在内，《在世哲学家文库：纳塞尔卷》中共有29位学者对纳塞尔的哲学思想进行了评述，其中至少有18位学者直接对《知识与神圣》予以了讨论，纳塞尔对以上学者的评述都一一予以了答复。而刘述先与纳塞尔之间的这场争论或许是这些对话中最为激烈的，双方几乎在每个论点上都持针锋相对的态度。纳塞尔和刘述先分别作为当代伊斯兰哲学和新儒家思想的大师级人物，在当代“回儒对话”的语境中开辟了一个新的论题，即“传统”与“现代”的关系问题。因此，对这番争论背后所潜含的思想实质进行讨论应当具有一定的价值。限于篇幅，本文拟从以下几点对这场论战进行总结。

1. 反现代与反传统

从以上争论的内容来看，双方都有各自稳固的立场。纳塞尔作为“永恒学派”（Perennialist School，又译为“常青学派”、“永生学派”）的一员，自然是以传统主义的立场来对待这张争论。刘述先虽然力主要对传统和现代进行平衡和协调，但他大致还是靠近现代主义立场的。自青年时期接触到“永恒学派”思想之时起[2]（P18），纳塞尔的名字就始终与此学派联系在一起[3]。“反现代”（anti-modern）是这个学派的主

---

① 现在似乎有一种“伊斯兰为什么不忏悔”的情绪存在。例如梁燕城认为“如果伊斯兰教也发展出聆听和悔改，就会有谦卑的心，以谦和的心待人”。见：梁燕城，郑文泉：《伊斯兰文明如何与世界沟通——关于宗教与和平的对话》，《文化中国》，2005年第4期。

题，他们反对启蒙运动带来的所谓“进步”理念，并将现代文明看作是一种虚假的和堕落的文明。为了达到反现代的目的，他们的策略是诉求于“传统”，这也正是永恒学派经常被称为“传统学派”（Traditionalist School）的原因所在。① 他们认为，只有在源于“本初传统”（Primordial Tradition）的“永恒智慧”（sophia perennis）或“永恒哲学”（philosophia perennia）② 之中才能找到人类安身立命之根本。这些思想在以上纳塞尔所陈述的观点中可以较为清楚地了解到。

从刘述先所代表的新儒家的思想渊源来看，自冯友兰等人所代表的第一代新儒家兴起之时起就认识到，“中西文化的价值理念之争（体用之争）实质为古今之争，即传统与现代之争”[12]（P2）。而刘述先在提起第三代与前两代新儒家的区别时，认为“上一代浸润在传统内部更深，信念也更强……如果上一代更着力于传统的卫护，那么，我们这一代更用心于传统的转化之上”[5]（P26）。有论者指出，刘述先对传统典章制度几乎无一肯定，认为传统儒家唯一需要保留的就是“仁”、“生”、“理”的中心理念或者规约原理[4]（P105）。而今日要维护传统“仁与生生”的理念于不坠，有时甚至必须采取反传统的方式[4]（P123）。纳塞尔所坚持的“反现代”和刘述先所要求的“反传统”之间的对立实质上是出于双方对于传统和现代所出现种种问题的不同的诊断。

2. 传统病与现代病

傅永军有关现代性与传统的研究中认为，现代性本身体现为一种文化逻辑，这种文化逻辑必然要求一种注意力转换，就是将注意力转移到认“现时代”为一个完整的新时期。“现代”就是“新”，就是对过去的不断更新。因此，在这个意义上，“现代性”表达的是一种断裂意识，要打破过去已经过时的陈腐规范的约束[13]。这种断裂意识实际上凸显为一种历史意识，即对传统的批判和不信任意识[12]（P135）。由此刘述先在一种“与时推移”和“变通”的前提下断定：“传统是病了，所以才不得不求变，而穷则变，变则通，这才有可能找到走向未来的康庄大道”[5]（P124）。在刘述先这里，“传统病”表现为“传统留下来许多罪恶（如专制）、毛病（如缺少限权制度）、问题（如愚昧无知）”[5]（P131）。所以他会感到纳塞尔的“反现代情操实在包含着一种危险的倾向，简直与时代潮流背道而驰，这也是他与当代新儒家的根本区别所在，不能不

---

① 对“永恒学派”是否等同于“传统学派”的问题，学者们还存在争议。参见：R. Fabbri. Introduction to the Perrenialist School［EB/OL］.［2008－02－01］. http://www.religioperennis.org/documents/Fabbri/Perennialism.pdf.

② 据赫胥黎（A. Huxley）的考证，“永恒哲学”一词最早在文艺复兴时期出现，1540年，神学家斯特科（A. Steuco）在他的《永恒哲学书之十》（De perenni philosophia libri X）中就开始使用这个词语。但是“永恒哲学”的理念至迟在新柏拉图主义时期就已经出现。参见：A. Huxley. The Perennial Philosophy［M］. New York：Harper & Row，1970.

加以清楚而明白的分判"[5]（P114）。

而纳塞尔则断定真正患病的是现代而非传统。所谓现代病，用施特劳斯的话来说，"现代性的危机表现或者说存在于这样一宗事实中：现代西方人再也不知道他想要什么——再也不相信自己能够知道什么是好的，什么是坏的；什么是对的，什么是错的"[14]。对于这些症候，纳塞尔的处方是：回归传统。他认为，对于这个被抽空了所有神圣意义而日渐枯萎的世界来说，神圣知识和神圣传统所发挥的最大功效就是提供了一方医治现代性问题的解毒剂[1]（P303）。这种向传统的回归当然不是通常所说的复古主义，而是对与神圣知识结为一体的神圣传统的追求："只有以一种当今世界能够理解的语言，用现时代的介质来体现传统的永恒启示，传统才会让自己替代现代世界"[15]。这是一种全面的替代，其中包括各宗教相互之间的态度、对待少数群体的态度、传统思想和传统艺术的复兴问题以及更少对环境构成威胁的经济生产方式问题等等[16]（P43）。在他看来，这种替代尚需时日，但并非绝无可能，而其中关键是要对神圣化和世俗化问题予以重新思考。

3．神圣化与世俗化

尽管有论者认为，纳塞尔与其永恒学派或传统学派的其他学者如舒昂、格农等人不同，比较重视传统的流变问题[3]，但纳塞尔一般不会单纯从时间维度上对现代和传统加以区别。他认为："我们在使用'现代'一词的时候，它并不是'当代'（contemporary）或'最新'（up-to-date）的意思……对我们来说'现代'意味着与超越（Transcendent）相断裂，同最广泛意义上对人类予以启示的，事实上是对所有事物进行支配的永恒原则相分离"[17]。也就是说，现代与传统的区别不是时间意义上的"古今之分"，而是神圣与世俗、变化与永恒的"圣俗之分"[18]。他在《知识与神圣》第一章就讨论了"知识及其世俗化"的问题，他的观点是：17世纪近代哲学和科学在西方的兴起导致了知识的世俗化和祛圣化（desacralization），① 西方思想的进路由此脱离了神圣传统，陷入"现代主义"之中，并造成了当今西方社会的精神危机。因此，针对世俗化和祛圣化，他主张要进行"去世俗化"（desecularization）和"再圣化"（resacralization）。

从刘述先的角度而言，我们从他与纳塞尔论战的内容中就可以看到，他认为纳塞尔的《知识与神圣》中的两个关键词，即传统与知识没有必要与神圣相关联。他主张世俗与神圣没有必要形成对立，正如传统与现代可以融合在一起一样。"我们必须把超

① 在一篇访谈中纳塞尔谈到，早期基督教包含着一种极端理性主义的因素，这种因素后来在文艺复兴时期抬头，并对真正的基督教哲学予以边缘化，欧洲哲学的主流也因此被世俗化。见：参考文献[16]（P42）。

越的信息与中世纪的世界观彻底解构，与现代的情况结合在一起，故此宗教传统并不能避免‘现代化’的问题，必须理解‘现代性’的特质，与时推移做出相应的变化，才能打动现代人的心弦，解决现代人的问题”[15]（P131）。目前学界对现代化和世俗化之间关系的讨论中所达成的一个基本共识是：现代化与世俗化是同一过程，二者同时具有理性化、多元化与个性化的特性。前者更为强调技术和政治层面上的变迁，而后者强调宗教层面上的变化。例如，按照博格的观点，在现代化进程中，宗教将逐渐世俗化为一种市场商品，作为一种解释体系，宗教要与其他解释理论进行竞争，宗教制度成为媒介，宗教传统成为消耗品，而宗教最终将无法继续维持其可信性和稳固性[19]。这种世俗化恐非刘述先所愿意见到的。

4. “一”与“多”的关系和内在与外在的批评

纳塞尔承认各宗教的丰富多样性，也承认各宗教内部各个分支的丰富多样性，但是这种多样性是以神的独一性和真理的独一性为基础的。所谓神的独一性，就是伊斯兰教的“认主独一”原则。纳塞尔认为，“伊斯兰教不仅将认主独一原则视为自己的启示本质，而且也将它视为所有宗教的核心”[1]（P71）。所谓真理的独一性，就是具有神圣起源的“圣知”，即永恒智慧或永恒哲学。纳塞尔承认各宗教传统在形式上的差异性，但是他更为重视其中的共同性，这是他一直所坚持的观点。在最近出版的《自始至今的伊斯兰哲学：天启之国的哲学》中，他依旧认为：“在某种意义上，相似要比差异更为重要，因为这些相似点关系到各传统之间共同的基本形而上学真理，这种真理我们用永恒哲学来命名。永恒哲学也会由于思想倾向而各有表述上的差异，但各宗教间除了其形式层面上的多样性之外，还有内在的统一性，因此，在这些差异之中，永恒哲学以相同的方式被表达出来”[20]。

刘述先在“一”与“多”关系问题上坚持“理一分殊”的观点，并视之为一种广义的方法论原则甚至存在原则。而且，刘述先将“理一分殊”与新儒家倡导的“内在超越”说结合起来，提出一种新“两行之理”，将超越（理一）与内在（分殊）视为“两行”，同时兼顾，认为这样才会合乎道行的妙谛[4]（P150）。超越的“理一”是贯通古今中外的，具有普遍性，但它的表现则依不同的时空条件而有所不同。一方面我们要寻求“歧异中的统一”或“多元中的一元”，另一方面也不能忽视“理一”在具体时空脉络下的特殊表现，不抹杀“分殊”层面的差异[4]（P115）。同时，“理一分殊”本身在不同时代的侧重点也有所不同，古代偏向“理一”，而当代则更重“分殊”。当然，刘述先所讲的“统一”是一种功能性或者规约性的统一而非实体性的统一。刘述先认为，他可以以这种“理一分殊”原则为根据，对纳塞尔提出内在的批评。

一般所谓“内在批评”，大致分为两类：一类是指在一个理论系统的内部、通过比理论作者更为严格、细致、周密的分析，发现这门理论本身的内在矛盾和悖谬，最终导致对这个体系的完全颠覆；另一类则是接受一个理论系统的基本前提，但从中得出比原作者更为明见、更为合理的结论。所谓“外在批评”是指，或者可以根本否认一种理论的出发点和公设，或者可以置疑它的论证和推导方式，或者可以无视它的切入点和视角，而后用自己的前提、推理和观察来取而代之。[21]。如果我们根据这种标准来区分内在批评和外在批评的话，就可以看到，即使“理一分殊”与“内在超越”相结合的“两行之理”说能够成立，是否能够构成一种有效的内在批评也令人怀疑。因为双方在出发点上对“统一”与“歧异”、“内在”与“超越”的理解有实质性的不同。

在这场论战尘埃落定后，刘述先总结道：“这不是一次成功的对话，既缺少对异传统的理解，也缺少睿识的交集”。事实也确实如此，仅就争论双方对对方传统的理解而言，显然还要做出更多的努力。例如，纳塞尔始终不解新儒家的“内在超越”说为何义；而刘述先在两篇与此次争论有关的汉语文献中将纳塞尔所代表的传统分别称之为“回教”和“伊斯兰教”[5][11]，并解释说这两种称谓的区别在于“回教指信仰，伊斯兰教指教义”，① 不知这种解释的根据何在。如果说对话的目的仅仅在于达成某种共识，那么这场争论确实算不上成功。但是，就对话的目的也在于更加准确地了解彼此之间的深层次差异这种意义上而言，这种论战的方式要比那种貌似一团和气却自说自话式的对话更加富有意义。用刘述先先生的话来说：“这种诉之于对话，期盼沟通的方式，却不失为一次成功的示范。尽管彼此之间有相当辛辣的批评与质疑，仍不缺少彼此倾慕之情，以礼互待，留下了未来作进一步交流的契机”[11]。正是在这个维度上，纳塞尔与刘述先以这种特殊方式在“传统”与“现代”的论题领域内凸显了“回儒对话”的价值和意义。

参考文献：

[1] S. H. Nasr. Knowledge and the Sacred. The Gifford Lectures，1981 [M]. Albany：State University of New York Press，1989.

[2] L. E. Hahn，R. E. Auxier，L. W. Stone，Jr. The Philosophy of Seyyed Hossein Nasr [M]. Chicago and La Salle，Illinois：Open Court，2001.

① 见参考文献[11]的有关注释。而且，刘述先在“回教”或“伊斯兰教”前均加一“新”字，不知刘述先是为了与“新儒家”一词相对应而使用“新回教”或“新伊斯兰教”，还是认为纳塞尔的观点本身代表着一种与过去不同的新的伊斯兰思想。如果是后一个理由，那么刘述先可能没有注意到纳塞尔在反驳宗教比较中的历史主义方法时所提出的一个观点：“纯粹的历史和进化方法不能被当作对任何宗教包括伊斯兰教进行辩护的工具，……之所以如此，是因为一旦那种基于宗教与时俱进的纯粹历史的观点被予以尝试，就会有一些人主张，随着时间的流逝，更新的信仰启示会更加适宜并‘超出’伊斯兰教，或者伊斯兰教本身必须演化到一种新的形式”。见参考文献[1]（P304－305）。

［3］P. Laude. Seyyed Hossein Nasr in the Context of the Perennialist School：Esoterism and Tradition［C/OL］.//Beacon of Knowledge：Conference in Honor of Professor Seyyed Hossein Nasr［2008－2－1］.http：//www.sophia-perennis.com/SHN％20et％20F.Schuon.pdf.

［4］姚才刚．终极信仰与多元价值的融通——刘述先新儒学思想研究［M］．成都：巴蜀书社：2003.

［5］刘述先．新儒家与新回教［G］．//当代中国哲学论：问题篇．台北：八方企业文化公司，1997.

［6］N. Heer. Review on Knowledge and the Sacred［J］.Philosophy East and West. 1993（1）.

［7］任军．神圣传统和神圣知识中的多样统一——纳塞尔《知识与神圣》述评［J］．回族研究，2008（3）：46－53.

［8］郭晶．神圣的“传统”——当代伊斯兰学者纳塞尔“传统”观引介［J］．宁夏社会科学，2003（1）：62－66.

［9］马效佩．纳塞尔教授的“圣道伊斯兰教”观初探［J］．西北民族研究，2006（1）：167－175.

［10］任军．纳塞尔在《知识与神圣》中的宗教比较观［J］．西北民族研究，2008（3）.

［11］刘述先．有关“全球伦理与宗教对话的再反思”［C］.//东方人文学术研究基金会，鹅湖杂志社．第六届当代新儒学国际会议论文集，台北：2001.

［12］刘小枫．现代性社会理论绪论［M］．上海：上海三联书店，2001.

［13］傅永军．现代性与传统——西方视域及其启示［J］．山东大学学报（哲社版），2008（2）：10.

［14］施特劳斯．现代性的三次浪潮［C］.//丁耘译．刘小枫编．苏格拉底问题与现代性——施特劳斯讲演与论文集：卷二．北京：华夏出版社，2008：32.

［15］S. H. Nasr. Response to Thomas Dean’s Review of Knowledge and the Sacred［J］.Philosophy East and West，1985（1）：87.

［16］M. B. Norton. Scripture，Society，and Traditional Wisdom. An Interview with Seyyed Hossein Nasr［J］.Journal of Philosophy and Scripture，2004（1）.

［17］S. H. Nasr. Traditional Islam in the Modern World［M］.London：Kegan Paul International Ltd，1990：98.

［18］周传斌．凿通今古，汇融东西——纳塞尔教授的伊斯兰哲学史观评述［J］．回族研究，2008（3）：54.

［19］P. Berger. Elements of a Sociological Theory of Religion ［M］. New York：Doubleday & Company，Inc，1969.

［20］S. H. Nasr. Islamic philosophy from its origin to the present：philosophy in the land of prophecy ［M］. State University of New York Press，2006：8.

［21］倪梁康．现象学的始基——对胡塞尔《逻辑研究》的理解与思考［M］．广州：广东人民出版社：2004：57.

“东学”：传统与现代的“矛盾—融合体”

延边大学　方浩范

一

何为“东学”？“东学”来源于何方？从现在的研究资料来看，大部分韩国学者认为：东学有别于儒学，也有别于西学，认为东学是受到“儒士”和“西学”的排斥和迫害而反对儒学和西学创造的学问。也就是说，东学是区别于包括儒学与西学，以及之前的其他学问、学派、宗教的“新学问”。然则任何思想的来源都无法脱离当时的时代背景，也无法隔断历史传承一样，即便是“对立”的思想中，同样隐含着对方的观点和思想。就像儒学在发展过程中吸收了佛、道等其他思想，中国佛教在本土化过程中也融入了包括儒学在内的中国传统文化一样，韩国的东学思想虽然是以批判朝鲜朝儒学和西学为前提的思想，然而在这个思想中也没有违背如前所说的规律，在东学的思想中到处显现了儒学的思想和西学的影子。比如：东学所主张的“侍天主”思想，其核心是“以人为本”和“人人平等”。“以人为本”是典型的儒学思想，而“人人平等”则是现代西方思想的核心。又如，所谓“天命”、“天理”、“天德”等一系概念，在传统的儒学思想中随处可见的概念和重要的概念。

虽然东学一贯主张“天主”并非是天主教所谓的天主，然而“天主”一词在东方的古代文字学中未曾出现过。“天主”是中国的译法，而且是非直译又非意译，而是针对中国文化的独特氛围而译的。因为天主教在明中后期传入，利玛窦神父采用史记中“至高莫过于天，至尊莫过于主”来翻译，起到“望文生义”的作用。众所周知，中国天主教对上帝的称谓，源于明末中国天主教徒著作《天主释义》，该书开篇说道：“天主何？上帝也。”清朝礼仪之争后，耶稣会教士和修士被迫退出中国，中国天主教被连根拔起。1807 年新教传入中国之后，新教称独一神为“上帝”和“神”，天主教依然称独一神为“天主”，中文“天主教”的称谓就是这么来的。另外，东学的“天主”是用中文撰写的，而且从时间的顺序来看中国的“天主”在前，而东学的“天主”在后。

因此，这个“天主”肯定是西方的“天主”，是被中文翻译过的“天主”，当然又是有别于西学的“天主”。

那么，为什么水云先生提出了有别于儒学与西学的“天主”，而没有使用“上帝”、“主帝天”，或者别的什么称呼呢？肯定会有一定的背景和原因，至于什么原因本人还有待于学习和考察。但是，有一点是肯定的，那就是水云先生看到了儒学理念下的朝鲜朝时代腐败与西学入侵下的国家的安危，提出不同于这二者的思想来唤起民众的激情；让人们不要浸泥于“腐朽的”儒学思想（主要是朱子学），也不要被西方列强所吓倒。因为东学的“保国安民”思想，正是当中国（1860 年）受西方列强侵略的之时，提出的理论。[①] 本人的观点并非在于想否定东学的创造性、本土性，只是想说明，中韩两国曾是共同的文化圈、政治圈、生活圈，因此在思想和文化方面的互融和借鉴是不可避免的，也是无可非议的事实。重要的是，不能因为东学可能与儒学和西学有一定的联系，而减弱东学对韩国近代社会，尤其是近代化进程中的作用和影响。就东学的原典《东经大典》而言，我认为抛开任何关联因素，它具有一定的历史意义和现实价值。

如此而言，韩国的东学无论从“天主”的角度，还是它自身的角度，已经具有了现代实学的意义。因为韩国的实学思想，从根本上讲受到了西学，尤其是天主教思想的影响。当然，包括中国明清实学思想的形成与发展亦受到天主教思想为核心的西学思想的影响。大家普遍认为，“东学是受儒学和西学的压迫”下创建的新理论，但我认为东学所说的儒学也许只是指“性理学”，而不是指“儒学整体”，更不会是当时已经在韩国社会开始非常流行的“实学”。因为在朝鲜朝时期，烦琐的礼说以及支离破碎的性理学已经变成无用之学。从此李朝后期的新学风渐渐抬头了，这个新学风就是朝鲜朝晚期的开化思想以及开化运动。但随着开化运动的失败，又被乘机兴起的保守气氛压倒，终于几乎被遗忘了。在随后的日据时代，知识分子对民族文化的反思与研究，开了新局面。继朴殷植、张志渊、申采浩等人之后，又出现了崔益翰、郑寅普、文一平等人，他们努力于阐发先贤的潜光，发扬其余绪，并将这新学风称之为“实学”，而且越来越广泛地使用起来。为何可以把“东学”看成是韩国实学的延续，或者是韩国近代心性实学呢？从东学的起源来看，发起者不满于朝鲜性理学统治理念而产生的。虽然在东学的经典中隐约地显现了性理学的痕迹，但是，东学所追求的社会，其实是

① 1860 年中国传统纪年年号：清文宗咸丰十年，庚申年（猴年），在这一年中，举世瞩目的圆明园被毁，清政府先后签订了丧权辱国的《天津条约》和《北京条约》，加快的中国半殖民地半封建社会的步伐。1860 年中英、中法《北京条约》主要内容：①清政府承认《天津条约》有效；②增开天津为商埠；③割让九龙司地方一区给英国；④准许英、法招募华工出国；⑤对英、法两国赔款各增至 800 万两白银。

实学家们所追求的社会是一样的。不仅如此，我认为东学具有“心性实学”与“经世实学”的两重性，因为“侍天主”思想具有两重性，一是内在的（神灵），二是外在的（气化）；虽然这个“神灵”本身无法与心性之心有什么必然的联系，然则“神灵”的感悟靠的是内在心性之灵气。

如前所述，本人认为东学尽管批判儒学与西学，但是，东学本身所使用的概念和内涵来看，不仅无法跟儒学、西学截然分开，而且跟儒学和西学有着千丝万缕的联系。当然，东学又并不等于儒学，也不等于西学，东学是对儒学与西学的批判过程中的“综合”。在这里，有必要简单地回顾韩国天主教来源，因为东学的“侍天主”与西学的天主虽然从本质上是不同的，然而毕竟是同一个词，即所谓的“同字异义”。首次传播韩国天主教人物是经常来往于中国明代的李睟光。[①] 他通过《芝峰类说》，介绍了《天主实义》和《重友论》。同时，生活在同一个时代的许筠，从北京带回了天主教祈祷文“十二端”，他应该是韩国天主教最初的信徒。李睟光脱离了性理学，试图通过“实学”来改变朝鲜社会，并把自己的哲学思想，要与政治结合起来。他认为人们应该通读经书和史书，而且应当应用于政治，要不然是没有实际意义的学习。韩国实学是与信仰天主教的西学结合起来，经过了一百年以后，1700年实学家李瀷与他的门人安鼎福一道，深入研究了基督教。而且，他们所研究的天主教，后来发展到了他的门人们的信奉运动。其主导者为韩国儒学（实学）的代表人物，权哲身、权日身兄弟，以及丁若铨、丁若锺、丁若镛三兄弟，其主要人物是韩国实学的集大成者丁若镛。[②] 丁若铨姐夫李承薰在北京学习基督教教理之时，于1784年2月从梁栋材神父接受了（领洗）洗礼，成为韩国最初的领洗信者，回国后为李檗和权哲身兄弟代洗，这些人成了创建韩国教会的主要人物。

那么，东学的“天主”、天主教的“天主”、儒学的“天”相互关系又是什么呢？主张东学的“天主”不同于西学与儒学的学者们的主要观点是，认为东学的“天主”是具有人格的“天”，认为西学的“天主”是超越自我的天，而儒学之天则是没有人格的天。其实不然，我认为儒学的天概念是具有人格的，虽然“人格”之天不一定代表儒学对“天”的整体概念，但是，儒学的天所具有人格性是无法否认的，因此包括丁若镛在内的韩国实学家们，经常把天称之为“上帝天”。丁若镛认为“上帝”是唯一的、最高的神，是宇宙的主宰者。并认为上帝具有主宰性和灵明性，主宰性是指全智

---

① 字潤卿，号芝峯（1563—1628），韩国称之为韩国实学的开创者。

② 丁若镛是不是天主教徒，在韩国的学术界始终有存在着不同的观点。一部分学者认为丁若镛是彻头彻尾的天主教徒，而另一部分学者则认为丁若镛年轻时曾经受过天主教育，然而后来则变成了信奉儒学，最终成为韩国实学的集大成者。

全能的超越性，灵明性是指内在性。也就是说，丁若镛认为上帝天是内在于人的灵魂中，并具有理性来思维判断的能力。丁若镛在他的《中庸讲义》中认为，上帝不仅没有实体，而且是看不见、听不见的超越物。但是，能够感受这个超越物的存在，能够感知这个超越物的活动，是因为上帝天本身所固有的灵明性和上帝天赋予人类的灵明性缘故。而且，人类可以与上帝天交感，从而在内心里侍奉上帝天。丁若镛的这种上帝天与东学“侍天主”中的“天主”非常相似之处，而且都具有了“侍天主”、“侍上帝”的功能。

另外，我们通过考察原始儒学的天命观思想，也能多少了解到儒学天并非没有人格性。我们知道，孔子的天命观主要有两层含义 ，一是来源于殷文化带有迷信色彩的宗教的天，二是作为道德源泉和依据的天；孟子的天则是充满道德理性和道德情感的天，他把仁义礼智等道德观念看成是天的属性 ，同时又看成是人的自然属性。荀子主张“制天命而用之”，认为天命并不是某种神秘的形式，而是内在于自然中的必然趋势，人一旦掌握了它，便可以用以实现自己的目的。董仲舒对孔子天命观从神学目的论的角度作了发展，从封建的道德关系中抽象出天，将自然的天神秘化和伦理化，主观地构架起由天到人的桥梁，赋予封建伦理纲常以神圣性和至上性，使儒家理想具备了制度安排的可能。[①] 也就是说，原始儒学的天从根本上来源于宗教的天，尽管这种宗教天没有发展成像东学那样的“天道教”，然而所具有的宗教性，不能不说是绝对地不同。

何为人格化？一般认为，人格化是对动物植物以及非生物赋予人的特征，使他们具有人的思想感情和行为。当儒学的经典中，只是“天”字时，大部分没有人格性，然而，当以“天命”、“天理”、“天德”等组合词的时候，不能说没有人格性。因为中国的“天命”思想与政治是紧密结合在一起的，而政治思想不能说与“人格”有着密切的关联。比如，西周天命思想由“有命自天”、“天命靡常”、“保天之命”等内容构成，与现实政治紧密联系是其本质特征。“有命自天”主要指主宰邦国兴衰与天下存亡的命令来自上天，是西周人关于天帝绝对权威的认知；“天命靡常”，是西周人在坚信天帝绝对权威的前提下对“天命并非恒常不变”的思考；“保天之命”，是西周人基于对“天命靡常”的惕惧而产生的“永保天命”的祈愿。[②] 而且，在西周的天人关系中，天帝具有“惩恶扬善”的正义性 ，人则趋善以邀天福 ，弃恶以避天祸。与此同时，儒学的“天人合一”思想在东学那里，通过“天主”来实现的。天人合一，亦可以与佛教的“佛在我心中”，东学的“侍天主”，即“天主在我心里”，逻辑结构上是一致的。东

---

① 成云雷：《孔子天命观及其源流》，《南通师范学院学报》（哲学社会科学版），2002 年第 3 期。

② 徐难于：《天命信仰嬗变视野中的孔子天命思想》，《四川大学学报》（哲学社会科学版），2009 第 5 期。

学的大部分主张，根源于前人的思想，当然东学所要主张的目的，也许是与前人不尽相同。

二

如果说“东学”具有实学性倾向的话，那么，最能够代表这个倾向的思想则是东学的“后天开辟”思想。[①] 东学所主张的“后天”是指这个世界的另一个轮回，但并不像现代西方所追求的另一个世界。而且，即使是轮回的世界，也不可能是绝对相同的，或者是同一个世界，要不，水云也不可能使用“开辟”二字。开辟的重要意思之一是“革命”、即“创新”，一句话就是“新”，如果东学的目的只在恢复五万年前的世界的话，不可能用开辟二字，可能使用“寻回”、“恢复”；虽然大部分学者主张，东学是以“先天”和“后天”来划分这个世界，而且是一个循环的过程；我认为这个不是简单的循环，至少应该是另一个高层面上的循环。因为，水云先生想通过后天来与先天画一个分界线，因为先天已经黑暗，无法“侍天主”，更重要的是“先天”之人大都是“愚人”，所以我认为他的后天是另一个“社会”。水云先生所向往的社会首先是一个“侍天主”的社会、是人人平等的社会，在这个社会里没有贵贱之分，没有贫富之分，没有强弱之分（反对强权政治的社会），重要的话，在这个社会里通过侍天主，通过自觉万人皆可成为尧舜理想的社会、是和谐的社会，是大同的社会。

为了进一步了解东学的实学性，我们有必要回过头来简单地归纳“东学”的主张，东学的创始人崔济愚的中心思想可概括为“侍天主”，他把“侍”解释为“侍者内有神灵，外有气化”。学者对此往往认为“天主在内外两面有不同的表现：在我心里面，它以神灵来现身；在我心外，它又以气化来表示自身的力量。若有人觉悟了这种始终不变的真理，那他已经是待天主了。”我认为这种解释不够全面，因为从“侍”的角度来看，主体应该是我而不是“天主”。这种逻辑也是符合东学本来的思维方式：即不管承认与否，“天主”始终是存在物，只是“愚夫愚民”未知而无法实现其“侍”。而且为了感知“天主”，需要不断的“心性修养”和“实践功夫”。当你感知道天主的存在和天主的威力，你才能够“侍”天主。有些学者认为天主是以“神灵”和“气化”两种形式来现身，而我认为其重要的是以“神灵”的形式出现，而且通过神灵来实现其气化。也就是说，神灵为本，气化为用，以此来更新宇宙。重要的是，神灵和气化并非

---

① “后天开辟”思想是朝鲜后期，东学、圆佛教等韩民族自生的宗教运动中形成的，具有韩国新宗教特色的思想。由于“后天开辟”融合了时、空二者，为人们提供了可预测的未来，成了生活在剧变中国民们“救世”的良药。这种“后天开辟”思想不同于西方的终末论，它是以《易》逻辑为基础的时间观，从时间的角度把这个世界理解为先天和后天，把现在的时代规定为“后天”。

二物，是天主的不同表现方式和人们对天主的不同的理解方式，以此说明天主的内在性和人的超越性。东学提出的这种“侍天主”思想，根本目的并不在于“侍天主”本身，而在于通过气化来改造这个世界。因为这个世界没有平等和自由，没有广大百姓的立足之地，是一个非常黑暗的社会。

实学是什么？现代实学又是什么？这是我们必须要面对的重要课题。至于实学是什么，在此没有必要详细说明。但是，有一点是肯定的，那就是实学的产生并不只是为了批判或者对抗性理学，而是受到了西学的影响，为此，我比较认可姜日天教授的观点。首先，就实学赖以产生和发展的基础来说，它是同东亚社会资本主义生产关系萌芽相同步的。其次，从实学得以产生和发展的社会环境说，它是东亚儒学文化与西方文化汇接、碰撞、挑战、融合的产物。第三，就实学自身产生、发展的思想、文化史逻辑和内在机制来说，它是对传统进行反思、超越所做的一种努力。[①] 韩国学者宋载卲认为，在韩国实学指18世纪前后约200年间的新的学风。韩国实学发生的重要因素是：第一，为了重建由1592年的壬辰倭乱（日本的侵略朝鲜）和1636年的丙子胡乱(后金的侵略朝鲜)[②] 遭到破坏的国家经济，并且安定民生。第二，一群有志学者想要纠正过于思辨并且倾向于形而上学的性理学的偏向思想，寻求符合现实的学问。也就是说，实学具有不同于传统的现代性，当然这种现代性随着社会历史的发展，在不同的时代和国家，具有不同的特征。同样，韩国实学的近代指向思想意识因韩国社会中世的保守性和停滞性而遭到了一时的挫折。在19世纪末的外侵和20世纪前半期的殖民统治下，这种半封建的保守性和停滞性也依然保存了下来。直到经历了“八一五”民族解放和“四一九”学生运动，以及“五一六”军事政变，这种情形才大有改变。[③] 按照李佑成教授的观点，我认为“东学”肯定具有了韩国实学的近代指向，因为“东学”产生的时代背景是韩国实学比较旺盛的代年，而且在韩国近代过程中起到了至关重要的作用。[④] 1894年7月到1986年2月为止的韩国的“甲午改革”，虽然是在依靠日

---

① 姜日天：《实学与东亚社会——评〈中国·日本·朝鲜实学比较〉》，《哲学动态》，1996年第12期，第33页。

② 中国学者往往把“丙子胡乱”称之为“丙子之役”，指的是崇德元年（1636年）至崇德二年（1637年）清朝入侵朝鲜的战争。从朝鲜的角度说：（后金）清朝的入侵，给朝鲜人民造成巨大灾难；使朝鲜成为清朝从属国；加重了朝鲜经济的负担，加速了朝鲜王朝的衰落。从清朝的角度说：皇太极两次用兵朝鲜，使朝鲜和清朝由敌对关系变为君臣关系；得到了来自朝鲜的物资供应，由敌人的基地变为自己的后方，从而解除了西征蒙古、南攻明朝的东顾之忧。

③ （韩国）李佑成：《韩国实学的主潮及实学研究的转换点》，《中国文化研究》，1999年春之卷（总第23期），第21页。

④ 东学与韩国“东学农民革命”有着直接的联系：1894年1月，从古阜农民开始的东学农民军，席卷了整个韩国。牺牲了十多万，最终导致失败。此次运动在韩国近代历史的开始，也是打破封建秩序的终结者，又是力排入侵势力的，一场反封建反侵略的轰轰烈烈的民族搞争运动。

本势力建立的政权来促进的改革，然而，在这次改革中不仅废除了封建“科举制度”，而且打破了社会等级身份的划分。这些问题是由东学农民军所提出的要求，而且也是得到实践的主要内容。当然，由于日本人的反对和韩国政治环境的不稳定，没有能够得到全部实施，但是，从此韩国的封建社会彻底地挖掘，标志了韩国近代社会的开始。总之，韩国的东学农民革命运动，开创了韩国近代社会的起源。更为值得注意的是，甲午东学农民革命始终成了韩国近代运动的重要的思想根源，包括“3.1 独立运动”、“4.19 革命”，以及“5.18 光州民主抗争”。而“三一运动”的主要领导人之一孙秉熙正是天道教的第三位教主。[①] 除此之外，很多东学组织和东学成员参加了韩国近代革命运动，因此，韩国的东学思想所具有近代性是肯定的。本文只想说明韩国东学思想的实学性意义，至于具体的内容有待于进一步考证。

三

如前所述，韩国的“三一”独立运动是韩国近代化“开始”，其中天道教第三代教主义庵孙秉熙是本次运动的领导者之一，也是韩国民主化运动的主要代表人物。义庵孙秉熙的思想直接影响了韩国近代化思想和运动，尤其是，孙秉熙通过他的“三战论”等思想，向当时的韩国政府提出了政治改革的要求。在此，我们有必要简要地考察他的思想，简单地归纳孙秉熙实学思想，以便更加有利于我们了解韩国的东学思想。

何谓新实学，还没有具体的定论，当然通过本次学术会议，也许能取得某种共识。当代中国儒学研究者，大都把“新实学”与毛泽东以来的中国共产党所主张的“实学求事”思想联系在一起。周树智教授认为，新实学就是哲学改革的一种尝试，中国需要新实学，世界需要新实学。[②] 而且，他认为所谓新实学，就是指立足于现实的人的现实的历史的存在，一切从实际出发，实事求是，以认识和改变现实世界的社会实践为历史使命，以实现现实的人与现实的环境和谐的生存和可持续的历史发展为宗旨，以

---

① 韩国天道教指导者，也是韩国三一运动 33 位民族代表之中的一员。原名应九，号为笑笑居士，道号为义。

② 周树智、孔亚菲：《新实学论纲》，《江海学刊》，第 105－107 页。文中指出：“新实学来源于中国古代的旧实学；新实学以马克思主义哲学和毛泽东哲学思想为自己的理论基础；新实学取之不尽用之不竭 的最广大最丰富最生动的源泉，就是全人类的历史实践；所谓新实学 ，就是以马克思主义哲学和毛泽东哲学思想为指南的，立足个人现实存在 ，一切从实际出发 ，实事求是 ，务实为本的新科学；新实学首先是实践唯物主 义历史观的还原；新实学是一种科学实 证的自 然观和宇宙观；新实学是一种能动的实践认识论；新实学是一种实学实用、注重实效、务实为本的价值论；新实学是一种理论联系实际的辩证方法论；新实学的最大特性是实践性，它把实践原则贯彻于自己理论体系的方方面面和自始至终；新实学产于中国 ，因为中国需要新实学。”

务实为乐的新的立场、观点、方法的哲学理论体系。① 葛荣晋教授进一步指出：“‘实事求是’、‘实践论’、‘明经致用’和‘史学经世’是中国古代实学的重要组成部分。它是马克思主义与中国古代实学传统最为密切的四个对接点，同时也是马克思主义中国化和中国古代实学现代化的四个重要生长点。以毛泽东为代表的中国共产党人为构建现代‘新实学’做出了巨大的理论贡献。中国共产党人是中国古代实学优良传统的真正继承者和弘扬者。”② 韩国学者尹丝淳则认为，“像今天这样的现实问题，过去的性理学不可能解决，朝鲜后期的实学也不可能解决。尽管如此，我们也不能认为可以扔掉儒学的传统，即扔掉实际性追求的理论——‘实学’精神。如果今天也要自负‘儒学是实学’，那么今天的儒学者们必须把这些问题当作自己课题探索解决的端貌。今天的儒学者们带着这样的问题意识在试图解决今天存在的问题的时候，儒学就可能重新复兴为今天的‘新儒学’或‘新实学’。”“从儒学的历史中我们可以看到，一定时代的儒学都是它完成这时代思想的任务和作用，而达到期限（限度）的时候，为了再生，都要回到原初儒学再重新出发。”③ 也就是说，对于什么是“新实学”，学界普遍认为具有以下二个特点。一是，“新实学”不同于传统“实学”，“新实学”具有具体的时代精神；二是，“新实学”是传统“实学”的继承和发展，同时从原始儒学中寻找其思想根源。

如果从“新实学”的这种特征来考察孙秉熙的实学思想的话，也许部分学者认为他的实学思想还不完全属于“新实学”，其主要原因是“东学”主张有别于儒学思想。然而，如前所述，我认为“东学”只是想有别于“朱子学（性理学）”，其思想内涵中具有浓厚的原始儒学思想，因此具有“新实学”的特征。纵观集中孙秉熙思想的《法说》，虽然本人还不能完整地整理和归纳他的实学思想，但是，我认为具有以下几个方面的实学思想。

第一，以德为政，造福人类。他在“治国平天下之政策章”开头就说：“书曰‘天生蒸民，有物有则，民之秉彝，好是懿德’。孟子曰‘无恒产者，无恒心’。是故，民无秉彝之心，灾眚必臻，民无恒产，饥馑荐至。然则，祸福妖详，无乃生灵之所自致者乎。”孙秉熙在这里，借用《诗》和《孟子》的两句话，说明他的“人乃天”思想。④ 不管是天所赋予的“有物有则”，还是人能否有“恒心”，人所面临的祸福，都是人类

① 周树智：《论新实学务实为乐的价值观》，《中日价值哲学新探论文集》，2004 年第 6 期。

② 葛荣晋：《马克思主义与构建“新实学”》，《教学与研究》，2010 年第 1 期，第 28 页。

③ 尹丝淳、姜春华：《新实学的展望》，《中国哲学史》，1994 年第 1 期，第 113 页。

④ “人乃天”思想是在崔济愚“侍天主”的新的解释，如前所述，在“侍天主”思想中，具有人格意义的超越神和内在神观念是混在于一体的，这种思想到了东学第二代教主崔时亨，演变为“事人如天”，到了东这第三代教主孙秉熙发展为“人乃天”思想。

自己的造化。他认为，如果“民无恒产而无恒心，则国将难保”。而导致民无恒产，国将难保的主要原因是由于“邦无道”而“民穷财尽，田野荒无”所造成的。当然，孙秉熙也无法逃脱“英雄主义”历史发展观，认为“仁君在上，以教化政令，御众则民自富强，其国安全。苛政所及，民自衰残，疆土危焉。”

第二，节约、勤俭、积累精神。孙秉熙认为，“我国三千里区域中，二千万同胞每日三饭，人所当为而三食之饭，除取三匙之米，其人之不饥，势所固然也。剩利则自如每一人之每一日铜一叶，虽某事业举皆有余，日取一叶殖之无损利，则积小成大，可见可图也。”；“分而见之，三饭三匙无为中节用者也，一日一铜勤勉中殖产，此虽细些，使我二千万同胞，计算于一年则乃至几亿万圆也。”因此，“大略观之，则事既如此，诚力所到，何事不成，国富何难。”

第三，法治观（思想）。何为法？孙秉熙从广义上认为，法是“利益原因之圙，法是法人个人间截交缔原因的证明。”而“法性质，国家特种形式，人众的元素影响下，构成划定界限内各个人活泼的起色，创助一点；其次，人正当轨途外，盲从情迹，导引法发足点复归万能力，法行政上大机关，身份上反射镜。”也就是说，法是国家所特有的某种形式，在一定的规定下促进个人的自由，并且具有防治人们越轨的国家行政机关。何为治？孙秉熙认为从广义上看，“治，万般人族一辙归，心宅教区立，身格政界守，永续一规，灵光世界发挥，人界上真面目呈露。”而治的作用来看，“天高地圆，治极致至，辉辉融融天然格有，教政演布根本的思想到达。”总之，孙秉熙把法规定为“事物范围”，把治规定为“范围平均”。

第四，农工商及财政思想。孙秉熙认为“人为治物之主，其利惟何，农商工三业是也。”人的利益来源于农、商、工，反过来讲，农工商是实现人类利益的主要渠道。那么，孙秉熙所认为的农工商是什么呢？他说：“发达农器，不违农时，则谷不可胜食也。食者惟时，用之以节中，则要备凶荒之患难矣，此所谓农业也。贸迁有无，殖利致富，量入虞出，劳以食力，则此乃保产之策也，此所谓商业也。制造机械，便于器用，尽耳目之巧，正规矩之艺，则有物俱足，此所谓工业也。”孙秉熙在这里，比较具体地指出了农工商所包含的内容，并认为，“此三业者，自古及今之美法良规也。挽今世界，则人气莫炽，博览经纬，格物推理，制造饰用，玩好珍宝，不可胜用者多矣。”与此同时，孙秉熙把财政思想提高到了决定国家和民族生忘的重要地位，以此提出了“财战”思想。他说：“财战者，何也？曰：财也者，天宝之物货也，生灵之利用，元气之膏泽。”并认为财包括“动物、植物、矿物。”（第635页）但是，“或有未开之国，莫知利害之分析则不几之年，其国凋残。”（第637页）为此，“上以国子，至于凡民之俊秀，养其才，达其技，一以资外御之策；一以致富国之术，此岂非可战者乎。所以，吾必曰，可战者，财战也。”

四

19世纪后期，东亚“封建帝国”开始面临了近代化。当然，这个过程并不是自愿的，因此根本没有准备的阶段，而是受西方国家或是已学习西方的周边国家被迫之下的接受。长期支配这个地区的儒学思想同样面临着逐步让出自己的地位，从而面临进一步巩固儒学的价值观和全面否定儒学价值观，以及部分“变用”的局面。也就是说，儒学独占朝鲜意识形态的局面开始瓦解，渐渐让出意识形态的主导地位。当时的朝鲜主要形成如下两个“派别”，一是站在正统论的角度，固守儒学（朱子学）的纯洁性，强化名分论的“斥邪卫正”运动；二是主张要以时务的实用性，把儒学的理念变用于现实，以及同时受容西方的物质文明和思潮的“开化思想”。这两派虽然对西方的态度上不同的，但其共同点是都是统治阶层的儒学人士所主导。当然一部分“有识之士”，站在基层民众的立场上摸索新兴的思想和宗教，这就是“东学”和以此为基础上成立的“天道教”。东学虽然强调有别于“儒学”，强调克服和超越“儒学”。然而“东学”也不可能完全克服“儒学”，完全摆脱“儒学”，因为水云本身就是生活在那个年代，而且出生于儒学世家，深受儒学的教育。因此，东学也不可能，也无法完全克服其儒学，甚至在“修德文”中把儒学与东学比喻为“大同小异”。

从儒学的角度来看，此时的儒学非常强调“正邪”，根据“正”与“邪”来划为“正统”与“异端”在这种“非彼即己”的逻辑下，因为儒学是“正学”，那么包括“东学”在内的儒学之外的都是“异端邪说”。也就是说，从儒学的角度来看，东学不是圣人之学，而是异端，必须要禁止的对象，因此水云犯下了“邪道乱正”之罪。虽然如此，水云所创的东学之核心是规定为“仁义礼智”，在儒学所具有的社会机能“明人伦”和“行教化”中寻找其东学的要义。东学最初的文件中，它继承了儒学重视道德的思维。水云认为儒学之圣人是通过对自然的观察，对“天命”有了正确的认识：即认为现象世界的一切变化的原因和存在的根源在于对天命的恭敬和对天理的顺祟，并通过学习和修养能够悟天道。同样，水云把事物存在的根源与变化的终极的原因从天道中寻找，并体验内在于心上的“天德”，并完成人格道德的终极目标。水云就是继承了这样的想法和思路，因此，东学看成是这种思想的延长线，从而非常注重“敬天”思想。他认为古之儒学者是以：“仁义礼智，先圣之所教，修心正气，惟我之更定。”。而现时的所谓儒者们却早已忘其原始儒学精神，不修身齐家，抛弃了三纲五伦，不追求贤人君子，从而面临君不像君臣不像臣的局面。从这样的视角来看，水云认为自己创办的东学是以儒学圣人的“守心正气”为根本，认为原始儒学的基本精神是“大同小异”的。虽然水云说：“尧瞬之治不足施，孔孟之德不足言”。但是他不想否定儒学的伦理规范，或者否定孔孟本身。而是批判当时的儒学局限于伦理规范的外在形式，却丧失了内在于人心的自律的实践德目。所谓“大同”就是正确认识道德主体之人，并强调这种人的本性的实践和体现的重要性。不难理解，这种“大同”是由于东学的创始人具有儒学修养为基础，并吸收了儒学的观念和思想。而且，当时的朝鲜形势本身儒学还没有完全丧失其意识形态领域中的作用。东学与儒学所具有的这种渊源性，儒学和东学互相把对方规定为“邪道”是没有道理的。总之：儒学与东学最大的共同点在于都强调“道德中心主义”，并把“道德至上”作为他们的“宗旨”。

世界儒学

——世界文化新秩序建构中的儒学自我变革

山东大学 黄玉顺

我很赞同安乐哲教授的一个观点：儒学不仅是中国的，也是世界的。我理解，安乐哲教授等一批美国学者的目标，是这样一种拓展：中国儒学→美国儒学→世界儒学。确实，我们可以期待一种“世界儒学”（World Confucianism）。汉语“世界儒学”的涵义，不是“世界上的儒学”或“关于世界的儒学”，而是“世界性的儒学”。“世界上的儒学”指不同民族国家的儒学传统，例如东亚的中国儒学、韩国儒学、日本儒学和越南儒学，或西方的美国儒学如波士顿儒家等，这并不是本文的课题；“关于世界的儒学”指现有的儒学内容中关于世界的部分，例如传统儒学的“华夷”观念和“天下”理论等，这也不是本文的课题。本文要讨论的“世界性的儒学”乃指这样一种理论：在共时性上和历时性上都不与任何民族国家的历史文化传统捆绑在一起，而是成为一种普适性的思想。唯有这样的儒学，才能在世界文化新秩序的建构中发挥其应有的作用。显然，这样的“世界儒学”不是现成既有的儒学，而是某种经过变革的儒学。这涉及对儒学的理解。显然，无论对于何种儒学来说，“仁”、“义”、“礼”、“乐”都是其最核心的观念。因此，本文的论述围绕这些观念及其相互关系展开讨论。

一、礼：变革中的社会规范及其制度

儒学作为一种群体关怀，所关注的是社会群体生存秩序，小至于家庭秩序，大至于天下秩序——世界秩序、包括世界文化秩序。这种秩序实际上是一套人际关系，谓之“人伦”；人伦的条理，谓之“伦理”。这种伦理表现为一套社会规范及其制度，即谓之“礼”。儒家所谓“礼”并不仅指形式上的“礼仪”，更指礼仪背后的实质上的“礼制”，即指制度规范，亦即群体秩序的体现。所以，我们能够从一套礼仪中看出其背后的群体秩序和人际关系。

显然，任何社会都需要规范与制度。在这个意义上，“礼”显然是一个普适的观念。所以，孔子要求人们“克己复礼”（《论语·颜渊》）。他说：“立于礼”（《泰伯》）；

“不知礼，无以立”（《季氏》）。这就是说，一个人要在社会上立足，必须遵循规范、遵守制度。在制度规范下的行为才是正义的、正当的、道德的。

但是，必须注意：孔子这里所谈的不是“制度正义”问题，而是“行为正义”问题。必须严格区分两种意义上的“正义”：一种是“行为正义”，是说的某种行为是否符合某种制度规范，这是道德问题；而另一种是“制度正义”，是说的这种制度规范本身是否正义、即是否符合正义原则，这才是正义论的课题。

后者涉及孔子关于“礼”的更深一层思想：任何具体的社会规范和社会制度都没有永恒的价值。在这个意义上，任何礼都不是普适的。甚至今天的民主制度，即便是现代“最不坏的制度”（丘吉尔语），但仍不是什么“普世价值”，除非所谓“普世”仅仅是指的现代性生活方式下的全球性。所以，孔子指出“礼有损益”，意思是说：任何具体的社会规范及其制度都是可以变革的。

这体现出中国哲学的一个根本特征：“唯变所适。”（《周易·系辞下传》）中西哲学的一个根本区别在于：西方哲学的“形而上者”是一个永恒不变的东西，而中国哲学的“形而上者”则是“变”本身，故谓之“易”（《周易》）。

所以，在“礼”即社会规范（如伦理或道德规范）及其制度的层面上，儒学需要变革。例如，对于一个民族国家内部来说，我们今天不再需要王权时代、皇权时代的社会规范及其制度，而是需要民权时代的制度规范；对于国际关系来说，我们今天需要重构“天下”秩序——世界秩序，包括国际经济秩序、国际政治秩序、国际文化秩序。

进一步说，一个社会群体之所以建构或选择如此这般的一种制度规范，必有其作为判断之根据的价值尺度，用以判定这种制度规范是好的，或是不好的，这就是社会正义论中所说的“正义原则”，儒家谓之“义”。这就是说，“正义原则→制度规范”或“义→礼”乃是古今中外普适的观念结构。这也是儒家文献中“礼义”这个短语的含义之一。这就是说，“礼”的层次“礼义→礼制→礼仪”是普适结构“义→礼”的体现。

二、义：普适的正义原则

但是，“义”或正义原则本身究竟是什么东西呢？这其实是无法确定的，即不能给出其具体的内容。这是正义论中的一个令人困惑的问题。举例来说，假如我说“规定了阶级划分的社会制度才是正义的”（柏拉图《理想国》的“正义”概念即属此类），那就是把“阶级划分”当作了“正义”的内涵，但这样一来，我就陷入了一种循环：阶级划分本身就已经是一种制度，于是我把某种制度当成了选择制度的根据，而先于任何制度的正义原则本身仍然没有出场。这也是我对罗尔斯正义论所进行的一个批评，谓之“正义原则的空白”。

事实上，我们注意到：当对一种制度规范进行正义或不正义的判断时，正在进行判断活动的并不是那个难以捉摸的正义原则，而是人、即主体。是人在运用某种价值尺度，而这种价值尺度其实就是他自己的价值观。这就是说，正义与否的尺度并不是抽象的正义原则，而是具体的人或主体自身。换言之，正义原则本身实际上是一种“形式的”或“空的”东西，它需要主体性的因素来加以实质的充实；或者说，正义原则其实就是主体性原则。

但这样一来，我们似乎很容易陷入相对主义：人各不同，正义原则也就各异，于是社会规范及其制度的选择也就各从所好、各取所需。这恐怕正是许多政治哲学家内心深处的困惑，所以他们只得以某种既定的社会规范来“冒充”正义原则，即以某种规范作为其他规范的尺度，如罗尔斯以某种“原初契约”来“调节所有进一步的契约”，从而陷入上述循环。

但实际上我们不难发现：在现实生活中，不论对于行为、还是对于制度的正义与否，人们是能够做出颇为一致的正义判断的。我们经常“异口同声地”谴责某种行为、“不约而同地”赞同某种规则。那么，这是何以可能的呢？

上述困惑的发生，在于缺乏某种思想视域，这种思想视域意在追问“存在者何以可能”，从而回答“某种特定的主体性何以可能”的问题，以此解释基于共同主体性的共通正义感。这正是笔者的“生活儒学”及其“中国正义论”所要揭示的思想视域：生活→生活方式→共同生活方式。在一种特定的共同生活方式下的一个共同体中生活的人们，尽管经常意见相左、看法各异，然而还是会形成一种共通的正义感，从而能够对某种行为或某种制度做出一致的正义判断。例如今天的美国，即便是南方人也会异口同声地谴责黑奴制度。

传统的心性儒学将这种正义感的共同性解释为由先验人性所规定的“人同此心，心同此理”。这是不可取的，因为这必将导致对孔子所主张的“礼有损益”的否定、对历史上某种具体的社会制度规范（例如“三纲”）的原教旨主义式的“保守”。

为此，生活儒学给出另外一种解释：共同生活造就了具有共同主体性的人们，他们具有共通的正义感，从而能够对特定行为或特定制度做出一致的正义判断。这里不必存在相对主义的忧虑。所以，所谓“正义原则”，其实就是主体的共通正义感的原则化，由此形成“义→礼”的观念结构。

儒家实际上有两条正义原则：

第一条正义原则——正当性原则，要求社会规范建构及其制度安排出于超越差等之爱、追求一体之仁的动机。在孔子那里，与此相应的不是消极的所谓“金规则”——“己所不欲，勿施于人”（《颜渊》），而是积极的“夫仁者，己欲立而立人，己欲达而达人”（《雍也》）在制度规范建构中的运用。.

这涉及对儒家“仁爱”观念的正确理解，下文将要讨论。这里涉及的正是上文谈到的一个问题：纯粹形式的正义原则是由某种主体性因素来加以实质地充实的。在儒家的正义论中，这种主体性因素即“仁爱”，由此形成“仁→义→礼”的观念结构。正是在这个意义上，孟子才说，儒家理念不过“仁义而已”（《梁惠王上》）。

第二条正义原则——适宜性原则，要求社会规范及其制度适应某共同体当下的共同生活方式。所以，《中庸》指出：“义者，宜也。”实际上，孔子所讲的“礼有损益”正是这个原则的另一种表达。

上文谈到的思想视域“生活→生活方式→共同生活方式”是说：一方面，共同体的生活方式的共同性保证了基于共同主体性的共通正义感；而另一方面，生活方式却是因时因地变动的。举个例子，儒家“三年之丧”的礼制规定曾经是适应于当时人们的共同生活方式的，然而在现代生活方式下则是根本行不通的。又如今天的儒家经常讨论的家庭问题，中国曾经历过王权社会生活方式下的宗法家庭、皇权社会生活方式下的家族家庭、民权社会生活方式下的核心家庭，而且正在经历着“后现代”生活方式下的家庭模式多元化变迁，因此，没有任何一种家庭制度是普适的。这就是正义原则所要求的制度规范的适宜性。

显然，这两条正义原则是普遍的理念，具有普适的价值。

三、仁：普适的仁爱理念

上述讨论表明：有怎样的人或主体，就有怎样的正义判断；而有怎样的生活方式，就有怎样的人或主体。例如，“三纲”制度规范曾经被中国人视为“天经地义”，但今天的中国人不再有这样的判断了，因为中国人的主体性发生了变化，即正在从臣民转向公民；而其主体性之所以发生这样的变化，则是因为中国人的生活方式发生了变化，即从前现代的生活方式转向现代性的生活方式。所以，事情取决于如何规定或如何理解人或主体性。

自有人类以来，生活方式总是流变的，从而人的主体性就不是一成不变的，进而关于人的主体性的理解和规定也不是一成不变的。关于对人的理解，古往今来出现过很多说法，诸如“人是理性的动物”、“人是情感的存在”、“人是欲望的动物”等。确实，这些都是人之为人的必要条件；但它们都不是充分条件。西方正义论通常把正义判断归结为主体利益的理性考量，而排除情感的因素。然而这是讲不通的，因为人们在对一种制度规范进行判断时是不可能没有情感因素的，事实正相反，情感往往在这里发挥了极其重大的作用。即便在西方“哲学”（philosophy）（Φιλοσοφία）所谓的“爱智慧”（philo－sophia）中，“爱”仍然是优先的。

真正恰当的做法，是要找到这样一种观念，它能一以贯之地阐明人之为人的诸多基本属性及其在制度规范建构中的作用。在儒家，这就是“仁爱”的观念。这个观念能够综合地说明“人是情感的存在”、“人是欲望的动物”、“人是理性的动物”等问题。

在儒家话语中，“仁爱”（humaneness）这个词语的内涵是很丰富的，其用法也是很复杂的。为了论述的方便，我们把它分为“仁”（benevolence）与“爱”（love）。

1. 关于“爱”的观念：人是情感性的存在者

显然，“爱”是一种情感（emotion）；而且在儒家看来，爱是人的一种最基本的情感。如《论语》载：“樊迟问仁。子曰：‘爱人。’”（《颜渊》）

当然，情感并不仅仅是爱。古有“七情”的说法，例如：“何谓人情？喜怒哀惧爱恶（wù）欲，七者弗学而能。”（《礼记·礼运》）但这里须指出几点：第一，这里的“喜怒哀惧”是情感中的情绪，“爱恶”是情感中的感情，而“欲”严格来讲不是情感，而是意欲；第二，“爱”可以表现在感情层面上，如孔子所说的“三年之爱”（《论语·阳货》），也可以表现在情绪层面上，如孟子所说的“恻隐之心”（《孟子·公孙丑上》）；第三，按儒家的观念，在所有情感中，爱是最基本的情感，没有爱就没有其他情感；不仅如此，甚至没有爱就没有任何存在物（《中庸》所讲的“不诚无物”其实就是这个意思）。

西方也有类似的思想，例如舍勒（Max Scheler）以基督教为背景的情感现象学认为：其一，情感先于认知；其二，在情感中，爱先于恨；其三，世界是一个“爱的共同体”。只不过舍勒所讲的是上帝之爱，而儒家所讲的是人之爱。但双方的共同点是：爱的情感是人之为人的本源所在；爱不仅是一个主体性的观念，而且具有前主体性的存在论意义：“爱，所以在。”正是在这个意义上，人是情感性的存在者。

2. 关于“仁爱”的观念：人是利欲性的存在者

上述“爱”的概念是广义的，等于“仁爱”，涵盖了狭义的“爱”与“仁”（详下)。“爱”的狭义用法，例如孟子说：“君子之于物也，爱之而弗仁；于民也，仁之而弗亲。亲亲而仁民，仁民而爱物。”（《尽心上》）孟子在这里所揭示的是广义的“爱”即“仁爱”在情感上的一个基本特征——“爱有差等”：我们对亲人的爱超过对外人的爱，对人类的爱超过对他物的爱。这就是说，爱是“差等之爱”。

不仅如此，其实，我们对自己的爱超过对他人的爱，“推己及人”乃是从“己”开始的。所以，荀子列出的仁爱等级乃是这样一个从高到低的序列：自爱→爱人→使人爱己。在这个问题上，荀子的论述是最鲜明而深刻的，其思想大意是：差等之爱是从“自爱”或“爱己”开始的；而“爱（则）利（之)”（《荀子·彊国》），爱会导致利欲——爱己则欲利己，爱人则欲利人；因此，差等之爱必然导致利益冲突。故荀子说：

“人生而有欲，欲而不得则不能无求，求而无度量分界则不能不争，争则乱，乱则穷。”（《礼论》）① 正是在这个意义上，人确实是利欲性的存在者、自私的动物。

这当然是生活的实情，儒家承认这种差等之爱的事实。但须指出的是：儒家并不以这种差等之爱为建构制度规范的原则；恰恰相反，儒家的正义原则中的正当性原则所要求的是超越差等之爱、寻求一体之仁。这是因为儒家“仁爱”的观念并不仅仅是差等之爱，还有“一体之仁”，即后世成语所说的“一视同仁”。后者往往不谓之“爱”，而谓之“仁”。

3. 关于“仁”的观念：人是理智性的存在者

在儒家话语中，“仁”是一个涵义丰富的观念：

（1）“仁”首先指自然而然的生活情感，包括差等之爱、一体之仁的自然情感。后者例如孟子所说的“恻隐之心人皆有之”（《公孙丑上》）、“人皆有不忍人之心”（《告子上》）。其中，一体之仁是为正义原则奠基的，或者说，形式性的正当性原则是由实质性的一体之仁的情感所充实的，这就是孟子所揭示的“仁→义”观念结构。

（2）“仁”这种情感有时被规定为一种形而下的道德要求，即是一条伦理规范，例如孔子所说的“克己复礼为仁”（《颜渊》）。正是在这种意义上，“仁”才与“义、礼、智”一起被人们列为所谓“德目”——道德条目。

（3）“仁”有时甚至被设置为形而上的本体，它是涵盖一切的东西。这就正如程颢所说：“仁者，浑然与物同体，义、礼、智、信皆仁也。”（《识仁篇》）值得注意的是，这里“仁”涵盖了“智”，而“智”的基本涵义之一正是理智或者理性。正是在这个意义上，人是理智性的存在者、理性的动物。

在儒家思想中，“智”是一个非常重要的观念。我们知道，儒家将“圣”归结为“仁且智”（《孟子·公孙丑上》）。“智”包括智慧与理智。我们之所以能够克服差等之爱的自然倾向、而寻求一体之仁的正义原则，就是因为我们有理智与智慧，我们明白差等之爱会导致利益冲突、而不利于群体生存。所以，荀子在论述了“人生而有欲”而导致“争则乱，乱则穷”之后，紧接着说“先王恶其乱也，故制礼义以分之”（《礼论》），并且指出：这不仅是先王或圣人才具有的能力，而是人人皆有的能力，“所以知之在人者谓之知，知有所合谓之智”（《正名》），“凡以知，人之性也；可以知，物之理也”（《解蔽》）；具体来说，“仁义法正有可知、可能之理，然而塗之人也皆有可以知仁义法正之质，皆有可以能仁义法正之具”，“故塗之人可以为禹”（《性恶》）。这种可知能知之智，即他所说的“心有征知”（《正名》）的能力。同样，孟子将儒家的全部观念

---

① 参见黄玉顺：《荀子的社会正义理论》，《社会科学研究》2012年第3期；《中国社会科学文摘》2012年第8期全文转载。

概括为“仁、义、礼、智”。

这样的“智”，正如程颢所说，涵盖于广义的“仁”之中；而这种广义的“仁”或“仁爱”的观念，足以阐明人之为人的所有基本属性。

显然，“仁”这样一种仁爱情感或仁爱精神，乃是一种普遍的理念、普适的价值。

四、乐：变革中的社会和谐形式

汉语“礼”最初是指的祭祀中“事神致福”的仪式（《说文解字·示部》），这种仪式最集中而鲜明地体现了当时人们的社会关系、伦理规范和社会地位的区分，即所谓“礼别异”（《荀子·乐论》）；而“乐”则是指的祭祀中“五声八音”的音乐，其功能是消融“礼别异”所造成的人际关系的疏离，营造人际关系的一致、协同、和谐，即所谓“乐合同”（《荀子·乐论》）。祭祀在当时的生活方式下是最重要的社会群体活动，故《左传》说：“国之大事，在祀与戎”（成公十三年）；“祀，国之大事也，而逆之，可谓礼乎?”（文公二年）因此，“礼乐”便引申为一种普遍的社会伦理政治范畴，“乐统同，礼辨异”，也就是说，“礼”泛指以“别异”为特征的所有一切社会规范及其制度，而“乐”则泛指在礼之“别异”基础上寻求群体“合同”的社会和谐形式。所以，《乐记》指出：“礼者，天地之序也”，“序，故群物皆别”；“乐者，天地之和也”，“和，故百物皆化”。并进一步分析：“礼者为异”，“异则相敬”；然而相敬未必相亲相爱，倒往往是敬而远之的疏离、隔阂，于是需要“乐者为同”，因为“同则相亲”，“乐文同，则上下和矣”。这就是说，“乐”（yuè）的功能就是“乐”（lè）亦即“和”——群体和谐。

一方面，就乐的内容“和乐”而论，任何社会共同体都寻求群体和谐。故《乐记》说：“乐也者，圣人之所乐也，而可以善民心，其感人深，其移风易俗，故先王著其教焉”；“乐行而伦清，耳目聪明，血气和平，移风易俗，天下皆宁”。例如：“乐在宗庙之中，君臣上下同听之，则莫不和敬；在族长乡里之中，长幼同听之，则莫不和顺；在闺门之内，父子兄弟同听之，则莫不和亲。”（《乐记》）和谐是所有社会共同体的追求，在这个意义上，“乐”是一个普适的理念。

但另一方面，就乐的形式而论，任何具体的社会和谐形式都不具有永恒的意义。由于乐建立在礼的基础上，“乐者，通伦理者也”、“知乐，则几于礼矣”（《乐记》），而礼是可“损益”的，因此，不同生活方式下的社会和谐形式也是不同的。所以，《乐记》指出：“五帝殊时，不相沿乐；三王异世，不相袭礼。”正如孔子所说，礼的形式有“损益”、因革，我们也可以说，乐的形式同样有“损益”、因革。因此，乐或社会和谐的形式也是需要变革的。

当我们用“音乐”来指代社会和谐形式的时候，这就意味着社会和谐的主要形式是指的艺术。儒家“礼乐文化”有一个很重要的传统，就是将艺术与社会规范及其制度联系起来，视为社会治理的两个相辅相成的基本方面，认为人类不仅要道德地、伦理地、政治地生活，而且要艺术地生活。这是儒家理念的一大特色：最理想的群体生活是艺术的生活，人们在这种“诗意的栖居”（借海德格尔语）中表达情感、克服隔膜隔阂、寻求和谐、获得幸福。

在儒家，这就是“诗教”、“乐教”。这令人想起孔子的概括：“兴于诗，立于礼，成于乐。”（《论语·泰伯》）在儒家的思想中，诗是本真情感的表达，而人的主体性就是在这种情感中确立起来的；礼是主体所建构的社会规范及其制度，人们在这种制度规范中立足；而乐则是对这种制度规范的一种超越，是向本真情感的一种回归。所以，艺术是最本真的境界，同时也是最高的境界。

然而我们知道，艺术形式也是历史地变动的。且以中国的既是语言艺术、也是音乐艺术的诗歌或者“诗一歌”来说，从最初的二言诗歌、三言诗歌（例如“易经古歌”）发展到四言诗歌（例如《诗经》），再到五言、七言，以至“长短句”的词，乃至现代的更为自由、然而仍富于节奏感和旋律感的流行歌曲，都是社会和谐的艺术形式。

今天，人类需要全球化生活方式下的礼乐文化，从而需要全球性的社会和谐形式，需要全球性的艺术形式。

以上这样一个“仁→义→礼→乐”的理论系统，应当就是世界儒学的基本内容。这个理论系统作为一个整体，显然具有普遍的意义；也就是说，“仁→义→礼→乐”系统结构乃是一种“普世价值”、“普适价值”。因此，它对于世界文化新秩序的建构来说应当是一种非常重要的思想资源。这种世界儒学正在生成之中。

后现代的启蒙运动

——从“一多二元”到“一多不分”的思想解放

北京外国语大学　田辰山

“启蒙运动”、“现代性”与“天人合一”是分别来自中西两个哲学文化语境的词汇与论题。如果将它们相提并论，一个绝对不可忽略的前提，是事先弄清楚它们各在本语境的原本语义；也即是说，中国人多为望文生义地理解“启蒙运动”、“现代性”中文字面意义，将它误认为是原西语的“The Enlightenment”、“Modernity”。本文将分为：(1) 不要误解“启蒙运动，”(2) 不要误解“现代性”，(3) 辩证法——来自西方内部的批判，(4)“天人合一”——未来世界文明的哲学选择几个题目，从历史文化视域发掘它们在各自的原本语义，并且提出，必须意识到“启蒙运动”与“现代性”是具有特定历史文化含义的、具有西方特定“神性普世意义”的，它是与“天人合一”是在宇宙观、方法论、思维方式和价值观上不可同日而语的概念；因此得出的判断是：中华传统的“天人合一”根植于自古至今一以贯之的“一多不分”宇宙观、世界认知方法、思维方式与崇尚观，面对“一多二元”传统抽象意识的“启蒙运动”与所谓“现代性”概念所基于的神性“超越主义”与个体性“二元对立”主义，较之为人类世界未来走向，展现出更加充满希望的广阔前景，将必然越来越成为未来世界文明的哲学选择。

一、不要误解“启蒙运动”

迄今为止，应当说中国人仍处于对西方“启蒙运动”含义的误解和误解所带来的迷茫之中。怎样解开这个误解，让人们茅塞顿开，不再迷茫？方法是比较中西阐释学；让我们先看看在汉语上“启蒙运动”给出了什么意思，再看看英语“The Enlightenment”给出了什么意思，再次来看看什么东西在这个概念的从西语到汉语过程中被屏蔽了，最后我们就会知道，为什么我们今天不能再误解下去，因为这个误解导致了我们今天仍处于一种迷茫。

1. 汉语“启蒙运动”给出了什么意思?

如果我们读1979年版商务印书馆的《现代汉语词典》，在“启蒙运动”词条下有两个意思：(1) 17到18世纪欧洲资产阶级的民主文化运动。启发人们反对封建传统思想和宗教的束缚，提倡思想自由，个性发展等。(2) 泛指通过宣传教育使社会接受新事物而得到进步的运动。[①] 这个定义给人的信息是：“反封建传统思想和宗教的束缚”、“提倡思想自由”和“个性发展”，也是“宣传教育是社会接受新事物而得到进步的运动”；无疑，任何读者读到这样的信息，不会有人将它当成是负面的，而一定会将其视为积极、正面的；虽然中国人对“个性发展”和“进步的运动”并不能很明白其中隐秘的内涵，也不会太多疑虑，只是将它理解为是“好事情的”。

中国学术界、知识界对“启蒙运动”的理解，恐怕大抵是基于百科知识性质词典给出的更多关于自由、民主、人权、科学含义的“启蒙运动”，它包括“新思维不断涌现的时代”、“与理性主义等一起构成的文化运动”、“自然科学的很大进展”、“反对封建专制统治和教会思想束缚”、“轰轰烈烈的思想运动”、“文艺复兴之后欧洲第二次思想解放运动”、“启蒙的本意是光明”、“用理性之光驱散黑暗，把人们引向光明”、“批判专制主义和宗教愚昧，宣传自由、平等和民主”、“启蒙运动倡导者是大无畏的文化先锋”、“引导世界走出充满着传统教义、非理性、盲目信念以及专制的黑暗时期”、“以经验家理性思考而使知识系统能独立与宗教影响”、“建立道德、美学以及思想体系”、“反封建、反禁欲、反教会”、“从人文主义者手里从理论上证明封建制度的不合理”、“提出一整套哲学理论”、“建立以‘理性’为基础的社会”、“用政治自由对抗专制暴政”、“用信仰自由对抗宗教压迫”、“用自然神论和无神论摧毁天主教权威和宗教偶像”、“用‘天赋人权’反对‘君权神授’”、“用‘人人在法律面前平等’反对贵族等级特权”、“三权鼎立”、“提出‘三权分立’学说”、“人民主权原则”、“法律应当体现理性”、“自然历史环境(而不是阶级性)决定人性”、“人性就是自由和平等”、“人生来就是自由和平等的，一切人都具有追求生存、幸福的权利，不能剥夺”、“君主立宪”、“不反对财产的不平等”、“国家起源于社会契约”、“人民主权”、“主权在民”、“一切权利属于人民”、“政府和管理是人民委托的”、“人民有权起义”、“契约成立国家的目的是保护私有财产”、“国家不应干涉公民的私有财产”、“私有财产是人权的基础”、“赞成君主立宪”、“立法行政司法三权分立”，等等中国传统中似乎没有出现过的理念。

当然，不管启蒙运动思想家互相之间是很不同的，人们也认为上面的一系列理念是“启蒙运动”的宗旨。由于这种叙事话语，“启蒙运动”及其理念无疑是正确、创

---

① 《现代汉语词典》，商务印书馆，1979年，第889页。

新、进步的。它“启迪了人们的思想”、“动摇了封建统治”、“使民主共和的思想深入人心”、“促进近代科技进步”，也“激励了亚洲国家仁人志士为改造旧社会而斗争”。启蒙运动也包括对中国的影响，它“所宣传的天赋人权、三权分立、自由、平等、民主和法治的思想，推动了资产阶级的革命和改革”、“鼓励了中国一批志士仁人为改造社会而斗争”。戊戌变法是受启蒙运动影响最大的君主立宪制。19 世纪末 20 世纪初，中国出现一批启蒙学者翻译欧洲启蒙思想家的名著，对中国思想界、学术界起了重要推动作用。1898 年戊戌变法失败后，严复把 T. H. 赫胥黎的《天演论》、孟德斯鸠的《法意》（今译《法的精神》）、亚当·斯密的《国富论》、H. 斯宾塞的《群学肄言》，以及 J. S. 米尔（旧译穆勒）的《群己权界论》和《穆勒名学》等 7 部著作译成中文出版。辛亥革命后南京国民政府的《中华民国临时约法》，基本思想精神是天赋人权、三权分立、自由、平等、民主和法制的思想，显然其基本思想精神是源于启蒙运动。①

如果今天中国学术界和知识界对“启蒙运动”的理解仍然是以上所获得这样的信息的话，那么我们今天从中西比较哲学阐释出来的信息告诉我们，上面理解是一种在中国哲学文化视域和汉语表述上的误读。误读之点就在于，中国将一种西方特有的超绝主义与二元对立宇宙观、方法论、思维方式、价值观和西方语言结构视域中“启蒙运动”信息，误解成了靠近中国的没有超绝主义与二元对立儒家思想传统为主的一种“民本”思想的东西。中国学术与知识界以为“启蒙运动”启迪的是一种新思想、新文化、新政治；它在将中国历史解读为启蒙思想所反对的那种“封建”的基础上，反对“君权神授”就是反对中国的“天命”与“天意”；认为“启蒙运动”提倡的“人的自由、解放”就是人民的解放；“人民主权”、“主权在民”、“一切权利属于人民”就是与“民为邦本”意思相近的东西。为了将这种情况搞清楚，我们不妨把西语本身叙述的“启蒙运动”（The Enlightenment）在西方自己的“超绝主义”与“二元主义”视域中的这些理念的原始语义搞清楚，看看它原来讲的到底是一套什么，来明白一下中国的理解是不是出了问题。

2. 英语“The Enlightenment”给出了什么意思？

下面是从互联网英文《维基百科》下载的“启蒙时代”文字：

“启蒙时代”（简称“启蒙”或“理性时代”）是“智者们”的一场从 17 世纪末欧洲开始的文化运动，强调理性与个人主义，不讲传统。其目的是用理性改造社会，向根植在传统和信仰的思想挑战和通过科学方法获得知识。“启蒙”是人的思想的一场革命；这种新思想方法是理性思想开始于清晰宣称的原则，用正确的逻辑得出结论，用证据对结论进行测试，然后根据证据对原则进行修正。启蒙思想家反对迷信。一些思

① 参见《360 百科》：http：//baike. so. com/doc/1708095. html.

想家与开明的独裁者、专制主义统治者合作，努力强制性地将关于建立政府的新思想付诸实际。启蒙思想延续在西方国家的文化、政治和政府发生重大影响。英语“启蒙”（Enlightenment）一词直到19世纪后期才出现，特指法国哲学，法语是“Lumieres”。1772年版《大百科全书》中的一幅雕刻画，“真理”处于上方中间位置，周围有光芒照耀着，被右面“哲学”与“理性”图样揭示着。[①] 在西方，“启蒙”这一概念在宗教范畴获得了一种罗曼蒂克含义。它成了“自我意识”与“真实自我”的同义语，“真实自我”被认为是一个“本质精体”（substantial essence），上面被社会条件覆盖着。[②] 罗素指出，“启蒙”在根本上产生于新教对天主教反改革的反应；许多哲学观点，如倾向民主反对君主，都来源于16世纪初新教徒为自己与主教和天主教分裂的企图辩护。天主教、路德教、加尔文教和英国国教的分歧焦点在于究竟哪一教派应当“掌控真理”和具有“上帝赋予的权威”。根植于以前传统的一切，都遭到质疑和常常根据哲学理性被新理念代替。17世纪末至18世纪，“启蒙运动”主要反映的是从马丁. 路德开始的分裂教会，出现了全面理性化与世俗化趋势，很快推翻了神学在学术领域的统治地位。是在这时，形成了两条明显不一样展现的启蒙思想：一是“激进启蒙”，很大程度上是斯宾诺莎“单一本质哲学”促动的，它在政治形式上主张“民主”、激进与性别平等，个体生活方式自由，完全思想、言论与出版自由，废除立法过程与教育领域的宗教权威，教会与政治完全分离。第二战线是“温和启蒙”，包括几种不同哲学思想体系，如笛卡尔、洛克、牛顿等，主张的是对旧思想模式进行批判性评论与更新，也同时在另一方面寻求改革与容纳旧有权力与信仰制度。两条思想战线又遭遇保守的“反启蒙”力量，于是对那些坚持传统信仰思想家的思想采取包容的态度。

我们可明显发现，互联网英文《维基百科》的“启蒙时代”介绍，显示一个与中文来源面目相左的“启蒙运动”。引起我们注意的是，英文叙述的“启蒙运动”，笔墨明显是重在精神（也可说是宗教）的，而且整个“启蒙运动”都是“超绝主义与二元主义”范畴的。所谓“超绝主义”，即无论“启蒙运动”还是它矛头所指的教会或宗教派别，都是将一个超绝本体真理来源（虽然不尽一致）作为前提的；所谓“二元主义”，即无论“启蒙运动”还是它矛头所向的教会和宗教派别，都是把人作为抽象“个体”前提条件的。需特别注意的是，在这段英文“启蒙运动”的介绍文字中，一些关键词汇的西语形式都承载着西方特有域境的语义；如“理性”（英文 rationality）表达一种单线单向由超绝本源（如一神或超绝真理）开始的因果关系；“真理”（英文Truth）表述终极、超绝、形而上学、永恒不变的本体质相（适用于基督教的上帝，也

① 参见互联网英文“wikipedia”：http：//en. wikipedia. org/wiki/Age _ of _ Enlightenment.

② 参见互联网英文“wikipedia”：http：//en. wikipedia. org/wiki/Enlightenment _ （spiritual）.

适用与启蒙运动用科学理性追寻的“真理”)；更有，“个人主义”是个极其重要的一以贯之于整个启蒙运动思想理念体系的概念；它是宇宙论的假设前提，是一种人类经验中实际不存在虚构理念，作为一系列启蒙理论思维的前提，而这恰恰是中华哲学传统思考几乎不存在的东西。“通过科学方法获得知识”，我们不可忘记，“科学”在这里不是辩证法，不是作为世界观，而是作为手段的。“理性思想开始于清晰宣称的原则”，即是对前提进行假定预设，所谓思辨（speculation）、形而上学（metaphysics）或抽象演绎推理。所谓“用正确的逻辑得出结论，用证据对结论进行测试，然后根据证据对原则进行修正”这种科学方法，就是单线单向逻辑的，追求绝对普世真理的与单线单向因果关系的。“反对迷信”就是针对宗教而言，而用科学理性追求的，虽然不是基督教的上帝，却还是本质上一样的超绝本体真理。所谓“哲学”，是关于“宇宙唯一真理本源”的知识，而不是探求世界万物内在联系的智慧。作为“个人主义”的“自我意识”与“真实自我”，不是中华哲学传统的与他人、群体、自然万物不分关系的、意识真实意义的于自己所处场域的一切内在联系的“自我”，而是虚构的一个“本质精体”（substantial essence）的“自我”。人们需要特别提示自己的，是“启蒙运动”的反宗教，而又是精神上最终与宗教分不开的。它的人的绝对个体性（个人主义），个体人的自由、权利、平等、自由等概念，都是脱离开宗教神就会失去理性逻辑的空中遐想。为什么这些语义在中文来源的“启蒙运动”话语中没有显示？因为它们是隐秘在“启蒙运动”西方语言话语概念背后深层的喻义，在翻译到汉语去的过程中，被汉语所特有的结构屏蔽掉了。

3. 什么东西从西语到汉语被屏蔽了？

从英语翻译到汉语，最后汉语的“启蒙运动”所给出的意思之中，一个整个西方思想传统的阐释视域被屏蔽了；我们可以将它称为“一多二元”。所谓“一”，是超绝于万物的造物主宰者或宇宙的唯一真理本源，多是被创造的一切个体；“一”与“多”的关系，是“一”针对个体性、对立、冲突的多的单线单向主宰关系，“多”个体物之间的关系是经过角逐后的“A 决定 B”的单线单向主宰关系，称为“二元对立”。在这个被屏蔽的“一多二元”阐释视域中，至少有五个很关键的假定预设条件看不见了。它们是：(1）上帝是存在的；(2）人性邪恶不可改变的；(3）人类是经历过自然状态的；(4）人类权威出现是人类的契约结果。在中文的启蒙运功的话语之中，中国人意识不到“自由”、“平等”、“人权”、“民主”等概念的理论体系是建立在这样一套假设前提之下的。这些假设前提导引的逻辑如下：

第一个逻辑：上帝的假设。为什么必须要有上帝存在的假设？因为“自由”“权利”都需要有一个被赋予的来处。与此同时被屏蔽的，还有“一己”概念。也即，“自由”、“权利”、“平等”的原英文概念，讲的是“liberty”、“rights”、“equality”都是

“一己”的，是追求一己幸福、无限积累一己私有财富的权利。这个自由和权利是谁赋予的？谁有能力给予这个权利？让它具有合法性、神圣不可侵犯性？它必然是一个至高无上的超越力量。上帝存在就符合了在这样一个逻辑上的必然假设前提。上帝的存在由假设成为信仰，解决了使一己的“自由”和“权利”有了被赐予的来处，有了神圣性与合法性。①

第二个逻辑：人性邪恶。在西方这个一己自由和权利，在逻辑上不可能是人有资格给的，必须是上帝赋予的。人为什么不能赋予自己权利和自由，而必须要假设存在一个上帝来给？它就是第二个假设前提的必要性：即人性都是恶的，可以一己之私而损害他人与社会的，是上苍安排，不可改变的。这个假设成立了，接下来逻辑就是，由于人性是恶的，而且是不可改变的，所以人是不可能谁给谁权利的，人赋予权利是不能成立的逻辑；所以，只能是由具有超绝力量的上帝赋予才是可成立的逻辑。②

第三个逻辑：自然状态。没有它，就产生不出后来的“契约”。在逻辑上需要人类历经这样一个状态。什么是“自然状态”？它是前两个假设和逻辑的继续。其一，由于人有不好的本性，所以假设人类经历过的这个“自然状态”是个一己与一己无数单个个人互相残杀的战争状态。③ 在这个假设前提之下，逻辑是一己自由概念的含义是从死亡那里获得自由（或曰安全）。为获得从死亡之下的自由，一己个人必要获得实力或竞争力作为自我保护条件。实力和竞争力指的自然地是物质力量和政治权力。不这样，任何比自己实力强大一些的他人一己都必然构成对自己的死亡（或安全）威胁。④ 什么时候才算有保证自己脱离死亡获得自由的物质力量和政治权力，这是没有上线的。因

① 这个假设逻辑在启蒙运动的思想家、各种自由、权利的论说中皆处可见。这在西方几乎是不争的道理，存在人们的潜意识之中。而对于一个中国人来说，则是不可思议的。

② 人性不好是自始以来贯穿西方思想传统的概想。启蒙运动虽然实现了一个概想转换，从“上帝”至上走到“理性”和“科学”至上，但它没有彻底摒弃上帝主宰人类和人性不好的概想。

③ 霍布斯有名的说法是“such a war as is of every man against every man”。霍布斯假设的自然状态前提与洛克所假设的自然状态不同；洛克的自然状态没有霍布斯的那么险恶，这是在洛克那里，自由的概想存在严格逻辑缺失的原因。由霍布斯的自然状态假设导引出的权威政府的概想，显然比洛克自然状态假设所导引出的自由主义政府概想更符合逻辑性。见霍布斯：“LEVIATHAN”第十三章“Of the Natural Condition of Mankind as Concerning Their Felicity and Misery”。

④ 这是一种恶性循环，英文曰“Vicious Cycle”，即满足权力或力量欲望，就要追求更多的物质保证。对死亡的惧怕变成了对自己所处状况的本能性的无安全感与焦虑。而权力或力量的每一点增长，都必然地增强他人的恐惧感。关于这一观点，读霍布斯以下的文字：“in that condition which is called war; and such a war as is of every man against every man… Whatsoever therefore is consequent to a time of war, where every man is enemy to every man, the same consequent to the time wherein men live without other security than what their own strength and their own invention shall furnish them with.”摘自霍布斯：“LEVIATHAN”第十三章“Of the Natural Condition of Mankind as Concerning Their Felicity and Misery”。

此在逻辑上必然产生的概念是无限追求私人财富的积累和政治权力。其二，这样的“自由”概念具有合法性和神圣性，变成一种权利概念，它的必要前提又是那个上帝存在的假设。[①]

第四个逻辑：契约。这还是一个中国人难以意识的被屏蔽的“启蒙运动”理念逻辑的假设前提。它延伸于前面三个假设前提。首先，因为人是自私的不变本性的，因为一己与一己相互残杀的战争状态，一己与一己的人之间结成契约也是必然的。契约管什么用？是用来制约的：一己可以“自由”地搞自己的私利，[②] 但就是这个契约的限制，人要在互相残杀，伤及某一签约人一己生命之时要罢手。[③] 否则一己之自由与权利就会落空，赋予自由和权利的上帝的存在及其神圣性也形同虚设。这也从根本上违背上帝的意志。

应当提到的是，不同人提出“契约”，理由是不同的。霍布斯和洛克在自然状态和契约假设前提的作用和导引的逻辑上是有分歧的。霍布斯假设的契约作用是保障一己生命安全的；而洛克认为“自然状态”没有那么严重，契约的作用是用政府的力量保护一己积累私人财富和获得追求一己幸福的权利。[④] 在这个意义上，契约本来是人的行为，人制定的法，它就是宪法和法律形式。但是也被假设为与上帝相关的自然法的延伸，附属于神性自然法。这样，在逻辑上契约也成为上帝的意志，带有神圣性。[⑤] 所以表达上帝赐予一己追求自由和幸福、私人财富的权利，是西方民族国家宪法的核心内容。

这四条重要逻辑之上，一个绝对不能不提的、贯串整套启蒙“自由民主”理念的，

---

① 洛克的“Second Treatise on Government”对此有详尽的阐述。

② 霍布斯认为人类被欲望驱动不是过错；心理追求不是什么罪过。见霍布斯“LEVIATHAN”第十三章。

③ 霍布斯认为，对于渴望要解决死亡恐惧的问题的人们来说，最好的方法就是契约，也是对死亡的恐惧和对安全的渴望导致心理上对和平的追求。不过对于霍布斯来说，人们为了免除战争状态，需要将自己的权力移交给一个权威的政府。不过尽管如此，他仍然认为，这个权威力量无须干预人的生活方面，人们仍然在大部分情况下享受自由，比如买卖，与他人签订合同，居住、饮食、职业、自己儿童的教育等方面的自由。政府命令只在于为追求幸福创造条件。见霍布斯“LEVIATHAN”第十三章“Of the Liberty of Subjects”。

④ 见洛克“Second Treatise on Government”第九章“Of the Ends of Political Society and Government”。洛克认为自然状态是一种具有充分自由与平等的状态，人不会利用自然自由互相摧残。所以，政府除了保护私人财产，没有别的目的。(见第九章第七节)

⑤ 洛克在“Second Treatise on Government”中详尽阐述一己个人的追求财产的自然权利。美国第二任总统亚当斯的名言“…rights derived from the Great Legislator of the Universe”(“权利源自伟大的宇宙立法者”)。美国公民教育小册子宣称：“God our Creator gives to each unalienable Rights: Life, Liberty, Happiness, property, safety, respect, privacy, etc.”(我们的创造者上帝赋予每个人不可转让的权利：生活、自由、幸福、财产、安全、尊重、隐私等等。)

就是"一己主义"（"individualism"），中文通常译作"个人主义"。给中国人造成最大迷茫的，是在于英文"individualism"表述的是排斥人的相互联系，把人仅理解为分散、单个、一己的；在个人与社会关系上，它表达一己与社会的二元对立，截然割裂和排斥；"一己"对群体利益的否认和排斥，乃至形成心理上对群体的恐惧感，[①] 而中文"个人主义"不是具有这样极端性的。这使得它的中文与英文之间可译性，也成为争议问题。其实，可有充分理由说，"启蒙运动"这一概念的从西语到汉语，屏蔽了自古希腊苏、柏、亚三位哲人开始直到近现代启蒙运动西方思想传统的"一多二元"结构，屏蔽了"启蒙运动"历史文化与整个西方思想传统的联系，屏蔽了西方特有的"超绝性"、"二元性"，屏蔽了"一多二元"作为的宇宙观、方法论、思维方式、价值观和语言结构，屏蔽了"启蒙运动"是从"超绝一与个体一"（或"上帝＋个体人"）的专注视野；在中国人专注万物互系、专注人与人相系不分的视域中，这些都不见了。

4. 今天的迷茫来自中国人对"启蒙运动"的误解

今天的中国人有很多迷茫，这些迷茫是从近现代开始的，在根本上很可以归结于对"启蒙运动"的误解。中国人在无意识中，接受了西方"一多二元"的历史观，也即在下意识中，似乎也觉得历史最终是朝着好的方向"前进"的，是"进步"、发展的，是从低级向高级走的，自己是落后的，别人是"先进"的；但是没有意识到的，是它西方历史观的单线单向性、有一个超绝开始与有一个目的论的终结性，没有意识到这个历史观违反中国哲学传统"道"的宇宙"浑然而一"、天地氤氲，生生不息的认识论。

被翻译为汉语的"启蒙运动"概念中，有被屏蔽的东西，也有必然被带进的东西，就是如同西方历史观被带进来的这样，所以在汉语中，如同许多其他被翻译、引进的西方概念那样，"启蒙运动"其实是一个四不像的汉语概念，它带进西方的东西，又不是西方的东西，它是汉语的东西，又不是汉语的东西。中国人是在汉语字面上望文生

---

① 这是自启蒙运动而来"一己主义"概想发展的走向；从一己作为终极目的导致个人生活的社会、经济、政治形式。对霍布斯来说，人类不是什么理性动物，而是由肉欲情欲支配的动物。社会是一群自私、追求一己私利、暴力、恐惧、欺骗之徒，使得任何事情不可能顺利进行。而对洛克来说，要不是人的败坏、邪恶和堕落，人没有必要脱离自然状态。人进入契约状态，无非是为保护自己财产的自然权利。而自然权利的契约形式，是作为一己的人仅必要的一点有益的关系。如果没有这一点，一己只有自己，没有他人，就像在自然状态，是个完美的状态。读洛克以下文字："…were it not for the corruption and viciousness of degenerate men, there would be no need of any other, no necessity that men should separate from this great and natural community, and associate into lesser combinations"; "those who have no such common appeal, I mean on earth, are still in the state of Nature, each being where there is no other, judge for himself and executioner; which is, as I have before showed it, the perfect state of Nature"。见洛克"Second Treatise on Government"第九章128节、第七章87节。

义地去理解“启蒙运动”的，所理解的，也是一种“四不像”的东西。中国的迷茫，就是在这个层次上发生的。“资产阶级”是不好的，但是比起封建来，是“先进”的；不管怎么说，比起“封建”来，“民主”是好的，在这里没有意识到“民主”并非是“启蒙运动”强调“个体人”、与神性脱不开关系的那种“democracy”。“接受新事物”、“进步”是好的，“反封建传统思想和宗教的束缚”、“提倡思想自由”是对的，“个性发展”虽然没听说过，可是它与“进步”和“反对封建”联系在一起，自然也是好的，是中国要学习的。望文生义地解读“启蒙运动”的“自由”、“民主”、“人权”、“科学”，没有一样是不好的，尤其是，它们都与“新思维涌现”是一回事的。“理性”没听说过，大抵就是不情感冲动、不理智地做事罢，尤其是与科学是一回事的，当然也是对的。

“启蒙运动”由于“启蒙的本意是光明”，自然是正确的，由于是“文化运动”、“思想运动”、“新时代”，是“轰轰烈烈”、“第二次思想解放运动”、“用更理性直观驱散黑暗，把人们引向光明”的，当然是伟大的了。它的矛头所向都是不好的，什么“封建专制统治”、“教会思想束缚”、“黑暗年代”、“宗教愚昧”、“传统教义”、“非理性”、“盲目信仰”、“专制暴政”、“宗教压迫”等等，反对这些，反对坏事，当然是好的、对的，难道应该有什么异议吗？不应该的。

“启蒙运动”批判那些坏东西，“启蒙运动倡导者”作为“大无畏的文化先锋”，“以经验家理性思考而使知识系统能独立于宗教影响”、“建立道德、美学以及思想体系”、“反封建、反禁欲、反教会”、“从人文主义者手里从理论上证明封建制度的不合理”、“提出一整套哲学理论”、“建立以‘理性’为基础的社会”、“用政治自由对抗专制暴政”、“用信仰自由对抗宗教压迫”、“用自然神论和无神论摧毁天主教权威和宗教偶像”，这是多么好的事情啊！至于什么是“人文主义”，有点不懂，但错不了的，恐怕就是中国传统思想的“以人为本”；西方也有这种东西，多好啊。建立“道德”、“美学”、“思想体系”，这怎么能有什么不妥？简直好懂极了，对极了。“反禁欲”？难道西方居然有将“人欲”绝对不准的事情？中国似乎也是有的，当然过分，当然该反；“欲望”不节制是不对的，但是也不能绝对禁止——“反禁欲”是对的。

中国历史上是有暴政的，“启蒙运动”用“用政治自由对抗专制暴政”，相当于中国历史上汤武革命反对“殷纣王”那样的事情，自然是对的。把“君权”说成是神灵赋予的，这种荒唐事，“启蒙运动”鲜明提出反对，当然正确。“天赋人权”，是啊，人的权利是自然就应该有的，没有就是不合理的；这太对了。然而中国人在这里明显误读的是，这个“天”和“Heaven”不是一回事啊，它还是“神”啊，由一个天主教“神”，换了一个“天神”而已。中国的“天命”和“天意”并不是“君权神授”的意思啊！“天命”和“天意”都不是“神授”，而是“道”，是“常理”啊。“代天行道”

在中华宇宙观域境是按正当之理使用手中权力，与“神”“八竿子打不着”的。中国人认为“天赋人权”是对的，恰恰是按照中国视域的意识去理解的，是“常理人权”，而不是“天赋人权”原本西方话语的“自然神”的语义；真是有点猴吃麻花——满拧啊。

是的，像包拯惩办“皇亲国戚”那样的，“人人在法律面前平等”，“反对贵族等级特权”，所以“启蒙运动”这种主张是没有错的。在这里中国人误读之点是，“人人在法律面前平等”来自的逻辑与是包拯风马牛不相及的，这句话的意思是：人人都是上帝造的，人人所以是平等的，人人在上帝的法面前是没有区别的；这个逻辑不是天地人自然适当联系，而又是西方特有的“一多二元”的“超绝”与“二元对立”性。

哇塞，“启蒙运动”好啊！它“提出‘三权分立’学说”作为保证“人民主权原则”，体现“法律当为理性”、体现人性不是什么阶级性，而是它本身就是“自由和平等”，因为“人生来就是自由和平等的”；“三权分立”实现的是“一切人都具有追求生存、幸福的权利，不能剥夺”的“原则”（神性）。中国人在这些话中没有读出来的，是背后的“神性”，“人民”是“个体人”，是“individuals”，是互不联系、相互独立、二元对立的“体”，不是“人”，更不是中华传统思想意识的“人与人相系不分、命运相连”、在“大家”意义上的“民”；当然，“法律”、“理性”都是神性的，人和人是独立的，互不联系的，怎么会成为“阶级”？“自由和平等”是神赋予的必然逻辑的。关键的是“三权分立”，它不是解决“人民”被压迫的问题的，而是解决“个体人因为都是恶本性的、必然去倾轧别人”的逻辑的。按照“自然状态”的逻辑，“契约”就是要解决出现任何个人权力独一无二而必然侵犯别人权利的问题；“三权分立”是解决的是“个人之间”问题的；是解决个人权力斗争问题，而不是解决“人民”被压迫中国传统理念的政治问题的。

作为一个中文话语的对“启蒙运动”介绍的文本，中国人对“君主立宪”、、“国家起源于社会契约”、“人民主权”、“主权在民”、“一切权利属于人民”、“政府和款里是人民委托的”、“人民有权起义”、“契约成立国家的目的是保护私有财产”、“国家不应干涉公民的私有财产”、“私有财产是人权的基础”、“赞成君主立宪”、“立法行政司法三权分立”，等等的理念，是好奇的，不敢对这些中国传统中似乎没有出现过的思想完全相信的，但是愿意试一试的。哦，西方人的政府是“宪政”的，国家建立在“契约”上的，这样能实现“人民主权”、“主权在民”、“一切权利属于人民”、“政府和管理是人民委托的”、“人民有权起义”，要是真的，该多好啊。中国两千多年，一直吵闹的“民为邦本”，还是翻来覆去，有许多改朝换代，难以一以贯之。看来西方解决了我们的问题。夜以继日盼望的“民本”，西方是用个“宪政”、“契约”解决的，是在应该在中国也该试一试。还是那个误读，在这些理念上，中国人没有读出，要想这么做，是中国人需要换一套思想传统的事情，从执着地认识“道”，认识“天地人和谐自然关系”，改到去无端地信仰一个“神”。“君主立宪”是与“神”分不开的概念；“君主”是具有“君权神授”来源的，“立宪”就是“契约”，“契约”是与“神”的法分不开的，契约的人，不是“人民”，而是“个体人”，中国人能够区分“个体人”与“民”的根本差异吗？分不清，就是困惑，就是迷茫之源。分清了，明白了逻辑，逃过一劫。“社会契约”，上节已经论述过，有“上帝存在”逻辑，“人性恶”逻辑，“自然状态”逻辑，“人为个体”逻辑，然后“社会契约”本身也是从未发生的抽象假设逻辑。“人民主权”、“主权在民”、“一切权利属于人民”、“政府和管理是人民委托的”、“人民有权起义”，这些“人民”都不是汉语，都不是中国人涵义上的“人民”，不是“民为邦本”的“民”，它是英语个体“individual”的复数而已，最后逻辑导引出来的这些“个体”，不是别人，正是作为“强者”、“富有者”、“成功者”的少数个人而已；大多数“弱者”、“贫穷者”和“社会竞争场的输者”，都是在这所谓“人民”范畴之外的。

不少中国人有可能听到“契约成立国家的目的是保护私有财产”、“国家不应干涉公民的私有财产”、“私有财产是人权的基础”等等，感到有点不对劲了。这些在中国传统从不鼓励的思想，让人感到茫然了。怎么一个高唱“人民”这个，“人民”那个的国家，会是“不反对财产不平等”、“保护私有财产”和不干涉“私有财产”的呢？似乎逻辑不通啊！但是由中华“天人合一”、“和而不同”文化熏陶出来的中国人，一贯谦虚的心态让他在想，人们还是不能离开私有财产的，有了私人财产也不可能大家是一律均等的，基本生活的“私有财产”是需要有保障的，这样看，似乎“启蒙运动”的理念还是适当的，更何况这样才是与它倡导的“人民”概念符合逻辑的。中国人万万想不到，这种“符合逻辑”，是中国人特有的头脑自己强加给“启蒙运动”的，是它本来没有的逻辑。

在比较中西哲学文化阐释的视域中分析中国人对“启蒙运动”的认识，它的误读和迷茫是确凿的，中国在这样的误读与迷茫之中，度过属于自己的“现代”，进入自己的“后现代”。在这个状态中，在很多人头脑中，一系列“启蒙运动”的理念，由于它的被误读和令人迷茫的叙事话语，无疑被想成是正确、创新、进步的，认为它是“启迪人思想”、“开发民智”、“动摇封建统治”、“使民主共和思想深入人心”的；它“所宣传的天赋人权、三权分立、自由、平等、民主和法治的思想”在中国“推动了资产阶级的革命和改革”、“鼓励了中国一批志士仁人为改造社会而斗争”。中国人认为自己的戊戌变法是受启蒙运动影响最大的君主立宪制。1898 年戊戌变法失败后，严复将西方“启蒙运动”的思想论著翻译成汉语出版。辛亥革命后南京国民政府的《中华民国临时约法》，基本思想精神是天赋人权、三权分立、自由、平等、民主和法制的思想，显然其基本思想精神是源于启蒙运动。

但是到今天，这个对“启蒙运动”的误读与迷茫并没有解决。中国近现代史，在很大意义上，就是一个引进“启蒙”思想的失败与引进马克思主义的成功的交织的历史过程。中国人在一百多年的历史经验与教训当中，如果是理性的，应当慎思与解读这一过程，问一问“启蒙”思想与“马克思主义”，究竟分别与中华文化传统构成的是什么关系，它不是简单地二元对立“非黑即白”关系，它需要在比较原汁原味地理解“启蒙运动”的基础上，为自己回答中国到底走了一条什么道路，怎样走才是中国自己该走的道路。

二、不要误解“现代性”

同对“启蒙运动”一样，迄今为止，中国人对西方“现代性”这一概念的也是误解和误解带来的迷茫的。同样，解开误解，走出迷茫，方法也是比较中西阐释学；还是先要看看汉语的“现代性”给了我们什么意思，再看看英语“Modernity”给出了什么意思，然后找到在从西语到汉语过程中，它的什么东西被屏蔽了，中国人的误解点确切是在哪里。

1. 汉语“现代性”给出了什么意思？

什么是“现代性”？如果对这个问题在迄今存在的中文材料中略加搜索，结果很是有点意思的。首先，这个词汇在始编于1908年（清光绪三十四年）的近代第一部大规模《辞源》中是找不到的。这部词典从1915年出版至1983年经过多年续编与修订出版，凝聚几代学者心血，其中仍然没有“现代性”这一词条。① 无独有偶，今天如果登录互联网《中文百科在线》，它也是至今尚未开辟“现代性”这一词条的。② 而我们查阅《现代汉语词典》，发现包含“现代”二字的词条共有三个：“现代”、“现代化”和“现代戏”；词条分别是这样的：【现代】（1）现在这个时代，在我国历史分期上多指五四运动到现在的时期。（2）指社会主义时期；【现代化】使具有现代先进科学技术水平：国防现代化，现代化的工业和农业；【现代戏】指以现代社会生活为题材的戏剧。③ 很简单，对于汉语“现代性”给出的意思至少到1979年时，只是个时间性的时代概念：现在这个时代，中国历史分期就是从五四运动到编纂字典那个年份。

中国为“现代化”奋斗至少有半个多世纪了，最近三十多年来，“现代性”才逐渐进入人们的眼帘。我们在互联网《360百科》查到的中文“现代性”解释是：“我们现在理解的‘现代性’是指启蒙时代以来的‘新的’世界体系生成的时代。一种持续进

---

① 参见《辞源》商务出版社1997年版。

② 参见 http://www.zwbk.org/MyLemmaInter.aspx? title=%E7%8E%B0%E4%BB%A3%E6%80%A7（《中文百科在线》2014年7月30日星期三还没有人创建出“现代性”的词条出来）。

③ 《现代汉语词典》商务印书馆1979年版第1238页。

步的、合目的性的、不可逆转的发展的时间观念。”还有“现代性推进了民族国家的历史实践，并且形成了民族国家的政治观念与法的观念，建立了高效率的社会组织机制，创建了一整套以自由民主平等政治义为核心的价值理念。”[①] 十分明显，这是一套西方话语转化成的汉语介说。十分确定的，从这个解说判断而出的中国人对“现代性”的认识是似是而非的。似是而非之处，在于它一方面是西方的，另一方面，它被这种汉语话语表述弄得让中国人认为是自己可理解的、无可置疑的。从比较中西哲学阐释出发，很明显地，中国人没有清晰地这一套话语所处、隐秘在背后的西方“一多二元”阐释视域；没有迹象表明中国人已经发现与“启蒙时代”密切相关的、“新的世界体系”、“一种持续进步的、合目的性的、不可逆转的发展的时间观念”，是西方特有的、自古希腊开始的超越、单线单向、神计划之中、外在于人类的、必然的历史观。“新”在于是否定传统、否定天主教义的、“世界体系”意味西方历史观的前进意识所必然、普世性的政治经济制度，“进步”、“目的性”、“不可逆转的发展”，所有这些说法，都是挂在那个本体性历史观单向直线上的珠子，都是它的表象或者表述它的术语。所说“现代性推进了民族国家的历史实践，并且形成了民族国家的政治观念与法的观念，建立了高效率的社会组织机制，创建了一整套以自由民主平等政治义为核心的价值理念”，“现代性”就是那否定宗教力量趋势，“民族国家”就是“启蒙运动”理念上的“契约”国家，“历史实践”，就是有超绝神开始的一条线历史的进展方向人们做的事情，“政治观念与法的观念”是那套脱离了教会、所谓“理性”的、却依然是神性来源的个人主义幸福、自由、平等、权利。中国人所能做的，只能是望文生义地理解这个话语，在它似乎可以与中国相联系的地方，把它误读为是与中国的什么思想符合的。比如汪晖有这样的概括：“‘现代’概念是在与中世纪、古代的区分中呈现自己的意义的”；“它体现了未来已经开始的信念。这是一个为未来而生存的时代，一个向未来的‘新’敞开的时代”；特别是他说：“这种进化的、进步的、不可逆转的时间观不仅为我们提供了一个看待历史与现实的方式，而且也把我们自己的生存与奋斗的意义统统纳入这个时间的轨道、时代的位置和未来的目标之中。”[②] 很容易想到的是，如果汪晖要是意识到“进化的、进步的、不可逆转的轨道、时代的位置和未来的目标”都是属于西方特有的那个自古希腊就开始的超越、神性、包括基督教传统的直线单向、假设推定、形而上学的本体历史观范畴之内的，他是不会说这些话的，如果他仍然认为这些话是适当的，无非他是仍处于误读和迷茫，否则他就是已经进入西方人的信仰和守持一套西方的宇宙观、认识论、思维方式、价值观和语言结构，有过一次对自己的脱胎

---

① 参见《360百科》http：//baike.so.com/doc/5724481.html.

② 参见《360百科》http：//baike.so.com/doc/5724481.html.

换骨意识改造；这种情况确实绝少发生的。

与其说，近些年之前中国还不清楚有“现代性”这么一个概念，不如说，今天开始的对“现代性”概念的介说更使人对现代性究竟为何物产生误解与感到迷茫。中国除了转引西方关于“现代性”的其说不一观点，如果没有比较中西哲学阐释的视域，是很少能从自己的角度谈出任何属于自己的观点的。在从西方转引的材料中，中国人知道“现代（modern）一词最早可追溯至中世纪的经院神学”、“德国解释学家姚斯曾考证‘现代’一词于10世纪末期首次被使用”、“现代性观念起源于基督教的末世教义的世界观”、“汤因比把现代时代划在1475－1875阶段、指文艺复兴和启蒙时代”、“社会学家和历史学家大体上倾向于认为现代性的缘起与资本主义起源密切相关”、“马克思把这个日期定在16世纪”、“韦伯从宗教与形而上学的世界观分离角度出发来理解现代性”、“哈贝马斯受到马克斯·韦伯的影响把现代性理解为一个方案、一项未竟的事业”、“波德莱尔的美学现代性在于传统与现代之间的一种抽象对立”，等等。这些引述的关于“现代性”的知识，明显是“别人的”，眼花缭乱的。“什么是现代性”说清楚了吗？这篇互联网《360百科》关于“现代性”的中文解释材料出于北大中文系的博士生导师陈晓明之手。最后他也只说：“这些解释只是我的一隅之见，现代性之论争复杂且混乱，我以为要点是：1，无限进步的时间观念；2，民族国家的形成及其组织机制与效率问题；3，以人的价值为本位的自由、民主、平等、正义等观念。”他提出的三个要点基于引述的材料，应该说是适当的，但是对中国人来说，这里说的“现代性”到底是什么，还是必须将它们放到西方历史文化的视域中去理解，才能变为中国人能懂的东西，才能避免误读与陷入迷茫。

关于“什么是现代性”，我们还能找到材料；比如一份说得比较稍微清楚的帖子讲：“每个人都对现代性进行过激烈的讨论，但都没有一个定论”、“我虽然不晓得什么是‘真正的’现代性，我只知道我们是活在近乎是自闭症的个人主义的世界里”、“从这个意义上现代性的讨论都是围绕着个人主义的统治世界里来谈论其发展的文化历史或政治经济等等的意义”；这对于“现代性”完全是基于“个人主义”的杜撰假设出现在以“启蒙运动”为集中体现的理念，是恰当、准确的。然而这种认识实属凤毛麟角。这份帖子提出：“马克思经常用‘现代’这个词语来‘表示资产阶级的兴起、经济的成长、资本主义的确立、他们政治上的表达以及后来——但不是最终——对作为一个整体的这些历史事实的批判’”；它还转引道：马克思论述“资产阶级的现代国家如何抽象出了形式上的普遍利益，个人（私人生活）也被抽象为个人利益（个人的权利和义务?)；而对国家、个人进行抽象的资产阶级时代是分离、分裂和两重性的”、“革命性的实践起步于跨越鸿沟：私人与公共、专门与普遍、自然与人……”、“马克思观察到的被称为现代性的一些分离的状况：私人生活与社会－政治实践的分离，理性与非理性的分离，表面的理性统一的背后是普遍的“非现实”、“最后的结论是：只有通过革命性的实践才能改变这些分离状况，重建真正的统一”“马克思的现代性具有更多的政治内涵”。这帖子算不上什么正式学术形式的，但由于它呈现的是来自西方思想传统内部的马克思对“现代性”的批评角度，而且击中了“现代性”概想的“个人主义”核心本质、是“自闭症”的，指出了它抽象化了形式上的普遍利益，将个人（私人生活）抽象化为个人利益（个人的权利和义务）；将国家、个人抽象化为是分离、分裂的。这种在哲学上对“现代性”透视，恰是它原本西方“modernity”的隐秘喻义，恰是西方阐释视域的喻义，而是中国人在汉语“现代性”一词上看不到的。因此，将它理解为不包含这种喻义的概念，恰是造成中国人对它到底是何意的误读、困惑与迷茫之点。

我们还注意到，关于“现代性”，有的中国学者在“寻求中国‘现代性’”。有学者提出：“中国现代化的终极愿景，是要构造一个中国的“现代性”，寻求中国的现代文明秩序。这种秩序，也必然包含中国传统的因素。在这一进程中，现代大学教育扮演着终极的角色。大学除了提供知性功能以外，也应肯定“实践理性”的重要性，培养现代社会公民的行动能力与价值观。从比较中西哲学阐释视野看到的，这其实是典型对“现代性”误读、迷茫的话语；关键之点是：暴露出明显对“现代性”误读，由于对“现代性”的理解是剥离了它隐秘的西方特有“一多二元”宇宙观、方法论、思维方式、价值观、历史观和语言结构的，这种误解导致的迷茫，就是在对中国“现代性”追求上的似是而非。概括他对“现代化”的理解：“现代文明秩序”和“现代社会公民的行动能力与价值观”；还说：“1905 年清政府‘废科举，设学校’之举，是中国文化与教育上‘现代转向’的一个标志，而 1911 年孙中山领导的辛亥革命，则是中国政治发展上‘现代转向’的里程碑。无疑地，中国的现代化对传统中国产生了巨大的冲击，它颠覆了中国两千年来构成的一个自成体系的文明秩序。”对这位学者而言：“整个 20 世纪中国现代化的工作，基本上是政治、经济、教育、军事等各个领域寻求新制度的建立，也即从事于‘制度的现代化’”；“20 世纪的中国有太多的事件阻滞或扭曲了现代化的过程……内地到 1978 年之后才大步走向中国现代化”；“内地近 30 年的现代化，几乎与 20 世纪 70 年代以来新一波全球化同步，中国进入世界，世界也进入中国”。①

究其根本，这段“中国现代性”的迷茫之点，在于它在最应该着眼的地方没有着眼，那地方就是究竟什么是西方“modernity”、什么是“中国现代性”；区别在哪里啊？没有区别，怎么叫“中国现代性”？如果是西方“现代性”，中国只不过在此时“搞”它，那不能称为名副其实的“中国现代性”；如果追求的是不同于西方的“中国特色”

---

① 沈洪：《寻求中国的“现代性”》，《南方周末》2012 年 11 月 2 日；见 http：//www.infzm.com/content/82519.

“现代性”，那么确切地说，这个“特色”是什么意义的“特色”？上面概括的对“现代性”的理解，如建立“现代文明秩序”、“培养现代社会公民的行动能力与价值观”、“废科举，设学校”、“颠覆中国两千年来构成的一个自成体系的文明秩序”、“政治、经济、教育、军事等各个领域寻求新制度的建立——‘制度的现代化’”、“内地到1978年之后才大步走向中国现代化”；“内地近30年的现代化，几乎与20世纪70年代以来新一波的全球化同步，中国进入世界，世界也进入中国”，不一而足，无非不是属于误读西方特有的那个自古希腊就开始的超越、神性、包括基督教传统的直线单向、假设推定、形而上学的本体历史观范畴而做出的，否则话不会是这么说的，如果坚持认为这些话是对头的，不表明别的，而只是表明误读和迷茫，要么早就是在进入西方人的信仰和守持一套西方的宇宙观、认识论、思维方式、价值观和语言结构状态中去讲话了，话语也不是这样的一番话语了。搞“神性”的东西，搞“个人主义”的东西是西方“现代性”的本质，搞这个“现代性”，就是摧毁中国的“非神性”、“非个人主义”（或曰仁义）的东西；摧毁这个东西就是摧毁中国传统的思想命脉，还谈什么“中国现代性必然包含中国传统的因素”？其实在逻辑上讲，对西方“现代性”取拿来主义，在中国搞“现代性”，就已经不是西方“现代性”了；因为中国没有西方的“一多二元”，没有类似西方的“封建宗教”和天主教“一神”，你在中国颠覆“封建宗教”、“非神性”的东西，否定一个超绝、二元主义，又建立一个新“超绝性”、“二元对立”性的东西，那么你实际在逻辑上搞的既不是西方“现代性”，也不是什么“中国现代性”，而只能是“四不像”，毁掉中华文脉的东西。

2. 英语“Modernity”给出了什么意思？

让我们看看英语“modernity”给出什么意思之后，会油然让我们发现，在我们屏蔽了西方思想传统的阐释视域所赋予“现代性”这个概念的西方特有“超绝主义”、“二元主义”喻意之后，为什么在汉语域境提倡的是一种不伦不类的“现代性”。

《维基百科》“Modernity”（现代性）的词条是这样的：

现代性专指“后传统”（反传统）、“后中世纪”（西方）历史阶段，被认为是从封建主义（或均田主义）走向资本主义、工业革命、世俗化、理性化、“民族－国家”及其组织结构与“监控”形式。创建“现代性”一词，是表达大都市里“飞逝的”、“短暂的”生活经验，肩负责任的艺术必须反映这种经验。“现代性”是与“现代”和“现代主义”分不开的一个概念。“现代性”专指与资本主义出现相关的社会关系，也指知识文化倾向，尤其指与世俗化（脱离宗教）和后工业生活紧密相关的运动，如马克思主义、存在主义与建立社会科学形式。“现代”（意为“正当此时”）在5世纪是区分基督教与异教时代的。17世纪此概念在“现代文化比古代文化先进吗？”的争执中流行开来。“现代性”与“现代”的区别只是19世纪才发生的事情。带有类似“现代”含义的英文词汇一开始是“model”（模特），展示时尚的人；所以“现代性”被认为是“社会时尚”、文化和文明，总是在不断出新，是时间流动所导致。“现代性”的历史有很多种，主要是与18世纪“启蒙时代”（或曰理性时代）相关。“现代性”的其他含义可追溯到16世纪的西方帝国主义阶段。古典“现代性”被认为是1789至1900年间。“末期现代性”被认为是1900至1989年间。

政治含义上，“现代性”的早期阶段始于马基雅维利的学说，公开摒弃中世纪和亚里士多德的政治与道德分不开的哲学，支持现实主义的作为攫取权力手段的政治。马基雅维利的政治学说在国王和君主之间流行，最后变成支持共和反对帝王的政治学。人们可以看到，根据马基雅维利的现实主义，战争和政治暴力是有价值的。马氏的持续影响变成无害性的——有价值的冲突被刻意地尽量转变为正式的政治斗争与经济“冲突”，得到鼓励，在“自由”、“私有企业”之间进行。其他重要现代政治教义还包括孟德斯鸠的“三权分立”宪政以及后来包含在大多数“现代民主”宪法之中的原则。第二波现代主义政治思想始于卢梭，他质疑自然理性和人的社会性，提出人性是很可塑性的。从这个逻辑出发，好的政治制度或好人执政完全在于整体人民有机会决定历史。另一方面，“现代性”受到很大质疑，因为它是一个以欧洲为中心的基础概念。“现代性”还与“民主”、“社会纪律”和“发展”的理念联系在一起。

“社会学”建立的直接原因是“现代性”引发的社会问题，该词汇在很大程度上是指“启蒙时代”出现的社会条件、程序与话语。“现代性”是“现代社会”或“工业文明”的简名，指的是：（1）一系列对世界的态度，在人的干预下，世界是开放变革的思想；（2）一套复杂经济机构，尤其是工业生产和市场经济；（3）一套政治机制，包括“民族－国家”和大众民主。在文化与哲学意义上，“现代性时代”是以工业化、分工为特点的社会，哲学上“失去确定性和确定性不可永久建立的意识”。社会学对“现代性”定义，它的显著特点是对“实证”的执着，视觉文化和个人的可视力。总的来说，大范围社会一体化构成“现代性”，它包括：货物、资本、人和信息的流动增加，过去松散的人群，结果超乎本土的影响。

“现代性”还可指伴随世俗化的科学与政治的“意识形态时代”。马克思认为，“现代性”的基本条件是资本主义和革命资产阶级的出现，它带来史无前例生产力的大发展和创造出国际市场。韦伯以为“现代性紧密联系着理性化过程与驱除世界愚昧”。批评理论家指出，“现代性”或者“工业化”发端于“启蒙运动”核心理念，它走向邪恶的“异化”过程，如商品拜物教和大屠杀。在最普遍意义上，“启蒙运动”被认为是思想进步，总是以解放人类为目标，驱除恐惧，让他们成为主人。可是，整个已启蒙的地球，到处是灾难在狂欢的景象。

作为“现代性”核心的理念是从宗教的解放，尤指基督教的统治和由此而来的世俗化。“现代”思想批判“犹太一基督教”对圣经一神的信仰，将它作为迷信时代的遗俗。笛卡尔的革命方法质疑，改变了“真理”概念，将它作为“确定性”，它的担保者，不再是上帝或者教会，而是“人”（大写）的主观判断。“现代性”的目标是以进步的力量实现解放人类的承诺，驱除物质与非理性。“现代主义”作为一个松散的术语，特指一种文化条件，似乎是创新的绝对必然性变为生活、工作和思想的第一性事实。“现代性”在艺术中不仅是现代状态，不仅是“新与旧”的二元对立。

我们看到，互联网《维基百科》英文“Modernity”（现代性）词条所给的解释，远比中文“现代性”资料更松散、宽泛，以至于不可轻易概括出：（1）无限进步的时间观念；（2）民族国家的形成及其组织机制与效率问题；（3）以人的价值为本位的自由、民主、平等、正义等观念。不过这并不影响我们看到它非东方的特质。因为关于“Modernity”的整个西方语言话语，都渗透着西方语言结构反映的“一多二元”宇宙观、方法论、思维方式、价值观，尤其特别的是历史观。“现代性”是西方特有概念历史观的一个特定阶段或部分；这个概念的历史是假定预设出来的，是由超绝一神创始的，是外在于人类的、是单线单向按照历史创始者的计划和目的前进的；“现代性”，是西方黑暗、落后的中世纪受到“文艺复兴”的“辩证”，来到“启蒙时代”，与之伴随的哲学、文化、理念、艺术、社会、政治、经济等的特点，是以“否定”中世纪的相应这些范畴的内容相区分的。“现代性”是与这个时代、与欧洲这个地方分不开的时空现象，它的超绝主义与二元主义使得“现代性”是属于欧洲独具特色的东西。“现代性”在其自己时空之中所针对的对象，恰是中华文化传统所不存在的，“现代性”所要做的“与封建宗教脱离”和“摧毁迷信”，也恰是数千年中华文化延续不断的主流（如所谓“六合之外存而不论”），“现代性”最终的没有摆脱“一多二元”（神性与个性），也不是早熟的中华文化未来的走向。因此，中国人必须将“现代性”放到西方历史文化的视域中去理解，才能变为自己能懂的、不陷入迷茫的东西。中国人近现代以来对“启蒙运动”和“现代性”误读，在迷茫之中的“现代化”，所出的问题，所付出的代价，恐怕正是对自己“四不像”的意识状态迟钝的原因。“四不像”是相混杂的“一多二元”与“一多不分”世界观、方法论、思维方式、历史观和逻辑混乱的价值观，它无疑引领人们做错题目，做出事与愿违、与自己的精神不切合的事情。

三、“辩证法”：来自西方内部的批判

1. 后现代的批判

为了理解“启蒙运动”和“现代性”，可能需要了解一下什么是后现代主义；搞清“后现代主义”是对非西方学者恰当地理解“启蒙运动”和“现代性”最好帮助。“后

现代主义”对“现代主义”进行挑战，质疑资本主义、民主以及科技制度。大卫·哈维（David Harvey）指出，后现代性产生于现代大规模生产体系的转变，它产生了一个相对固定的资本积累体系。[①] 哈维认为，自20世纪60年代，西方资本主义时空压缩的强度，给政治、私人和社会领域带来无常性与分裂化特点，似乎象征着人所经验的环境，这个环境造成后现代性条件的某些特殊性。[②] 他说，这是20世纪60年代在困惑与不确定性条件下，转向感觉性和背离科学与道德推理的时代，从1973年开始“对时间与空间的经验经变了，对科学与道德判断之间联系的信心已经崩溃了；感觉战胜了伦理，成为社会与学术界首要关注的中心；影像排斥了叙述，无常性、分裂性取代了永恒真理与统一政治的地位，对物质和政治经济领域的解释已转为对自身文化与政治实际的关注。”[③]

确定的，后现代主义者否认先验论。他们认为，对现实有着不同世界观和概想，并非只有一种唯一正确或真实的世界观和概想，[④] 所以，存在多元和并生的本体。[⑤] 如果说笛卡尔建立了现代主义，那么后现代主义则是丢弃笛卡尔（或曰所谓笛卡尔）的现代思想主要特点。后现代的旗帜下容纳着一系列观点，如强调社会先于个体，不承认哲学的无处不为真理性，认为矛盾性比知识更为重要，在决策程序中赋予非理性与理性相同地位等。[⑥] 郝大维（David Hall）与安乐哲（Roger Ames）从比较中西哲学角度是这样阐述的：

一个单一秩序的世界的假设，它作为描述或阐释的根据和目标，也或者作为本质化思想或“自我中心意识”的根据和目标，将主体的思想、决策和采取行动都归结于这一假设；这一假设也可是某一稳定的主体之所以成为理念的主人，或者作为行动和决策之责任的归于终端，已经不再是前面所提到的［后现代一田］运动所认为的了。[⑦]

郝、安二人认为海德格尔（Heidegger）、福柯（Foucault）、德里达（Derrida）以及多纳德·戴维森（Donald Davidson）和理查德·罗蒂（Richard Rorty）的新实用主

① 《后现代主义的条件：对文化变化起源的质询》（The Condition of Postmodernity：An Enquiry into the Origins of Cultural Change）http：//webpages. ursinus. edu/rrichter/harvey. htm；downloaded January 1，2007.

② David Harvey，The Condition of Postmodernity：An Enquiry into the Origins of Cultural Change，(Cambridge，MA：1990)，p. 306.

③ 同上 第328页。

④ www. greeleynet. com/～cnotess/gloss. htm；downloaded February 27，2006.

⑤ Harvey，p. 171.

⑥ www. filosofia. net/materiales/rec/glosaen. htm；downloaded January 27，2007.

⑦ David Hall and Roger Ames，Anticipating China：Thinking through the Narratives of Chinese and Western Culture with David L. Hall (Albany，NY：SUNY Press，1995)，p. 146.

义，都用不同的方式继承了尼采（Friedrich Nietzsche）在19世纪开始的对“启蒙运动”的批判。两位指出，对理性与直线因果思维统治地位的攻击是一直进行的过程，这可能会成为回到第一问题思维［类似中国传统—田］的类比式程序的促动因素。① 他们另外还指出，现代社会晚期的新浪漫主义脉动发动对理论绝对主义、无处不正确的价值观念、科学至上主义、抽象叙述主义和逻辑中心主义的全面攻势，矛头所向是体现启蒙运动唯理性的一整套话语结构。②

同时，大多文化批判主义者是将“现代性”视为“自由民主”制度、资本主义自由企业和风行的理性技术。他们对当今形式的这套资本主义，“民主”与技术制度的可行性提出质疑。③ 后现代主义断言，宏大的乌托邦是不可能的，现实是分裂的，个人的本质是各种文化因素不稳定量度转化而成的；后现代主义倡导对自己个体本质和“自由社会”采取一种不在乎的、不严肃的态度。④ 哈维使用“福特主义”⑤ 这一概念，描述现代主义的强调标准化、大规模生产、劳工稳定性和相比之下福特主义的内在不稳定性以及在20世纪70年代的转化为“弹性积累”（flexible accumulation），成为资本主义运作及其金融市场新方式；他试图说明“福特现代性”与“弹性后现代性”之间的对立倾向，将其作为资本主义社会的整体性渗透特点。他认为，这种渗透“能够帮助我们将现代主义与后现代主义两个范畴消解为一个复杂矛盾体，作为资本主义文化条件的表达。”⑥

后现代思潮是以批判现代性为己任的。后现代作为现代的“辩证”，它反对现代性的原因，它挑战现代性的各种方面，恰恰成为我们追寻的“什么是现代性”。我们在这里引述的“什么是后现代主义”的材料是十分有限的，但是已经足可以从中得到一系列理念，发现现代性有以整套概念群，例如：“资本主义、民主和科技制度”、“大规模生产体系”、“资本积累体系”、“私人”、“社会领域分裂化”、“道德推理时代”、“科学与道德判断之间联系崩溃”、“感觉战胜伦理”、“抽象叙述”、“永恒真理”、“对物质与政治经济的解释”、“唯一正确或真实世界观和概想”、“个体先于社会”、“无处讲真理性”，“知识最重要”、“理性决策程序”、“本质化思想”、“自我中心意识”、“直线因果思维统治地位”、“理性绝对主义”、“无处不正确的价值观念”、“科学至上主义”、“逻

---

① Ibid.，p. xviii.

② David Hall and Roger Ames，Democracy of the Dead，Dewey，Confucius，and the Hope for Democracy in China，(Open Court，Chicago and Lasalle：1999)，p. 77.

③ Ibid.，p. 81.

④ www. ffotogallery. org/th—edu/glossary. htm；downloaded January 27，2007.

⑤ 福特主义：一种使工人或生产方法标准化以提高生产效率的办法。

⑥ Harvey，p. 339.

辑中心主义”等等，不一而足。“现代性”的这整套概念群，最终都是紧紧系在“一个单一秩序世界的假设”，显示于一个“一多二元”的阐释视域，也即超绝性、二元性，或曰“神性与个性”的“启蒙运动”与“现代性”思想精髓。这一精髓来自“启蒙运动”与“现代性”矛头所指的中世纪，靶心是中世纪的封建教会统治，攻击目的是实现个体人的解放，它必然导致出对基督教神性的否定，在“世俗化”与“理性化”概念下，提出另一种神性或者宇宙唯一真理本源，倡导通过科学、理性，寻找真理；个人解放的内容包括自由、平等、人权、幸福、无止境积累个人财富；经济上建立一套个人通过竞争之路寻求幸福的制度，政治上需要保证这样一套机制的政府，保护私有财产是这类政府、政治目的之精义。

2. 法兰克福学派的批判

霍克海默和阿多尔诺，两位杰出的法兰克福批判理论家对“启蒙运动”进行过辩证法的分析，提出“启蒙运动”向对立面转化，走向自己的反面。他们一针见血指出，启蒙运动源自挑战神话与万物有灵论、向宿命抗争的努力。在这个意义上，“启蒙运动”表现为是对人类自由的发现；人类摆脱迷信、获得自由，借助的途径就科学、理性主义、推理和实证主义，或者说，不是什么“神”，而是寻找经验的事实。但是由此遇到的难题是所有这些理念，都有自己的对立面，不恰当的强调导致走向自己的反面。于是，这些理念的内容已经发生改变，“启蒙运动”变成的是个空壳，只是作为符号而存在。

(1) 自由。自由是与其反面相对而言的，即与神话、有灵论和宿命论对人的奴役。它们对人奴役形式的极端性已达到破坏平衡的程度，引发欧洲发生残酷的战争与宗教迫害。知识运动兴起，是这种奴役形式的对立面，以自由的理念对人们启蒙。所以在这里，自由仅仅意味从神话、有灵论和宿命论桎梏中获得自由；自由概念所以具有逻辑性也是因为这一相对性。但后来自由开始被强加上“以我为中心”，即开始以“一己主义”(individualism)表述时，自由理念失掉其逻辑性，变成一个情绪化符号。“自由”只能与其对立面相对存在。撤销了对立面，便不可独立存在。倘若勉强存在，则只是个绝对概念，而宇宙间从未有绝对性自由。只要世界存在两个以上人，自由、“一己”就是限定的。再者，“自由”和“一己主义”是两个不同的概念、两种不同事物。如果有人以为一己主义等同自由，实际是放弃自由内容，只保留一个符号，自由成为一个极端形式。原因是，如果“一己主义”被认为意义是“按照自己意志或欲望行为”，那么“一己主义”其实没有“自由”所当然而有的对立面（它的对立面是集体主义），也就不在自由范畴。按此逻辑它与自由并非一致的概念。更关键的是，在“从宿命论奴役下获得自由”到“按照自己意志或欲望行为”之间存在不可逾越的概念空间地带。是这样，自由理念一旦有了极端性，就必然要走向自己反面 — 走向一种新形式的奴役。是这样，一方面，“启蒙运动”让人“从宿命论压迫下获得解放”，而另一方面，只要“启蒙运动”是将“一己主义”作为终极目标，也即“按自己意志或欲望行为”，它就会同时又将人送上一条扭曲且非理性“自由”的盲目执着之路，创造出另一种新形式奴役——“按自己意志或欲望行事”无疑会将人置于一种麻木接受其自我肉体与物质奴役的境地。这绝不是按照自己意识而实现的“自我维生”、“自我决定”；而是一种人在事实上的物化，仅仅是被扭曲的非理性与欲望所驱使，它是一种社会结构中的或者奴役他人或者受他人奴役，甚至两者兼而有之。“自由”则始终流于一个容易吞咽的空形式。霍克海默和阿多尔诺下面的断言，能让人们感到深切的实在；他们说：“就其资产阶级形态而言，启蒙运动……早就丧失了它实证主义方面的意义。它对以自由交换、自我维系，从来就没有过免疫功能。这个理念的中止，不管是以进步的名义还是以文化的名义——它们早就心照不宣地建立起反对真理的同盟，为谬误开通了道路。①

（2）科学与理性主义。由上面逻辑产生：科学、理性主义、实证主义、推理等等的目的是什么？“启蒙运动”否定宗教神话、宗教信念与神的启示，是宣告：“宇宙没有什么神干预”、“没有原罪这等事；人类并非天生堕落，是教士的计谋而生的行为与恶事”，“思想不是天生固有，宇宙也没有什么仁慈的目的支配。”② 很明显，科学、理性主义、实证主义、推理、追求经验事实的理念全在于人从宿命的宗教信仰统治中获得自由。出于这点，这些理念所倡导的，通过它们所要获得的，是知识。“启蒙运动”原本是对过去的否定，但不幸的是，自由的内涵已变，科学目的内涵也随之而变。科学已不是为从宿命论下获得自由而寻求知识，而是变成为一己利益，满足一己欲望服务的工具。这是个从相对性到绝对性的转变。转变之中，科学、理性主义、推理、实证主义以及追求经验事实，丧失它们当初作为启蒙运动所赋予的意义。而一旦偏离当初的目标，现在的绝对形式就不在意味是相对其对立面的否定，而是具有其对立面的性质。它们现在具有了工具理性，是作为手段与方法论，被成视为新的信仰对象，堕落为新的神话。

只要科学、理性主义、推理、实证主义以及追求经验事实服务于一己利益与满足一己欲望，宿命论、宗教信仰和神话就不是什么让人过虑的东西。因为是通向财富和权力的，这些概念本身已经变成具有宿命论的同等魔力和地位，保佑着一己人的成功。

---

① Max Horkheimer and Theodor W. Adorno, Dialectic of Enlightenment, Herder and Herder, New York, 1972, p. 40.

② Edward Mcnall Burns, Western Civilizations, 2nd Ed., W. W. Norton & Company Inc., New York, pp. 501－502.

到此启蒙运动做到的，是将一己利益与欲望放到过去上帝拥有的位置，倘若上帝曾是允许人追求私利和欲望的话，“启蒙运动”是本不该有的。这样的结果显示，启蒙运动的意义并未改变任何事情，因为追求私利与满足个人欲望的非理性程度，一点也不比宿命论差；“启蒙运动”与否，事实上，科学、理性主义、推理、实证主义和追求经验事实这些概念的作用，都是服务于非理性手段或工具。而且，一旦是这种作用，也就已在本身变为非理性、非推理和非科学的东西。启蒙则也已经变成非启蒙。

从中国的“辩证”思维方式看，启蒙运动其实一直是自相矛盾、非理性、不具论理性与不自成体系的，因为一开始它就充满极端性怪异性想法、是一个混乱系统。比如，启蒙运动被说成是神话的对立面和挑战力量，然而对“上帝”这一最根本神话，笛卡尔作为新理性主义鼻祖，仍然宣称上帝是存在的；他相信任何单个事物 — 乃至太阳系、行星、地球本身 — 都是上帝给的宇宙原动力的驱动而成为自行运转机器的，他仍以为思维能力是上帝植入人的肉躯的。斯宾诺莎也宣称人的思维能力和肉体体现上帝这一本体的不同方面。爱因斯坦这个大科学家也宣称他与斯宾诺莎有相同的上帝信念。霍布斯作为启蒙运动的三位缔造者之一，仍然信仰上帝存在而且具有躯体。牛顿这个被公认的启蒙运动奠基者，一边剥夺上帝支配星球运转万能力量的神话，另一边却仍不否认上帝的存在。洛克在一方面因为倡导理性之声（也即自然法）而被公认为另一位启蒙运动奠基者，在另一方面却依然信仰一个理性的人永远是一个按照基督教教义生活的人，而且一切人具有的都是上帝的形象与属性。几乎所有著名启蒙运动哲学家，如伏尔泰、孟德斯鸠、亚当·斯密、康德都将启蒙思维与上帝的宗教信仰混扯在一起。大多献身科学的人们，依然把物体自然界新理性的、科学的图画看成是体现上帝的新图画。如果未能解决上帝的神话，科学、理性主义、推理、实证主义和追求经验的事实，怎可会是真科学、真理性、真实证、真追求经验事实与真启蒙的？所有这些理念最后都变成仅仅是以理性服务于非理性目的，沦为工具理性理念，这应当说是个不可避免的结局。一个最能够阐明这个道理的例证，就是那个为了人的物质享受允许毫无节制采用自然资源的理念。这一长期统治西方生活的理念直至不久以前的年代才受到挑战。而它是直接来源于启蒙运动。①

启蒙运动的绝对性和自相矛盾，还可从以启蒙思维名义登场的各种不同理论的大相径庭与相互对抗中看到。作为 18 世纪的哲学运动，启蒙运动的明显标志是挑战传统教义与价值观，是一股走向一己主义的潮流。在霍布斯和洛克流派，大多数 18 世纪政治思想家都把人设想为个体的，把社会设想为一个个追求个人自私目标的独立个体的

① Albert M. Craig, et. al., The Heritage of World Civilization, Vol. II, Since 1500, Macmillan Publishing Company, New York, p. 784.

组和。他们都试图使这些一己个人从政府“不合理”的桎梏中解放出来。亚当·斯密于是宣称，达到这一目的的手段就是放开手让一己个人去追求他自私的经济利益。

还有，斯宾诺莎作为最著名的理性主义代表人物（而理性主义正是启蒙运动之所以发起的灵感驱动）恰是对人的将空洞虚荣的财富、享乐、权力及扬名视为崇尚与追逐的最大目标，做了无情批判。他指出，真正的自由在于认识到自己的不自由。卢梭也是最著名的启蒙思想家之一，作为创立新姿态、倡导变化与改革的先驱，他同时提出“什么是幸福生活”这一更根本命题。这一命题从一进入18世纪就是萦绕欧洲社会的思想。在卢梭看来，社会远比它的个体成员更为重要；因为个体成员之所以是个体成员，仅仅由于他们与更大社群存在的关系；孤立独居的个人作为，是微不足道的，他只有通过与更大社群的关系才能成为道德的人，才具有实现更具意义行动的能力。[①]从上述这种理论对抗可以清楚看到，“启蒙运动”作为一场18世纪现代哲学运动，高举向传统教义和价值观挑战的大旗，最后只落得是局限于霍布斯和亚当·斯密传统的一己个人主义潮流，不能不是启蒙意义的扭曲。

（3）道德。“启蒙运动”的道德论，起初是试图将理性代替宗教。康德的努力在于从理性法则出发推演出绝对伦理。但是，启蒙运动的使命是被定位于自由主义；马奎斯·德萨德（Marquis de Sade）对这点阐明得十分清楚：这是一种一己个人无需任何他人指导（从任何监护下获得个人解放）的自由主义意识；自我维系（与他人不关联的——田）就是科学原则。同时，“启蒙运动”还以科学服务于个人主义为宗旨；理性主义、实证主义和追求经验事实，都是为达到个人目的服务，经常都是建立在私有利益和个人非理性、冲动情欲基础之上的。当科学、理性主义、计算都被置于实现个人目的基础上，科学也就由整体的理性性质转变为非理性性质，走向与道德原则的冲突，也从此撤除“启蒙运动”的底线。理性主义从来与道德没有什么瓜葛！因为哪怕是卑鄙无耻之徒，或非道德之徒，也能通过纯粹理性和科学手段达到成功。正如霍克海默和阿多尔诺所指出，法西斯独裁统治的胜利，就是依靠毫无约束地滥用计算，遵循那种追求野蛮经济效率法则的科学获得的。

启蒙运动原则的现代内容已不再是以理性代替宗教，而是利用理性手段攫取支配地位。更多得多地与纯粹理性伴随而生的，则是“新道德”代替道德，或者无道德、非道德可言。运用于现代新经济生产模式的自由主义，更是无视一切道德观念的限界。社会生活也是如此。这种情况被资产阶级的哲学教义所充分地表达着。霍布斯甚至在启蒙运动之前就声称：“善与恶没有绝对的标准。让人觉得舒服就是善；让人感觉痛苦

---

① Albert M. Craig, et. al., The Heritage of World Civilization, Vol. II, Since 1500, Macmillan Publishing Company, New York, p. 786－787.

则是恶。”他鼓吹与物质主义和机械主义合并在一起的彻底的享乐主义。[①]

就政府与人民而言，弗朗克维拉（Francavilla）对“新道德”是这样解释的：“政府必须控制人口，必须掌握一切必要手段，在他们构成威胁的时候消灭他们，或在需要他们人数更多的时候增加他们的数目。对政府来说，绝对不允许存在任何的抵销因素。除非是那些占据统治地位人们的利益或情感需要，以及那些正如我们所说过的，已经在政府的支配下获得自己仅有的一些权力而在此基础上需要再扩大的人们的利益和情感的需要”；他还说：“把上帝从你要他臣服的百姓那里拿掉，然后使他们非道德化。只要除了你他们不再信奉别的神，除你的道德之外不再有其他道德，你就会永远是他们的主人……反过来给他们颁发允许最极端罪恶的执照，只有在他们犯到你头上的时候才去惩办他们”。[②]

作为一历史现象的“舒服就是善”的“新道德”，朱丽亚蒂（Juliette）道出了知识阶级对倒退怀有的欢快——那种在以文明的武器攻击文明本身之中感到的欢快。她对将一切价值观念都改变有着特殊的激情。一次她的朋友波儿菲丝（Borghese）公主问她：“要想犯罪一定要寻找借口吗?”她充满尼采思想地宣布了她理念的主旨涵义：“弱者和不成功者必须灭亡；这是我们的博爱主义的第一个前提。甚至在灭亡的路上都不应帮助他们。比任何邪恶都更有害的是基督教，是它对失败者和弱者慈悲为怀。基督教强迫压迫者接受兄弟情谊的教义，为弱者张目。”[③] 反宗教的意图在这里多么清楚啊，但它是从一种更为倒退的立场反对的。

其实，在“勇气”这一概念上是最能表现朱丽亚蒂（Juliette）对待道德的态度的。她的“勇气”也是尼采曾邪恶推崇的那个“勇气”。朱丽亚蒂（Juliette）对“勇气”的狂迷程度使她甚至以“在险恶中活”信条作为自己的使命。尼采声称：“在那里，他们享受着不受任何社会限制的自由。他们在荒野聚会，以补偿社会和平气氛的长期封闭给他们带来的紧张。他们回到那种毫无犯罪感的掠夺性意识状态，狂喜得像一群野兽。这种状态比如说就像在一系列骇人听闻的谋杀、纵火、强奸、对别人肉体折磨之后，似乎这些行为都不过是小学生的恶作剧而已；同时在内心中他们相信，这些行为是为同伴提供的未来很长年代都可资庆祝的东西……这是高等种族所具有的‘勇气’，它残暴、荒唐和突然，正是他们信奉的不可估量性与无不可能性；他们漠然地鄙视安全、肉体、生命、安逸；他们在一切破坏、对一切实行征服的淫威和残暴中获得魔鬼的宁

---

① Edward Mcnall Burns, Western Civilizations, 2nd Ed., W. W. Norton & Company Inc., New York, p. 500.

② Max Horkheimer and Theodor W. Adorno, Dialectic of Enlightenment, Herder and Herder, New York, 1972, p. 89.

③ 同上第 97 页。

静与深处灵魂的欢娱。”按照尼采的理论，弱者即是罪恶，因为弱者用狡猾手段逃避自然的法则。①

“启蒙”理念变成寻求支配的理念。在为强者和强权支配进行的辩护之中，启蒙运动将“非道德”理念称为“新道德”合法化了。它的本质在霍克海默和阿多尔诺对启蒙运动思想家理论的引述与分析之下被赤裸裸地暴露。按启蒙思想家所言，暴力、压迫、残暴是公正的，它们恰恰是行为的极美之点。奴役、贫困是弱者的过错，弱者保护自己是错误的；迫使罪犯忏悔没有任何道理，对受害者的怜悯才是最纯粹明白的罪恶；慈悲是娘们气、是幼稚，它背离普遍法则。因此冷酷、宁静、无动于衷、满不在乎才是美德的力量所在；善良与仁慈才是罪恶；任何一种原罪都会产生一种原始的美德。如此等等，不一而足。

最后，一种以性别制约的价值判断被呼唤出来。奴役女性被荣耀化，爱情的核心遭到了攻击。按启蒙运动的哲学家们所言，男人和女人的差别宛如人类和荒野环境类人猿的区别。如同不能承认类人猿是人类的兄弟一样简单，它是拒绝承认女性是人类的一部分的最好论据。性爱在于其战争式的手段；其根源上是性别间殊死的仇恨。人类的双亲之爱是建立在经济性上的；将儿童从家庭分离出去完全有益于利益的占有。反对乱伦的行为并不存在理性的论据。如此等等，不一而足。两位深刻的思想家对“启蒙运动”的透视不愧为入骨三分。他们的剑指下，那对权力和成功的盲目崇拜，人类灵魂被金钱和享乐所驱使的癫狂，在“自由”、“个人主义”和“资本主义经济”名义下滋生的犯罪和社会疾病，放到犀利与具有强烈“启蒙”作用的分析中呼之欲出，淋漓尽致地展现在人们眼前。

有人会说这不过是个别极端例子，无损“启蒙运动”与“现代性”的整体理性主义、个人自由主义的光芒。但这种宽宏大度的态度，改变不了“极端性”来源的逻辑：打倒上帝，就为打倒伦理；人性恶吗？但是没错，不能抑制——让它“自由”！“人人平等”，只为建立竞争逻辑——“竞争”是天经地义的，竞争胜出的强者是荣耀的！让“自然神”赋予“非道德化”的合法性、合法性——来吧，神，赋予人们自由、人权、一己个人主义、民主、幸福、快乐吧！给它一个“新道德”的名义吧！“新道德”恰是非道德，是“一己”、“个体”、“单个”人抽象假设上的与任何他人分立割裂的自我欲望出发点；“自由”就构成取消“道德”的逻辑。

3. 卢梭的批判

必须要说，被泛泛理解的“启蒙运动”或“现代性”的意义，不是被人们誉为最

---

① Max Horkheimer and Theodor W. Adorno, Dialectic of Enlightenment, Herder and Herder, New York, 1972, p. 97－98.

著名启蒙思想家卢梭的“启蒙意义”。对卢梭来说，人们不可能在按照当代商业价值法则的生活中去实现讲道德、讲仁义、讲诚实。他指出，文明和启蒙的过程已经让人性堕落。“自然状态”下的人类反而更有尊严。在他 1755 年《不平等根源的对话》中，卢梭谴责由于财产分配不当而引起世界产生的很多邪恶现象。他对物质与知识进步的概念，对以商业和经济行为作为人类最重要活动社会条件下的道德提出质问。他坚持，社会的真正目的在于培养更好的人（这也是辜鸿铭先生的观点）。这样看的问题就变成什么样的社会才会让人们的行为符合道德。卢梭的结论是：“当代的欧洲社会不是这样一种社会。它不过是一个竞争个人的并合体，这些个人的主要社会目标，无非是不顾一切固有的社会约束与义务，以保护其自私的自由。”①

卢梭指出，哲学大抵都是为一鸣惊人与名誉，不是为真理；理性可能是真理与德行的敌人。他质问：艺术与科学进步能导致道德进步吗？哲学家们都在说艺术、科学进步是道德进步的根本条件；卢梭却给出相反的答案，他指出，艺术、科学进步使我们抛弃德行，伴随艺术和科学的，是道德堕落。“教养”与“文野”的后文艺复兴文化已失其作为朴素的德行。“简单的”瑞士人和美洲印第安人，同“启蒙的”欧洲人是一样“道德”的。“斯巴达”没有雅典文化，但那里的人们更勇于自我贡献和具有德性。情况是，一面是文化进步，另一方面是道德沦丧，二者是联系的。

按照卢梭的观点，科学不满足人的自然需要，而是引导堕落。它激发新的欲望，培养我们奢侈与懒惰；人为性与自然性是明显不同的。1755 年卢梭发表《论不平等的起源》，它如冷水般的论断，给欧洲思想意识很大的冲击。在的论述中，呈现一幅对原始人类抒情诗样的描述；人们体魄上是一样的，但体魄不同未造成重大不平。文明给予我们的是柔弱和各种疾病。在卢梭看来，人类社会的重大悲剧是为眼前解决临时问题之需而大搞社会化、组织化。然而社会组织一旦建立，它就成为一切与之相连事物的征服者。社会组织构成不平等、不幸福的来源。“神”当初不是为了我们成为现在这样才创造了我们的，没有人会从这样的文明转型之中获得真正好处的。文明制造出不自然的需求与人为的社会不安全，一切都是人为性的需求。我们怎样看待自己的？我们的需求被转化为巨大的焦虑不安；我们被人怎样看待，别人的判断与信任感完全根据的是我们的外表。人为的社会问题成为我们生活的统治力量，文明窒息了我们人与人的情感与良心。同情本是我们的人性，是内在的上帝的声音。社会的问题会是永远存在的，问题是我们要最小限度限制人的腐败，最大限度开发原始人性。要解决问题，一方面要施加教育，要发挥政府与社会性质作用，假如我们以正确的方式去考虑它们。

---

① Albert M. Craig, et. al., The Heritage of World Civilization, Vol. II, Since 1500, Macmillan Publishing Company, New York, pp. 786—787.

要进行自然的教育，而不是人为。应该怎样教育我们的孩子？我们已经把他们拖到与自然情感疏远的地方。儿童的学习，不过是鹦鹉学舌，他们的学习，须从真正实际需要出发，带他们到农耕中去；怎样向他们讲授地理？带他们到田野中去。道德也必须是这样去学习。在这个充满腐败的社会环境，让你的孩子学会怎样诚信。教育对儿童是最好预防针。不同程度的自由，是必须牺牲的。只有从“共性”出发做出行动决策，而不是从“个性”出发做决定的公民，才是社会有道德的公民。“民主”是为着所有人利益的法治，“整体意志”是国家的合法性所在。自由、道德、自然，要让社会尽量少地按照个人意志行事。

人们可清晰地听到，卢梭在二百多年前就发出与今天后现代批评“启蒙运动”与“现代性”的呼应的声音。它的声音是那么清脆、亲切，仿佛他的人，仍在我们后现代的队伍之中。他在“启蒙运动”开始的与今天后现代的批评声音的汇合，对“启蒙运动”和“现代性”究竟是什么，起到最确凿明确的实证作用，容不得走在两千多年人类历史道路的我们，不可不深思我们要到哪里去。

4. 休谟的批判

休谟是西方哲学史上的重要人物。作为“启蒙运动”功利伦理哲学创建者，他受到康德最高的赞誉，称“休谟将我从教条的昏睡中唤醒”。休谟才是“启蒙运动”真正思想家。休谟成为针对“现代性”流行意义的“启蒙运动”政治哲学，进行最无情批判和深刻启蒙思维哲学家。他坚信，人的大脑没有发明什么，不过是拿一些简单理念，将其拼凑成复杂思想。一个简单例子就是“天使”，不过是人的形象加上翅膀。比这复杂一点的是“天堂”，当我们试着将它拆分成简单意思时，它们就成了“珠宝的门”、“天使”和“金殿”，都是些简单意思。所以，可以说，天堂是个有其他复杂意思拼构而成的复杂意思；而凡是复杂意思，都是由简单意思拼起来的。他在少年时，就开始对宗教提出严肃质疑，上帝存在的证据与无神论等，一直是他执着思考的哲学命题。

休谟建立了一套基于功利性与人情的道德体系，不再去追索“神性”道德的指令。由于他对宗教抱有当时社会不太接受的观点，曾两次拒聘为教授。他的最大作为是第一个改变自由主义哲学基础。人们所称的道德的善与恶，在他看来，不是别的，只是人的“情分”。“人的情分”从另一角度看，也很简单，是我们认可或不认可的。大家认可的，就是“好”，不认可，就是“坏”。“权利”和“自由”，与“法律”和“义务”一样，都是道德情操，因为有用，它们才存在，是很简单的事情，并非是什么“先验性”道德真理。之所以有它们，也不是因为什么所谓的人们理性达成一致的东西。在休谟看来，关于“契约”的信条，并非是历史发生过的事情，也不是人性事实证明的。休谟对“人的本质存在”（汉语一般译为“人的身份”）通常说法表示质疑，他指出没有什么不变、永恒的“己”（self）存在。他还否定“因果性”（单线单向因果关系）的标准说法，指出我们对因/果关系的概想根植于习惯性思维，不是在外在世界本身真获知了什么动因力量。休谟对神学的证明进行批评，反对普通观点的上帝对道德价值的创建与巩固起到重要作用，成为第一位提出纯粹世俗性道德理论的人；在他这里，道德来自我们行为活动产生了让人愉快、有用的后果。

休谟的人性看法比霍布斯温和得多。他认为，人有一种天然对他人的同情感，对我们所关心的人有善良的出发点。我们对朋友的情感是有偏重的。他不仅否定霍布斯对“主权”角色的特别阐述，而且整个否定“社会契约”传统。休谟认为，“契约”解释不了我们所有的道德义务凝聚力，因为道德义务凝聚力来自我们必须有信守承诺的义务。1690 年洛克发表了他的“社会契约理论”，所政府的合法性在于被统治人们的契约给了它权力。这时发生的理论冲突是因为休谟指出“政治需要哲学对自己的行动诡计进行保护与掩盖”；他说，在现阶段，没有任何派别可脱离附在自己政治或实际行为的哲学或思辨原则体系，而能够有力地维持自己；我们还发现，导致这个国家分裂的每一派别都能够搞出如同过去那样的一个哲学，为的是保护与掩盖这个派别要采取的行动诡计。

先头的一派是神性政府与神性哲学，不管是多么暴政的，都会声称它的统治是无可违抗的。誉为“君权神授”政府的这一派，尽一切力量把自己打扮成神圣不可违抗的，不能有一点不受尊重的，不管它本身是多么专制的，一点也不能碰和侵犯。后来这一派，是“契约”政府，是基于原始契约的，根据这一契约，臣民心照不宣地保留反抗他们统治者的权利。两种情况都不是真的按意图做出的，这两种制度的原则与现实情况尽管是精明的。对“神性”政府来说，其中有一种目的论，即“神”是一切政府的终极权威，永远谁也否定不了它，只要是人们总地承认一个神意，接受宇宙一切事物都是按照一个统一计划、为指向智慧的目的而做的。没有政府的保护，这个政府当然必须是那个带给人们恩惠的“造物存在”按照预先计划而做的，这个“造物存在”是为着它所被造物的一切的好处的，如果不是这样，人类是不能生存的，哪怕处于一个还算是舒适与安全的状态。而且事实上，这样的事在所有国家，所有时代，普遍发生着；我们还可以更大的确定性确信，它是那个无所不知、任何事物和行动欺骗不了的“造物者”有目的地创造的政府。现实发生的一切事情都是在神意的总计划与目的之中获得理解的。

而休谟认为，人的自己契约可以把他们联系起来，可将他们置于任何权威之下。任何政府都需要众人基础，所以众人是所有权力与管辖权的来源，众人是自愿地放弃他们的天然自由的。他们自愿服从的条件是那么简单明了，以至于它很能够被认为是很多余的了。如果我们把政府的最初来源追溯到丛林与荒漠时期，众人也是一切权力与管辖的来源，他们自愿地放弃天然的自由，从与他们平等的人与伙伴那里获得法律，目的为的是和平与秩序。他们自愿服从所为的那些条件，或者是已表达的，或者本身就已是十分简单明了的，对它们的表达都可能会被认为是多余的了。(p. 41) 但是休谟指出，自由从来没有记载，但是是可以当作人性和作为平等去追溯看待的。它可以追溯到出现文字之前，一切其他文明的生活艺术产生之前，它朴素地在人性中，在平等中，在朝平等走去的事情中，我们在人类所有的个人身上发现的。

“契约”根本不是政府的来源；这是因为，很明白的，为了普遍服从而特殊形成的“契约”或“协议”，是从来没有发生过的事情。哲学家们说，统治者向它臣民许诺的有利条件是每一个政府的权利的基础；每一臣民拥有反抗的权利。但是休谟告诉我们，假如谁放眼看看这个世界，这些哲学家所申明的这些，你找不到任何可以与他们讲的意思相符合的东西。(p. 42) 如果这些提出这些条件的人环视一下世界，也发现不了任何与他们思想相符的东西，或承诺这么美好、如此哲学意义的一个制度。而是恰恰相反，我们到处会发现，君主们在声称他们的臣民是他们的财产，他们强调自己统治的独特权利，是来自征服或者继承。休谟说，如果有人在此时布道，说什么政治关系是建立在自愿契约基础，官吏会逮捕你，指控你蛊惑人心，破坏服从关系。他的朋友们会将他锁起来，说他疯了，不断胡言乱语。(p. 42)[①]

在休谟看来，原始契约作为政府的基础的思想存在的时间太长了，人们已经不记得什么时候开始的了。但是在任何时代、在世界任何地方都不是获得历史和人们经验真正证实的事情。迄今为止几乎一切存在的或者史料记载的政府，开始建立都要不是篡权而来或征服而来，或者兼而有之，都不是在什么众人的公正契约或者自愿臣服之上建立的。他阐述道，世界总在变化，小王国形成大帝国，帝国瓦解为小王国，可是谁也没看到哪里有这种达成的契约。哪怕选举形式，目的也是以一小撮人要统治、要为整体做决定，而不允许有真的反对。按照休谟说法，几乎没有事实与现实符合哪些哲学家的理念。或许甚至可以说，这些“契约论”的哲学理念，在现实中是不存在的东西。雅典的民主也没有实现建立契约政府，也是排斥妇女和奴隶，不允许她们投票立法；形成法律的不过是十分之一人口所通过的。[②] (p. 43)

---

① “On the contrary, we find every where princes who claim their subjects as their property, and assert their independent right of sovereignty, from conquest or succession. Hume says, if one is to preach political relations are founded on voluntary consent, the magistrate would arrest you as seditious for loosening the ties of obedience. His or her friends would shut you up as delirious (feverish), for advancing absurdities.”

② As Hume views, so little correspondent is fact and reality to those philosophical notions. Perhaps, one can even say that the philosophical notions of consent-contract simply do not exist in reality. Even the democracy of Athens could not be established in terms of consent-contract theory. It excluded women and slaves did not vote any law; what were established was only by a tenth part of the people.

说什么所有政府都建立在众人契约上，是那些支持这个观点人们的借口而已。他们不过是征服或篡权而已。(p. 43)[①] 废话是没有用的，什么所有政府都应该起初是建立在众人契约上的，什么人类事务的必然性将认可；这样说只不过完全出于我的借口。而休谟指出，人类事务将永不会认可这个契约，更不用说它的出现。而征服或篡权，也即，用更直白的话说，暴力，瓦解古代的政府，才是几乎所有新政府的起源，只要这个世界有政府在建立。只有为数极少的情况似乎发生了契约现象，它也是很不寻常的，那么局限的，那么大程度与欺诈或暴力相混杂的，一致根本不太有什么权威。

休谟愤怒地批评契约思想家虚伪；他说，假如所有人都真的关心正义，他们就会完全能保证自己不去攫取别人的财产。那样，就会有绝对的自由了，就不会需要任何政治力量，不需要什么完美政府了。人性只是简单地做不到这点。他简直是一针见血地指出，人甚至都不晓得什么才确实是他们的利益。所以说，从来就没有过这样一种契约政府。理性、历史、经验告诉我们，所有政治社会，存在任何长短时间段，都不是真正的，正规的，来源于众人的什么契约的。争议都是由军事力量或者政治手段解决的。君主们简直就没有任何享有的资源可以称为自愿契约理念，它们权力的建立都是通过暴力，获得的服从是出于必要性。众人是同意服从，但绝非出于自愿。休谟告诉我们，在君主的统治下，引入什么契约或选择，只是一种荒唐，因为一个人从生下来就有意识，他是要对一个特定形式的政府表示服从的。人类不是桑蚕，不是蝴蝶，他们绝不会自愿地、统一契约地区建立他们自己形式的市民政体。46 (p. 45)

休谟认为，所有道德职责（职责感）可以分为两种；第一种是一些人的出于在他们身上起作用的自然本能或直接习性对他们的驱使。这种性质如出于对儿童的喜爱、对施恩者的感激、对不幸人的怜悯等等。第二种是完全出于人的社会必需的一种义务感。天然的本能会因为义务感而得到克制或制约。一种不大程度的经验和观感已足够使我们受到教育，社会如果没有官员的权威是不可能维持的。发生于我们的思考是我们能够克制强烈的情感而让位于和品关于公共秩序的利益。在同一意义上，得到一种

---

① To say all governments are founded on popular consent is pretension of those who are in favor for the view. They were simply conquest or usurpation. (p. 43/papa2) Under the dominion of a prince, as Hume states, it would be absurd to infer a consent or choice when an individual thinks that, by his birth, he owes allegiance to a certain form of government. Men never are like silkworms and butterflies. They never can voluntarily and by general consent establish their own form of civil polity. (p. 45/para1)

46 Under the dominion of a prince, as Hume states, it would be absurd to infer a consent or choice when an individual thinks that, by his birth, he owes allegiance to a certain form of government. Men never are like silkworms and butterflies. They never can voluntarily and by general consent establish their own form of civil polity. (p. 45/para1)

安全感（可靠感）的必需性，使得一个人要服从政府，很简单的理由是不服从政府人在社会中是不能生存的。如果强者欺凌弱者，人是不能生存的。至少在一个文明社会，没有法，没有执法官员，没有审判长，阻止强者欺凌弱者，阻止暴力破坏正义和公平，人是不能生存的。否则，社会也是无法维持的。这个答案对所有人类，是简单明了的。但是人需要经过培训，才能认识到和进一步对这个答案感到愉快。除了这个答案，没有别的理由可以解释为什么不存在契约政府。

休谟批评说，关于私有财产的问题的内容充塞了没完没了的法律和哲学文献，但是我们发现其中建立的许多私有财产的法律规章都是不确定、含糊、武断的。所有合法政府都要建立在众人的原始契约上的教条是一种伪哲学，它声称：1）绝对权力是与公民社会相悖的；2）公共权力不经过有产者的同意是不能剥夺他的财产的。不过休谟反驳说，我只见到过古代有一段文字，其中的服从政府的义务，所归于的是个承诺，那是柏拉图的《克利托》里面：苏格拉底拒绝逃跑。尽管人世已有人臆想政府是建立在契约上的，但是千真万确的，这个政府是不可能有这种苏格拉底的基础的。

伟大的启蒙思想家休谟对流行的“启蒙运动”和“现代性”意义的启蒙性哲学分析，哪有还有比这更沁人心脾，让人心明眼亮，宛如清泉一般的清醒剂吗?

5. 对理性主义“顶级哲学谬误”的批判[①]

下面选出一些哲学家对“启蒙运动”或“现代性”的批评，不是如以上批判的从“启蒙运动”与“现代性”本身角度，而是从更大视域的西方整体思想传统的角度与从比较中西哲学阐释的角度。在这个更广阔的视野中，中西是两个不可同日而语而又互补的世界，对此，莱布尼茨是欣赏的。

莱布尼茨 1697 至 1699 年间完成《中国近事》一书。[②] 在序言中，他表示认同在技术、工艺、器物等方面，欧洲与中国是处于平等地位、不相上下的；[③] 不过在形而上学，尤其是神学方面，欧洲明显占有优势。欧洲拥有理论科学，在抽象理性工具方面胜过中国人。可是，作为不得已而离题的话语，莱布尼茨指出他那个时代的欧洲，在第二个方面也胜过中国，不过这对欧洲恰是一种耻辱。他痛惜地说：“我们在军事技术方面也占绝对优势。这并非是中国愚昧和无能，而是因为一种有意识的选择，这反倒是中国人增光的地方，因为作为一个民族，他们正当地“蔑视一切在人类之间制造和诱导暴力的东西。”[④]

---

① 本节取自安乐哲《儒家角色伦理学》中译本第一章导论：“欣赏儒家”的第四节“启蒙运动的理性：西方内部的批判”。为适应本论文叙述需要，做了一些删节与改动。特向安乐哲教授致谢。

② 此书原名为 *Novissima Sinica*，拉丁语，或有译为《中国近论》、《华夏新事》者。

③ Leibniz (1994)，第 46 页。

④ Leibniz (1994)，第 46 页。

中国的厌恶冲突与暴力，莱布尼茨的解读是，中国在追求民本哲学方面是卓越的，恰是因为这点，中华“文明”奠定了远远超过欧洲的准绳。他说：“谁曾相信，世界上居然还有这样一个民族（虽然在我们眼里，我们各方面的行为都是非常发达），它在思考社会生活戒律方面比我们还先进？可现在随着对他们理解越是深入，我们发现这个民族就是中国人。…… 他们的实用哲学毫无疑问凌驾于我们之上（尽管承认这点实在有些丢脸）；实用哲学就是适用于日常生活与人世间伦理与政治观念的戒律。简直不知如何形容，中国的整个典章制度是多么出色，可与别的民族的形成鲜明对比，整个指向是取得社会稳定安宁、建立社会秩序，这样人们之间关系可尽最大可能避免不和谐。……毫无疑问，中国比任何其他民族，都达到了更高水准。他们在一个广大人口范围所实际成就的，远比我们这里宗教派别创始人为数颇少人的范围做得还要出色。”①

莱布尼兹是一个智力极高、洞察深邃的哲学家，他对自己形式主义哲学倾向是警觉的。他看到两个世界：一方是欧洲的抽象、理论学术价值，寻求公理性、假说性论证（一多二元）；另一方是儒家非单线单行理性的浑然美感主义（一多不分）。不过，莱布尼茨对中国的“欣赏”态度，在后来大多数的工业革命继承者们身上找不到了，在他们眼里，他们的启蒙运动“理性”才是城里的唯一游戏。现代欧洲对儒家传统的理解，从 19 世纪到 20 世纪变了，基本上是把中国文化放进欧洲理念主义框架里去看的样子，上面强加了自己传统惯用的假设推定，已经在很大程度将儒家中国的文化变成一幅被扭曲、讽刺的漫画。比如，在黑格尔眼里，中国人不仅是不道德，而且是没有是非概念；由于他们没有任何的人独立意识，不能为自己确定任何道德戒律的权威。

黑格尔把中国道德观误解为是纯粹客观，不已任何个人内心认可的了。他对康德“道德律”（Moral Law）就是这样批评的。康德“道德律”意在将人自然道德的直观表现进行公式化，是使纯粹理性思想得以应用，而不以特殊的信仰、社会制度以及传统为依据。黑格尔没有想到的是，就儒家“礼”观念而言，它与法则是根本不同的概念，它不是康德的那种外在性道德力，而是包含一种个性化和内化过程的。这一点，莱布尼兹是理解了的。如同黑格尔心目中的东方专制主义形象，今天影响仍然很大，还依然是对东方阐释的框架，哪怕现代中国现代知识界，也深受这个框架的束缚。东方专制主义，即一切权力在皇帝一人手里，它构成中国历史，中国政治和中国哲学——这是深深影响着中西方学术界的认识。这个东方主义框架，恰恰是来自“启蒙运动”的对秩序本质的预设推定，向人们授意，对中国以专制主义作为解读，造成对中国文化传统整体结构性的误解。

20 世纪，西方哲学叙事进入自我批评时代，理论一演绎科学价值观，越来越成为

---

① Leibniz (1994)，第 46—47 页。

被抨击对象。威廉·詹姆斯（William James）就是个例子；他批评说："理论性转动的头脑，总是倾向将它考虑的物过分地简化。这就是一切绝对主义和片面教条主义的根源，绝对主义与片面教条主义，不仅在哲学，也在宗教内无处不在。"① 作为一个过程哲学家，他主张克服对"物"的质性认识，对"物"之间出现的结合与转化（内在联系—田），也要给予同等地位重视。作为哲学家，如果把哲学定义为"特别顽固地把思维搞清楚的努力"，这个"清楚"的概念，不是"简单"（"简化"、"还原论"—田）的。其实，对人类经验复杂性心怀尊重的他，应该是将挑战针对理性主义的，视作他的核心哲学贡献的。②

根深蒂固的理性主义偏见今天还活着，而且充斥于中西两边今天的哲学话语中。罗思文评价当今的权利话语，提出对"人"的认识概念上，还有其他选择；他认为，如果宣扬抽象、理性主义、互不联系模式的"人"概念，应当叫对这种话语有所限制的非西方传统文化出来说话。他说：

首先，把人视作自治、理性个体这种认识，恐怕在世界上相当数量人的眼里，简直就是错的！它用的是意义贫乏且根本就是官僚主义技术性词汇，强调的是法律、抽象逻辑、陈述政策的陈词滥调，还都是没有道理的假设性例证。当代以权利为说辞的道德和政治哲学家，其实都不接地气，都与有血有肉的人的真实希望、惧怕、欢乐、悲哀、所想和所行，没有什么关系。自从笛卡儿时代，西方哲学家们就越来越抽绎出一种与真实人相脱离的纯粹认知活动，并且断定，这种在非实体"思考器官"里使用逻辑推理，是个体性的选择、自治本质，并且说，它在哲学上比实在人更根本；因为实在人只是偶然性人，所以不具哲学重要意义。③

西方哲学界对于理性主义各种形式的盲目服膺、严格遵循，实际是个理性败笔。这个败笔是普遍的、顽固地被哲学精英们演练的，可用"畸形专业"比喻。约翰·杜威（John Dewey），对此"畸形专业"一直进行批评，把它"誉"为"顶级哲学谬论"（the philosophical fallacy），意思是，只要对过程的结论进行预设推定，结论一定是作为那个过程的前提；只要从变动不居经验中可认同出什么明确的"原理"，它就成为可孤立、可抽象、不管时代、不断重复性运用的，就被理性化一种"永远一呈现"历史。杜威早就发现它是一种无视作为经验的历史、发展和域境化的错误，批评它是"哲学思维最无孔不人之谬误"；它的谬误就在，作为方法论，它"从有机体中抽象出什么元素来，赋予它涵义，把它定为绝对性"；这时起，又把这一元素尊为"一切真实与知识

① James（1984），第222页。

② James（1892），第165页。

③ Rosemont（1991），第62—63页。

的起因与根本”。[①]

这个谬误的明显例子，正如一个由神建立秩序的宇宙，被设想为是人与社会的秩序模式，而不是相反。确定地说，把结论安排在前提的位置——“结论——前提”错置谬误，就是一个“顶级哲学谬论”。听起来，这是个很简单的谬误，可是正因为它简单，却是极不容易避免的。人们甚至常常是对它视而不见的、不认为它有所不当的。这正如威廉·詹姆斯引述克尔凯郭尔（Kierkegaard）的话：“我们是生活向前，但是理解倒退。”[②] 博赫斯（Jorge Luis Borges）说：当我们对过去进行理解时，结果总是被端出来；结论是：“生活在本质上即是时代错置。”其实，具有强烈本体论倾向的人，从认识秩序与本质存在秩序的二分看问题，总是申明：把“唯一超绝本体存在”（Being）置放于世界“众多万象的存在”（beings）之前，“唯一超绝本体存在”通过“众多万象的存在”得以体现，是永远没错的。而持目的论的人，是在“遥远神性事件”中发觉“认识之根据与目的”。

“顶级哲学谬误”更具危险的，是时代错置谬误；“措置时代”是从某一理论特定建构出发，狭隘、倒退地解读历史，最后在历史叙事起源处找到，不是别的，是对那一历史叙事反思的结果。这是“目的论”编纂史的偏见。与“倒着读历史”谬误并行，又有一种“横着读历史”神话。[③] 它是说，有种信仰，很是普遍流行，以致引出误解，说社会机体如家庭，全世界都是一个模样的。人们所设想的家庭，作为经验的一个社会机制，已经从更压制性的，变得更解放性的了。进行对世界各地家庭“原始”形态研究，能对西方家庭进化了解；马塞尔·莫斯（Marcel Mauss）就是这样理解“神圣启蒙运动”的“人”概念的；在与其他传统的“人”观念的联系上，这是个非常不容易建立起来的概念：

由简单化装舞会（masquerade）到面具（mask），由“角色”（personage）到“人”（personne），再到名字，再到一个体人；从一个体人到一个具有形而上、道德价值存在（being），从一个道德意识到一个神圣存在；又由一个神圣存在到一个思想同行为的根本形式——这套程序如此告成。……这样的程式，只是为我们、为推行到我们身上的。乃至它的道德力——“人”（personne）的神圣特性，也遭到质疑，不仅在整个东方（它尚未到达我们的科学水平），甚至在发现这个原理的国度，也被质疑。我们有大量拥有物要保护。这个理念，会与我们一同消失。[④]

---

① Dewey（1969—1972），卷1，第162页。关于“顶级哲学谬论”历史，参见Tiles（1988），19—24页。

② James（2000），第98页。

③ 见Madsen（2003）与Thornton（2005）。

④ 原英译来自Carrithers et al.（1985），第22页。

这样的“启蒙思维”往往显出自视高尚，将其他传统的对人经验做出梳理的方法不屑一顾地称为“雏形—”或“前理性主义”，最后实际给予“传统的—”的定义，褒一点，就是“前启蒙—”意思，贬低，则变为“尚未启蒙”意思。

“顶级哲学谬误”那些形式，不仅是有害的，也是最难避免的。不管怎么说，杜威早已看出的“顶级哲学谬误”，今天已变成普遍的哲学问题。在西方哲学传统内部，今天在诠释学、存在主义、后结构主义、现象学、后现代主义、新实用主义、新马克思主义、解构主义、女权主义等等旗帜下，批判矛头继续指向“顶级哲学谬误”；共同矛头所向的是罗伯特·索罗曼（Robert Solomon）说的“超绝虚构”（the transcendental pretense）——“顶级哲学谬误”现在变成了各种形式：神学本体思维，理念主义、本质主义、形式主义、客观主义、原教旨主义、结构主义、超绝主义、绝对主义、逻各斯中心主义、主导叙事、“所予的神话”（the Myth of the Given），以及系统哲学旋转木马上的一切此种原则性的主张。①

6. 辜鸿铭的批判

从论文开始到现在所做介绍，可以说全在辜鸿铭先生对西方现代社会的体验与他比较中西哲学与文化的学识当中得到了什么是“启蒙运动”和“现代性”的印证。辜先生被誉为“19世纪中国最著名大哲学家”。少年开始，他在欧洲留学14年，掌握9种语言，获得13个博士学位。德国著名教授纳尔逊对他的学识赞叹道：“……集西方文化于一身并加以消化吸收；熟悉歌德就像一名德国人；熟悉爱默生就像盎格鲁－撒克逊人；通晓《圣经》就像一位真正虔诚的基督徒……”他花整整十年时间学习欧洲列国文学、历史和制度，成年后又花了二十年时间去研究祖国的典章制度及文化传统。特别值得提及的，是年轻的辜鸿铭见证了19世纪中叶的现代欧洲正从资本主义走向帝国主义，拜金主义风泛滥，物欲横流、道德沦丧。掠夺钱财，奴役他人，成为人的梦想。是这样一个中西历史社会文化背景，它在导师的影响下，听从父亲的遗嘱，回到祖国，成为一名东方文化卫士。来自辜鸿铭先生的批判，既是西方内部批判，也是超越西方的批判。对于认识什么是“启蒙运动”和“现代性”具有特殊意义和价值。

关于自由政治，辜先生告诉人们，“前一世纪的自由主义是为公理和正义而奋斗，今天的假自由主义则为法权和贸易特权而战。过去的自由主义为人性而斗争，今天的假自由主义只是卖力地促进资本家与金融商人之既得利益。”现代的欧洲教育生产错误认识，它是从物质实利主义出发对生活重要问题的扭曲；即将人知相让教之无，人不

① 到此为止，本节取自安乐哲《儒家角色伦理学》中译本第一章导论：“欣赏儒家”的第四节“启蒙运动的理性：西方内部的批判”。为适应本论文叙述需要，做了一些删节与改动。特向安乐哲教授致谢。

知相让教之有。他尖锐指出外国基督教传教士们在中国所做事业在学理逻辑和实际做法上的愚蠢和无理。他说："外国传教士们在中国奋力开拓的传教事业，非但不是真正的智识运动，甚至任何一个中国人只要有耐心浏览完那些以传教名义出版的愚不可及的小册子，就很容易发现这些东西实在无法使受过教育的中国人在智识上看得起外国人。"

"启蒙运动"之原本意义是从宗教对人性桎梏之下的解放，而自西方社会以促进资本家与金融商人之既得利益为驱动，自由主义就变成了假的。他举了比肯斯菲尔德伯爵谈英国自由主义的例子，"说他惊奇地发现其已变成一种实际的政治独裁。我以为今天欧洲那种自由主义也已经变成了一种独裁：一种'养尊处优集团'的独裁。"比肯斯菲尔德还发现所谓的"自由党"其实不过是一个寡头政治集团——即新兴资产阶级的寡头集团或"伦敦佬"阶层。他用导师卡莱尔的话说："现代的欧洲各国是无政府状态加上一个警察。"辜先生将欧洲警察称为无道德感情与责任的机器："那些可怜的漫不经心的现代乞丐，那些包裹在土黄色制服里、并配备有机枪的人们已经变得粗俗卑鄙了，他们之所以如此，倒不是因为他们是些乞丐，而是因为他们已经成为领薪水的警察。那佩戴肩章的现代庞大的自动机器，也已经变得粗俗卑鄙起来，因为他像自己唯一崇拜的东西——机枪一样，成为一个既无道德感情又无道德责任的自动机器。正是这样的人进驻北京并到处指手画脚……"他指出英国政府实际是市侩："现在的英国大臣不是为了祖国的荣誉去对国王负责，而是对坐在众议院的那六百个不固定的'小国王'负责。英国国会最初是一个智囊，或曰一个智者的会议，现在却只是一个私心重重的市侩们的会议。"

关于"现代制度"，辜鸿铭评论道："现代制度的致命错误，就在于它剥夺了本民族中最为精华的元气和力量，剥夺了勇敢、不计回报、藐视痛苦和忠实的一切灵魂之物，而只是将其冶炼成钢，锻铸成一把无声息、无意志的利剑，同时保留下该民族最糟糕的东西，诸如怯懦、贪婪、耽于声色和背信弃义——并给予它们这种声援，这种威权，这种最大的特权。其中，思想的能力被削弱到了最低限度。实际上，履行你保卫英国的誓言决不意味就要去推行这样一种制度。如果你只是站在商店门口保护店员，使其在里面骗人钱财的话，那你绝对不是一个真正的卫兵。"辜鸿铭告诫中国人，欧洲无论在古代和现代都未曾达到过中国治理社会所达到的成功。这里我们听到与莱布尼兹的呼应。他详尽地解释中国儒学的"好公民宗教"理念，认为它才是新文明的秘密。他眼光在主流蒙昧之时就看清"立宪之治"的实质，说："若今日各省代表之所请者，乃是发财公司股东会，非真国会也。盖真国会之命意，在得平明之治，得平明之治，则上下自为一体，然后国可以立。股东会之命意，在争利权，一国上下皆争利权，无论权归于上，权归于下，而国已不国，尚何权利之有哉？噫！"

辜鸿铭呼唤“道就是自由”。他说：“汉语中表示‘自由’的字是‘道’。当中国人要说某个国家里没有自由的时候，他们便说‘国无道’。这里表示‘自由’的‘道’字，字面意思是指‘道路’，当它在‘自由’这个意义上使用时，被定义为遵循我们本性的法则——‘率性之谓道’。那个表示我们本性法则的‘性’字（字面意思指本性），被定义为上天的命令或意志——‘天命之谓性’。因此，表示‘自由’的那个汉字，是指自由地去遵循我们本性的法则。”而上天的意志，在儒家是民意，这与欧洲现代物质实利主义的“个人利益”是无法混淆的。

辜鸿铭向国人呼吁：“反对自由主义，反对进步和新学的现代欧洲观念。”他说，“中国的文人学士，在欧洲现代物质实利主义文明的破坏力量面前无能为力，正如当年英国中产阶级面对法国革命的思潮和理论时束手无策一样”；“中国文人学士之所以束手无策，无能为力，是因为他们没有此种认识”；人们今天需要认识到的，是“那种顽固排斥一切新事物的力量，已经令人惊奇地让步了；当前的危险，不是人们顽固地拒绝一切，一味地抱住陈规陋俗不放……而是他们太过轻易地便以某些新奇之物相取代，或者连陈规新矩一并蔑视，以为随波逐流即可，毋需麻烦自己去考虑什么”；“那些受外国报纸肯定的进步官员，他们正忙得不亦乐乎。他们甚至想去欧美，试图从彼岸寻找一些中国应采取什么改革的良药”；不能“祈求、召唤现代欧洲物质功利主义文明之可怖巨兽来援助中华民族”。辜鸿铭尖锐言道：“当朝廷在庚子事变后回到北京时，中国政府在全民族的支持下，走上了西化的不归路。在这里，我还想指出的是，鉴于目前的中国局势，真正让人觉得可怕亦可悲的地方在于，当整个中华民族决心抛弃他们自身的文明而跪拜于现代欧洲物质文明时，在整个帝国内竟然没有一个受过教育的人对现代欧洲文明的真正内涵有丝毫的了解！”

辜鸿铭感到，对西方文明的肤浅认识导致中国社会的精神错乱现象。他严厉地抨击那些主张全盘西化的既得利益者：“那些暴发的买办阶层和一部分卑劣无德的儒生，或者那些具有鄙陋的市侩智慧而缺乏高贵品格的人——主要是这些人，他们渴望享受现代欧洲物质文明所带来的肉欲的满足，因而成天叫嚣要在中国搞全盘西化。”他发自肺腑犀利地告诫：“洋人绝不会因为我们割去发辫，穿上西服，就对我们稍加尊敬的。我完全可以肯定，当我们都由中国人变成欧式假洋人时，欧美人只能对我们更加蔑视。”他认为，整个中华民族、中国的统治阶层得出这样一个结论，即面对现代欧洲各国那种物质实利主义文明的破坏力量，中国文明的应战能力不足，无效无用；这样一个结论是错误的。为什么？辜先生指出：“很明显，对一个民族的礼仪与风俗的评价，应建立在对该民族的道德原则知识之上。此外，我们研究一个国家的政府与政治制度，即我们所说的研究者最后研究的工作，也应建立在对它们哲学原则和历史知识的理解基础之上。”

辜鸿铭批评道："盖今日中国，大半官而劣则商，商而劣则官。此天下之民所以几成饿殍也。《易传》曰：'损上益下，谓之泰；损下益上，谓之否。'知此则可以言理财。"经济作为现代欧洲理念原为何意？争夺也。他说："余谓财固不可不理，然今日中国之所谓理财，非理财也，乃争财也。驯至言理财数十年，其得财者，惟洋场之买办与劝业会之阔绅。"辜先生引用阳虎"为富不仁"之言，以批评清末流行之步西方经济主义后尘思想："昔阳虎有言：'为富不仁，为仁不富。'君子既欲行有教之政，又欲务财用图富强，此其见识之不化，又不如阳虎。"他深刻指出其必然逻辑："中国今日不图富强则已，中国欲图富强，则必用袁世凯辈。盖袁世凯辈欲富其国，必先谋富其身。此所谓以身作则"；还说："'长国家而务财用者，必自小人矣。'然则小人为长国家而务财用，岂非亦系言公利乎。"

四、"天人合一"：未来世界文明的哲学选择

1. "启蒙运动"与"现代性"归根结底是一多二元，"天人合一"的理路是"一多不分"

"启蒙运动"和"现代性"的一以贯之的核心理念是个人主义；个人主义即所谓"人文主义"，即理性主义，即科学手段的目的，就是"唯一真理"的真理（真理是为个人主义服务的），就是上帝的"上帝"（上帝是为个人主义服务的）。一切真理都不可不在"一己个人主义"意义中获得解释与理解；其归根结底的逻辑是"一多二元"。贯穿于从古希腊、经过中世纪、遭遇"文艺复兴"、进入"启蒙运动"的整个思想传统，"一"是上帝或者跟它同性质的什么一个东西，它是假设存在、外在、凌驾一切、非人类可经验的"一"；"多"则指这个"一"完全凭空创造的、一切呈单独个体存在、互无联系的宇宙间"万物"；"二元"是说"一"与"多"（如神与人）之间绝无本质共性、不能相提并论，而只能发生单线、单向"一"对"多"的主宰被主宰的对立关系；而"万物个体"之间也是互无联系地孤立与对立关系；在这个"个体万物"宇宙，这个超然绝对的"一"先验地规定了一个单向单线法则的秩序。四个很重要的现代性理念，"民主"（democracy）意思是追求上帝赐予自由幸福的政治机制；"人权"（human rights）是上帝认可的个人行为；"自由"（liberty）是上帝赐予个人的终极自由（如核心是追逐一己个人幸福、财富等的自由）；"一己主义"（individualism）是上帝造人逻辑上的个体性；"人性"（human nature）是人生来固有本质缺陷，命定不变，无塑性可言。

"一多二元"还是说"一"是"同"（本质同一），"多"也是"同"（本质同一）；"一"对"多"是主宰关系；"多"因为是"同"（本质同一），都是来自相同的"一"

(上帝),才是互不联系、独立、平等的,所以也才是对立的、竞争的、争一个谁高谁低,谁成功,谁失败,谁战胜谁,谁统治谁;所谓二元,就是这种“同而不和”逻辑。“一多二元”必然是“不和”文化的核心,必然是“斗争”文化。任何翻译为美好汉语“平等”、“自由”、“人权”、“民主”的西语原始“equality”、“liberty”、“human rights”、“democracy”都是在对立、冲突、竞争的“不和”意义上确定的含义。它们前面都有“存而不现”的定语“一己”(the individual);这个“一己”在西语词汇的本身含义就是“同质”,一种虚构的“个体性”。

“现代性”的“一多二元”是讲个人平等,个人人权,个人幸福,个人利益,个人的一切的。是求“同”(平均主义)的,不是求“和”的,是否认、不求中华文化式的“关系”的。“一多二元”范畴是没有“和平”观念的文化,它有“peace”概念,但是“peace”不是“和平”。“Peace”是非战争状态,是和约,是个人层面的互相平和行为,是非暴力局面,是终止动乱和纷争;“peace”是作为战争和暴力的对立面而言的,不是针对互相联系之关系而言的。是对立面,它不关怀从战争到和平(或反向)的过程。“peace”不是和平,因为“和”与“平”是“和而不同”,是联系不分的关系。

“一多二元”的一己个人主义,是虚构个人的个体性,是打着权利与自由的旗号,促动人的贪婪,丢弃道德,挑起矛盾,挑起竞争,制造人与人不和谐,是导致现代人类战争、自然环境破坏的深层终极思想根源。把人假设为一个个虚构的个体,等于制造了人与人的不通,人与人的无联系,人与人的无道与人与人的隔阂,导致的必然是人与人的误解、猜疑、戒备、相害。人们再把人与人的竞争设想地规定为合法的,天然的,人追求一己个人幸福与财富是自由和权利的核心,这样导致两极分化,贫富悬殊与少数强者统治多数弱者就成为必然自然合理的逻辑,而所谓“发现真理”、“理性”,经济发展,社会进步,就只是成为一种替少数人压迫多数人辩护的言不由衷、名不副实的虚伪意识形态。这恰是违反现实经验的人与人相系不分,违反人与人互相依存、互相决定生存与互为成就的基本事实。是违反道,违反仁,违反理,违反礼的。

什么是“天人合一”?就是“天人不分”;与“一多二元”的“主观和客观”、“人与自然”的二元对立关系,它恰恰是没有这种分别,而是二者互为必然条件,依内在不分联系而浑然而一的。《易经》讲天、地、人三才之道,是确立中国观念的宇宙;宇宙为天、地、人,即“天人合一”或现在所说“人与自然不分”。更具体些,天、地、人,人在中间,显示人的重要,却不是二元对立,不是神为中心,恰是人与万物之不分联系为中心,三才无一独立、无一超越者,三才缺一不可。《庄子·达生》曰:“天地者,万物之父母也”;人虽为天地生,天有天之道,天之道在于“始万物”,地有地之道,地之道在于“生万物”,人亦有人之道,在于“成万物”;天道曰阴阳,地道曰柔刚,人道曰仁义。虽各有其道,却相互必然、相互成就,缺一不成天地,缺一不成宇宙。正如《礼记·中庸》所说："诚者天之道也，诚之者，人之道也"；人"诚"，即可与天而一。

恰与"一多二元"相对，"天人合一"之理路是"一多不分"；董仲舒明确提出的"天人之际，合而为一"（《春秋繁露·深察名号》）可谓确确实实的"天人不分"。与"一多二元"系统的"文艺复兴"和"启蒙运动"意义的"人文主义"（以个人自主和欲望为自然合理性）相区分的中国古来有之的，恰是这个"天人合一"的"人文主义"；用庄子话是"六合之外、存而不论"的"人文主义"。左传载：'史嚣曰：吾闻之，国将兴，听于民；将亡，听于神。神，聪明正直而壹者也，依人而行'（庄公三十二年，公元前六六二年），另有周易'干元资始'说，不涵一多二元之神学，而以天道贯通人事，正性命以明道德修身之原；此皆是"天人合一"中华"人文主义"宏旨的最好写照。

中华文化说到底是"和文化"，以"一多不分"为体层次，分析到中华文化之所以为"和"，全在于自古以"一多不分"、万物之间自然不分关系为其观世界之本，为其观天察地、原始反终之法，为其相反相成之辨，为其中正仁和之体；而且，将天地宇宙视为道，以追究联系（道）为法，以观变之会通（道）为妙，以正道为崇尚观（"价值观"）。"一多不分"（天人合一）就是一以贯万物之道，正是所谓"中"，其所呈之状是"和"；"和"是中华民族观天地之状，行格物致知之法之状，行互系通变思辨之状；参天地之化育之状；这以现代语为"和"世界观、"和"方法论、"和"思维方式、"和"价值观。"和"意味什么，意味着系，意味事物内在联系之不分，意味中华文化的关怀视点是放万物之间联系之不分上。是在这点上，它与现代性理念形成对照；即超绝"一"之下的普遍二元，二元是任何物假想之"分裂"（二分），之为各自独立，为矛盾冲突，所以失去"和"观念得以产生之本源。

"和文化"基于的一个根本因素，是中华文化精神的价值观，也即求"和"；因为"和"是理想状态。《论语》曰："君子和而不同，小人同而不和"。君子的境界是"和"，小人的境界是"同"。为什么小人"同"而不"和"？是因为他求"同"，有了"同"他不在乎"和"。什么是"同"？"同"就是"平等"，就是"你有什么，我得有什么"，就是人虚构出来的"不差"、"一样"；而恰恰小人以为"同"的地方，君子认为是"不同"，是差别；这个不同和差别不是不可逾越的，而是因为互相之间的内在不分联系，是可以"和"的。作为"同"、"平等"在小人眼里，就是"个人平等"、"个人自由"、"个人人权"、"个人财富"、"个人幸福"，一切好事、利益，在前面加"个人"，这就是小人"同"，他们追求这个"同"，他们提倡竞争，提倡冲突是发展的必要途径，他们不在乎"和"，因为"和"会毁掉他们的"同"（利益）。所以所谓小人"同"是什么，就是"私同"、"小同"，而不是"大同"。小人"求同"实际是求"不和"，是求

“斗争”，是求“分裂”，是求“社会混乱”和“世界混乱”。

“和”基于不“同”。合不为“同”，而是至“和”，更基于“不同”。所以，“和”文化的精神是知不“同”以求“和”，以求“和”而知“不同”。这也等于，只有知晓“不同”，才会知晓“和”。求“大同”是求“和”，不是求“同一”（没有差别）。“和”是不分，“不分”亦是恰如其分；“和”其实是分不开的恰当关系。分不开，才是和，恰当了才生物，所谓“和实生物”与“同则不继”。“天人合一”的“和文化”是求“和”的文化，求“和”文化也是求“平”文化。公元前774年（周幽王八年），西周末代时的司徒郑桓公与史伯论天下大势。史伯针对周幽王“去和取同”作法，提出“和实生物、同则不继”，以“以他平他”解释“和”为何物。“他”即“不同事物”；不同事物且互相联系，各得其所、各尽所能、有序互补就叫作“以他平他”。[①] 据此理解，所谓“齐家治国平天下”，“齐”不是一刀切，而是“治和”，“治国”也是“治和”，“平天下”更是“治和”，都是各种人之间都互相联系，都有个适宜对待，各得其所、各尽所能、有序互补；而不是互不联系，互相排斥，每一“平等”“个体人”都去追求属于“一己”的“同等”、上帝所赋予的“自由”、“权利”、“幸福”等。

2. “启蒙运动”与“现代性”给世界未来蒙上阴影[②]

今天人类正面临全面性的危机：气候变化、染病蔓延、粮水短缺、环境恶化、人口爆炸、恐怖主义、核武扩散、两极分化、浪费消费、能源短缺等等，不一而足。这些问题不是单个的，而是串在一起的。串在一起就意味着不是单个问题那么简单；它需要对待的不是解决问题，而是扭转困境。世界性的困境，就不是哪一个或哪几个国家的问题，而是需要整个人类要一起面对，国际社会必须整体投入精力去对付的危局。这一危局的根源是什么？人类是不是在追求方向、价值观和所作所为方面出了问题？我们的文化、价值观、意愿、行为实践是不是应当做出根本调整？否则，危局不是空谈就能刹得住的。危局其实已经构成对人类的最后通牒。长期以来统治世界的文化是强大的自由主义；现有危局的改观，是否是从文化方面下手的是否到了？

詹姆斯·卡尔斯的“有限游戏”与“无限游戏”两个概念有助于我们理解这一问题。“有限游戏”是以“个人主义”价值为先决条件的，“无限游戏”是以“关系”为根本利害考虑的，是根本态度的差别。“有限游戏”是二人下棋，以一输一赢为结局，是个人“进取”性的心理刺激游戏。但是世界上无数游戏不是“有限游戏”。父亲与儿子、老师与学生，无数种类人与人之间进行的事情，不是“零和”性质的“有限游

---

① 徐道一：《和实生物，同则不继》，海天出版社，2012年，第4、5页。

② 本小节开始，下面基本是安乐哲教授的论述，作为他的学生本人有幸多次聆听他的演讲并为他做过中文翻译与阐释，所以十分深刻。现经过编辑，将其观点引述于此，特此致谢。

戏”，而是属于“无限游戏”，因为不是以输赢设为结局的，而是以关系而存在的，是互相依存的。它是要用加强关系、去联手解决或者去干事；联手则双赢，不加强关系、不练手，则对二者都有害，都会输，而没有赢者。所以，一种态度是把人（个人、公司、国家）视为个体、互不相关，并以此作为出发点；还有一种是把人（个人、公司、国家）看成互相关系的，是以关系作为出发点的，这是两种态度的差别。第一种是个人主义态度，金融危机发生在公司之间关系上，就因为是用个人主义态度对待，把金融当成“有限游戏”，当成我赢你输，因此银行之间彼此不信任，导致金融崩溃。用个人主义对待国与国问题，例子就是只从自己美国利益出发，不考虑你做什么事情都是与别国关系的问题，这也是个人主义思维。

“现代性”之下，个人主义被搞成了利他主义，人们信奉只要人人都搞个人主义，人人就都会好起来；其中掩盖了悖论。在历史上，个人主义在西方曾是发挥过积极作用的。在文艺复兴与启蒙的历史文化运动中，个人主义推动的人权、民主运动，起到过激励摆脱贵族压迫。但在今天，个人主义绝对化了，出了问题。我们必须得从把人视为个体、互不相关——以此为出发点，转移到把人看成互相关系的，转到把关系作为出发点上去，去对待人与人，对待公司与公司，对待国家与国家的问题。对于个人主义，有两点是人们需要弄清楚的：一点是所谓人的“自治性”（英语 autonomy），指人是严格的“一己”、“个体”的；其实这是假设，或者可以说是“虚构”（fiction）而来的；第二点是把个人主义作为利他主义，人人都实行个人主义、搞自私自利，从内在逻辑是与利他主义的悖论。搞自私自利，为自己利益把与别人的关系破坏，结果是失去自己利益的。再从另一方面说，让别人搞自私自利，将此视为利他主义，说是为他自己好，按这个逻辑，也导致的是失掉自己利益。因此，所谓利他主义的个人主义本身是个逻辑悖论。这样做，在面临世界性危机是，解决问题靠个人主义文化逻辑就不对了。

3. 人类未来命运要求改变价值观，改变文化，即改变个人主义和终止零和游戏

当前摆在世界的关键问题，是有限游戏与无限游戏的差别，是强调互不联系个体人的重要还是强调人的联系重要的差别。当务之急、必经之途、至关重要的，该是以人与人联系为本的时候了！该是用整体性思维的时候了！

可是，这么一个全面性的危局时代，除了个人主义，人类是否还有文化资源可利于扭转这个危局？原本是个人主义导致的这些问题，如果必须要从个人主义的将人视为个体、相互无关观点，转到把人视为互相关系的，须从人与人关系出发的观点，我们当前能够找到这种改变世界的文化资源吗？一旦要改为从人与人关系出发，实现一种新型的取代一己个人主义思维的整体性思维模式，这对人基本生活需求，重要性在哪里呢？此时此刻，儒学给予我们很大启示；《论语 · 雍也》曰“子曰夫仁者，己欲立

而立人，已欲达而达人，能近取譬，可谓仁之方也已”；“已欲立而立人”、“已欲达而达人”、“近取譬”，皆为关系视域的话语。它向人们揭示，把人作为相系不分的，从人与人关系出发，儒学文化就是资源！我们所寻觅的实现从个体性思维转向的整体性思维的模式，就在“天人合一”的中华文化当中。

4. 未来世界文化：人类第二次启蒙？

“天人合一”文化是什么？回答是：如果说“启蒙运动”与“现代性”是什么，“天人合一”的文化就不是什么；也即，它尤其不是超绝主义（唯一造物者假设前提的）与二元对立主义（万物为个体性、互不联系）的。“天人合一”深深根植于“一多不分”的自然宇宙观，“人”在这个视域中，是域境化、“心场”视域、关系构成、处于过程中的“人”。所谓“心场”视域（focus/field），是作为某个视点（人）聚焦与其所处一切关系的时空（小从家庭，大到宇宙）。这是与将“人”视为“本质不变”、“绝对独立”、“互无联系”、“个体”的，是另一阐释域境。在一个视点（或人）聚焦过程中，场域涵盖此一视点正处于的所有关系；而且，对此进行阐释而使用的语言，表述更复杂且更经验性的此视点（人）的“本质”（关系）内涵，是对它作为行为者的多方面、多层次、整体性、充满想象力的思考。

要指出的是，“天人合一”的中华文化，在过去与西方文化的遭遇中，被解读的那个样子，它恰恰不是那个样子。以往对中华文化的印象，都是在无法匹配的阐释语境之间进行匹配而误读出来的；是将它强塞到进“启蒙运动”与“现代性”理念的话语框架中去扭曲解读的，是加给它一个它本身所没有的范畴的。长期以来乃至今天，都是从不匹配的文化视域来误读一多不分的中华文化的。人们总是将墨子研究为西方的utilitarianism（功利主义），却从来没有人问穆勒（John Stuart Mill）是否是个墨家，也不研究亚里士多德为什么没有“礼”或“天”的观念。中西学者们都习惯于便宜地给中华哲学或文化定做一个符合西方解读的框架。今天这个时候，努力将中华哲学与文化阐释和理解为它自己原汁原味的样子，让中华文化讲述自己，已经成为不得不这样做的时候了。

“天人合一”或“一多不分”的中华文化，理解它原汁原味样子，带给世界的将是什么？它的价值观将对世界文化秩序有什么积极作用？已做的研究显示，中国对西方就是一个搞不懂的“puzzle”（谜）。“Chinese”（中华）一词，其意思本身就是“不明白”。在西方对中华文化解说本身就实际将它纳入宗教话语体系；“天”翻为“Heaven”（天堂），“义”译为“righteousness”（按照上帝旨意办），“道”译为“The Way”（圣经之路），“礼”译为“ritual”（带有贬义，有形式不具内容的“典礼”），“理”译为“principle”（原为拉丁文，人类存在之前的神意），成为古希腊形而上学、永恒、不变东西（“原则”）。用这些西方概念表达的，都不是它们原汉语观念本来的中华语境给出的意思。

比如，可以对西方讲《中庸》是“以人为中心”宗教感的，但绝不是“以神为中心”、制度形态的宗教。这个区别非常重要。因为所谓“宗教感”（religiousness），涵义是人与人关系的关照和诚心，它不是宗教。“Religion”（宗教）的根本喻义是绑紧，跟上帝要绑紧。而“天人合一”，关系是人与人的、与家庭、祖先、社会、天地关系绑紧，是“礼”来呈现这种绑紧的关系。因此，西方宗教是基于假设而来的个体人与上帝之间联系，不是人与人之间的相联系；而在中华文化，哲学中没有“唯一上帝”概念，用“宗教感”表述的，完全是“人为中心”的联系及其关照与诚心。

“天人合一”文化价值观给世界带来的，对世界文化秩序其的作用，应该是一种人类第二次启蒙的启示。但是我们要克服近现代主流文化的把中华文化完全装入西方语境的这种不对称讲述。中国内外相互怎么跳跃这个障碍，用什么方法重新进行文化解读，达到彼此了解、产生信任关系？应考虑瑟绍的办法，英语与汉语要实现用对彼此文化阐释叙述的是自然语言（parole）。这样做法时，两个文化传统作为两个“阐释域境”（interpretive context），让中华文化在自己“一多不分”的“阐释域境”中得到恰当叙述，呈现自己本来面目。

而“天人合一”文化已是中国两千多年的过程思维，没有西方的本体论，而是有它自己的“一多不分”自然宇宙观。因此，中国的过程性思想可以刺激、激发西方思想。在 21 世纪，在过程哲学方面，以《易经》为源头活水的中华传统哲学文化，应该是世界的重要选择。解决全球的“危局”，要改变我们自己的价值、意志和行为，那么这种文化资源的其中之一就是中华文化传统“天人合一”。不是愿意不愿意，这个改变是“必须”的；我们今天要做、要讲儒学成为国际性文化。这个势头就是第二次启蒙时代的意义。第二次启蒙不再是现代性的充斥全球的工具“理性”，而是美学感、宗教感，是人与人呵护彼此关系的意志与行为。把个人纳入关系结构的中华“天人合一”哲学，将革新我们对全球关系的认识，而中国在未来要在一定程度上会担负起“平天下”责任。

结　论

在一多二元阐释视域中，可以将“启蒙运动”和“现代性”归结到“神性＋个性”上去，归结到追求个人幸福、私有财产的无止境积累是“天经地义”的，而中国数千年历史文化，在“一多不分”阐释视域中，可以归结到一条上：“大道之行，天下为公”，阐释下，就是人与人、人与社会、人与自然之间天然、自然、当然、合理、恰当、适宜的相互延续不分关系上去。

“个体”还是“关系”，个人主义还是浑然一体，“有限游戏”还是“无限游戏”——人类要生存，要有一个环境，要校正人类按照个人主义文化，按照“有限原则”犯下的错误，就必须改变宇宙认识、改变文化、改变行为，从“个体为本”到“关系为本”，个人主义到“浑然一体”为本，要做无限游戏。这样就需要“一多不分”，就需要“天人合一”，就需要中华传统文化的“一多不分”宇宙观、方法论、思维方式、崇尚观，需要儒家文化，这也是儒家思想文化对世界和未来的价值或者意义所在。

论及含有“启蒙运动”、“现代性”与“天人合一”的来自中西两个语境词汇的论题，如同论及任何中华与西方文明对话的问题，一个必须前提，是事先弄清楚它们各在本语境的原本语义；即是说，不能望文生义地理解“启蒙运动”、“现代性”字面意义，误认为是原英语的“The Enlightenment”、“Modernity”。“The Enlightenment”（启蒙）是19世纪后半叶英语才用起来的术语，与思想人物的文化革命、理性、个人主义、挑战传统等主张是无法分开。就天主教、路德教、改革宗教会、英国国教关于“忏悔”问题的辩论而言，其目的是为确立那个教派才应该“掌握真理与上帝赋予的权威”。

“Modernity”（现代性）作为历史，说法很多，但是主要与18世纪“启蒙运动”（或“理性时代”）同期；“启蒙”作为特有西方哲学运动，“Modernity”（现代性）根本是指与资本主义崛起相伴随而产生的社会关系。政治上，“现代性”的最早从马基雅维利开始，建立与传统道德相脱钩的争夺与维持个人权力手段的“政治学”。作为表述“现代社会”或“工业文明”，“现代性”喻义：(1) 人对世界的干预；(2) 工业生产、市场经济的复杂社会经济机制；(3) 公民契约国家与个体民众“民主”。“现代性”的核心含义是获得从宗教（特别是基督教统治）解放的世俗化。

其实，“The Enlightenment”（启蒙）和“Modernity”（现代性）是远比人们（特别是中国人）的想象复杂得多的概念；之所以复杂，就如同一整套西方学术术语与概念中的任何一个一样，听起来是一个词汇，它所涵盖的意义却是所有用这个词汇论述自己思想的人，即在很大程度上，是千差万别的意义，太庞杂且说不一，甚至由于不可同日而语的阴错阳差语义，人们卷入讨论，都是在自己界定意义基础之上。由于在西方是这种情形，要是与中国思想文化语境的观念结合形成议题，相提并论，结果会经常是一件谈论风马牛不相及事情的、难以进行的课题。

更何况，“启蒙”被指控发生了“辩证”变化，走到了自己的反面。“启蒙”虽然在很大意义上为视为“思想的进步，目标是将人类从恐惧从解放出来，将他们改变成主人”，但是整个获得启蒙的“地球”却呈现灾难来临的乱象。当代社会学批判理论将“理性化”揭示为比韦伯给予的更具负面意义的概念；“理性化”过程，一种“为进步而进步”的过程，已经在很大程度上如批判理论所说的，是反面的、给现代社会带来失掉人性的力量。

无论我们去寻找“启蒙运动”、“现代性”、“文明”等概念在西方思想历史文化语境中的语义有多么复杂，将它们与中华传统的“天人合一”相提并论，还是有一条出路的，那就是比较中西哲学阐释学，即在中西方各自阐释视域中分别对待在西语本身语义的“The Enlightenment”（启蒙）、“Modernity”（现代性）和“civilization”（文明）等一系列概念以及“天人合一”。我们可以确定的是，“The Enlightenment”（启蒙）、“Modernity”（现代性）和“civilization”（文明）无一不蕴含一个“一多二元”宇宙观，即“一”作为唯一本体始源的超绝主义；“多”作为以“一”为始因的“果”的万物“个体”，“一与多”、“多之间”都是二元对立关系，所以它们都是超绝性与个体性派生而来概念。在这个视域中，“启蒙”、“现代性”和“文明”皆是由“一己主义”（individualism）一以贯之的一套话语系统。“individualism”所基于的宇宙观、认识论、思维方式、价值观，就是预设推定而人类经验所不存在的超绝主义与本质主义的“个体性”（individuality）。

恰恰是在这些最根本哲学元素问题上，中华“天人合一”观念是不含假设推定超绝主义与二元对立的“一多不分”；“一”谓天地人浑然而一，天地人、万物皆为内在联系、互为延续不分的。这是属于一种特有自然宇宙观。超绝、本质的“individuality”该是一种西方式“同而不和”。正是如“天人合一”这样的整体性，非从本体、个体假设出发，而是从人类经验出发以一切相系不分为着眼点，其认知论、思维方式、价值观，是今天这个世界缺乏的；这样使危机重重局面下，中华文化与西方后现代文化相互照应结合，在很大程度上可能成为未来世界文化重构的重要价值选择。

比较《福乐智慧》与《论语》的治国之道

土耳其安卡拉大学 欧 凯

一、研究动机

首先要说明的一点是，被中国学界称为维吾尔族诗人、思想家的玉素甫·哈斯·哈吉甫（YUSUF HAS HACİB），也被土耳其人视为是土耳其诗人、思想家。他所写的《福乐智慧》（KUTADGU BİLİG），被视为是土耳其重要文学著作之一，与突厥语大词典[①]并列为土耳其文学两大经典古籍。这跟土耳其共和国成立之后，土耳其学界普遍认为中国北方民族匈奴、突厥、回纥是土耳其民族的祖先，其后的维吾尔族是土耳其兄弟的看法有关。本论文因为是以中文在中国发表，因此入境随俗称之为维吾尔族诗人、思想家。

《福乐智慧》是 11 世纪维吾尔族诗人、思想家玉素甫·哈斯·哈吉甫撰。原名为《赐予幸福的知识》，《福乐智慧》是约定俗成的译名。作者玉素甫·哈斯·哈吉甫（约 1010—1092），是维吾尔族的诗人和思想家。作品采用中世纪诗歌中的玛斯纳维（双行诗）形式，以阿鲁孜格律中的木塔卡尔甫韵律写成。全书共 85 章，另有 3 首箴诫诗，共 13290 行（不包括后加的序言）。成书于 1069～1070 年。

玉素甫·哈斯·哈吉甫于 11 世纪初叶出生在喀拉汗王朝的首府巴拉萨衮（又称“虎思斡耳朵”，遗址在今苏联吉尔吉斯共和国楚河南岸），后来生活和创作於喀拉汗王朝的另一个政治文化中心喀什噶尔。在他 50 多岁时，于 1069 至 1070 年，完成此书，并把它奉献给当时喀拉汗王朝的君主阿布·阿里·哈桑·本·苏莱曼·布格拉汗。布格拉汗对这部巨著十分赞赏，授予玉素甫以“哈斯·哈吉甫——御前侍臣”的称号，

---

① 《突厥语大词典》是在 11 世纪喀拉汗王朝由马哈茂德·喀什噶里用阿拉伯语解释突厥语的综合性知识辞书。于 1071—1073 年在巴格达用阿拉伯文写成，1074 年经修订后献给阿拔斯王朝第二十七任哈里发穆克太迪（1075—1094 在位）。全书用阿拉伯字母标音，用阿拉伯文注释，共收词 7000 多条，按词的语言结构分为 8 卷，每卷分静词和动词两部分。

让他在宫廷供职。卒年不详。

玉素甫·哈斯·哈吉甫生活的年代，曾经盛极一时的喀拉汗王朝已经分裂为东西二部，宫廷内讧，战乱频仍，法度毁坏。面对这一社会现实，诗人创作了以阐明兴邦治国之道为主题，“把人们导向幸福”的《福乐智慧》。

土耳其学者阿果普迪拉恰尔（Agop Dilaçar）在《福乐智慧研究》（Kutadgu Bilig İncelemesi）一书中指出，该书的《序言之一》明确表示：这本书是“以秦地哲士的箴言和马秦学者的诗篇装饰而成”。这里的“秦”乃当时契丹人的辽朝，而“马秦”则指宋朝，两者都是中国，其通用语为汉语，所以《福乐智慧》宣传的乃是中国的治国理论。① 而这就跟中国儒家经典论语所揭示的治国之道，产生了不可分割的关联，引发了我们进行比较研究的动机。

二、《福乐智慧》的版本与内容概要

《福乐智慧》流传至今的有三个抄本。一是维也纳本，于1439年在赫拉特城用回鹘文抄成，现存维也纳国立图书馆；一为开罗本，用阿拉伯字母抄成，现存开罗“凯迪温”图书馆；一为纳曼干本，或称费尔干纳本，也是用阿拉伯文抄写，比较完整，约抄写於12世纪末、13世纪初，现存乌兹别克斯坦科学院东方学研究所。

近世以来，各国学者对《福乐智慧》的研究取得了不少成果。土耳其学者对三种抄本进行汇校，於1959年出版了土耳其语的散文体译本。除此而外，在伊朗、阿富汗等地区也陆续发现有《福乐智慧》抄本残卷。一些东方学者与突厥学家很早就开始对以上不同版本进行解读、标音和转写，还进行了大量的翻译和研究工作。

中国近些年来也加紧了对《福乐智慧》的整理研究：1979年出版了汉文节译本，1984年5月又出版了由回鹘文转写而后又译成现代维吾尔语的全本，1986年10月又出版了由拉丁字母标音转写的汉文全译本。对《福乐智慧》及其作者的研究，目前在中国已初步形成一个有完整体系的“福乐智慧学”。

1986年9月和1989年10月曾两次在《福乐智慧》的诞生地——今喀什市召开了中国福乐智慧学术讨论会；1989年初，在喀什又专门成立了福乐智慧研究学会。近年来，又有乌兹别克文、俄文、英文译本。

《福乐智慧》主要表述治国之道与作者的思想观念，以独特的方式，塑造四个人物形象：国王“日出”，大臣“月圆”，月圆之子“贤明”，大臣的族人、修道士“觉醒”，以优美易懂的词汇分别向人们表达了“公正”、“幸运”、“智慧”、“知足”（一作

① Dilaçar, Agop, (1988), Kutadgu Bilig İncelemesi. T. T. K. Basımevi: Ankara. P160.

“来世”），反映当时人民期待统治者持法公正、抑制贪欲，使百姓得以休养生息、和平安宁的愿望，给予统治者以公平公正为核心，建立一个理想王国的建议与忠告。

第1—11章，表面看内容与书的主题无关。开篇四章先祈祷真主、穆圣和他的四个伙伴，并祈福和颂扬君王桃花石·布格拉汗，这是伊斯兰书面文化的表述程式，表明作者是虔诚的穆斯林，其余七章对全书内容作必要的解释和提示，相当于中国戏剧开场前的锣鼓声。

第12—23章，戏剧的序曲：国王日出四方纳贤，月圆闻讯前往王宫，得到国王的录用。他勤恳供职，天下大治，被封大臣，后不幸病倒，最后把儿子贤明托付给日出，并给国王写下《遗书》，重点提出“社稷”、即国家的概念，呼唤君王要“制定良法”，才能“社稷永固”，“流芳千古”。(1454—1461) 剧情正式进入主题。

第24—38章为第一幕：贤明进宫供职，向国王日出讲述国君和他手下九种官吏应具备的条件，重点为如何组建政府治理国家。其核心问题乃是要求君王全面加强自身修养，修己安百姓，提高执政能力，同时要求九种官吏忠于职守，在这里体现了儒学“正名”的哲学思想。

第39—67章为第二幕：贤明带着国王亲笔信邀请觉醒参政遭到拒绝；国王再次写信请觉醒出山，由此引出第47—66章的内容，贤明圆满回答觉醒的考问。对话内容是对社会15个阶层进行分析，核心是制定亲民政策，要求执政者关注民生，兼顾各方，才能国泰民安。

第68—71章为第三幕，剧情高潮：国王第三次写信给觉醒，表示放弃初衷，只求见他一面。觉醒前往皇宫，引出第71章《觉醒对国王的告诫》。由于觉醒无任何财产，《告诫》实际上是一场最高执政者和底层代表的对话，其核心则是人民呼唤法治，要求国王把法官摆在储君之上！

第72章为第四幕。《告诫》之后，国王坐卧不宁，引出第72章《贤明对国王论治国之道》，讲述诸如疏通商道、加强治安、整顿金融、施教于民、合理税收等具体措施，指出一条和谐社会的富民之路：让民众各就其位，各尽其能，发展经济，创造财富，由贫困到小康，最后走向富裕！

第73—85章为故事尾声。重点塑造觉醒的艺术形象：先是力阻贤明走修道士遁世的道路；接着病危，召呼贤明前来料理后事。这就是第81章《觉醒对贤明的遗言》，揭示出修道士的真实心灵——苦恋自己的祖国和人民！最后觉醒离开人世，他别无遗产，只留下一钵一杖，实际上就是一个讨饭碗和一根流浪棍——赤贫！国王留下了手杖，希望能给自己带来福运——那是要君王记住人间还有许多穷汉流离失所；贤明留下食钵，里面空空如也——那是要辅臣记住尘世还有遍地饥民饿殍。《福乐智慧》给人类创造了一个忧国忧民的不朽的悲剧形象——觉醒！

《福乐智慧》的确在阐述国君如何使用权力治理国家的主题，是一本用古突厥—回鹘文写成劝喻君王治理国家的《劝政书》。

三、比较《福乐智慧》与《论语》的治国之道

1. 君德与正名

《福乐智慧》对权力中心——王廷的设计，目的就是要保证国君的安全。俄国学者巴尔托里德这样写道:“哈拉汗国（即喀喇汗朝）和一切游牧帝国一样，将族产观念从私法领域带入了公法领域。国家被看作是整个汗族的财产，分藩而治，大的藩国复分为许多小的采地；一些强大的藩主往往不听大汗的号令。分封制度从来就是内讧频繁和统治者经常更换的根源。”[①] 喀喇汗朝在建国初期实行的就是“封建亲戚”的制度，但常常引起皇室内斗。诗人优素甫已经看到问题的存在，所以非常注意对国家权力的使用给予必要的调整!

《福乐智慧》不谈分藩而治，而是在第28—38章仿此结构，设计了以国君为中心的中央政府（实乃“中央集权制”）。其官员分为大臣、将军、御前侍臣、宫监、使节、书吏等共九类，让他们代替藩王，其共同点就是保证对君王的忠诚。这些官员的选拔都有严格的条件。

玉素甫强调良君对国家的重要性，因此对于君王的品德与学识有许多劝喻。

君主应当是人间的精英，要品质优良口心端正/要博学多智，爱护人民，要知足不贪，心地宏仁/要时时处处多兴善举，要知耻知礼富有温情/这样的伯克才配作人君，这样的君主有好的子孙/办事应当以知识为始，智慧使事情得以善终/国君治民应当运用知识，没有知识，智慧也无用。(1963－1968)

在具体的言行中，《福乐智慧》曾要求君王戒酒戒色，第28章里共有21个双行诗:

“国君应戒酒，还应戒色/ 酒色会葬送人的幸运/ 人君若沉湎于饮酒作乐/ 老百姓将会遭受苦辛/ 人举若一味地贪求逸乐/ 国家受损，自己也陷于贫困……庶民好酒，钱财一风吹走/ 国君好酒，国家怎能稳定/ 国君若沉湎于饮酒作乐/ 怎能有理智办理人民的事情/ 国君若贪杯，狂悖堕落/ 国人皆成酒鬼，步其后尘/ 庶民的劣行，谁能纠正/ 国君的品德应纯净而正直/ 庶民向他学取优良品行/ 国君怎样对待礼法/ 庶民也效法他的习性。”(2091－2111)

《福乐智慧》里对理想君主还有许多具体的描述，比如:“牧民的国君要有威严/ 同

---

① (俄)巴托尔德著，张锡彤、张广德译:《蒙古入侵时期的突厥斯坦》，上海古籍出版社，2007年，第310页。

时也还要宽厚宏仁……有了威严，还要刑罚/ 刑罚的执行者应是国君/ 国君靠刑罚治国执政/ 庶民靠刑罚端正品行……对于坏人要施行刑罚/ 民间的污秽靠刑罚洗清/ 有两件事物是社稷支柱/ 是国家赖以生存的根本/ 一是让人民享有法制/ 一是向将士赏赐金银/ 有了法制人民喜欢/ 有了金银，将士高兴。”(2124—2134)

还要求君王言而有信，英勇无畏，谦逊大度。

食言之人，反复无常/无常之人，危害人民。(2039)

言而无信，危害他人/危害他人者，即是畜生。(2041)

人君还需要英勇无畏，有勇气才能抵御敌人。(2043)

国君还应该谦逊大度，谦逊又伴之以稳重娴静。(2049)

此外，《福乐智慧》里还设立一章《贤明论国君应如何日酬谢臣仆》专讲赏赐。

综上所述，句句都要求君王提高品德修养，并落实到爱民、公正、明赏罚、博学多智的言行上。《福乐智慧》深刻地阐述了国家、人民与君王的关系。

此外，《福乐智慧》全书还有月圆、贤明、觉醒三人对国君的进言。治理国家的四步策略，全部来自他们的谏言。尤其第71章《觉醒对国王的告诫》，描写的是两人的对话。一位是最高权威的君王，一位是一无所有的修道士。觉醒前后说了四点《告诫》，其中第四点是要求国王选好三种人担任法官、储君和大臣，认为“任此三职者秉政公正，黎庶得其福泽，如日照月升……此三职如果用人不当，国家的事情将不堪设想。”(5332－5334) 核心乃是呼唤法治，要求国王把法官摆在储君之上！

我们再来看《论语》，治国为政方面，孔子的核心思想是“政者正也”。这个“正”有两方面的含义：正人和正名。正人，是要使人走上正道，包括正人和正己。不只是对百姓进行道德教育，当权者自身要正。

“正”的另外一个含义是“正名”。齐景公问政于孔子。孔子对曰：“君君，臣臣，父父，子子。”(12/11) 即人人都安于其位，按他的身份做该做的事，享受该享受的权利，恢复原来的礼制秩序。

子路曰：“卫君待子而为政，子将奚先?”子曰：“必也正名乎?”子路曰：“有是哉，子之迂也！奚其正?”子曰：“野哉，由也！君子于其所不知，盖阙如也。名不正，则言不顺；言不顺，则事不成；事不成，则礼乐不兴；礼乐不兴，则刑罚不中；刑罚不中，则民无所措手足。故君子名之必可言也，言之必可行也。君子于其言，无所苟而已矣。”(13/3)

子路（对孔子）说：“卫国国君等着你去管理政事，你打算先从哪些方面做起呢?”孔子说：“首先，必须要纠正卫国名分不清的状况。”子路说：“有这样管理政事的吗?你的想法太迂腐了，管理政事怎么和正名分有关系呢!”孔子说：“仲由，你说话怎么这么没有礼貌啊！作为君子，对于他所不知道的事情，总是采取存疑的态度而不轻易发表意见。一个国家，名分不正，为政者所说的话就没人听从，没人听从，事情自然办不成。而事情办不成，国家的礼乐也就难以推广。礼乐难以推广，刑罚的执行很难公正。刑罚不公正，百姓就无所适从。所以，君子说话一定要和自己的身份相符合，说出来的话别人才会听从。所以啊，君子对于自己的言行，从不会像你这样马马虎虎对待的。”

这段话充分显示孔子的政治思想中，正名关系一切，名不正，言不顺，政令就无法推行，执法就无法公正。

由此延伸出要求官员严守职务分际，

子曰：“不在其位，不谋其政。”曾子曰：“君子思不出其位。”(14/26)

又因为上行下效，所以在上者的名分、操守，也是孔子重视的。

季康子问政于孔子。孔子对曰：“政者，正也。子帅以正，孰敢不正?”(12/17)

子曰：“其身正，不令而行；其身不正，虽令不从。”(13/6)

正名之外，孔子也强调君王应该具有的美德。儒家对皇帝的要求：以德治国——敬事，有信，节用，爱人，重礼，使民以时。

子曰：“为政以德，譬如北辰，居其所而众星共之。”(2/1)

季康子问政于孔子曰：“如杀无道，以就有道，何如?”孔子对曰：“子为政，焉用杀？子欲善而民善矣。君子之德风，小人之德草。草上之风必偃。”(12/19)

子曰：“道千乘之国，敬事而信，节用而爱人，使民以时。”(1/5)

定公问：“君使臣，臣事君，如之何?”孔子对曰：“君使臣以礼，臣事君以忠。”(3/19)

2. 求贤重知识与道德教育

《福乐智慧》《序言之二》中有诗句：“安邦定国的英明君主/ 应当任用能干的贤良/ 明君还须有贤哲辅佐/ 好似月光和明灯交映辉煌。”(40—41) 实际上《福乐智慧》的结构就是按照这种“明君治国，贤臣辅佐”的思想设计的。书中主要人物月圆就是因为日出王“需要一位贤者”做“辅弼”，(422) 看到“普天下之人都向往与他”，才自我推荐来到国王身旁供职。月圆逝死时又把儿子贤明托付于日出王，后来正是贤明向国王讲解如何组建以国王为中心的政府。因为日出王渴望再招纳一位贤才，与月圆一同治理国家，才有月圆推荐修道士觉醒出场。《福乐智慧》全书结构都与《求贤》思想串在一起，无法分开。

《福乐智慧》最大的特点就是从第 5 章的最后 146－147 双行诗，到最后一章第 6616 双行诗，许多章节都在反复劝谕和呼唤人们要追求知识。此外，作者还特地设计了第 51 章《论如何对待哲人、学者》，把知识对人的作用突现出来：

“学者、哲人是另一个阶层/ 他们用知识为世人将道理指明/ 要十分爱戴他们，尊重其意见/ 或多或少学其知识，探讨钻研/ 他们能将优劣好坏分清/ 他们的道路正直而纯净/ 学习他们的知识，用心钻研/ 满足其生活需要，莫出恶言/ 他们是真理和信仰的支柱/ 其知识是正教法典的基础/ 世上倘没有哲人和学者/ 地里种上粮食也不会有收获/ 他们的知识是照亮世人的火炬/ 黑夜有火炬，旅人不会迷路。”(4341－4347)

在第 72 章《贤明对国王论治国之道》还直接写道，要让学者“在安谧中将知识传授/ 使无知者从他们受到教益。”(5554)“此外还有济济的学者贤士/ 让他们为黎民传授知识。”(5587)

这里诗人玉素甫已经把为民办学，传授知识，疏导民风，作为国策向国王提出。

孔子也重视爱民，主张富民，但他又认为民富了，更要注意使人民受教育以提高素质。《子路》中记载“子适卫，冉有仆。子曰：‘庶矣哉’！冉有曰：‘既庶矣，又何加焉?’曰：‘富之’。曰：‘既富矣，又何加焉?’曰：‘教之’。”(13/9)

这段话的意思是说孔子到卫国去，冉有替他驾车，孔子看到卫国人口很稠密不禁称赞：“人口好多啊!”冉有问他人口多了，应该怎么办呢? 孔子说，应该让他们富裕起来。冉有又问，如果富裕了又该怎样呢? 孔子说，让他们受教育。

孔子主张行“仁政”，认为只有受过良好教育和具有治理国家的能力，并且有高尚道德的人，才能行“仁政”，因此，他很重视道德教育，他认为教育的目的就是培养君子儒，这种人具有高尚的道德，最高尚的道德就是“中庸之道”，还要懂得什么是仁。所谓“仁”，就是“克己复礼”，也就是能够用礼来约束自己，就能够做到“非礼勿视，非礼勿听，非礼勿言，非礼勿动。”“仁”也就是“爱人”。

孔子也主张治理国家的人一定要重视学习。他认为教育内容应“学以四教：文、行、忠、信。”也就是说从文化知识、社会实践、对人忠和讲究信用四个方面来教育学生。他最重视的还是道德修养，他说“弟子入则孝，出则悌、谨而信，泛爱众而亲仁。行有余力，则以学文”认为首先应教育学生在家孝顺父母，外出敬爱兄长，不多说话，说则诚实可靠，博爱大众，亲近有道德的人，在有余力的时候，就去学习文献。他认为首先要学习礼，“不学礼无以立”，意思是不学习礼，就没有道德标准，就失去了立足于社会的根本。他还重视学诗，认为“不学诗，无以言”，认为“诗可以兴，可以观，可以群，可以怨；迩之事父，远之事君，多识于鸟兽草木之名。”他说：“兴于诗，立于礼，成于乐。”

孔子除了传授知识之外，还特别重视教学生实践，使学生能够通过实践去理解道理，并提高工作能力，确实具有重视实践的思想。孔子认为学习的目的是为了应用，他说：“诵《诗》三百，授之以政，不达；使于四方，不能专对；虽多，亦奚以为?”意思是诗读得很多，很熟，让他从政，却不会办事，让他出国办外交，又不会独立地从事谈判，虽然读得多，又有什么用呢? 从《论语》中的记载来看，孔子的弟子很多，其中很多人都有专长，通过学习都能出仕为官，并能把学过的东西，用于治理国家，而且很有能力，这都说明孔子主张学以致用。

孔子主张："君子不器。"意思是说君子不能像器具一般，只有一种用途。而应该多才多艺，能够有多方面的知识和能力，这才能成为治国的人才。孔子主张"每事问"，不懂就问，他确实做到了虚心向一切人学习，因此他才可能成为当时博学多识的大学者，被人尊称为"圣人"。他的这种学习精神，今天也是值得提倡的。

更可贵的是孔子不讲鬼神迷信，"子不语：怪、力、乱、神。"

3. 法治与礼制

《福乐智慧》在第 23 章《月圆向日出王写下遗书》诗人特别强调"要制定良法"(1458)，"莫要制定酷法"(1459)。伊斯兰教认为《古兰经》为最高信典，也是穆斯林必须遵守的教律，否则就不是穆斯林。现在诗人优素甫却在这之外，提出了要君王另外立出"良法"来治理国家。只要仔细阅读一下第二十三章和第二十八章就可发现，在立法方面诗人写的都是世俗的事情，没有触及神的意旨。

《福乐智慧》一书中对立法的重视，源自对正义的重视。为此作者还专门设计了第 18 章《日出王向月圆讲述正义的实质》，全面诠释"正义"的含义。日出国王正是法制、正义的象征。国王这样说道："我审理百事，以正义为本/ 无论你是伯克，还是奴隶/ 你瞧我手中拿着大刀/ 它是我裁断百事的武器/ 我用此利刃来裁断诉讼/ 决不让诉告者耽延时日/ 你瞧我右边放着糖块/ 若有人受欺凌来寻求正义/ 他将会口含蜜糖满意而归/ 让他舒展愁眉，欢天喜地/ 你瞧我左边放着毒药/ 谁若是肆行暴虐，蔑视正义/ 我将对于他，绳之以法/ 要他愁眉苦脸，像喝了毒汁/ 我双眉紧锁，脸色阴沉/ 表明我对暴徒不留面子/ 无论是我儿子，还是亲友/ 无论是异乡人，还是过客/ 在法度上对他们一视同仁/ 对他们的裁决毫无二致/ 须知正义乃社稷之基石/ 君王正直，才能生存下去。"(809—819)，"社稷的基础建于正义之上，正义之道乃社稷的根底/君主对人民执法公平，定会实现愿望，万事如意。"(821)

所谓"正义"，就是公正执法，保护人民，真正做到"王子犯法、与民同罪"。显然《福乐智慧》的治国之道，重视社会正义与法律的刑罚能公正执行。

而《论语》则显示孔子的社会制度建设思想核心是——礼，礼绝对不只是现代人所理解的礼仪、礼貌，而是一整套社会制度，其规定的范围无比巨大，上到国家根本制度下到民众日常生活。礼的作用类似于当今法律的作用，但是比法律的作用范围要大得多。现代的法律有刑罚的作用，但是礼却不具备。礼是孔子一生的追求，孔子的政治理想就是以礼治国，实现礼制社会。

《论语·为政》中提道："道之以政，齐之以刑，民免而无耻；道之以德，齐之以礼，有耻且格。"(2/3)

也就是用行政命令来治理百姓，用刑法来制约百姓，老百姓只能勉强可知自己应避免犯罪而不知道犯罪是耻辱的事情；用德来治理百姓，用礼来约束百姓，老百姓就知道做坏事可耻而能自己纠正错误。

4. 农工商牧均重与患不均

《福乐智慧》第57章《如何对待农民》这样写道："瞧，还有一种人是农民/ 它们乃是十分有用之人/ 你要和这些人很好交往/ 生活中不会为吃喝忧伤/ 一切人都从他们那里获益/ 他们给人们赋予饮食的乐趣/ 一切能呼吸、知道饥饱之人/ 一切活人都需要它们。"（4400－4403）

玉素甫讲发展经济，不只是重视农业，还就商人、牧人和工匠方面专门写了《论如何对待商人》、《论如何对待牧人》、《论如何对待工匠》三个篇章。特别是第72章《贤明对国王论治国之道》又再次呼唤："让商人们保管好自己的储存/ 让工艺匠人们传艺给学徒/ 让农夫们精心种好稼禾/ 让牧人们繁衍增殖牲出。"（5589－5590）正是这农民、商人、牧人和工匠四种人，直接构成喀喇汗朝创造财富的阶层。

仔细研究《福乐智慧》的发展经济言论，发现因为喀喇汗朝位于丝绸之路，东来西去的商队都要经过这里，当时的回鹘人正由游牧民族向农业民族转化，《福乐智慧》的视野自然有所变化和超越。

《论语》子路篇有弟子问孔子学习农业的问题。

樊迟请学稼。子曰："吾不如老农。"请学为圃。曰："吾不如老圃。"樊迟出，子曰："小人哉，樊须也！上好礼，则民莫敢不敬；上好义，则民莫敢不服；上好信，则民莫敢不用情。夫如是，则四方之民襁负其子而至矣，焉用稼？"（13/4）

孔子首先指出术业有专攻，认为弟子问错人，接着对樊迟居然想学种粮种菜，感到不满。在他看来，当官为政的，只要做到好礼、好义、好信，四方之民就会携妻带子前来依附。后人常以此来说孔子不重视农业，其实是孔子注重道德教育的缘故，他不谈农事，因为不是他的专长，属于技术层面的知识，孔子注重分工与专业。

《论语》谈经世济民，是从道德层面来看，比如对于税收。

哀公问于有若曰："年饥，用不足，如之何？"有若对曰："盍彻乎？"曰："二，吾犹不足，如之何其彻也？"对曰："百姓足，君孰与不足？百姓不足，君孰与足？"（12/9）

鲁哀公问孔子弟子有若说："遭了饥荒，国家用度困难，怎么办？"有若回答说："为什么不实行彻法，只抽十分之一的田税呢？"哀公说："现在抽十分之二，我还不够，怎么能实行彻法呢？"有若说："如果百姓的用度够，您怎么会不够呢？如果百姓的用度不够，您怎么又会够呢？"

这段反映了儒家学派的经济思想，是由道德上的"爱民"出发。鲁国所征的田税是十分之二的税率，即使如此，国家的财政仍然是十分紧张的。这里，有若的观点是，削减田税的税率，改行“彻税”即什一税率，使百姓减轻经济负担。只要百姓富足了，国家就不可能贫穷。反之，如果对百姓征收过甚，这种短期行为必将使民不聊生，国家经济也就随之衰退了。

孔子曰：“……丘也闻有国有家者，不患寡而患不均，不患贫而患不安。盖均无贫，和无寡，安无倾。夫如是，故远人不服，则修文德以来之。既来之，则安之。今由与求也，相夫子，远人不服而不能来也，邦分崩离析而不能守也……”（16/1）

孔子说：“……我听说拥有邦国封邑的诸侯和拥有家族封邑的大夫，他们不担忧贫困而担忧分配不均匀，不担忧人少而担忧不安定。财物分配公平合理，就没有贫穷；上下和睦，就不必担心人少；社会安定，国家就没有倾覆的危险。像这样，远方的人仍然不归服，就修治文教德政来使他归服；已经使他们归服后，就要使他安定下来。如今由与求两人辅佐季孙氏，远方的人不归服，却不能使他们来归顺；国家四分五裂却不能保持它的稳定统一。”

孔子尊重各行业的专业知识，也重视财富的分配公平合理，也就是对各个行业的利益都要照顾到。

5. 军事目的在保国卫民

《福乐智慧》的军事思想集中在第30章《贤明对国王论将领应具备的条件》，强调了慷慨公正分配战利品，抚恤伤亡眷属在领兵带军上的重要性。

由于两人地位不同，诗人玉素甫更多的是讲临战的战术，就像《序言之二》里说的：“……国君如何指挥战争/ 战时如何把军队组成/ 战争中如何使用计谋/ 如何用计谋战胜敌人。”（44－45）

《福乐智慧》中提到战争的目的就是“不为自己儿女聚敛财富/ 不为田地和庄园搜刮金银。”（2278）这表明《福乐智慧》主张的战争不是为了去掠夺。是为了保国卫民。

“莫求兵多，须求兵精/ 要有精良装备，精选之兵/ 严明的军队以少胜多/ 人多的军队反不能取胜。”（2339－2340）呼唤“治军断不可没有纪律”，“号令统一，才能克敌制胜”，（2300－2301）要达到这个目的，平时要抓紧军训。

《福乐智慧》里有相应的诗句：“……啊，幸福的国王/ 有两件大事，意义非轻/ 一是文臣，执笔手上/ 一是武将，手握刀抢/ 这二者整肃国家的纪纲/ 二者结合形成无敌的力量/ 这些人应是优选之士/ 否则，国君会自寻灭亡/ 任用用得当，获益无量/ 否则，就会国损民伤/ 倘若国君是贤明之主/ 这二者又是民中之栋梁/ 他们会给国家带来益处/ 国君因之可把福享/ 请听治国的贤君把什么讲/ 须知贤者的慧言好比食粮/ 你瞧，得天下者凭借刀抢/ 御天下者凭借文治兴邦/ 凭借刀抢可把社稷迅速得到/ 没有文治则不能治国兴邦/ 凭借刀抢虽可夺得社稷/ 然而它却难以日久天长/ 文治出现在哪一个地方/ 那里的庶民就能获得吉祥。”（2417－2428）

《论语》则把军事作为政治的最后手段，

子贡问政。子曰："足食，足兵，民信之矣。"子贡曰："必不得已而去，于斯三者何先?"曰："去兵。"子贡曰："必不得已而去，于斯二者何先?"曰："去食。自古皆有死，民无信不立。"(12/7)

孔子把政权巩固的基础放在百姓的富足和信任上。正常情况下，先要使百姓富足，然后进行教化。即使经济有困难，也一定要取信于民。失去百姓的信任，尽管还有经济基础，政权也会垮台。孔子重视军事，但不好战，主张珍惜民力、严肃对待战争。

子曰："善人教民七年，亦可以即戎矣。"(13/29)

子曰："以不教民战，是谓弃之。"(13/30)

可以说，这是一种以人为主体的治国思想。全部儒学的出发点和落脚点，就在于提高每个人的素质。

四、结语

《福乐智慧》是21世纪维吾尔土耳其人在中亚喀什噶尔建立喀拉汗王朝后，思想家玉素甫 哈斯哈吉甫为向君王献治国良策而创作的一部劝喻长诗，福乐智慧的研究自19世纪以来，就被中外学者所注目。

《论语》所代表的儒家思想则是中国的主流思想，影响社会文化非常深远，儒家所提倡的"明明德、亲民、止于至善"、"修身齐家治国平天下"的内圣外王哲学正和福乐智慧所阐扬的修齐治平哲学遥相契合，因此本论文由福乐智慧一书的中国文化影响出发，探究两书在治国之道上的主张。分别就五个主题（1）君德与正名；（2）求贤重知识与道德教育；（3）法治与礼制；（4）农工商牧均重与患不均；（5）军事目的在保国卫民，比较《福乐智慧》与《论语》的治国之道，虽然在着重的面向与力度有小异，但是都主张施行爱民仁政，尊尚知识，重视贤能，行德治、重礼制、法度，以为富民教民才能富国强兵。

比较的结果除了显示文化交流的影响，也彰显人类智慧思想结晶的共通性，位于东西文化交流要道、南北丝路交会点的喀什噶尔所孕育出的思想家玉素甫和东方孔子在思想内涵上，具有以人道主义为基础的东方哲学特质。

儒學與當代文化的發展和不同文明的對話

——在北京紀念孔子誕辰 2565 周年國際學術研討會上的講話

香港孔教学院 汤恩佳

各位領導、各位專家同道、各位朋友：

欲復興中華民族，必先復興中華文化；欲復興中華文化，必先復興儒家文化。對於儒家文化的偉大價值，習近平主席說："要通過研讀優秀傳統文化書籍，吸收前人在修身處事、治國理政等方面的智慧和經驗，養浩然之氣，塑高尚人格，不斷提高人文素質和精神境界"。今天是孔子誕辰 2565 周年紀念日，國際儒學聯合會、中國孔子基金會、聯合國教科文組織聯合舉辦紀念孔子誕辰 2565 周年國際學術研討會，大家要努力精進，研究、傳播、踐行、運用、發展儒家文化，使儒家文化成為當代文化的重要組成部分。在此，我代表香港孔教學院祝會議圓滿成功！

一、運用儒學建設當代道德文化

何謂道德？道得之於己，內化於心，見之於行，就是德。道在何處？道就在儒家經典之中。2011 年 5 月 9 日，時任國家副主席習近平考察貴州大學中國文化書院，在與師生座談時說："我們的一切學習都是為了學以致用，中華民族連綿不斷的五千年文化，是我們的自豪所在，一定要發揚光大，使之成為推動中華民族偉大復興的巨大動力。學習國學的目的，不是為了把它當古董擺設，也不是食古不化、作繭自縛，而是要變成內心的源泉動力，做到格物窮理、知行合一、經世致用。"格物窮理、知行合一、經世致用等觀念，正是弘揚儒家文化的正確途徑與方法。儒家文化提供了豐富的治國經驗，提供了修身處世的基本原則，需要每一個中國人認真學習。去年 11 月 26 日，習近平主席來到曲阜和孔子研究院參觀考察，在孔子研究院同專家座談時表示："研究孔子和儒家思想要堅持歷史唯物主義立場，堅持古為今用，去粗取精，去偽存真，因勢利導，深化研究，使其在新的時代條件下發揮積極作用。"習主席強調："一個國家、一個民族的強盛，總是以文化興盛為支撐的，中華民族偉大復興需要以中華文化發展繁榮為條件。對歷史文化特別是先人傳承下來的道德規範，要堅持古為今用、推陳出新，有鑒別地加以對待，有揚棄地予以繼承”。習主席認同儒家制定的道德原則，這對儒家文化的傳播具有重要的指導意義。

儒家的道德觀念得到了全世界人民的認同。美國出版的《世界名人大辭典》和英國出版的《人民年鑒手冊》將孔子列為世界十大思想家之首。美國總統列根曾說：“孔子高貴的行誼與偉大的倫理道德思想，不僅影響了他的國人，也影響了全人類。孔子學說世代相傳，提示全世界人類豐富的為人處世原則。”英國行政官員莊士敦認為，中國人如果“不崇敬孔子”，“不誦習孔教之奇經偉典”，就會成為“中國人之禍害”。英國湯恩比說：“中國文化如果不能取代西方成為人類的主導，那麼整個人類的前途就是可悲的”。

當代人類面臨著極其深重而且日益擴大的道德危機，出現拜金主義、享樂主義、個人主義、消費主義、見利忘義、損公肥私、不講信用、欺詐訛騙、以權謀私、暴力橫行、自殺增多、犯罪猖獗、對立衝突、流血戰爭、恐怖襲擊、邪教肆虐、環境污染、吸毒販毒等現象。而要克服以上種種道德危機，只能大力發揚孔子儒家的五倫五常之道。“五倫”是基本的五種人倫關係，即父子、君臣、夫婦、兄弟、朋友五種關係。《孟子·滕文公上》：“父子有親，君臣有義，夫婦有別，長幼有序，朋友有信。”孟子認為，父子之間有骨肉之親，君臣之間有禮義之道，夫妻之間摯愛而又內外有別，老少之間有尊卑之序，朋友之間有誠信之德。具體的要求就是：為臣的，要忠於職守，為君的，要禮待他們；為父的，要慈祥，為子的，要孝順；為夫的，要主外，為婦的，要主內；為兄的，要照顧兄弟，為弟的，要敬重兄長；為友的，要講信義。

二、運用孔教建設當代宗教文化

在世界各大宗教中，孔教在培養人的道德觀方面有博大精深的理論與踐行。先賢康有為先生、陳煥章先生力挽狂瀾，提出“保國、保種、保教”，掀起了孔教復興運動。陳煥章先生將孔教定義為神道之教與人道之教，所謂人道之教，即是道德宗教，是入世之教，是教化之教，是禮樂之教。

儒學一直存在著，但儒學常常存在於學術圈子中，與廣大人民相脫離。有些儒學研究者借用西方的邏輯、概念、方法，將儒學變成抽象的知識，運用深奧晦澀的詮釋方式，加入專家學者才能懂的術語，反而為儒學的傳播製造障礙。所以，在儒學之外，應當大力推進孔教復興。

儒學與孔教相輔相成，在培養中國人的道德觀、培養民族精神、增強民族凝聚力各方面有著不可替代的偉大價值。任何宗教都有其理論形態，如孔教有儒學，佛教有佛學。其實，孔教本身已包括了儒學，儒學就是孔教的理論形態。張岱年先生在《孔學論集》中作序指出："孔子提出人生必須遵從的為人之道，使人民有堅定的生活信仰。在這一意義上，孔子學說又具有宗教功用，可以說孔學是一種以人道為主要內容，以人為終極關懷的宗教。"這就清楚說明了孔教與儒學的內在關係。臺灣地區和日本、韓國，儒釋道三教是他們的傳統宗教，而且經濟相當發達。在日本，洋教徒只占0.2%，但日本人民團結一致，同心合力建設現代化。臺灣地區在保護自己的傳統宗教方面也做得好，只有百分之二的人接受外來宗教，其成功經驗值得我們學習。

清末民初，以康有為、陳煥章為代表的一批學者，致力從理論上彰顯儒學的宗教性，在康氏看來，儒教（孔教）同其他宗教一樣，也有自己的教主、教義、教儀、信仰以及眾多的教徒。孔子是儒教的創始人，是儒學的倡導者，"為神明，為聖王，為萬民作師，為萬民作保，為大地教主。"（《孔子改制考·序》），又說："昔者吾國人人皆在孔教中，魚相忘於江湖，人相忘於道術，則勿言孔教而教自在也。"（《孔教會序》）錢穆先生所著《孔子與論語》一書說："一種哲學，博得多數人信仰，便成為一種宗教。"這些是說明孔教與儒學是一體兩面的關係。

傳播儒家文化，我們要高舉孔教和儒學兩面旗幟。在學校、公眾論壇、大眾媒體上，如不講孔教，可以講儒學。而在孔廟等宗教場所，我們就以孔教的方式推廣儒家文化。如果這樣，就開闢了儒家文化傳播的廣闊管道。信不信孔教，是個人自由。不信孔教，可信儒學，但不能否定孔教（儒教）是宗教，正如我不信基督教，但不能否定基督教為宗教的道理一樣。所以，儒學學者，絕對不要去貶低或否定孔教，孔教信徒也不可去貶低儒學學者，大家都是在弘揚孔子儒家文化。

三、運用儒學建設當代價值體系

今年五月，習近平主席在北京大學師生座談會上發表講話，他說："中華文明綿延數千年，有其獨特的價值體系。中華優秀傳統文化已經成為中華民族的基因，植根在中國人內心，潛移默化影響著中國人的思想方式和行為方式。今天，我們提倡和弘揚社會主義核心價值觀，必須從中汲取豐富營養，否則就不會有生命力和影響力。比如，中華文化強調"民惟邦本"、"天人合一"、"和而不同"，強調"天行健，君子以自強不息"、"大道之行也，天下為公"；強調"天下興亡，匹夫有責"，主張以德治國、以文化人；強調"君子喻于義"、"君子坦蕩蕩"、"君子義以為質"；強調"言必信，行必果"、"人而無信，不知其可也"；強調"德不孤，必有鄰"、"仁者愛人"、"與人為善"、"己所不欲，勿施於人"、"出入相友，守望相助"、"老吾老以及人之老，幼吾幼以及人之幼"、"扶貧濟困"、"不患寡而患不均"，等等。像這樣的思想和理念，不論過去還是現在，都有其鮮明的民族特色，都有其永不褪色的時代價值。"上述習近平主席的講話所引用的經典語句，百分之百都是儒家的經典語句，其中大部分是孔子的語錄。由此可見，習近平主席非常認同儒家的價值觀。

人的生命之所以高於動物、植物，是因為人有價值觀。荀子說："水火有氣而無生，草木有生而無知，禽獸有知而無義，人有氣有生有知亦且有義，故最為天下貴也。"（《荀子・王制》）中國和西方由於是不同的文化體系，在價值觀上有重大的差別。但是，中西方文化都為人類貢獻了偉大的價值，仁愛、誠信、忠孝、自由、平等、人權、法治、民主、健康、智慧、勇敢、道義、正直、公平、文明、幸福、和諧、互助、信賴、友善、責任等等。當代儒家完全認同以上這些價值。這些價值觀存在於何處？就存在於經典之中。《大學》講："自天子以至於庶人，一是皆以修身為本"。修身不可能憑空進行，只能依照經典的教導來展開。新加坡政府1991年頒佈的《共同價值觀白皮書》中所提出的"國家至上，社會優先；家庭為根，社會為本；關懷扶持，同舟共濟；求同存異，協商共識；種族和諧，宗教寬容。"正是將儒家價值觀與西方價值觀融合的產物。儒家通過經典教育，培養君子人格。按孔子的要求就是："志於道，居於德，依於仁，遊於藝"。按孟子的要求就是"富貴不能淫，貧賤不能移，威武不能屈"。

當今教育強調，要讓學生從經歷的各類事件中獲得認知與體驗，並通過處理這些事件，培養他們正面的價值觀和積極的生活態度。這種"生活事件方式"教育是有價值的，但我們認為也有明顯的不足之處：現今世風敗壞，存在著大量的消極的"生活事件"，例如：各種醜聞、流行的庸俗文化、暴力、色情、詐騙、高消費等等，對這些"生活事件"，學生難免從中接觸到各種有害的思想觀念，更有甚者，有人卻去嘗試那些不良行為。這些精神毒素，直接影響到年輕學生。補救之道是，推行以四書五經為主要內容的中華傳統經典教育，通過經典薰陶，樹立一個理想的、道德的精神世界，使學生從中吸取力量去抗拒敗壞的世風。

四、運用儒學建設當代政治文化

建設當代中國文化，最重要的舉措就是將傳統文化經典作為當代文化的基礎。2013年11月26日，習近平先生來到曲阜和孔子研究院參觀考察，在孔子研究院看到《孔子家語通解》和《論語詮解》兩本書，他拿起翻閱，然後說："這兩本書我要仔細看看。"總書記帶頭讀《論語》，全國的黨員幹部也應當一起學習《論語》。在政治上，孔子認為道統高於政統，宣導"以道事君，不可則止"（《論語・先進》）。孔子認為，君臣雙方互盡義務而不是臣下對於君上的單方面服從，提出"君使臣以禮，臣事君以忠"（《論語・八佾》）。如果君王有錯，臣下應當加以糾正。郭店楚簡《魯穆公問子思》

中子思說“恒稱其君之惡者，可謂忠臣矣”。內聖是以仁爲核心的高尚的道德品性，而外王則是生命個體對外産生積極的作用，産生利國利民的成果。在現代社會，科學與民主，首先必須以道德品質為基礎，在人的善良動機之下去運用，才有正確的方向；同樣，內在的道德品質如果不借助科學與民主向外發生作用，就不可能産生經世濟用的效果，就會流於虛玄與空談。黃梨洲《明夷待訪錄》提出了以學校作為議政機構以制約君權的設想，“必使治天下之具皆出於學校”，並以學校作為最終裁決是非的機構，學官則由選舉産生而非政府任命。孫中山先生的三民主義，是以孔孟思想為基礎，適應時代的需要而提出的。他說“兩千多年前的孔子孟子，便主張民權、民主選舉；孔子說，‘大道之行也，天下為公’，便是主張民權的大同世界”。《論語》中的“選賢與能”等如提倡自由選舉。近現代儒家，如康有為、章太炎、梁啟超、熊十力、梁漱溟、牟宗三和唐君毅沒有一個不贊成憲政民主原則的，說明儒家具有民主的傳統。

現行國際政治奉行的原則是“弱肉強食”的社會達爾文主義，霸權主義、軍國主義、種族歧視、恐怖活動嚴重地威脅人類的安全。儒家倫理宣導的“仁者愛人”、“忠恕之道”、“和而不同”三大原則，是孔教的基本教義，也是解決世界錯綜複雜的各種矛盾，維持人類和諧安寧的靈丹妙葯。如果世界各國、各大宗教、各民族都能共同認同並遵行這三大原則，就能重建世界的良好秩序，引導世界走上永久和平之路。

五、中華文明與西方文化的對話

習近平主席在聯合國教科文組織總部就文明對話發表重要演講，闡釋了儒家“和而不同”的道理，他說：“文明是多彩的，人類文明因多樣才有交流互鑒的價值。”，“文明是平等的，人類文明因平等才有交流互鑒的前提。”，“文明是包容的，人類文明因包容才有交流互鑒的動力。”

在當代社會，儒家文化完全可以同西方文化相輔相成，共同促進人類的進步。儒家文化崇尚禮教，西方文化崇尚法治；儒家文化崇尚道德，西方文化崇尚力量；儒家文化崇尚責任，西方文化崇尚權利；儒家文化崇尚智慧，西方文化崇尚知識；儒家文化崇尚天人合一，西方文化崇尚天人對立；儒家文化是家庭本位，西方文化是個人本位；儒家追求和諧，西方追求競爭；儒家文化崇尚秩序，西方文化崇尚自由。梁漱溟先生認為，“舊日中國社會秩序之維持，第一不是靠教會的宗教，第二不是靠國家的法律——或者只可說是靠道德習慣”，靠的是自律而不是他律，靠的是內在約束（道德、廉恥），而不是外在約束（法律、宗教）。當然，我們也要看到，現代社會很複雜，人既需要道德的內在制約，也需要法律的外在制約。

在社會生活中，儒家宣導禮樂文化。現代化絕對不能是西化，抗拒全盤西化的有力手段就是儒化。早在20世紀初，辜鴻銘就說過：“洋人決不會因為我們歌曲髮辮，穿上西裝，就會對我們稍加尊敬。我完全可以肯定，當我們中國人變成西化者洋鬼子時，歐美人只能對我們更加蔑視。事實上，只有當歐美人了解到真正的中國人——一種有著與他們截然不同卻毫不遜色於他們文明的人民時，他們才會對我們有所尊重。”《孔子集語·勸學》說：“子曰：……不敬無禮，無禮不立”。至於禮樂中的“樂”，音樂的主要功能之一就是陶冶性情，導人向善，通過心性的和諧而達致社會和諧。儒家提倡的是“德音”，即具有道德教化效果的音樂。荀子《樂論》說：“樂行而志清，禮修而行成”，說明禮樂文化的作用在於陶冶性情，培育道德，形成良好的行為習慣，最終的結果是導向社會和諧。

六、儒家文明與基督教文明

儒釋道三教同爲中國本土宗教，應當成為中國的主體宗教。在當今西化浪潮之下，儒釋道三教的生存與發展都面臨著一定的壓力。在宗教領域，如果不用中華傳統的宗教去弘揚，必然使人民生命信仰無法建立，更為外來宗教的傳播大開方便之門。在宗教領域，儒釋道三教若得不到國家的強力支援，在宗教競爭中就會明顯處於劣勢。

全世界的宗教應呈現多元發展。關於儒家文明與基督教文明，我的看法是，按孔子“和而不同”的理念，儒教並沒有排他性，儒家文明與基督教文明是不相衝突的，但一定要擺正兩者的關係。中華民族應當信仰儒釋道三教，而且應當以儒教為主體，因為儒教與中華民族的歷史傳統、傳統文化、民族特性密切相關；西方民族信仰基督教，以基督教為主體宗教，因為基督教與西方民族的歷史傳統、傳統文化、民族特性密切相關。王炳燮在同治年間說道：“中國之人自有中國之教，為中國子民即當尊重中國聖人之教，猶之為外國人也世守外國之教也。”

可惜，基督教傳到中國時，有些傳教士並不尊重中國傳統的宗教信仰。清末西方來華傳教士宣稱：“欲求吾道之興，必先求彼教之毀”，他們最反對尊孔祭祖。

全盤西化浪潮席捲中國，中國有一些文人政客否定自己的宗教文化。在各種勢力的打擊下，儒教在中國喪失了立足之地，佛教道教也隨之衰微。於是，宗教文化的陣地讓出來，讓外來宗教大舉進入。

日前，來自美國普渡大學中國宗教問題學者楊鳳崗的一項研究預測受到了國際媒體的關注。他預測說：中國的基督徒將在2025年達到1.6億，到2030年超過2.47億，“中國將在15年後超過美國，成為世界上信仰基督教人數最多的國家”。

基督教在中國傳播是可以的，中國政府也採取了很寬大的政策。但是，如果中國成了世界第一大基督教國家，就造成嚴重失衡。中國會步非洲大陸的後塵，變得更加貧窮。非洲人民感歎："白人來的時候，我們有黃金，他們有聖經；白人走的時候，我們有聖經，他們有黃金。"

中國人民給人類的最大貢獻就是孔子儒家思想。法國思想家伏爾泰崇拜孔子，對中國的道德及政治制度極其嚮往，對西方神學、神的啟示不遺餘力的進行抨擊，他讚美孔子只訴諸道德，不宣傳神怪，而歐洲教會恰恰相反，因此不能像中國人一樣，真是不幸。他認孔子為天下唯一的師表，在自己的禮拜堂懸掛孔子相，寫詩讚美，朝夕禮拜。百科全書派的另一位代表人物，法國哲學家霍爾巴哈主張以儒家理性道德觀念代替基督教神性道德觀念，並且像中國那樣把政治和道德結合起來。他說在中國，道德成為唯一宗教。他強調"歐洲政府非學中國不可，中國是世界上唯一的將政治和道德結合的國家。

本來，中國的"天人合一"的生存模式是人類的希望。如果西方文化主導了中國，中國也會隨著西方走自我毀滅的道路。按日本（神道教和佛教）與臺灣地區（孔、道、佛的一貫道及其他本土宗教）的經驗，在本土宗教昌盛的情況下，外來宗教很難發展。日本的基督教信徒只占人口的0.2％，天主教佔總人口的0.02％。我國應當吸取經驗，以儒教為中國國民的主體宗教，外來宗教只能作為補充。

七、儒家文明與印度文明的對話

中國佛教是由印度傳過來的，但已不是印度佛教的原樣，而是印度佛教同中國的儒家文明、道家文明相結合，形成中國佛教。孔教所主張的"仁、義、禮、智、信、忠、孝"等道德觀念，是中華民族傳統道德觀的主要內容，也是當代中國精神文明建設的基礎。佛教傳入中國之後，正是認同了以上倫理觀念，佛教才具備了豐富的倫理觀。在宋代，理學家走的是儒、釋、道三教通融的道路，並沒有削弱儒教，反而推動儒教達到了鼎盛時期。趙樸初先生、星雲大師宣導"人間佛教"，表明了佛教吸取了儒家現實生活倫理觀，關注現實人生。現在，許多佛教、道教的朋友，在宣傳本教教義的同時，都在宣傳孔子儒家思想。當然，儒教在當代社會要發展，也應當吸取佛教中的優秀成份。

儒釋道三教都追求和諧、和平，在中國幾乎沒有宗教戰爭。佛教主張，"和諧世界，從心開始"。淨空法師的《和諧拯救危機》電話節目，運用佛教原理，結合儒家思想，在中國產生很大的影響。在宗教領域，儒教就是孔子貢獻給人類的精神珍品。儒教是屬於全人類的，因爲，儒教是最符合人性的宗教，因而可以超越國界，超越時空，超越民族，成爲全人類寶貴的精神財富。孔子儒家思想"和而不同"的原則，不強求各種文化在內容上和形式上的相同，而是承認各種文化在內容上和形式上的各自具有不同的特色，只要堅持“和爲貴”的原則，採取寬容的態度，就能保護和發展世界各族人民的民族文化，避免世界文化的單一化和平面化，按照“和實生物”的原理，達致世界多元文化共存共榮。

在中國歷史上，以儒教為國教，以佛教、道教為兩翼，三教互補，各得其所，大道並行不悖。此是中國宗教界的優良傳統，我們應當繼承和發揚。在香港，有六宗教聯席會議，表現出宗教界團結合作之精神。儒釋道三教互補，這是中國宗教界的優良傳統，我們應當繼承及發揚。我們希望儒、釋、道三教，團結起來，共同弘揚中華傳統優秀文化，共同促進中國宗教文化事業的發展。在日本，儒釋道三教與神道教和諧相處，保持了國家的團結與穩定，沒有宗教的衝突與紛爭，促進了經濟的繁榮。在祖國大陸、臺灣地區、香港特區、澳門特區，儒釋道三教和諧共存，共同發展，有助於保持中華民族的民族特性，弘揚民族精神，培養傳統道德，促進社會的和諧。

中國當下最迫切需要的，就是通過重建儒釋道三教，形成中國人民的文化認同，並通過文化認同進而形成國家認同。中國大陸人民和港澳臺人民同時信仰儒釋道三教，就能達到同心同德的局面。中華民族要實現偉大復興，首要的問題就是要保持國家的團結與統一。保持國家的團結與統一，就需要國家認同。美國哈佛大學亨庭頓教授說，要用英語和基督教來形成美國的國家認同。相應地，我們也應當認識到，要用孔子儒家思想與漢語來構建中國的國家認同。統一的中華民族需要有一個強而有力的精神軸心，這個精神軸心就是孔子儒家思想。

回顧人類歷史，世界上每個國家、每個民族，都有自己的傳統文化、傳統思想、傳統宗教信仰、民族精神軸心。唯有這樣，國家民族才有根基，才能自立於世界民族之林。否則，就會走向民族虛無，最後被外來勢力顛覆，不戰而敗，與前蘇聯一樣，瓦解成十五個國家。

八、儒教與伊斯蘭教的對話

明末清初，中國的穆斯林學者相繼開展了以漢文譯著伊斯蘭教經籍的活動。他們著書立說，“以儒詮經”，將儒家文化與伊斯蘭教結合起來，被稱為“中阿兼通”，“懷西方（指伊斯蘭教）之學問，習東土之儒書”的“回儒”。出現了一大批代表人物和代表作品：如張中的《歸真總義》，王岱輿的《清真大學》，伍遵契的《歸真要道》，劉智的《天方性理》、《天方典禮》，馬注的《清真指南》，藍煦的《天方正學》等，影響甚廣。

對於至上神，孔教與伊斯蘭教有相同的看法。孔教的至上神是昊天上帝，簡稱為“天”。孔子即是昊天上帝在人間的使者，孔子說：“巍巍乎唯天為大”（《論語．泰伯》）

“天何言哉，四時行焉，百物生焉，天何言哉！”（《論語．陽貨》）“獲罪於天，無所禱也。”（《論語．八佾》）“予所否者，天厭之，天厭之。”（《論語．雍也》）“不怨天，不尤人，下學而上達。知我者其天乎？”（《論語．憲問》）昊天上帝無形無象，無所不在。伊斯蘭教認為宇宙之間是有主宰的，宇宙萬物是由大仁大慈、普育眾生、絕對獨一的“安拉”所創造，“安拉”無形象，無方位，也是無所不在。

社會和諧主要體現在“五倫”關係中，明末清初的伊斯蘭教學者劉智在《天方典禮》一書中，用了大量篇幅論述他的“五典”之說。所謂“五典”，實際上是指“君臣、父子、夫妻、兄弟、朋友”五個方面的人倫關係。儒家非常重視家庭和諧，宣導齊家之道，宣導“夫義婦順”。伊斯蘭文化重視家庭價值，認為家庭是男女雙方情投意合共同生活的合法正道。儒家非常重視孝道，認為孝道是“天之經”、“地之義”，孝道是行仁之始，主張父慈子孝。《古蘭經》中也主張對父母要孝敬，要謙卑，要和顏悅色相待，更時時感激雙親撫育之恩。孔教儒家主張仁政，對殘疾人、病痛者、老人等特殊群體實施“皆有所養”政策。伊斯蘭文化主張對貧者弱者要慷慨解囊，贈予財物。“天課”是穆斯林的五項天職之一，每人每年將淨收入的百分之二點五的錢財捐出，這是一個非常重要的制度。孔子具有人類最早的平等意識，他主張“有教無類”，“仁者愛人”。伊斯蘭教則主張，任何不同的種族膚色、不同性別的人、無論尊卑富貧，都應享有平等人權，在安拉真主面前人人平等。

本人堅信孔子儒家思想有六大主要功能：

一、能促進世界和平；

二、能提升全人類道德素質；

三、能與世界多元文化共存共榮；

四、是中國 56 個民族、13 億人民的精神軸心；

五、能促進中國和平統一；

六、能達致與世界各宗教文化平起平坐。

本院現在及將來要做的重點工作是：

第一、籌建孔子紀念堂（香港孔廟），以此作為向海內外宣傳孔教儒學的基地。

第二、向香港特區政府申請，將萬世師表孔聖誕定為公眾假期及教師節。

我們懇請在座各位給予精神上的大力支持！如同心同德表示贊成，則請熱烈鼓掌。謝謝各位，並祝各位事業進步，身心康泰！

儒学对当代文化建设的贡献

新加坡儒学会　陈荣照

历史上儒学作为东亚文明的主要体现，近代以来在中国大陆和东亚各国经历了磨难、否定之后，这些年有复兴和人气高涨的趋向。在当今的时代背景下，如何发展儒学文化？使之既保持自身的特质，又走向世界而成为人类社会共享、公共的文明财富和资源，为促进当代社会文化建设做出贡献，这是时代提出的需要解决的重要课题。

一、道德的建设

儒学的内圣成德之教、安身立命之道决定生命的目标、方向和文化理想。当今世界，和平、发展、合作已成为人类社会三大主题。经济全球化、政治多极化、文明多元化、信息网络化等已成为时代特征。儒学作为华夏文明的基础、主流或主干，对中国历史、现代社会及东亚地区影响很大。自近代以来，儒学发展历经坎坷，被视为封建主义的代名词，而遭到“五四新文化运动”和“文化革命运动”的冲击和否定。中国大陆改革开放以来，儒学的价值逐步为人们所认识。近年来，随着中国经济35年的持续快速发展，东亚经济的提升，港台新儒家对大陆学术界的影响，20世纪90年代以来国际形势的巨大变化，经济发展与道德滑坡、诚信缺失的矛盾以及个人灵与肉的矛盾冲突，促使人们倡导以德治国、以人为本、构建和谐社会，并寻找自己的民族之根和文化身份，从而引发了儒学复兴热，而儒学复兴热的兴起与东亚各国有识之士和海外华人的积极推动有很密切的关系。

在新加坡政府的大力推动与支持下，1982年新加坡教育部宣布将教导儒家伦理，旋即聘请了国外余英时教授、杜维明教授等八位知名学者，来新加坡演讲，宣扬儒家思想与中华文化，与各阶层人士辩论、交谈、解答疑问，唤起了公众人士对儒家思想的兴趣，以建立一种积极向上与向善的社会风气。并随即组成编写组，完成教材编写及展开试教、师资培训等各项工作。从1984年起，儒家伦理成为新加坡中学课程的一部分，共实施了八年之久。课程内容采取现代诠释，对儒家概念去芜存菁，去除陈旧的封建观念如愚忠、愚孝、重男轻女等，又以现代社会的观点诠释五伦关系，同时也照顾到青少年的心理需求。教材是多种形式的，除课本外，有学生作业簿、教师手册与辅助读本；特制的视听教材有录音带、挂图、幻灯片、投影机透明软片、教育电视节目与教学示范录影带等。这些教材都备有中、英文两种版本。儒家伦理课程采取新颖的教学方法，打破传统的只靠单一课本讲授的古老方法，代之以多样性、注重启发、思考、问答、讨论等活动教学法，如利用故事、诗歌、实例、生活事件等，以激发及引导学生养成正确的道德思想。这对学生的健康成长帮助很大。课程编写组成员不仅负责编写伦理课教材，还与教师、学生合作进行了一系列的辅助活动。以教师为对象的活动包括师训、教学视导、演讲会、研讨会、教师意见回报调查、出版简讯期刊等。以学生为对象的活动有：学生调查问卷、个别或分组谈话、学校演讲、学习营等，体现了新加坡儒家伦理课程所具有的特色。虽然后来因涉及宗教的原因而中止了儒家伦理课程的教学，但已产生了积极的效果和影响，如帮助学生建立健康的人生观，使之向上向善方面发展；在处世方面，帮助学生学到了做人的道理，在学校、家庭建立良好的人际关系，如尊师重道、孝顺父母等概念得到重视；此外，儒家课程加强了学生对中华文化历史的认识，使他们对自己的文化根源较有认识。学生对儒家伦理课程的教学反映也很好，据 1988 年学生（550 名）意见调查结果是 88％学生说读了儒家课程后对人际关系有更好的认识，而 1997 年调查数字是 80％以上的学生表示课程能够协助他们了解中国传统观念与文化。儒家伦理作为新加坡中学课程，首创以浅显易懂的现代语文，配以现代活动教学法，有效地传达儒家观念给年轻的一代，又能以中、英两种语文为教学媒介，任学生选读，证实了以英文教导儒学是可行的。从这个层面来说，儒家伦理可说是一个成功的道德教育实验。[①] 虽然这一课程后来被中止，但新加坡教育部仍积极着手在中学公民与道德课程中，加进更多儒家价值观的成分，不必标明是儒家，而须以儒家人文精神为核心。新加坡的华人社团、宗乡会馆、文教团体等也经常主办系列的成人儒家专题讲座，以宣扬优良的儒家观念。

儒家的伦理道德学说，体系完备，思想丰富、寓意深刻，其思想的核心是“仁爱”。“仁”是德性的实践和行动，是儒学文化的精髓，也是道德价值的根本，在历史上发挥了重大作用。然而自近现代以来，儒家的仁说受到片面的批判，被斥为“仁者吃人”，致使人们的道德水准普遍下降。加上儒家的道德人文遭到工业化和西化思潮以及“文革”批孔反传统的冲击，其社会影响力已经削弱。要使儒学在新时代得以承传发扬，重建儒学伦理是一项重要的工作。然而由于时代的变迁和随着经济、生产力的

---

① 刘蕙霞：《怎样编写与教导“儒家伦理”》，《儒学国际学术讨论会论文集》，济南齐鲁书社，1989 年，第 1361－1386 页。

发展而社会日益发生深刻变革的现实，要求儒家伦理的重建须与推进民主、依法治国相结合，才能体现新时代的特点，使儒家伦理精神发扬光大。

儒家伦理注重人与人之间互助交往的原则。儒家认为，人不是孤立自存的，而是处于各种人际关系之中，人只有在相互交往和协作中，才能生存和发展，而与人交往的基本原则也就是“仁”。在现代社会，当科学技术的日益发展给人类带来生活的诸多便利的同时，也带来了人与人、人与社会关系的紧张，传统的伦理道德失落，人性异化、冷漠、自私，人文精神下降，伦理道德观念混乱。其中包括广泛的暴力犯罪、道德败坏、贪污腐化、精神空虚等。这些社会问题单凭技术力量是不能解决的，而儒家的道德伦理思想正可担负起拯救人类精神堕落的重任，体现儒学伦理价值观的当代价值。通过在新形势下推行儒家伦理，可使儒家的注重修己爱人、强调设身处地为他人着想、讲求自省慎独、以礼待人、讲信用和尊重别人的精神得到社会舆论和青少年的重视，从而取得良好的社会效果。孔子的修身思想从人的自我完善的意义上讲，具有个人安身立命的意义；就其更大的目标而言，可陶冶良好的社会风气，达成天下太平的理想。

儒学的伦理价值思想重视个人对家庭、社会、国家和民族的责任义务。把个人价值置于社会价值之中，重视整体、社会、民族的利益，提倡群体和谐，强调民族团结和国家的统一，提倡国家利益高于个人利益，社会优先于个人，主张个人与社会协调发展。从而以对社会、国家贡献的大小，来衡量一个人价值的高低。这种伦理价值观具有纠正西方极端个人主义的积极因素，并对东亚地区的现代化起到了促进作用。社会实践一再表明，个人主义发展到极端，就会为了个人利益而不择手段地去损害他人和社会的利益，造成人际关系的紧张，产生各种严重的社会问题。对此，新加坡前总理李光耀先生明确提出了与西方个人主义价值观不同的社会价值，亦即是社会比个人更重要的亚洲价值观。他说：“无论是在繁荣的黄金时代或混乱的年代，亚洲社会从未把个人价值放在社会的价值之上。社会始终都比个人重要。我想这就是把亚洲从极大的苦难中挽救出来的价值观。”[①] 这种亚洲价值观强调“团队精神”、国家至上，提倡“人人对社会都应该尽点义务”，它推动了东亚经济的发展。实际上这体现了儒学伦理价值观对东亚各国人民的影响，“他们把社会的利益放在个人的利益之上，并不接受美国人那种无限度的个人主义”。重建儒学伦理，提倡具有约束自我的整体意识，抑制个人主义的恶性发展，维护社会的整体和谐，不因个人主义的过度泛滥而损害人类社会的根本利益。这是儒学对当代道德建设所能够做出的贡献。

---

① 《李光耀40年政论选》，北京：现代出版社，1996年。

二、政治文化的建设

儒家对人道精神的维护和提倡，可在民主、自由政治体系的建设上得到充分的发展和实

现，为体现《礼运·大同》篇的政治理想提供一些资源。在加强当代道德建设的同时，应与推进民主、依法治国等政治文化建设结合起来。

从本质上讲，儒学与推进民主、健全法制没有根本的矛盾，只是由于时代的差距，双方所要解决问题的侧重点不同罢了。儒学中历来存在着民本思想，甚至有民主思想的萌芽。如《左传》提出“众怒难犯，专欲难成”（《左传》襄公十年）和“国将兴，听于民”（《左传》庄公三十二年）的重视民意的思想；《尚书》提出“谋及庶人”（《尚书·洪范》），以民为鉴的思想；孟子继承孔子，提出重民和重视民心向背的思想，认为“桀纣之失天下也，失其民也，失其民者，失其心也”（《孟子·离娄上》），反对绝对君权主义，盛赞汤武革桀纣暴君之命，而非臣弑其君，强调“民为贵”，“君为轻”；黄宗羲在对封建君权的深刻批判中，提出“天下为主，君为客”（《原君》）这种具有近代民主意识的思想等等。这些思想表明，儒家的民本思想历来强调尊重民意，重视民心向背，反对统治者压制、扼杀民意。黄宗羲“天下为主，君为客”的思想包含了以民众为主的内容，这尤其与现代民主思想有相似之处。虽然儒家传统的民本思想与现代民主思想存在着不同，民主思想强调权利在民，而民本思想则权利在君不在民，民众只能被动地接受君主及统治者的“为民做主”，但民本思想强调尊重民意、以民为重的思想仍与现代民主思想有着密切的联系，而不应轻易抛弃和否定。正是由于儒家传统政治思想中有重视民意、以民为本的内容和成分，所以儒学与现代民主政治没有根本的冲突，而可以相容，经过现代转化，疏导出民主政治的基本精神。把时代民主政治与中国文化基本的以民众为主的思想结合起来，从而贯通中西，以发展中国文化。

加强道德建设不仅与推进民主有着密切的联系，而且应与依法治国相互结合。民主的实施和普遍化有赖于法制的完备和法治的执行。推进民主和现代化必须建立在法制的基础上，依靠法制的手段。传统的人治思想与德治主张相联系，把国家大事的治理系之于统治者个人及各级官吏的品德和素质上，而不是建立在法律制度保障和法律监督的可靠基础上。因此，从现代社会的法律观点看，人治概念存在着流弊，不足以应付现代社会政治、经济发展的要求。要建设当代法制社会，使民主制度化、法律化，就必须变革传统的人治观念，把伦理重建与依法治国结合起来，而不是互相脱节和互相排斥。从另一方面讲，法治也不能取代道德的作用，而代替德治。道德是教育人们从内心消除犯罪的动机和邪恶的念头，是人们内化于心的一种自我约束力量，伦理约

束与人身约束相比，其作用是不同的，也是不能被取代的。即使在当今社会，儒家提倡的道德自律和德治也有它的合理因素和存在的价值，可以防止一旦法律管束不严或管束不到，而产生违法犯罪的行为。所以在新时代弘扬儒学、重建伦理的过程中，应将其与推进民主、依法治国相结合，为当代社会政治文化建设做出贡献。

三、科学文化的建设

儒家重视道德心，讲良知，同时也肯定知识的价值。荀子、朱熹所讲的心，不只是道德心，而且也是认知心。朱熹的格物论具有主智的倾向，从朱熹的认知心来体现和发展，从德性为主开发出以知性为主的学统、知识之道。进一步发挥就可从中国文化中开出知识之学，发展科学技术。

中国本有科学之端绪，古代天文律历包含着科学知识。发展科学是中国文化生命发展的方向所在，亦是每一个民族文化发展所固有的本分，所以不应视为西方文化所独有。应将儒家道德人文与现代科技、现代科学精神相结合，最终以道德理性主导工具理性和感性欲望，这正是一个民族和社会延续和正常发展的基本准则。

科学与民主，是实现现代化的两大目标，亦是儒家文化发展的内在趋势。发展科学与民主，并不是全盘西化，而是中国文化自身的要求、固有的本分。故不应把中西文化对立起来，而应以儒家安身立命之道为本，进一步开出民主政治和现代科学来。这体现出儒家文化理念的返本开新的时代意义。

面临高科技迅猛发展的挑战，既要跟踪世界最新科技成果，赶上世界科技发展的步伐，

又要避免单纯科技化带来的弊端，把发展科技与儒学的人文精神结合起来，而不是互相脱节，提倡科技以人为本，这样，科学文化的建设才具有光明的前景。

现代化源于西方，非西方国家在实现现代化的过程中，应努力学习和吸取西方现代文明的一切优秀成果，而西方现代文明成果的突出代表就是西方的现代科学技术。发展中国家和地区在追赶西方、实现现代化的过程中，其首要之举是引进和采用高新科技，并结合本国实加以吸收消化和创新发展。

对于科技发展与儒学的关系，有人认为儒学阻碍了科技的发展，也有人认为儒学具有促进科学发展的内在要素。事实上，直至16世纪，中国科学技术的发展仍居世界领先地位。不仅孔子、儒家的思想启发了西方近代启蒙思想家，伏尔泰认为儒学是最好也最合人类理性的哲学，在思想启蒙运动中发挥了积极的作用，而且中国的科技也对推翻欧洲的封建统治发挥过重要的作用。14世纪以来，中国四大发明之一的火药经阿拉伯传到了欧洲，首先被拥有工业和金钱的新兴资产阶级所占有，这不仅对欧洲的

战争和作战方法，也对欧洲的科学技术和生产力的发展，产生了巨大的作用，并决定了社会制度的变革。16、17世纪在欧洲爆发了资产阶级革命。在战争中，火药和火器成为新兴资产阶级对付封建贵族的有力武器，使掌握了先进科学技术和火器的新兴资产阶级最终能够战胜落后的身披铠甲，手持利剑的骑士阶级。从本质上讲，儒学与发展科技没有矛盾，而具有包容的精神。儒学对待科技是开放的、包容的。在儒学传统中，从荀子到朱熹，有重视知识的传统。尤其是朱熹，在他的朱子学体系里，具有丰富的自然科学思想。朱熹的宇宙结构论继承张载而有所创发，并继承沈括的理论，促进了自然科学思想的发展。朱熹的"理一分殊"论所主张的从"万殊"到"理一"的认知过程，与自然科学的发展始于分门别类的研究并进而发展到整体综合研究的过程也有相似之处。① 由此，李约瑟称朱熹是"中国历史上最高的综合思想家"。以此可见，儒学不仅与自然科学相容，而且内在地具有发展科学的因素。

传统儒学中历来有重视知识"道问学"的一面，牟宗三先生指出："中国亦本有学统之端绪，即羲、和之官是。羲、和传统是中国的学统，古天文律历数赅而存焉。"② 认为虽然在儒家"仁智合一"的内圣心性之学即道统中，仁居笼罩地位，智为隶属者，但德性主体中亦包含有智的一面，它与科学知识并无不相容之处，而且亦可与之相融合以体现内圣之学的广大与充实。科技与儒学不但不相互排斥，而且应相互结合。儒学的人文主义尤其重视现实社会人生，从本质上讲，与探讨客观事物发展规律的科学并不矛盾，其本身经过现代转化，是可以开出现代科学技术的。

在发展科技与儒学人文精神相结合的问题上，为了全面迎接新时代的挑战，应提倡科技教育与人文教育并举。科技应以人为本，教育也应以人为本，不能只实用主义地去从事科技工艺教育，而忽视人文教育和道德教育。进行现代化建设，必须依靠科学技术的进步，必须发展科技教育，以此来提高民族素质。因此，儒学对当代科学文化建设可以做出其应有的贡献。

从以上道德建设、政治文化建设和科学文化建设等方面来探讨儒学对当代社会文化发展的贡献，具有重要的现实意义，对于发扬儒学精神，造福于人类未来，亦具有重要的价值。

---

① 蔡方鹿：《朱熹经学与中国经学》，北京：人民出版社，2004年，第529—533页。

② 牟宗三：《生命的学问》，台北：三民书局，1984年，第61页。

孟子心性论作为当代儒家全球伦理的缘发动力

中国人民大学 温海明

儒家传统伦理如何能够成为一种全球伦理，是当代讨论儒家伦理的核心问题。儒家伦理有古老和地域的双重特点，在当代要发展儒家伦理成为全球伦理就需要在这两个层面上实现突破。关于儒家伦理如何返本开新，如何从地域性的伦理有机地生长成为全球伦理，已有很多论说。在诸种论说之间，如何把握儒家伦理在当代发展成为全球伦理的根本要点？本文认为，孟子心性论在儒家发展的大多数时期是，今天仍然是把古老的儒家地域性伦理发展成为全球性伦理的根本缘发动力。但有必要对孟子心性论做当代哲学与宗教性的双重建构。在哲学上，孟子的心性论需要从一个动态的缘发关系型状态加以重构，从而能够立足当代儒家社会现实与西方哲学对话；在宗教上，孟子心性的宗教性深度和广度需要在西方宗教性维度的对照下得到确定，从而在中国当代社会的宗教性重构当中成为根本性的宗教精神原点。

儒家伦理本是地域性的固有伦理观，但可能已经处于一种岌岌可危的伦理困境当中。[①] 在殖民时代，中国大陆是全球少有的未被彻底殖民的地方，除了港澳台，西方的伦理观念没有能够有效、彻底改变大陆根植长久的伦理传统。20世纪以来，中国大陆与苏联发展出一种基于意识形态的伦理观，但在东欧剧变之后，这种意识形态的伦理观在世界上显得孤掌难鸣，所以今天中国大陆回到儒家伦理可谓是背水一战。可是，就在这种背水一战的危局之中，还有很多人主张西方自由主义和个人主义的普世价值必须高于儒家的价值，而不愿意把儒家价值发展成为普世伦理价值。这就是我们今天发展儒家伦理必须要面对的、退无可退的根本点：如果今天发展儒家伦理必须背水一

---

① 景海峰认为，在西学范式的导引之下，儒家伦理和“中国哲学”学科都遇到失语和无法系统言说的危机，由于中国哲学学科缺乏元气，问题无法深入，面临学科体系的困厄和研究方法的贫乏困境，“儒家伦理不仅在思想文化上丧失了合理性论证的有效支持，而且在现实处境方面也遭遇到了无法抗拒的毁灭性打击”。参景海峰：《从全球化省视儒家伦理的境遇》，《第三届尼山世界文明论坛论文集》，济南：山东大学，2014年，第373－380页。并参考《全球化时代的儒家伦理》，清华大学出版社，2007年。但他没有提出解决儒家伦理困境的出路。

战的话，我们从哪里去汲取养料，又从哪里去找到其生生发源之力？本文的答案就是孟子心性论。因为历史证明，孟子的心性论在历史上的思想危机时刻基本能够挽救时代精神，那么今天我们不妨继续探讨孟子心性论在当代成为普世价值动力的可能性与现实性。

一、绪论

正是在如何转化儒家伦理为世界普世伦理的意义上，我们能够理解朱熹对孟子“四端”的评论：

孟子发明四端，乃孔子所未发。人只知道孟子有辟杨、墨之功，殊不知他就仁心上发明大功如此。看来此说那时若行，杨、墨不攻而自退。辟杨、墨，是捍卫边境之功；发明四端，是安社稷之功。[1]

今天的杨、墨就是西方的自由主义和个人主义，以及基于此种学说的所谓普世伦理价值观，在今天这个时代，特别需要将儒家伦理转化为世界性的普世伦理，而且这的的确确也有“安社稷之功”的效果，所以今天应该回到孟子“四端”学说为本的心性理论，以此为根基将儒家伦理发展成为普世伦理。

借用孔子“正名”的智慧，儒家伦理在当代的当务之急是“正名”，也就是需要开出一套根植于传统儒家伦理的系统化论说，从而能够以此行事，影响当代中国与世界。学术界对于如何正儒家伦理之名有很多论说，如于纪元认为儒家伦理是德性伦理，陈少峰、安乐哲认为儒家伦理是角色伦理，潘小慧指出，儒家伦理学应该理解成为“以德行伦理为主，兼采某种义务论伦理之综合形态”，[2] 这些观点基本上都在说儒家伦理是什么，而没有明确儒家伦理的源头活水，也就难以深入儒家伦理的真精神。

儒家伦理就其伦理意义的根本存在方式来说，是一种处理人伦关系的儒家性艺术，也就是如何超越作为个体的人与人之间存在的静态关系，从而理解儒家的关系型是一种动态过程。儒家伦理是把这种动态的关系儒家化的艺术，帮助人们如何更好地把握人与人的关系。如果把人与人的关系扩展地认为是一种对话关系的话，那么人在关系中可能改变，也可能不改变，或者不被改变，那么讨论德性的成长和角色的塑造，就假定了德性可以在习惯的习得过程当中生成的，而角色也是可以在不断生成变化的关系当中逐渐塑造，不断成就的。这种把握的方式虽然看到了儒家教化作为一种动态关系，但忽视的儒家教化的两个根本性条件，那就是，教化者需要居于优势地位，即孔

---

① 黎靖德编：《朱子语类》卷五十三，北京：中华书局，1994 年，第 1290 页。

② 潘小慧：《弘扬中华优秀文化：由德行伦理学看儒家伦理的当代意义》，《黄帝旗帜：辛亥百年与民族复兴学术研讨会论文选集》，西安：陕西人民出版社，2011 年，第 421－34 页。

子要实现“正名”的理想需要一定的条件，其次，被教化者需要能够有悟性实现教化者在教化之外希望传达的先行意义。[①]

儒家伦理不是依于人种的伦理，而是一种对于人性普遍性的理解和论说，无论是孟子的性善、四端和还是儒家的五伦和三纲五常，都是对所有人有效的普遍性论说，表面上是讨论一种关系，或者对关系端点的判断，其实根本上还是对动态关系的理解，并且提出一种改变这种动态关系的方案，也就是一定要有一方在关系当中居于主导地位，但一方面也能够理解和配合，从而实现这种儒家伦理关系的调整和改变。这种调整和改变既不是落实在内在的德性上，也不是落实在外在的德行上，也不是落实在对于德行的规范性意义的角色上，而是落实在一种动态关系的理解和把握上。

二、孟子心性论的动态缘发形态对于改变儒家伦理当代困境的根本意义

西方根植于个人主义的伦理论说[②]对于儒家伦理自然是巨大的挑战，但也是儒家伦理国际化的重大机遇。[③] 儒家伦理可以吸取西方个人主义和自由主义伦理的合理因素，但儒家伦理本身作为一种动态结构，虽然可以凝聚为德性，虽然可以落实到个人权利，但德性是在关系当中的优势习得，而权利更是在关系当中的力求掌控而生发起来的。

如果传统儒家伦理学是一种面对人伦本位的现实出发而追求人与人关系的理想形态的伦理学，可谓“现实一理想主义”的话，那么基于个人主义的自由主义对于中国传统的理解是一种“超现实一理想主义”，因为他们不直面中国传统到今天的社会伦理现实，而以为必须要重塑一个新的社会现实，所以是“超现实”的，但与儒家伦理都有理想主义的共同特点。

在中国大陆，儒家伦理与主流意识形态的伦理学形态竞争，应该说还是儒家伦理更有生命力，更有理论的深度和广度，而意识形态伦理学显得跟现实世界脱钩，不能够切入当下的生活世界，在经历了很长的历史时期之后，虽然也不断修正，但因为固守某些原则而无法接地气，随着社会现实的变迁而越来越没有生命力了。

---

① 温海明：《儒家实意伦理学》，北京：中国人民大学出版社，2014年。

② 西方自笛卡尔“我思故我在”和启蒙思想家强调个人理性思考之后，个人主义兴起，而对个体之间的对话和沟通则强调不够。

③ 曾振宇指出，程颐天理至善思想的出现，标志着儒家仁学成为中国自由主义伦理基础得可能。他发展了徐复观儒家之“仁”是中国自由主义的伦理基础的观点。参曾振宇：《“仁”成为中国自由主义伦理基础是否可能?》，不过，“中国自由主义伦理”在学理上是否可能仍然是一个问题，而且，传统的伦理观念为什么必须发展成为自由主义伦理观念？应该说，只要中国不是一个纯粹西方自由主义意义上的社会，那么儒家伦理成为自由主义伦理就不是必要的，而在中国发展自由主义伦理的理论探讨基本上是空中楼阁。

这样，孟子式基于人性皆善的伦理观就表现出强大的生命力，可以有再造儒家伦理成为全球话语的可能性。孔子重视关系的原初性，如“孝”心与“孝”情是人在面对与长者的关系时所当采取的态度。而孟子落实到人性，具体说明人性皆善的原因，指出人之为人的四端。孟子将孔子基于“孝”道的缘发之心一分为四，称为“四端”：恻隐之心、羞恶之心、辞让之心、是非之心。他认为，“四端”是人性的根本点，既是人性之中先天具足，又可以发为人情，成为仁、义、礼、智。（《公孙丑上》）

孟子认为人天然具有对弱者的同情心，即关心他人痛苦的“恻隐之心”。在看到小孩子即将掉到井里的一瞬间，人都自然而然会跑过去救，这是出于对他人不幸的同情与爱怜。孟子认为，这样怜悯心是善行的开端，可以发展为对他人的同情、理解与关爱。善心从原初一念的恻隐、怜悯心就开始了，这是人人具有的道德根基。这样的“恻隐之心”与后天的教化与知识无关，是一种先验发动的心灵机制，所以王夫之关于孟子没有考虑“此孺子之父母却与我有不共戴天之仇”[①] 的反驳失之偏颇。

孟子曰：“人皆有不忍人之心。……今人乍见孺子将入于井，皆有怵惕恻隐之心；非所以内交于孺子之父母也，非所以要誉于乡党朋友也，非恶其声而然也。由是观之，无恻隐之心，非人也；无羞恶之心，非人也；无辞让之心，非人也；无是非之心。非人也。”（《公孙丑上》）

孟子的不忍人之心，其实与“仁”爱的缘发境遇有异曲同工之妙。如果反省这个情景，孟子所说的孩子即将掉到井里面的状态，实际上是比较极端、令人恐惧的境况。但孟子在恐惧当中，找到一种人性天然可能超越恐惧的内心状态。如果只有爱能够战胜恐惧的话，那么孟子在一种恐怖的情境当中，发现了人性先天性地可能产生爱的机制，那是一种自然而然地、先验地、突发性地显现爱的机制。

孟子的伦理思路的论证方式是经验论证，而且还是直觉式的论证，为的是确证基本经验事实的客观性。尽管人在特殊状态下的行为未必是处境本身所要求的，如救孩子不是为了讨好孩子的父母，或者博取自己有爱心的名声，完全没有外在的功利目的。如果人能够不因任何现实利益而做善事，那就不容否定人内心有一种先天的善性。孟子认为，四端是人之为人的根据。其中，恻隐之心居前，是非之心在后，说明孟子重情感甚于认知，这也是由于其思想的核心是仁政而非认识世界本身。梁涛认为，“人皆有不忍人之心”是人皆有善性，皆有为善的能力，但不排除人性中还有其他的内容，但并不等同于全称意义上的人性是善的。[②] 杨海文认为，孟子开启了“以心善言性善”

---

① 王夫之：《读四书大全说》卷八《孟子》，《船山全书》，长沙：岳麓书社，1996 年，第 943 页。

② 梁涛：《孟子解读》，北京：中国人民大学出版社，第 17－18 页。

的原创性思路。[①] 傅佩荣认为，孟子“性善”的含义是“性向善”，强调人有由内而发的行善动力。[②] 孟子对于人性内在善的肯定，以及对于心之动为善推导出人性之向善根据的思路，仍然是今天儒家伦理转化为全球伦理的原创性动力。

儒家伦理经过了上千年的动荡，但还有强大的生命力，近代中国的剧烈动荡和有意识有系统的破坏儒家伦理的生存根基，导致儒家伦理的生命力似乎受到巨大摧残。港台新儒家一度以为中国文化的存亡续绝只能等待海外有良心的关心中国文化的人来帮助，这种对自己民族不能接续文化的信心，近乎绝望的关于文化慧命的苦痛，最后似乎在本土彻底断绝了。但历史的发展说明，中国文化有强大的生命力，能够穿过社会的剧烈动荡而存活，但今天在复苏的起始阶段，需要耐心护持最微弱的仁心，此即孟子所谓“不忍人之心”：

曰：“臣闻之胡龁曰，王坐于堂上，有牵牛而过堂下者，王见之，曰：‘牛何之?’对曰：‘将以衅钟。’王曰：‘舍之！吾不忍其觳觫，若无罪而就死地。’对曰：‘然则废衅钟与?’曰：‘何可废也？以羊易之！’不识有诸?”

曰：“有之。”

曰：“是心足以王矣。百姓皆以王为爱也，臣固知王之不忍也。”

王曰：“然。诚有百姓者。齐国虽褊小，吾何爱一牛？即不忍其觳觫，若无罪而就死地，故以羊易之也。”

曰：“王无异于百姓之以王为爱也。以小易大，彼恶知之？王若隐其无罪而就死地，则牛羊何择焉?”

王笑曰：“是诚何心哉？我非爱其财。而易之以羊也，宜乎百姓之谓我爱也。”

曰：“无伤也，是乃仁术也，见牛未见羊也。君子之于禽兽也，见其生，不忍见其死；闻其声，不忍食其肉。是以君子远庖厨也。”（《梁惠王上》）

孟子强调仁之“术”，也就是说，如果君王对牛有恻隐之心，就当把不忍之心推广到人民身上，君王的不忍之心可以通过爱民、与民同乐来体现。孟子认为君王应该有“仁术”，主动改变原来与人民关系的把握方式。或者说，孟子认为既然“见”到就要主动担当相应的道德责任。[③] 但以羊代替牛，这种“不忍人之心”是不彻底的，虽然孟子提到“君子远庖厨”的高度，但并没有解决梁惠王为了保持“衅钟”之礼的伦理困境，但毕竟肯定了梁惠王是有“仁”心的人，也就有真的成为君子的可能性。他强调

① 杨海文：《浩然正气——孟子》，南昌：江西出版集团，2008年，第112页。

② 傅佩荣：《傅佩荣译解孟子》，北京：东方出版社，2012年，出版说明。

③ 吴先伍认为，孟子式的“见”是一种主动的道德担当，参吴先伍：《“见牛未见羊也”——〈孟子〉中“见”的道德本性》，《中国哲学史》，2008年第2期。

对于君王来说，君王一直居于对百姓关系的主导地位，所以对于调整关系有主动性，而民众相对来说被动性强。[①]

孟子“不忍人之心”是把对事物最根本的关爱之心提炼出来作为人性之端，是见到其他生命遭受苦难而油然而生的体恤怜悯之心，其基础是生命和情感深层次之间可以通融理解、彼此感同身受。这是一种具有强大原初动力性的心灵力量，它扩展了孔子的孝悌之心，把家庭情境推演到任何人类境况当中，只要是人，就不仅仅具有孝的意识，因为孝来自对父母的情感，悌则由孝延伸到兄长。而人其实更多生活在家庭之外，在整个自然和天地之中，对于同类必然具有某种原初性的精神力量，但这种怜悯和恻隐之心的力量却只有孟子特别强调。

可见，孟子丰富了孔子的亲亲之情，但孟子更深刻的地方在于，其恻隐之心预设了生命苦难的人生现实，是一种将同情触及他人甚至动物的大悲之情。相对于孔子视人情可以由孝而悌，而信、忠、仁的乐观主义，孟子有着强烈的悲天悯人的情怀。他认可人的命运的不幸，充满对生命情感的同情与体恤，包含对人类沧桑命运与痛苦的深切关怀。孟子要求君王把握开端的不忍人之心，虽然表现在对动物的怜悯，但孟子要求扩大到对整个生命的关爱之心。这本身就是一种普世主义的视角，因为这是对所有人都可以诉诸经验而成立的。

儒家伦理的当代困境之一是伦理被普遍化的同时被迫规则化的倾向，而孟子对于恻隐之心的动力性的理解有助于突破规范伦理学的藩篱。当代儒家伦理教化不应该成为儒家伦理规范的宣传，因为伦理规范本身没有生命力，只有为人群理解接纳才有活力，而潜在的目标群体需要有接受教化的自然倾向，受教化对象接受的是伦理关系的动态演变，而不仅仅是观念和规范的内化过程。所以受教对象的理解和宽容成为接受教化的基本素养。原则、规范永远不能够变成道德教化的有效性，因为道德规范只有进入动态的关系型结果才能够发挥作用。希望官员通过“以礼御其心”的理想之所以不可能成功，因为这种“礼”作为道德原则和规范很难在人心的互动上有效。

黄金法则经常被为儒家伦理的规范代表，[②] 但法则的相通性不一定能够成为推行的有效性。可以论证儒家的“己所不欲勿施于人”与基督教、犹太教、伊斯兰教、印度教、锡克教等的很多教义基本相通，[③] 但这种伦理底线本身是没有活力的，不过说明儒家在处理人与人关系问题上与世界各大宗派有一些基本的共识。潘小慧认为，儒家伦

---

① 相比之下，革命是人民主动，君王被动，把握关系的方式发生了根本变化。

② 黄勇等学者对此问题有全面系统的讨论。

③ 张志刚：《儒家的伦理底线、道德境界及其现实意义》，《第三届尼山世界文明论坛论文集》，第 267—268 页。

理的人文精神在于以“人一仁”为核心的思考，这是儒家伦理可以与人类共同伦理对话会通的基础。[①] 其实，儒家伦理回到这种与人类共同伦理对话会通的基础是不够的，因为这其实是一种弱势伦理在论证自己的伦理思路的合理性，而这种问题意识在孟子那里是根本没有的，所以我们需要把这种伦理论说转化成为一种强势的伦理论说，就必须要借助于孟子那种浩然正气的气魄，回到孟子心性论伦理学的原点，去把握伦理论说的主体性，同时发展出一套能够与西方哲学和宗教沟通的道理出来。

道德准则与规范通常来说都有其适用范围，都有其存在的边界，所以当代推进儒家伦理关系的普适性不在于这些价值规范本身来论证其普适性，而是这些道德规范在介入人与人关系当中是否依然有效。而这种有效性在多大意义上能够突破传统的社会边界是这种关系的动力性的表现。潘小慧认为，儒家伦理也有类似西洋哲学的原则性思考，其基本原则就是：“义”高于“人命”高于“礼”高于“禽兽之命”，这体现了“仁者，人也”的真义。[②] 但儒家伦理的全球化过程，虽然可以借鉴西方规范伦理，建构儒家的规范伦理，但儒家伦理的本源性动态起点才是儒家伦理突破规范性伦理的核心。

三、孟子心性论之宗教伦理的深度与广度

今天儒家伦理面对的宗教环境历史上前所未有，中国目前有上亿的基督徒、佛教徒和道教徒，以及很多伊斯兰教徒，而且围绕教徒的各种宗教民族问题、国家安全问题层出不穷。在宋代理学和明代心学时期，儒家伦理面对的主要是佛教和道教的挑战，但到近现代之后，跟基督教的互动对儒家宗教性构成重大挑战。在这个过程当中，儒家宗教性没有得到合理和应该的发展，反而因为长期的社会革命和斗争，导致传统儒家社会的宗教性在现当代大为缺失。应该说，儒家传统伦理的宗教性已经退无可退，今天要么承认儒家没有宗教性，彻底放弃建构儒家宗教性的努力，不把儒学视为宗教。否则，建构儒家宗教性就需要背水一战，重新建构。让我们尝试回到孟子“性天贯通”的宗教性论说，去思考传统儒家的宗教性向度的深度与广度。

港台新儒家都认为儒学有宗教性的意涵，如唐君毅“摄宗教于人文”，牟宗三“人文教”和徐复观“宗教人文化”等。[③] 很多学者都在这方面有共识，基本认为“天”是

---

① 潘小慧：《儒家伦理与人类共同伦理——以〈孟子〉几个与生命相关的例子为据的讨论》，《第三届尼山世界文明论坛论文集》，第483页。

② 潘小慧：《儒家伦理与人类共同伦理——以〈孟子〉几个与生命相关的例子为据的讨论》，《第三届尼山世界文明论坛论文集》，第474页。

③ 吴进安：《儒学伦理中的宗教性意涵》，《第三届尼山世界文明论坛论文集》，第190页。

儒家宗教性的来源，带有超越的意味，至于是否是有真正的超越性，学界众说纷纭。[①]但儒家的超越意味最后都通过人伦关系来展开和实现，而人伦关系又有明确的血缘基础。这种扩展性的论述，在《大学》的“八条目”明确表现出来，而这都跟孟子认为人可以将善心推致天下的思路一脉相承：“尽其心者，知其性也，知其性则知天矣”（《尽心上》），人通过了解善端，达到对心之各种向度的彻底领悟，可以说是了解了自己本性，既是人天生不变的内在之性，也是性与物交接时可能的天然倾向。人全方位地理解自身本性，就达到了对于“天”的终极领会，这既是对天下事物的全面把握，也是对命运无可奈何的了悟与坦然。

心灵可以了解自身，而“尽心”即是认识世界本身，这就是孟子式的把握人与世界关系的认识论转折，换言之，人对于内心力量的操控，可以推广到跟心灵所共在的整个世界里面。这种把心灵填充宇宙的意识，就是一种强烈的宗教情感，这与人从祭祀礼仪当中体验到自己的生命与先人生命连接的宗教感相通，也是一种主体意识能够把控心灵介入的关系之宗教性的理解方式。这种主体介入关系，其实把关系不是看作深渊，与后来的郭象以人生存在“玄冥之境”不同，也不认为主体之间的关系是静默的、无言的、遥远的、逍遥的、无力的、黑暗的、玄妙的等等，而是表示需要张扬一种强烈的生命贯注的意识，一种贯注生命力在人与他人的关系当中，犹如《中庸》所言，由尽己之性，到尽人之性，到尽物之性，再到赞天地之化育。可以这样说，如果心灵意识的主体跟个体的自我、他人与世界存在间隔，如果这种“人人之间”或“人物之间”存在空隙，好像存在一种虚无状态，那么儒家就用仁爱来填补这种虚无，而且用强大的爱的愿力来征服这种虚无。在孟子的表达当中，就是“尽”，可以理解为穷尽个人与他者之间的关系距离，这样，与某一个个体对应的其他个人就不是列维纳斯的“他者”，不是那种超越意义上的难以理解的神秘他者，而是一个可以彻底贯透和理解的把握对象。这样，孟子对于人与他人关系表现出来的强烈主观性就表现在竭力把握个人与他人关系的仁爱开端。正是在这个意义上，儒家的“仁”是非本质主义的，[②]不是先行设定的本质，而是主观愿力的强烈贯注而成的动态关系。

与孟子和《中庸》的“尽”异曲同工，我们可以认为，张载的《西铭》：“天地之塞，吾其体；天地之帅，吾其性”表现了儒者对于把“仁”贯注于（“塞”、“帅”）不

---

① 安乐哲对相关问题的梳理集其大成。参安乐哲：《汉哲学思维的文化探源》，上海：上海人民出版社，1999 年。

② 安乐哲对于儒家的“仁”做了非本质主义的解读，在这个意义上是合理的。

仅仅是个人与他人的关系之间，而且倾泻于天地之间的倾向，[①] 后来到陆九渊“吾心即是宇宙”和王阳明“心外无物”等，这种贯注达到极致，所谓“即”就把心灵与世界的关系给彻底填满了，后来黄宗羲也说：“盈天地皆心”，这就是把天地都用心来“盈”满了，其实这都是要提倡“心”的主动把控世界、进而改变世界变化的能力。这种对心的主动性的操控始自孟子强调人当反省和保持天生的善心。人往往不知道守护自己的善心，好像鸡和狗走失一样，需要去找回来，这就是“求放心”（《告子上》）。涵养仁心当从“亲亲”开始，“老吾老以及人之老，幼吾幼以及人之幼”（《梁惠王上》）。在个人来说，要时常涵养充实自己的善心，好像存养夜气一般（《告子上》）。经过持久的修炼，人可以达到浩然正气非常充沛的状态，即“富贵不能淫，贫贱不能移，威武不能屈”的“大丈夫”境界（《滕文公下》）。这也是孟子以个人心灵的充实内向超越现实仁政的困境，提倡崇高的人格高于外在的功业成就，对后世儒者培养理想人格有深远影响。这种大丈夫境界，其实是一种宗教性的超越感，来自于内心涵养的元气充沛能够扩张到整个意识宇宙当中去。王新春认为，张载《西铭》通过对主体的“我”的承担，使得“我”从一个小家扩大到宇宙大家庭，个体的生命跟宇宙和祖先的生命之流联系紧密起来。[②] 这里面起核心作用的是主体对我发动出仁爱，并推至于天地之间的掌控，这种对自己当下之心力的掌控力，是儒家伦理能够应付当今复杂的国内外宗教形势而确定自己的宗教性伦理意识的边界。

无疑，今天国际上的其他伦理学对儒家伦理学的一大挑战来自宗教伦理，但宗教性的伦理关系，即个人与上帝或天主之类的主宰者的关系之间并不是儒家伦理言说的核心。儒家的“天”虽然有超越意义，历代对孟子关于“天”的观念的讨论也能够说明这一点，但基本缺乏明确的人格神观念，也就使得儒家伦理的宗教性与上帝与人立约的宗教伦理有明显不同，因为上帝的宗教伦理规范是神性的，儒家宗教伦理规范没有那么强大的超越性和神圣性。曾振宇认为，孟子仁论与天、命、心、性相结合，论证了仁的来源和正当性，孟子在思想史上的“丰功伟业”是建立以仁为核心的道德形上学。[③] 他认为，孟子以“天”论性，“即天言性”是他人性思想的卓然高标之处。[④] 并

① 朱熹说：“‘吾其体、吾其性’，有我去承担之意。”蔡仁厚说：“‘吾其’二字，实有（卖见）体承担之意。”参王新春：《当代伦理重建的传统启示：张载〈西铭〉孝的期许下的安身立命之道》，《第三届尼山世界文明论坛论文集》，第77页。

② 王新春：《当代伦理重建的传统启示：张载〈西铭〉孝的期许下的安身立命之道》，《第三届尼山世界文明论坛论文集》，第78页。

③ 曾振宇：《“仁”成为中国自由主义伦理基础是否可能?》，《第三届尼山世界文明论坛论文集》，第391页。

④ 同上，第388页。

认为，“不知命则不识心，命与心相印证，恰恰正是孟子人性学说精髓之所在。”[①] 应该说，孟子的“天”的超越义基本上构成了儒家宗教性相对于西方超越性的超越边界。这就是牟宗三等所谓“内在超越”，而非安乐哲论证的严格意义上的“超绝”。对于天心贯通的内在超越论，而不是家庭式的世俗生活场域，才是儒家宗教性的根本边界。

无论时代怎样变化，儒家宗教伦理与儒家宗教性作为传统中华帝国文化的重要部分，虽然从来只是若隐若现，却不可能完全消失，很多时候甚至有传统文化根基与支柱的意味。韦伯式的观点认为宗教伦理可以成为一个国家经济成功的基础，所以儒家伦理在一定程度上有利于国家的经济起飞，但经历这个时代的人们知道，从整体层面上来看，儒家伦理在经济成长中所扮演的角色微乎其微。不过，如果把儒家伦理看作一种风俗（ethos），一种中华文明承载者的潜意识的话，那么儒家伦理在相当大的程度上维系了一个古老帝国在殖民时代免于分裂和被彻底征服，也维系了一个国家被彻底孤立时代那种“自力更生，艰苦奋斗”的卓绝精神，也在相当大的程度上维系了经济起飞过程中的家族精神，团结奋斗的气概，一种全民族置之死地而后生的精神气质，而这种气质，跟加尔文教徒勤勉劳苦地工作以待救赎的精神有异曲同工之处。在这个意义上，虽然在中国经济起飞的过程中，儒家伦理在意识形态层面上其实基本没有受到重视，但其实恰恰是儒家伦理构成了中国家族式经济起飞的精神基础，而做到这一点的恰恰是儒家的宗教性气质，那种超越个体自我，认为家族和社会利益高于个人私利，并愿意为了族群的成长而奉献甚至牺牲自己，认为存续大我的利益很多时候高于存续个体的小我的精神气质。这个时候，家族和社会、国家就带有加尔文教徒救赎之后的崇高意味。今天国家走向市场经济，在一个非人格的意义上，中国人民生存其间的“天”还是发生了变化，正如亚当·斯密通过盗用加尔文的天意论神化了自由市场理论，提出了“看不见的手”这样的比喻，[②] 儒家伦理的当代生存境遇也发生了巨大的变化，但这种看不见的调节意义上的“天”作为宗教的对象仍然若隐若现。

中国古代伦理共识通过民间信仰，民风民俗等等维系下来，其中的禹王信仰、神农信仰、蚕神信仰、三组乌/八咫鸟等信仰在日本和韩国都有，中国的四大古典小说在日本有深远影响，而汉字作为一个传承了四千年的文字，对于维系汉字文化圈的伦理关怀起到作用。[③] 但在西方殖民时代，以及西方的后殖民时代，中国大陆的民间信仰等等受到重大破坏。但这种民间信仰背后的那种对于非人格神的宗教性理解和信奉，在

---

① 曾振宇：《“仁”成为中国自由主义伦理基础是否可能?》，《第三届尼山世界文明论坛论文集》，第 389 页。

② 参马克·泰勒：《有形与无形的宗教》，第 39 页。

③ 王敏：《对当代东亚文化背景下建构共同伦理的可能性与现实性之考察——中日韩共识的链接点》，《第三届尼山世界文明论坛论文集》，第 52—73 页。

不同程度上影响着中国人的宗教情感，哪怕是见庙就进，见佛就拜的实用主义拜神行为，也明显透着中国人对于神灵存在的莫名敬畏，而这无疑是儒家宗教性的实存状态，也是儒家宗教性不可能被抹杀的根本所在。

不能被抹杀，儒家的宗教性就应该得到系统性的发展。当代儒家宗教性的发展可以有很多方案，比如儒教方案，这里面有蒋庆、林安梧、康晓光、陈明等的方案，儒家文化保护区方案，如张祥龙的方案等，这些方案其实都把儒家与儒教区分开来，认为儒教与其他宗教一样，可以有一个宗教信仰的系统，所以可以建立不同程度的儒教系统。但虽然儒家系统可能成为一个准宗教系统，把这个准宗教系统正式系统化的努力却是不必要的，因为儒家信仰根植于世俗生活，彻底宗教化，进而隔离儒家的世俗性，其实是一种舍本逐末的方向。从现实的儒家宗教性的建构方面，有很多工作可以做。比如恢复天地君亲师的敬拜系统、祖先祭祀系统、书院的教化系统、儒家领导机构的治礼作乐系统等等。这些系统都指向儒家宗教性的落地和重构。但学理上，要多汲取宋明理学时期，儒家伦理跟佛道教伦理对话的经验，从而回应当代西方宗教伦理的挑战。

四、当代儒家伦理的全球化出路：基于孟子伦理学的“阴阳”关系讨论

从古今之争的角度看，儒家伦理的现代化的关键在于如何适应现代的生活世界，即当代中国和全球化的生活世界。虽然当今中国人的生活与古代不同，很多学者从多方面说明儒家伦理不适用于当代生活，但应该说，儒家伦理仍然是非常有生命力的。首先，从社会结构上来说，虽然当代的社会结构与古代不同，但因为社会组织结构都来自于绝对的统治权力，一切分权机制都是从绝对权力让渡出来的，而孔孟面对的社会结构与今天在这一点上没有根本区别。其次，有学者认为，家庭形态的变化导致儒家伦理不适用，但我们看到，虽然今天的家庭相对古代大家庭来说变小了，似乎祠堂等维系大家族的组织形式也基本消失了，但基于父子亲情的儒家伦理关系的缘发端点不可能改变，只要这个原点不动，那么家庭和社会的组织结构千变万化，都不可能真正改变儒家伦理的合理起点。再次，社会关系层面上的家国关系很多学者认为无法回去，这一点虽然有理，因为现代的家国关系与古代似乎有着明显的不同，但中国人的生活基于家庭，从家庭到国家的那种社会意识，从古到今并没有发生根本的变化。最后是关于天下的观念，今天的天下相比古代的天下似乎边界清晰，古代因为相对强大，居于中心和文化优越的位置，所以天下似乎无边无际，但今天的天下是西方殖民者来了之后又退回去的天下，西方曾经的殖民和为所欲为的时代过去了，中国作为一只远方的睡狮逐渐醒来，慢慢地震撼全球。如今的中国天下是边界相对明晰的，而且是被

迫重入战国之后的天下观念。也就是说，古往今来，王道必以霸道为本的根本原则没有发生变化。

全球化和科技发展消解了个体之间关系的距离，使得个体之间的互动前所未有的紧密，也导致个体彼此之间边界的模糊和消弭。但毕竟关系之间的缝隙永远存在，儒家用仁爱之心填充人与人关系，改善人与人的关系的思路仍然有着巨大的借鉴意义。关系的改变来自对方有同样的悟性，如果对方没有这种悟性，即使在一种不断改变的动态关系当中，或者对方有这种悟性，而拒绝改变的话，① 虽然关系是动态的，但关系的双方不会得到成长或者改变。

所谓伦理关系基本上拒绝了基于暴力的关系型的颠覆状态，也就是矛盾双方一方与另一方的斗争关系，一方征服和消化，吞没另一方的努力。这种斗争哲学虽然是改变关系的一种途径，但不是儒家式的视角。虽然孟子等对于一定条件下的革命持肯定的态度，但诉诸暴力激变关系一定是最后的选择。今天全球化的世界已经经不起世界大战。但世界上的征战从未止息，而战争通常与伦理无关，而且战争基本上构成儒家教化被摧毁的关键，当然，这里指的是广义的战争，包括斗争性思维影响下的争夺。甘地暮年致力于希望用“服务人民的协会”来遏制军事、政治与经济的上层阶级的统治，② 但这种机构基本上类似于儒家的大同理想、共产主义、柏拉图的理想国和后来的乌托邦。这样，一个国家作为服务于暴力的机构系统，却很难容忍真正服务于人们的机构出现。其实，这就是国家力图掌控教化的主动性，而基于公民意识或者共识的人民议政机构的目的也是要掌控关系的主动性来约束统治者。

这样一来，改善关系的根本在于关系的一方如何尽量居于优势地位，从而影响了改善关系的主导力量，而这种关系的改善还必须以对方的悟性和配合为前提，这就是儒家教化的两个设定：一是彼此都是有悟性的个体，愿意进入彼此共在的先行关系的根本上去；二是彼此都接受一个优势主体对另一个主体的关系的把握，从而实现某种领导或者教化，也就是乐于接受生成当中的关系，并接受不断改变着的关系。这是儒家教化双方的共识，这就也是儒家教化在当代的出路。

五、结论

总而言之，虽然儒家伦理当代化和全球化的困境的确存在，但儒家伦理古今叙述

---

① 在庄子鱼之乐的对话当中，惠施虽然是一个悟性很高的辩手，如何拒绝领悟庄子所谓的鱼之乐的状态，那么惠施和鱼之间，惠施与庄子之间的关系都不可能是一种彼此改变，彼此成就的动态关系。

② 参弗雷德·达梅尔（Fred Dallmayr）：《遏制利维坦：全球伦理联盟》，《第三届尼山世界文明论坛论文集》，第161页。

的根本问题缘发的端点没有改变，而且都可以最后落实到关系的阴阳性质，也就是彼此平等，但绝不平均，也就可以通过一方的主导和另一方的配合实现儒家的伦理教化。

儒家的伦理的全球化是儒家伦理全球化的教化过程，这个过程有待于儒家伦理的持守者把握儒家伦理的主动位置，掌控儒家伦理落实于教化的动态过程，而全球性的听众需要能够认可儒家伦理关系发生之前的理念。在这个意义上，儒家伦理成为全球化伦理的过程也是儒家伦理如何与其他伦理寻找其公约数的过程。儒家文明的复兴因为是一个动态过程，伦理的开新不仅仅是一个静态公约数的寻找过程，而是对话当中，认可儒家伦理者如何把握关系的主动权，进而改善普遍的人伦关系的问题。而孟子到心学，无疑为主体性的确立，也为伦理关系的主动性把握设定了很好的样板，是我们今天发展全球性的儒家伦理论说的根本起点。

多元与差异性视野下的儒学地位与意义理解

安徽大学　张能为

世界文化的多元化和差异性构成当今人类文明的基本格局，也成为社会文化发展的主导性价值取向。如何从一个更广阔的视野去看待，从最新的理论新思维中去理解和诠释儒学的多重价值性和时代意义，应该成为儒学研究中的更高理论追求，也构成新儒学建设与发展的新方法论。

一、儒学与文化发生学上的共同性与相似性

儒学文化是东方文化的主要理论形态，基于当代世界多元文明与差异文化的视野下有其独特的理论智慧和价值地位。已有的儒学文化研究可谓汗牛充栋，但基本视角仍然偏重于民族性的、文化体系内的、甚至是囿于情感的，如何从一个更广阔的视野去看待，从最新的多种理论新思想中去诠释和理解儒学的多重价值性和时代意义，应该成为儒学研究中的更高理论追求。

人类文化的起源具有极大的相似性和共同性。当德国哲学家卡尔·雅斯贝尔斯(Karl Theodor Jaspers)[①] 在其1949年出版的《历史的起源与目标》一书中将公元前5世纪左右的历史时期称为人类文明的“轴心时代”（Axial Period）时，人们愈益强烈地开始认同了文化相似性与共同性的看法。在雅斯贝尔斯看来，人类历史分为四个阶段，其中第三阶段对于人类文明发展具有特殊重要的意义，这就是以公元前500年为中心的“历史的轴心”时代。[②] 人类几大文明的精神基础正是在“轴心时代”差不多同时出

① 卡尔·雅斯贝尔斯（Karl Jaspers，1883—1969），德国著名哲学家，存在主义重要代表，著有《世界观的心理学》、《哲学》、《理性与生存》与《生存哲学》等。

② 雅斯贝尔斯将人类历史分成四个阶段：第一阶段为“普罗米修斯的时代”，即语言应用、工具发现、引火及用火的时代；第二阶段为公元前5000年至公元前3000年，古代文明出现在埃及、美索不达米亚和印度河流域，稍后出现在中国黄河流域；第三阶段（上述）；第四阶段为公元前200年至今，其间只有一个崭新的，物质上和精神上截然不同的事件能与其他历史重要事件相比拟，这就是科学和技术时代。它在中世纪末萌芽于欧洲，17世纪建立了理论基础，18世纪末进入广泛发展的时期。参见冯天瑜：《文明的可持续发展之道》，人民出版社，1999年，第29—30页。

现的，几乎在同一个世纪之内，在相隔千万里之遥的不同国度，涌现出了名垂史册的大哲学家、大思想家，他们都以自身的方式，开始摆脱了对世界的英雄、神祇和超自然化解释，而转向以一种理性化的逻辑推理、社会或形而上学的方式来理解和说明世界。雅斯贝尔斯说："在公元前800年到公元前200年间所发生的精神过程，似乎建立了这样一个轴心。在这时候，我们今日生活中的人开始出现。让我们把这个时期称之为'轴心时代'。在这一时期充满了不平常的事件……这都是在几世纪之内单独地也差不多同时地在中国、印度和西方出现的。"① 中国的孔孟之说立足于人伦道德，研究了人类社会以及人与人的社会关系。而公元前500年的印度，佛陀通过洞见、自知和自我意识，提升了人类思维的超越性意义，表现出对世界、人生与社会的超越性思考与智慧。其说教历经数世纪终成一种宗教。在希腊，毕达哥拉斯、巴门尼德、赫拉克里特以及前苏格拉底的哲学家们则以理性抽象化的方式展开了对世界的哲学理性概念化思考，世界的起源、存在、本质等问题成为人们哲学化思考的主题。应该说，"轴心时代"的中国、印度和欧洲，人们似乎都表现出了对世界问题和认知方式的转移，由对经验世界及其现象的经验性描述和解释转向了对世界存在、本质等理性问题的思考；由对世界、人生与社会的神话般说明转向了立足于人的理性本身的哲学化理解。这种轴心时代的特征表明了人类文化的集中化和共同化发展现象。虽然地处不同的地域，但东圣西贤几乎都在同一个时期对人类存在的一些基本问题做出了理性化的思考和探索，这些思考和探索并且奠定了人类文化以后发展的基本方向和方式。由此表明，人类文化有着一些基本性的问题，不论是东方还是西方，只是不同的智者存在着思考、理解和表达方式的诸多差异。儒学文化无疑是人类世界文化的重要组成部分，而且构成了世界文化的基本形态之一。

二、儒学与文化系统中的交流限度和价值坚守

儒学文化是在特定的地域、民族和历史条件上形成的，因而又有其文化的特殊性。它是世界多样态文化中的一种，具有着自身鲜明的质的个别性。不同于看空现世、寻求精神超越的印度出世佛教，也区别于西方以理性为基础，以求知、求真为本，努力探索世界的普遍存在和最终本质，儒学文化是生发于人伦血缘，依此为基础，比附和延展至一切领域，建构和强调了人的伦理道德，社会关系、世界秩序都是人的伦理关系的生变和衍合。这种根本性的特征决定了儒学文化是一种具有自身基本价值命题和求证方式的文化体系。

---

① 雅斯贝尔斯：《人的历史》，见田汝康、金重远选编：《现代西方史学流派文选》，上海人民出版社，1982年，第39页。

根据西方科学哲学家库恩（Thomas Kuhn）的观点，任何一种科学观点或结论都属于一个更大的科学系统的，这个科学系统又蕴涵着一种科学的“范式”（paradigm），所谓科学“范式”便是一种科学家集团所持有的某种科学的共同信念，是理论和方法上所共有的“模型”或“框架”。拉卡托斯（Imre Lakatos）则在库恩思想基础上，以“科学研究纲领”理论既继承又发展了波普尔与库恩的思想，在他看来，科学理论的发展是一种整体的系统的科学纲领的证伪问题。换言之，科学理论是一种系统，包含着一些最基本的理论命题和原理，这是“硬核”（hard core），还包含着中间层，它是由许多辅助性假设构成的保护带，起着调适的作用。再外面是保卫硬核的反面启示规则——“反面启示法”（禁止科学家将反驳的矛头指向硬核），改善和发展理论的正面启示规则——“正面启示法”（提倡和鼓励科学家通过增加、精简、修改或完善科研研究纲领中“可反驳部分”即假设、保护带等办法以发展整个科学研究纲领）。拉卡托斯认为，作为科学研究纲领的基础理论部分或核心部分的“硬核”是“坚韧的”、“不可改变的”和“不容反驳的”，一旦它遭到了反驳，那么整个研究纲领就受到了反驳。

实际上，东方的儒学文化同样是一个具有着其自身最核心理论价值命题“硬核”的整体文化系统，正因为是这种具有硬核的整体文化系统，一方面构成了儒学文化的特质和独有特色的文化样态；另一方面也意味着在多样态文化的交流和对话中，能够产生影响和改变的总是有一定限度的，它往往只会产生于儒学文化整体系统的外缘部分，而核心区的“硬核”在一定意义上说，则是不可交流和改变的。由此人们应该持有的正确态度是：因儒学文化是一个文化整体系统，尽管会因其外缘部分与现实、时代和外来文化的不合而表现出种种问题，但并不能以此就能够否定整个儒学文化，儒学文化的“硬核”会因其外缘部分的适时调整而得到捍卫。

由此而论，人们对待儒学文化要有足够的耐心和宽容，不因一时一地的挑战而放弃和否定儒学文化之“硬核”，而是要有一种充分的对民族文化核心价值的“自觉”“自信”与“坚守”；更应值得注意的是，在一个多元文化世界并日益强调交流对话的语境中，要清醒地认识到文化之间的交流是必要的，但同样是有限度的，也应该是谨慎的，不同文化的“硬核”之间在很大程度上是不合的也是难以协调的，对于每一种文化系统来说，都要有一种文化的自我认同和自我保护，可以说，保护一种文化的“硬核”就是在保护文化的多样性，也就是在保护和持守作用于世界文化和人类文明的一种特殊的思想和思想方式。

三、在差异性中凸现儒学特质、在解释学中理解与创新儒学意义

西方现代性常常表现为“从短暂中确立永恒”，力图从多样性中去对世界做出普遍

的、统一的和稳定性的认识，最终本质和终极关怀性的东西成了至高追求，这也成了现代性的一种典型的思维方式。然而这种对所谓最终绝对性的迷恋受到了后现代主义思想的彻底清理和抨击。“多元主义、相对主义、差异性、异质性、碎片性”成了后现代主义思维方式的重要特征。尼采以“视角主义”（Perspectivism）消解了传统哲学对绝对普遍主义的诉求，认为事物的意义可以从多个视角加以多样化的诠释，诠释的视角是无限的，事物的意义也是无限的。法兰克福学派代表阿多尔诺以“否定辩证法”理论表述了对不同一性、差异性的重视和强调，颠覆了始终诉求于绝对出发点和同一性的传统形而上学和认识论。这种对差异性和多样性的强调，改变了已有的的思考问题的路向，也形成了人们坚守一种文化的新策略。在现代性的思维方式中，人们往往通过肯定和强调事物的“同”来突出自身的作用与意义，相反，后现代主义告诉人们的另一视角是，可以从自己的特别性及“异”的方面去强调自己的特色和价值。儒学文化是一种具有自身鲜明特质的文化，不仅可以从同的方面来阐释它与世界各文化样态的关系和意义，同样更应该以其自身的“差异性”“不同性”来显现其“独特性”，来表现出它的不可或缺性，不可替代性，其意义也就在这种“差异性”中不言自现。

事物的意义问题从根本上说是一个理解和解释的问题。现代解释学代表伽达默尔指出，“理解属于被理解东西的存在”（Understanding belongs to the being of that which is understood）。[①] 任何事物的意义总是在一定的解释学前见下在特定的解释学情境中，通过解释者与文本作者的“视域融合”而不断得到说明和解释的，在解释学意义上，事物的意义就存在于人们的不断理解与解释之中，也正是不同的理解和解释创造着事物的意义，这便是解释学的事物存在与意义的“效果历史意识”。精神科学的逻辑本质上就是“一种关于问题的逻辑”，是基于问题的问与答。显然，儒学文化作为一种精神传统与人文遗产，其理论意义不仅仅在于它是什么，从根本上说还在于人们对它做出怎样的当代理解和诠释，儒学文化的当代存续就表现于此种当代理解和诠释之中，同样，这种理解和诠释即是当代儒学文化本身。儒学文化之意义绝非僵固封闭的，永远是开放的，就存在于不同时空条件下人们所做的无限的意义解释和意义创造之中。因此，问题的关键还在于怎样对儒学文化做出当代的理解和诠释，实现其现代转化，并以世界性话语加以表述和传达，以适应现代社会需要，推进儒学文化价值的世界性传播与影响力。

---

① Hans-Georg Gadamer：Truth and Method，New York，the Continuum Publishing Company，2000，P. xxxi.

四、现当代新儒学与西方文化精神困境的批判性扭转

西方传统哲学倡导的是一种理性主义、绝对主义精神，始终致力于对普遍性、绝对性、稳定性与终极性的追求，从某种意义上说，“单一性”或者说“排他性”构成传统哲学精神的鲜明特质。同时，中世纪之后，出于反封建、反神学的理论需要，对科学、理性的推崇同样走向了一种极致的地步，出现了将人类一切问题置于理性（科学理性）法庭上予以审判的基本态度，认为通过人类科学理性能够解决人类的所有问题，“科学万能论”“理性至上论”变成了这种思想态度和状态的核心命题表述。然而，事物的发展总有它自身的逻辑，科学理性的绝对化既带来了对世界认识和处理人类事物的独断论，也导致了理性本身失去了反思性，变成了一种纯粹的工具，是一种“理性工具论”。

特别是进入 20 世纪以来，出现了严重的人类文明危机，其标志就在于人类进入了一个完全以技术起作用的时代，技术知识开始从掌握自然力量扩转为掌握社会生活。在这样“一个新的、极端信奉科学的时代”，公众意识转向了科学，以为科学能解决人类所有的问题，不自觉地走向了一种科学迷信——“科学最终有能力使人类生活的所有方面服从于科学的控制，从最适合社会的生命中排斥所有的不可预言性。”[①] 人们相信，人的生、老、病、死，人的生命基础，人的无意识驱动力与意识动机间的和谐，经济衰荣，语言中的理解与误解，总之，人生存在的一切方面，包括政治、社会生活、信息选择、公众舆论的形成、战争与和平的行为以及历史发展的客观过程，都是受科学支配与决定的，科学也能够处理好所有这些问题。这表明，“技术的思想开始成为一种普遍的世界因素”，[②] 成为一种新的世界观，人类进入了一个信仰科学的技术时代，这个时代从根本上改变了一切自然关系，人类生活演变成了由科学通过专家团体对社会的一种统治。

在当代德国哲学家伽达默尔看来，“近代科学的方法概念与生活于世界上的人类理解之间存在着一种不可解决的对峙”，[③] 科学方法永远只能是服务于科学目的，永远只是达到认识事物的途径，但它却始终无法为人们提供任何关于如此这般的价值、目的和意义，这只能通过人在生活世界中的理解和解释去实现与落实。这意味着，要解决人类生活问题，必须将其置于一种对世界和人的存在的理解基础上，基于人的对自己行为的理性反思上方有可能。伽达默尔指出，“我们的技术文明有着被过分刺激起来的

① 伽达默尔：《科学时代的理性》，国际文化出版公司，1988 年，第 130 页。

② 伽达默尔：《赞美理论——伽达默尔选集》，上海三联书店，1988 年，第 95 页。

③ 伽达默尔：《赞美理论——伽达默尔选集》，上海三联书店，1988 年，第 162 页。

进步过程，我们处在这个过程中认识不到我们生活中总体上的稳定和不变的因素。”[①]而人们要对此做出认识并达成一致结论，就需要跳出往往让人们容易沉溺其间的科学技术生活本身，从总体上对人类的行为加以理性反思，从整体上对现代科技文明加以批判地克服。人是整体，要解决人这个整体的生活问题，当然，就必须对人的整体做出理解，对这个整体的生活方式、道路与方向做出思考。

人类失去了对自身实践行为的判断力，所带来的后果是十分严重的。建立在科学技术基础上的全球工业化，使人类的生活走向了另一种游戏规则，而完全忽略甚至放弃了人类行为以善本身为目的的思考。亚里士多德的名言：“一切追寻知识、能力和选择的努力都趋向于善”的深刻见解和意义，在今天的工业化时代已荡然无存，人们注重的是方法、手段，看重的是眼前的利益和效用，归之根本，强调的是外在于人本身的立足于需要的纯粹实用性目的。如同近代摆脱神学的启蒙一样，人们必将会再一次解放思想，也会对科学有着更为全面的正确的认识，也一定有信心能够重新确立一种人类崭新的生存方式，它是善的，也是令人幸福的，同时还是与人类存在的世界相和谐的。现代人类文明发展又一次将人类置于这样一个关键点上，即“何去何从?”人们不能再一次放弃关于人类行为的实践理性反思判断力，而到了必须“人通过自己来选择一个最好发展的可能性”（伽达默尔语）的时候了。“哲学是西方命运的表达”，正是基于对人类文明与文化的深切担忧，伽达默尔在解释学基础上大力重建和复兴了自古希腊就已形成的实践哲学传统，使自近代以来笼罩和沦丧于理论哲学主导形态之下的实践哲学在当代重新焕发出了活力，人们的存在与行为问题绝非是一个科学、技术控制与支配的问题，而是人类实践理性关于存在与行为的理性反思问题，是一个实践哲学问题。

应该说，这便是现代新儒学兴起的西方哲学文化或者说是世界最强势哲学文化的思想精神背景。现代新儒家的文化精神主旨就是要通过他们自身的努力，融汇到对科技文化的反思与批评新潮流之中，尝试实现对科学主义至上论的扭转，凸现作为不同于西方文化的儒学文化的现代价值与意义。正如郑家栋先生所指出的，现代新儒学是“五四”前后一批有着爱国主义思想的知识分子面对西方文化的挑战和马克思主义思想体系的冲击，传统价值系统解体，在国内出现激烈的反传统主义和国粹主义的情况下，欲图通过弘扬儒学，保存传统文化的主体和主导地位，吸收西方科学和民主思想，回应西方文化的挑战和马克思主义的冲击，摆脱国粹主义的束缚，以自立于世而产生的一种新的思想文化现象。[②]

---

① 伽达默尔:《科学时代的理性》，国际文化出版公司，1988年，第75页。

② 参见郑家栋著:《现代新儒学概论》，广西人民出版社，1990年，第14—16页。

五、现当代新儒学与中国文化建设“真的需要什么?”

20 世纪初，中国是一个积弱积贫的国家，经济、政治、军事等方面已远远落后于西方经过工业化发展的欧美诸国。对于中国人来说，此时最需要的是科学技术的学习和输入，严复等翻译家大量的译著都是有关科技的，甚至可以说学习西方科学技术成了向西方学习的全部，这种倾向反映了落后之后的中国人图强的急切心态，另一方面则在忽视西方诸多人文思想与智慧的同时，亦已在单纯强调和趋于科学主义潮流中缺失了对中国本民族文化精神地位与意义的肯定和强调。当然，以民族主义为本的“国粹派”试图通过绝对强调民族的和传统的来对抗西化派的自由主义和科学主义，其情可见，只是难免有落伍于时代和世界发展主流之感。现代新儒学既力图在科学主义及实证主义盛行和泛滥之时重新强调中国儒学的心性之学，突出人作为认识主体、道德主体之思想；又坚持中国传统儒学文化必须吸收融会西方文化之科学、民主、自由等元素才能真正实现儒学文化的现代化，服务于中国的社会建设与发展。因而，现代新儒学杂陈着文化的保守主义与文化的开放主义，只不过，在他们那里，文化的开放是依附和服务于文化的保守的，服膺宋明理学，肯定、强调和坚持儒学文化的精神价值是其思想之根基。

要向西方学习，至于向西方学习什么，则是与中国人最需要什么相联系的，而这种联系又必然影响着对西方文化精神的理解。应该说，“唯科学主义的兴起，客观上适应了近代以来中国社会发展科学的要求，其重分析、重实证的理性精神，也的确切中了中国传统哲学师心自用、玄想盲从的弊病，因而具有重大的启蒙意义。”① 不过，这种对西方文化精神的完全科学主义的理解是有失偏颇的；就人类文化本身而言，也同样是有问题的。正如海外著名学者郭颖颐所言：“一般地说，唯科学主义是一种从传统与遗产中兴起的信仰形式，科学本身的有限原则，在传统与遗产中得到普遍应用，并成为文化设定及该文化的公理。更严格地说，唯科学主义（形容词是‘唯科学的’Scientistic）可定义为是那种把所有的实在都置于自然秩序之内，并相信仅有科学方法才能认识这种秩序的所有方面（即生物的、社会的、物理的或心理的方面）的观点。”② 实质上，科学主义就是试图将一切包括社会人生问题都置之于自然科学的实证性方法、原则上来看待、处理和解决。这就导致了对西方文化精神的一种错误的理解，至少是一种不全面地认识。西方文化不仅具有近代以来的对科学的重视和强调，同样对人的意志和情感等非理性的方面也是极为重视的，在希腊时期的亚里士多德那里就提出了

---

① 姚德志：《现代新儒家与西方哲学》，辽宁大学出版社，1994 年，第 2 页。

② （美）郭颖颐：《中国现代思想中的伪科学主义》，江苏人民出版社，1989 年，第 17 页。

不同于理论哲学的实践哲学，对实践知识与实践智慧的重视绝不亚于对理论哲学的肯定。后来的西方哲学发展同样没有丢弃实践哲学这一根主线，在卢梭、康德及现当代哲学中的海德格尔与伽达默尔那里更是被突出到十分重要的地位。

应该说，20世纪初的中国，基于社会政治需要而对西方科学主义的重视形成了一种误解，更导致了一种对科学的崇拜，以为科学是万能的，是能够解决人类一切问题的，科学受到了前所未有的崇敬。胡适对此有过兴奋的描述也蕴含有深深的担忧："这三十年来（指20世纪初的二三十年——引者），有一个名词在国内几乎做到了无上尊严的地位；无论懂与不懂的人，无论守旧和维新的人，都不敢公然对他表示轻视或戏侮的态度。那个名词就是'科学'。这样几乎全国一致的崇信，究竟有无价值，那是另一问题。我们至少可以说，自从中国讲变法维新以来，没有一个自命为新人物的敢公然毁谤'科学'的。"① 事实上，这种科学的崇拜，必然在唯科学主义的精神下将社会、历史、人生与文化的问题过于简单化了，从根本上说，科学是不能代替哲学与宗教的，科学是无法解决人类的所有问题的，也是没有能力解决人类的情感、道德与信仰生活等问题的。可以说，20世纪初现代新儒学的出现和兴起，就是对当时人们思想文化状况的一种批判、扭转和创新。

梁漱溟和熊十力都是十分坚定的唯科学主义批判者。他们主要的理论工作和思想主旨是要通过将世界区分为事实世界与价值世界来辨别科学与道德、西学与中学以及实证方法和哲学方法之分殊，进而从比较的差异中去提升和凸现中国传统哲学与精神生活的独特价值和理论魅力。其思想基础则是西方生命哲学的最大代表法国柏格森的"生命——自然"这一两分的世界模式理论，生命高于自然，直觉高于理智，对生命本质的认识一定是通过对生命之流的直觉而得以实现的。科学不能代替传统的精神价值，哲学与道德也不会在科学中失去其存在的合法性。在微观的层面上，他们则借助柏格森的生命之流动、创化等范畴来生发和诠释孔子的儒学思想意义，将孔子儒学思想视之为一活的生命体，其仁体本心则是存在论意义上的宇宙本源，还具有流动、创造的本性，正是在仁体本心的不息的流动与创造中生衍了万物。也许梁漱溟和熊十力对西方哲学尚知之不多，但力图在中西哲学的比较中坚守和维护中国传统儒学文化独特价值的诉求是十分清晰明了的。

抗日战争时期的民族危机为更强烈地凝聚中华思想提供了新的机会。政治上、军事上的一致对外必然为那些主张发扬民族精神、复兴传统文化的学术思想提供了良好的土壤，当然也就为现代新儒学的进一步发展搭建了广阔的历史平台。这一时期，西方哲学思想在中国有了更多更全面地介绍，德国古典哲学与逻辑实证主义在学界也有

① 胡适：《科学与人生观序》，《科学与人生观》（上），上海亚东图书馆，1923年，第2—3页。

不少的翻译和评介，这使得这一时期的新儒家有可能更多地是从如何内在地吸收西方哲学思想来进行他们的理论工作。所表现出来的特点是，不再一味地强调中西哲学文化之差异，而是更多地在不同中寻求共同性，努力尝试中西哲学的内在思想融合与会通。“援西学入儒学”真正开始于此。儒学家的对外视野，儒学思想的现代发展走出一条新的路数。贺麟在将中国民族危机归结为文化危机基础上，认为中华民族要重新复兴，就必须吸收、转化和超越西洋文化。在贺麟看来，东西方哲学文化的根本思想追问是相同的，正所谓：“东圣西圣、心同理同”，因而西方文化是能够成为中国传统儒学文化现代发展的文化资源的，贺麟甚至更为具体地探讨中国哲学如何通过代表西方正统的德国古典哲学来诠释发挥代表中国正统的儒学思想。冯友兰则以文化上的“个体——类型”理论为依据，认为文化有一个从古代类型发展到现代类型的必然进程，中国要摆脱国弱落后的局面，必须在文化上完成和实现从古代的农业类型向现代的工业类型的转换；同时还认为，任何哲学都包含有“益道”、“中道”和“损道”三种形态，也就是说，分析的方法和直觉的方法是任何哲学都具有的最为普遍的哲学方法，只是在中国哲学中，所谓“正的方法”即逻辑分析方法不曾得到重视，更未得到充分的发展，相反，直觉的“烘云托月”式的“负的方法”则是一种最普遍最基本的哲学方法，十分发达。所以，对于中国哲学而言，最为急需的是，敞开胸怀，大力引入西方哲学中非常成熟的逻辑分析方法。应该说，贺麟和冯友兰着眼点在西方哲学的方法论，试图通过引入西方的理性主义方法论，用反映现代工业文明的理性思辨精神来重释儒学、发展儒学。具体做法是，贺麟在注重逻辑认知和理性思辨的康德黑格尔哲学与强调道德评价与直觉体悟的陆王心学之间架构起内在的理论通道，以便使陆王的心性主体演变为可分析可推论的逻辑主体；心体物用和知行合一是从知识论的角度在新黑格尔主义的心物论中得到新的理解和诠释的。冯友兰则使程朱理学思想通过逻辑实证主义的分析方法的运用得到重新阐释，在分析命题中，推演出中国哲学中的四个宇宙本体的概念，这样就赋予了传统儒学以知性化的性质。

贺麟与冯友兰强调中国哲学的逻辑化、知性化的改造，在中国传统儒学与西方哲学的结合上，在推进中国传统文化的现代化上是做出过贡献的。然而，他们对西学的了解更多地受到其所师从的宗、派的制约，难有更为宽阔的中西融合的大视野、大角度。

新中国建立后，现代新儒学班师港台与海外。他们身处异国和异乡，更有对中国传统文化的追忆和认同，而现实的生活价值又必须是其思想的一个支点。这样如何协调传统与现代、知识与价值、直觉与理智、科学与信仰就成为他们的理论思考的基本基调。他们既要坚持、维护传统，“摄智归仁”，又要突破和发展传统，“援西学入儒学”，如此一来，“内圣外王”“返本开新”就成了他们的最为纲领性的理论命题。60、

70年代的现代新儒家，以唐君毅、牟宗三等人为代表，在继续以西方哲学特别是黑格尔、康德哲学来重新解释和论证儒学价值主体之外，则试图将儒学心性主体转变为知性主体与政治主体，从中国传统儒学文化中开出“民主、科学”之花来。八十年之后，不再以西方古典哲学特别是德国古典哲学为背景，而完全以西方现当代哲学为学术思想基础的杜维明、刘述先、成中英、余英时等新儒家似乎视野更为开阔，他们将儒学的复兴与对儒学价值主体的坚守同现当代人类的命运和摆脱困境的历史要求联系起来，力图在中西哲学交融上，以儒学价值为主体，凸显出儒学对于重建人类精神家园的重要意义。当然他们也在具体理论层面上，十分关注儒学作为社会现代化的“源头活水”、儒学价值主体落实和运用于社会管理、经济运营等实践操作上的具体有效通道诸多问题。将儒学置于“全球化、世界化、人类化、实践化”视野中来加以讨论、建设和发展是这一时期新儒家的特色。

现代新儒学的如此演进和发展理路，让人们看到的不仅仅是在坚守儒学价值之下的文化保守主义，更值得人们深思的是这一文化现象中所体现出的面对西方强势文化的冲击和科学主义盛行及不加分辨的西化运动而涌动着的文化批判主义。它直击西方近现代以来文化上的根本性弊端，使人们意识到，科学不是一切，理性并非万能，人类不仅有科学知识问题，更有社会实践的道德、人生与宗教等问题。对此，中国传统儒学文化为人类提供了一种独特的文化资源。

实际上，现代新儒学的这种文化批判精神同样在西方的一些有识之士中被普遍与广泛认同。西方社会的重大灾难，政治经济的巨大危机，文化上的非均衡性，都使得现当代诸多思想家展开了对西方近代以来科学主义工具理性的尖锐批判。正是在此背景下，儒学文化在当代重新受到了西方一些学者的欣赏，认为其意义需要重新去解读和发挥。1920年，来华讲学的英国著名哲学家罗素，在其回国后所发表的《中国文化与西方》、《中西文化之比较》等文章中，对以儒学思想为代表的“东方精神”大家赞赏：“孔子与他世纪他种族之宗教师相较，我们必须承认他有许多长处，……孔教没有产生势力澎湃之教士阶级，也没有引起宗教之窜杀，但是他的教训却收使全国人谦恭礼让之实效。”[①] 在罗素看来，受儒学文化浸润和熏陶的中华民族是一个世界上唯一能于“艺术中求精妙，在生活中求合理”的民族，“他们并不颂扬残忍之悍夫，亦不赞成无限制的热感之滥用。看着西方喧哗的生活以后，我们起初不知他们所趋向之鹄的，但是久之将可见其生活之真美与高尚。”[②] 罗素正是在对西方机械论世界观进行尖锐无情的批判，并对构成这种机械论世界观之基础的科学进行间接性质疑之下，强烈呼吁

① 罗素：《中国文化与西方》，《学灯》，1922年6月3日。
② 罗素：《中国文化与西方》，《学灯》，1922年6月3日。

中国人“贡献他的宽恕与沉默与和平予吾人”，从实质上，也就是要求将中国传统文化的“精神文明与价值”贡献于“西方世界”“西方民族”，抑或说贡献于全世界、全人类。

毫无疑问，罗素的分析与判断以及对人类文明的担忧是不无道理的，是完全值得人们去深思的。

结语：新儒学之可能性与在解释学中开放儒学意义

现代新儒学产生于20世纪20年代，之所以能够沿袭发展到今天，特别是在东亚国家获得成功的实践运用，表现出一定的生命力，从理论形态的比较上看，新儒学比西化派和顽固守旧派都更好地解决了传统与现代化的关系。任何植根深厚并能有效地发挥其现实功能的哲学，都不能完全抛弃传统，“全盘西化”在中国是根本不可能的，但是如果不把传统推进到现代，使之有创造性的转换，那么它就只能成为阻碍历史前进的包袱。从维护儒家传统，反对全盘西化（也反对马克思主义）这个意义来说，现代新儒学属于文化保守主义的传统派，但是它又并不绝对排斥西学，而是主张在认同儒学传统的基础上，有选择地吸收西方哲学和文化，以适应时代发展的需要，从这个意义上说，新儒学又不同于孔教会、国粹派等其他保守主义的派别。它在本质上属于中体西用派，比各执一端的西化派和顽固守旧派具有更大的号召力，因而其影响和作用也是这些派别所不可比拟的。

而就现代儒学理论本身而言，现代新儒学如何可能的问题包含着两个方面：一是对儒学做怎样的现代诠释使之能在多大程度上满足现实的需要；二是对现代社会做什么样的理解以使文化上能较为充分地反映现代社会的层次性、复杂性和全面性。在中国现代文化的建设中，现代儒学如何可能的问题也就是如何看待儒学在现代社会的地位与作用问题。我们并不主张复兴儒学可以成为中国现代化的内在文化动力，但也不认为简单地否定儒学就能使中国文化获得新生。中国现代文化的建立既有赖于对传统文化包括儒学的合理继承创造发展，也有赖于世界各文化体系的交流、吸收，更有赖于对现代社会的全面正确理解。

其一，从儒学的理论继承和发展层面看，儒学存在几千年自有其自身的理论特点与优势，最重要的在于泛道德主义符合中国文化的传统而导致儒学作为一种意识形态而被政治化、神圣化和法律化，这种意识形态的内在核心是政治因素，其根本表现是权力的稳固。但是，正由于政治统治的需要，作为文化形态，几千年的儒学发展过于片面地突出了儒学的政治功能，变成了具有浓厚“工具论”色彩的政治的奴婢和附庸，从而掩盖了其本身的文化特色。儒学的这种发展是时代需要所致，但又为现代社会所否定。我们不能期望儒学的将来发展依旧走上历史的老路，即作为政治意识形态而被重新强化，相反，必须使之作为政治意识形态的功能逐渐弱化，而要达到这一点，就必须首先从思想方法上予以创新，因为一种新的思想方法往往能推动思想内容的进展。

现代新儒家普遍认为，现代诠释学是使儒学走向现代的有效方法。根据现代诠释学的观点，传统既是历史的又是现实的概念，如同克罗齐提出的“一切历史都是现代史”的思想一样，伽达默尔认为，传统并非一宗现成之物，而是我们自己把它生产出来的，因为我们理解着传统的进展并且参与在传统的进展之中。由此看来，儒学的未来发展在一定程度上还取决于人们对儒学的现代诠释和诠释的技巧，只要对儒学做出与历史发展相应的诠释便能使儒学真正作为一种文化形态重显其意义与价值。我们的理解是，现代新儒学要有所作为，必须在重建价值本体上，把政治教化意识转化为文化态度和信仰，只有提供本体意义上的文化信念和道德精神，现代新儒学才得以可能，也才有其存在的理由和位置。与此同时，解释学是一门关于理解与解释的理论，任何文本或事物的意义就存在于人们不断的理解和解释之中。正是通过理解和解释打开了事物意义的无限空间，也使事物的意义具有了一种历史性、发展性和创造性，所真正呈现出的是世界意义的多样性、差异性、相对性和开放性。当然，解释学并不由此而走向纯粹的后现代主义，它在强调意义理解和解释的多元化、相对化和开放性的同时，并没有消解掉事物意义的普遍性和统一性，只不过这种普遍性、统一性不再像传统哲学那样建立于所谓事物本身固有的知识学基础上，而是开始奠基于人们的理解、解释并通过交往性的交流、对话而达成的普遍性理解和共识之中。可以说，解释学为儒学的现代发展提供了坚实的理论基础和思维方法，正是在解释学中，强调理解与诠释构成儒学意义本身，也就开放了儒学意义的无限性，从而儒学真正走进了当代人类的文化与生活。

其二，从儒学理论的社会落实与实践层面上看，马克思说：“理论在一个国家的实现程度决定于理论满足于这个国家的需要程度”。文化的现代化本质上是社会的现代化，中国现代化既有世界意义的普遍特性，更有中国自身的特色与道路。马克思主义认为，社会生产是人类社会存在与发展的物质前提，而社会生产的客观条件主要有三个即生产方式、地理环境和人口因素。就地理环境而论，中国处于封闭和准封闭的地域，以农业和家庭手工业相结合为基础的自然经济，决定了中国传统文化的超稳定性，而以农业为本的社会生产方式也必然决定中国的现代文化必须具有团体协作与统一稳定的因素；就人口因素而论，中国人口占世界五分之一还多，高度密集的人口，决定中国与西方相比更需要社会的宏观调控、组织和管理，而决不能趋于松散和随意，从另一方面看，这又是一大优势，利于增强民族凝聚力和集体主义精神，而在一定程度上避免西方由于个人主义过度伸张而导致的种种弊端，也有利于改变西方社会在人与自然关系上的“戡天役物”性的机械主义自然观。可以说，东亚社会的迅速发展，从实践的层面说明了在吸收外来文化因素基础上经过创新与发展的儒学文化能比较好地满足社会需要，促进社会进步，这种需要与被需要的沟通和满足是通过文化理想的实现机制即科学、民主与法制来完成的，其结果是导致儒学文化具体化、功能化。

应该说，现代新儒学的研究为我们重新继承和发展传统儒学文化做了许多工作，也在一定程度上构建了包括中国在内的东亚国家的文化框架，虽然不能说，现代新儒学就奠定了中国现代文化的主体和格局，但可以肯定的是，要进行中国现代文化建设，绕过现代儒学是如何可能的问题则同样是不可能的。

儒家传统与韩中人文交流的发展方向

韩国儒教学会 朴洪植

一、绪论

就全世界而言，中国和韩国儒家传统文化的历史最为悠久，进入21世纪以后，儒家传统文化作为能够克服西方文明危机的文化思想对策而备受关注，可以这样说，中国是儒家文化大国，而韩国是儒家文化强国。因此，儒家传统文化保存完整的韩国以及作为儒家传统文化宗主国的中国应该通过相互研究与交流，为儒家传统文化的传承与发展做出贡献。

21世纪迎来了全球化时代，文化的样态也随之变化。有学者认为：如果说20世纪以前的西方现代文化是以国民文化为中心的话，那么，21世纪随着整个社会进入多元文化社会阶段，于是迎来了“我文化（I-culture)”时代。①

东亚儒家文化一直以来形成了基于“孝”的血统主义和家长中心制的家庭伦理传统，这种文化传统还并没有做好进入全球化多元文化的“我文化”时代的心理准备，因此，正在接受顺应时代、适应社会的挑战。东亚儒家传统能够为21世纪未来文化的创造做出贡献吗？基于儒家经典以及无数儒学家所建树的成果，同时，还要考虑到儒家文化传统潜在的发展能力以及21世纪是以东亚为中心的时代，那么，儒家文化有望在为21世纪人类文化提供发展对策方面做出巨大贡献。

本论文目的在于探索在以东亚为中心的21世纪，作为人类文明全新文化对策的儒家传统应该向何方发展的问题。

二、东亚儒家传统的继承方向

作为历代王朝文化遗产，却被认为是应该遗弃的儒家文化，然而进入21世纪后，

---

① 西川长夫著，HanGyeongGu·LeeMok 译：《跨越国境的方法》，一潮阁，2006年，第231－257页。

却又被重新认识，重新被人们广泛关注。在中国，历经“文化大革命”的洗劫，近来中国的儒家思想也在政府层面得以重视及复兴。去年美国哈佛大学所有课程中，最受欢迎的是迈克尔.普埃特（Michael Puett 49）教授的“古典，中国伦理·政治思想”课程。不管是东方还是西方都对儒家思想产生了浓厚兴趣，那么，究其原因到底为何呢?

顺应时代潮流而出现，这是一种时代精神，21世纪是以东亚为中心的时代，进入21世纪以后，人们发现在18—20世纪引领世界发展的西欧科学技术文明、基督教文明开始面临局限，世界文明的中心开始由西方文明转向东亚儒学文明圈。作为全新文明发展趋势的东方儒家文化开始受到人们的关注，同时，要想与包括在政治及经济方面都逐渐成为世界中心的中国在内的东亚各国人民进行充分深入的交流，就必须对孔子及《论语》等儒家文明具有全面深入的了解，现在儒家文化正由“过去的未来(Ancient Futures)”的符号转变成“21世纪新时代精神”而备受世人广泛关注。

那么，在儒家思想的思维体系及精神的、哲学的价值观中能够为21世纪现代社会发展做出贡献的部分有哪些呢?

儒家思想是人类社会建立起的“人文精神宝库”及“人性教育的产房”，儒家思想以如下形式表现出来，即：爱人之心、对人信任之心、天人合一的思维方式、对正义产生敬畏心、分清是非并且具有羞耻心、慎独反省的心态、珍爱家人、尊重并照顾他人、好学精神、求同存异和美的精神、公职人员的责任心和使命感、使人敬畏民意、学以致用的精神等。儒家思想以这些核心的教诲及价值观针砭时弊，使人获益匪浅，因此可以成为治愈并根绝现代社会各种弊端的文明对策。

东亚人们正在从20世纪狂热追求西方文明的浪潮中摆脱出来，社会经济及精神方面成熟之后，自然就开始审视自己。现在对于东亚社会而言，西方文明的大量涌现已经对东亚社会的成长开始产生反作用了，就韩国社会的情形而言，开始对从新罗时代的薛聪（655—?）以来，包括朝鲜时代的退溪李滉（1501—1570)、栗谷李珥（1536—1584）在内的“东方十八圣贤”[①] 以及其他优秀的先贤们所成就的崇高精神和灿烂的儒家文化传统进行客观而积极地审视及传承。儒家文化所取得的成果不仅在东亚，而且在全世界范围内都是具有高水准的精神文化，其中对现代社会具有启示与决定作用的核心内容有:“人文精神”、“人性教育”、“家庭教育”等，在这几方面，儒家思想所起到的文化感应效果是非常巨大的。

然而，韩国社会也有很多人对儒学思想戴着有色眼镜认为:“儒学思想在韩国历史

① “东方十八圣贤”亦称“东国十八贤”，是指供奉在韩国成均馆文庙中的十八位韩国代表性儒学大家。

上不仅使韩国的民族精神得以麻痹，并且完全是纸上谈兵，而且还形成党派纷争，使国力逐渐削弱”。对于儒家传统的作用，难道就不能予以肯定吗?

对于近代之前的韩国而言，儒家思想是主导韩国社会发展的时代精神，这一点是非常明显的。同时，近代之前的主导社会思想并没有及时跟随时代的变化，这也是事实。但是，其问题并不在于儒家思想本身，而是在于当时社会的儒学知识分子身上，打个比方说，这就像工具本身没有什么问题，而问题在于使用工具的人身上；“刀”，本身没有什么问题，而问题在于没有正确使用“刀”的人身上。韩国儒家思想是蕴含着先贤们的智慧、生活以及梦想的宝库，现在到了拉开门闩，打开宝库大门的时候了，并且儒家思想作为“过去的未来（Ancient Futures)”的宝藏应该向“21世纪的蓝图”转变，这一跨世纪的伟业需要今天的儒学家来完成的。对于时代的变化，我们应该冷静而透彻地进行解读才行，儒学家不应该仅仅停留在埋头于研究室或者站在讲台上讲学的层面上，而应该发表自己的观点和主张，同时对其进行深入实践。

在21世纪以东亚为中心的时代里，世界人们对儒家文化的期待使儒家思想成为人类文化的选择与主流，儒家文化并不是某一人或者某一特定集团的所属物，而是先贤们遗留下来的文化遗产，是东亚所有人的文化财产，因此，各国政府和地方自治团体也应该对时代要求及历史使命予以关注。儒家文化是“人类文化昌盛”至关重要的中心轴。21世纪是文化的时代，具有3000多年历史传统的儒家文化是发挥并保持东亚人具有国际竞争力的创造性和独特性的“人文精神宝库”。因此，韩国儒家文化精神研究开发及新儒家文化创造是作为为发展东亚儒学的二代课题应该及时启动，各国中央政府及地方自治团体应该齐心协力迅速而及时地展开相应具体实际工作。

三、现今的韩国儒家文化

儒家文化在现代韩国社会的发展面貌是怎样的呢? 对此，笔者对照过去儒教国家——朝鲜时代的儒家文化样态，主要针对儒家文化的本质，就三个方面进行阐述：

首先，我们来看一下，在将儒家文化上升至国家层次的朝鲜时代儒家文化所表现出来的宗教意识以及教育层面。当时位于首尔的大成殿[①]和明伦堂[②]分别担当着当时朝鲜时代儒家文化的祭祀职能和教育职能，现在仍然位于原址，并且保留着原来的面貌，被保管在位于首尔明伦洞的成均馆内。祭祀现在也按照惯例，从春季和秋季释奠[③]大祭开始，定期举行，而儒家文化的传统经典教育在成均馆大学儒学学院内也在有序井然

---

① 大成殿作为韩国文化遗产编号为“宝物141号”。

② 明伦堂也是韩国的文化遗产，与大成殿编号都是“宝物141号”。

③ 在文庙中举行的祭孔仪式——释奠大祭在韩国被指定为“重要非物质文化遗产第85号”。

开展进行。就地方而言，现在各乡校针对普通市民也在积极开展儒家文化基础教育活动。

朝鲜时代儒家知识大部分是知识分子以及一般人应该掌握具备的知识和素养，然而，现今韩国的小学、中学以及高中的教学课程中却没有一门是儒家经典和儒学家的著述的教学科目。大学的情形也是除了哲学系等一部分局限的教学科目之外，几乎没有这样的课程。在公务员聘用考试中，由于并没有开设与儒家文化相关的考试，因此，想考入公职的年轻人并不需要了解儒家文化基础知识。

尽管现在韩国的儒家文化人的存在现状让人不容乐观，但是，具有讽刺意味的是，在韩国社会中否定儒家文化却并不是那么容易，儒家文化仍然占据着重要而牢固的地位，因为即使是今天成均馆以及韩国全国范围的乡校和书院仍然定期举行着祭祀大礼，成均馆以及乡校、书院的组织结构仍然得到很好的维持，同时，虽然在日常生活中儒家伦理规范只发挥了其中一部分作用，但是儒家文化仍然得以很好的保存，并发挥着持续有力的作用。

如上所述，当今韩国儒家文化存在前文所述矛盾的两面性。

也就是说，“传统的儒学人虽然很难见到，但是儒家文化仍然存在着。”这就是韩国儒家文化当今发展的面貌。

四、东亚儒家传统的发展方向

现在在韩国包括基督教、天主教、佛家等在内的宗教团体非常关注韩国社会的变化，积极参与社会志愿活动。宗教团体通过组织和制度向社会贫困层提供结婚和葬礼等物质性人力支援，宗教团体向孤寡老人提供免费供餐等多种志愿活动，还为即将去世的老人们提供墓地等。韩国的宗教不仅仅停留在为个人的救援提供宗教式的修养和活动，而且还将“参与和奉献”作为格言而恪守。

那么，儒家文化适应社会变化和改革，进而可以“参与和奉献”的方案和对策到底是怎样的呢？基于儒家文化的本质在于家庭伦理的事实，因此，这种方案和对策可以按照如下所示的方法进行，即：儒家文化对于家庭共同体的危机应该积极参与并提供志愿奉献活动。也就是说，让儒家文化重新诞生成为家庭教育的圣地，儒家文化在家庭教育方面所积累的韩国文化传统的经验与诀窍比任何宗教都要丰富。

近来，韩国文化财厅正在实施的“充分利用活生生的乡校？书院项目”[①] 就是一个

① 该项目是为了缅怀先贤的德行，培养人才，重新发掘蕴含传统文化本质的乡校、书院文化遗产的价值，同时，继承并发展现代化的人文精神，进而将这种精神发展成为综合体验儒士的智慧以及生活的生动的文化空间。该项目于 2013 年开始试行。

很好的例子。如果将儒家文化作为一个宗教，其宗教职能能否得以充分发挥，关于这个问题笔者不敢苟同，但是如果将儒家文化作为一种文化方式来理解，那么儒家文化未来巨大的作用是非常可以期待的。

实际上，现今很多亚洲人将儒家文化作为诸多文化遗产中的一种予以接受着，然而，儒家文化与其他文化样态相比拥有更多的软件文化和硬件文化，而且还具有非常悠久的文化，因此与其他东亚文化相比具有明显的竞争实力。笔者认为，打开儒家文化美好未来的金钥匙之一就是积极发掘并充分培养出很多立足于专业的儒家文化知识，具有国际视野，拥有“参与和奉献精神”的优秀人才来。

同时，为了打开儒家文化未来的大门，应该开放儒家文化遗产——大成殿的大门。① 就韩国的情形而言，如果努力把成均馆和全国乡校作为文化空间积极对外开放的话，那么，就有望实现对儒家文化自然而然的体验与理解。

五、韩中人文交流以及东亚儒家文化传统的未来

2013 年 6 月 27 日韩中两国首脑会谈时提出两国将要扩大人文交流，就设立韩中人文交流共同委员会达成协议。

在韩中首脑会谈中两国为了加强人文纽带关系而决定设立人文交流共同委员会的协议是一个非常大的成果，历史上，中国和韩国的交流关系就是在人文纽带及文化交流的基础上形成的，从这一角度来看，韩中首脑会议上所达成的成果更加具有深远意义。2013 年 6 月在韩中两国首脑会谈中，韩国朴槿惠总统引用《论语》中孔子的语句对朝鲜核问题委婉地表达了韩国的立场，对此中国习近平主席引用新罗崔致远的《泛海》一诗，回顾了中韩两国悠久的人文交流文化传统，这一点非常值得关注。学术、青少年、地方、传统艺术等四个领域都可以成为人文交流的核心内容，问题在于实践，如果说中韩两国首脑会谈上所发表的宣言为播种的话，那么，之后的耕耘护理以致开花结果取决于中韩两国相关部门的负责人积极主动的参与，人文交流在短期内不可能取得大的进展，应该放眼未来，着眼于长期发展致力于未来，因此在青少年交流方面需要更多的关注和积极的支持。

那么，在韩中人文交流方面，被称为两国非物质外交资产的儒学角色是什么呢？韩中首脑会谈中朴槿惠总统引用《论语》中孔子的语句，习近平主席引用了“东方十八贤”中崔致远的语句，因此两位首脑所提及内容的共同基础即儒学内容。并且，江泽民主席于 1995 年访问韩国进行国会演讲时引用了崔致远的《桂苑笔耕》的内容，这

① 对此观点可以参考笔者的论文：《开放大成殿之门——为继承并发展韩国儒学文化的提案》，《儒教思想研究》第 24 辑，2005 年。

些都充分证明了在韩中交流方面，儒学成为无形中的外交资本。江泽民主席于21世纪初始要求所有党员应该精读儒学经典著作《中庸》，同时，在江泽民主席指出中国古典教育重要性之后，中国从小学教育就开始学习四书五经了。现今众所周知孔子学院已经成为中国进行世界外交的标兵，而且之前中国人为了更好地继承发展儒学，曾经派人来成均馆专门学习并参考祭祀孔子的释奠大祭，同时，现在中国的一些重要人士访问韩国时，都必然要去访问韩国儒学的中枢机构——成均馆。儒学现今在韩中人文交流方面起到了如同语言沟通的重要作用，就全世界而言，没有哪个国家像韩国和中国之间这样通过儒学加强了彼此的纽带联系，彼此分享构筑理想社会即：韩国梦和中国梦。儒学是韩中之间人文交流永不干涸的泉水，是积淀悠久历史底蕴并成就韩中美好未来的宝贵财富。

同时，在举行韩中两国首脑会谈之前，在讨论共设共同委员会议题的当时，本来计划使用"人文同盟"的概念，然而韩国担心中国的文化扩张以及意识到与美国之间所缔结的是"价值同盟"，即：以自由民主主义和市场经济为中心的同盟，因此最终在中韩之间采用了比较缓和的表达，即："人文纽带"。那么，现在我们来讨论一下为什么儒学不能作为人类的普世价值而被接受的问题：

从文化的本质而言是为了追求对崇高的人类尊严的一种信赖以及人类生活的幸福，然而文化的现实性却蕴含着文化霸权主义或者对异质文化的排斥，孔子也提出应该警戒教主主义或者独善主义。就韩国而言，"同盟"这一术语散发着更多政治性的味道，如果用于韩中之间还仍有负担，当然，就单指对政治因素的感觉而言，"人文同盟"比"价值同盟"给人的政治感觉更少一点。在国际关系中不仅需要坚持自身的立场，而且在彼此关系中寻找平衡共同发展，还是非常需要智慧的，如果从韩国对于"人文同盟"担心的立场以及作为普世价值的儒学的本质和现实关系方面考虑，采用"人文纽带"的术语还是可以理解和接受的。

下面，我们将进一步来讨论一下：以中国、日本、韩国、越南、新加坡等儒学、汉字文化的国家为中心实现"人文共同体"可能性的问题。

首先，举一个关于"国际儒学联合会"的例子，国际儒学联合会是在韩国的建议下于1994年10月5日在中国北京举行，由来自中国大陆、韩国、日本、台湾地区、新加坡、香港地区、越南等全世界儒学学者及学会负责人参与并创办的。国际儒学联合会创建的宗旨是为了在21世纪社会中探索儒学的地位及角色并积极促进儒学的发展，通过丰富多彩的人文交流，每年不断扩大其活动领域。正如前面所说的那样，笔者提议应该将国际儒学联合会的活动领域从学术交流领域发展成为人文共同体，笔者认为通过组织青少年联合共同体，致力于未来交流沟通，实现人文共同体是非常可能的。对人仁爱成为真正儒者，在现实世界里构建理想的社会，这是儒学的梦想和本质。儒学经典是光耀人类历史的人文精神宝库，从宝库中将这些宝贝用来构建人文共同体的主人公就是汉字文化圈内带有儒学文化基因（DNA）的青少年们。如果这些带有儒学文化基因（DNA）的青少年们不断地发挥其儒学特质，通过超人的忍耐及持续不断地营造儒学氛围，那么，笔者认为本世纪之内就完全可以实现汉字文化圈人文共同体。

还有，儒学是否可以成为取代西方价值的思想对策，其理由如何，对此我们也应该进行深入思考，对该问题展开讨论之前，有必要再次强调之前所提到的内容。

18—20世纪以来引领世界的一直是西方的科学技术文明、基督教文明，到现在已经开始面临局限，进入21世纪以后世界文明的中心开始转向东亚儒教文明圈，众所周知，2012年美国哈佛大学最受欢迎的课程是由迈克尔．普埃特（Michael Puett）教授开设的“古典，中国伦理政治思想”，美国沃顿商学院MBA课程中最受欢迎的主题及关键词便是“中国”，现在要想与包括在政治及经济方面逐渐成为世界中心的中国在内的东亚人民进行充分深入的交流，就必须对孔子及《论语》等儒家文明具有全面深入的了解，世界渴望新的人文精神，儒学经典是蕴含了文学、历史、哲学以及艺术等领域的内容，是人类构建最高水准的人文精神宝库，新儒学（朱子学）试图将人类学与自然学融合在一起，这给现代人提供了诸多有益的启示。儒学思想中所体现的爱人之心、对人信任之心、天人合一的思维方式、对正义产生敬畏心、分清是非并且具有羞耻心、慎独反省的心态、珍爱家人、尊重并照顾他人、好学精神、求同存异和美的精神、公职人员的责任心和使命感、使人敬畏民意、学以致用的精神等这些都是儒家思想的核心教诲与价值观。这些儒家文化及教诲现在正由“过去的未来（Ancient Futures)”的符号转变成“21世纪新时代精神”成为21世纪人文文化发展的主导文化形态。

最后，我们来讨论一下现在在韩国儒家思想所处的地位以及中国国际地位的提升对其产生的而影响的问题：

韩国传承了2000多年的儒学文化传统，在世界上与中国一起构建起最高水平的儒学文化，韩国儒学从薛聪先生以来包括退溪栗谷先生在内出现“东方十八贤”儒学大家，优秀先贤崇高的精神、灿烂的学问业绩、文人精神的实践等构成了韩国文化遗产的中心。进入21世纪，韩国社会无论在经济方面还是政治方面都取得了长足的发展，因此韩国人对西方文明过度涌入韩国的现象开始进行反省，这也表明韩国在精神方面获得了很大的成长。在韩国，人们对于韩国儒学文化传统开始采取积极主动以及客观的视角进行审视，在此基础上，2010年韩国成功将保留朝鲜时代儒学文化传统的庆尚北道河回村和庆州良洞村申请为联合国教科文组织世界文化遗产，现在正在开展的传承韩国儒学传统的工作有：开发庆尚北道庆北儒学文化圈、制定京畿道乡校书院支援条例、开发忠清南道的忠清儒学文化圈等，这些工作充分说明了韩国社会对儒学文化的广泛关注及深层期待，同时，儒学文化在教育解决青少年的人性问题、家庭问题方面也具有极大地文化价值和作用。因此，虽然中国国际地位的提升与韩国儒学的复兴没有绝对的因果关系，但是从两国的历史文化以及地缘关系来看，韩国儒学的复兴与中国国际地位的提升之间分明存在彼此依存相互依赖共生的关系。

六、结论

21 世纪迎来了全球化的时代，文化的形态也正在变化；21 世纪是文化的时代，韩国与中国都是具有悠久儒学文化历史的国家；21 世纪是以东亚一中国为中心的新时代，儒家文化传统在 21 世纪将起到至关重要的作用。中国和韩国应该将儒家传统文化予以继承和发展，并为 21 世纪人类文化的发展做出贡献。在中韩两国的人文交流方面，儒家传统文化是核心，现在韩中两国应该超越对儒学传统的相互学术性研究及交流层次，向人文交流的深层次进军充实，对人仁爱成为真正儒者，在现实世界里构建理想的社会，这是儒学的梦想和本质。儒学经典是光耀人类历史的人文精神宝库，从宝库中将这些宝贝用来构建人文共同体的主人公就是汉字文化圈内带有儒学文化 DNA 的青少年们。

现在非常有必要以中韩两国为中心，在儒家传统文化的基础上共建青少年联合共同体，进入 21 世纪，以基督教文化为中心的青少年联合共同体“基督教青年会 YMCA”的流行时代已经过去，在儒学传统文化的中韩两国乃至东亚各国取而代之应该是全新的“国际儒家青年会”。

同时，基于儒家文化的发展潜力以及拥有 5000 年文化历史的大国——中国的复兴，儒家文化有望在为 21 世纪人类文化提供发展对策方面做出巨大贡献。

儒學参與文化中國對話的語境問題

加拿大《文化中國》執行主編　張志業（子夜）

一、前言

本次研討會的主題是“儒學：世界和平與發展”，在其下的八個子題中，有兩個子題所涉及的範疇是相互交叉並相互有影響關係的，即“儒學與當代文化的發展和不同文明的對話”和“儒學在世界各地的研究、教育、普及情況”，前者直涉儒學在全球化視野下所面臨的責職所在，後者則是儒學主體本身在全球化進程中安身立命和進取立足的使命承擔。包括儒學在內的世界各大文明體係，各大文化學派，在全球化浪潮衝擊下，從安身立命到進取立足，都面臨著同樣的處境，即，在同其他文明或學派進行全球化進程中的關係處理時，如何在本身主體性話語的堅持下，調適對話機制和溝通渠道，增強互融吸納和取長補短。

儒學参與全球文明對話涉及的內容相當複雜，本文僅就儒學在文化中國参與全球文明對話的角色所面臨的問題進行探討，重點放在儒學参與對話過程中語境的不同和調適問題上。

二、全球化視野下文明對話的新課題

語境問題，是文化中國参與對話的一個重要課題。當我們回顧文化中國概念的提出時，在某種意義上實質就是提供對話的載體。一九九四年當學術刊物《文化中國》在加拿大創刊時，首先關注的就是儒學與西方文明的對話問題。關於文化中國的定義，杜維明教授在創刊號上以題為《培育文化中國》撰文，分析了三個意義上的文化中國，即第一意義世界的中國大陸、香港、台灣等，第二意義世界的海外各地華人社會，第三意義世界的相應文化工作者。杜維明教授闡明的這三個世界，無一不是儒家可以安身立命的居所。正如他所說：“既然文化是主動自覺的創造成果而不只是與生俱來的原初給予，‘文化中國’必須超越地域、社群、語言和信仰的界域，成為三個意義世界中每一成員都能各盡所能各取所需而自願參與的話語社群（Discourse Community）。這個社群目前只是想像的空中樓閣，並沒有經驗意義的實質內容。可是既能想像便有可能成為具體現象的可能”。[①]

關於三個意義方面的文化中國，學術界可以從不同角度進行探討，但這種劃分起碼具有學術分界的界域意義。其中所涉“超越地域、社群、語言和信仰的界域”的問題，實質上就幾乎包含了語境問題的所有背景元素（下文詳論）。文化中國如果要從杜維明所指的“想像”世界超越而走向“經驗意義”，就必須正視語境問題。

在文化中國參與對話的對象中，本文不一般地使用“西方文化”或“西方文明”的概念，儒學從其所處的獨特的國際社會中，它所面臨的是整個世界的文化或文明，因此，相對於“文化中國”，本文使用了“文化世界”或“文明世界”的概念。以西方文化為主要成份的這個“文化世界”，它不僅廣泛地存在於西方高等院校、研究機構、智囊團體中，並由於政府和非政府的系列研究和推展，也幾乎無孔不入地融溶於整個社會生活方式中，不但包括雄厚財力的電子、平面傳播媒體，也包括教堂、廣場、街頭的傳播域界和宣傳人士，甚至社會對抗勢力在互相批評中的張力性。從表面上看，把類似紐約、巴黎、倫敦等西方大都會的文化進行觀察，然後同東方鄉野小村進行比較，也許可以明顯發現從價值觀、倫理觀直到風土人情的不同，但既使這樣，一、二百年來的全球化進程仍然使這種似乎截然相反的環境的人員有融合或相處的可能。反而，在文字和語言可以互譯和傳通的情況下，相對高端的文化層面卻頻頻出現誤解和衝突。這是值得注意的。也就是，問題不是出在溝通、譯介的技術方面，而在於整個語境的方面。

為了尋找語境的差異，我們可以先看作為對話的兩方——“文化中國”與“文化世界”在近代以來的不同遭遇。這個問題，本文作者 2009 年國際儒學術研討會上就曾經論述過，儒家最初從先秦的諸家之一脫穎而出，又在漢初罷黜百家中獲得獨尊地位後，一種倫理文化的學說便在長達兩千多年時間內充分參與了以朝廷權力為核心的政治建制，得以自上而下逐漸地全面浸透入社會和家庭層面，影響並形塑了整個中國民族的倫理結構和文明型態。這種長期以朝廷為文化載體的現象，在世界其他文明發展中十分特異和少見。[②] 世界其他文明中（尤其是宗教文明）曾出現過類似“政教合一”現象，但一般都屬於權力置換的關係，兩者作為不同的實體可以輕易地剝離，而很少有如儒家那樣長期並建制性地以依附朝廷作為載體的（這個問題可以形成另一討論的

---

① 杜維明：《培育文化中國》，載《文化中國》創刊號（加拿大，1884 年 6 月），頁六至七。

② 《儒學在文化中國安身立命的若干問題》，載《紀念孔子誕辰 2560 年國際學術研討會暨國際儒聯第四屆會員大會》論文集，頁 1511。

課題，本文不作更詳)。這既是儒家的歷史“寵幸”，卻也是儒家學說本身的特質所致。於是，我們看到兩種現象：

一方面，在世界幾大文明中，儒學的理論體系是最簡略的，因此極易為建制性的政治權威所植入，另一方面，儒家文化尤其是它的核心倫理，又恰恰是最廣泛地涉及了政治、社會、家庭等層面，在這個意義上，當儒學依靠建制使自己成為主流（統治）的文化，於是也就從兩方面遮蔽了有可能為自己形成生存危機的潛在性脆弱或軟肋，一是當建制性的政治權威出現危機（例如權力衝突、內亂外患、改朝換代等)，儒學賴以生存的載體直接受到波及和衝擊，會併發“魂不附體”的敏感症。我們在下文就會看到，這種“魂不附體”同儒家特殊的語境有相當大的關係。二是儒家學說因高度精煉和智巧（這恰恰是儒家最典型的語境特點)，便沒有類似西方文明（例如基督教文化）強大的接受資源尤其是直指人心的神學威嚴，既使在失去朝廷庇護後，還能單獨地存在並繼續擴播。西方有這種終極取向的“安全閥”，而儒學沒有這種“安全閥”，兩千多年來儒學的境遇幾起幾落，便是一個極好的証明。以基督教為例，因為曾經依附於宮廷的政教合一，也曾經依靠火槍和大炮的威力，使西方文化在強勢作用下的拓展也曾有過輝煌的成就，但這“輝煌”也恰恰成為其全面拓展自己影響並構成西方文明主要支柱的一種歷史異化，一種需要無時不刻為自己辯護的歷史污點。結果，恰恰相反的經驗是，在脫離了政治和武力的強勢，並且經過了包括文藝復興、宗教改革、啟蒙運動等一系列檢討和反省後，基督教文化走出用軍隊和槍炮發言的武力世界，便走進了一個屬於自己本分的文化世界，這個文化世界也許更有永恆的可能。近代以來，基督教面臨政治、文化、技術方面的革命所帶來的危機，但它的語境基本沒有改變，所以，十九世紀反而是基督教文化在全世界傳播最快的時代。

“文化中國”的提出，從本質意義上，就是試圖為儒學同外部世界（文化世界）提供一個更廣泛的對話空間。近代以來，儒學文明同世界文明進行交往過程中，充斥了矛盾和衝突，這種矛盾和衝突一方面包括了價值層面的不同和對立，另一方面，則是溝通和對話渠道的誤置或扭曲。“誤置”或“誤會”的代價，則是文明對話的中斷或滯後。價值層面的不同和對立，涉及面較廣或較深，也是百年來學界爭論不休的問題，而“誤置”或“誤會”的問題，則出於各種相對技術性的層面，比較適於具體問題具體論述。中西方文化的“誤置”或“誤會”，或者“誤讀”或“誤聽”，不是單純文字或語言的譯介偏差，更深層次的，就是本文所關注的語境問題。語境問題從表面上看，是一個文化領域的語言環境的問題，但是，一旦語境概念進入世界不同文化進行交流的層面，如儒學參與文化中國的全球對話的重大課題時，則就是涉及中國文明主流所特具的本質意義和生命方法的表現形式。表現形式在某些時候往往會頑強地作為持守本質意義的強勢執著。世界幾大文明都無不如此，但是儒學在這方面的表現則是更為典型。可以說，儒學在新世紀的發展中，在廓清了同“文化世界”發展路向的不同路徑之後，語境在未來儒學參與文化中國與外部對話的重要性已經逐漸地浮現。

三、儒學的價值持守與多元語境的選擇

從表面上看，一個文明在價值觀上的持守程度，同這個文明在語境上進行選擇的多元性是呈反比的。但實質上，一種文明的本質意義的內容所形成的語境，可能會有先天性的決定因子。在這種情況下，語境的選擇或嬗變，難易度就會差別很大。

語境（Context）作為文化學或傳播學研究的對象提出比較早。作為交流工具，Hall Edward 比較詳細地區分了所謂的“高語境”與“低語境”。[①] 由於著重於傳播手段，Hall 對“高語境”與“低語境”的區分基本是從語言和文字表達方式來看的，那種缺少或沒有清晰直接語言編碼信息，而將表達內容隱含於抽象或表徵的高度概括文字中，是屬於“高語境”。相反，那種必須依靠直接了當的文字編碼信息進行傳達的，則是“低語境”。與此相對，介於高低之中間當然是“中語境”。一般來說，在高語境文化中，敍述的特點是內隱、含蓄或喻示為主，傳播的效能取決於互相之間的關係緊疏程度，以及同一概念在表達的當下所處的時間和空間特點，有相當大的理解靈活性。低語境則比較外顯和明了，傳播的效能無關互相之間的關係程度，語言編碼較詳細精準，在規範和條例中避免理解的漏洞。從 Hall 提出這種“高語境”與“低語境”的區分以來，傳播學界一般都將中國和大部分東亞國家/地區列為“高語境”文化，而英美國家尤其是基督教文化區則是“低語境”文化。事實上，這是以語言或文字表達的清晰度為標準的。

因此，在文化中國對話中，“高語境”與“低語境”這種概念只是論述中的借用，基本上，“高語境”與“低語境”的區分是從傳播方法的特點而言。從本質上說，文化並無“高”“低”之分，但是，在我們沒有找到更好的概念說明語境的不同時，借鑒這種概念並將其引入儒學參與文化中國的對話，還是有一定的背景意義和比較價值。從這個意義上說，“語境”的實質，就是語言在表達或傳播途徑中為維護本文化對特定價值的判斷或定義（包括了文字、語言、思維方法和表達習慣），或公開或隱喻地表現本文化的背景。顯然，從儒學的起源、形成、傳播的歷史，以及其經典的著作，當然是最典型的所謂“高語境”。整個中國文化的發展，基本上是一個“高語境”的總體背景。儒學固然是典型的“高語境”，但是道家思想的表達幾乎遠超儒家。“知者不言。言者不知。塞其兌，閉其門，挫其銳，解其紛，和其光，同其塵，是謂玄同。故不可

---

① Hall Edward：Beyond Culture，New York Anchor Press Doubleday，1976。

得而親，不可得而疏，不可得而貴，不可得而賤。故為天下貴”,[①] 可以說是對中國“高語境”文化的典型定位，所謂得意於“可以意會而不言傳”則是全體國民最精彩的語境自豪。

中國文化的這種“高語境”，使儒學在長達兩千多年的歷史中有“安身立命”的優勢，也借此確立了其在世界文化中的權威意義和神秘意義。受中國文化這種影響，整個儒家文化圈，尤其是日本、韓國和東南亞的幾個國家，更包括港澳台地區，對以儒家為主的中國文化有一定的和相對穩定的傳承鏈。儘管由於近代國際關係的劇變，出現了多元化趨勢，但仍然存在與中國文化休戚相關的大量同質性。這種同質性就是語境的同質性。

代表中國文化主流的儒學的這種“高語境”的形成，是由於特定的地理和歷史原因。除了漢文字本身以形、體示意，一字一音，同西方以拉丁字為主不同，文字和口語有一定差別，比較適用高語境外，更重要的是，中原地理的獨特性，促成各民族有高度的凝聚力。既使在沒有文字統一的情況下，這個民族在許多方面具有同質性，易於形成傳統，在社會溝通和國家治理方面日積月累地形成共識和默契。孔子創建儒家學說時，他既是思想家，又是教育家，又是社會學家，更是到處奔波向朝廷獻計獻策的政治理論家。在這種情況下，他的理論要顧全到各個方面，既要協調朝廷同民眾的關係，又要在終極的天命觀與世俗的日常生活取得一致。在這種情況下，孔子無可選擇地使自己置於高語境下。從“祖述堯舜”、“憲章文武”，崇尚“禮樂”、“仁義”，主張“德治”、“仁政”，精英文化與國民文化也只能需要有高度默契和非語言和文字所能表達的共識。尤其是後來荀子從儒家立場吸收道家的自然觀點與法家的法術思想，政治上主張王、霸並用，禮法雙行，充滿了協調和揉合的智慧，語境之“高”顯然是其他文化所無法相比的。從秦到漢，書同文，車同軌，罷黜百家，獨尊儒術，強化了中國民族的同質性。儒學顯然是中國文化中最具保守主義的穩定結構，對任何變動都極具敏感和謹慎，高語境當然是相當適應儒學的安身立命的。尤其當儒家學說成為官吏選拔的科試內容後，文字與口語的脫節更是明顯。整個中國文化受儒學影響，形成了一種高語境的文化地區。

與此相對比，西方文化主要部分，從最早的兩希文化，到以後的西北歐，直至近代的英美，由於地理和自然因素，人口的流動、變遷、吞併較大，加上邦國戰爭頻繁，版圖分裂，因此，各個民族缺少類似中國的那種同質性和高度的凝聚力，歷史上無法形成既使在沒有文字統一的情況下也具有的固定傳統。這些因素，促使西方是處在一個所謂“低語境”的社會中，人們同質性比較低，缺少共同的經歷，於是，人與人之

① 《道德經》第五十六章。

間的互動，民族之間的交流，社會生活的運作，國家之間的交涉，話語和文字比較是直接的和具有明確編碼，所有的信息和意願直截了當地表達出來，以此來維持人際關係和社會秩序。當然，拉丁文字本身以字母為主，文字編碼確定性強，也是西方文化長期處於所謂“低語境”的重要原因之一。

這兩種語境的區別，其實從中西文化主流的經典著作中便已十分明顯。西方文化和儒家都探討宇宙觀，都是一種高端的人類智慧，以及形成專門的學問。中國的易學等儒釋道，西方的神學，均是相當層級的高端文化。儒家學說和西方高端文化都對宇宙觀作了精闢的論述。作為西方主流文化之一的基督教文化，關於世界的起源，可以《舊約全書・創世紀》為代表，是一天一天地描述，從起初上帝創造天地，到第二天造出空氣，以後每天創造不同事，分別很清楚地寫出第三天創造果木萬樹，第四天創造日月，第五天創造飛鳥，第六天創造走畜昆蟲，直到第七天安照他的形象造人，再至亞當和夏娃犯罪偷吃禁果，引出基督教重要論述原罪的概念。[①] 這裡的文字直截了當，語言編碼清晰，沒有任何隱喻和暗示。而儒家對這方面的描述，則是相當的高深和奧秘，例如，易經幾乎是同樣注意到天地和宇宙的生命運動，但卻是從第一、第二卦，從乾、坤資生萬物開始，到六十三卦“已濟”似乎完成而到最後一卦卻又是“未濟”，雖是新的生生不息循環，但充滿神秘色彩。就宇宙觀來說，都是聖經和易經極力想到表達的，但顯然《易經》作為一本卜巫的書，體現中國古人對宇宙的描寫都是圓融的、深奧的，圓融的過度就有可能走向圓滑，在面對終極真理時採取似是而非、模稜兩可的心態。而聖經則是開放的直截了當的，在終極真理面前沒有圓滑的語境。儒家在宇宙觀上認為萬物自己生長，但仍然有天命的信仰，卻要使用大量的隱喻和警示，不可不謂是一種極高的語境。千字文中的描述是相當簡明的，“天地玄黃，宇宙洪荒，日月盈昃，辰宿列張，寒來暑往，秋收冬藏”，[②] 但既使這是一種啟蒙讀本，仍然可以領略到那種高語境的文化。問題是，儒家傳統中許多是只可意會不可言傳的，在某些領域是需要“隱”的，如“子為父隱”，為“尊者”隱，等等，都是需要在一種強烈的高語境才能體悟的。儒家的等級制度、親緣關係、家庭倫理、特定禮俗、人情至上，在所謂的“低語境”下是無法用文字直接表達的。

在世界幾大文化中，儒學的保守傾向是比較強烈的，儒家對自己的傳統價值觀的持守，歷經兩千多年，薪火相傳，包括表徵中國文化的語境，都是世界文明的一道風景線。儒學固然繼續持守自己的價值觀，但既然世界進入全球化，各文明的對話逐步展開，語境也趨向多元化，儒學當然無法迴避這些挑戰。在目前形成的全球化浪潮中，

---

① 《舊約全書・創世紀》第一章。

② （梁）周興嗣撰《敕員外散騎侍郎》。

任何一種語境的文化都不能獨善自身。我們從歷史上看，漢朝覆亡，蠻族入侵，儒學便遇到挑戰甚至沒落的危險。道教和佛教思想突起並流行，不能不說是儒學原本的語境已經向自己的生存和發展提出了問題，道教和佛教此後之所以不但能在知識份子而且在黎庶中得到重視，某種程度上是得益於它們語境的更新（嘗試看一下佛教從傳統教旨走向人間佛教便可得到一個証明）。

儒學的語境一直是個令人困擾的問題。“子曰：德之不修，學之不講，聞義不能徙，不善不能改，是吾憂也”。[①] 孔子從一開始就深慢“文”之不傳，“學”之不講，實際上就隱約地對儒學的語境表達了關注，用儒學研究者的話，就是“體”和“魂”如何相附的問題。百餘年來學者時常哀嘆儒學有“魂不附體”之危，其實某種意義上就是語境的問題。如果說，儒學所代表的整個倫理價值是其學說的“魂”的話，那麼，儒學歷史上所形成的語境，就是它的“體”。當儒學幾千年來持守它的價值倫理，而現在遇到語境的挑戰，“魂不附體”顯然是一種很大的危機感。第一次鴉片戰爆發後，中國的國門被迫打開，一個多元的文化影響已無可避免。曾經深受儒家浸染的東亞諸國，文化上被西方從根本上動搖。從十九世紀開始，中國知識份子開始對儒家學說的信心產生問題，一直到五四新文化運動對孔家店的全面否定，這裡既有政治、經濟、教育、民生等各種具體原因，另一方面，也同儒學文化的高語境在迎接多元文化挑戰時的脆弱性有關。在已經形成的語境中選擇性不多，這是儒學脆弱性的主要原因。儒學要與其他文明即“文化世界”進行對話並且更新，一個重要問題就是語境的更新。我們很難輕易對儒學應該選擇何種語境做出結論，但是，參與對話，互攝並調適語境的表述方法，可能是最先能做到的，然後可以期待從更深厚的背景性的方向去更新。

四、文化的更新與語境的嬗變

盡管 Hall Edward 將語境分為“高”和“低”，但這不是全部語境的區別。西方語境被歸為“低語境”，但未必不是強勢語境。儒學語境被歸為“高語境”，但未必不是弱勢語境。這是百餘年來我們所面對的一個現實問題。

本文所論述的儒學語境問題，是圍繞文化中國參與世界對話進行的。就儒家來說，其本身的載體表現在兩個方面，一是知識精英階層，目前主要是從事儒學研究和教學的人員，二是其他學科的研究人員，包括從事文化交流的實際工作者，如果廣而擴之，甚至可以包括身體踐行的黎庶國民，擔水劈柴舉手投足之間都踐行傳統儒學的遺訓。從前者來說，他們代表中國文化參與世界對話的經驗比較豐富，對語境的不同了然於

---

① 《論語・述而篇》。

胸，而且有一整套知識架構。這個層面基本是屬於學術層面，從專業領域的研究功底看，儒學幾乎不存在語境的問題。但當儒學承擔文化中國（不僅僅是從事學術研究的專家學者）參與世界對話時，問題的複雜性就出來了。從十九世紀下半葉開始，儒學被迫面臨西方的、多元的文化對手，已經感覺到，不同國家的人們交際方面存在很多的差異性，不同語境所代表的文化背景，有可能造成誤讀和扭曲。同時，我們看到，隨著全球化的大趨勢，不同國家和地區文化和學術的相互交流的增加，使不同語境和不同文化都在發生著潛移默化的改變。語境的嬗變，既是出於對話的需要，但也有可能是作為對話的一個成果。

事實上，為了儒學的復興，尤其是代表文化中國參與世界對話，中國新的一代儒家學者注意到語境的差別，進行了一系列的努力。例如，熊十力有關體用關係的論述，梁漱溟的文化分析論，馮友蘭試圖重建理學，賀麟、唐君毅、徐復觀的文化哲學，基本上都認識到了語境在儒學與外部交流中是一個必須解決的問題（雖然不一定是使用“語境”這一概念術語）。正如本文已經指出的，所謂“語境”，不僅是語言和文字的表達方式，而且是一種文明和生活、行為方式的濃縮。在這種情況下，語境的更新不是僅僅在語言文字上進行更新。問題是，現代儒家面對全球化中多元文化的挑戰，有一種急於回應的情感，出現了不同的嘗試，想同世界主流文化包括西方基督教文明進行對話或某種意義上的融合甚至接軌，儒學有可能出現一種新的局面，但同時又出現新的爭論。有些爭論如果不從語境方面著手，將不得其解。例如，牟宗三的“坎陷說”：“吾心之良知決定此行為之當否，在實現此行為中，固須一面致此良知，但即在致字上，吾心之良知亦須決定自己轉而為了別。此種轉化是良知自己決定坎陷其自己，此亦是天理中之一環。坎陷其自己而為了別以從物。從物始能知物，知物始能宰物。及其可以宰也，它複自坎陷中湧出其自己而會物以歸己，成為自己之所統與所攝。如是它無不自足，它自足而欣悅其自己。此入虎穴得虎子之本領也。此方是融攝知識之真實義”。[①] 牟宗三的“自我坎陷說”又稱“良知坎陷說”，成為新儒學一個極大的爭論焦點。急迫與世界文明尤其是西方宗教精神對話的學者，都期待從“坎陷說”中看到儒家可能有的宗教意義。唐君毅說“讀牟宗三的文章，是肉身成道；見他本人，又是道成肉身”。[②] 一些學者同唐君毅都相信，牟宗三良知的“自我坎陷”，在某種意義上大約相當於耶酥基督之“道成肉身”的意思。在他們看來，“良知坎陷”有佛教達到自我完滿出於悲憫心而必入世俗去拯救芸芸眾生之意。這也本來符合儒學對“兼濟天下”的期待。但是，非常有意思的是，從牟宗三提出“坎陷”說以來，至今為止，對其質疑

---

① 牟宗三:《从陆象山到刘蕺山》，頁 177。

② 見蔡仁厚:《牟宗三先生學思年譜》，台北：學生書局，1996 年，頁 21。

的多於贊同者，而其中，關於“良知坎陷”的定義，包括其所應有的內涵和外延，不但閱讀者爭論不休，連牟宗三本人也幾乎沒有進行更多和更明晰的詮釋。這可能不是自豪於語境之高，恰是語境之限。

我們認為，除去儒學本身價值觀與西方文化相關論述有相當異質性外，語境的不同可能也是一個重要原因。“良知坎陷”是很典型的高語境表達，從 Hall Edward 關於語境本身說，高語境事物具有預先編排信息的特色，編排的信息處於接受者手裡及背景中，僅有微小部分存於傳遞的信息中。“良知坎陷”是順著儒家文化中比較內斂的一貫傳統而來，一旦其潛意識中期待同西方文明中的宗教精神或基本教義對話時，就會涉及儒家倫理核心問題，而這往往又是整個儒家學說敏感的話題區，在這種情況下，“坎陷”的語言編碼無法清晰，無法讓人直陳民主或宗教意義。對“坎陷”說持基本肯定態度的楊澤波，在談到“坎陷”說能否開出民主時指出：“民主除了屬於理論理性之外，還與惡的問緊密相關。只有充分重視惡的力量，承認其存在的現實，認識其在歷史發展中的作用，人才能具有權利意識，才能談到法權問題，才能成為一個獨立的存在。惡的問題不能僅僅歸於理論理性，必須落實到物質欲望之上，……儒家系統要發展民主，絕不能講到理論理性，還必須要講到體欲一層，講到惡的一層”。[①] 所以，這裡不是一個文字表述或如何修改的問題，而是文化背景問題。儒家文化有沒有談“罪”或“惡”的背景？這個問題恐怕不能單單問責儒家，而是整個中國文化都有義務要回答的問題。這就是語境的實質意義。

唐君毅期待“坎陷”說中有道成肉身的境界，代表了新時期儒學希望與世界先進文明接軌的願望。“道成肉身”是西方基督教語境下的重要論述：“太初有道，道與上帝同在，道就是上帝。這道太初與上帝同在”，“道成了肉身，住在我們中間，充充滿滿地有恩典，有真理”。[②]“道成肉身”是為了救贖，而救贖問題的要害恰恰就是人的惡/或罪。在西方文化的語境中，罪是直截了當的，是直指人最原初就存在的現象，不用任何含蓄、間接而又晦澀的方式，關於人的罪是有完全充分的信息施於接受者，而不一定要依靠“悟性”的高語境。在西方的語境下，基督教文化很容易地多次改變對話方式，使“罪”這個在東亞文明中很忌諱問題在世界許多地區獲得共識。經過宗教改革和文藝復興之後，基督教一方面擺脫了同世俗政權的結合，另一方面反而獲得了更大範圍的話語空間。所謂的“低語境”在傳播的過程中不一定就是“低優勢”，這即可見一斑。

我們可以注意到，新教倫理在影響整個現代資本主義的進程中，其“契約精神”

---

① 楊澤波：《坎陷開出民主不同理解九種》，載《天府新論》2014 年第 1 期，頁 33。

② 《新約·約翰福音》第一章。

是最具代表性的。契約者，合同也，重視契約和合同體現了西方文化特具的語境。Hall Edward 所謂的“低語境”，是產生契約和合同的最適宜語境，這同以籠統、間接、含蓄、喻示等為主的儒家語境是不同的。在中國語境中，儒家不會用大量篇幅去闡釋惡或罪的問題，儒學史基本上是一部“仁”學史，儒學的語境特點本身就決定了需要充滿智慧和悟性才能去理解。儒學參與文化中國的對話，除了價值觀和宇由觀等一系列核心內容要同其他文化進行比較和融合外，語境如果沒有互適，而是孤芳自賞，所謂高語境甚至可能就會變成弱勢語境。因此，語境是否有嬗變的方向或意願，將是文化能否更新的一個重要指數。

五、在多元語境中儒學傳播的若干問題

全球化過程中語境的多元化，既給儒學的傳播提出了挑戰，實際上未嘗也不是儒學在參與文化中國對話中的一個歷史機遇。作為中國主流文化的代表，儒學始終承擔著沉重的傳播問題。語境問題本來就是從傳播學提出的，因此，在多元語境中儒學的傳播有幾個問題是需要思考和處理的。

首先，從整體上，上文已經明確指出，語境絕不是簡單的文字或語言表達方式，根本上就是一種文化，是有關歷史進程、人文地理、社會制度、生活習俗的綜合背景。因此，語境的特點不同（我們仍然不輕易使用所謂的高語境或低語境的概念），不是僅僅依靠語言文字在使用過程中適時迎合對方便可解決的。西方語境是在西方的人文背景下形成的，例如，西方社會重視個人權利，整個語境也必須適應這種情況，規範化和界定化非常強烈。中國文化始終重視集體和國家觀念，這種觀念落實到日常生活中，無法有具體而細節性的表達，低則依靠家庭、學校、社交等渠道教化，高則依靠個人的“悟性”。在基督教文化中，一個顯著現象是，除了成千上萬個神學院和教授外，還有教會遍佈，教堂林立，一本聖經既有專家和學者的研究，也有普通百姓的日常閱讀和聽講，這是基督教文化所處的語境。但從儒學來講，雖然學術界有認為其具有宗教意義，但中國的廟宇似乎同儒學沒有太多關係。一些學者期待中國出現古人治學的體制空間如書院、塾堂、經班等，問題是由於儒學本身所處的歷史背景，加上當代整個社會的浮躁，這些願望的落實是舉步維艱。因此，語境在儒學傳播中的交融或會通，不能僅僅靠儒學本身來解決，而取決於整個中國文化總體環境和中外交流綜合實力的改善。當然，這種中國文化總體環境和中外交流綜合實力，儒學本身也有一定的使命，兩者是互為依存的關係。

其二，儒學參與文化中國的對話，有兩個方面的語境問題。一方面是作為高端學術人員的對話，在這個領域，正如我們前面提到，由於互相之間的專業接近，語境問

題已經不成為障礙，也不容易產生誤會或梗阻。甚至西方的漢學家包括儒學研究者，在宗教多元論和自由民主思想的啟發下，開始探索儒家仁學發展史上第三紀元，[①] 他們甚至主張儒家仁學作為對抗西方挑戰的一種創造性回應，是其古典形成時期與中古發展時期的繼續。這種學術對話方面的語境幾乎是不存在任何阻隔的。問題是第二方面的，即作為一個民族的主流文化，儒學進行傳播中的語境問題，仍然顯得有些無從下手。大多數從事這方面工作的人員，只是將文言文的儒家經典進行適當的翻譯，譯成白話文或外文，似乎就是語境的更新和嬗變了。但是，語境的更新是對一個民族文化形成的總體發展的調適，而不只是表述文字的簡化或翻譯的準確。例如，對於罪的論述，從頭至尾都貫穿在新舊約全書，但在儒家經典著作中，卻是相當少見的，本質上是不作為一個問題提出的。事實上，這裡有語境的誤讀。中文裡的罪相對於英文中是Crime，除了用於形容詞外，主要是刑法上的意義。而在英文中，“罪”有不同的文字表達，除了 Crime 外，還有 Sin 和 Offense 等，而儒家文化圈中的一些人所忌諱的“罪”，在新舊約全書中英文單詞是 Sin。這個 Sin 一般不是指刑法上的，而是倫理意義尤其是道德、精神、信仰方面的，如 To sin against God（犯違上帝之罪），To sin one' s mercies（忘恩負義），To sin against propriety（違背禮儀），There is so much to be sinned and suffered in the word（世界上有很多事會使我們犯罪並需要我們承受），Re-pent the sins ye have sinned（懺悔你所犯的罪），等等。[②] 類似這種宗教、倫理罪與過或錯失，在英文、希臘文和拉丁文中都有不同的具體的表述。但這些不同的詞意，在中文裡均譯成高具敏感性的“罪”字。這是中文聖經翻譯中長期存在爭論的問題。儒家傳統中有對違逆天理的論述，但沒有一個專門的單詞可以對稱於聖經中的 Sin。這就不是文字的問題，而是牽涉語境的問題。中國文化特殊的語境形成了中國文字，使這個單詞的翻譯，不僅僅是翻譯技術的難度，而且讓人看到長期文化傳統和價值判斷背後的深沉背景的不同，是中西方文化各自在嬗變過程中走向的不同。

其三，儒學要走向世界，傳播本文明的價值，需要在不同語境中互動或互融，才能達致不同語境能在平等的氛圍中進行對話。以基督教文化為基礎的西方文明，與以儒學為主流的中國文化，在歷史上都曾經表現出各自的傲慢和偏見。近年來，這兩種文化都在反省，除了價值觀和倫理意義方面的檢討外，傳播過程中的語境問題也引起注意。新舊約全書所折射出的西方語境，在傳播方面具有一定的優勢，原因之一就是它具有聆聽性。杜維明曾經很清楚指出中西二者的差別：西方的語境是容易讓人聆聽，他以希伯來傳統為例說，“希伯來的傳統是一個以耳聽為主的傳統，上帝在《舊約》的

---

① 參中文版《不列顛百科學全書》有關儒家學說的條目。

② 梁實秋主編：《遠東英漢大辭詞》，台北：遠東圖書出版公司，1963 年。

出現，總是一種聲音”，因此，他在談到儒學第三期發展時，認為現在“在中國，聽更重要”。[①] 基本上，新舊約全書反映了這種聆聽的需要和被需要。相對來講，儒學被認為是“高語境”，長期以來集中在經堂殿院中，沒有像基督教那樣巨大的傳播規模，其中一個原因，就是缺乏杜維明所講的“以耳聽為主的傳統”。因為有聆聽的渠道，希伯來文化可以從經典走向社會，走向平民，形成不間斷的傳播。這種語境，值得儒學傳播借鑒。

其四，儒學需要走出金字塔式的經院學問，從語境的更新推動儒學價值觀的傳播。儒學代表中國主流傳統文化參與世界的對話，要清醒地認識到西方基本文化在傳播途徑中的先發局面。儒學的仁義禮智信、忠孝廉恥、天人合一、中庸之道等心性修養學說和豐厚的人文資源，是相當高端的經院哲學資源和精神財富，是中國文化語境（所謂高語境）的產物。西方文化不同於儒學的高語境，但具有開放和更新的傳播效能。例如，新約全書耶穌傳播教義時，有近百處使用類似“我實實在在告訴你們”這種句式，如“我實在告訴你們，就是到天地都廢去了，律法的一點一畫也不能廢去，都要成全”，[②]“你施捨的時候，不可在你前面吹號，像那假冒為善的人在會堂裡和街道上所行的，故意要得人的榮耀。我實在告訴你們，他們已經得了他們的賞賜”，[③]“我實在告訴你們，凡要承受神國的，若不像小孩子，斷不能進去”，[④]“我實實在在告訴你們，所有犯罪的就是罪的奴僕”，[⑤] 這種語式顯然是當時最典型的語境，語境既便於“聆聽”，也更利於傳播。與此種語境的相比，儒學的傳播顯然是籠統、含蓄、間接、喻示較多，這是整個民族性格內斂和謹慎所形成的語境。在進入新世紀時，儒學的傳播已經將自身融入更開放和包容的進程中，從事儒學傳播的學者在弘揚儒學的核心價值和基本學說時，在深入比較中西文化傳統中，已經注入時代精神，包括語境的融合和互滲，開始出現了各種互動，語境的嬗變和更新應該說是有期可待的。

六、結語

討論儒學的語境問題，事涉儒學參與文化中國的全球對話所應注意的整體背景和話語氛圍。人類文明經過多種洗禮，從最初的以戰爭和爭奪解決生存和毀滅的選擇，逐漸趨向通過各種非暴力手段進行交往和溝通，總的一個走向，實質上就是相互認同，

① 杜維明：《儒學第三期發展的前景問題》，台北：聯經出版公司，1989 年，頁 51。

② 《新約·馬太福音》第五章。

③ 《新約·馬太福音》第六章。

④ 《新約·馬可福音》第十章。

⑤ 《新約·約翰福音》第八章。

尋求對話，繼而通過對話走向理解和共贏。如有學者指出："二十世紀是價值衝突的世紀。……從表面上看，價值衝突的原因是市場配額的不等，利潤瓜分的不公平，生息領地的有爭議和宗教信仰的有分岐。但從實質上看，一切衝突都根源於非此即彼、主客二分、你死我活、勢不兩立的不相容價值抉擇"。[①] 西方社會目前越來越多國家認同多元價值，建立一種"彩虹文化"（Rainbow Culture），又稱為"馬賽克文化"（Mosaic Culture），某種意義上，就是大家都在創造一種新的語境。孔子學院進入西方國家，有可能影響西方文化從所謂"低語境"向"高語境"的演化。對話不但需要渠道，也需要氛圍，更需要必要的語境的互攝和調適。當年，是西方傳教士進入中國，今天，則是中國在他們的國家開辦孔子學院，都無法避開語境互置的可能性，事實上中西雙方也正在進行不同的嘗試，盡管還沒有到慰蔚為奇觀的地步，但畢竟是值得關注的一個趨勢。

本文多次論到，語境問題不是一個單純的語言表達技術，而是涉及儒學如何從根本上安身立命的綜合環境問題。儒學曾長期依附於朝廷，或者不斷隨著朝政的變化而對理義加以修改，造成了實踐的異化，知行相離，更隨著政治和社會的動亂，儒學曾經驚呼禮崩樂壞，對自己安身立命的基礎有一種危機感，這就是語境的危機。儒學倫理中有相當優質的抵禦政治和社會腐敗的價值工具，但儒學本身的進程卻又總是作為腐敗的手段連在一起，這種弔詭和尷尬，大概是世界其他若干文明中比較少見的。原因就在於儒學無法逃避中國傳統文化的語境，這種語境容易形成優質文化的"偽善"化。陳來先生曾對所謂儒學的"偽善"作過說明，偽善在倫理學上來講，西方叫作道德無意志力的問題，"如果從倫理學的價值與文化的角度來說，這個概念是不清楚的，顧名思義，偽善不是真正的善"。[②] 針對陳來的說明，李德順先生有一個補充："說到偽善，我認為它不是儒家的本義，但儒學裡邊有一種抽象理想主義的因素，讓人覺得它好像在各種場合下都適用，都有道理，而人去實行的時候，卻可能產生相反的結果"。[③] 這種語境，與儒學自己的工具化和功利操作有關，特別是在以朝廷作為最高服務對象的情況下，這種實踐性更充滿了工具化和投機化的色彩。"閒之以禮，糾之以政，行之有義，守之以信，奉之以仁"。[④] 環繞以宮廷服務的語境，儒學被修改了內容或切斷了延伸性，很難向下一如貫之地踐履，無論落到個人，社會，踐履便有可能各行其是，甚至出現所謂"偽善"。

---

① 張立文：《儒學與網絡、生命、環境倫理》，載《儒學與當代文明》，國際儒學會編，九洲出版社，2005 年，頁 82。

② 《今天該如何評價儒學》，載《光明日報》2002 年 6 月 1 日"國學"版。

③ 同上。

④ 《史記・留侯世家》。

儒學失去宮廷庇護，對儒學走向平民來說不是一件壞事。這裡就孕育了語境的更新和嬗變的契機。“禮失，而求諸野”。[①] 從平民生活空間不但可以獲致儒學內在的活力，而且同時也是儒學在超越自身後在外延空間中可能進入的別有天地的一種人文境界，這種人文境界就是儒學參與文化中國對話的重要語境。成中英教授曾特別論述過儒學人文構成的層次，認為儒學如果進行檢討和重新評估後（即完成內在的批判），可以在重新轉換、重新塑造的演進過程中，從其根源向外拓展一種新的人文境界，“也許，正是由於儒學本身所具有的自我超越能力沒有被正確地理會和自覺地認識，盲目地認為儒學已經達到了最高的發展極限，使儒學在現代學術發展中陷入自我限制與自我封閉的僵化狀態。因之，我們必須對儒學作重新探索，不應僅僅停留在對其既有的優點或缺點的評估上，而須重新體認其根源，從其根源深處發掘其內在活力，從而超越其身，拓展人文的新境界”。[②] 所謂的“人文的新境界”，實質上就是一種新的語境。語境的更新和嬗變，將是儒學眾多空間中最有作為的一個。

---

① 《汉书·艺文志》。

② 成中英：《儒學的探索與人文世界構成的層次問題》，見江日新主編《中西哲學的會面與對話》，台灣：文津出版社，1995年，頁2。

论中国哲学对于世界的再启蒙

南开大学　乔清举

第一次启蒙：人的觉醒：理性概念、道德自律

第二次启蒙：以生态哲学为基础，进一步扩展到不同国家与文化之间

中国哲学对世界进行生态启蒙之所以可能的原因有三。其一，生态所反映的人与自然的关系问题，是人类存在的最为根本性的关系；目前生态危机已成为全球性的深刻问题。其二，从哲学原理上说，生态哲学的根本议题是突破欧洲近代以来主客体对立的思维方式，建立人与自然和谐的新范式，具有人类思维方式和存在方式根本转型的意义。中国哲学在肯定主客差异的同时保持主客统一的理念与生态哲学的思路一致；其逻辑思维与体悟并重的论证方式亦可为生态哲学的建立提供启发。其三，在整个世界范围内生态哲学仍在探索和形成之中，尚未定型，中国哲学可以像欧美哲学一样平等地参与这一哲学的建构，行使自己的话语权。

以儒家哲学为例，其道德共同体论、生态范畴论、生态功夫论与境界论都是新启蒙的宝贵材料。儒家生态哲学具有整体主义的特点，其道德共同体的范围包括从动植物直到土地山川的无机自然界，典型说法有“德及禽兽”、[①]“泽及草木”、[②]“恩及于土”、[③]“恩及于金石”、[④]“恩至于水”、[⑤]“化及鸟兽”、“顺物性命”等。[⑥]恩至于金石的说法超越了罗尔斯顿大地伦理学的范畴。儒家生态思想的思路不是基于规范伦理学的权利、价值等话语，而是基于人的仁爱本性的推广和一切事物的本性的实现（尽性），前者有助于形成以德性伦理为特点的生态哲学体系，后者则有助于确立人与自然的新型关系的本体基础。

---

① 司马迁：《史记》第1册，北京：中华书局，1982年，第59页。

② 班固：《汉书》第9册，北京：中华书局，1962年，第2780页。

③ 苏舆：《春秋繁露义证》，钟哲点校，北京：中华书局，2002年，第375页。

④ 苏舆：《春秋繁露义证》，第376页。

⑤ 苏舆：《春秋繁露义证》，第381页。

⑥ 范晔：《后汉书》第4册，北京：中华书局，1965年，第874、882页。

儒家生态哲学的命题，除了众所周知的天人合一、民胞物与外，尚有“与万物为一体”、“天地生物之心”、“人者，天地之心”、“为天地立心”等，皆可以丰富当今世界生态哲学理论，改造近代以来的“理性”概念。

“与万物为一体”长期被西方哲学视为神秘主义，这其实是主客对立思维方式下的结论。作为物理存在的人，本身即是自然的一部分，何尝能够或曾经离开过自然？近代西方哲学主张，是理性把人提升到了超出自然、与自然对立、进而宰制自然的高度；理性即是主体。现在看来，这种对立毋宁应理解为“会面”、“照面”、“注视”，而不应是“敌视”、“敌对”，方可妥当。这是因为，第一，理性本身是宇宙自然进化的产物，与自然具有本体上的联系性。第二，理性作为主体诚然可以主宰甚至破坏自然，但也可以做出保护自然的善意行为。后者既利于人类的生存，也利于自然的发展。因其根源于人的善意，所以是值得期待的价值性行为。第三，如果把上述第二个“利于”置于首位，即为了自然的生生、和谐与美丽，降低甚至取消人的一些消费行为，达到与自然的和解、和谐、顺应和共存，则这种行为是非人类中心主义的价值性行为。第四，宇宙演化史表明，自然生态系统是经过几十亿年的历程从混乱无序走向生生、稳定、和谐和美丽的。此即是自然的合目的性，儒家的“天地之心”、“天地之心惟是生物”。[①] 第五，把自觉地保护自然的善意行为放到自然演化的历程中会发现，它和自然演化的方向是一致的。可见，一方面自然界启示价值，事实中包含着价值；另一方面，当理性经过反思，认识到自然的演化趋势，自觉地保护自然时，便是天人合一或与天地万物为一体的状态。此时的理性，已不只是理论理性，而发用为德性，即理性发动了德性。第六，从保护自然的价值性行为和自然演化趋势的一致可知：自然的合目的性通过人的价值性行为得到实现。这表明，儒家所说的“人者，天地之心”、[②]“自家心便是鸟兽草木之心”，[③] 都是可以得到事实支持与理论证明的。“天地之心”是一种跨越人类中心与非人类中心的德性主体。[④] 第七，从理性源于自然的演化可知，它对于自然的认

---

① 张载：《张载集》，章锡琛点校，北京：中华书局，1978 年，第 113 页。

② 孔颖达：《礼记正义》，阮元刻《十三经注疏》下，北京：中华书局，1980 年，第 1424 页。

③ 黎靖德编：《朱子语类》第 1 册，王星贤校点，北京：中华书局，1994 年，第 59 页。

④ 人如何成为天地之心？罗尔斯顿基于自然科学提出了一个解释，很有启发性。他指出，“生物进化产生出人类是自然唤醒了心智；同样，从个体的发育来看，个体意识到自己的存在也是自然唤醒了心智。自然不住地逗弄我们，不住地给我们刺激。我们对此做出的反应，是使自己的存在达到超越其他生命形式的水平，而在此过程中将我与非我分离出来。开始是在环境中运动，我们只是被动地对环境做出反应。但接下去，这种反应提升成了一种能动的行动。生态的刺激使人类的主体‘我’诞生了。大地的景物以我来对它进行沉思，我就是它的意识。”（霍尔姆斯·罗尔斯顿：《哲学走向荒野》，刘耳、叶平译，长春：吉林人民出版社，2000 年，第 409 页）“我就是它的意识”可谓人为天地之心另一种表述。

识也可以说是自然的自我认识，自然借助人实现它的生生、和谐与美丽。这从人的角度看，则是天心通过人心来实现，人“为天地立心”。第八，由天心通过人心实现可知：天心和人心之间具有同一性、天地的本体也是人的本体，人与自然具有同一性。自觉地保护自然的心，也是生生之心。朱熹认为，仁是天地的生物之心，天地所生之物又“各得夫天地生物之心以为心”。[①] 这就是说，天地生物之心之仁表现于人，即是人心之“仁”。这样，天地的生生之德、仁、人心三者就联系起来了，生生亦由外在的天地之德变成人心内在的德性。人心的生意与天地的生意贯通、同一，本体和主体合二为一。这种同一也是事实与价值的统一；最高的事实就是价值。这是宋儒的万物一体的根本所在。这种人心主体，从其包含道德地对待自然的维度来看，内涵比以往偏狭地理解为人伦、人际之爱的“仁”更为丰富，可以形成对启蒙运动以来的理性主体的突破和改造。这是新启蒙的核心意义。第九，由于价值我和凡俗我是同一个，所以，儒家文化特别强调人应自觉地把仁推广到了物，做到天人合一，这是儒家的生态功夫论。董仲舒说：“质于爱民，以下至于鸟兽昆虫莫不爱。不爱，奚足谓仁?”[②] 郑玄说，“仁，爱人以及物”。[③] 贾公彦解释说：“仁者内善于心，外及于物。”“物”包括禽兽、草木。[④] 如何“爱物”? 就是要其“尽性”，实现本性。事物的本性是宇宙演化过程中赋予它的存在的道理和权利，此可谓“天赋物权”。“物权”的普遍性促使人通过仁心的推广促进万物本性的实现，王阳明的“大人者与天地万物为一体”，正是儒家生态境界的表现。[⑤]

中国哲学对世界进行道德哲学启蒙之所以可能，其依据在于西方道德哲学缺乏从道德理论或伦理规范到具体道德实践活动的落实，其特点是知行分离。

纵观西方伦理学，从古代美德伦理、近代规范伦理等到现代元伦理学、当代新规范伦理学的发展过程会发现，无论是康德的义务论还是罗尔斯的正义论，都是伦理学或道德哲学的概念、知识体系。即使是亚里士多德的美德伦理学，也没有充分论述德性如何落实的问题。康德伦理学著作虽然叫作“实践理性批判”，“实践理性”在他那里虽然也是实践的，但它仍是理论，而不是落实到具体行为的道德实践活动。康德伦理学有意排除情感因素的客观效果是切断了“实践理性”落实到行为实践的通道，从而使其伦理学保持为一种纯粹理论体系的特点。黑格尔说：“哲学史上的事实和活动有

① 朱熹：《四书章句集注》，北京：中华书局，1983年，第237页。

② 苏舆：《春秋繁露义证》，第251页。

③ 《周礼注疏》卷十，郑玄注、贾公彦疏，阮元刻《十三经注疏》（上），北京：中华书局，1980年，第707页。

④ 《周礼注疏》卷十，《十三经注疏》（上），第707页。

⑤ 王守仁：《王阳明全集》下，吴光等编校，上海：上海古籍出版社，1992年，第968页。

这样的特点，即：人格和个人的性格并不十分渗入它的内容和实质，……在哲学史里，它归给特殊个人的优点和功绩愈少，而归功于自由的思想或人之所以为人的普遍性格愈多，这种没有特异性的思想本身愈是创造的主体，则哲学史就写得愈好。”① 这表明，西方伦理学更多是一种与生理的、肉体的个人无关的悬空化、抽象化的理性概念游戏。罗蒂把这一传统称作“镜式本质”，即只是静态地反映，而不是动态地实行。可是，伦理学并不只是“学”，更重要的还是“行”。无论是“规范”还是“美德”，都要真实地、现实地实行，知行合一。欧洲哲学在上次启蒙中借助于中国哲学形成的“理性”，只是一个无神的、涵盖认知和伦理的纯粹理论性质的概念，落实到认知尚可，落实到伦理范围则不免遗“行”。

如果新启蒙在内容上与以往的启蒙运动相衔接，那么应使纯粹理论性质的理性概念往身体力行性质的实践方向进展。这其中有以下要点。第一，理论认知和道德践履不分割、德性和理性相互引发，是中国哲学的特点。新启蒙应确立认知理性和德性的统一性，形成统一的理性概念。第二，把这种理性还原到身体，确立理性和身体的一致性，形成理性的具体性观念，身心统一，由此奠定人作为一个具体的、整体的个人的前提，奠定伦理规范成为德性、理性的可能性。第三，“化伦理为德性”，使德性能够体之于身、实有诸己。这需要引入中国哲学的功夫论思想；格物致知、居敬操存、反身而诚都是可以运用的功夫。西方传统之所以陷入知行分离的弊端，就是因为它把个人修养留给了宗教，而把哲学视为纯粹的理论思维活动。第四，使德性能够自我发动，落实到日常生活中。这是上一步功夫的深化，也是道德规范的具体落实。心与理一、致良知是其功夫。应该指出，西方哲学不是没有认识到道德应该是实践的，而是落实不到实践。做到以上诸点，不是勉强的、生硬的，而是自如的、流畅的，方是中国哲学的境界论思想，也是前述“超自律”的含义所在。“从心所欲而不逾矩”即是这一境界的表现。这些内容，在当代西方哲学中已有一些近似苗头，如梅洛·庞蒂的身体现象学便是典型。

当然，中国哲学影响世界、对人类进行新启蒙的道路还很漫长、艰辛，因为在可以预见的时期内，当今世界哲学话语体系仍难免基于欧洲文化，且后者的决定性地位难以动摇。建设新的中国哲学的任务，不会是一件仅仅随着经济发展就能水到渠成地得以完成的事情。

---

① 黑格尔：《哲学史讲演录》第1卷，贺麟、王太庆译，北京：商务印书馆，1959年，第7页。

增量仁爱及其中正原则

山东师范大学 王钧林

爱是人类的一种表达喜欢、喜好、友善、怜惜的诚挚的情感。爱的情感有其明确的指向性和施予的对象。如果认定“仁”的本质要求是爱，那么，仁爱的对象是什么呢？或许人们会毫不犹豫地回答是人。这当然不错。因为，据《论语》记载，孔子在回答弟子樊迟问仁时，明确告之以“爱人”二字。[①] 弟子向孔子问仁，不止樊迟一人，还有颜渊、仲弓、司马牛、子贡、子张等人，孔子分别做出了不同的回答，只有对樊迟的回答是“爱人”。孔子的每一个回答都是对仁的诠释和解说，唯独“爱人”成为仁的经典定义，为历代儒者所公认。支持“爱人”成为仁的经典定义的，除了孔子本人直接给出的答案之外，还有孔子在另一地方讲的“泛爱众，而亲仁”[②] 的证据。“泛爱众”，即广泛地爱众人，这是对“爱人”的进一步说明。无论是“爱人”，还是“泛爱众”，都是将仁爱施予的方向校准为人，将仁爱施予的对象确定为人。

但是，如果偏执于“仁者爱人”，将仁爱的对象仅仅限定为人，那也未免狭隘，轻视了仁爱内涵扩容与增量的可能性。事实上，孔子以后，儒家一直致力于仁爱内涵的扩容与增量。东汉大儒郑玄早已指出：“仁，爱人以及物”，[③] 也就是说，仁爱的对象不仅是人，也包括物。郑玄此言并无新意，只是道出了一个思想史的事实而已。郑玄以前，孟子对仁爱的对象做了区分：

君子之于物也，爱之而弗仁；于民也，仁之而弗亲。亲亲而仁民，仁民而爱物。[④]

在孟子看来，仁爱的第一阶段是“亲亲”，“亲亲”是指亲爱有血缘关系的亲属或亲近之人；第二阶段是“仁民”，即仁爱民众，也就是孔子所说的“泛爱众”的意思；第三阶段是“爱物”，指爱惜一切有生命的草木禽兽之类的生物。将仁爱的对象由人扩

---

① 《论语·颜渊》，见杨伯峻：《论语译注》，北京：中华书局，1980年，第131页。

② 《论语·学而》，见杨伯峻：《论语译注》，第4—5页。

③ 郑玄注《周礼·地官·大司徒》，见《十三经注疏》上册，北京：中华书局，1980年，第707页。

④ 《孟子·尽心上》，见杨伯峻：《孟子译注》，第322页。

大到物，这是孟子对仁爱内涵的一次重大拓展。董仲舒对此有着透彻的理解与领悟，他认为，所谓“仁民”，就是要“先之以博爱，教之以仁也”，[①] 第一次提出了“博爱”的观念；所谓“爱物”，就是“质于爱民以下，至于鸟兽昆虫莫不爱”。[②] 学成于岭南而用于中国的康有为，对董仲舒的仁学思想十分推崇，他著《春秋董氏学》，专列“仁爱”一节，指出：

“孔子之道，最重仁。人者，仁也。然则天下何者为大仁，何者为小仁？鸟兽昆虫无不爱，上上也。凡吾同类，大小远近若一，上中也。爱及四夷，上下也。爱诸夏，中上也。爱其国，中中也。爱其乡，中下也。爱旁侧，下上也。爱独身，下中也。爱身之一体，下下也。可为表表之。”[③]

康有为按仁爱的范围与对象画线，将仁爱区分为上、中、下三个层次，每个层次又各有上、中、下三个层次，说这可以制表表示。康有为似乎懒得制表，我们替他制做出来：

康有为仁爱表

	上仁	中仁	下仁
上	鸟兽昆虫莫不爱	爱诸夏	爱旁侧
中	凡吾同类，大小远近若一	爱其国	爱独身
下	爱及四夷	爱其乡	爱身之一体

康有为的这个仁爱表，与其阐发的春秋公羊三世说有着密切的关联，上仁属于“太平世”，中仁属于“升平世”，下仁属于“据乱世”，这既展示了仁爱施予的次第，即：从“身之一体”开始，沿着“独身”、“旁侧”、“乡”、“国”、“诸夏”、“四夷”、人的“同类”，依次推广扩大，一直到达“鸟兽昆虫”，将仁爱的路线梳理得清清楚楚，同时，也充分考虑到了仁爱的实践情况，区分了仁爱的当下现实性和未来可能性，将属于上仁的“鸟兽昆虫莫不爱”、“凡吾同类，大小远近若一”、“爱及四夷”推移到了遥远的“太平世”。后来，康有为作《大同书》，设想大同太世之世的仁爱是超越了“仁乎其类”的大爱，举凡众生，不分人、物之类，于人不分家、族、乡、国之类，于动物不分卵生、胎生、飞禽、走兽之类，众生平等，一视同仁，一律实施同等的兼爱或博爱。

---

① 《春秋繁露·为人者天》，见董仲舒：《春秋繁露》，周桂佃、朋星等译注，第 407 页。

② 《春秋繁露·仁义法》，见董仲舒：《春秋繁露》，周桂佃、朋星等译注，第 314 页。

③ 《春秋董氏学》卷六下《春秋微言大义·仁爱》，见刘梦溪主编：《中国现代学术经典·康有为卷》，石家庄：河北教育出版社，1996 年，第 251 页。

值得注意的是，孟子认为仁爱的对象分别为“亲”、“民”、“物”，但他没有笼统地使用“爱”这一动词，而是有针对性地分别使用了“亲”、“仁”、“爱”三个动词。很显然，“亲”、“仁”、“爱”三者之间，爱的力度（以厚薄的形式表现出来）与爱的距离与范围成反比，爱的距离与范围越小，爱的力度越大，反之，爱的距离与范围越大，爱的力度越小。“亲”的对象是“亲”，即血缘上的亲属或亲近之人，论距离，与仁者最近，由此产生的亲和力最大，所以爱的力度也就最大；论范围，亲属或亲近之人屈指可数，寥寥无几，假设仁爱可以用时间、精力、财物的投入予以计量的话，那么，平均分配给每一位亲属或亲近之人的仁爱份额无疑也是最大的。“仁”的对象是“民”，即民众，民众包括亲疏远近之人，论距离，与仁者有远有近，以远者居绝大多数，由此产生的亲和力松弛，其爱的力度随之降低；论范围，民众若以一乡计，则一乡之民平均分配的仁爱份额大于一国之民；若以一国计，则一国之民平均分配的仁爱份额大于天下之民。“爱”的对象是“物”，即草木禽兽有生命之物，论距离，与仁者不为同类，最为疏远，爱的力度自然最低；论范围，群生万物不可计数，其平均分配的仁爱份额自然最小。

仅仅以仁爱内涵的扩容与增量论孟子的“亲亲”、“仁民”、“爱物”，并不能曲尽其意，更重要的是，“亲”、“仁”、“爱”各有其所施的中正边界。从汉代的赵岐到宋代的孙奭，再到清代的焦循，在注解《孟子》时，都注意到“亲”、“仁”、“爱”“各有所施，事得其宜”的问题。[①] 这个“事得其宜”正是“亲”、“仁”、“爱”“各有所施”的中正边界。施予不可过，过了，超越了“事得其宜”的中；施予不可不及，不及，达不到“事得其宜”的中，过犹不及，都有损中正。

君子对于“物”之所以“爱之而弗仁”，对于“民”之所以“仁之而弗亲”，是因为“物”与“民”的生命价值存在着一个级差序列，草木禽兽之“物”的生命固然值得爱惜，然而，与人的生命相比，却显得低微卑贱，而且，在自然界亿万年形成的食物链中，低级生命往往成为高级生命的食物，牺牲低级生命以满足高级生命的需求，被视为理所当然。对于草木禽兽之“物”来说，人类予以爱惜，希望其茁壮长、茂盛美，在许多情况下是将其视为人的生活资料而如此对待的，一旦人有了生存需要和祭祀需要，便会不惜牺牲草木禽兽的生命。在孟子看来，这是“爱”而不是“仁”。人则不然。“天地之性，人为贵”，[②] 人高居于生命价值级差序列的最顶端，人就是目的，就是最高的价值，绝不可以为了别的什么目的而牺牲人的生命。人皆有恻隐之心，又有

---

① 焦循：《孟子正义》（下），北京：中华书局，1987年，第950页。

② 《孝经·圣治章》，见吴树平等点校：《十三经》（全文标点本）下，北京：北京燕山出版社，1991年，第2104页。

推己及人的能力，人不惟不忍见其同类贫弱无助，不忍闻其同类哀伤呼号，更不忍荼毒其同类的生灵！杀人即为最大的不仁，这是古今儒者的共识。因此，对“民”的仁慈之“仁”远远高于和大于对于“物”的爱惜之爱。

“民”有亲疏远近，在孟子看来，爱有差等，不能一视同仁。墨子倡导“兼爱”，要求“视人之国若视其国，视人之家若视其家，视人之身若视其身”,[①] 按此逻辑，可以引申出：视人之父若视其父，这样一来，就等于把别人的父亲等同于自己的父亲，泯灭了别人的父亲和自己的父亲的界限，将两者混为一谈，这在孟子看来，就等于无视自己的父亲，所以斥其为“无父”，骂曰“无父无君，是禽兽也。”[②] 孟子以此激烈的方式表明了儒家爱有差等的仁爱与墨家爱无差等的“兼爱”的泾渭分明。孟子以前，儒者巫马子对爱有差等的仁爱曾经做过概括性的说明：

我爱邹人于越人，爱鲁人于邹人，爱我乡人于鲁人，爱我家人于乡人，爱我亲于我家人，爱我身于吾亲，以为近我也。”[③]

越人、邹人、鲁人、乡人、家人、我亲、我身，离我越近，我给予的爱也就越多越大，从而呈现出爱有差等的阶梯式级差。《中庸》引述孔子的话，强调“仁者人也，亲亲为大”,[④] 孟子极为认同这一观念，将“仁者人也，亲亲为大”直接化约为“亲亲，仁也”,[⑤] 认为“亲亲”不仅于“仁”为大，而且可以直接看作是“仁”。“亲亲”的第一个“亲”是动词，是亲爱之意；第二个“亲”是名词，指亲属或亲近之人，相当于巫马子所说的“家人”。孟子仔细分辨了“亲亲”之亲爱与“仁民”之仁爱的区别，认为对于家人适用亲爱而不适用仁爱。前者是孝悌一类的血缘伦理，是“仁”的本源或根本；后者是超血缘的人道伦理，即把人看作为人从而“仁乎其类”的人道主义伦理，这是“仁”的拓展和延伸。孟子煞费苦心将“亲”与“仁”区别开来，是为了凸现“亲亲为大”，确立“亲亲”在仁爱表达上的优先权。

如前所述，“亲”、“仁”、“爱”，作为仁爱的三种形式，各有其所施的中正边界。所谓中正，由中至正，执中才能居正。问题在于，“亲”、“仁”、“爱”三者所执之中是什么？如何确立并执守“亲”、“仁”、“爱”三者之中？原来，在巫马子给出的仁爱对象中，我身、我亲、家人、乡人、鲁人、邹人、越人，以我为中心，形成了一个生命价值级差序列，循此序列，还可以添加禽兽、草木等等。这个生命价值的级差序列，

---

① 《墨子·兼爱中》，见王焕镳：《墨子校释》，杭州：浙江文艺出版社，1984年，第109页。

② 《孟子·滕文公下》，见杨伯峻：《孟子译注》，第155页。

③ 《墨子·耕柱》，见王焕镳：《墨子校释》，第342页。

④ 《中庸》第二十章，见朱熹：《四书章句集注》，北京：中华书局，1983年，第28页。

⑤ 《孟子》一书两次提及“亲亲，仁也”，分别见于《告子下》、《尽心上》，见杨伯峻：《孟子译注》，第278、307页。

是自然形成的，呈现出“自然的条理”。如荀子所说，“水火有气而无生，草木有生而无知，禽兽有知而无义，人有气有生有知亦且有义，故最为天下贵也”。[①] 除开无生命的水火以外，草木、禽兽、人的生命价值之所以有高低贵贱的级差，在于草木、禽兽、人的生命各有不同的内涵，这是生命的进化自然形成的。生命的进化有其内在的演进规律，此即“自然的条理”。仁爱按照这一“自然的条理”而施予，就是适得其中，无过与不及之弊；适得其中就能做到“事得其宜”。可见，仁爱的执中居正，无他，遵循“自然的条理”而已。王阳明对此看得真切分明，他在回答“大人与物同体，如何《大学》又说个厚薄”的问题时说：

惟是道理，自有厚薄。比如身是一体，把手足捍头目，岂是偏要薄手足？其道理合如此。禽兽与草木同是爱的，把草木去养禽兽，又忍得。人与禽兽同是爱的，宰禽兽以养亲，与供祭祀，燕宾客，心又忍得。至亲与路人同是爱的，如箪食豆羹，得则生，不得则死，不能两全，宁救至亲，不救路人，心又忍得。这是道理合该如此。及至吾身与至亲，更不得分别彼此厚薄。盖以仁民爱物，皆从此出；此处可忍，更无所不忍矣。《大学》所谓厚薄，是良知上自然的条理，不可逾越，此便谓之义；顺这个条理，便谓之礼；知此条理，便谓之智；始终是这条理，便谓之信。[②]

王阳明所说“吾身与至亲，更不得分别彼此厚薄”，是因为儒家坚持父子、兄弟、夫妻为三至亲，至亲一体，有“一体之亲”。[③]“一体之亲”以外的亲属，在血缘关系上有亲疏远近之分，这也表现为“自然的条理”，依此条理施予的仁爱随之也就有厚薄之分。血缘上越近，亲爱所施越厚，两者适成一种比例关系；准确把握这一比例关系，即可为仁爱确立一个不偏不倚的中。人人对仁爱所遵循的“自然的条理”有所体认，将仁爱所施的厚薄之中置于“本心”之上，对草木、禽兽各施几分仁爱，自然就会心中有数：对草木施之薄，于心忍得，相反，对草木施之厚，对禽兽施之薄，于心何忍？仁爱之于至亲与路人也是如此，对至亲施之厚，对路人施之薄，心安理得，反之，心又有何忍？

仁爱遵循“自然的条理”而有差等，有差等而有厚薄，这是儒家的思路与论说。孟子早已指出：“夫物之不齐，物之情也”，必须予以承认与尊重，如果强行使其一致，“比而同之，是乱天下也。”[④] 康有为也认为仁爱必有一个“自然之次序”，他说：

孔子之道有三，先曰亲亲，次曰爱民，终曰爱物。其仁虽不若佛而道在可行，必

---

① 《荀子·王制》，见梁启雄：《荀子简释》，第109页。

② 《传习录》下，见《王阳明全集》，上海：上海古籍出版社，1992年，第108页。

③ 杜佑：《通典》卷六十九《养兄弟子为后后自生子议》一文称“夫人道之亲，父子、兄弟、夫妇皆一体也”，故有“一体之亲”。

④ 《孟子·滕文公上》，见杨伯峻：《孟子译注》，第126页。

有次第。乱世亲亲，升平世仁民，太平世爱物，此自然之次序，无由躐等也。[①]

从孟子到康有为，儒家承认并尊重“物之不齐”以及由此形成的“自然的条理”或“自然之次序”，将其奉为仁爱所施的原则，这无疑展示了儒家的现实性品格。墨家的“兼爱”、佛教的“慈悲”、基督教的“博爱”，连同儒家的仁爱，是并驾齐驱的世界四大关于爱的学说，与儒家不同，前三家各以其不同的方式超越了自然的“物之不齐”而倡导无差等的乃至平等的兼爱或博爱，展示了不同的超越性的品格，从而使得人间世爱的学说异彩纷呈。

① 康有为：《大同书》，沈阳：辽宁人民出版社，1994 年，第 336 页。

论牟、冯对佛学吸收与建构的理论取向

天津师范大学 杨 勇

如果以中国画创作方式来形容当代儒学大师对佛学的吸收和创新的话，那么，牟宗三的佛学考察好似精工重彩，见其思想的宏大又不失细微关键地比较，而冯友兰的佛学思考则类似写意，只寥寥数笔就钩沉出佛学的基本要义和思路。这两种路径虽然最后的目标是创造一种理解和建构传统儒学之时代新义，但是就方法本身和方法体现出的理论特点却是极具特色，并且亦可称为后人研究的主要内容。故而，我们将下文分别对牟、冯的佛学诠释，揭示出二者的特点，以此来展示当代儒者在文化创造上的某些表现。

一、心学与佛学

从思想发展的逻辑层面来说，牟宗三先生对佛学的考察是通盘地。从文献材料到细节分析，最为全面地当属《佛性与般若》，从宏观统摄到提纲挈领，最为清晰地则归《智的直觉与中国哲学》、《现象与物自身》及《中国哲学十九讲》了。不过总的来看，牟宗三研究佛学的创新之处，应该不脱离如下几个方面：

（一）智的直觉与存有论

“智的直觉”，一定程度上可被认作是牟宗三哲学的一个标志性的概念。所谓智的直觉，就是人具有打通现象界与本体界（物自身）限隔的能力，因此，人一方面具有为现象世界立法的诸能力，另一方面则具有直觉本体世界的能力。人对本体世界不可能用任何概念和范畴来获得，只能通过直觉而体证到本体世界的全、善、真、美，并以不同的方式将体证到的东西，从自身流出，成为实践的根源。于是，智的直觉最终体现了人是既有限又无限的特点。牟宗三认为智的直觉是中国哲学伟大而独特地创造，但是在具体表述上却有所不同，即儒家称为本心仁心、佛家称为自性清净心，道家则命之为道心。

存有论，即现象界和本体界的总称。牟氏以康德哲学为参照，将对现象界的理论称为执的存有论，而对本体界或者物自身的理论成为无执的存有论。在现象和本体两界，能够贯通的承担者，就是无限的自由之心。无限心一面开出了对现象界的厘定和规范，另一面则朝向本体界，以非对象的方式直觉到本体之物自体实与自身的同一。因此，相对于现象界而言，便产生了“执”。“执”于产生感觉的时空形式，以及形成知性的范畴形式，并经过形式的整理和逻辑的规范，构成了经验（现象）世界。但是，无限心面对本体或者物自身时，是不能借用任何感性和知性形式地。按照康德哲学的启发，无限心具有上帝般的决定命令性、具备意志自由的自由性和自主性，并具有灵魂不朽的恒常性。无限心具有的这些特点成为它呈现对本体或者物自身进行智的直觉的要素，而这一过程是无法用概念和范畴进行任何规矩的层面，相对于无限心的本体界，便被称为“无执的存有论”。

但是这里需要解决好一个主体性的问题，即智的直觉之主体何以是无限心，此无限心何以能贯通执与无执？牟宗三认为，无限心是存在着发展和变化地。无限心，也可以称为“我”。

“我”具有三种表现方式：逻辑我，真我和假我，或者牟氏也这样指出：“关于我，我们有三层意义：一、统觉底我；二、作为单纯实体的我；三、感触直觉所觉的我（现象的我）而为‘本体’一范畴所厘定者，此则知识一个组织的假我。”①

逻辑的我，是思维和认知的主体，它具有架构和分析的特点，在逻辑我之中形成了认识世界的框架结构，对世界产生了认知的可能，形成了经验，但是又凌驾于经验之上，所以在逻辑我中所存在的范畴都是具有先验之属性的。假我，则是对在构建经验对象过程中所出现的，具有连续性的心的显像，进行直觉感触之后的我。此假我，体现了一种内在超越性，即它不能以任何分析和逻辑的方式做出描述，只能通过直觉而感触，并在现象层面出现“我”——某种主体性的存在样式。真我，则是思维主体的逻辑我反思出，其背后有一个真实的存在者支撑着思维的开展。但它并非是内在自身而超越的假我，而是始终确保逻辑我能够形成对象，并由此而持续保持逻辑我和假我的恒常性的，我的真实存在的承担者。一方面，真我与物自身一样，作为外在的条件确保了逻辑我不断保持住思维、形构，以内在超越的可能，另一方面，真我不能以任何形式和逻辑，或者感触的方式来获得，只能以智的直觉来直觉到真我的唯一、恒常之本体性。所以，从本体的高度看待，真我不是对象性的存在，而是智的直觉。

对于“我”而言，逻辑我是架构型的，假我是感触直觉型的，真我是智的直觉型的，但它们都只是一个“我”的三层，甚至是真我的一种坎陷，真我通过曲折的方式将自己从本体下放到现象或者经验世界，并借此而形成其他两种形式。所以，真我是

① 牟宗三：《智的直觉与中国哲学》，台北：台湾商务印书馆，1980年，第168页。

我的保证之本体。正是在这一个意义上，相对于真我的本体界或者物自身，是无执的，无法用概念和范畴去形构的，而对于现象和经验世界的逻辑我与假我，则是执的，需要通过概念、分析等一系列逻辑的方式去说明。在此，作为一个统一的我而言，既普遍的存在于现象界中，又通贯的超越到本体界里。于是，“我”便彰显出其特点：一者，是无限的，无限即专指其能上通而下达的一面；二者，是既有限有无限的，这是特指其在执的和无执的存有中，所表现出的即差异有统一的一面。从这样的意义来看，“我”与无限心是同一的。当然在牟宗三那里，无限心更多的是偏向于从智的直觉一边进行论述。

（二）圆教之圆

按照智的直觉对待无执的本体界的原则，牟宗三对印中佛教思想做了全面的分判。他以天台智者大师的判教观为参照，确立了圆教和非圆教的判教，以此解读了佛教，尤其是中国佛教在中华传统思想中怎样体现出智的直觉之一特殊的思想创造。

牟宗三最为激赏地是智者大师对于圆教的思维方式。总的来看，圆教最核心的观念就是性具说。非圆教中则有性起说之别教和作为佛教共同的基础的通教。之所以这样分析，牟认为：“对于一切法作存有论的说明必备两义：一是其存在之根源，二是其存在之必然。……就佛家而言，皆有独特的姿态。……乃由于‘一念无明法性心’，‘法性即无明’时之念具念现，‘无明即法性’时之智具智现。这就有一独特的姿态。当智具智现时，即有一‘无执的存有论’，此时就是智心与物自身之关系。当念具念现时，即有一‘执的存有论’，此时即是识心与现象之关系。至于一切法底存在之必然性问题，则由于成佛必备一切法而为佛，此即保住了法底存在之必然性。”①

这里的念具念现和智具智现，即被牟氏成为圆具，或者就是天台智者大师的“性具”概念，即“从无住本立一切法”。这一观念涵盖了缘起性空、善恶染净、色心体用、无明法性等重要的观念。总地看，性具的思维就是要解释相互关联的一组概念，比如相互矛盾的，或者相互依赖的观念，需要同时具备，并被“真常之心”也就是上文所说的真我或者无限心，所通达和纵横，而要实现这一目的，就需要某种佛教独具的智的直觉。

为此，我们来分析一下，牟宗三是从哪几个角度对性具进行探讨的：

首先，性具之内容的性质：相待、相对的统一。缘起与性空，色与心是相待地，善与恶、染与净、无明与法性是相对地，但无论如何它们都体现出统一的一面。对于圆教而言，相待与相对体现地是差异或者多样化，而统一则是表示其有机的普遍联系，所以圆教之圆，首先就体现出在内容和性质上的圆满不缺。

---

① 牟宗三：《现象与物自身》，台北：学生书局，1984年，第407页。

以缘起与性空为例，缘起体现了现象界的存在形式，各种现象均是在不同条件的组合下形成地，如果按照龙树的思考，缘起意义下的时、空、数、和合等概念，无异于康德哲学中的诸感性与知性的认知形式。所以，从其认知的层面说，缘起而呈现的现象是具有意义地，即表现了现象世界的可知性，这将宜于我们通过现象去理解现象的本身。现象的本身，即表现为缘起的特点，或者称为无住。无住即没有常性。现象是不会具有常性的，是无常和流变地。故而，现象就缘起面看是和合，就本质面看则是性空。现象是体现了驳杂和繁复的差异，所以借用康德哲学来理解，则现象是丰富的，甚至按照佛教不同流派的说法，会表现出不同的术语，比如龙树的缘起分类说，唯识学的妄识变现说，华严学的真妄相即说等等，无论怎样的术语都说明了现象的存在以及存在方式是佛教不可缺少的一部分。

但是按照般若类经典和龙树开示的思维，作为现象的缘起，当下就体现了性空的道理。性空作为一种理，或者一种真性、本性，不是脱离开现象而存在地，而是就着现象而存在。在此，现象可以执的方式理解，性空则完全不能，它仅能通过智的直觉去领悟。

顺着缘起与性空的思维方式，牟宗三对起自般若与中观，终至禅宗的佛教思想做了判教：意味般若和中观是共法，是通教，因为这种具备两面而统一的思想贯穿于整个佛教理论，涅槃经将三因佛性的问题引入，确立了佛性作为不碍实相般若，具有特殊教相的大乘通教；在实相般若和三因佛性的思想下，唯识学系统的妄心派，是大乘始别教；唯识学的真心派，《起信论》，禅宗和华严宗均是大乘终别教；最后只有天台宗（以及经过山家山外之争后的山家派）才说最圆教。

就整个判教的根据说，牟宗三的主要依据就是性具说，即各大教派是否在性具两边的意义上，不偏不倚，具足地说明了现象界与本体界。

其次，诡谲的贯通：智的直觉。牟宗三以天台宗性具无明和法性两面的思想为例子，论证了天台宗为圆教的诸种条件。

1. 即无明即法性。不论是众生还是佛，都存在着无明和法性的两端，缺一不可。无明是对现象的迷执，法性是彻悟现象之谜，也就是觉悟。从这一层看，生佛两者在所具备的内容看是没有本质的差别的。作为众生而言，众生本具觉性，但此觉性不现，所以为众生；作为佛而论，佛不会孤绝的存在，佛自己的智是遍照地，没有遮蔽地，因为佛永远的安住在法性的实相之中，但是却能够借用现象或者无明使得佛的功能能够无量无限，即佛能够因此度化众生。于是生佛，均具有无明与法性，表现了生佛的统一，更重要的佛不会缺乏无明而孤绝，众生不会缺乏对法性的觉性而被永恒流放。而非圆教如妄心唯识学，只以无明为因，结果是“‘以无始时来界’之界若视为阿赖耶

(以迷染为性),则不能为清净性之因故”。[1] 这即是一层圆。

2. 善恶不二。“念具者迷中之性具也,此则是潜伏的性具。净时性具在悟,乃说为智具。”[2] 既然无明与法性是不能或缺地,那就意味着生佛必须都是具有的善恶净染。牟宗三认为,天台宗的善恶都不是从性质上进行断语,而是就教相上来说,或者就是从教化的方便来说。所以善恶是一种形容性的用语。因为无明在觉悟以后,就是智慧,所直觉到的就是法性,故无明之本性即是法性,缘起所呈现第就是空性。这样,从本性上说,空性或者法性不存在所谓的善恶,但是从佛对待众生的教化,或者众生从不觉到觉的修行中,就需要设立一个相应地以恶为表象的方便或者法门。于是,性具善恶揭示了教相的完满,生佛均无所缺憾。而别教如华严,只重视清净真如心说性起。[3] 故这又是一层圆。

3. 一念与诡谲。在天台学中,即无明即法性,还可以具有一种表达,就是“一念三千”,以及“一念无明法性心”。一念,就是一刹那心,这是从实际发动心念的角度说,不是虚说一种心的状态。一方面,三千是三千大千世界,包含了从众生到佛的数量、性质、方所、关系的一切方面的全部,所以三千世界是对整个宇宙万法地总的概括。另一面,三千世界均是即无明即法性,即现象即本体的。最后三千世界与无明法性都收归于一念。这说明心在面对世界的杂多之时,能够以直觉的方式,转迷成智,以智的直觉去观照整个世界的实相(法性或者空性)。一念,即体现了它具有分析、解析世界为三千的功能,同时又表现了它是以“转”——诡谲的方式,抛弃分析的方法,直接体悟到世界之实相,最后还暗示着对心之诡谲体证的方法,展现了佛教关于智的直觉与无执之存有论的关联。而别教如华严,虽一念亦可海印三昧,但这都是只从佛位上说。[4] 这再是一层圆。

4. 无执与智。上述各方面的分析,牟宗三展现了天台佛教在理论结构上是具备执的存有论和无执的存有论的,并且从现象到本体,从无明到法性,从色(物)到心的结构的完备,为心可以抛却概念地、分析地执,直接体悟到本体(性空)的实相提供了条件。于是心,一种觉悟的心,或者说是无限心,能够返照自身,直觉到自身与万法本性上的同一,并因此而反过来以觉悟的心去遍观一切,一切均达到无碍。这是最后一层的圆。

通过上述的解析和厘清,牟宗三完整地说明了佛教,尤其是中国佛教中的天台思

---

① 牟宗三:《佛性与般若》(上),台北:学生书局,1984年,第328页。
② 牟宗三:《智的直觉与中国哲学》,台北:台湾商务印书馆,1980年,第309页。
③ 牟宗三:《智的直觉与中国哲学》,台北:台湾商务印书馆,1980年,第252页。
④ 牟宗三:《佛性与般若》(上),台北:学生书局,1984年,第491页。

想，为什么，以及如何通过圆教的陈述，彰显出佛教中的智的直觉之特点。处于儒者的立场，牟宗三最终还是将佛教判为消极的智的直觉形式，因为佛教要解决的问题仍然受限于其只能是反观的，或者说是返回空性直觉，缺乏了儒家那种直接作为道德创生意义的价值。

二、理学与佛学

冯友兰先生是一位以哲学家，同时又是哲学史家著称的现代大儒。他对佛教地研究，即是史学和史料地，同时又是哲学地。在其两卷本的《中国哲学史》、《新原道》、《新知言》、《中国哲学简史》，以及七卷本的《中国哲学史新编》等哲学史和哲学著作中，对佛学的研究内容、方法和意义都做出了详尽地分析。总的来说，主要在如下的成就：

（一）理与形上学

冯友兰自命其思想为“新理学”，其所预期达到的工作目标则是建构起新的形而上学理论。

在《新理学》、《新原道》、《新知言》三书中，冯友兰对自己的形上学做了规定：宇宙的本然之理，即必须承认宇宙中存在着超越于一切不同种类的理。在最高层面的理，也可称为宇宙、大全、太极、真际等等。另外方法的意义上看，哲学的研究是起于分析而终于静默地，这是研究形上学所必须的手段和路径。

首先，宇宙中最高的是理，它是客观的存在。这是最核心的一个哲学理论取向。冯友兰进而将之概括为四个递进式的命题。“凡事物必都是什么事物”，“事物必都存在”，“存在是以流行”，“总一切底有，为之大全，大全就是一切地有”。①

第一命题，阐述了任何事物都必然存在规定其自身的根据。这命题蕴涵着这样道理：如果某一个事物现实地存在在那里，或实际的那里，那么必然有某种根据是决定其存在地。如“这（山）是山”。接下来，就会如下的理解。即，如果以山之理，作为某个山的根据的话，则山之理，可以逻辑的先在于具体的山。进而，既然山之理在逻辑上独立，那么山之理就具有某种独立的实在性。这叫作“有物有则”。

第二命题，认为事物存在除了自身的规定性之外，还需要有助成事物存在的条件。冯友兰指出在此处的存在，不是某种本体意义上的存在，而是一种虚指，即仅仅为了说明某个事物或者现象呈现出来了。就如一只狗，它表现出来的所有现象，就是总存在，而无须再要本体来支撑。又此例可见，一只狗的存在，除了作为狗性之理要有之

---

① 《三松堂全集》第五卷，郑州：河南人民出版社，2001年，第195—201页。

外，还必须有使得狗之表现为狗的条件。故而推广出去，所有事物（可以是理论上的也可以是现实中的），既然都已经存在了，这说明我们完全可以反思到，事物除了其自身的理之外，还要求能够让它得以实现的条件。这在中国哲学中就是“有理必有气”。当然，冯氏特别提出，所谓的气，并非是某种实体，而是从经验地反思中，得出了对形而上学地说明，并认为类似柏拉图以及亚里士多德哲学中的质料。不过相对于第三命题而论，这里表达地是一种静态的存在论。

第三命题，分析了所有的事物都是流动地，流动是一个过程，但同时也是总体。这是说事物既然具备了理和气两个最基础的条件，那么气要将事物的理给表现出来，或者理要通过某种方式而流行或者显现。在整个表现和呈现中，体现了流动的特点，而从宇宙的角度观待，这一流动的过程绵延不绝。冯友兰以为，此处说“存在是一流行”的存在，不是名词，而是动词。如果用动词去定义存在的属性，那么作为动词的存在就是流动的。这是存在的本质。也就是说，按照宇宙万物本来的面目，存在或者万有必然都是流动的，因此，我们现在分析存在是一流行，只是用语言来做了方便的约定，虽然第三命题看上去是分析命题，但却正好折射出存在是流行的事实。这一事实，旨在说明事物必要经历气动和理行的过程。也就是传统说地，“无极而太极”，“乾道变化，各正性命”。

第四命题，总结和概括了理的最高表现，所有事物的理和气，以及理与气的流行，都体现在理的范围内，故而最高的理是一个太极，一个理的世界，它涵括了一切事物（当然这是被语言、命题，形式化了的事物）。所以说一太极，指的是一个大全，是所有形式的大全。“所有众理之全，即是所有众极之全，总括众极，故曰太极。”[①] 故而“一即一切，一切即一”。不过要注意的是，这里的一是大全之一，而不是说现象后面具有一个不变的本质之一。

由此可见，冯友兰提出的四组形而上的命题，最重要地在于给出一个客观的理或者理世界的可靠证明。当然这一证明，直接关涉地就是形而上学另外一个特点，即不可思议处，默然之处，也就是要用负的方法进行不说之说。所以这四个命题说到终极，就进入到“拟议即乖”的困境，而解决之的工具就只有负的方法了。这在中国哲学思想中则得以淋漓尽致地体现，其中中国佛学即是其重要的代表者。

（二）中国的佛教

在冯友兰看来，从佛教文献中所表达出来的思想进行判断，佛教必须被分为印度的佛教和中国的佛教。

中国的佛教，意味着这样的几层含义：1、“在中国的佛学”和“中国佛学”的哲

---

① 《三松堂全集》第四卷，郑州：河南人民出版社，2001年，第36页。

学根基不同；2、中国佛教是中国哲学史的一个部分，所以其思想主题必然是融入整个中国哲学中去了；3、中国佛教与中国其他时段和形式的哲学有着独具的特色。

出于对这三层问题的考察，冯友兰以贯彻对客观之理的形而上学原则，展现了他极具成效的佛学研究。通观繁简不同的几部中国哲学史，以下几个中国佛教问题一直受到关注：业力说、宇宙心说、负的方法说。前二者是对中国佛学思想本身的研究，以及理解中国佛学发展的历史哲学；负的方法说是特别对禅宗（中国佛教最圆满的理论高峰）进行方法论的评判。

1. 业力说。佛教必须解决的一个问题，就是业力轮回。在宗教上，轮回具有迷信特征，但是在哲学上，轮回却提供了人们进行形而上思考的来源，并且引发出很多具有重大意义的理论。而进入中国后，中国佛教的形成，及其思想之展开，就是业力轮回来开启的。首先，轮回需要主体，所以产生了形神的争论，并产生了神不灭的主流思想。其次，轮回需要有原因，这就是业的问题。业因引发业果的根据就在于无明。第三，要摆脱轮回，就要转变，如何转变以及转变后的结果，就是涅槃的理论。

除了业力轮回所揭示的各层佛学思想之外，冯氏进一步认为，佛教哲学就一般意义而言，带有主观唯心主义的特点。因为既然灵魂不灭，就说明每一个个体都可以成为自己的神，故世界上有无数的个体神，所以佛教是多神论的宗教。但是，在中国佛教的发展历程中，却因为对是否存在一个公共世界，或者客观的理的世界，而分化出了主观唯心主义和客观唯心主义两个流派。并且中国佛教就是在此斗争中发展变化地。

那么，主观唯心主义和客观唯心主义区分的标志和意义什么呢？这就是宇宙心。

2. 宇宙心说。宇宙心，是冯友兰根据“理”的哲学原则，对中国佛教的解析根基，并由此，集中体现了他对佛学的创造性地理解。

首先，宇宙心是指，每个个体都具有一个本然纯净的真心，但每一个真心都来源于宇宙的本体，每一个真心都在不断地回向宇宙本源。所以宇宙本体在被每一个真心所面对时，宇宙成了公共的世界，即理的世界。而宇宙因为是在真心中所显现，宇宙反而就成了心的形式，即宇宙心。实则，中国人的传统思想（如先秦）是承认宇宙之外在，而不熟悉心外无物；但，印度人的思想则恰恰认为心外无物。所以，宇宙心实是中国佛学结合以后的创造。

其次，宇宙心是一个理解中国佛教的根据。从宇宙心的角度看，僧肇的哲学开启了关于世界与心的关系之探讨；华严、天台、起信论以及慧能系禅学则建立了客观的唯心论；梁武帝的佛学思想，唯识学和禅学中神秀系则是主观唯心论的代表。

僧肇较早但是完整地展开了外在世界和心的关系地研究。他承认过世界作为存在意义上的真实，比如虽然时间和空间上有流动，但在时空轴上，过去的确实不是彻底的无，而是过去的有，所以叫作物不迁，这是现象上的有。另外，现象界的所有都是无常的，它们都需要各种条件而显现，所以是假有，而假有就烘托出空性，故而世界无论是现象也好，还是空性也好，都是存在地。这就蕴含着某种外在真实的含义。进一步，对现象之假有的方面产生迷惑，就是无明，从无明开始就有了我的存在，我的妄执，从此来自于我的现象世界便产生了。对此，冯氏认为僧肇的思想固然将世界的达成两截，一是迷而生现象界，一是从觉者看的世界的假。可是不论真假，现象界均是外在于心存在的，在这个意义上是否可以说是理在先呢？从整个文本分析看，冯氏暗示着僧肇所留下的问题，正是后世中国佛教解决的路向。“自逻辑方面言，现象世界既有，即不可为无；但自形而上学方面言，则圣人若无妄念，则其现象世界即应归无有，有何有‘万有不能拘，森罗不能杂’之有？”①

后世的三论宗之二谛义，是从方法论上说明有、无、中道的问题。但是华严宗、天台宗、起信论、慧能系禅则充分开掘出宇宙心之客观存在的一面。华严宗提出理法界、事法界的观念，就在于确定存在某一个理的世界。只是理在真心之中显现，真心之理便回摄到的事之中，于是真心就是一切，一切均是真心。虽然说是真心但真心必依照理而起，因理而真心遍于一切，所以这是一种客观论。“法藏立一常恒不变之真心，为一切现象之根本，其说为一客观的唯心论”。② 天台宗则立起如来藏，如来藏理解为真心，涵盖了所有的宇宙万象，故同样体现为宇宙心的形式。《大乘起信论》则提出一心开二门，一切法即众生心，从宇宙层面，一切法开出体大、相大、用大之分，而一心则分成真如和生灭两门。“这是一个客观唯心主义的哲学纲领。”③ 最后，慧能系的禅学强调体悟本性、自性，“所谓本性就是宇宙心，”“这个自本性生出来连续不断的念头，也生出万法万境”。④

由冯氏对整个中国佛教的理解，我们不难看出他是有一个高低之别地，而高出者就是能够以客观之理能够存在的流派，低者则是主张主观唯心的一系。而所谓的高低标准，仍然没有脱离其对于理，理世界的客观实在论的基本哲学立场。

3. 负的方法。在冯友兰的哲学中，这是对整个中国哲学之特殊贡献的一大标榜。在佛学中则集中的体系在禅宗的思想中。以禅宗为对象，则负的方法，需要五个内容来说明：“（一）第一义不可说，（二）道不可修，（三）究竟无得，（四）‘佛法无多子’，（五）担水砍柴，无非妙道”。⑤ 第一义，就是缘起性空的妙道，即现象即本体的状态，这是无法用任何的思维和语言进行逻辑或形式的证明的，因此不可说。因此无

① 《三松堂全集》第三卷，郑州：河南人民出版社，2001年，第161页。
② 《三松堂全集》第三卷，郑州：河南人民出版社，2001年，第212页。
③ 《三松堂全集》第九卷，郑州：河南人民出版社，2001年，第541页。
④ 《三松堂全集》第九卷，郑州：河南人民出版社，2001年，第557页。
⑤ 《三松堂全集》第五卷，郑州：河南人民出版社，2001年，第102页。

法说的真谛，用修行的实践进行的可以追求地话，并不能有某种确定的方法，所以禅宗认为执着于某种的方法而求得解脱，是不可能地，故而应该做到无修之修。无修之修的实际效果，是不会再产生执着和有为的烦恼，也就是达到无心、无念的状态，无心就不会产生于心相关的对象，这样就不会出现心理上的得失。而所谓的无心，在言说上即表现为一种顿悟，觉悟到现象和本体的真实状态，这样的无心就是符合于本然之理的，因此无心也就是无得了。当然，这前面三者的说明，实则没有更多的曲折和蹊跷，而是任何一个领悟禅宗精神的人都必然经历的，故而佛法无多余的事。所以，觉悟者面对所有的事物、现象时，都不会再产生觉悟的阻隔，一切皆是通达的，由此则应物而不累于物。

从禅宗的思想来看，时刻体现着一个精神，即形而上的问题，无法语言和命题来解决，而在语言和逻辑中的，尽可以表现出多元性，可是，超越这些命题之后东西，也就是理层面的东西，最后只能静默的方法来观待了。

三、结语

总体而言，牟宗三和冯友兰两位先生对佛学地吸收，是建立在各自基本的学术立场进行的。牟氏以人具有有限而无限的可能性，看到了智的直觉之特色，于是体现出了天台思想为圆教的判断，这是一种心学取向为标志的哲学。而冯氏则以客观之理的形而上学要求分析佛教，展示出客观性佛学流派高于主观性流派的判别，此为理学为特征的哲学。由此，牟氏通过佛学建构地是某种纯粹哲学式的现代儒学，而冯氏则创建了某种历史哲学和方法论哲学式的儒学形式。他们均为现代儒学发展提供了巨大的现代价值和启示，为后人提供了丰富的精神财富和理论资源。

儒家哲学的移植、“创造”观念及未来扩展①

——南乐山的儒家哲学思想

河北大学 程志华

南乐山（Robert C. Neville），1939年生。1960－1963年在耶鲁大学（Yale University）先后取得学士、硕士和博士学位，1993年获里海大学（Lehigh University）神学博士学位，1995年获俄罗斯科学院荣誉博士学位。曾在纽约州立大学石溪分校（State University of New York at Stony Brook）、耶鲁大学和福特汉姆大学（Fordham University）任教。1988—2003年在波士顿大学（Boston University）神学院任院长，兼任哲学、宗教和神学教授。1989年曾任美国形而上学学会主席，1992年任美国宗教学术学会主席和国际中国哲学会主席。现任波士顿大学哲学、宗教和神学教授。在他和同事们的共同努力下，波士顿作为北美神学界发展儒家思想的“道场”，成为“波士顿儒学”的重要舞台。对此，白诗朗（John Berthrong，1946—）评价说：“波士顿大学的南乐山教授是推动波士顿儒家最知名的人物。……南乐山的比较哲学研究中最特别的一部分就是他过去20年所作的有关儒家思想的研究。”②

一、“波士顿儒家”与多元文化

“波士顿儒家”是南乐山和他的同事白诗朗与哈佛大学的杜维明等共同组成的学术沙龙。1993年，南乐山在国际中国哲学会第八届学术研讨会上所作的演讲中，提出了“波士顿儒家”的概念，此后他与白诗朗又多次阐述关于“波士顿儒学”的构想。2000年，南乐山出版了专著《波士顿儒家》，正式宣告了这一学派的确立。“波士顿儒家”的成员主要来自位于波士顿的两所大学：一是哈佛大学，二是波士顿大学。这两所大学以查尔斯河为界，以北以“哈佛－燕京学社”为中心，以杜维明为代表，被称为

---

① 本文系教育部人文社会科学研究项目“台湾‘鹅湖学派’研究”（13YJA720004）阶段性成果。

② （美）白诗朗文、张颖译：《波士顿儒家：全球儒学的第三次浪潮》，《儒教研究》，北京：社会科学文献出版社2009年（下同），第320页。

“河北派”；以南以波士顿大学神学院为中心，以南乐山和白诗朗为代表，被称为“河南派”。这两个派别的具体观点并不完全相同：“河北派”的思想传承是思、孟、陆、王、牟宗三的传统，它体现着儒学传统中的一条主线——心性儒学；“河南派”的南乐山重荀子，白诗朗重朱熹，这恰是儒学传统中的另一条主线——程朱理学。不过，这两个派别总体上均认同儒家价值；认为儒学不仅是一种学说，而且可以成为当代社会重要的价值资源。不过，通常来讲，所谓“波士顿儒家”多指“河南派”的南乐山和白诗朗，其中尤以南乐山为代表。关于南乐山的儒家思想，白诗朗曾评论说：

就波士顿儒家而言，南乐山的主张是：广义地说，儒家传统是可移植的，也就是说，它能够从东亚的知识家乡进入到晚期现代西方的哲学论述中。……南乐山研究波士顿儒家的部分原因就是要显示现今的儒家如何移动，儒家渐增的传统又如何增进全球的哲学。[①] 南乐山认为，儒家传统是可以“移植”到西方国家的。当然，“移植”的一端是作为“本”的中国儒家传统，另一端则是作为“枝”的儒家思想在其他文化中的传播。[②] 进而，他认为，作为“枝”的“波士顿儒家”，亦有“增进全球的哲学”的责任。不过，要履行这种责任，它须首先面对文化多元问题。所谓“文化”，乃是指传统的总和。他说：“什么是文化？它是指塑造人的禀赋的所有传统的总和；它在实现自身的同时，也塑造了人类。”[③] 所谓“多元”是指由于历史背景的不同，人类形成了多种不同的文化；这些文化在全球化背景下有可能碰撞与冲突，但它们也面临着诸多共性的问题。例如，“所有伟大的精神传统都正面临着后期现代性的挑战，至少面临着科学、全球伦理和生态所提出的挑战”。[④] 基于此，南乐山认为，不同文化之间应进行沟通和“对话”，同时亦应进行自身的创造和发展。当然，沟通与“对话”不是无原则的折中、妥协，而是一种具有创造性的发展态度。[⑤] 因此，“波士顿儒家”不仅应探讨与佛教、道教、萨满教等如何共存的问题，而且也要探讨与基督教、犹太教、伊斯兰教如何共存的问题。实际上，儒家传统不仅应面对文化多元问题，而且可以在此方面做出贡献。南乐山说：

---

① （美）白诗朗文、张颖译：《波士顿儒家：全球儒学的第三次浪潮》，《儒教研究》，第320—321页。

② 参见 Robert Cummimgs Neville. Boston Confucianism：Portable Tradition in the Late-Modern World. Albany：State University of New York Press，2000. p6.

③ Robert Cummimgs Neville. Boston Confucianism：Portable Tradition in the Late-Modern World. ibid. p29.

④ Robert Cummimgs Neville. Boston Confucianism：Portable Tradition in the Late-Modern World. ibid. p208.

⑤ 参见 Robert Cummimgs Neville. Boston Confucianism：Portable Tradition in the Late-Modern World. ibid. p206—208.

"儒学是一个活的传统，可以为当下全球性的哲学探讨与宗教的文化形成做出贡献。……我们需要从历史的角度理解过去的儒学，同时也需要从思想形式的角度理解现在的儒学，看一看当代儒学是否能够对当代的问题与当下的讨论发表见解。"[①]

具体来讲，南乐山认为，美国文化的特征是文化的多元性，这是中国古代儒家所不曾遇到的。因此，"波士顿儒家"不仅需要对文化多元问题有"原则性承诺"，而且需要具体而积极地接受文化多元。即：在美国这样的文化多元的地区，人与人之间如何相互包容、相互尊重，并建立相应的文明规范，应成为"波士顿儒家"的重要使命。实际上，儒家在这方面有着丰厚的传统，对此可提供有益的启示。他说："对当代哲学的讨论而言，儒学确实有一些东西是有趣的和有益的。"[②] 例如，儒家的"礼"即代表一种人与人之间相互包容、相互尊重的行为规范；从内容上讲，它包括三个方面的含义：其一，文化是由"礼""构造"出来的；其二，"礼"代表文明的规范；其三，"礼"创造着人类社会中的和谐。[③] 由此来看，"波士顿儒家"的一个工作重点应是"呼唤礼的复兴"。[④] 进一步，面对文化多元问题，"波士顿儒家"之"呼唤礼的复兴"包括三项议题：其一，个人如何与"共同体"互动，并在其中发挥领导或"准领导"的作用。儒家过去把这种关系称为"君臣关系"，但在今天这种关系是以"公民性"为基础的。其二，在类似美国这样的"晚期现代社会"，面对多元文化，人与人之间的"友谊"如何形成。其三，在类似美国这样的社会，家庭如何来组织。[⑤]

在南乐山看来，面对文化多元问题，"波士顿儒家"不仅有阐发儒学现代意义的责任，亦有"修正"儒家传统的义务。

关于阐发儒学的现代意义，南乐山认为，儒学作为"一个活的传统"，可以而且应该为美国乃至西方社会做出贡献。依着他的理解，儒学可在如下四个方面发挥借鉴意义。其一，"伦理语义学"（the semiotics of ethics）的意义。[⑥] 西方伦理学传统注重行为、决定、目标或价值，但没有认识到社会活动若没有"礼"是不可能实现的。与之

---

① （美）南乐山著、崔雅琴译：《当代儒家思想的扩展形态》，俞立中主编：《智慧的圣坛》，上海：华东师范大学出版社，2008年（下同），第21页。

② Robert Cummimgs Neville. Boston Confucianism: Portable Tradition in the Late-Modern World. ibid. p1.

③ 参见 Robert Cummimgs Neville. Boston Confucianism: Portable Tradition in the Late-Modern World. ibid. p8.

④ 参见 Robert Cummimgs Neville. Boston Confucianism: Portable Tradition in the Late-Modern World. ibid. p7.

⑤ 参见 Robert Cummimgs Neville. Boston Confucianism: Portable Tradition in the Late-Modern World. ibid. p15.

⑥ 参见 Robert Cummimgs Neville. Boston Confucianism: Portable Tradition in the Late-Modern World. ibid. p39.

不同，儒学在揭示"礼"如何使不同文明各得其宜地实现自身方面有丰富的内容。因此，儒家传统使得我们今天对社会习惯、礼仪规范进行检讨成为可能。其二，"文化美学"（the aesthetics of culture）的意义。[①] 西方"启蒙运动"观念是一种"文化工具论"，它强调的"进步"可能导致人性的"牺牲"。然而，儒家的"文化美学"则没有这样的缺点，因为它强调文化的目的在于促进人类生活的和谐与丰富。其三，"个人对文明的作用"（the personal competence of civilization）的意义。[②] 西方文化强调的是"大众文化趣味"，追求的是舒适的生活。荀子则认为，人并非生来就是"文明"的，人是需要"化性起伪"[③] 的，因此"文化精英"的作用便很必要。其四，"传统的作用"（the irony of convention）的意义。[④] 儒家早就认识到"传统"的意义，认为"传统"是文明形成发展的前提。在当今各大文明互相碰撞的全球化时代，认识并发挥"传统的作用"尤其显得重要。对于这四个方面的意义，南乐山称之为儒学可有的"显著贡献"。他说：

"对于当代世界哲学和强化儒学作为一种世界哲学的方法，古代中国哲学至少有四个方面的显著贡献，……它们分别称为伦理语义学、文化美学、个人对文明的作用、传统的作用。"[⑤]

关于"修正"儒家传统，南乐山认为，"波士顿儒家"要"修正"传统儒学，须遵循如下几个原则：其一，必须接受"多元宗教性"（multiple religious identity）的选择。[⑥] 在东亚，这是一个儒家与佛教、道教、萨满教等如何和谐共存的问题；在西方，这则是一个与基督教、犹太教、伊斯兰教等如何和谐共存的问题。其二，"自我意识"要发展为"历史性自我意识"。[⑦] 即，要面对西方哲学传统的挑战，向康德哲学、现象学派、西方逻辑学学习，就像历史上儒家曾经向佛教和道家学习一样。其三，要走向

---

① 参见 Robert Cummimgs Neville. Boston Confucianism：Portable Tradition in the Late-Modern World. ibid. p39.

② 参见 Robert Cummimgs Neville. Boston Confucianism：Portable Tradition in the Late-Modern World. ibid. p40.

③ 参见王先谦撰，沈啸寰、王星贤点校：《荀子集解》，北京：中华书局 1988 年，第 438 页。

④ 参见 Robert Cummimgs Neville. Boston Confucianism：Portable Tradition in the Late-Modern World. ibid. p40.

⑤ Robert Cummimgs Neville. Boston Confucianism：Portable Tradition in the Late-Modern World. ibid. p38.

⑥ 参见 Robert Cummimgs Neville. Boston Confucianism：Portable Tradition in the Late-Modern World. ibid. p22.

⑦ 参见 Robert Cummimgs Neville. Boston Confucianism：Portable Tradition in the Late-Modern World. ibid. p21.

“大众化”。[1] 儒家要在西方实现大众化传播甚至普及，必须注意吸引“非严格意义的学者”。即，儒学要在美国乃至西方获得发展，并非只需要“学术造诣深厚”的职业学者，亦需要不会读儒家原典的人，他们亦可成为现代的儒家。其四，必须强调“礼的复兴”。[2] 公共生活对“德性”的呼唤凸显了“礼”的价值，而儒家传统即旨在“塑造”人及社会的礼仪，从而促进一切有意义的社会生活形式。在西方社会，儒家不仅应主张学习并懂得某种专门技艺，更应当开展培养大众良好生活习惯即“礼”的“社会教育”。对于作为“枝”的“波士顿儒家”对作为“本”的传统儒学的“修正”，杜维明曾评论说：

可以理解的是，当南乐山作为波士顿儒家讨论“礼”时，他对于儒家话语的性质提出了挑战性问题，同时也对儒家传统成为美国智识传统整体的一部分进了展望。[3]

二、中国哲学“创造”观念的宗教哲学意义

在南乐山看来，就哲学视野来讲，宗教应是其重要的内容；而对这个重要内容进行思考的“成果”就是“宗教哲学”。他说：“宗教哲学因一种假设而产生，这一假设是：哲学需要一种对上帝进行哲学思考的成果。”[4] 就“宗教哲学”的内容来看，“本体论”和“宇宙论”是两个基础性的部分。因此，南乐山对“本体论”和“宇宙论”进行了辨析。

南乐山认为，所谓“本体论”，本质“是一种从无创造的本体论”。[5] 具体来讲，“本体论”包括三个方面：一是“被创造的世界”；二是“创造的源泉”；三是“创造活动本身”。他说：“从无创造是带有三个可辨认特征的创造活动，这三个特征是被创造的世界、创造的源泉、创造活动本身。”[6] 所谓“被创造的世界”，是指由具有“确定性”的事物所构成的世界。或者说，“被创造的事物”的特征就是“确定性”。他说：“从作为一个创造物的世界说起，被创造的明确标志就是一般的确定性。任何确定的事

---

① 参见 Robert Cummimgs Neville. Boston Confucianism: Portable Tradition in the Late-Modern World. ibid. pp21－22.

② 参见 Robert Cummimgs Neville. Boston Confucianism: Portable Tradition in the Late-Modern World. ibid. p22.

③ Tu Weiming, foreword. Robert Cummimgs Neville. Boston Confucianism: Portable Tradition in the Late-Modern World. ibid. xii-xiii.

④ （美）南乐山著、辛岩等译、张西平校：《在上帝面具的背后——儒道与基督教》，北京：社会科学文献出版社，1997 年（下同），第 68 页。

⑤ （美）南乐山著、辛岩等译、张西平校：《在上帝面具的背后——儒道与基督教》，第 6 页。

⑥ （美）南乐山著、辛岩等译、张西平校：《在上帝面具的背后——儒道与基督教》，第 6 页。

物都是被创造的，……”[①] 所谓“创造的源泉”，是指创造活动所依赖的“根源”。由于“确定性”完全是“创造”的结果，故“创造”的“源泉”必为“不确定性”；否则，它就不足以超越“被创造的世界”而为“源泉”。他说：“创造是它本身的原因。……除了创造以外，源泉是全然不确定的，什么也不是，它甚至不是一种创造性的潜在性。因此源泉甚至不是源泉，除了通过创造它才是源泉。这证明了神对所有事物的完全超越。”[②] 所谓“创造活动本身”，即是指“创造的源泉”对于“被创造的世界”之“从无到有”的创造活动。“创造活动本身”依“被创造的世界”而获得它的“确定性”，这种“确定性”一方面是“暂时性”，因为“被创造物”是暂时的；另一方面又是“永恒性”，因为“整体性本身是暂时关系的条件”。[③]

显而易见，“本体论”的这些内容是“用特殊的抽象方法”和“直接的哲学方式”解释的。[④] 然而，在南乐山看来，若停留于这样一种解释层面，对于人类社会不会有实际意义。他说：“从无创造的模式是如此抽象，以至它和任何确定的世界都不发生矛盾。这样一种模式如果不特殊化的话，则对我们这个世界不会有太大的帮助。”[⑤] 他的意思是，在“本体论”之外，我们还需要探讨“宇宙论”，因为“宇宙论”是“普遍化”的“本体论”的“特殊化”即具体化。他说：“这一解释（指本体论——引者）需要被扩展，以便在许多向度上能对事物的被创造的特性进行分析，这些向度标明了它们的被创造的条件。为此种需要提供的答案是……基本宇宙论。”[⑥] 也就是说，“宇宙论”作为一个概念，它是基于“本体论”而在哲学层面对于“世界框架”的描述。他说：“所谓‘宇宙论’，是指一系列富于想象力的才智的活动，通过这些活动，人们社会地建构了他们的实在，并对这一建构进行批评。其范围从最基本的神话因素直到复杂的神学和形而上学，包括艺术和一切宗教实践形式中的智力符号表达。”[⑦] 在南乐山看来，“宇宙论”由描述“确定世界”的范畴组成，包括“有序”、“无序”、“混合”、“混合因”等，但在这些范畴当中，“创造”是核心范畴。在此意义下，“宇宙论”其实就是“创造”的具体表达。他说：

这一宇宙论是创造在无序、有序、混合以及混合因方面的表达。[⑧]

在南乐山的理解中，无论是“本体论”还是“宇宙论”，“创造”都是一个关键概

---

① （美）南乐山著、辛岩等译、张西平校：《在上帝面具的背后——儒道与基督教》，第 6 页。
② （美）南乐山著、辛岩等译、张西平校：《在上帝面具的背后——儒道与基督教》，第 8 页。
③ 参见（美）南乐山著、辛岩等译、张西平校：《在上帝面具的背后——儒道与基督教》，第 9 页。
④ 参见（美）南乐山著、辛岩等译、张西平校：《在上帝面具的背后——儒道与基督教》，第 6 页。
⑤ （美）南乐山著、辛岩等译、张西平校：《在上帝面具的背后——儒道与基督教》，第 10 页。
⑥ （美）南乐山著、辛岩等译、张西平校：《在上帝面具的背后——儒道与基督教》，第 20 页。
⑦ （美）南乐山著、辛岩等译、张西平校：《在上帝面具的背后——儒道与基督教》，第 165 页。
⑧ （美）南乐山著、辛岩等译、张西平校：《在上帝面具的背后——儒道与基督教》，第 80 页。

念。基于此，他对中国哲学与西方哲学的相关内容进行了比较。就西方哲学来讲，“创造”观念来源于两个传统。第一个是西方文化的“双根源传统”：一个根源是近东关于上帝的概念，它把上帝当作世界的创造者。另一个根源是希腊的哲学，它将人类社会理解为在根本上是“秩序”和“无序”的交替。[①] 在这一传统中，世界的“创造”并不是某种新事物的“创造”，而是上帝提出的“限定”，它的反面则是“非限定”。第二个是西方文化的“神秘主义传统”。在这个传统之下，上帝被想象为超越了确定事物之间的一切界线，包括“秩序”和“无序”之间的界线，并是它们的“源泉”。质言之，“秩序和无序两者以及它们的混合物都被认为是被创造的这一点证明了一个超越的创造者的存在”。[②] 总之，基于上述两个传统所形成的西方哲学之“创造”观念体现出两个观点：“一是上帝创造了与上帝本身相异的某种新世界；二是上帝或许是具有人格特征的一种存在。”[③] 在南乐山看来，这样两个观点却透显出理论矛盾：若上帝具有“确定性”特征，则上帝便不会是“创造”的源泉。他说：

“只要上帝是一个确定的存在，就一定会有比上帝和世界更为根本的东西，从而能对两者做出确定的区分。……因此就必须杜绝诉求进一步要求本体论背景支持的意义上而言，本体论背景必须是不确定的。”[④]

就中国哲学来讲，“创造”观念则表达为另外一种理解。具体来讲，中国哲学的“创造”观念表达为“变化”，而“变化”被理解为一个阴阳交替的复杂过程。即，“阴”和“阳”的区分不仅是二者特性的对立，重要的是二者的交替会带来新事物的“创造”：“阴”是一种“女性”的状态，它指事物由之产生、又向之复归的地方；“阳”是指从“根据地”向外出动，是从“女性”状态向外延伸；在“阴”“阳”的互动状态中不仅旧事物得到强化，而且某种新事物会得以“创造”。[⑤] 很显然，中国哲学的“创造”与西方哲学的“创造”所指不同，它不是指“从无创造”某种事物的活动，而是基于“本源”的“萌芽”建构新事物的过程。而且，新事物又重建了自己与“本源”的“同一性”。南乐山说：“儒教和道教都包括了阴阳这一根本性的隐喻，只是对它的强调略有不同罢了。儒家……使自己深入于表现人类美德的人伦之中。道家强调向源泉的回归，向阴的底层基础的回归，向水和婴儿的柔弱但不屈服的力量的回归，以成

---

① 参见（美）南乐山著、辛岩等译、张西平校：《在上帝面具的背后——儒道与基督教》，第51—52页。

② （美）南乐山著、辛岩等译、张西平校：《在上帝面具的背后——儒道与基督教》，第54页。

③ （美）南乐山著、杨浩译：《儒学与基督教创造力观念之比较》，《求是学刊》2008年第6期，第20页。

④ （美）南乐山著、杨浩译：《儒学与基督教创造力观念之比较》，《求是学刊》2008年第6期，第20页。

⑤ 参见（美）南乐山著、辛岩等译、张西平校：《在上帝面具的背后——儒道与基督教》，第55页。

功地达到自己的目的。两种传统都不否认在理解和活动中有尊重阴和阳的局限性的必要。"[①] 质言之，中国哲学的"变化"与西方哲学的"创造"相应，但它们又有很大不同；关键的不同之处在于它没有"创造的源泉"与"被创造的世界"之间的理论矛盾。南乐山说：

"作为一个结果，中国的创造概念把暂时的过程说成为变化，是向纵深方向的持续变化。"[②]

南乐山进而认为，西方哲学的"创造"观念虽然透显着理论矛盾，但它却表达了一种有价值的本体论意义的"不对称"观念，即"被创造的世界"与"创造的源泉"之间的"不平等性"。中国哲学的"变化"观念虽不同，但它同样在本体论层面表达出"不对称"的观念，因为它对具有"确定性"的超越事物不感兴趣，而对事物的"内在确定性"却极度欣赏。南乐山说："我相信那里有这一有意义的说明，虽然其形式与西方的形式不完全相似。"[③] 具体来讲，与西方哲学"创造"观念所体现的"不对称"相比，中国哲学乃是通过一种"萌生方式"反映出这种"不对称"。关于这种"萌生方式"，他解释说："这一方式包含站在某些内在确定的事物的状态一边，以便指称一种在本体论上更基本的状态。在这个更基本的状态中，事物确定的状态开始产生。我称后一个状态为前一个状态的本体论根据。除了是内在确定性状态的开始和准备产生内在确定性状态之外，它没有任何特性。虽然本体论根据的任何内涵很少积极地创造内在确定的事物，但它确实是那一确定状态的开始，因此与这一确定状态的关系是不对称的。"[④] 例如，道家所谓"道，可道，非常道；名，可名，非常名"[⑤] 之论述明确地表达了这种"不对称"：不可名状的"道"是创造性的，可名状的"道"是被创造的；除了参照后者以外，对前者不能进行任何界定。对此，南乐山说：

"在这里不存在永恒的道的立足点，因为它是确定的世界过程的暂时结构的永恒创造。这是本体创造范畴的一个确切说明。"[⑥]

为了进一步说明中国哲学的价值，南乐山还具体辨析了中国传统的"宇宙论"思想。如前所述，"宇宙论"的内容不外乎"创造"所涉及的"无序"、"有序"、"混合"、"混合因"四个范畴。在南乐山看来，中国哲学对这四个范畴及其关系的理解是明确的。他说："在我看来，中国儒家、道家和中国化的佛教的完整结合以比任何其他传统

① （美）南乐山著、辛岩等译、张西平校：《在上帝面具的背后——儒道与基督教》，第 55 页。
② （美）南乐山著、辛岩等译、张西平校：《在上帝面具的背后——儒道与基督教》，第 57 页。
③ （美）南乐山著、辛岩等译、张西平校：《在上帝面具的背后——儒道与基督教》，第 76 页。
④ （美）南乐山著、辛岩等译、张西平校：《在上帝面具的背后——儒道与基督教》，第 76 页。
⑤ 朱谦之撰：《老子校释》，北京：中华书局 1984 年，第 3 页。
⑥ （美）南乐山著、辛岩等译、张西平校：《在上帝面具的背后——儒道与基督教》，第 77 页。

更均衡、更清晰、更自觉和更和谐的方式表达了基本宇宙论的这四个基本范畴，虽然所有传统都对这几个范畴给予了某种承认。”① 中国哲学的相关思想是：“地”、“器”或“气”是“无序”的；“天”、“原则”或“理”是“有序”的；作为“有序”的共同的表达的和谐——“道”或“仁”是“混合”；“天人合一”这一伟人圣贤的“鹄的”是“混合因”。② 具体来讲，中国哲学认为，“天”和“地”、“阴”和“阳”是一种“伙伴关系”，这种“伙伴关系”体现为“有序”和“无序”的结合。或者说，“有序”的“天”确定了事物的特性，“无序”的“地”为承载事物的特性提供了潜能。进而，就“理”和“气”作为抽象物来说它们是整合性的“混合”，而“混合因”在于“天人合一”之旨。关于中国哲学这四个“宇宙论”范畴的意义，南乐山说：

“探讨这一争论会使西方的范畴令人高兴地丰富起来，这一讨论在许多方面比西方的讨论更具有可感性。然而，正是在救世神学方面，中国传统做出了它最突出的贡献。”③

基于上述，南乐山认为，就“本体论”和“宇宙论”的内容来看，西方哲学虽有深入探讨，但其包含着理论上的矛盾，故需进一步而加以改进、“补偿”。他说：“作为一个基督徒，我确信一神论对神的态度的正确性，并参加一神论宗教的礼拜。在我的信念中不明确的是一神论方法的局限性以及它如何与其他方法发生联系，它如何对其他方法的正确性视而不见，它如何补偿它们的不足。”④ 对照地看，中国哲学虽然没有“宗教哲学”这个概念，但其独特的“本体论”和“宇宙论”思想可引入、借鉴到“宗教哲学”中来。他说：“准确地说，它（指中国哲学——引者）的贡献在于这些本体论创造的形式没有西方一神论神秘主义的分裂特征和基本宇宙论范畴的困难。而它的基本宇宙论的权威地位表明天地的范畴和它们的和谐是基本的、不难理解的人类中心说，用另一句表达这一观点就是：中国范畴的权威地位证明了那一部分基本宇宙论的合理性。”⑤ 南乐山的意思是，中国哲学不仅对本体“创造”范畴和宇宙论诸范畴进行了阐明，而且在“不对称”观念下化解了西方哲学“创造”观念所透显的理论矛盾，此乃中国哲学对于“宗教哲学”的贡献。他说：“中国的宗教能表达和产生一种本体论上的创造精神，这种精神能避免作为西方宗教特征的一神论和神秘主义相分裂的困难。”⑥

---

① （美）南乐山著、辛岩等译、张西平校：《在上帝面具的背后——儒道与基督教》，第81页。

② 参见（美）南乐山著、辛岩等译、张西平校：《在上帝面具的背后——儒道与基督教》，第80—81页。

③ （美）南乐山著、辛岩等译、张西平校：《在上帝面具的背后——儒道与基督教》，第82页。

④ （美）南乐山著、辛岩等译、张西平校：《在上帝面具的背后——儒道与基督教》，第9页。

⑤ （美）南乐山著、辛岩等译、张西平校：《在上帝面具的背后——儒道与基督教》，第85页。

⑥ （美）南乐山著、辛岩等译、张西平校：《在上帝面具的背后——儒道与基督教》，第67—68页。

南乐山还说：

“我不能抑制对我初步发现的嘲弄所感到的兴奋，即中国思想比西方思想更广泛更均衡地表达了从无创造和柏拉图宇宙论的本质。”[①]

三、儒学的未来扩展

南乐山认为，儒学不只与中国特殊的历史情境有关，它有必要参与当代世界哲学的“对话”，在对话过程中实现自我的改造和发展。换言之，儒学尽管作为一个“活的传统”可以为当代哲学发展做出贡献，但至于究竟能做出多大贡献，要看它与当代现实生活“相啮合”的程度。因此，“对于一个传统来说，必须不断地考察和重新解释它的过去，因而历史的研究总是很有必要。然而，这不应该是当代儒家哲学研究的全部”。[②] 南乐山的意思是，我们需要从历史的角度理解过去的儒学，也需要从思想的角度理解现在的儒学，更需要看儒学能否对当代和未来的问题“发表见解”。否则，便不能说儒学为一个“活的传统”。他说：“作为一名儒家主义者，我承认有必要理解和尊重传统。但与此同时，我们有责任发展传统以适应当今哲学的需要。”[③] 在南乐山看来，“作为一个活的传统，儒学能够为当下的讨论做出贡献。当然，通过参与当下的讨论，儒学自身也会发生改变——这正是所谓的活的传统。”[④] 基于此，他认为儒学应在“形而上学”、“哲学宇宙论”、“人性论”和“社会理论”四个方面“拓展它的话语范围”，以深化儒学的未来发展。他说：

儒学需要在四个相关领域拓展它的话语范围：形而上学的当代话语、与科学相关的哲学宇宙论的当代话语、关于人性和经验的当代话语以及社会理论的当代话语。在这些话语中，儒学的传统主题表明了儒学应有的兴趣和立场。这些话语本身不仅产生于东亚思想，而且也产生于南亚与西方传统。它们必须有足以反映当下讨论的最佳形式。[⑤]

其一，关于形而上学。在南乐山看来，“形而上学”作为一门学问，主要研究“存在”与“非存在”的问题。他说：“形而上学无论在西方还是在南亚都是哲学的一个核

---

① （美）南乐山著、辛岩等译、张西平校：《在上帝面具的背后——儒道与基督教》，第85页。

② （美）南乐山著、崔雅琴译：《当代儒家思想的扩展形态》，俞立中主编：《智慧的圣坛》，第21页。

③ （美）南乐山著、崔雅琴译：《当代儒家思想的扩展形态》，俞立中主编：《智慧的圣坛》，第33页。

④ （美）南乐山著、崔雅琴译：《当代儒家思想的扩展形态》，俞立中主编：《智慧的圣坛》，第22页。

⑤ （美）南乐山著、崔雅琴译：《当代儒家思想的扩展形态》，俞立中主编：《智慧的圣坛》，第21—22页。

心部分。它的重要性不仅在于人们对它所涉及问题的固有兴趣，而且在于这样一个事实：形而上学确定什么是最高的实在，从而为生活中最重要的东西设立模式。一个人的形而上学决定了他会形成怎样的人生方向。”[①] 正因为形而上学如此重要，南乐山主张把“形而上学”也作为重要的“儒学话语”。在他看来，儒家可以“涉足”以下几个形而上学“假说”：第一，“存在具有特征，非存在不具有特征。这是两者之间的一个重大差异”。[②] 如果不承认两者之间的差异，并由此否认有“非存在”，那么就会否认“微妙性”与“神妙性”；这显然与儒家对世界的理解相矛盾。第二，“非存在比存在更为本源，非存在产生存在”。[③] 如果“非存在”不是“存在”之源，那么就不能解释“存在”的“偶然性”。第三，“哪里存在物，哪里就存在和谐”。[④] 如果否认“和谐”是物的本性，那么就等于否定物与物的关联性；而儒家认为所有物都是相互关联的。第四，“和谐是有价值的”。[⑤] 如果否认“和谐”是有价值的，那么“存在”的美学特征就不可能，“仁”、“义”、“礼”、“智”的美学特征也将是虚假的。第五，“存在或太极从非存在中产生出来。这是一个不能追问为什么的事实”。[⑥] 如果能够对此进行进一步追问，那么“非存在”就仿佛变成了上帝；而儒家对于上帝是质疑的。依着南乐山的理解，儒学如果“涉足”这些“假说”，它定会有多方面之“积极的收获”。他说：

“儒学如果涉足这样一些形而上学假说，它将发生怎样的变化呢？首先，和我们现在所熟悉的儒学相比，它将进入更抽象的话语系统。其次，它将得以用西方哲学争论形而上学问题的语言来表达自己主要的形而上学主题与形而上学思想，以便与西方哲学进行更清晰的比较及辩证的争论。再次，它将得以表达自己的深层信托（commitment）：宇宙与人类生活有真正的价值。……我觉得所有这些变化都是积极的收获。”[⑦]

其二，关于哲学宇宙论。南乐山认为，“哲学宇宙论”不同于形而上学，它和世界

---

① （美）南乐山著、崔雅琴译：《当代儒家思想的扩展形态》，俞立中主编：《智慧的圣坛》，第22页。

② （美）南乐山著、崔雅琴译：《当代儒家思想的扩展形态》，俞立中主编：《智慧的圣坛》，第23页。

③ （美）南乐山著、崔雅琴译：《当代儒家思想的扩展形态》，俞立中主编：《智慧的圣坛》，第23页。

④ （美）南乐山著、崔雅琴译：《当代儒家思想的扩展形态》，俞立中主编：《智慧的圣坛》，第23页。

⑤ （美）南乐山著、崔雅琴译：《当代儒家思想的扩展形态》，俞立中主编：《智慧的圣坛》，第23页。

⑥ （美）南乐山著、崔雅琴译：《当代儒家思想的扩展形态》，俞立中主编：《智慧的圣坛》，第23页。

⑦ （美）南乐山著、崔雅琴译：《当代儒家思想的扩展形态》，俞立中主编：《智慧的圣坛》，第25页。

性质的关系更加具体，对自然科学的思考与发现更加敏感。他说："宇宙论不应当听从于科学，但是它必须能够记录、反映科学。"[①] 在他看来，儒学传统有大量的宇宙论思想，这些思想应进一步"发掘"，以参与世界哲学的讨论。具体来讲，相关思想有如下两个方面：第一，"万物皆在变易之中"。[②] 儒家和道家一样，均把世界看作变化过程，而变化过程乃是和谐的。他说："儒家宇宙论同样把天视为秩序或样式之源，而秩序或样式允许各种过程和谐共处。……和谐意味着不同的部分在特定的时空以特定的样式结合在一起，它的价值总是好的。"[③] 第二，变化的"自发性"。[④] 儒家尽管强调"变化"和"过程"，但它并非科学意义上的"决定论"，而是表达为一种变化的"自发性"。所谓"自发性"，不仅意味着深层的"存在"与"非存在"的关系对"过程"的作用，而且意味着允许人类将自己的意图加于"过程"之上。基于上述两个方面，在南乐山看来，儒学进入"哲学宇宙论"的讨论十分有益，它将由此找到关于"变化"、"当然之则"和"自发性"思想的当代表达。换言之，儒家的经典文本与现代科学通常不可通约，故常被冠以"非科学"之名而倍受诟病；如果儒学"发展"了自己的哲学宇宙论，就可以实现儒学与科学的"通约"，从而摆脱倍受诟病的窘境。对此，南乐山说：

"当代儒学之所以要参与时下关于哲学宇宙论的讨论，最重要的原因在于儒学可以通过这样的讨论参与现代科学。当代儒家当然可以成为自然科学家。但问题在于他们怎样把科学同儒家传统的主题连接起来。"[⑤]

其三，关于人性论。在南乐山看来，"人性是传统儒学的一个深刻主题"。[⑥] 不过，儒家的"性"与西方哲学的"性"并不相同：在西方哲学，"性"意味着一种静态的模式；在中国哲学，"性"乃"强调变化及过程"。即，西方哲学的"人性"概念来自自然科学与社会科学，而"儒家人性论强调对事物价值……的基本反映"，[⑦] 即其"人性"

---

① （美）南乐山著、崔雅琴译：《当代儒家思想的扩展形态》，俞立中主编：《智慧的圣坛》，第26页。

② （美）南乐山著、崔雅琴译：《当代儒家思想的扩展形态》，俞立中主编：《智慧的圣坛》，第26页。

③ （美）南乐山著、崔雅琴译：《当代儒家思想的扩展形态》，俞立中主编：《智慧的圣坛》，第26页。

④ （美）南乐山著、崔雅琴译：《当代儒家思想的扩展形态》，俞立中主编：《智慧的圣坛》，第26页。

⑤ （美）南乐山著、崔雅琴译：《当代儒家思想的扩展形态》，俞立中主编：《智慧的圣坛》，第26—27页。

⑥ （美）南乐山著、崔雅琴译：《当代儒家思想的扩展形态》，俞立中主编：《智慧的圣坛》，第27页。

⑦ （美）南乐山著、崔雅琴译：《当代儒家思想的扩展形态》，俞立中主编：《智慧的圣坛》，第27页。

概念来自于人文科学。对此，南乐山主张，“当代儒学需要提出一种既可以与科学相联系，又可以表达传统思想的人性论”。[①] 具体来讲，儒家应在“想象”、“判断”、“理论化”和“对责任的追求”四个方面进行新的建构，而对于这些新的建构儒家已有理论是不排斥的。所谓“想象”，是指“创造记号以承认事物的价值”。[②] 即，“想象”提供了观念、符号与记号，可以让我们在有价值的事物之间做出区分。依着南乐山的理解，“这是儒家思想的一部分，因为儒家主张根据事物的价值特征掌握事物”。[③] 所谓“判断”，是指“判定特定解释的真理性”。[④] 不过，要知道一个判断为真，依赖于把对象的价值带入“解释者”。同样，儒家“把真理表达为对象与解释者之间的因果联结”。[⑤] 所谓“理论化”，是指“一系列的判断或假说，它们对所涉及的主题给出一个系统的看法”。[⑥] 虽然儒家不注重“理论化”，但儒家的理论不会扭曲关于人的价值。所谓“对责任的追求”，是指“在不同的可能行动将导致不同的价值结果时，我们每个人都有责任去做应该的事情”。[⑦] 在此方面，“对礼仪的重视是儒学对当代哲学最重要、最直接的贡献”。[⑧] 在南乐山看来，如果儒学的人性论如此建构，它自身将获得变化和发展。他说：

“如果儒学在关于人类本性与人类经验的话语中发展自身，那么它将发生怎样的改变呢？首先，荀子思想在地位上长期从属于孟子思想的状态将得到改变，荀子将作为儒学传统中最具原创力的思想家之一重新引起人们的兴趣。其次，儒学将把一个丰富的实用主义话语内在化。……再次，儒学将获得一种参与当代认识论讨论的哲学话语，这种哲学话语可以表达儒学关于人性，尤其是其价值要素的基本思想。这些变化都有

---

① （美）南乐山著、崔雅琴译：《当代儒家思想的扩展形态》，俞立中主编：《智慧的圣坛》，第27页。

② （美）南乐山著、崔雅琴译：《当代儒家思想的扩展形态》，俞立中主编：《智慧的圣坛》，第29页。

③ （美）南乐山著、崔雅琴译：《当代儒家思想的扩展形态》，俞立中主编：《智慧的圣坛》，第28页。

④ 参见（美）南乐山著、崔雅琴译：《当代儒家思想的扩展形态》，俞立中主编：《智慧的圣坛》，第29页。

⑤ （美）南乐山著、崔雅琴译：《当代儒家思想的扩展形态》，俞立中主编：《智慧的圣坛》，第28页。

⑥ （美）南乐山著、崔雅琴译：《当代儒家思想的扩展形态》，俞立中主编：《智慧的圣坛》，第29页。

⑦ （美）南乐山著、崔雅琴译：《当代儒家思想的扩展形态》，俞立中主编：《智慧的圣坛》，第29页。

⑧ （美）南乐山著、崔雅琴译：《当代儒家思想的扩展形态》，俞立中主编：《智慧的圣坛》，第30页。

利于促进儒学的发展。"[①]

其四，关于社会理论。通常来讲，现代最重要的社会理论有两类：第一类是指"权力是社会关系的关键"的理论。[②] 自霍布斯（Thomas Hobbs，1588—1679 年）以后，这已经成为很多欧洲思想的特征；马克思主义和后现代解构主义是以权力理解社会的主要代表。不过，儒家不赞同这种理论，它认为"礼"是社会关系的关键。也就是说，就一个社会来讲，权力关系当然存在，但儒家对"权力关系"的理解不同："儒家社会理论将会以仁为标准理解权力关系；它主张从长远来看最强有力的权力体现在礼仪结构之中。"[③] 第二类是"社会契约论"。[④] "社会契约论"的基本概念是"自然状态"先于"文明社会"，因为"自然状态"的人性在本质上是自私的。换言之，"社会契约论"的"底线"是，只要不妨碍他人做同样的为文明社会法律所确定的事情，人们就可以自由地做自己想做的任何事。与此不同，儒家则认为，每个人都对社会中应该做的每件事情负有责任，除非社会礼仪把责任赋予某些特定的人。[⑤] 在南乐山看来，"社会理论"是"儒家思想一开始就已经认识到的东西"。[⑥] 不过，面对当代社会现实生活，面对上述两类最重要的社会理论，儒家依据传统资源依然有发展的"空间"。具体来讲，儒家应针对"社会契约论"提出一种以"仁"和"礼"为思想主题的"反动"理论。他说：

"一种可行的当代儒家社会理论会是怎样的呢？……我认为，当代儒家社会理论的核心理论原则是对社会契约论某种观点的反动。……儒学之所以应该提出与社会契约论相反动的理论，原因在于它信奉仁道。"[⑦]

---

① （美）南乐山著、崔雅琴译：《当代儒家思想的扩展形态》，俞立中主编：《智慧的圣坛》，第30 页。

② 参见（美）南乐山著、崔雅琴译：《当代儒家思想的扩展形态》，俞立中主编：《智慧的圣坛》，第 31 页。

③ （美）南乐山著、崔雅琴译：《当代儒家思想的扩展形态》，俞立中主编：《智慧的圣坛》，第31 页。

④ 参见（美）南乐山著、崔雅琴译：《当代儒家思想的扩展形态》，俞立中主编：《智慧的圣坛》，第 31 页。

⑤ 参见（美）南乐山著、崔雅琴译：《当代儒家思想的扩展形态》，俞立中主编：《智慧的圣坛》，第 32 页。

⑥ （美）南乐山著、崔雅琴译：《当代儒家思想的扩展形态》，俞立中主编：《智慧的圣坛》，第30 页。

⑦ （美）南乐山著、崔雅琴译：《当代儒家思想的扩展形态》，俞立中主编：《智慧的圣坛》，第31－32 页。